Technologie des ordinateurs et des réseaux

Technologie des ordinateurs et des réseaux

Pierre-Alain Goupille
Ancien professeur d'informatique
en BTS informatique de gestion à Angers

9e édition

DUNOD

Cet ouvrage est une nouvelle présentation de la neuvième édition
parue initialement dans la collection Sciences Sup en 2010.

Illustration de couverture :
©madpixblue - fotolia.com

11 rue Paul Bert, 92240 Malakoff
www.dunod.com

ISBN 978-2-10-082161-7

Table des matières

Avant-propos

Ce livre, directement inspiré de cours dispensés depuis plus de 20 ans en BTS Informatique de Gestion, est maintenant devenu une référence avec plus de 30 000 exemplaires vendus. Cette huitième édition actualise dans la mesure du possible, les données techniques des matériels décrits et prend en compte l'évolution des technologies. La plupart des chapitres ont été complétés ou remaniés afin d'améliorer la démarche pédagogique ou pour tenir compte de l'évolution fulgurante des technologies.

L'ouvrage est conçu autour de quatre grands pôles :

– les chapitres 1 à 5 traitent de la manière dont sont représentées les informations dans un système informatique ;
– les chapitres 6 à 11 présentent la manière dont travaille la partie proprement « active » de la machine (unité centrale, mémoire...) ;
– les chapitres 12 à 20 présentent une assez large gamme des composants et périphériques rattachés au système (disques, imprimantes, écrans...) ;
– enfin, les chapitres 21 à 28 traitent des réseaux locaux ou de transport.

Dans la plupart des cas, le chapitre est suivi d'exercices corrigés de manière à vérifier si les notions abordées sont bien acquises. N'hésitez pas à consulter d'autres ouvrages ou les très nombreux sites Internet (en recoupant toutefois les informations car certains sites offrent des informations parfois « farfelues » quand elles ne sont pas carrément fausses). Si vous avez des doutes ou des questions non résolues, n'oubliez jamais que le professeur est là pour vous aider à répondre à vos interrogations.

L'informatique étant une matière en perpétuelle et très rapide évolution, il se peut que des données techniques, à jour lors de la rédaction de ce livre, soient déjà dépassées lors de son impression et/ou de sa lecture. Il est également possible que de nouvelles technologies aient vu le jour ou que d'autres aient disparues. C'est pourquoi les valeurs fournies sont essentiellement « indicatives » et peuvent bien entendu varier selon les constructeurs, les évolutions technologiques ou divers autres critères d'analyse... Rien de tel que la lecture de revues, ou la consultation des sites Internet, pour rester informé !

Ce livre pourra être utilisé avec profit par les élèves et les professeurs des classes de terminales, de BTS ou d'IUT des sections Informatique ou Comptabilité, en licence d'Informatique, en MIAGE... pour assurer ou compléter leurs cours et, d'une manière plus générale, par tous ceux qui sont curieux de comprendre « comment ça marche ».

Merci à tous ceux qui m'ont aidé à corriger et compléter cette édition et bonne lecture à tous.

Chapitre 1

Introduction à la technologie des ordinateurs

1.1 DÉFINITION DE L'INFORMATIQUE

L'informatique est la « Science du traitement rationnel et automatique de l'information ; l'ensemble des applications de cette science ». Les mots employés dans cette définition de l'informatique par l'Académie française ne sont pas anodins.

Tout d'abord, l'informatique est une **science**, c'est-à-dire qu'elle obéit à des règles et des lois précises, et les traitements qu'elle réalise se font de manière rationnelle. **Le traiement automatique** mentionné par la définition fait référence aux **ordinateurs** dont nous étudierons la technologie dans les chapitres suivants. **L'information** est la matière traitée par les ordinateurs. Ils doivent donc être capables de la « comprendre », tout comme l'homme comprend une langue et des concepts.

1.2 PREMIÈRE APPROCHE DU SYSTÈME INFORMATIQUE

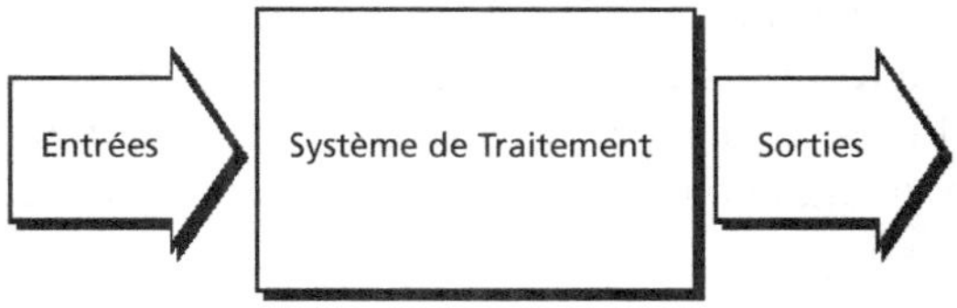

Commençons par présenter rapidement ce qu'est un ordinateur et établissons un parallèle avec la façon dont travaille, par exemple, un employé de bureau. Pour travailler, l'employé qui est au centre des traitements, et que l'on peut donc considérer comme **l'unité centrale de traitement** s'installe à son bureau où on lui remet dans un dossier le travail à faire (**informations en entrée**), tandis que dans un autre dossier il devra mettre le travail fait (**informations en sortie**).

Nous avons là un **système de traitement** qui reçoit des informations en entrée, exécute un traitement sur ces informations et restitue des informations en sortie.

Pour exécuter son travail, l'employé peut avoir besoin de réaliser des calculs (opérations mathématiques, additions, comparaisons…), il dispose pour cela d'une calculatrice (ou **unité de calcul**). Pour ne pas oublier ce qu'on lui demande, il va noter sur un brouillon les instructions qu'il a reçues et qui constituent son **programme** de travail ; de même il va certainement être amené à noter quelques informations sur les données qu'il va traiter.

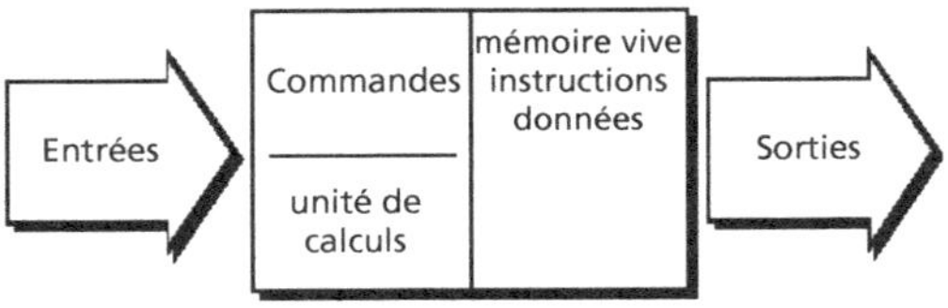

Il mémorise donc des **instructions** à exécuter et des **données** à traiter. Ces informations peuvent être actualisées et on peut ainsi considérer que l'on se trouve en présence d'une mémoire qui « vit » (où l'information naît, vit et meurt). On parle alors de **mémoire vive**.

De plus, il se peut que pour réaliser la tâche demandée, l'employé ait besoin d'informations qui soient toujours les mêmes (le taux de TVA par exemple) et qu'il mémorisera une fois pour toutes. Il s'agit là d'une mémoire qui ne « vit pas » et l'on parle alors de **mémoire morte**.

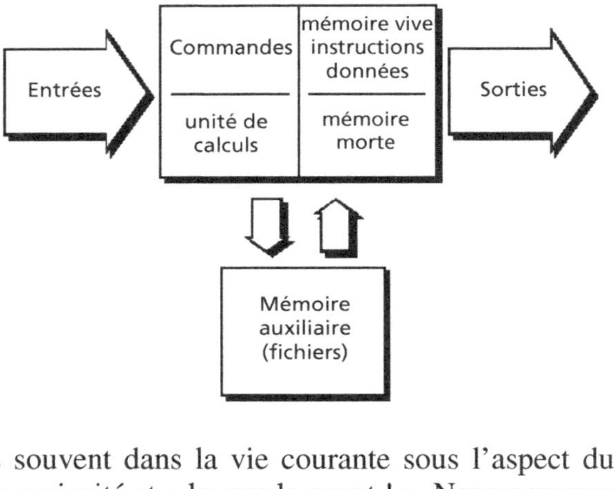

Certaines informations (telles que le catalogue des prix, les adresses des clients…) sont trop volumineuses pour être mémorisées « de tête », et l'employé aura alors à sa disposition des classeurs contenant des **fichiers** clients, tarifs… qui constituent une **mémorisation** externe ou **auxiliaire** de certaines données. Dans un ordinateur nous retrouverons également tous ces constituants.

L'ordinateur se présente le plus souvent dans la vie courante sous l'aspect du micro-ordinateur. Faisons preuve de curiosité et « levons le capot ! ». Nous pouvons d'ores et déjà distinguer un certain nombre d'éléments. Le plus volumineux est souvent le bloc d'alimentation électrique, accompagné d'un ventilateur de refroidissement.

Partant de ce bloc, un certain nombre de fils électriques alimentent les divers composants parmi lesquels on distingue un certain nombre de **cartes** ou **contrôleurs**, recouvertes de puces électroniques et enfichées sur une carte plus grande, dite « **carte mère** » située au fond de la machine.

Cette carte mère supporte l'unité de traitement, plus communément désignée sous le terme de **microprocesseur** ou **puce**. On utilise parfois le terme de « fonds de panier », pour désigner la série de connecteurs permettant d'enficher les diverses cartes. La carte mère présente divers connecteurs de formes et de couleurs différents. L'un d'eux porte sous forme de barrette(s) la mémoire centrale de l'ordinateur (**mémoire vive**).

Certaines cartes (contrôleurs) disposent de nappes de câbles qui renvoient vers des modules permettant de loger de manière interne un certain nombre d'unités de stockage (**mémoire auxiliaire**) : lecteurs de disquettes, disque dur, streamer, CD-ROM… Il est également possible de rencontrer ces divers modules à l'extérieur du boîtier principal et vous pouvez déjà constater que l'on relie à ce boîtier l'écran de visualisation (ou moniteur vidéo) ainsi que le clavier, qui permet d'entrer les informations nécessaires au traitement, ou encore la souris.

Dans les chapitres de cet ouvrage nous étudierons, plus précisément, ce que recouvrent tous ces termes, la manière dont sont constitués techniquement les ordinateurs et quels sont les divers périphériques qui leur sont associés (imprimantes, écrans…), mais il convient tout d'abord d'observer sous quelle forme doivent se présenter les informations dans la machine afin qu'elles puissent être assimilées par le système informatique.

EXERCICES

1.1 Reconstituez, sans vous aider du livre, le schéma synoptique d'un système informatique simplifié tel que nous l'avons présenté précédemment.

1.2 Nommez les divers composants ci-après.

Chapitre 2

Numération binaire et hexadécimale

2.1 POURQUOI UNE LOGIQUE BINAIRE ?

Le passage d'une information, d'un langage compréhensible par l'homme à un langage compréhensible par le système informatique, s'appelle **codage** ou **codification**. Nous verrons qu'il existe de nombreuses possibilités de codage de l'information, en BINAIRE, en HEXADÉCIMAL, en BCD, en ASCII... Mais étudions d'abord les éléments de base du langage binaire qui est le fondement même de la logique informatique telle qu'elle existe à l'heure actuelle. Il est en effet possible que d'ici quelques décennies la logique binaire soit remplacée par une logique « multi-états » bien que la logique binaire ait encore de beaux jours devant elle.

Les systèmes informatiques actuels étant construits à l'aide de circuits intégrés – composants électroniques qui rassemblent pour certains des dizaines voire des centaines de millions de transistors, ne fonctionnent actuellement que selon une **logique à deux états** telle que, de façon schématique, le courant passe ou ne passe pas dans le transistor. Ces deux états logiques, conventionnellement notés **0** et **1**, déterminent cette logique **binaire** correspondant (de manière un peu « réductrice ») à deux niveaux électriques.

Toute information à traiter devra donc être représentée sous une forme assimilable par la machine, c'est-à-dire sous une forme **binaire**, que ce soit en interne dans la machine, ainsi que nous venons de le signaler, mais également sur les « fils » permettant de faire circuler l'information entre les composants de l'ordinateur.

Dès lors qu'ils empruntent des voies filaires, les signaux binaires imposent classiquement l'usage de deux fils (l'un véhiculant le signal et l'autre servant de masse).

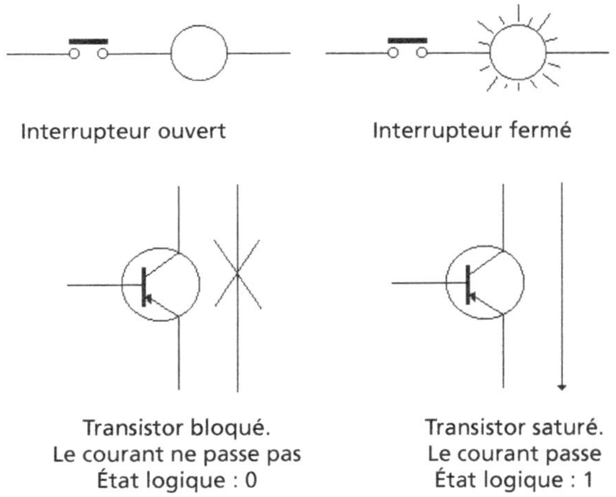

Figure 2.1 États binaires

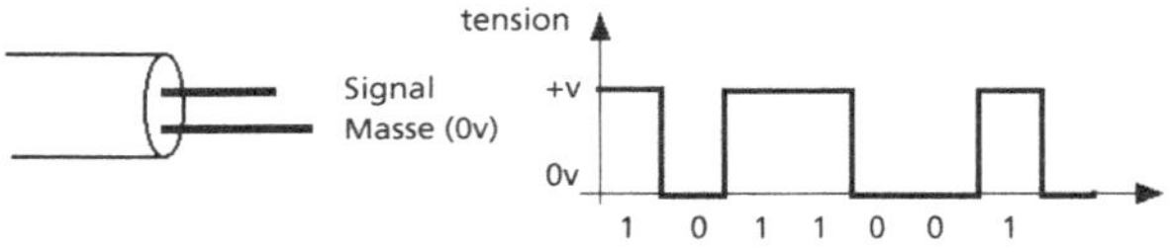

Figure 2.2 Transmission classique

Cette technique, dite **NRZ** (*No Return to Zero*) ou **bus asymétrique** – **SE** (*Single Ended*), bien que toujours très utilisée, présente cependant des inconvénients liés aux phénomènes électromagnétiques qui font que les signaux s'affaiblissent rapidement et deviennent illisibles, notamment lors de la transmission de composantes continues telles que de longues suites de 0 ou de 1. La méthode NRZ est donc peu à peu remplacée par une autre technique dite **mode différentiel**, **bus différentiel** ou **symétrique – LVD** (*Low Voltage Differential*), où chaque fil de la paire véhicule le signal et son inverse.

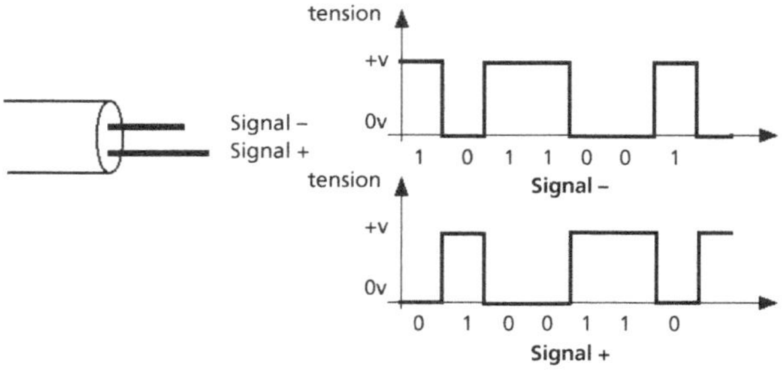

Figure 2.3 Transmission symétrique

2.2 LE LANGAGE BINAIRE (BINAIRE PUR)

En langage binaire, ou plus simplement « en binaire », on dispose d'un alphabet dont les **symboles** sont le **0** et le **1** qui, combinés, doivent permettre de définir toute information à traiter. La base de numération employée est ici de 2 (car on utilise 2 symboles) et les calculs se font alors en **base 2**. Un nombre en base 2 est conventionnellement noté n_2.

On notera ainsi 101_2

Un nombre en base 10, tel que nous l'employons d'habitude, devrait donc être noté sous la forme n_{10}, par exemple, 135_{10}, mais généralement une telle notation est omise. Il convient cependant d'y prêter attention dans certains cas (c'est ainsi que 101_2 et 101_{10} ne correspondent pas du tout à la même valeur dans une base commune). Le **binaire pur** est à distinguer d'une autre forme de numération binaire dite **binaire réfléchi** qui consiste à faire progresser les valeurs binaires en ne faisant varier qu'un seul bit d'une valeur binaire à la valeur binaire suivante. Toutefois cette technique, employée en automatisme, ne nous concerne pas.

2.2.1 Conversions

Afin de simplifier la démarche d'apprentissage, nous ne traiterons dans un premier temps que le cas des nombres entiers positifs.

On passe d'un nombre en base 10 à un nombre en base 2 par divisions successives.

Soit 135_{10} à convertir en base 2.

135	/	2	=	67	reste	1	↑
67	/	2	=	33	reste	1	↑
33	/	2	=	16	reste	1	↑
16	/	2	=	8	reste	0	↑
8	/	2	=	4	reste	0	↑
4	/	2	=	2	reste	0	↑
2	/	2	=	1	reste	0	↑
1	/	2	=	0	reste	1	↑

Les flèches indiquent le sens de lecture. Le nombre 135_{10} équivaudra ainsi à 10000111_2 en binaire pur. Chaque élément binaire, pouvant prendre une valeur 0 ou 1, est appelé un **digit binaire** ou, plus couramment **bit** (abréviation de l'anglais **bi**nary digi**t**). Une suite de quatre bits prendra le nom de **quartet** (ou ***nibble***), une suite de huit bits le nom d'**octet**. Attention : en anglais **octet** se traduit par ***byte*** et il faut absolument éviter la confusion entre bit et *byte* !

0	1	1	0	0	0	0	1

Figure 2.4 Un octet

Le passage d'un nombre en base 2 à un nombre en base 10 peut se faire par multiplications successives.

Il suffit en effet de multiplier chaque élément du nombre binaire (ou **bit**) par le chiffre 2 élevé à une puissance, croissant par pas de 1, comptée à partir de zéro en partant de la droite, puis d'effectuer la somme des résultats obtenus.

Soit 10011_2 à convertir en décimal.

1	0	0	1	1	
×	×	×	×	×	
2^4	2^3	2^2	2^1	2^0	
(16)	(8)	(4)	(2)	(1)	
=	=	=	=	=	
16	0	0	2	1	dont la somme donne 19_{10}

On constate, à l'examen de cette méthode, que l'on multiplie chacun des bits examinés, par les valeurs successives (en partant de la droite du nombre binaire) 1, 2, 4, 8, 16, 32, 64, 128… qui sont en fait déterminées par le poids binaire du digit.

On peut alors en déduire une autre technique de conversion des nombres décimaux en binaire, qui consiste à retrancher du nombre initial la plus grande puissance de 2 possible, et ainsi de suite dans l'ordre décroissant des puissances. Si on peut retirer la puissance de 2 concernée on note 1 sinon on note 0 et on continue de la sorte jusqu'à la plus petite puissance de 2 possible soit 2^0 pour des entiers.

Reprenons le cas de notre premier nombre 135_{10}

de	135	on peut	(1)	retirer	128	reste	7
	7	on ne peut pas	(0)	retirer	64	reste	7
	7	on ne peut pas	(0)	retirer	32	reste	7
	7	on ne peut pas	(0)	retirer	16	reste	7
	7	on ne peut pas	(0)	retirer	8	reste	7
	7	on peut	(1)	retirer	4	reste	3
	3	on peut	(1)	retirer	2	reste	1
	1	on peut	(1)	retirer	1	reste	0

Attention : on lit les valeurs binaires, de haut en bas ! Mais le résultat est encore (bien entendu !) 10000111_2.

Une variante – rapide et pratique en termes de calcul mental… à utiliser un jour d'examen par exemple – consiste à procéder mentalement par addition successive des puissances de 2 décroissantes trouvées et à noter 1 si la somme est inférieure ou égale au résultat recherché et 0 dans le cas contraire.

Ainsi, en reprenant notre valeur 135, la plus grande puissance de 2 que l'on peut retenir est 128 (2^7) on note donc 1. Si on y ajoute la puissance de 2 suivante soit 64 (2^6) le total va donner 192 donc « trop grand » on note 0 (pour l'instant nous avons noté 1 et 0). La puissance de 2 suivante est 32 soit 128 + 32 = 160 donc « trop grand » on note 0 (soit 100), la puissance de 2 suivante est 16 soit 128 + 16 = 144 donc « trop grand », on note 0 (soit 1000). La puissance de 2 suivante est 8 soit 128 + 8 = 136 donc « trop grand ». On note encore 0 (soit 10000). La puissance de 2 suivante est 4 soit 128 + 4 = 132 donc « ça loge ». On note 1 (soit 100001). La puissance de 2 suivante est 2 soit 132 + 2 = 134 donc « ça loge » et on note encore 1 (soit 1000011). Enfin la puissance de 2 suivante est 1 soit 134 + 1 = 135 donc « ça loge » on note alors 1 ce qui donne pour l'ensemble 10000111_2 ce qui correspond bien à ce que nous devions trouver !

Cette technique impose de connaître les valeurs décimales associées aux puissances de 2 ! Mais qui ne s'est pas amusé à ce petit « jeu »... 1, 2, 4, 8, 16, 32, 64, 128, 256, 512, 1024, 2048... ou « à l'envers »... 2048, 1024, 512, 256, 128...

TABLEAU 2.1 LES 10 PREMIERS NOMBRES BINAIRES

Base 10	Base 2	Base 10	Base 2
1	1	6	110
2	10	7	111
3	11	8	1000
4	100	9	1001
5	101	10	1010

a) Notion de poids binaire

Le **poids binaire** ou « poids du bit » correspond à la puissance à laquelle est élevé le bit lors de la conversion binaire-décimal. Ainsi, les bits situés à droite du nombre sont les bits de **poids faible** car leur puissance évolue à partir de la valeur 0 (2^0) pour aller vers 2^1, 2^2, etc. Les bits situés à gauche du nombre sont les bits de **poids fort** car leur puissance est la plus élevée et va en décroissant pour se rapprocher des bits de poids faible. Ainsi, sur un octet, le bit situé le plus à gauche est le bit de poids fort (2^7) le plus significatif ou **MSB** (*Most Significant Bit*) alors que le bit situé le plus à droite est le bit de poids faible (2^0) ou **LSB** (*Less Significant Bit*). À partir de quand les poids forts deviennent-ils des poids faibles et inversement... Tout est affaire de relativité !

2.2.2 Opérations binaires

Les opérations sur les nombres binaires s'effectuent de la même façon que sur les nombres décimaux. Toutefois, il ne faut pas oublier que les seuls symboles utilisés sont le **1** et le **0**, nous aurons ainsi les opérations fondamentales suivantes.

a) Addition

$0 + 0 = 0$

$0 + 1 = 1$

$1 + 0 = 1$

$1 + 1 = 0$ et « on retient 1 » ou encore

$$\begin{array}{r} 1 \\ +\ 1 \\ \hline 0 \end{array}$$

retenue → 1

b) Soustraction

$0 - 0 = 0$

$0 - 1 = 1$ et « on retient 1 » OU ENCORE

$$\begin{array}{r} 0 \\ -\ 1 \\ \hline 1 \end{array}$$

RETENUE → 1

$1 - 1 = 0$

$1 - 0 = 1$

c) Multiplication

Les multiplications binaires s'effectuent selon le principe des multiplications décimales. On multiplie donc le multiplicande par chacun des bits du multiplicateur. On décale les résultats intermédiaires obtenus et on effectue ensuite l'addition de ces résultats partiels.

```
      1 0 0 0
    × 1 0 1 0
    ---------
      0 0 0 0
    1 0 0 0
  0 0 0 0
1 0 0 0
-------------
1 0 1 0 0 0 0
```

```
                                                               1 0 1 1
                                                             ×   1 1 1
                                                             ---------
                                                               1 0 1 1
                                                             1 0 1 1
                                                           1 0 1 1
                                   Somme intermédiaire →   1 1 0 0 0
   Retenues générées par l'addition de la somme
      intermédiaire et de la retenue précédentes →       1 1
   Retenues générées par l'addition qui aboutit à
                      la somme intermédiaire →               1 1 1
                                                         -------------
                                                         1 0 0 1 1 0 1
```

d) Division

Nous avons vu que la multiplication était basée sur une succession d'additions. Inversement la division va être basée sur une succession de soustractions et s'emploie de la même façon qu'une division décimale ordinaire.

Soit 1 1 0 0_2 à diviser par 1 0 0_2

```
  1 1 0 0  | 1 0 0
- 1 0 0    |------
  -----    | 1
  0 1 0 0  |
  - 1 0 0  | 1
    -----  |
    0 0 0  |
```

Le résultat qui se lit en « descendant » est donc 1 1_2.

Soit 1 0 1 1 0 0_2 à diviser par 1 0 0_2

```
  1 0 1 1 0 0  | 1 0 0
- 1 0 0        |------
  -----        | 1
    0 1        |
      1 1      | 0
      1 1 0    |
    - 1 0 0    | 1
      -----    |
        1 0    |
        1 0 0  |
      - 1 0 0  | 1
        -----  |
            0  |
```

Le résultat qui se lit en « descendant » est donc 1 0 1 1_2.

2.2.3 Cas des nombres fractionnaires

Les nombres utilisés jusqu'à présent étaient des entiers positifs ou négatifs. Bien sûr il est également possible de rencontrer des nombres fractionnaires qu'il conviendra de pouvoir également coder en binaire.

Nous avons vu précédemment que la partie entière d'un nombre se traduisait en mettant en œuvre des puissances positives de 2. Sa partie décimale se traduira donc en fait en mettant en œuvre des puissances **négatives** de 2. Le nombre binaire obtenu se présente sous la forme d'une partie entière située à gauche de la marque décimale, et d'une partie fractionnaire située à droite.

	Ainsi	1 0 0		. $0\ 1_2$	sera équivalent à	
(1×2^2)	+ (0×2^1)	+ (0×2^0)	. (0×2^{-1})	+ (1×2^{-2})		
(1×4)	+ (0×2)	+ (0×1)	. $(0 \times 1/2)$	+ $(1 \times 1/4)$	soit 4.25_{10}	

La conversion binaire/décimal ci-dessus se fait donc de manière aisée, il en est de même pour la conversion décimal/binaire. Nous ne reviendrons pas sur la conversion de la partie entière qui se fait par divisions successives par 2 telle que nous l'avons étudiée au début de ce chapitre.

En ce qui concerne la partie fractionnaire, il suffit de la multiplier par 2, la partie entière ainsi obtenue représentant le poids binaire (limité ici aux seules valeurs 1 ou 0). La partie fractionnaire restante est à nouveau multipliée par 2 et ainsi de suite jusqu'à ce qu'il n'y ait plus de partie fractionnaire ou que la précision obtenue soit jugée suffisante.

Soit 0.625_{10}

$0.625 \times 2 = 1.250$ Poids binaire 1×2^{-1}

$0.250 \times 2 = 0.500$ Poids binaire 0×2^{-2}

$0.500 \times 2 = 1.000$ Poids binaire 1×2^{-3}

Quand il ne reste plus de partie fractionnaire, on s'arrête.
Ainsi 0.625_{10} devra se traduire par $.101_2$.

À titre utilitaire, vous trouverez (tableau 2.2) un tableau de base des diverses puissances de 2 positives ou négatives.

TABLEAU 2.2 LES 10 PREMIÈRES PUISSANCES DE 2 (POSITIVES ET NÉGATIVES)

2^{-n}	n	2^n
1	0	1
0.5	1	2
0.25	2	4
0.125	3	8
0.0625	4	16
0.03125	5	32
0.015625	6	64
0.0078125	7	128
0.00390625	8	256
0.001953125	9	512
0.0009765625	10	1024

Cette utilisation particulière de la numération binaire des fractionnaires ne présente à peu près qu'un intérêt d'école (quoique dans certains cas cela puisse servir). Dans la majorité des cas, l'informaticien sera amené à manipuler les conversions décimal-binaire ou binaire-décimal ainsi que les additions et soustractions ; les autres opérations étant d'un usage relativement moins courant.

2.3 LE LANGAGE HEXADÉCIMAL

Le langage binaire s'il est compréhensible par la machine (et peut donc être appelé à ce niveau **langage machine**) est difficilement « assimilable » par l'homme dès lors qu'on manipule de grandes séries binaires. On utilise donc un autre système de notation, le système **hexadécimal** – base 16, que nous étudierons ici. Précisons qu'un système **octal** (base 8) a également été utilisé mais est tombé en désuétude. En notation hexadécimale on utilise un **alphabet** comportant **16** symboles. Les chiffres ne pouvant représenter que 10 symboles (0 à 9 inclus), on doit alors utiliser 6 symboles supplémentaires pour compléter notre alphabet. Les symboles retenus ont donc été les 6 premières lettres de l'alphabet.

0 1 2 3 4 5 6 7 8 9 A B C D E F

Figure 2.5 Alphabet hexadécimal

2.3.1 Conversions

Il est possible de passer d'un nombre en base 10 à un nombre en base 16 par divisions successives. On note les restes de ces divisions qu'on lit ensuite en « remontant ».

Convertir en base 16 le nombre 728_{10}

728_{10}	:	16	=	45	Reste	8	
45_{10}	:	16	=	2	Reste	13	↑
2_{10}	:	16	=	0	Reste	2	

Les nombres supérieurs à 9 n'existent pas, en tant que tels, dans la notation hexadécimale où ils doivent être remplacés par des lettres. Ainsi notre « 13 » devra-t-il être remplacé par la lettre D qui est son **équivalent hexadécimal**.

Nombre décimal	0	1	2	3	4	5	6	7	8	9	10	11	12	13	14	15
Équivalent hexadécimal	0	1	2	3	4	5	6	7	8	9	A	B	C	D	E	F

Figure 2.6 Les symboles hexadécimaux

Nous pouvons donc enfin écrire le résultat sous sa forme définitive :
$728_{10} = 2D8_{16}$

En informatique, on notera plus souvent la base 16 par la présence d'un 0x (comme heXadécimal) devant le nombre.

Ainsi : 0x2D8.

Inversement il est aisé de passer d'un nombre en notation hexadécimale à un nombre décimal par multiplications successives, en suivant les principes énoncés dans la conversion binaire. Cependant il ne s'agit plus, cette fois, de puissances de 2 mais de puissances de 16 puisqu'en hexadécimal la base est 16.

Soit 0x 1 3 D à convertir en base 10

$$
\begin{array}{ccccccccccc}
1 & \times & 16^2 & + & 3 & \times & 16^1 & + & 13 & \times & 16^0 \\
1 & \times & 256 & + & 3 & \times & 16 & + & 13 & \times & 1 \\
 & 256 & & + & & 48 & & + & & 13 & = 317
\end{array}
$$

2.3.2 Passage direct binaire/hexadécimal

Si l'on représente les 16 symboles de l'alphabet hexadécimal en binaire on constate que l'on utilise pour chacun d'eux un maximum de 4 bits.

0	0
1	1
2	10
3	11
4	100

5	101
6	110
7	111
8	1000
9	1001

10 – A	1010
11 – B	1011
12 – C	1100
13 – D	1101
14 – E	1110
15 – F	1111

On peut donc directement et facilement passer du binaire à l'hexadécimal en décomposant le nombre binaire en blocs de 4 bits – en partant de la droite (bits dits « de poids faible ») – et en restituant sa valeur hexadécimale à chacun de ces blocs.

Ainsi 732_{10} donne en binaire 1011011100_2

On décompose ce nombre binaire en blocs de 4 bits, à partir de la droite, soit :

	0 0 1 0	1 1 0 1	1 1 0 0
Soit en décimal	2	13	12
Soit en hexadécimal	2	D	C

Le passage de l'hexadécimal en binaire peut donc se faire de la manière inverse, c'est-à-dire en convertissant les chiffres qui composent le nombre hexadécimal en leur équivalent binaire.

Ainsi : $1AB_{16}$

1	A	B	donne en binaire
0 0 0 1	1 0 1 0	1 0 1 1	

2.3.3 Représentation des valeurs hexadécimales

La représentation des valeurs sous un format hexadécimal ne se traduit pas visuellement par la présence de l'indice (16) derrière la valeur. On utilise parfois la lettre H ou plus généralement dans les représentations issues des ordinateurs, on fait précéder cette valeur des deux symboles 0x.

Ainsi, $2A03_{16}$ 2A03H ou 0x2A03 sont des représentations valides d'une même valeur hexadécimale. On rencontrera le plus souvent la forme 0x2A03

EXERCICES

2.1 Convertir en binaire les nombres 397_{10}, 133_{10} et 110_{10} puis en décimal les nombres 101_2, 0101_2 et 1101110_2 et vérifier en convertissant pour revenir à la base d'origine.

2.2 Effectuer les opérations suivantes et vérifier les résultats en procédant aux conversions nécessaires.

a) 1 1 0 0 + 1 0 0 0 =

b) 1 0 0 1 + 1 0 1 1 =

c) 1 1 0 0 – 1 0 0 0 =

d) 1 0 0 0 – 1 0 1 =

e) 1 + 1 + 1 + 1 =

2.3 Réaliser les opérations suivantes et vérifier les résultats en procédant aux conversions nécessaires.

a) 1 0 1 1 × 1 1 =

b) 1 1 0 0 × 1 0 1 =

c) 1 0 0 1 1 1 × 0 1 1 0 =

2.4 Réaliser les opérations suivantes et vérifier les résultats en procédant aux conversions nécessaires.

a) 1 0 0 1 0 0 / 1 1 =

b) 1 1 0 0 0 0 / 1 1 0 =

2.5 Convertir en binaire 127.75_{10} puis 307.18_{10} Vous pourrez constater, à la réalisation de ce dernier exercice, que la conversion du .18 peut vous entraîner « assez loin ». C'est tout le problème de ce type de conversion et la longueur accordée à la partie fractionnaire dépendra de la précision souhaitée.

2.6 Convertir en hexadécimal *a)* 3167_{10} *b)* 219_{10} *c)* 6560_{10}

2.7 Convertir en décimal *a)* 0x3AE *b)* 0xFFF *c)* 0x6AF

2.8 Convertir en base 16 *a)* 128_{10} *b)* 101_{10} *c)* 256_{10} *d)* 110_2 *e)* 1001011_2

2.9 Convertir en base 10 *a)* 0xC20 *b)* 0xA2E

2.10 Convertir en base 2 *a)* 0xF0A *b)* 0xC01

SOLUTIONS

2.1 *a)* Convertir en binaire le nombre 397_{10}

397	:	2	=	198	reste	1
198	:	2	=	99	reste	0
99	:	2	=	49	reste	1
49	:	2	=	24	reste	1
24	:	2	=	12	reste	0
12	:	2	=	6	reste	0
6	:	2	=	3	reste	0
3	:	2	=	1	reste	1
1	:	2	=	0	reste	1

Le résultat se lit en « remontant » et nous donne donc 110001101_2.

Vérification :

1	1	0	0	0	1	1	0	1_2	
×	×	×	×	×	×	×	×	×	
2^8	2^7	2^6	2^5	2^4	2^3	2^2	2^1	2^0	
(256)	*(128)*	*(64)*	*(32)*	*(16)*	*(8)*	*(4)*	*(2)*	*(1)*	
=	=	=	=	=	=	=	=	=	
256	128				8	4		1	→ soit 39710

b) Convertir en binaire le nombre $133_{10} = 10000101_2$

c) Convertir en binaire le nombre $110_{10} = 1101110_2$

d) Convertir en décimal le nombre $101_2 = 1 \times 22 + 0 \times 21 + 1 \times 20$
soit $1 \times 4 + 0 \times 2 + 1 \times 1 = 5_{10}$

e) Convertir en décimal le nombre $0101_2 = 5_{10}$. Un zéro devant un nombre n'est pas significatif, que ce soit en décimal ou en binaire.

f) Convertir en décimal le nombre $1101110_2 = 110_{10}$

2.2 Effectuer les opérations.

a) addition de 1 1 0 0 + 1 0 0 0

b) 1 0 0 1 + 1 0 1 1 = 1 0 1 0 0

c) soustraction de 1 1 0 0 – 1 0 0 0

$$\begin{array}{ccccc} & 1 & 1 & 0 & 0 \\ - & 1 & 0 & 0 & 0 \\ \hline & 0 & 1 & 0 & 0 \end{array}$$

d) 1 0 0 0 – 1 0 1

$$\begin{array}{cccccl} & 1 & 0 & 0 & 0 & \\ - & & 1 & 0 & 1 & \\ \hline & 1 & 1 & 0 & 1 & \textit{« soustraction » intermédiaire} \\ & 1 & 1 & 1 & & \textit{retenues intermédiaires} \\ \cline{2-5} & 0 & 0 & 1 & 1 & \end{array}$$

e) 1 + 1 + 1 + 1 = 100

2.3 Réaliser les opérations.

a) 1 0 1 1 × 1 1

$$\begin{array}{cccccc} & & 1 & 0 & 1 & 1 \\ & \times & & & 1 & 1 \\ \cline{3-6} & & 1 & 0 & 1 & 1 \\ & 1 & 0 & 1 & 1 & \\ \mathit{1} & \mathit{1} & \mathit{1} & \mathit{1} & & \\ \hline 1 & 0 & 0 & 0 & 0 & 1 \end{array}$$

b) 1 1 0 0 × 1 0 1

$$\begin{array}{cccccc} & & 1 & 1 & 0 & 0 \\ & \times & & 1 & 0 & 1 \\ \cline{3-6} & & 1 & 1 & 0 & 0 \\ & 0 & 0 & 0 & 0 & \\ 1 & 1 & 0 & 0 & & \\ \hline 1 & 1 & 1 & 1 & 0 & 0 \end{array}$$

c) 1 0 0 1 1 1 × 0 1 1 0 = 1 1 1 0 1 0 1 0

2.4 Réaliser les opérations.

a) 1 0 0 1 0 0 / 1 1 =

$$\begin{array}{cccccc|cc} 1 & 0 & 0 & 1 & 0 & 0 & 1 & 1 \\ \cline{7-8} - & 1 & 1 & & & & 1 & \\ \cline{1-3} 0 & 0 & 1 & 1 & & & & \\ & - & 1 & 1 & & & 1 & \\ \cline{2-4} & & 0 & 0 & 0 & & 0 & \\ & & 0 & 0 & 0 & 0 & 0 & \end{array}$$

b) 1 1 0 0 0 0 / 1 1 0 = 1 0 0 0

2.5 Convertir en binaire.

a) 127.75_{10}

127	: 2	=	63	reste	1
63	: 2	=	31	"	1
31	: 2	=	15	"	1
15	: 2	=	7	"	1
7	: 2	=	3	"	1
3	: 2	=	1	"	1
1	: 2	=	0	"	1

La partie entière est 1111111_2

Pour la partie fractionnaire : $.75 \times 2 = 1.50$

$.50 \times 2 = 1.00$

Il ne reste plus de décimales donc on s'arrête.

Le nombre 127.75_{10} équivaut donc à 1111111.11_2

b) 307.18_{10}

307	: 2	=	153	reste	1
153	: 2	=	76	"	1
76	: 2	=	38	"	0
38	: 2	=	19	"	0
19	: 2	=	9	"	1
9	: 2	=	4	"	1
4	: 2	=	2	"	0
2	: 2	=	1	"	0
1	: 2	=	0	"	1

et pour la partie fractionnaire :

$.18 \times 2 = 0.36$

$.36 \times 2 = 0.72$

$.72 \times 2 = 1.44$

$.44 \times 2 = 0.88$

$.88 \times 2 = 1.76$

$.76 \times 2 = 1.52$

$.52 \times 2 = 1.04$ etc.

Le nombre 307.18_{10} donne donc $100110011.0010111\ldots_2$

2.6 Convertir en hexadécimal *a)* 3167_{10} *b)* 219_{10} *c)* 6560_{10}

a) 3167_{10}

3167	:	16	=	197	reste	15	soit	F
197	:	16	=	12	reste	5	soit	5
12	:	16	=	0	reste	12	soit	C

Le résultat se lit « en montant » et est donc : 0xC5F

b) 219_{10} = 0xDB

c) 6560_{10} = 0x19A0

2.7 Convertir en décimal *a)* 0x3AE *b)* 0xFFF *c)* 0x6AF

a) 0x3AE

3		A		E		
3×16^2	+	$A \times 16^1$	+	$E \times 16^0$		
3×256	+	10×16	+	14×1	soit 942_{10}	

b) $0xFFF = 4095_{10}$
c) $0x6AF = 1711_{10}$

2.8 Convertir en base 16 *a)* 128_{10} *b)* 101_{10} *c)* 256_{10} *d)* 110_2 *e)* 1001011_2

a) 128_{10}

128	:	2	=	64	reste	0
64	:	2	=	32		0
32	:	2	=	16		0
16	:	2	=	8		0
8	:	2	=	4		0
4	:	2	=	2		0
2	:	2	=	1		0
1	:	2	=	0		1

$128_{10} = 10000000_2$
on décompose en blocs de 4 bits en commençant par la droite soit : $1000\ 0000_2$
on donne les équivalents décimaux de ces blocs soit : 1000 → 8 et 0000 → 0
donc 128_{10} = 0x80
b) 101_{10} = 0x65
c) 256_{10} = 0x100
d) on complète le bloc de 4 bits soit 0110_2 donc 6_{16}.
e) 1001011_2 = 0x4B

2.9 Convertir en base 10 *a)* 0xC20 *b)* 0xA2E

a) 0xC20
On reconstitue les blocs de 4 bits.

C	2	0
1100	0010	0000_2

on convertit le nombre binaire obtenu en décimal, soit 3104_{10}
b) 0xA2E = 2606_{10}

2.10 Convertir en base 2 *a)* 0xF0A *b)* 0xC01

a) 0xF0A
On reconstitue les blocs de 4 bits.

F	0	A_{16}
1111	0000	1010_2

0xF 0 A = 111100001010_2
b) 0xC01 = 110000000001_2

Chapitre 3

Représentation des nombres

Les informations que doivent traiter les ordinateurs sont composées de chiffres, de lettres ou de symboles particuliers. Historiquement le but premier des ordinateurs était de résoudre rapidement des calculs complexes et longs. La première forme de représentation étudiée a donc été celle des nombres.

Le choix d'un mode de représentation du nombre est généralement fait par le programmeur et donnera lieu à l'utilisation d'instructions particulières du langage (déclarations *int*, *long int*, *unsigned*, *float*... en langage C par exemple).

Bien comprendre comment se présentent les nombres dans ces divers formats permet au programmeur de minimiser la place occupée sur le support de stockage (disque dur, CDROM...) mais également la place occupée en mémoire centrale et donc la rapidité des traitements que l'on fera sur ces données.

3.1 NOTION DE MOT

Les systèmes informatiques manipulent, ainsi que nous l'avons dit lors de l'étude de la numération, des informations binaires et travaillent en général sur une longueur fixe de bits que l'on appelle **mot**. Suivant la machine, la taille du mot pourra être différente, les tailles classiques étant désormais de 32 ou 64 bits avec une évolution en cours vers les 128 bits. Par exemple, un micro-ordinateur construit autour d'un microprocesseur Intel Pentium utilise des mots de 32 bits, alors qu'une machine construite autour du microprocesseur Athlon 64 de AMD utilise des mots de 64 bits, le processeur Intel Itanium 2 des mots de 128 bits... On peut rencontrer aussi les notions de **demi-mot** ou de **double-mot.**

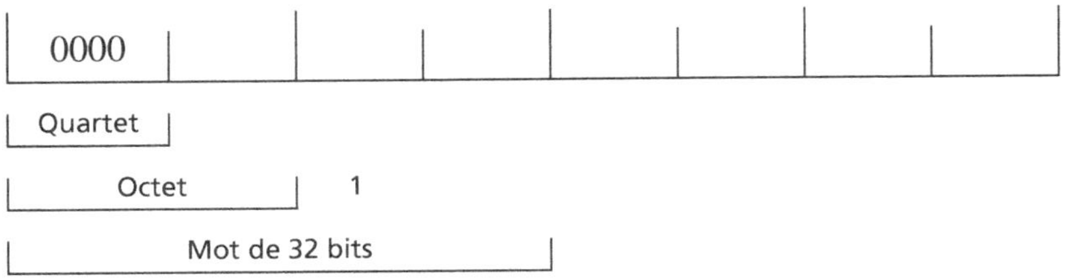

La représentation des nombres, à l'intérieur de la machine se fait selon deux méthodes dites en **virgule fixe** et en **virgule flottante**.

3.2 NOMBRES EN VIRGULE FIXE

Un nombre en virgule fixe est une valeur, munie ou non d'un signe, enregistrée comme un entier binaire, ou sous une forme dite DCB (**Décimale Codée Binaire**). Un tel nombre est dit en virgule fixe car le soin de placer la virgule revient au programmeur (on parle également de **virgule virtuelle**), c'est-à-dire que **la virgule n'apparaît pas** dans le stockage du nombre mais sera placée par le programmeur dans le programme qui utilise ce nombre, « décomposant » ainsi la valeur lue en une partie entière et une partie fractionnaire (c'est le rôle notamment de l'indicateur **V** utilisé dans les descriptions de données COBOL).

3.2.1 Nombres entiers binaires

Les nombres observés jusqu'à maintenant (*cf.* La numération) étaient des entiers naturels ou entiers relatifs positifs ou nuls, non signés (*integer* ou *unsigned integer*) et dans nos soustractions nous obtenions des résultats positifs. Qu'en est-il des nombres négatifs et, d'une manière plus générale, de la représentation du signe ?

a) Entiers signés (signed integer)

En ce qui concerne les entiers relatifs (entiers pouvant être négatifs), il faut coder le nombre afin de savoir s'il s'agit d'un nombre positif ou d'un nombre négatif.

La solution la plus simple, concernant la représentation du signe, consiste à réserver un digit binaire pour ce signe, les autres bits représentant la valeur absolue du nombre. La convention retenue impose de mettre le premier bit – celui étant situé le plus à gauche et qui est donc le bit de poids fort – à **0** pour repérer un nombre positif et à mettre ce même bit à **1** dans le cas d'un nombre négatif. On parle de **données signées** quand on utilise cette convention. C'est ainsi que :

0 1 1 0 1 1 représenterait 27_{10}

1 1 1 0 1 1 représenterait -27_{10}

Toutefois, une telle représentation des nombres signés entraînerait un traitement spécial du signe, et des circuits électroniques différents selon que l'on voudrait réaliser des additions ou des soustractions. Cet inconvénient est résolu par l'usage d'une autre forme de représentation des nombres négatifs dite **représentation en complément** ou encore **représentation sous forme complémentée**. Les règles suivantes sont donc adoptées par la majeure partie des constructeurs.

Nombre stocké sur un octet

Signe	*Représentation du nombre*							
7	6	5	4	3	2	1	0	*Poids des bits*

– Si le bit de signe a la valeur **0**, la donnée est **positive**.
– Les valeurs **positives** sont représentées sous leur **forme binaire**.
– La valeur **zéro** est considérée comme une donnée **positive**.
– Si le bit de signe a la valeur **1**, la donnée est **négative**.
– Les valeurs **négatives** sont représentées sous leur forme **complément à deux** ou **complément vrai**.

b) Représentation en complément

La représentation des nombres sous la forme « en complément » se fait selon deux modes qui ne s'appliquent en principe qu'aux nombres négatifs : complément restreint, ou complément vrai.

➤ Complément restreint

Le **complément restreint** d'un nombre binaire s'obtient par la simple inversion des valeurs des bits constituant ce nombre.

Ainsi, en considérant le nombre	1	0	0	1	0
Il aura pour **complément restreint**	0	1	1	0	1

➤ Complément vrai (ou complément à 2)

Le **complément vrai** (ou **complément à 2**) d'un nombre s'obtient en ajoutant 1 au complément restreint obtenu selon la méthode précédemment exposée.

On souhaite stocker sur un octet le nombre -23_{10}

Nombre au départ		0	0	1	0	1	1	1
Complément restreint		1	1	0	1	0	0	0
	+							1
Complément vrai (à 2)		**1**	**1**	**0**	**1**	**0**	**0**	**1**

1	1	1	0	1	0	0	1
Signe	Nombre						

c) Soustraction par la méthode du complément restreint

Dans une machine travaillant en complément restreint, la soustraction sera obtenue par l'addition du complément restreint du nombre à soustraire avec le nombre dont il doit être soustrait, et report de la retenue. S'il y a absence de report (pas de retenue ou débordement), issu du dernier rang, cela signifie que le résultat est **négatif**. Il se présente alors sous une forme **complémentée** (**complément restreint**). Il suffira donc de retrouver le complément restreint de ce résultat pour obtenir la valeur recherchée.

Soit à retrancher 28_{10} de 63_{10}

63_{10} →		0 0 1 1 1 1 1 1	*Le nombre 63*
-28_{10} →	0 0 0 1 1 1 0 0	+ 1 1 1 0 0 0 1 1	*Complément restreint de 28*
35_{10} →	*report (retenue) généré* **1**	0 0 1 0 0 0 1 0	
	prise en compte	+ **1**	
		0 0 1 0 0 0 1 1	*Le nombre 35*

Dans cet exemple, l'addition provoque une **retenue**, le résultat de l'opération est donc un **nombre positif**.

Soit à retrancher 63_{10} de 28_{10}

28_{10} →		0 0 0 1 1 1 0 0	*Le nombre 28*
-63_{10} →	0 0 1 1 1 1 1 1	+ 1 1 0 0 0 0 0 0	*Complément restreint de 63*
(–) 35_{10} →	*pas de report généré*	1 1 0 1 1 1 0 0	*Le nombre – 35 sous forme complémentée*
		0 0 1 0 0 0 1 1	*Le nombre 35*

Dans ce second exemple l'addition ne provoque **pas de retenue** : le résultat se présente donc comme un **nombre négatif** sous sa **forme complémentée** (ici nous fonctionnons en complément restreint). Il suffit de déterminer ensuite le complément restreint du nombre résultant de l'addition pour en connaître la valeur, soit dans ce cas le complément restreint de 11011100, donc 00100011 soit 35_{10}. Le résultat définitif est donc -35_{10}.

Remarque : La démarche est également valable pour une représentation en complément vrai. La technique est la même, sauf que l'on ne réinjecte pas le débordement (report, retenue ou *carry*). Au lieu de déterminer des compléments restreints on détermine, bien sûr, des compléments vrais.

Les formats de représentation en complément ne permettent de stocker qu'un nombre limité de valeurs selon la taille du mot dont on dispose.

Avec un mot de 16 bits

Plus grande valeur possible	0111111111111111_2
soit	$+32767_{10}$
Plus petite valeur possible	1000000000000000_2
en complément à deux soit	-32768_{10}

D'une manière générale on peut considérer le tableau suivant :

TABLEAU 3.1 TAILLE DES MOTS ET VALEUR DÉCIMALE

Taille du mot – octet(s)	Nombre de bits	Valeurs décimales
1	8 bits de valeur	0 à 255
1	1 bit de signe 7 bits de valeur	0 à + 127 0 à – 128
2	16 bits de valeur	0 à 65 535
2	1 bit de signe 15 bits de valeur	0 à + 32 767 0 à – 32 768
4	32 bits de valeur	0 à 4 294 967 295
4	1 bit de signe	0 à + 2 147 483 647
	31 bits de valeur	0 à – 2 147 483 648

3.2.2 Nombres en forme Décimale Codée Binaire – DCB

Les nombres stockés sous une forme DCB – Décimale Codée Binaire ou BCD (*Binary Coded Decimal*) peuvent être représentés de deux manières selon que l'on utilise un code DCB dit **condensé** ou **étendu**. DCB, issu d'un code simple (**code 8421**) n'est toutefois plus guère utilisé à l'heure actuelle. Dans le code 8421 (ainsi nommé du fait des puissances de 2 mises en œuvre), chaque chiffre du nombre est représenté par son équivalent binaire codé sur un bloc de 4 bits (un **quartet** ou ***nibble***).

Chiffre	Position Binaire			
	2^3	2^2	2^1	2^0
	8	4	2	1
0	0	0	0	0
1	0	0	0	1
2	0	0	1	0
3	0	0	1	1
4	0	1	0	0
5	0	1	0	1
6	0	1	1	0
7	0	1	1	1
8	1	0	0	0
9	1	0	0	1

Figure 3.1 Représentation en 8421

a) Cas du DCB condensé

Dans le cas du DCB condensé (on dit aussi *packed* ou paquet), chaque chiffre du nombre à coder occupe un **quartet** (c'est en fait du 8421). Le signe est généralement stocké dans le quartet le moins significatif.

Ainsi $3\ 1\ 7_{10}$

0011	0001	0111
3	1	7

On rencontre diverses méthodes de codification du signe : 0000 pour le signe + et 1111 pour le signe – (ou l'inverse), ou, plus souvent, B_{16} (soit 1011_2) pour le + et D_{16} (soit 1101_2) pour le – (abréviations de 2B et 2D) qui codent en ASCII les caractères + et –.

Représenter le nombre + 341 en DCB condensé

0011	0100	0001	1011
3	4	1	signe +

Ce code, simple, est utilisé pour le stockage des nombres et on le rencontre encore dans des applications développées notamment avec le langage COBOL.

b) Cas du DCB étendu

Dans le cas du DCB étendu (*unpacked*, ou *étalé* ou *non-« paquet »*...), chaque chiffre décimal est représenté par un **octet**. Toutefois dans cette forme étendue, les 4 bits de droite de l'octet sont suffisants pour coder les chiffres allant de 0 à 9 tandis que les quatre bits de gauche, dits aussi « bits de zone », ne servent à rien. Dans un format en DCB étendu, c'est la partie zone de l'octet le moins significatif (c'est-à-dire celui ayant le poids le plus faible) qui va jouer le rôle du signe.

Représenter le nombre + 341 en DCB étendu

0000	0011	0000	0100	1011	0001
zone	3	zone	4	signe +	1

En résumé un nombre en virgule fixe peut être représenté :

- sous forme d'un entier binaire signé ou non,
- en DCB condensé,
- en DCB étendu.

La représentation en virgule fixe occupe une place mémoire importante quand on utilise de grands nombres et on lui préfére une autre forme de représentation dite en virgule flottante.

3.3 NOMBRES EN VIRGULE FLOTTANTE

Pour représenter des réels, nombres pouvant être positifs, nuls, négatifs et non entiers, on utilise généralement une représentation en virgule flottante (*float*) qui fait correspondre au nombre trois informations :

- le **signe** (positif ou négatif) ;
- l'**exposant** (ou **caractéristique**) qui indique la puissance à laquelle la base est élevée ;
- la **mantisse** (parfois appelée **significande**) qui représente les chiffres significatifs du nombre.

> Ainsi, 1 200 000 000 en décimal peut également s'écrire 12 E 8 où
> 12 est la **mantisse**
> 8 est l'**exposant** (souvent repéré par la lettre E)

L'ensemble est équivalent à 12×10^8 (10 étant la base).

En ce qui concerne le signe, la manière la plus concise, pour représenter un nombre signé en virgule flottante est d'employer un exposant et une mantisse signés.

> $-123{,}45 = -0{,}12345 \times 10^{+3}$
>
> $0{,}0000678 = +0{,}678 \times 10^{-4}$

De plus, on utilise en général un **exposant décalé** au lieu de l'exposant simple. Par exemple, si on considérait un décalage de 5 (ce qui revient à l'addition systématique de 5 à l'exposant réel), les nombres ci-dessus seraient représentés de la manière suivante :

– 123,45	signe de l'exposant	+	(10^{+3})
	exposant décalé	**+ 8**	(5 + 3)
	mantisse	0,12345	
	signe du nombre	–	
+ 0,0000678	signe de l'exposant	–	(10^{-4})
	exposant décalé	+ 1	(5 – 4)
	mantisse	0,67800	
	signe du nombre	+	

Cette technique de l'exposant décalé est très utile car elle évite de traiter des exposants négatifs (à condition bien sûr que le décalage choisi soit suffisamment grand). On peut noter également qu'*a priori*, une représentation en virgule flottante n'est pas nécessairement unique.

Ainsi :

> $0{,}1234000 \times 10^2 = 0{,}0123400 \times 10^3 = 0{,}0001234 \times 10^5 \ldots$

Il est alors nécessaire de respecter une forme **normalisée** afin que la représentation ne varie pas d'un matériel à l'autre. Sur le principe, un nombre normalisé est un nombre dans lequel **le chiffre suivant la marque décimale**, à gauche de la mantisse (donc à droite de la marque décimale), **n'est pas un zéro** alors que le nombre à gauche de la marque décimale est un zéro. Ce zéro est omis et le nombre est stocké comme un décimal. Ainsi, dans nos exemples précédents :

$0{,}01234000 \times 10^3$ n'est pas normalisé alors que
$0{,}123400 \times 10^2$ est normalisé et représenté comme $.123400 \times 10^2$

Il est possible de rencontrer, selon les normalisations ou les constructeurs, plusieurs « normes » de représentation des nombres en virgule flottante (IEEE, DEC, IBM...). Nous nous bornerons à présenter ici la norme IEEE (*Institute of Electrical and Electronic Engineers*) 754 [1985] qui est la plus répandue actuellement.

Selon la précision recherchée, on utilisera, pour le stockage du nombre, un nombre d'octets plus ou moins important. On parle alors de **format simple précision** ou de **format double précision**.

La norme la plus utilisée pour le codage des réels est la norme **IEEE 754** qui prévoit une représentation des nombres réels en virgule flottante avec trois niveaux de précision selon le nombre de bits utilisés pour mémoriser la valeur.

Dans cette norme, un codage en **simple précision** (déclaré par *float* en C) est réalisé sur 32 bits et un codage en **double précision** (déclaré *double* en C) sur 64 bits. Le troisième mode sur 80 bits est appelé **précision étendue** ou **grande précision** (déclaré *long double* en C).

Ces bits sont répartis en trois ensembles : Signe, Exposant et Mantisse. De plus, dans cette norme l'exposant est codé en décalage (on dit aussi en excédant ou « avec un excès ») par rapport à l'exposant de référence, de 127 en simple précision et 1023 en double précision.

Le tableau suivant décrit la répartition des bits selon le type de précision :

TABLEAU 3.2 STRUCTURE DU FLOTTANT SELON LA PRÉCISION

	Signe	Exposant	Mantisse	
Simple Précision	1	8	23	32 bits
Double Précision	1	11	52	64 bits
Grande Précision	1	15	64	80 bits

Fonctionnement dans la norme **IEEE 754** :

Pour comprendre, appuyons-nous sur deux exemples simples :

1. Comment représenter le nombre décimal 6,625 en virgule flottante, format simple précision ?

a) Commençons par convertir ce nombre décimal en binaire, soit : 6,625 = 110,1010.

b) Ensuite, il faut « normaliser » (décaler la virgule vers la gauche). Dans la norme IEEE 754, en binaire, le décalage de la virgule se fait vers la gauche jusqu'à laisser 1 bit significatif. Soit ici : 110,1010 = 1,101010. Le décalage est de 2 bits. À noter que le 1 « significatif » n'est pas noté dans la représentation. La valeur présente dans la mantisse sera donc 101010 complété avec des 0 pour les autres bits de poids faible (ceux à droite ou « derrière » le nombre).

c) Dans la norme IEEE 754, l'exposant est codé en excédant (on dit aussi « avec un excès ») par rapport à l'exposant de référence (127 en simple précision et 1023 en double précision). L'exposant en excès (ou exposant « décalé ») sera donc ici : 129 (127+2) soit en binaire : 10000001.

d) Le signe du nombre étant positif, le bit représentatif du signe sera positionné à zéro.

<table>
<tr><td>S</td><td colspan="8">Exposant</td><td colspan="23">Mantisse</td></tr>
<tr><td>0</td><td>1</td><td>0</td><td>0</td><td>0</td><td>0</td><td>0</td><td>0</td><td>1</td><td>1</td><td>0</td><td>1</td><td>0</td><td>1</td><td>0</td><td>0</td><td>0</td><td>0</td><td>0</td><td>0</td><td>0</td><td>0</td><td>0</td><td>0</td><td>0</td><td>0</td><td>0</td><td>0</td><td>0</td><td>0</td><td>0</td><td>0</td></tr>
<tr><td colspan="4">4</td><td colspan="4">0</td><td colspan="4">D</td><td colspan="4">4</td><td colspan="4">0</td><td colspan="4">0</td><td colspan="4">0</td><td colspan="4">0</td></tr>
</table>

2. Comment retrouver la valeur décimale du nombre 44 F3 E0 00 représenté en virgule flottante selon cette même normalisation ?

a) On va commencer par placer nos valeurs hexadécimales et leurs équivalents binaires dans la « structure » du flottant simple précision.

<table>
<tr><td>S</td><td colspan="8">Exposant</td><td colspan="23">Mantisse</td></tr>
<tr><td>0</td><td>1</td><td>0</td><td>0</td><td>0</td><td>1</td><td>0</td><td>0</td><td>1</td><td>1</td><td>1</td><td>1</td><td>0</td><td>0</td><td>1</td><td>1</td><td>1</td><td>1</td><td>1</td><td>0</td><td>0</td><td>0</td><td>0</td><td>0</td><td>0</td><td>0</td><td>0</td><td>0</td><td>0</td><td>0</td><td>0</td><td>0</td></tr>
<tr><td colspan="4">4</td><td colspan="4">4</td><td colspan="4">F</td><td colspan="4">3</td><td colspan="4">E</td><td colspan="4">0</td><td colspan="4">0</td><td colspan="4">0</td></tr>
</table>

b) **Signe** : le bit de signe est un zéro il s'agit donc d'un nombre positif.

c) **Exposant** : 10001001 = 137 donc un décalage de 10 par rapport à 127 qui est l'exposant de base.

d) **Mantisse** : .11100111110000000000000. Comme l'exposant que nous avons trouvé ici est +10 on sait que l'on peut alors « dénormaliser » en repoussant la virgule de 10 symboles binaires vers la droite et qu'on va y rajouter le bit non significatif, non stocké dans la mantisse, ce qui nous fait au final : **1**1110011111.0000000000000 soit en décimal : 1951.

Le stockage en virgule flottante permet donc de coder de grands nombres ; c'est ainsi que sur le format vu ci-dessus on peut stocker des nombres allant de $10^{-76,8}$ environ à $10^{+75,6}$ environ.

Lorsque les flottants IEEE 754 offrent une précision insuffisante, on peut recourir à des calculs en précision supérieure au moyen de « bibliothèques » comme **GMP** (GNU MP – GNU Multiprecision Library) qui est une bibliothèque libre de calculs en précision étendue sur des nombres entiers, rationnels et en virgule flottante.

La détermination du type de stockage, en virgule flottante, simple ou double précision… est réalisée au moyen des instructions appropriées du langage (déclaration de variables en type *real* en PASCAL, *float* en C…). Il appartiendra donc au programmeur de choisir, pour la représentation de ses nombres, une forme de stockage adaptée à son problème. Mais il devra toujours avoir présent à l'esprit le fait que, pour les grands nombres, c'est en général le stockage sous forme **virgule flottante** qui **minimise** la place occupée.

Pour vérifier vos calculs, vous pouvez vous reporter au site : http//babbage.cs.qc.edu/IEEE-754.

EXERCICES

3.1 Réaliser l'opération binaire $20_{10} - 30_{10}$ en utilisant les deux techniques :

a) du complément restreint
b) du complément vrai

3.2 Coder sous forme d'entier binaire (mot de 16 bits) le nombre : -357_{10}

3.3 Coder en DCB condensé *a)* 387_{10} *b)* 35.47_{10} *c)* -35.99_{10}

3.4 Coder en DCB étendu *a)* 3867_{10} *b)* 34.675_{10} *c)* -34.45_{10}

3.5 En utilisant le format virgule flottante IEEE 754 simple précision, coder le nombre : 27.75_{10}

3.6 Décoder le nombre IEEE 754 simple précision : 0x44FACC00

SOLUTIONS

3.1 *a)* Par les compléments restreints

0 0 0 1 0 1 0 0	(+20)
+ 1 1 1 0 0 0 0 1	(–30) *en complément restreint*
1 1 1 1 0 1 0 1	*Il n'y a pas de débordement*
0 0 0 0 1 0 1 0	(–10)

Il n'y a pas de débordement cela signifie qu'il s'agit d'un nombre **négatif** sous sa forme **complément restreint**.
On doit alors « décomplémenter ».

b) Par les compléments vrais

0 0 0 1 0 1 0 0	(+20)
+ 1 1 1 0 0 0 1 0	(–30) *en complément vrai*
1 1 1 1 0 1 1 0	*Il n'y a pas de débordement*
0 0 0 0 1 0 0 1	*complément restreint*
+1	
0 0 0 0 1 0 1 0	(–10)

Le fait qu'il n'y ait pas de débordement nous indique qu'il s'agit donc d'un nombre **négatif** sous sa forme **complément vrai**.
On doit décomplémenter.

3.2 Le nombre -357_{10}, étant **négatif**, devra tout d'abord être représenté sous sa **forme complémentée à 2**. Rappelons qu'il convient, pour ce faire, d'en fournir le complément restreint puis d'ajouter 1 au résultat trouvé.

357	=	101100101	*résultat en binaire naturel*
soit	=	010011010	*résultat en complément restreint*
		+1	
	=	010011011	*résultat en complément à 2 (complément vrai)*

Le mot étant de 16 bits il convient de compléter les positions binaires non occupées par des 1, car nous sommes sous la forme complémentée (on dit aussi que l'on **cadre le nombre à droite**), en réservant le premier bit (bit le plus à gauche) au codage du signe – (que l'on code généralement par un 1).

Ceci nous donne alors : 1111 111**0 1001 1011**

3.3 En DCB condensé, chaque chiffre du nombre à coder est représenté par son équivalent 8421 sur un quartet, le signe (que nous représenterons sous sa forme ASCII abrégée) occupant le quartet le moins significatif (quartet le plus à droite).

a) 387_{10} =	0011	1000	0111	**1011**	
	3	8	7	+	

b) 35.47_{10} =	0011	0100	0111	0111	**1011**
	3	5	4	7	+

Rappelons que la marque décimale est une marque « virtuelle » qui ne doit donc pas apparaître dans la description du nombre.

c) -35.99_{10} =	0011	0100	1001	1001	**1011**
	3	5	9	9	–

3.4 Rappelons que dans le cas du DCB étendu, chaque chiffre du nombre est stocké sous sa forme DCB (ou 8421) sur la partie droite de chaque octet (quartet droit), la partie gauche de l'octet (ou zone) étant complétée généralement par des bits à 1. Le signe quant à lui peut prendre plusieurs formes (nous avons décidé arbitrairement de lui donner sa représentation abrégée de l'ASCII).

a) 3867_{10} =

1111	0011	1111	1000	1111	0110	1011	0111
	3		8		6	+	7

b) 34.675_{10} =

1111	0011	1111	0100	1111	0110	1111	0111	1011	0101
	3		4		6		7	+	5

Rappelons que la marque décimale est une marque « virtuelle » qui ne doit donc pas apparaître dans la description du nombre.

c) – 34.4510 =

1111	0011	1111	0100	1111	0100	1101	0101
	3		4		4	–	5

3.5 Commençons par convertir ce nombre décimal en binaire, soit : 27,75 = 11011,11.

Ensuite, il faut « normaliser ». Avec IEEE 754, le décalage de la virgule se fait jusqu'à laisser 1 bit significatif. Soit ici : 11011,11 = 1.101111. Le décalage est de 4 bits. La valeur présente dans la mantisse sera donc 101111 complétée avec des 0 pour les bits de poids faible.

Avec IEEE 754 simple précision, l'exposant est codé en excédant 127. L'exposant décalé sera donc ici : 131 (127+4) soit en binaire : 10000011.

e) Le signe du nombre étant positif, le bit représentatif du signe sera positionné à zéro.

S	Exposant								Mantisse																						
0	1	0	0	0	0	0	1	1	1	0	1	1	1	1	0	0	0	0	0	0	0	0	0	0	0	0	0	0	0	0	0
4				1				D				E				0				0				0				0			

3.6 Il convient tout d'abord de retrouver la forme binaire du nombre : 44FACC00. Le plus simple étant de le reporter directement dans la « structure » du format flottant simple précision IEEE 754.

S	Exposant								Mantisse																						
0	1	0	0	0	1	0	0	1	1	1	1	1	0	1	0	1	1	0	0	1	1	0	0	0	0	0	0	0	0	0	0
4				4				F				A				C				C				0				0			

Signe : le bit de signe est **zéro**, il s'agit donc d'un nombre **positif**.

Exposant : 10001001 = 137_{10} donc, par rapport à 127_{10} qui est l'exposant de référence), traduit un décalage de 10.

Mantisse : .11110101100110000000001. L'exposant que nous avons déterminé étant +10, nous pouvons « dénormaliser » en décalant la marque décimale de **dix** bits vers la droite, en y rajoutant préalablement le bit non stocké dans la mantisse soit : 1.11110101100110000000000 avant décalage et 11111010110.0110000000000 après décalage. Ce qui nous donne en base 10 : .11111010110 = 2006_{10} pour la partie entière et .0110000000000 pour la partie fractionnaire soit : 0,25 + .0125 = 0,375. Le nombre stocké est donc 2006,375.

Chapitre **4**

Représentation des données

Les informations que doivent traiter les ordinateurs sont composées de nombres, de lettres, de chiffres ou de symboles particuliers. Il est encore, à l'heure actuelle, trop compliqué de réaliser des systèmes présentant autant d'états stables que de caractères à représenter, et les matériels ne reconnaissent que les deux états binaires. On doit alors représenter l'information à traiter, quelle qu'elle soit, de manière à ce qu'elle puisse être utilisable par la machine. Pour cela, on doit **coder** ces informations afin qu'assimilables par l'homme elles le deviennent par la machine.

Avec un code théorique à 1 bit, on pourrait représenter deux symboles, notés **0** ou **1**, ainsi que nous l'avons vu lors de l'étude de la numération binaire, soit 2^1 combinaisons. Il nous faut donc un code à 4 bits pour représenter les 10 chiffres (0 à 9) utilisés dans le système décimal. Si nous voulons représenter, en plus des chiffres, les lettres de l'alphabet, il faut un code capable de représenter les 26 combinaisons correspondant aux lettres plus les 10 combinaisons qui correspondent aux chiffres, soit 36 combinaisons différentes, ce qui implique l'utilisation d'un code composé au minimum de 6 bits (2^5= 32 combinaisons étant insuffisant ; 2^6 = 64 combinaisons étant alors suffisant et permettant même de coder certaines informations particulières telles que saut de ligne, de page...).

4.1 LE CODE ASCII

Le code ASCII (*American Standard Code for Information Interchange*) [1963] est l'ancêtre de tous les codes utilisés en informatique. Il a été normalisé [1968] sous l'appellation de code ISO 7 bits (*International Standards Organization*) ou ANSI X3.4-1968 puis mis à jour (ANSI X3.4-1977 et ANSI X3.4-1986) au fur et à mesure des évolutions de l'informatique. On peut aussi le rencontrer sous le nom d'US-ASCII ou ASCII Standard.

Ce code à 7 bits, défini au départ pour coder des caractères anglo-saxons non accentués, autorise 128 combinaisons binaires différentes qui permettent la représentation de 128 symboles ou commandes. C'est le « jeu de caractères » ou *charset.*

L'utilisation du tableau des codes ASCII se fait de manière simple. Ainsi, pour coder la lettre A en ASCII, l'observation du tableau montre qu'elle se trouve à l'intersection de la colonne de valeur hexadécimale 4 et de la ligne de valeur hexadécimale 1. Le code ASCII de la lettre A est donc 41 en **hexadécimal** (souvent noté 41H ou 0x41).

Certains langages peuvent utiliser une codification des caractères ASCII en **décimal** et non pas en hexadécimal. Le caractère A précédent serait alors codé 65 qui est l'équivalent décimal de 0x41 Ainsi l'instruction print char(65) affiche le A alors que print char(41) affiche la parenthèse fermante «) ». Cette notion est utile pour atteindre certains caractères au clavier si par malheur il se retrouve en format « QWERTY ». En effet, la frappe de la valeur décimale du caractère recherché – tout en maintenant la touche Alt enfoncée – permet d'atteindre ce caractère. Par exemple, Alt 92 permet d'obtenir le symbole \ (bien utile si on ne maîtrise pas le clavier QWERTY).

Inversement, si l'on cherche à quel caractère correspond le code ASCII 0x2A il suffit d'observer le tableau des codes, colonne 2 ligne A. L'intersection de ces colonne/ligne nous donne la correspondance, soit ici le caractère *.

Vous pouvez générer de « l'ASCII standard » quand, avec Word par exemple, vous sauvez un fichier en « texte brut » avec le code ASCII E-U. Les éventuels caractères accentués sont alors « perdus ». Le texte au format ASCII ne contient aucune information de mise en forme telle que le gras, l'italique ou les polices.

Le code ASCII standard intègre également certains « caractères » qui ne sont utilisés que dans des cas particuliers. Il en est ainsi des caractères **EOT**, **ENQ** ou autres **ACK** – qui ne sont pas d'un usage courant mais sont exploités lors de la transmission de données (par exemple entre l'ordinateur et l'imprimante, entre deux ordinateurs...).

Le code ASCII standard est parfois assimilé à un code à 8 bits car chaque caractère est « logé » dans un octet, ce qui permet d'ajouter aux 7 bits initiaux, un bit de contrôle (**bit de parité**), souvent inutilisé et mis à 0 dans ce cas. Ce « bit supplémentaire » était à l'origine assez souvent « récupéré » par les constructeurs pour assurer la représentation de symboles plus ou moins « propriétaires », caractères graphiques la plupart du temps et on parlait alors d'un code **ASCII étendu** ou code ASCII à 8 bits.

	0	1	2	3	4	5	6	7
0	NUL	DLE	SP	0	@	P	'	p
1	SOH	DC1	!	1	A	Q	a	q
2	STX	DC2	«	2	B	R	b	r
3	ETX	DC3	#	3	C	S	c	s
4	EOT	DC4	$	4	D	T	d	t
5	ENQ	NAK	%	5	E	U	e	u
6	ACK	SYN	&	6	F	V	f	v
7	BEL	ETB	'	7	G	W	g	w
8	BS	CAN	(	8	H	X	h	x
9	HT	EM	)	9	I	Y	i	y
A	LF	SUB	*	:	J	Z	j	z
B	VT	ESC	+	;	K	[	k	{
C	FF	FS	,	<	L	\	l	|
D	CR	GS	-	=	M	]	m	}
E	SO	RS	.	>	N	^	n	~
F	SI	US	/	?	O	_	o	DEL

Figure 4.1 Le code ASCII standard

NUL	*Null*	Rien	DLE	*Data Link Escape*	Change les caractères suivants
SOH	*Start of Heading*	Début d'en-tête	NAK	*Négative AcK*	Réponse négative
STX	*Start of Text*	Début du texte	SYN	*SYNchronous*	Synchronisation
ETX	*End of Text*	Fin du texte	ETB	*EndTransmission Block*	Fin de transmission de bloc
EOT	*End of Transmission*	Fin de transmission	CAN	*CANcel*	Annule le caractère transmis
ENQ	*ENQuiry*	Demande	EM	*End of Medium*	Fin physique du support
ACK	*ACKnowledge*	Accusé de réception	SUB	*SUBstitute*	Substitution
BELL		Sonnette	ESC	*ESCape*	Idem Shift
BS	*Back Space*	Recul d'un caractère	FS	*File Separator*	Séparateur de fichiers
HT	*Horizontal Tabulation*	Tabulation horizontale	GS	*Group Separator*	Séparateur de groupes
LF	*Line Feed*	Ligne suivanter	RS	*Record Separator*	Séparateur d'enregistrements
VT	*Vertical Tabulation*	Tabulation verticale	US	*United Separator*	Séparateur unitaire
FF	*Form Feed*	Page suivante	SP	*SPace*	Espace
CR	*Carriage Return*	Retour du chariot	DEL	*DELete*	Suppression d'un caractère ou d'un groupe de caractères
SO	*Shift Out*	Sortie du jeu standard	DC1.. DC4	*Device Control*	Commandes de périphériques
SI	*Shift In*	Retour au jeu standard			

Figure 4.2 Signification des commandes rencontrées dans le tableau

Le code ASCII a donc été étendu à 8 bits [1970] afin de prendre en compte les caractères accentués propres aux langages européens. Ce code ASCII étendu est à la base de tous les codes utilisés aujourd'hui. Même avec ces caractères supplémentaires, de nombreuses langues comportent des symboles qu'il est impossible de résumer en 256 caractères. Il existe pour cette raison des variantes de code ASCII incluant des caractères et symboles régionaux.

128	Ç	144	É	161	í	177	▒	193	┴	209	╤	225	ß	241	±
129	ü	145	æ	162	ó	178	▓	194	┬	210	╥	226	Γ	242	≥
130	é	146	Æ	163	ú	179	│	195	├	211	╙	227	π	243	≤
131	â	147	ô	164	ñ	180	┤	196	─	212	╘	228	Σ	244	⌠
132	ä	148	ö	165	Ñ	181	╡	197	┼	213	╒	229	σ	245	⌡
133	à	149	ò	166	ª	182	╢	198	╞	214	╓	230	µ	246	÷
134	å	150	û	167	º	183	╖	199	╟	215	╫	231	τ	247	≈
135	ç	151	ù	168	¿	184	╕	200	╚	216	╪	232	Φ	248	°
136	ê	152	_	169	_	185	╣	201	╔	217	┘	233	Θ	249	·
137	ë	153	Ö	170	¬	186	║	202	╩	218	┌	234	Ω	250	·
138	è	154	Ü	171	½	187	╗	203	╦	219	█	235	δ	251	√
139	ï	156	£	172	¼	188	╝	204	╠	220	▄	236	∞	252	_
140	î	157	¥	173	¡	189	╜	205	═	221	▌	237	φ	253	²
141	ì	158	_	174	«	190	╛	206	╬	222	▐	238	ε	254	■
142	Ä	159	ƒ	175	»	191	┐	207	╧	223	▀	239	∩	255	
143	Å	160	á	176	░	192	└	208	╨	224	α	240	≡		

Figure 4.3 Extension du code ASCII

4.2 CODES ISO 8859

Afin d'étendre les possibilités du code ASCII à d'autres langues, l'ISO (*International Standards Organization*) a créé une gamme de codes allant de ISO 8859-1 [1987] à ISO 8859-16 [2001]. Cette norme est utilisée par de nombreux systèmes d'exploitation, dont Unix, Windows…

ISO 8859-xx reprend en grande partie le code ASCII et propose des extensions différentes pour diverses langues, au moyen des caractères de code supérieur à 128. L'utilisation du code ISO se fait de la même manière que pour un code ASCII, c'est-à-dire que la « valeur » du caractère se détermine par repérage des « valeurs » des intersections colonne-ligne…

Comme avec le jeu ASCII, certains caractères (valeurs 0 à 31) sont réservés à des caractères de contrôle. De même, les 32 signes au-delà du standard ASCII (valeurs 128 à 159) sont réservés. Certains constructeurs (comme Windows avec son code de caractères **Windows 1252**) utilisent cette plage pour coder leurs propres caractères ou commandes.

ISO 8859-1, appelé aussi ***Latin-1***, étend l'ASCII standard avec des caractères accentués utiles aux langues d'Europe occidentale comme le français, l'allemand... ISO 8859-15 ou *Latin-9* ajoute le caractère de l'euro (€) et certains autres caractères (œ, Ÿ...) qui manquaient à l'écriture du français.

ISO-8859-1																
	x0	x1	x2	x3	x4	x5	x6	x7	x8	x9	xA	xB	xC	xD	xE	xF
0x	NUL	SOH	STX	ETX	EOT	ENQ	ACK	BEL	BS	TAB	LF	VT	FF	CR	SO	SI
1x	DLE	DC1	DC2	DC3	DC4	NAK	SYN	ETB	CAN	EM	SUB	ESC	FS	GS	RS	US
2x	SP	!	"	#	$	%	&	'	(	)	*	+	,	-	.	/
3x	0	1	2	3	4	5	6	7	8	9	:	;	<	=	>	?
4x	@	A	B	C	D	E	F	G	H	I	J	K	L	M	N	O
5x	P	Q	R	S	T	U	V	W	X	Y	Z	[	\	]	^	_
6x	`	a	b	c	d	e	f	g	h	i	j	k	l	m	n	o
7x	p	q	r	s	t	u	v	w	x	y	z	{	|	}	~	DEL
8x	PAD	HOP	BPH	NBH	IND	NEL	SSA	ESA	HTS	HTJ	VTS	PLD	PLU	RI	SS2	SS3
9x	DCS	PU1	PU2	STS	CCH	MW	SPA	EPA	SOS	SGCI	SCI	CSI	ST	OSC	PM	APC
Ax	NBSP	¡	¢	£	¤	¥	¦	§	¨	©	ª	«	¬	SHY	®	¯
Bx	°	±	²	³	´	µ	¶	·	¸	¹	º	»	¼	½	¾	¿
Cx	À	Á	Â	Ã	Ä	Å	Æ	Ç	È	É	Ê	Ë	Ì	Í	Î	Ï
Dx	Ð	Ñ	Ò	Ó	Ô	Õ	Ö	×	Ø	Ù	Ú	Û	Ü	Ý	Þ	ß
Ex	à	á	â	ã	ä	å	æ	ç	è	é	ê	ë	ì	í	î	ï
Fx	ð	ñ	ò	ó	ô	õ	ö	÷	ø	ù	ú	û	ü	ý	þ	ÿ

Figure 4.4 ISO 8859-1

Dans ses premières versions, HTML n'acceptait qu'ISO-8859-1 comme jeu de caractères. Cette restriction ne s'applique plus aux navigateurs postérieurs à Internet Explorer 4.0 ou Netscape Navigator 4.0, qui permettent l'affichage et le traitement de nombreux jeux de caractères (ISO, UNICODE...) même si quelques caractères sont encore parfois mal interprétés.

Par contre, les codes ISO 8859-xx ne permettent de gérer qu'alternativement, et non pas simultanément, les autres alphabets (cyrillique, grec, arabe...). En clair, vous ne pouvez pas avoir à la fois un caractère arabe et un caractère grec à l'écran !

ISO 8859-xx correspond au codage standard UNIX et est encore exploité par de nombreux autres logiciels. Unicode en est une extension.

Année	Norme	Description	Variante
1987	ISO 8859-1 Latin-1	Europe de l'Ouest : allemand, français, italien...	Windows-1252
1987	ISO 8859-2 Latin-2	Europe de l'Est : croate, polonais, serbe...	Windows-1250
1988	ISO 8859-3 Latin-3	Europe du Sud : turc, malte, espéranto... remplacé par ISO 8859-9	
1988	ISO 8859-4 Latin-4	Europe du Nord : lituanien, groenlandais, lapon... remplacé par ISO 8859-10	
1988	ISO 8859-5	Alphabet cyrillique : bulgare, biélorusse, russe et ukrainien	Famille KOI
1987	ISO 8859-6	Arabe	Windows-1256
1987	ISO 8859-7	Grec	Windows-1253
1988	ISO 8859-8	Hébreu	Windows-1255
1989	ISO 8859-9 Latin-5	Langues turques, plus utilisé qu'ISO 8859-3, identique à ISO 8859-1 à 6 caractères près.	Windows-1254
1992	ISO 8859-10 Latin-6	Langues scandinaves. Version moderne d'ISO 8859-4	
2001	ISO 8859-11	Thaïlandais	Windows-874
1998	ISO 8859-13 Latin-7	Langues baltes	Windows-1257
1998	ISO 8859-14 Latin-8	Langues celtes	
1999	ISO 8859-15 Latin-0 ou Latin-9	Version moderne de l'ISO 8859-1 (ajoute quelques lettres manquantes du français et au finnois, ainsi que l'euro)	Windows-1252
2001	ISO 8859-16 Latin-10	Europe du Sud-Est	

Figure 4.5 La famille ISO 8859

4.3 LE CODE EBCDIC

Le code **EBCDIC** (***E****xtended* ***B****inary* ***C****oded* ***D****ecimalDécimal* ***I****nterchange* ***C****ode*) est un code à 8 bits (initialement à 7 à l'époque des cartes perforées) utilisé essentiellement par IBM. Le codage se fait sensiblement de la même façon que le tableau ASCII, à savoir qu'un caractère est codé par la lecture des valeurs binaires des intersections ligne/colonne (et non pas colonne/ligne). Ainsi, le caractère A se codera 0xC1 en hexadécimal et correspond à la suite binaire $1100\ 0001_2$. Les caractères de commandes ont en principe la même signification qu'en ASCII. Ainsi, SP indique l'espace, CR le retour chariot… EBCDIC est encore utilisé dans les systèmes AS/400 d'IBM et certains gros systèmes. Il en existe 6 versions sans compter les variantes et les *codepages* de pays !

Hex	0	1	2	3	4	5	6	7	8	9	A	B	C	D	E	F
0	NUL	SOH	STX	ETX		PT			GE				FF	CR		
1	DLE	SBA	EUA	1C		NL				EM			DUP	SF	FM	ITB
2							ETB	ESC						ENQ		
3			SYN					EOT					RA	NAK		
4	SP										¢	.	<	(	+	
5	&										!	$	*	)	;	¬
6	-	/									|	,	%	_	>	?
7											:	#	@	'	=	"
8		a	b	c	d	e	f	g	h	i						
9		j	k	l	m	n	o	p	q	r						
A		~	s	t	u	v	w	x	y	z						
B																
C	{	A	B	C	D	E	F	G	H	I						
D	}	J	K	L	M	N	O	P	Q	R						
E	\		S	T	U	V	W	X	Y	Z						
F	0	1	2	3	4	5	6	7	8	9						
	0	1	2	3	4	5	6	7	8	9	A	B	C	D	E	F

Figure 4.6 Le code EBCDIC Standard

UTF-EBCDIC est une version utilisée pour représenter les caractères Unicode. Il est conçu pour être compatible avec l'EBCDIC, de sorte que les applications EBCDIC existantes puissent accepter et traiter les caractères UTF-Unicode sans trop de difficulté.

4.4 UNICODE

Compte tenu de l'extension mondiale de l'informatique et de la diversité de plus en plus importante des caractères à stocker, les organismes de normalisation comme l'ISO (*International Standard Organization*) travaillent depuis 1988 à la création d'un code « universel » (*UNIversal CODE*). Ces travaux également connus sous la référence **ISO/IEC 10 646** se présentent sous deux formes : une forme 31 bits (UCS-4 pour *Universal Character Set* – 4 octets) et une forme 16 bits (**UCS-2**) sous-ensemble de UCS-4. Le but de la norme UCS étant de coder le plus grand nombre possible de symboles en usage dans le monde – et si possible à terme, tous... y compris les hiéroglyphes, le cyrillique, le cunéiforme... (http://unicode.org/fr/charts/).

Unicode 1.0.0 est le sous-ensemble de départ conforme à la norme ISO 10 646 (UCS-2). Les caractères sont codés sur 16 bits ce qui permet de représenter 65 535 caractères.

Unicode 2.0 [1993] recense 38 885 caractères, qui correspondent à ceux de la norme **ISO/IEC 10646-1:1993.**

Unicode 3.0 [2000] dénombre 49 194 symboles et caractères différents qui couvrent la majeure partie des principaux langages écrits des États-Unis, d'Europe, du Moyen-Orient, d'Afrique, d'Inde, d'Asie et du Pacifique. Unicode 3.0 correspond à la norme **ISO/IEC 10646-1:2000**. La version **Unicode 3.1** introduit 44 946 nouveaux symboles italique, gothique, mathématiques... et c'est la première version qui inclut les caractères codés au-delà de l'espace d'adressage de 16 bits – dit plan zéro ou PMB (Plan Multilingue de Base). La version **Unicode 3.2** [2003] code 95 221 caractères.

À ce jour, **Unicode 5.0** [2006] est la dernière version publiée et inclut désormais des caractères acadiens, phéniciens, runiques ou cunéiformes !

Le standard Unicode est identique depuis 1992 à la norme internationale ISO/CEI 10 646 en ce qui concerne l'affectation des caractères (leur numéro) et leurs noms. Toute application conforme à Unicode est donc conforme à l'ISO/CEI 10 646.

Unicode attribue à chacun de ses caractères un nom et un numéro.

CRAYON VERS LE BAS À DROITE	0x270E
CRAYON	0x270F
Croate, supplément pour le slovène	0x0200
CROCHET BLANC COIN DROIT	0x300F
dasia grec	0x0314
début de ligne	0x2310

Figure 4.7 Quelques noms et numéros Unicode

À l'heure actuelle, les caractères Unicode peuvent être traduits sous trois formes principales : une forme sur 8 bits (UTF-8 *Universal Translation Form 8 bits*) conçue pour en faciliter l'utilisation avec les systèmes ASCII préexistants, une forme 16 bits (UTF-16) et une forme 32 bits (UTF-32).

- **UTF-8** (RFC 3629) est le jeu de caractères le plus commun pour les applications Unix et Internet car son codage de taille variable lui permet d'être moins coûteux en occupation mémoire. UTF-8 prend en charge les caractères ASCII étendus et la traduction de UCS-2 (caractères Unicode 16 bits).
- **UTF-16** est un bon compromis quand la place mémoire n'est pas trop limitée, car la majorité des caractères les plus fréquemment utilisés peuvent être représentés sur 16 bits. Il autorise l'emploi de plus d'un million de caractères sans avoir à faire usage des codes d'échappement (*Escape*).
- **UTF-32** synonyme d'UCS-4 respecte la sémantique Unicode et se conforme aussi bien à la norme ISO 10646 qu'à Unicode. Il est utilisé lorsque la place mémoire n'est pas un problème et offre l'avantage de coder tous les caractères sur une même taille mais « gaspille » de ce fait de nombreux octets inexploités.

4.4.1 Fonctionnement de UTF-8

Chaque caractère Unicode est fondamentalement repéré par un nombre (point de code) compris entre 0 et 2^{31} (0x0-0x7FFFFFFF) et un nom. Quand on n'a que peu de caractères particuliers à coder, il n'est pas rentable de transmettre à chaque fois 31 bits d'information alors que 8 ou 16 seulement peuvent suffire. C'est pourquoi UTF-8 se présente sous une forme à longueur variable, transparente pour les systèmes ASCII. Cette forme est généralement adoptée pour effectuer la transition de systèmes existants vers Unicode et elle a notamment été choisie comme forme préférée pour l'internationalisation des protocoles d'Internet.

UTF-8 est donc un codage constitué d'une suite d'octets, de longueur variable. Les bits de poids fort d'un octet indiquent la position de celui-ci dans la suite. Le premier octet permet de savoir si la suite est composée de un, deux, trois... octets. Toute suite qui ne suit pas ce modèle est une suite mal formée d'octets. L'espace total de codage a ainsi été découpé en plages :

- La première plage, qui code les caractères ASCII de base, est représentée sur un octet (7 bits réellement exploités car le premier bit est positionné à 0 et indique qu'on se situe dans la 1° plage).
- La deuxième plage permet d'atteindre les codes des caractères accentués... codés sur 2 octets (11 bits utiles car les 3 bits de poids fort du 1° octet sont systématiquement positionnés à 110 ce qui permet de connaître la plage et les 2 bits de poids fort du 2° octet sont systématiquement positionnés à 10 pour indiquer qu'ils appartiennent à une suite d'octets d'une plage donnée – repérée par le premier octet).
- La troisième plage, qui code les caractères « exotiques », comporte 3 octets (16 bits utiles)...
- La dernière plage occupe 6 octets (pour un total de 31 bits de données).

Caractères Unicode		Octets en UTF-8
0-127	0x0000 0000 – 0x0000 007F	0xxxxxxx
128-2047	0x0000 0080 – 0x0000 07FF	110xxxxx 10xxxxxx
2048-65535	0x0000 0800 – 0x0000 FFFF	1110xxxx 10xxxxxx 10xxxxxx
	0x0001 0000 – 0x0001 FFFF	11110xxx 10xxxxxx 10xxxxxx 10xxxxxx
	0x0020 0000 – 0x03FF FFFF	111110xx 10xxxxxx 10xxxxxx 10xxxxxx 10xxxxxx
	0x0400 0000 – 0x7FFF FFFF	1111110x 10xxxxxx 10xxxxxx 10xxxxxx 10xxxxxx 10xxxxxx

Figure 4.8 Les plages Unicode

Ainsi, en UTF-8, pour écrire le mot « déjà », on utilisera la séquence d'octets suivante (ici sous une représentation en forme hexadécimale) : 0x64 C3 A9 6A C3 A0.

	Hexadécimal	1° octet	2° octet	3° octet
d	0x64	**0**110 0100		**0**110 0100
é	0xC3 – 0xA9	**110**0 0011	**10**10 1001	**10**10 1001
j	0x6A	**0**110 1010		**0**110 1010
à	0xC3 – 0xA0	**110**0 0011	**10**10 0000	**10**10 0000

Figure 4.9 Exemple d'encodage

– La lettre « d » correspond à un caractère de la première plage. L'octet commencera donc par un 0, ce qui indique qu'il ne sera pas suivi et la valeur du caractère correspond à celle trouvée dans le *charset* de base (compatible avec de l'ASCII standard).
– Le caractère « é » est un caractère de la deuxième plage Unicode. Il nous faut donc utiliser 2 octets. Le premier octet indiquant qu'il est suivi par un second. Ce 1° octet doit donc commencer par 110 ce qui indique qu'il est suivi d'**un** octet et qu'il s'agit d'un caractère de la deuxième plage, codé au moyen des bits restant disponibles dans les deux octets. Le deuxième octet commencera par 10 pour indiquer qu'il s'agit d'un octet de « suite ». La suite binaire restant disponible est donc : 00000 (dans le 1° octet) et 000000 (dans le 2° octet) soit en définitive 00000 000000. Nous devons y placer la valeur codant, dans le tableau Unicode (Compléments au Jeu de Base Latin), la lettre « é », soit 0xE9 ou 1110 1001 en binaire. On peut donc loger les six bits de poids faible (10 1001) de la série binaire dans le 2° octet et les deux bits de poids forts restant (11) dans le 1° octet, bits que nous ferons précéder au besoin dans cet octet de 0 pour le compléter. Nous aurons alors en définitive, dans le premier octet 0xC3 (**1100** 00*11*) les trois premiers bits étant ceux réservés par Unicode et dans le deuxième octet 0xA9 (**10***10 1001*) les deux premiers bits sont réservés par Unicode.

– De la même manière, on trouvera ensuite la valeur 0x6A – 106 pour le « j » et le couple 0xC3A0 soit 195-160 pour coder la lettre « à ».

UTF-8 est compatible avec les protocoles basés sur le jeu de caractères ASCII, et peut être rendu compatible (ainsi que nous l'avons vu précédemment) avec des protocoles d'échange supportant les jeux de caractères 8 bits comme ISO-8859 ou définis par des normes nationales ou des systèmes propriétaires **OEM** (*Original Equipment Manufacturer*). La contrepartie à cette possibilité de compatibilité est le codage de longueur variable (1 octet pour les caractères ASCII/ISO646 et de 2 à 4 octets pour les autres).

	000	001	002	003	004	005	006	007
0	NUL 0000	DLE 0010	SP 0020	0 0030	@ 0040	P 0050	` 0060	p 0070
1	STX 0001	DC1 0011	! 0021	1 0031	A 0041	Q 0051	a 0061	q 0071
2	SOT 0002	DC2 0012	" 0022	2 0032	B 0042	R 0052	b 0062	r 0072
3	ETX 0003	DC3 0013	# 0023	3 0033	C 0043	S 0053	c 0063	s 0073
4	EOT 0004	DC4 0014	$ 0024	4 0034	D 0044	T 0054	d 0064	t 0074
5	ENQ 0005	NAK 0015	% 0025	5 0035	E 0045	U 0055	e 0065	u 0075
6	ACK 0006	SYN 0016	& 0026	6 0036	F 0046	V 0056	f 0066	v 0076
7	BEL 0007	ETB 0017	' 0027	7 0037	G 0047	W 0057	g 0067	w 0077
8	BS 0008	CAN 0018	(0028	8 0038	H 0048	X 0058	h 0068	x 0078
9	HT 0009	EM 0019	) 0029	9 0039	I 0049	Y 0059	i 0069	y 0079
A	LF 000A	SUB 001A	* 002A	: 003A	J 004A	Z 005A	j 006A	z 007A
B	VT 000B	ESC 001B	+ 002B	; 003B	K 004B	[005B	k 006B	{ 007B
C	FF 000C	FS 001C	, 002C	< 003C	L 004C	\ 005C	l 006C	| 007C
D	CR 000D	GS 001D	- 002D	= 003D	M 004D	] 005D	m 006D	} 007D
E	SO 000E	RS 001E	. 002E	> 003E	N 004E	^ 005E	n 006E	~ 007E
F	SI 000F	US 001F	/ 002F	? 003F	O 004F	_ 005F	o 006F	DEL 007F

Unicode Jeu de base Latin

	008	009	00A	00B	00C	00D	00E	00F
0	CTRL 0080	CTRL 0090	NB SP 00A0	° 00B0	À 00C0	Đ 00D0	à 00E0	ð 00F0
1	CTRL 0081	CTRL 0091	¡ 00A1	± 00B1	Á 00C1	Ñ 00D1	á 00E1	ñ 00F1
2	CTRL 0082	CTRL 0092	¢ 00A2	² 00B2	Â 00C2	Ò 00D2	â 00E2	ò 00F2
3	CTRL 0083	CTRL 0093	£ 00A3	³ 00B3	Ã 00C3	Ó 00D3	ã 00E3	ó 00F3
4	CTRL 0084	CTRL 0094	¤ 00A4	´ 00B4	Ä 00C4	Ô 00D4	ä 00E4	ô 00F4
5	CTRL 0085	CTRL 0095	¥ 00A5	µ 00B5	Å 00C5	Õ 00D5	å 00E5	õ 00F5
6	CTRL 0086	CTRL 0096	¦ 00A6	¶ 00B6	Æ 00C6	Ö 00D6	æ 00E6	ö 00F6
7	CTRL 0087	CTRL 0097	§ 00A7	· 00B7	Ç 00C7	× 00D7	ç 00E7	÷ 00F7
8	CTRL 0088	CTRL 0098	¨ 00A8	¸ 00B8	È 00C8	Ø 00D8	è 00E8	ø 00F8
9	CTRL 0089	CTRL 0099	© 00A9	¹ 00B9	É 00C9	Ù 00D9	é 00E9	ù 00F9
A	CTRL 008A	CTRL 009A	ª 00AA	º 00BA	Ê 00CA	Ú 00DA	ê 00EA	ú 00FA
B	CTRL 008B	CTRL 009B	« 00AB	» 00BB	Ë 00CB	Û 00DB	ë 00EB	û 00FB
C	CTRL 008C	CTRL 009C	¬ 00AC	¼ 00BC	Ì 00CC	Ü 00DC	ì 00EC	ü 00FC
D	CTRL 008D	CTRL 009D	- 00AD	½ 00BD	Í 00CD	Ý 00DD	í 00ED	ý 00FD
E	CTRL 008E	CTRL 009E	® 00AE	¾ 00BE	Î 00CE	Þ 00DE	î 00EE	þ 00FE
F	CTRL 008F	CTRL 009F	¯ 00AF	¿ 00BF	Ï 00CF	ß 00DF	ï 00EF	ÿ 00FF

Unicode Compléments

Figure 4.10 Tables d'encodage Unicode

4.5 CODE BASE64 UTILISÉ PAR LE PROTOCOLE MIME

Le type **MIME** (*Multipurpose Internet Mail Extension*) est un standard [1991] qui propose pour transférer des données cinq formats de codage. MIME s'appuie entre autre, sur un code particulier dit « base64 ». MIME permet à un fichier quelconque (texte, son, image...) d'être « découpé » en octets, pour être transmis sous forme de fichier caractères, en répondant aux spécificités de certains protocoles et particulièrement du protocole utilisé lors des transferts de courriers électroniques **SMTP** (*Simple Mail Transfer Protocol*) qui n'assure normalement qu'un transfert en mode « caractères » ASCII 7 bits ou avec le protocole **HTML** (*Hyper Text Markup Language*) utilisé par le navigateur Internet. On a alors la possibilité d'envoyer des fichiers attachés, des images, des vidéos ou du texte enrichi (caractères accentués, format html...). MIME est spécifié par de multiples RFC dont : 1847, 2045, 2046, 2047, 2048 et 2077.

MIME référence un certain nombre de types tels que : application, audio, exemple, image, message, model, multipart, text, video... ainsi que des sous-types à l'intérieur de ces types, ce qui permet au navigateur Web, par exemple, de déterminer la façon de traiter les données qu'il reçoit. Lors d'une transaction entre un serveur web et un navigateur internet, le serveur web envoie donc le type MIME (MIME *version* et *content type*) du fichier transmis, afin que le navigateur puisse déterminer de quelle manière afficher le document.

Pour assurer le codage en base64, on « découpe » les données (texte, son, image...) en blocs de 3 octets. On décompose ensuite ces 24 bits en 4 paquets de 6 bits que l'on va translater dans une table de correspondance à 7 bits. Chaque paquet de 6 bits est donc un entier compris entre 0 et 63 (d'où base64) qui est ensuite converti en un caractère au moyen de la table suivante :

Valeur de l'entier	Caractère « ASCII 7 bits » correspondant
de 0 à 25	de A à Z
de 26 à 51	de a à z
de 52 à 61	de 0 à 9
62	+
63	/

Figure 4.11 Table d'encodage en base64

On a donc comme résultat final, pour chaque bloc de 3 octets, un jeu de 4 octets encodés qui « traduisent » en fait les 3 octets de données initiaux. Le fichier résultant final est alors un message encodé sous forme de caractères ASCII à 7 bits, qui contient un nombre de caractères multiple de 4. S'il n'y a pas suffisamment de données, on complète avec le caractère égal (=).

Pour assurer le décodage, on décode chaque bloc de 4 octets en utilisant la même table de translation, pour retrouver les 3 valeurs d'octets d'origine.

Exemple : supposons que nous ayons à transmettre l'extrait de fichier suivant (donné ici en hexadécimal pour simplifier) : 0xE3 85 83 88 95 96 93 96... (ces valeurs hexadécimales pouvant correspondre à une vidéo, un fichier mp3... peu importe).

On commence par découper les données en blocs de 3 octets, soit pour le 1° bloc (le seul que nous allons réellement traiter dans cet exemple) : E3 85 83.

Passons en binaire :

E				3				8				5				8				3			
1	1	1	0	0	0	1	1	1	0	0	0	0	1	0	1	1	0	0	0	0	0	1	1

Découpons cette série binaire en blocs de 6 bits :

111000	111000	010110	000011

Déterminons la valeur de l'entier correspondant :

56	56	22	3

À l'aide de la table de conversion retrouvons les caractères ASCII standard à transmettre :

4	4	W	D

Pour les trois octets de départ (E3 85 et 83) – et quelle que soit leur « signification » – nous allons finalement transmettre 4 caractères ASCII (4, 4, W et D) soit en hexadécimal 0x34 34 57 44.

EXERCICES

4.1 Le vidage d'un fichier fait apparaître les informations suivantes en ASCII :
4C 65 20 42 54 53 20 65 73 74 20 75 6E 65 20 22 65 78 63 65 6C 6C 65 6E 74 65 22 20 46 6F 72 6D 61 74 69 6F 6E 2E.
Procéder à leur conversion en texte.

4.2 Coder le texte suivant en utilisant le code ASCII sous sa forme hexadécimale : Technologie 2003 « Leçon sur les CODES ».

4.3 Le vidage d'un fichier fait apparaître les informations suivantes en EBCDIC :
E5 89 84 81 87 85 40 C6 C9 C3 C8 C9 C5 D9 40 F1 F9 F8 F7 40 85 95 40 C5 C2 C3 C4 C9 C3 40 5B 7A C5 E7 D6 7A 5B
Procéder à leur conversion en texte.

4.4 Coder le texte suivant en EBCDIC : Technologie 1989 « Leçon sur les CODES ».

4.5 Coder en Unicode UTF-8, sous forme hexadécimale, le texte : Année 2007.

SOLUTIONS

4.1 Le BTS est une « excellente » formation.

4.2 Le résultat du codage est : 54 65 63 68 6E 6F 6C 6F 67 69 65 20 31 39 39 38 20 22 4C 65 87 6F 6E 20 73 75 72 20 6C 65 73 20 43 4F 44 45 53 22 2E.

4.3 = Vidage FICHIER 1987 en EBCDIC $:EXO:$

4.4 Le résultat du codage est : E3 85 83 88 95 96 93 96 87 89 85 40 F1 F9 F8 F9 40 7F D3 85 83 96 97 40 A2 A4 99 40 93 85 A2 40 C3 D6 C4 C5 E2 7F 4B

4.5 Le résultat du codage est : 41 6E 6E C3 A9 65 20 32 30 30 37

Chapitre **5**

Protection contre les erreurs, encodages et codes

À l'intérieur de l'ordinateur les informations sont sans cesse « véhiculées », du clavier vers la mémoire, de la mémoire vers le processeur, de la mémoire vers l'écran… De plus, les ordinateurs sont de plus en plus couramment reliés entre eux au travers de réseaux locaux ou étendus et l'information est de ce fait constamment en circulation. Il est donc nécessaire de s'assurer de la qualité de transmission de ces informations. Pour cela on utilise divers moyens allant du simple contrôle de parité jusqu'à l'élaboration de codes beaucoup plus sophistiqués.

5.1 LE CONTRÔLE DE PARITÉ

Le contrôle de parité fonctionne selon un principe très simple. Aux *n* bits que comporte le code à l'origine on ajoute 1 bit supplémentaire. Ce bit est positionné de telle sorte que le nombre total des bits à 1 soit :

- **pair** (code dit à **parité** ou abusivement à parité paire), ou au contraire ;
- **impair** (code dit à **imparité** ou abusivement à parité impaire).

0	0	1	1	1	0	0	1

bit de parité

Figure 5.1 Parité (parité paire)

1	0	1	1	1	0	0	1

bit de parité

Figure 5.2 Imparité (parité impaire)

Cette méthode, très utilisée et généralement suffisante, n'est en fait efficace que dans la mesure où il n'y a pas d'erreurs simultanées sur deux, quatre, six ou huit bits, ce qui ne changerait pas la parité.

Si nous émettions la suite binaire 10010000 en parité et que nous recevions la suite 01010000, il serait impossible de dire s'il s'agit bien de ce qui a été envoyé ou non car, bien que la suite binaire reçue soit différente de celle émise, la parité est bien respectée.

5.2 LES CODES AUTOVÉRIFICATEURS OU AUTOCORRECTEURS

L'information étant constamment en circulation, un simple contrôle de parité ne suffit pas toujours, notamment dans le cas de transmissions à grande distance (par exemple entre deux ordinateurs reliés entre eux par une ligne de télécommunication) pour lesquelles les données transmises sont soumises à de nombreux signaux parasites.

On a donc été amené à concevoir des codes vérifiant des erreurs supérieures au simple bit, voire même des codes qui corrigent ces erreurs. Ces techniques ont notamment été développées par l'ingénieur américain R.W. Hamming et l'on parle souvent des **codes de Hamming**. On distingue en fait deux techniques d'élaboration de ces codes, les **blocs** et les **contrôles cycliques**.

5.2.1 Les codes de blocs

Le principe employé dans les codes de blocs consiste à construire le mot de code en « sectionnant » l'information utile en **blocs** de longueur fixe et en ajoutant à chaque bloc ainsi obtenu des bits de contrôle supplémentaires (bits de redondance). On crée alors un **code de blocs**, où seules certaines des combinaisons possibles sont valides et forment l'ensemble des mots du code. À la réception deux cas peuvent se présenter :

- Le mot de *n* bits reçu est un mot de code et le bloc de départ peut être reconstitué.
- Le mot de *n* bits reçu ne correspond pas à un mot de code et le récepteur peut alors soit retrouver le bloc original (**codes autocorrecteurs**) soit s'il ne le peut pas redemander la transmission du message précédent (**codes vérificateurs**).

L'efficacité d'un tel code sera d'autant meilleure que les mots qui le constituent seront distincts les uns des autres. On définit ainsi une « distance » entre les différents mots qui composent le code, dite **distance de Hamming**, correspondant au nombre de bits qui varient entre deux mots successifs du code.

Plus la distance de Hamming est importante et plus efficace sera le code.

Entre les deux nombres binaires 01010101 et 00001111 nous pouvons observer la variation (distance) de 4 bits, ce qui signifie qu'il faut quatre erreurs simples pour transformer l'un de ces mots en l'autre.

Parmi les codes de blocs on rencontre communément :

- le **contrôle de parité verticale** parfois aussi nommé **VRC** (*Vertical **R**edundancy Check*) dont le principe de la parité a été décrit précédemment ;
- le **contrôle de parité longitudinale** ou **LRC** (*Longitudinal **R**edundancy **C**heck*) dont nous traiterons bientôt ;
- ainsi que divers codes dits **i parmi n** généralement associés à une information de redondance tels que les codes 3B4B, 4B5B, 5B6B ou 8B10B…

Dans ce type de code, seules les combinaisons comportant ***i*** bits à 1 sont valides parmi les 2^n possibles. C'est le cas du code **8 dont 4** où seules 70 combinaisons sur les 256 possibles sont valides, de telle sorte que chacune ne comporte que 4 bits à 1.

0	0	0	0	1	1	1	1	
0	0	0	1	0	1	1	1	*2 bits ont changé de valeur*
0	0	0	1	1	0	1	1	*2 bits ont changé de valeur*
0	0	0	1	1	1	0	1	…
0	0	0	1	1	1	1	0	
0	0	1	0	1	1	1	0	
0	0	1	1	0	1	1	0	
0	0	1	1	1	0	1	0	
0	0	1	1	1	1	0	0	
0	1	0	1	1	1	0	0	
…								
1	1	1	1	0	0	0	0	

Figure 5.3 Le code 8 dont 4

La distance de Hamming d'un tel code est 2. En effet, si on observe la progression des combinaisons répondant aux conditions de validité définies précédemment, on constate que le nombre de bits qui évoluent d'un mot valide du code à un autre mot valide du code est 2.

Ce type de code permet d'assurer la détection des erreurs simples, c'est-à-dire n'affectant qu'un seul bit du caractère transmis. Nous présenterons ultérieurement dans ce chapitre le fonctionnement des codes de bloc 4B5B et 8B10B d'un usage courant en transmission de données dans les réseaux locaux.

Si on a une distance de Hamming égale à 1, cela implique qu'un seul bit évolue entre chaque mot du code donc, si une erreur de transmission affecte un ou plusieurs bits, il n'est pas possible de la détecter car toutes les combinaisons binaires sont des mots du code. Avec une distance de Hamming de 2, telle que nous l'avons vue dans le code 8 dont 4, si une erreur de transmission transforme un 0 en 1 nous aurons alors 5 bits à 1 et il est donc simple de détecter l'erreur (puisque par définition il ne devrait y avoir que 4 bits à 1), par contre on ne sait pas quel est le bit erroné. Le raisonnement est le même si une erreur transforme un 1 en 0 auquel cas nous aurions 3 bits à 1 et donc détection de l'erreur mais sans possibilité de correction.

On peut d'une manière plus générale considérer le tableau suivant :

Distance de Hamming	Erreurs détectables	Erreurs corrigibles
1	0	0
2	1	0
3	2	1
4	3	1
5	4	2
...		

Figure 5.4 Erreurs repérables et corrigibles en fonction de la distance de Hamming

En utilisant ces codes de blocs, et le contrôle de parité, il est possible d'assurer une vérification dite par **parités croisées** ou **LRC/VRC** qui, en augmentant la distance de Hamming, assure une meilleure détection et la correction de certaines erreurs. Il convient pour cela de regrouper les caractères en blocs et d'ajouter à la fin de chaque bloc un caractère supplémentaire dit **LRC** (*Longitudinal Redundancy Check*) qui se combine au contrôle **VRC** (*Vertical Redundancy Check*).

On souhaite transmettre les caractères P A G en code ASCII.

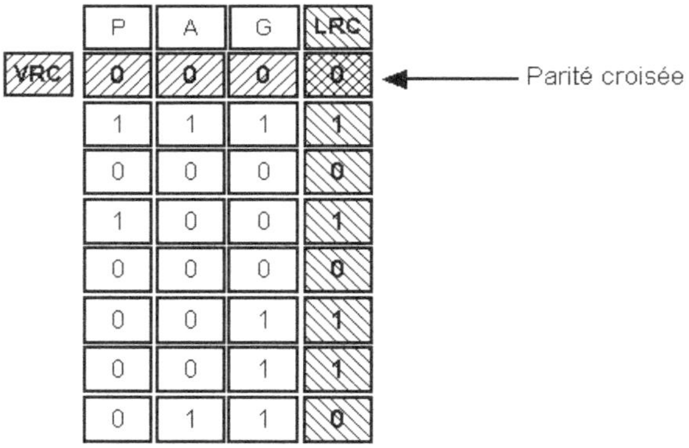

Figure 5.5 Les caractères à transmettre

En fait le caractère VRC est un contrôle de parité verticale tandis que le LRC est un contrôle de parité horizontale (longitudinale).

Les valeurs hexadécimales des caractères transmis seraient donc, dans cet exemple, 50 41 47 56 et non pas simplement 50 41 47 comme leur code ASCII pouvait le laisser à penser. La distance de Hamming est ici égale à 4 : en effet le changement d'un seul bit de données entraîne la modification d'un bit du caractère de contrôle VRC, d'un bit du caractère de contrôle LRC et de la parité croisée, soit 4 bits en tout.

Un tel code détecte donc toutes les erreurs simples, doubles ou triples et peut corriger toutes les erreurs simples. Ainsi, en reprenant les caractères précédemment transmis, et si on considère qu'une erreur de transmission a affecté un des bits :

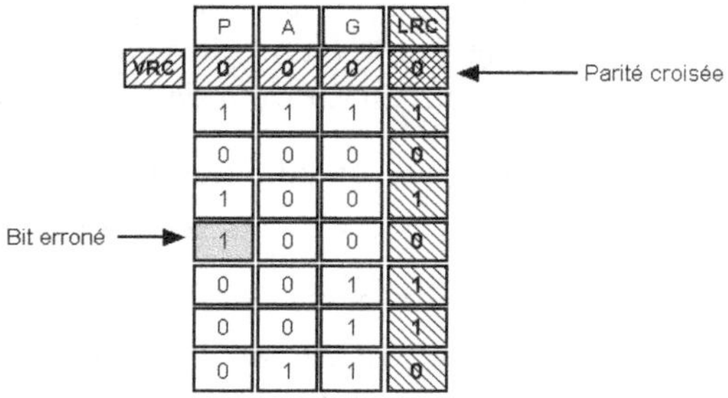

Figure 5.6 Les caractères reçus

Voyons comment va procéder le système pour **détecter** et **corriger** une erreur simple telle que ci-dessus. La résolution de ce problème est en fait relativement simple. Il suffit en effet de s'assurer dans un premier temps de ce que la parité croisée vérifie bien les codes LRC et VRC. Ici la parité croisée nous indique un bit à 0. La parité semble donc bien respectée sur les bits de contrôle VRC et sur les bits de contrôle LRC. L'erreur ne vient donc pas d'eux *a priori*.

Par contre si l'on vérifie les parités LRC on peut aisément détecter la ligne où s'est produite l'erreur. En vérifiant les parités VRC on détecte facilement la colonne erronée. L'intersection de cette ligne et de cette colonne nous permet alors de retrouver le bit erroné et partant, de le corriger.

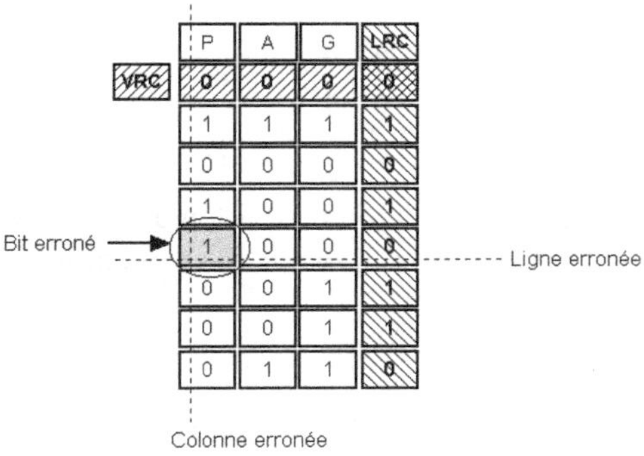

Figure 5.7 Repérage du bit erroné

5.2.2 Les codes cycliques

Les codes cycliques, aussi appelés **CRC** (*Cyclic Redundancy Codes*) ou **codes polynomiaux**, sont des codes de blocs d'un type particulier, très utilisés en pratique du fait de leur facilité de mise en œuvre matérielle. Ils sont basés sur l'utilisation d'un polynôme générateur *G(x)* qui considère que toute information de *n* bits peut être transcrite sous une forme polynomiale. En effet à l'information binaire 10111 on peut associer le polynôme $X^4 + X^2 + X^1 + X^0$.

À partir d'une information de départ *I(x)* de ***i*** bits on va alors construire une information redondante *R(x)* de ***r*** bits et l'émettre à la suite de *I(x)*, de telle sorte que le polynôme résultant *N(x)* soit divisible par le polynôme générateur *G(x)*. À la réception, on divise le polynôme *N(x)* reçu par le même polynôme *G(x)* et le reste de cette division doit alors être nul s'il n'y a pas eu d'erreur de transmission.

Soit le message 10011011 (***i*** = 8) que l'on peut traduire par le polynôme *I(x)* :

$1 \times X^7 + 0 \times X^6 + 0 \times X^5 + 1 \times X^4 + 1 \times X^3 + 0 \times X^2 + 1 \times X^1 + 1 \times X^0$

ou plus simplement : $I(x) = X^7 + X^4 + X^3 + X^1 + X^0$

Le polynôme générateur que nous avons choisi ici est (arbitrairement) $G(x) = X^3 + 1$ avec ***r*** = 4 (***r*** étant égal au nombre de bits qui constituent le polynôme générateur). On multiplie alors I*(x)* par le polynôme générateur *G(x)* - 1.

			1	0	0	1	1	0	1	1	***I(x)***
						×	1	0	0	0	***G(x) – 1***
1	0	0	1	1	0	1	1	0	0	0	

On effectue ensuite la division du polynôme ainsi obtenu par le polynôme générateur soit $X^{10} + X^7 + X^6 + X^4 + X^3$ à diviser par $X^3 + 1$. Soit en binaire :

	1	0	0	1	1	0	1	1	0	0	0	1 0 0 1
–	1	0	0	1								1 0 0 0 1 0 0 1
	0	0	0	0	1	0	1	1				
				–	1	0	0	1				
							1	0	0	0	0	
							–	1	0	0	1	
						reste		0	1	1	1	

Il suffit donc d'ajouter le reste trouvé au dividende ***I(x)*** initial (10011011) pour obtenir un dividende divisible par le diviseur (ce qui est le but recherché) :

	1	0	0	1	1	0	1	1	***I(x)***
+					0	1	1	1	***r***
	1	**0**	**1**	**0**	**0**	**0**	**1**	**0**	***I'(x)***

L'information transmise sera alors 10100010 ***I'(x)***, à laquelle il faut adjoindre le reste ***r***, soit en définitive : 10100010-0111

À la réception, le système va diviser le ***I'(x)*** reçu par le polynôme générateur (et le reste de cette division doit alors être nul si la transmission s'est bien passée) il ne lui reste plus maintenant qu'à retrancher le ***r*** reçu de ***I'(x)*** pour retrouver l'information émise.

Le choix d'un bon polynôme générateur est important si l'on veut détecter un maximum d'erreurs. Ainsi, $X^{32} + X^{26} + X^{22} + X^{16} + X^{12} + X^{11} + X^{10} + X^8 + X^7 + X^5 + X^4 + X^2 + X^1$ est un polynôme utilisé avec Ethernet.

De tels codes sont utilisés aussi bien sur les réseaux locaux comme Ethernet que sur des réseaux de transport comme Transpac…

5.3 ÉTUDE DE QUELQUES ENCODAGES ET CODES COURANTS

La terminologie de « **code** » est à considérer selon différents points de vue. En effet on peut distinguer **l'encodage** consistant à faire correspondre à un signal logique 0 ou 1 un signal électrique ou une transition de niveau (passage d'un niveau haut à un niveau bas par exemple) du **code** proprement dit consistant à élaborer une combinaison binaire évitant, par exemple, les longues suites de 0 ou de 1 toujours délicates à découper en terme de synchronisation (technique dite **d'embrouillage**) ou ajoutant aux bits de données des bits supplémentaires destinés à en contrôler la bonne transmission. Dans la pratique les termes sont souvent confondus. C'est ainsi qu'on parlera de code NRZI alors qu'on devrait plutôt parler d'encodage. En fait, on peut considérer que le codage consiste à transiter par une « table » de conversion qui permet de passer (mapper) d'une représentation du symbole à coder à une autre représentation plus fiable, plus sécurisée, plus facile à transmettre... tandis que l'encodage correspond à une tranformation du signal. Observons ces principes de fonctionnement de plus près. On distingue trois « familles » de codage. Certains encodages fonctionnent en binaire – code NRZ, Manchester..., d'autres sont dits à Haute Densité Binaire ou HDB (*High Density Bipolar*) tel que HDB3, enfin d'autres techniques de codage fonctionnent par substitution de séries binaires adaptées, aux mots binaires à émettre (c'est le cas des **4B5B** – 4 bits de données = 5 bits encodés –, 64B66B, **8B10B**...).

5.3.1 L'encodage NRZI

NRZI est un encodage dérivé de NRZ présenté précédemment et qui affectait à chaque bit un niveau électrique – arbitrairement 0 v pour le 0 logique et, par exemple, 2,8 v pour le 1 logique. Lors de la transmission de composantes continues du signal dues à de longues suites de 0 ou de 1 le signal se dégrade et l'absence de transitions devient gênante pour assurer une synchronisation convenable entre l'émetteur et le récepteur.

Observez, dans la figure 5.8, l'exemple d'un signal encodé en NRZI (*Non Return To Zero Invert-on-one*).

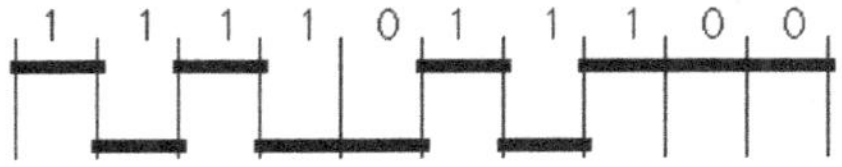

Figure 5.8 Encodage NRZI

NRZI utilise chaque intervalle de temps pour encoder un bit en mettant en œuvre la présence ou l'absence de transition pour repérer chaque bit (la présence d'un 1 logique étant repérée par une inversion – *Invert-on-one* – d'état du signal qui passe du niveau électrique 0 au niveau 2,8 v ou inversement). En clair chaque bit à 1 à encoder va générer une transition de niveau alors qu'un bit à 0 ne va pas entraîner de changement d'état par rapport à l'état précédent.

5.3.2 L'encodage Manchester

L'encodage **Manchester**, utilisé dans les réseaux Ethernet à 10 Mbit/s, consiste à repérer le bit en utilisant une transition de niveau électrique, située au milieu de l'intervalle de temps horloge. Cette transition indique la présence d'un bit dont la valeur dépend du sens de la transition. Si le signal passe d'un niveau haut à un niveau bas – front descendant du signal ou transition décroissante – il s'agit d'un 0 logique. Inversement, si le signal passe d'un niveau bas à un niveau haut – front montant ou transition croissante – il s'agit d'un 1 logique.

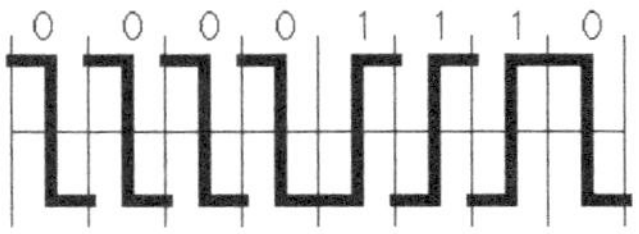

Figure 5.9 Encodage Manchester

Cet encodage permet de coder la valeur binaire sur la durée d'une transition qui, bien que n'étant pas instantanée, est toujours plus brève que la durée d'un niveau haut ou bas. On peut donc encoder plus de bits dans un délai moindre.

5.3.3 L'encodage Manchester différentiel

L'encodage **Manchester différentiel** était notamment utilisé dans les réseaux Token Ring. Avec cet encodage, on repère le bit en utilisant une transition située au milieu de l'intervalle d'horloge comme avec l'encodage Manchester classique mais ici le sens de la transition détermine la valeur du bit en fonction de la transition précédente. Si le bit à coder est un 0, la transition est de même sens que la précédente ; si le bit à coder est 1, on inverse le sens de la transition par rapport à celui de la précédente.

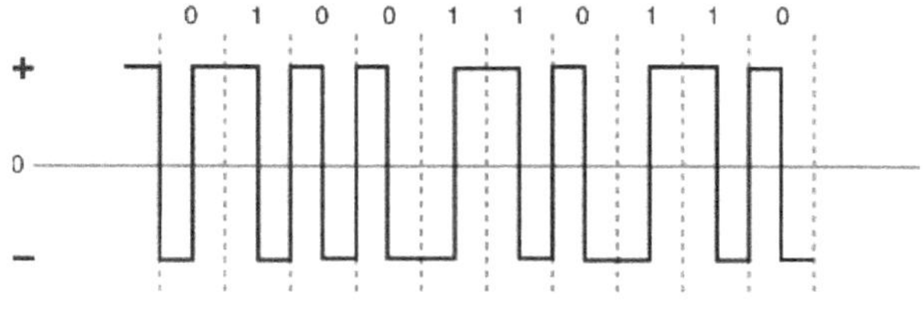

Figure 5.10 Encodage Manchester différentiel

5.3.4 L'encodage MLT-3

MLT-3 encode chaque bit par la présence ou l'absence de transition, exactement comme en NRZI. Ce qui change avec MLT-3 c'est que le signal de base est une succession d'alternances entre trois états fondamentaux.

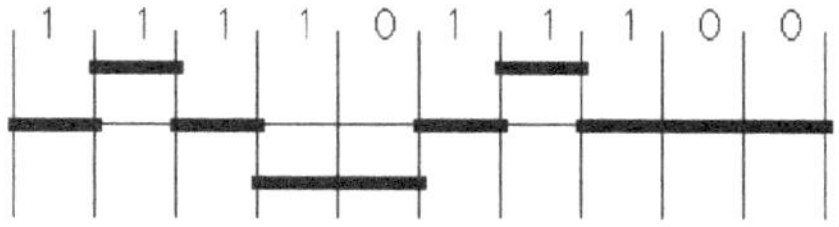

Figure 5.11 Encodage MLT3

Plutôt qu'une simple alternance à deux états entre 0 et 1 comme dans l'encodage Manchester et NRZI, MLT-3 alterne d'un état –1 à un état 0 puis passe à un état +1, retourne à un état 0, puis à un état –1 et le processus reprend. Un 0 logique est encodé comme une rupture de ce processus d'alternance. En fait, avec MLT-3, le 0 « suspend la vague » alors que le 1 la « remet en service ».

5.3.5 L'encodage HDB3

Utilisé sur des réseaux de transmission numériques, **HDB3** (*High Density Bipolar*) est un code bipolaire d'ordre 3 dans lequel, si le bit de rang 3 + 1 est à 0, on le remplace par un bit particulier qui « viole » la règle habituelle d'alternance des signes. Pour respecter la bipolarité ces bits de viol sont alternativement inversés. On évite ainsi les composantes continues dues aux longues suites de 0. Les bits à 1 étant quant à eux régulièrement alternés ne font pas l'objet de viols.

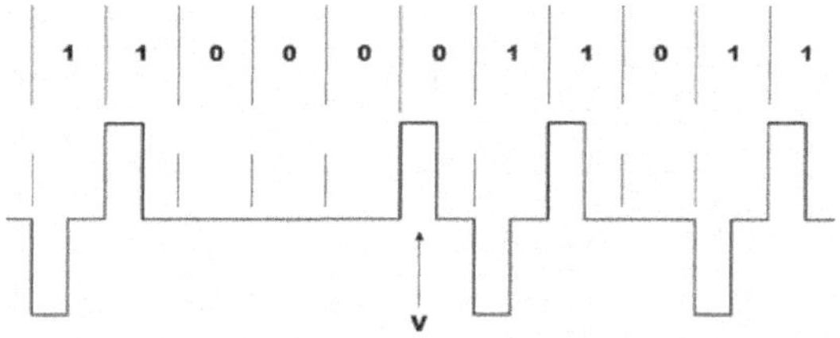

Figure 5.12 Encodage HDB3

5.3.6 Le codage 4B5B

Dans le codage par substitution, on va ajouter un ou plusieurs bits supplémentaires aux bits de données de manière à vérifier l'intégrité des données reçues ou assurer la transmission de séries binaires plus aptes au transport que d'autres.

Un code de bloc couramment employé à cet effet est le code **4B5B** (**4 B**its de données déterminant **5 B**its transmis) ou 4B/5B. Les combinaisons binaires qui se substituent à la série binaire d'origine ont été choisies car elles optimisent l'utilisation de la bande passante et remédient au problème des composantes continues.

Supposons que la donnée à transmettre corresponde à la valeur hexadécimale 0x0E. Dans un premier temps l'octet va être divisé en deux quartets (deux *nibbles*), l'un correspondant donc au 0x0 et l'autre au 0xE. Chaque symbole est ensuite recherché dans une table de correspondance (*mapping table*) associant à chaque quartet un quintet de code répondant à certaines caractéristiques de largeur de spectre et de résistance aux erreurs. Le code du 0x0 est ainsi mis en correspondance (*mappé*) avec la suite binaire 11110 du code 4B5B tandis que le code du 0xE est 11100.

5.3.7 Le codage 8B10B

Le code **8B10B** (*simple NRZ*) ou 8B/10B est couramment utilisé en transmission de données sur les réseaux locaux Ethernet à 100 Mbit/s. Ce code de bloc a été choisi du fait que les radiations émises par la transmission des bits n'étaient pas excessives au-delà de 30 MHz. En effet, le fait que l'information électrique varie dans un fil engendre des phénomènes parasites de radiation qui peuvent influer sur la qualité de la transmission. Les séries binaires émises doivent donc limiter au maximum ces phénomènes de radiations.

Valeur hexa	Valeur binaire	Code 4B5B	Valeur hexa	Valeur binaire	Code 4B5B
0	0000	11110	8	1000	10010
1	0001	01001	9	1001	10011
2	0010	10100	A	1010	10110
3	0011	10101	B	1011	10111
4	0100	01010	C	1100	11010
5	0101	01011	D	1101	11011
6	0110	01110	E	1110	11100
7	0111	01111	F	1111	11101

Figure 5.13 Table d'encodage 4B5B

Parmi les 1 024 combinaisons (2^{10}) que peut offrir le code 8B10B, seules 256 ($123 \times 2 + 10$) ont été retenues du fait de leur faible valeur spectrale à haute fréquence. C'est-à-dire qu'elles interfèrent le moins possible les unes sur les autres. Parmi ces mots de code 123 sont symétriques, alors que 10 ne le sont pas, ainsi que vous le montrent les extraits de tableaux figures 5.13 et 5.14.

$d_0 \ldots \quad d_9$	$d_0 \ldots \quad d_9$	$d_0 \ldots \quad d_9$	$d_0 \ldots \quad d_9$
0011111100	0111111110	0111001110	1000010111
1110000111	1100110011	1001111001	1111001111
1110110111	1101111011		

Figure 5.14 Les 10 mots non symétriques valides du code

$d_0 \ldots \quad d_9$ ou $d_9 \ldots \quad d_0$	$d_0 \ldots \quad d_9$ ou $d_9 \ldots \quad d_0$	$d_0 \ldots \quad d_9$ ou $d_9 \ldots \quad d_0$	$d_0 \ldots \quad d_9$ ou $d_9 \ldots \quad d_0$
0011111111	0011100110	1100110111	1011000011
1111100111	1100011001	0111111011	1011100111
1111110011	1000111111	0111000110	0110100011
0001100111	1110111111	1000111001	1001011100
1111111110	1110011110	0011011110	1101001111
1111111000	0000111011	...	

Figure 5.15 Extrait des 123 mots symétriques valides du code

Les 256 mots du code ont un « poids » (traduisant ici la différence entre le nombre de bits à 1 et le nombre de bits à 0 dans le mot) supérieur ou égal à 0. Chaque mot de code est affecté à chacune des valeurs possibles d'octet au travers d'une table de mappage comme dans le cas du 4B5B. Pour fiabiliser les transmissions en diminuant la valeur spectrale, l'encodeur 8B10B peut décider d'envoyer l'inverse du mot de code prévu (plus exactement le « complément » du mot), en fonction du poids du mot transmis précédemment et de la valeur du RD (*Running Disparity*). Le RD correspondant à la variation d'une référence de départ en fonction du poids du mot.

Mot	Poids	RD	
		– 1	*Valeur de départ*
0101011001	0	– 1	
0111001011	+ 2	+ 1	← (– 1 + 2)
1011101001	+ 2	←	Le poids du mot est > 0, le RD est > 0 on va donc émettre l'inverse du mot prévu soit 0100010110
0100010110	– 2	– 1	

Un certain nombre de mots de code ne respectant pas les caractéristiques spectrales mais présentant un poids 0 sont également employés de manière à transmettre des séquences particulières. Ces mots de code ont été choisis en fonction de leur distance de Hamming (de valeur 4) par rapport aux mots valides du code.

$d_0 \ldots \quad d_9$	$d_0 \ldots \quad d_9$	$d_0 \ldots \quad d_9$	$d_0 \ldots \quad d_9$
0000110111	0001001111	0011110001	0111000011
1111001000	1110110000	1100001110	1000111100

Figure 5.16 Mots de code de poids 0

Deux séries binaires particulières ont également été retenues 1010101010 et 0101010101 qui, bien que ne répondant pas aux caractéristiques spectrales, offrent d'autres avantages en terme de détection.

EXERCICES

5.1 Compléter en **parité** les octets suivants.

	1	0	1	0	0	0	1
	0	1	1	1	1	1	1

5.2 Compléter en **imparité** les octets suivants.

	0	1	1	1	0	0	1
	0	0	0	1	1	0	1

5.3 Réfléchir à la manière dont le système peut tenter de s'en sortir à l'aide des parités longitudinales et verticales, lorsque deux bits sont erronés à la réception des données. Pourquoi ne peut-on plus corriger l'erreur mais seulement en détecter la présence ?

5.4 En utilisant le code générateur $X^3 + 1$ retrouver les valeurs hexadécimales qui seront réellement transmises pour faire passer la suite binaire 10110110.

SOLUTIONS

5.1 Dans le cas de la **parité**, le nombre de bits à 1 doit être pair, on complète donc ici avec un bit à 1.

1	1	0	1	0	0	0	1

Dans le deuxième cas de **parité**, le nombre de bits à 1 devant être pair, on complète avec un bit à 0.

0	0	1	1	1	1	1	1

5.2 Le complément en imparité nous donne les résultats suivants

1	0	1	1	1	0	0	1
0	0	0	0	1	1	0	1

5.3 Prenons un exemple de tableau où se produisent deux erreurs. La parité croisée vérifie, dans notre exemple, les contrôles VRC et LRC ce qui permet de penser qu'*a priori* l'erreur ne vient pas des contrôles verticaux ou longitudinaux eux-mêmes mais des bits de données proprement dits.

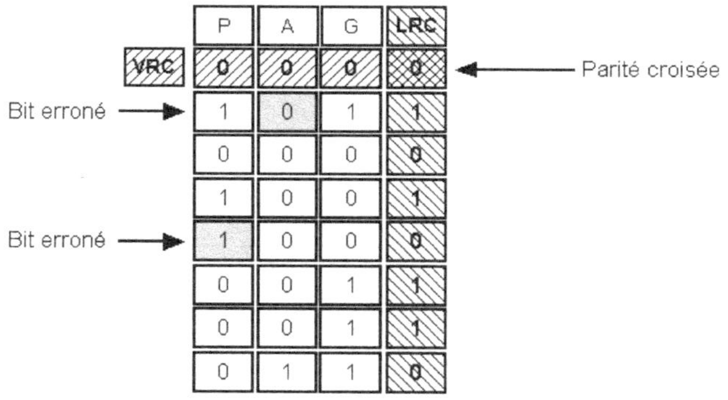

Les caractères reçus

Quand on vérifie les parités LRC et VRC, on détecte la présence de 2 lignes et de 2 colonnes où se sont produites des erreurs, ce qui se traduit en fait par 4 points d'intersections possibles, ainsi que le montre le schéma ci-après.

Ceci met le système dans l'impossibilité de corriger 2 seulement de ces bits. En effet, lesquels choisir ? Ceux correspondant à l'erreur réelle ou bien ceux correspondant à l'erreur possible ? Devant cette indétermination, on en est réduit à une seule possibilité. On détecte bien qu'il y a eu une erreur, mais on est dans l'impossibilité de corriger cette erreur. Cette technique est donc simple mais pas forcément la plus fiable.

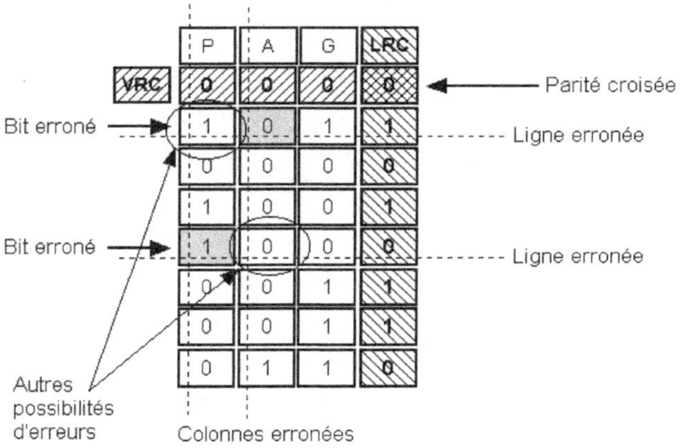

Repérage des bits erronés

5.4 La première chose à faire consiste à multiplier la série binaire de départ par le polynôme générateur $G(x) - 1$. Rappelons que $G(x)$ correspond ici, et arbitrairement, à la série binaire 1001. Le résultat de cette première opération sera donc :

1011 0110 × 1000 = 101 1011 0000

Il nous faut ensuite procéder à la division de cette suite binaire par le polynôme générateur.

10110110000 / 1001 = 10100001
le reste de la division est : 111

Il faut alors ajouter ce reste à la suite binaire initiale soit :

10110110 + 0111 = 10111101

La suite binaire transmise sera donc finalement 10111101, à laquelle nous « accolerons » le reste trouvé soit :

101111010 111

Ce qui, une fois transcrit en hexadécimal donne 0xBD7.

Chapitre **6**

Conception des circuits intégrés

On appelle **circuit intégré** – CI, un composant électronique qui regroupe tous les éléments constitutifs d'un circuit logique permettant d'obtenir telle ou telle fonction portes logiques, bascules, registres, compteurs, mémoires, microprocesseurs... nécessaire, et cela dans un même matériau, très généralement le silicium.

6.1 UN PEU D'HISTOIRE

Le transistor est un composant électronique [1951] mis au point par J. Bardeen, W. Brattain et W. Shockley, il remplace avantageusement les lampes (tubes à vides), encombrantes et peu fiables, que l'on utilisait jusqu'alors.

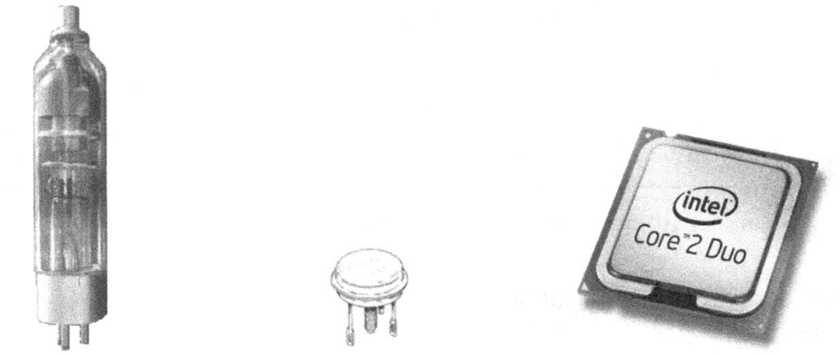

Figure 6.1 Tube à vide, transistor, microprocesseur

Les premiers transistors formaient des composants séparés. Les années 1960 voient l'apparition des circuits intégrés. Le circuit intégré est un circuit électronique complet, concentré sur une pastille de matériau semi-conducteur, généralement du silicium ou des arséniures de gallium, et parfois appelé **puce**, soit du fait de sa taille (quelques millimètres carrés), soit du fait de sa couleur. Le nombre de composants placés sur une puce n'a cessé de croître depuis l'apparition des premiers circuits intégrés. En 1965, on pouvait loger environ trente composants sur une puce de 3 mm^2 ; quinze ans plus tard, on en décompte plus de 100 000 et, en 2000, près de 130 000 000 sur le PA-850 de chez HP.

L'échelle d'intégration, c'est-à-dire la largeur des pistes de silicium que l'on peut réaliser, est en perpétuelle évolution. La limite envisagée pour le silicium il y a encore quelques années a été repoussée puisque les 65 nanomètres ont d'ores et déjà été atteints [2006] et que la « feuille de route » (*roadmad*) Intel envisage 45 nm pour 2007, 32 nm pour 2009 et 22 nm pour 2011. Les limites physiques de gravure pourraient être atteintes autour de 2018 avec 5 nanomètres. Par ailleurs des recherches sur le cuivre, la gravure par rayonnement ultraviolet extrême, les transistors biologiques ou les nanotubes de carbone se poursuivent… La technologie très prometteuse pour l'avenir semble être celle des **nanotransistors** (nanotubes de carbone) dont la taille n'est que de quelques dizaines d'atomes – 500 fois plus petits que les transistors actuels !

La diminution de la taille des circuits présente de nombreux avantages. Tout d'abord une amélioration des performances, en effet si la taille du microprocesseur diminue, les distances à parcourir par les signaux électriques qui le traversent se réduisent, ce qui réduit les temps de traitement et améliore les performances. De plus, il devient également possible d'augmenter le nombre de transistors présents sur la puce. La consommation électrique et le dégagement de chaleur sont réduits. En effet comme la taille du microprocesseur diminue, sa consommation électrique et la chaleur qu'il dégage baissent elles aussi. On peut donc produire des micro-ordinateurs ayant une plus grande autonomie électrique et augmenter la vitesse de fonctionnement du processeur sans franchir le seuil de chaleur critique qui détériorerait la puce.

Éléments de comparaison

Acarien	Cheveu	Bactérie	Micro-processeur	Virus	Atome
0,2-0,4 mm	20-70 µm	1 µm	65-32 nm	1 nm	0,1 nm

mm = 10^{-3} mètres/µm = 10^{-6} mètres/nm = 10^{-9} mètres

Les progrès accomplis dans l'intégration des circuits suivent une courbe relativement régulière définie par Gordon Moore. Cette « **loi de Moore** » [1965], toujours d'actualité et qui devrait se confirmer jusqu'aux horizons de 2015, affirme que « le nombre de transistors d'un microprocesseur double tous les deux ans environ ». Dès l'horizon 2000, on voit apparaître des processeurs comportant 130 millions de transistors et peut-être donc 1 milliard de transistors vers l'an 2010.

Suivant la quantité de composants que l'on peut intégrer sur une puce on parle de circuits intégrés de type :

- **SSI** (*Small Scale Integration*) pour quelques composants – disons jusqu'à 100.
- **MSI** (*Medium ou Middle SI*) jusqu'à 3 000 composants.
- **LSI** (*Large SI*) jusqu'à une centaine de milliers de composants. Par exemple, le microprocesseur 8080 comportait 5 000 transistors.
- **VLSI** (*Very Large SI*) jusqu'à 1 000 000 composants.
- **SLSI** (*Super LSI*) environ 3 300 000 composants sur une puce (microprocesseur Intel Pentium, T9000 de SGS...).
- **ULSI** (*Ultra LSI*) intègre plusieurs centaines de millions de transistors et l'échelle d'intégration (la finesse de gravure) est passée de 0,065 micromètres (µm) soit 65 nanomètres (nm) [2006] à 45 nm, puis 32 nm [2009], 28 nm [2010] et 22 nm sont d'ores et déjà envisagés pour 2011 !

En 2010 le record semble être de 2 milliards de transistors sur l'Itanium 9300 d'Intel !

Précisons aussi que de plus en plus de composants, à l'origine externes au microprocesseur proprement dit, tels que la carte son, la carte graphique... sont désormais intégrés sur cette même puce de silicium.

6.2 TECHNIQUE DE CONCEPTION DES CIRCUITS INTÉGRÉS

Pour réaliser un circuit intégré, l'ensemble des circuits électroniques doit d'abord être conçu au moyen d'ordinateurs spécialisés dans la conception assistée par ordinateur (CAO) et dans le dessin assisté par ordinateur (DAO). On peut ainsi modéliser des processeurs entiers à des vitesses fulgurantes. Chaque circuit est ensuite dessiné environ 500 fois plus gros qu'il ne sera réellement. Ce schéma (**masque**) est utilisé pour guider par ordinateur un faisceau lumineux qui va impressionner une plaque photographique appelée réticule reproduisant, réduit à environ 20 fois, le schéma du circuit. Un microprocesseur comme le Pentium nécessite plus de 20 de ces masques. Le réticule est à nouveau contrôlé et corrigé avant d'être recopié, réduit à la taille définitive du circuit par un procédé photographique (procédé dit par photolithographie), sur une fine tranche d'un barreau de silicium.

On emploie le silicium, extrait du sable et qui se trouve être l'élément chimique le plus abondant sur terre après l'oxygène, car c'est un semi-conducteur naturel. Autrement dit, il peut être isolant ou conducteur par ajout ou appauvrissement en électrons – c'est le dopage. Avant cela, il doit toutefois subir un processus chimique qui le transforme en barreaux cylindriques de silicium pur à 99,999999 % d'environ 50 cm de long pour un diamètre de 20 cm. Ceux-ci sont ensuite découpés en tranches fines et polies de 0,3 mm d'épaisseur environ – ***wafer*** (littéralement « gaufrette »). La technologie actuelle permet de fabriquer des tranches de silicium de 20 cm de diamètre environ, comportant chacune plusieurs centaines de processeurs.

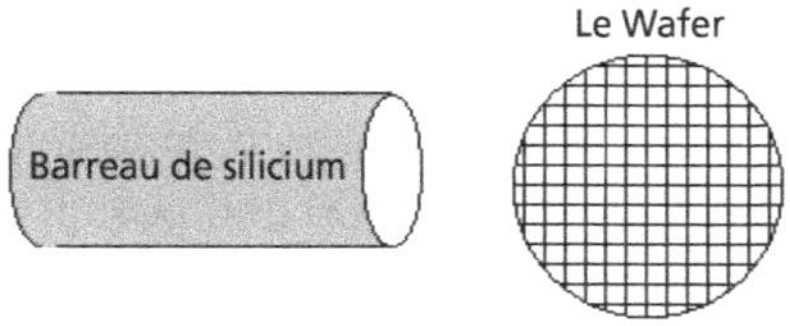

Figure 6.2 Wafer

On insole ensuite au travers du masque la surface de chaque *wafer*, revêtue d'une pellicule de produit chimique photosensible, de manière à créer l'image du circuit électronique qui correspond à ce masque. On utilise alors divers produits pour retirer les matériaux des endroits non insolés de la surface. Puis on dope les zones exposées à l'aide d'impuretés chimiques pour modifier leur conductivité électrique en portant chaque tranche à une température d'environ 1 000° dans un four à diffusion, puis en les exposant à des éléments chimiques (bore, phosphore...) appelés dopants, qui modifient les propriétés semi-conductrices du silicium. Une couche peut ne mesurer que 50 angströms d'épaisseur (soit l'équivalent de dix atomes). Des canaux remplis d'aluminium relient les couches formées par la répétition du processus de lithogravure – une vingtaine de couches pour un Pentium.

L'évolution technologique a permis de réduire la largeur de ces canaux qui est passée de un micron (un millionième de mètre) [1990] – à comparer avec l'épaisseur d'un cheveu : 70 microns – à 0.13 μm [2002], 65 nm [2006] tandis que d'ores et déjà sont exploités 45, 32 et 28 nm. Pour améliorer la finesse de gravure, la majorité de l'industrie se tourne vers le rayonnement ultraviolet ou le laser permettant d'atteindre les 22 nm en 2011. Les limites physiques de gravure pourraient toutefois être atteintes autour de 2018 avec 5 nm.

Réduire la finesse de gravure permet de fabriquer plus de processeurs sur un *wafer* et donc de baisser leur coût de fabrication. Cette technique permet également de diminuer la consommation électrique du processeur et donc la quantité de chaleur produite, ce qui permet d'abaisser la consommation d'énergie et d'augmenter la fréquence de fonctionnement. Une finesse de gravure accrue permet également de loger plus de transistors dans le cœur du processeur (*core* ou *die*) et donc d'ajouter des fonctionnalités supplémentaires tout en gardant une surface aussi compacte que les générations précédentes.

Il existe également une technique de lithographie par faisceaux d'électrons, qui permet d'attaquer directement le *wafer* grâce à un faisceau d'électrons. L'implantation ionique autorise également le dopage des circuits, en introduisant des impuretés à température ambiante. Les atomes dopants étant ionisés et implantés aux endroits voulus grâce à un bombardement d'ions. Le remplacement de l'aluminium par du cuivre est également à l'étude. Cette technologie permet d'améliorer l'intégration en évitant les phénomènes d'érosion électriques présentés par l'aluminium sur le silicium et en améliorant la conductivité électrique. De plus le cuivre présente une meilleure dissipation calorifique ce qui limite les problèmes de refroidissement et permet de gagner en finesse de gravure.

Lorsque le *wafer* est terminé, les processeurs sont testés individuellement pour vérifier leur bon fonctionnement. Des sondes de la taille d'une épingle réalisent ainsi plus de 10 000 vérifications par seconde en mettant en contact des points de test à la surface de la tranche. Les processeurs défaillants sont repérés et seront éliminés lorsque le *wafer* aura été découpé par un outil à pointes de diamant.

Chaque puce est ensuite encapsulée (opération dite d'empaquetage ou *packaging*) dans un boîtier et reliée à ses broches de connexion par de minuscules fils d'or soudés directement sur les contacts du processeur. Cette technique peut être remplacée par celle du film où la puce (*chip*) est connectée en une seule fois aux pattes d'une structure dite araignée, portée par un film. Le boîtier généralement en céramique ou en plastique noir est destiné à éviter que le circuit intégré ne soit soumis aux agressions de l'environnement – humidité, égratignures, poussière... mais aussi à évacuer la chaleur dissipée par le composant lors de son fonctionnement ainsi qu'à une meilleure manipulation.

En tout, la fabrication d'un processeur compte plus de deux cents étapes, chacune d'une durée comprise entre une vingtaine de minutes et plus de huit heures. C'est donc en mois que se calcule son cycle de fabrication.

Ces opérations ne peuvent se faire que dans un milieu particulièrement propre, appelé « salle blanche », d'où l'obligation pour les techniciens de revêtir des combinaisons industrielles (*bunny suits* en anglais) qui les isolent des produits.

Chapitre 7

Unité centrale de traitement

7.1 APPROCHE DES BLOCS FONCTIONNELS

Rappelons succinctement par un schéma synoptique, la composition d'un système informatique telle que nous l'avions présentée lors de l'introduction.

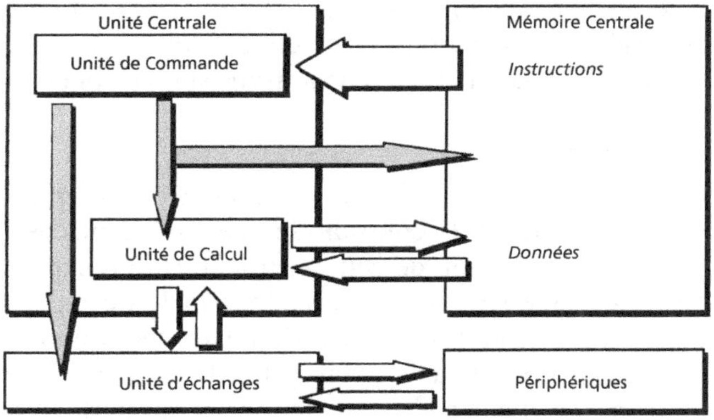

Figure 7.1 Structure schématique d'un système informatique

7.1.1 L'unité centrale (UC)

Il convient de faire une distinction entre les différentes entités physiques qui se cachent sous le terme **d'unité centrale**. Employée par les commerciaux et par la plupart des usagers, notamment au niveau de la micro-informatique, cette appellation recouvre souvent le boîtier central du système, qui contient **l'unité de traitement** (microprocesseur), la **mémoire centrale**, mais aussi, le lecteur de CD, le disque dur… Dans une approche plus rigoriste, il convient de dissocier en fait de cette « fausse » unité centrale, **l'unité de traitement** (généralement constituée d'un seul microprocesseur en micro-informatique) que nous devons considérer comme étant la « véritable » unité centrale du système informatique. Toutefois, certains auteurs rattachent à cette unité de traitement la mémoire centrale, le tout constituant alors l'unité centrale ; on peut considérer en effet que l'unité de traitement ne serait rien sans la mémoire centrale (et inversement) auquel cas il est bien délicat de dissocier les deux. L'unité centrale de traitement est composée des deux sous-ensembles que sont l'unité de calcul et l'unité de commande.

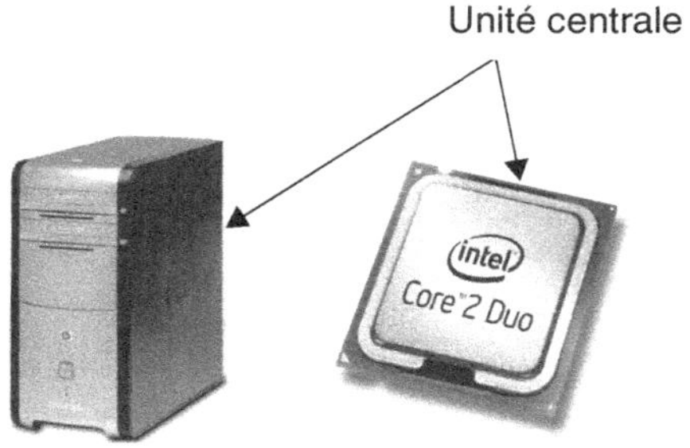

Figure 7.2 Unité centrale

a) L'unité de calcul (UAL)

C'est au sein de ce bloc fonctionnel, aussi appelé **unité arithmétique et logique** (**UAL**) que sont réalisées les opérations arithmétiques telles qu'additions, multiplications… et les traitements logiques de comparaisons sur les données à traiter.

b) L'unité de commande

Cette unité a pour rôle de gérer le bon déroulement du ou des programmes en cours. C'est à l'intérieur de cette **unité de commande** que va être placée l'instruction à réaliser et c'est elle qui, en fonction de cette instruction, va répartir les ordres aux divers organes de la machine (lire une information sur le disque, faire un calcul, écrire un texte à l'écran…). Une fois l'instruction exécutée, l'unité de commande doit aller chercher l'instruction suivante ; pour cela elle dispose d'un **registre** particulier, jouant le rôle de « compteur d'instructions », et qui porte le nom de **compteur ordinal**.

7.1.2 La mémoire centrale (MC)

La **mémoire centrale** peut être présentée comme un ensemble de « cases » ou **cellules**, dans lesquelles on peut ranger des informations qui auront toutes la même taille, le **mot mémoire**. Ces mots mémoire, qui représentent les instructions composant les programmes du système ou de l'utilisateur et les données qui sont à traiter à l'aide de ces programmes, ont une taille variant suivant le type de machine (8, 16 ou 32 bits...). Afin de pouvoir retrouver dans la mémoire centrale la cellule qui contient le mot mémoire que l'on recherche, les cellules sont repérées par leur **adresse** (emplacement) dans la mémoire, c'est-à-dire qu'elles sont numérotées (généralement en hexadécimal) de la cellule d'adresse 0 à, par exemple, la cellule d'adresse 0xFFFF.

7.1.3 L'unité d'échange

Cette unité d'échange a pour rôle de gérer les transferts des informations entre l'unité centrale et l'environnement du système informatique. Cet environnement correspond en fait aux périphériques tels que disques durs, imprimantes, écran vidéo...

7.1.4 Les périphériques

Les périphériques sont très nombreux et très variés. Certains ne peuvent que recevoir des informations (écrans...), d'autres ne peuvent qu'en émettre (claviers...), d'autres servent de mémoire externe (mémoire auxiliaire ou de masse) au système (disques, disquettes...), enfin certains peuvent être très spécialisés (sondes de température, de pression...). Nous étudierons donc successivement, ces divers éléments : unité centrale, mémoire centrale et auxiliaire, périphériques d'entrées/sorties.

7.2 ÉTUDE DE L'UNITÉ CENTRALE DE TRAITEMENT

Nous avons vu précédemment qu'un programme était composé **d'instructions** qui traitent des **données**. Les instructions et les données étant stockées, du moins au moment du traitement, en mémoire centrale. Nous allons donc étudier tout d'abord comment est constituée une instruction, puis comment elle est prise en charge par une unité centrale théorique, comment cette instruction va être exécutée, et enfin comment évoluent les données ainsi traitées.

7.2.1 Constitution d'une instruction

Une instruction est une **opération élémentaire** d'un langage de programmation, c'est-à-dire qu'il s'agit du plus petit ordre que peut « comprendre » un ordinateur.

> Ainsi selon le langage on rencontrera :
> BASIC Let C = A + B
> COBOL Compute C = A + B

Chaque instruction correspond à un ordre donné à l'ordinateur, ici celui de faire une addition entre le contenu de la donnée A et celui de la donnée B. Toutes les instructions présentent en fait deux types d'informations :

– **ce qu'il faut faire** comme action (addition, saisie d'information, affichage...),
– **avec quelles données** réaliser cette action (A, B...).

Dans la machine qui, rappelons-le, ne comprend que les états logiques binaires de circuits électroniques, les instructions et les données ne sont bien évidemment pas représentées comme une suite de lettres ou de signes, mais sous forme d'éléments binaires 0 ou 1. Cette transformation d'une instruction d'un **langage évolué** (BASIC, COBOL, PASCAL, C...) en une série binaire se fait grâce à un programme spécial du système qui est appelé **interpréteur** ou **compilateur**, selon le mode de traduction qu'il met en œuvre. La transformation d'une instruction d'un **langage non évolué** ou **langage d'assemblage** en une série binaire, dépend du microprocesseur utilisé (Intel Pentium, Alpha-I64, PowerPC...) et se réalise grâce à un programme spécial du système appelé **assembleur**.

De même que les instructions ne sont pas représentées « en clair », les données ne se présentent pas non plus telles quelles mais sont codées grâce aux codes ASCII, EBCDIC... ou représentées sous une forme virgule flottante, entier binaire... Ainsi, une instruction écrite par l'homme sous forme mnémonique ADD A,C – instruction du langage d'assemblage qui effectue l'addition du contenu du registre A avec le contenu du registre C et range le résultat dans le registre A – va se traduire après assemblage, par la suite binaire 1000 0001 que, pour faciliter la compréhension par l'utilisateur, on représente le plus souvent par son équivalent hexadécimal 0x81.

Quand l'unité de commande reçoit une telle instruction, elle sait quel « travail » elle a à faire et avec quelles données. Elle déclenche à ce moment-là une suite ordonnée de **signaux de commandes** (on dit aussi **microcommandes**) destinés à l'activation des composants du système qui entrent en jeu dans l'exécution de cette instruction (mémoire, unité de calcul...).

Une instruction peut donc se décomposer en deux zones ou champs :

Zone Opération	Zone Données
Ce qu'il faut faire	*Avec quoi le faire*

Or, ainsi que nous l'avons dit précédemment, les données sont rangées dans les cellules de la mémoire centrale où elles sont repérables grâce à leur adresse. Une terminologie plus précise nous amène donc à utiliser comme appellation de ces zones :

Zone Opération	Zone Adresse

Figure 7.3 Une instruction « élémentaire »

a) La zone opération

Cette zone permet à la machine de savoir **quelle opération elle doit réaliser**, c'est-à-dire quels éléments elle doit mettre en œuvre. Selon le nombre d'instructions que « comprend » la machine, ou plus exactement le microprocesseur utilisé par la machine, cette **zone opération**, ou **code opération**, sera plus ou moins longue. Ainsi une zone opération sur un octet autorisera-t-elle 256 instructions différentes (**jeu d'instructions**).

En réalité cette zone opération ou encore **champ opération** est en général composée de deux sous-zones. En effet, pour une même catégorie d'instructions, on peut distinguer plusieurs types plus précis d'instructions.

> Pour une addition, on peut faire la distinction entre l'addition du contenu d'une zone mémoire avec elle-même, ou l'addition du contenu d'une zone mémoire avec celui d'une autre zone…

On peut donc décomposer notre champ opération en :

Zone Opération		Zone Adresse
Code Opération	Code Complémentaire	Zone Adresse

Figure 7.4 Une instruction type

En consultant le jeu d'instructions d'un microprocesseur, vous pourrez constater que la majeure partie des instructions d'un même type commencent par la même série binaire, c'est-à-dire qu'elles commencent en fait par le même **code opération** et sont dissociées les unes des autres par leur **code complémentaire**.

b) La zone adresse

Dans une première approche de l'instruction nous avions dit qu'elle contenait une **zone de données** or, dans la réalité, cette zone ne contient pas, la plupart du temps, la donnée elle-même mais son **adresse**, c'est-à-dire l'emplacement de la case mémoire où est rangée réellement cette donnée (emplacement qui, rappelons-le, est généralement noté en hexadécimal, par exemple l'adresse 0xFB80).

Suivant les machines on peut rencontrer des instructions à une adresse ou à deux adresses bien que ce dernier type soit de moins en moins courant. Sur les machines travaillant sur des mots mémoire de longueur fixe, ce qui est la tendance actuelle et notamment au niveau de la micro et mini-informatique, les instructions sont très généralement à une seule adresse.

Comme la plupart des instructions nécessitent le traitement de **deux données**, et donc *a priori* ont besoin de **deux adresses** (par exemple l'addition de A avec B nécessite de connaître l'adresse de A et celle de B), une de ces deux adresses est généralement une **adresse implicite** et, dans la majorité des cas, ce sera celle d'un registre particulier de l'unité de calcul, **l'accumulateur** (nous reviendrons ultérieurement sur ces notions d'adresses et d'adressages).

7.2.2 L'unité de commande

a) Rôle

Nous avons déjà vu que l'unité de commande avait pour rôle de gérer le bon déroulement du programme. Elle doit donc prendre en compte, les unes après les autres, chacune des instructions ; décoder l'instruction en cours, lancer les ordres (**microcommandes**) aux composants du système qui participent à la réalisation de cette instruction ; puis aller chercher une nouvelle instruction et recommencer.

Pour cela l'unité de commande est constituée d'un certain nombre de composants internes qui assurent chacun une fonction bien déterminée.

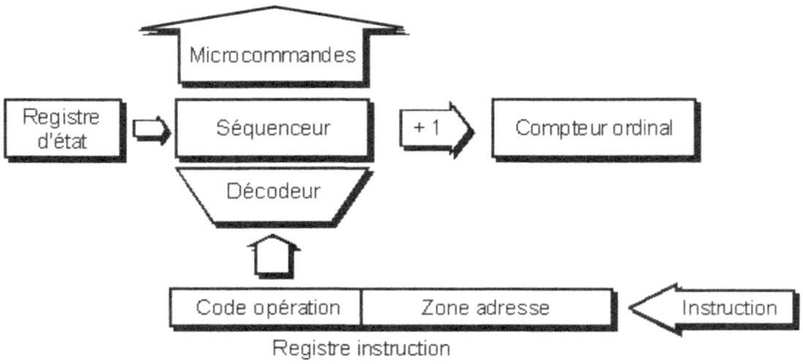

Figure 7.5 Schéma simplifié de l'unité de commandes

b) Composants de l'unité centrale

➤ Le registre instruction

L'instruction que l'unité de commande va devoir traiter est chargée préalablement dans un registre particulier appelé **registre instruction**.

➤ Le séquenceur

En fonction de l'instruction à traiter – qui vient d'être chargée dans le **registre instruction** – l'unité de commande va devoir émettre un certain nombre de **microcommandes** vers les autres composants du système. Ces ordres ne seront bien évidemment pas émis n'importe quand, ni vers n'importe quel composant, mais respectent une chronologie bien précise selon le type d'instruction à exécuter. Cette chronologie (séquencement) est rythmée par une **horloge** interne au système. On comprend intuitivement que plus cette fréquence est élevée et plus l'unité centrale de traitement travaille « vite » – mais ce n'est pas le seul facteur de rapidité.

Le composant qui émet ces microcommandes – en fonction du code opération (préalablement décodé) de l'instruction située dans le registre instruction – est le **séquenceur**, qui, comme son nom le laisse entendre envoie une séquence de microcommandes vers les composants impliqués par l'instruction.

➤ Le registre d'état

Pour exécuter correctement son travail, le séquenceur doit en outre connaître l'état d'un certain nombre d'autres composants et disposer d'informations concernant la ou les opérations qui ont déjà été exécutées (par exemple, doit-on tenir compte dans l'addition en cours d'une éventuelle retenue préalable générée par une addition précédente). La connaissance de ces informations se fait à l'aide d'un autre composant appelé registre indicateur ou, plus couramment **registre d'état**, et qui, grâce à des indicateurs (**drapeaux** ou ***flags***), qui ne sont en fait que des registres de bascules, va mémoriser certaines informations telles que retenue préalable, imparité, résultat nul, etc.

➤ Le compteur ordinal

Quand le séquenceur a fini de générer les microcommandes nécessaires, il faut qu'il déclenche le chargement, dans le registre instruction, d'une nouvelle instruction. Pour cela il dispose d'un registre « compteur d'instructions » (qui en fait serait plutôt un « pointeur » d'instructions).

Ce registre porte le nom de **compteur ordinal** (*Program Counter* ou *Instruction Pointer*). Il s'agit d'un registre spécialisé, qui est chargé automatiquement par le système lors du lancement d'un programme, avec **l'adresse** mémoire de la première instruction du programme à exécuter.

Par la suite, à chaque fois qu'une instruction a été chargée dans le registre instruction et qu'elle s'apprête à être exécutée, ce compteur ordinal est **incrémenté** (augmenté) de manière à pointer sur l'adresse de la **prochaine instruction** à exécuter.

7.2.3 L'unité arithmétique et logique

L'unité arithmétique et logique (**UAL**) est composée de circuits logiques tels que les additionneur, soustracteur, comparateurs logiques… selon le degré de technicité et d'intégration atteint par le fabricant du circuit intégré. Les données à traiter se présentent donc aux entrées de l'UAL, sont traitées, puis le résultat est fourni en sortie de cette UAL et généralement stocké dans un registre dit accumulateur.

Ces deux composants, **unité de commandes** et **unité arithmétique et logique** constituent donc une **unité centrale**, aussi appelée **unité de traitement** ou **CPU** (*Central Processor Unit*).

Cette unité centrale (**UC**) permet ainsi :

- d'acquérir et décoder les instructions d'un programme, les unes après les autres en général – mais ce n'est pas toujours aussi simple ;
- de faire exécuter par l'UAL les opérations arithmétiques et logiques commandées par l'instruction ;
- de gérer les adresses des instructions du programme grâce au compteur ordinal ;
- de mémoriser l'état interne de la machine sous forme d'indicateurs grâce au registre d'état ;
- de fournir les signaux de commande et de contrôle aux divers éléments du système.

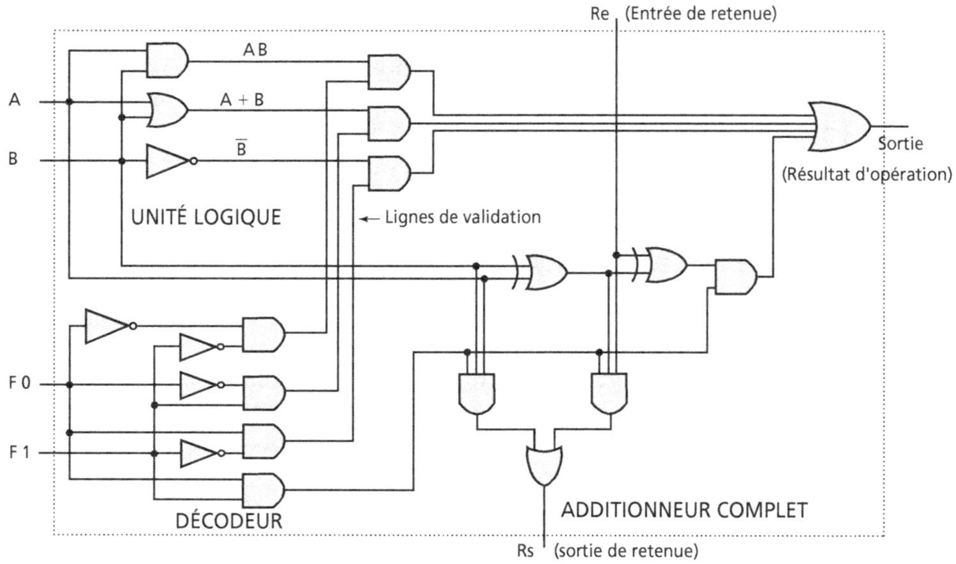

D'après : Tanenbaum, Architecture de l'ordinateur, Inter-Editions.

Figure 7.6 Exemple simple d'UAL 1 bit

7.2.4 Les bus

Les composants de l'unité centrale communiquent entre eux et avec les composants extérieurs à l'UC à l'aide de liaisons électriques (fils, circuits imprimés ou liaisons dans le circuit intégré), qui permettent le transfert des informations électriques binaires. Ces ensembles de « fils » constituent les **bus**.

a) Le bus de données

Le **bus de données** (*Data Bus*) permet, comme son nom l'indique, le transfert de données (instructions, ou données à traiter) entre les composants du système. Suivant le nombre de « fils » que compte le bus, on pourra véhiculer des mots de 8, 16, 32 ou 64 bits. Ce nombre de bits pouvant circuler en même temps (en parallèle) détermine ce que l'on appelle la **largeur du bus**. Les informations pouvant circuler dans les deux sens sur un tel bus (de la mémoire vers l'unité centrale ou de l'unité centrale vers la mémoire par exemple), le bus de données est dit **bidirectionnel**.

b) Le bus d'adresses

Le **bus d'adresses** (*Address Bus*) comme son nom l'indique, est destiné à véhiculer des adresses, que ce soit l'adresse de l'instruction à charger dans le registre instruction, ou celle de la donnée à charger dans un registre particulier ou à envoyer sur une entrée de l'UAL. La largeur du bus d'adresses détermine la taille de la mémoire qui sera directement adressable (adressage physique) par le microprocesseur. Ainsi, avec un bus d'adresses d'une largeur de 16 bits on peut obtenir 2^{16} combinaisons soit autant de cellules mémoires où loger instructions ou données (avec un bus d'adresses de 32 bits on peut ainsi adresser 4 Go de mémoire physique). Dans ce type de bus les adresses ne circulent que dans le sens unité centrale vers mémoire, ce bus est dit **unidirectionnel**.

c) Le bus de commandes

Le **bus de commandes** (*Control Bus*) permet aux microcommandes générées par le séquenceur de circuler vers les divers composants du système.

7.3 FONCTIONNEMENT DE L'UNITÉ CENTRALE

En examinant ce que nous avons déjà énoncé quant au traitement des instructions dans l'unité centrale, on peut dire que pour chaque instruction d'un programme on peut distinguer :

- une phase de **recherche** de l'instruction,
- une phase de **traitement** de l'instruction.

Nous allons examiner de plus près ces deux phases à partir d'un exemple simplifié de fonctionnement. Pour faciliter la compréhension, nous utiliserons des mnémoniques représentant chacune des microcommandes que le séquenceur pourra générer (ces commandes mnémoniques sont **tout à fait arbitraires** et n'existent pas en tant que telles dans une véritable machine). Dans la réalité, les microcommandes correspondent en fait à de simples impulsions électriques émises par le séquenceur.

Sur le schéma complet de l'unité centrale que nous présentons en page suivante, vous pouvez observer que les microcommandes issues du séquenceur sont représentées comme de petites flèches que l'on retrouve au niveau des relations entre les divers constituants de l'UC et qui pointent sur une zone grisée : cette zone peut être assimilée à une porte (c'est d'ailleurs souvent une porte logique) que la microcommande va « ouvrir », permettant ainsi le passage de l'information entre les composants.

> Ainsi, la microcommande, que nous nommerons arbitrairement LCO (pour Lecture du Compteur Ordinal) pointe sur la zone grisée de la liaison qui va du compteur ordinal au bus d'adresses. Cette microcommande autorise donc le transfert du contenu du compteur ordinal sur le bus d'adresses.

Vous trouverez dans les pages suivantes un tableau complet des microcommandes arbitrairement proposées. De la même manière le « schéma » de fonctionnement présenté correspond à un fonctionnement simplifié et nous vous engageons à vous reporter au chapitre traitant des microprocesseurs pour avoir une vision plus fine du déroulement de ce fonctionnement.

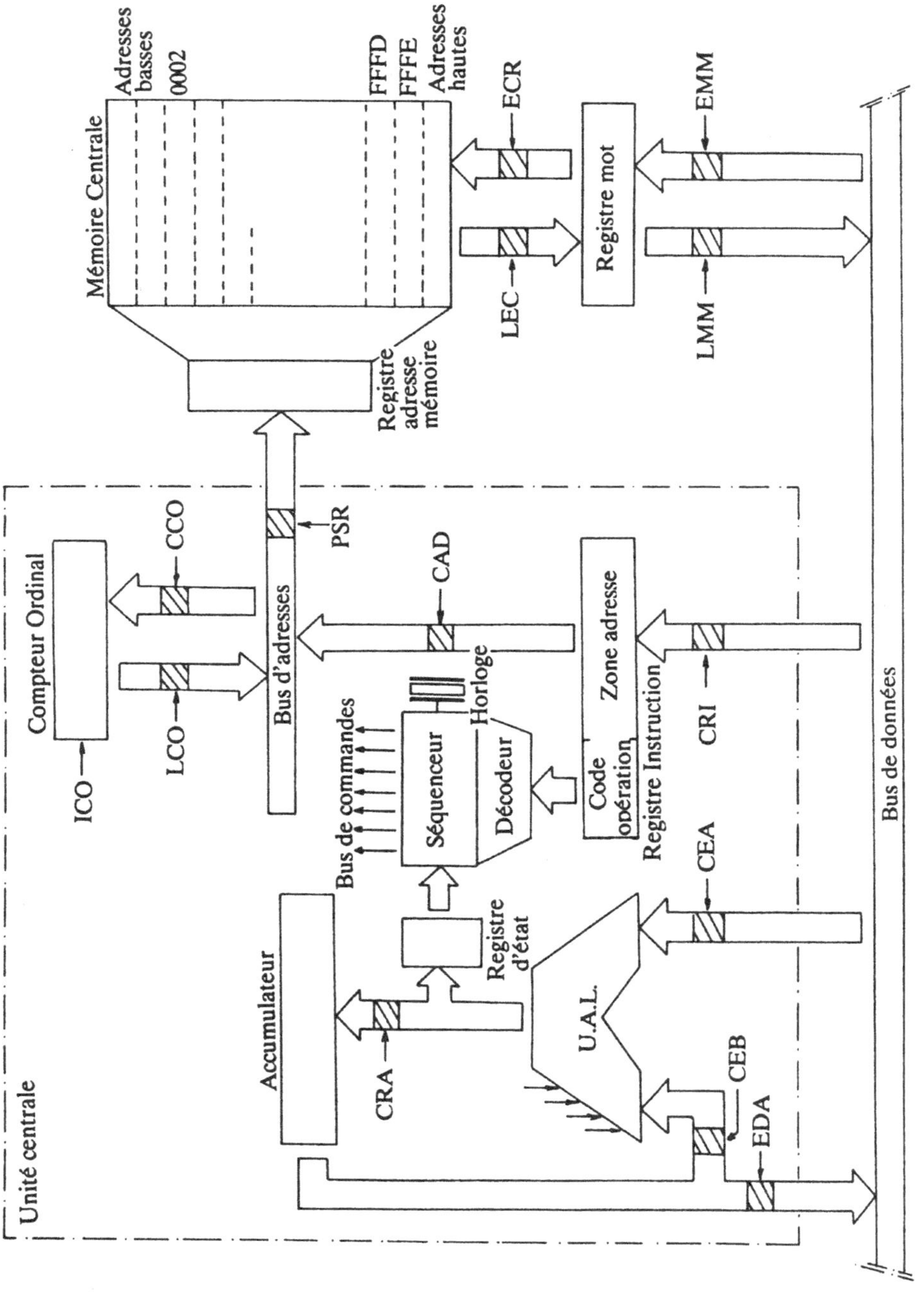

Figure 7.7 Schéma complet d'une unité centrale

LCO *Lecture Compteur Ordinal*	(Compteur Ordinal) --> Bus adresses
CCO *Chargement Compteur Ordinal*	(Bus adresses) --> Compteur Ordinal
PSR *Pointage Sur Registre*	(Bus d'adresses) --> Registre Adresse Mémoire
LEC *LECture*	(Mémoire) --> Registre Mot
ECR *ÉCRiture en mémoire*	(Registre Mot) --> Mémoire
LMM *Lecture Mot Mémoire*	(Registre Mot) --> Bus de Données
EMM *Écriture Mot Mémoire*	(Bus de Données) --> Registre Mot
CAD *Chargement ADresse*	(Reg Instr adresse) --> Bus d'Adresses
CRA *Chargement Registre Accumulateur*	(UAL sortie) --> Accumulateur
CRI *Chargement Registre Instruction*	(Bus de Données) --> Registre Instruction
CEB *Chargement Entrée B*	(Accumulateur) --> Entrée B de l'UAL
CEA *Chargement Entrée A*	(Bus de Données) --> Entrée A de l'UAL
EDA *Envoi de Donnée Accumulateur*	(Accumulateur) --> Bus de données
ICO *Incrémentation du Compteur Ordinal*	(Compteur Ordinal) + 1
NOP *No OPeration*	la donnée passe de l'entrée A à la sortie sans opération

ADD *Addition*, **SUB** *Soustraction*, **ET**, **OU** logique, etc

Figure 7.8 Liste des mnémoniques

Un terme entre parenthèses se traduisant par « contenu de ».

7.3.1 Recherche de l'instruction

Le programme à exécuter (module exécutable ou *Bound Unit*) est chargé en mémoire centrale où il occupe un certain nombre de cellules mémoire, chaque cellule mémoire ayant donc une **adresse** bien précise.

Le compteur ordinal est chargé, lors du lancement du programme, avec l'adresse de la première instruction à exécuter. Ce chargement est effectué par un programme chargé de « piloter » l'ensemble du système et qui porte le nom de système d'exploitation.

Le séquenceur, dans la phase de recherche de l'instruction (phase dite de ***fetch***) à exécuter, va alors générer les microcommandes destinées à placer l'instruction dans le registre instruction.

LCO	(Compteur Ordinal)	-> Bus d'adresses
PSR	(Bus d'Adresses)	-> Registre Adresse Mémoire
LEC	(Mémoire)	-> Registre Mot
LMM	(Registre Mot)	-> Bus de Données
CRI	(Bus de Données)	-> Registre Instruction
ICO	(Compteur Ordinal)	+ 1

C'est-à-dire qu'il va provoquer (LCO) le transfert du **contenu** du compteur ordinal, qui, rappelons-le, est à ce moment chargé avec **l'adresse** de la **première** instruction à exécuter, sur le bus d'adresses (attention, transférer ne veut pas dire pour autant que le compteur ordinal est maintenant vide ! en fait on devrait plutôt dire « recopier »). L'adresse de cette première instruction est alors transmise (PSR) au registre adresse mémoire, registre jouant en quelque sorte un rôle d'aiguilleur (décodeur) et indiquant quelle case de la mémoire on doit aller « lire ».

La microcommande suivante (LEC) autorise la recopie de l'information – ici une instruction, contenue dans la case mémoire repérée par le registre adresse mémoire, dans un registre temporaire, le registre mot – et n'a en fait qu'un rôle de temporisation (on dit aussi que ce registre est un **tampon** ou *buffer*).

Le contenu du registre mot – qui correspond donc à notre première instruction – est ensuite transféré (LMM) sur le bus de données où se retrouve alors notre **instruction**.

Une microcommande issue du séquenceur (CRI) va maintenant provoquer la recopie du contenu de ce bus de données dans le registre instruction. À ce moment l'instruction à exécuter se trouve placée dans le registre instruction et est prête à être décodée et exploitée par le séquenceur qui va devoir générer les microcommandes nécessaires à son traitement.

Enfin une dernière microcommande du séquenceur (ICO) va provoquer l'incrémentation (augmentation) du compteur ordinal qui va maintenant pointer sur **l'adresse de l'instruction suivante** du programme (dans la réalité, ainsi que nous le verrons par la suite, l'incrémentation n'est généralement pas de 1 mais la compréhension du fonctionnement en est pour l'instant facilitée).

Cet ensemble de microcommandes, générant la phase de recherche (phase de ***fetch***) de l'instruction, est à peu près toujours le même et sera donc automatiquement répété dès que le traitement de l'instruction aura donné lieu à l'envoi de la dernière microcommande nécessaire.

7.3.2 Traitement de l'instruction

L'instruction, une fois chargée dans le registre instruction, va être soumise au décodeur qui, associé au séquenceur va devoir analyser la **zone opération** et générer, en fonction du code opération, la série de microcommandes appropriées. Pour suivre plus aisément le déroulement d'un tel processus, nous allons prendre un exemple très simple de programme écrit dans un pseudo-langage d'assemblage (inspiré d'un langage d'assemblage existant mais légèrement adapté pour en faciliter la compréhension).

Supposons que notre programme ait à faire l'addition de deux nombres tels que 0x8 et 0x4, nombres stockés en mémoire aux adresses représentées par les valeurs hexadécimales 0xF800 et 0xF810, le résultat de cette addition étant quant à lui à ranger à l'adresse 0xF820.

Remarque **:** afin de simplifier l'écriture des bases employées pour les données utilisées, on considère que les données suivies d'un H sont des données hexadécimales, alors que les données qui ne sont suivies d'aucune lettre sont des données décimales.

Pour réaliser ce programme trois opérations vont être nécessaires :

1. Charger la première donnée (8H) située en mémoire à l'adresse F800H dans le registre accumulateur (A) ;

2. Faire l'addition du contenu de A (8H) avec la seconde donnée (4H) située en mémoire à l'adresse F810H, le résultat de cette addition étant remis dans A ;

3. Ranger ce résultat (CH) en mémoire à l'adresse F820H.

Le programme en langage d'assemblage réalisant une telle suite d'instructions sera :

LD A,(F800H)	Charger A avec le contenu de l'adresse F800H
ADD A,(F810H)	Ajouter le contenu de l'adresse F810H à celui de A
LD (F820H),A	Ranger à l'adresse F820H ce qui est en A

Bien sûr ces instructions ne sont pas contenues telles quelles en mémoire mais se présentent sous forme de codes machine générés par le programme assembleur, soit ici :

```
3A F8 00
C6 F8 10
32 F8 20
```

Ces **instructions** sont arbitrairement stockées en FB00H, FB01H et FB02H. Pour des raisons de simplification nous ne respectons pas ici la stricte vérité puisque chaque mot mémoire devrait contenir la même quantité d'information. Une instruction telle que 32 F8 20 devrait donc en réalité occuper les adresses FB02H, FB03H et FB04H.

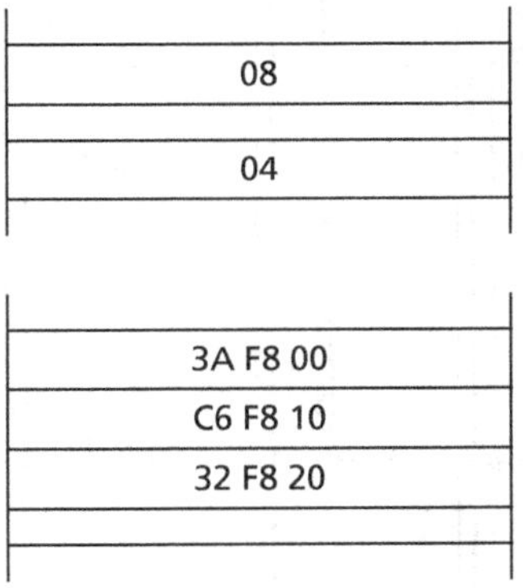

Figure 7.9 État de la mémoire avant exécution du programme

Sur le tableau de la figure 7.10, vous pourrez trouver les diverses microcommandes générées par un tel programme et suivre les actions qu'elles entraînent.

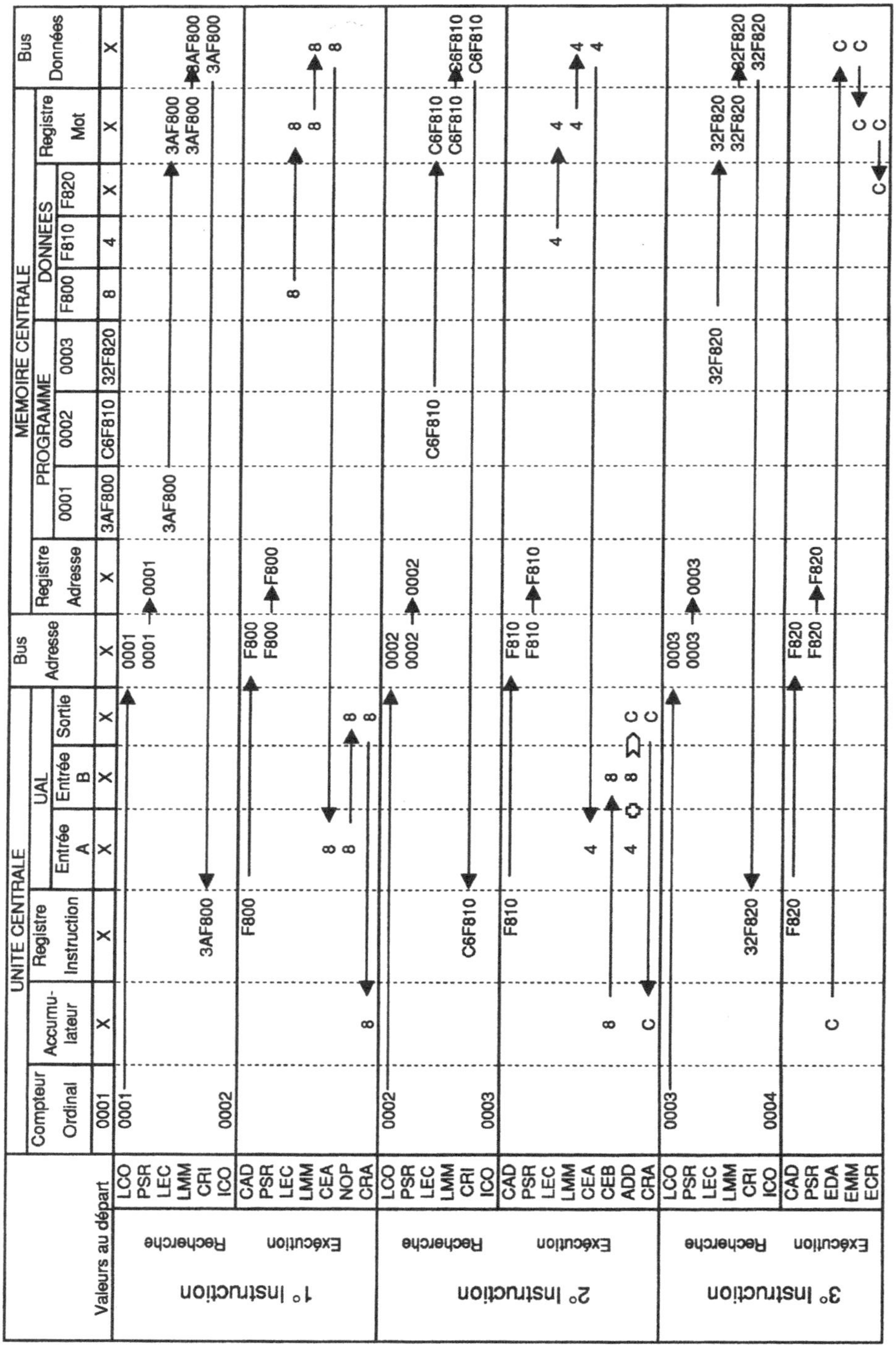

Figure 7.10 Tableau des commandes générées

EXERCICES

7.1 Réaliser un tableau de fonctionnement pour le programme qui soustrait le nombre 3H, rangé à l'adresse F820H du nombre 9H, rangé à l'adresse F810H et range le résultat à l'adresse F820H. Considérons pour l'exercice que les instructions en pseudo-assembleur et leur équivalent en code machine sont :

LD A,(F810H)	3A F8 10
SUB A,(F820H)	D6 F8 20
LD (F820H),A	32 F8 20

7.2 En prenant en compte le fait que dans la plupart des cas la taille du mot mémoire effectif n'est que d'un octet, réfléchir à la façon dont va procéder le système pour charger le registre instruction. À partir de quel élément de l'instruction peut-il en déduire la taille ?

SOLUTIONS

7.1 Vous trouverez sur le tableau ci-après le schéma de fonctionnement correspondant au corrigé de l'exercice.

7.2 Si on considère que la taille du mot mémoire n'est que d'un octet, il est évident que le système doit adresser successivement chacune des cellules mémoires contenant ces octets, et ce jusqu'à ce que l'instruction soit chargée dans son entier. Le cycle de fetch ne concerne donc pas directement l'instruction dans son intégralité mais plutôt chacun des octets de cette instruction.

L'élément chargé en premier correspond au type de l'instruction. C'est donc lui qui va indiquer au séquenceur de combien d'octets est composée cette instruction et donc à combien de phases de recherche il doit procéder.

		UNITE CENTRALE						Bus	MEMOIRE CENTRALE								Bus
		Compteur Ordinal	Accumulateur	Registre Instruction	UAL Entrée A	UAL Entrée B	UAL Sortie	Adresse	Registre Adresse	PROGRAMME 0001	PROGRAMME 0002	PROGRAMME 0003	DONNEES F800	DONNEES F810	DONNEES F820	Registre Mot	Données
Valeurs au départ		0001	X	X	X	X	X	X	X	3AF810	D6F820	32F820	X	9	3	X	X
1° Instruction – Recherche	LCO	0001						0001									
	PSR							0001	0001								
	LEC									3AF810						3AF810	
	LMM															3AF810	3AF810
	CRI			3AF810													3AF810
	ICO	0002															
1° Instruction – Exécution	CAD			F810				F810									
	PSR							F810	F810								
	LEC													9		9	
	LMM															9	9
	CEA				9												9
	NOP				9		9										
	CRA		9				9										
2° Instruction – Recherche	LCO	0002						0002									
	PSR							0002	0002								
	LEC										D6F820					D6F820	
	LMM															D6F820	D6F820
	CRI			D6F820													D6F820
	ICO	0003															
2° Instruction – Exécution	CAD			F820				F820									
	PSR							F820	F820								
	LEC														3	3	
	LMM															3	3
	CEA				3												3
	CEB		9			9											
	SUB				-3	9	6										
	CRA		6				6										
3° Instruction – Recherche	LCO	0003						0003									
	PSR							0003	0003								
	LEC											32F820				32F820	
	LMM															32F820	32F820
	CRI			32F820													32F820
	ICO	0004															
3° Instruction – Exécution	CAD			F820				F820									
	PSR							F820	F820								
	EDA		6														6
	EMM															6	6
	ECR														6	6	

Tableau de fonctionnement corrigé

Chapitre **8**

Modes d'adressage et interruptions

8.1 LES MODES D'ADRESSAGE

Les instructions d'un programme, les données qu'il traite... sont stockées, lors de l'exécution, en mémoire centrale et utilisent donc des zones de mémoire, que l'on appelle aussi **segments**. On peut ainsi définir un ou plusieurs segments programme et un ou plusieurs segments données. Nous avons par ailleurs présenté la mémoire comme étant un ensemble de cellules permettant de ranger chacune un **mot mémoire** d'une taille déterminée (8 bits la plupart du temps – regroupés en mots de 16, 32 bits...). De même, nous avons présenté le **bus d'adresses** sur lequel circulent les adresses des instructions ou des données à trouver en mémoire.

Dans la réalité ce n'est pas tout à fait aussi simple, une instruction n'étant en général pas contenue sur un seul mot mémoire, et les adresses qui circulent sur le bus d'adresses n'étant pas toujours les adresses réelles (ou adresses physiques) des informations en mémoire. On rencontre alors diverses techniques permettant de retrouver l'adresse physique de l'information (instruction ou donnée) dans la mémoire, techniques appelées **modes d'adressage**. Ces modes d'adressage – en principe « transparents » au programmeur, tant qu'il ne travaille pas en langage d'assemblage – ont pour but de faciliter la recherche et l'implantation des données en mémoire centrale. On peut distinguer divers modes d'adressage :

– adressage immédiat ;
– adressage absolu ou direct ;
– adressage implicite ;
– adressage relatif ;
– adressage indexé ;
– adressage indirect ;
– adressage symbolique.

Nous appuierons nos explications à l'aide d'exemples empruntés au langage d'assemblage du microprocesseur Z80. Certes aujourd'hui dépassé en informatique mais qui permet de nous appuyer sur un exemple simple et concret.

8.1.1 Adressage immédiat

On peut considérer qu'il ne s'agit pas réellement ici d'un adressage à proprement parler, dans la mesure où la partie adresse de l'instruction ne contient pas l'adresse de l'opérande mais **l'opérande lui-même**.

```
ADD A,1BH
```

L'opérande est ici la valeur hexadécimale 1B (marquée H pour indiquer qu'il s'agit d'une valeur hexadécimale), qui est additionnée au contenu du registre accumulateur (code machine généré C6 1B).

8.1.2 Adressage absolu ou direct

L'adressage est dit absolu ou direct, quand le code opération est suivi de **l'adresse réelle** physique (ou **adresse absolue**) de l'opérande sur lequel travaille l'instruction.

```
LD (0xF805),A
```

Cette instruction va ranger à l'adresse absolue (réelle) 0xF805, le contenu du registre accumulateur (code machine généré 32 05 F8).

8.1.3 Adressage implicite

L'adressage est **implicite**, quand l'instruction ne contient pas **explicitement** l'adresse de l'opérande sur lequel elle travaille. À la place, la zone opérande **désigne un registre** – souvent le registre accumulateur. Le nombre des registres disponibles sur un microprocesseur étant généralement relativement faible, il suffira d'un petit nombre de bits pour le désigner. Une telle instruction pourra donc souvent être codée sur 8 bits ce qui constitue un avantage car elle sera plus rapidement traitée qu'une instruction de taille supérieure.

```
LD A,C
```

Cette instruction transfère le contenu du registre C dans le registre accumulateur (code machine généré 79).

Les instructions travaillant uniquement sur des registres utilisent l'adressage implicite.

8.1.4 Adressage relatif

Un adressage relatif n'indique pas directement l'emplacement de l'information en mémoire, mais « situe » cette information par rapport à une adresse de référence en indiquant un **déplacement** (saut, ***offset***...). L'adresse de référence est normalement celle contenue par le registre PC (***Program Counter*** ou **compteur ordinal**). L'avantage de ce mode d'adressage est qu'il permet des branchements efficaces, en utilisant des instructions qui tiennent sur deux mots seulement (un mot pour le code opération et un mot pour la référence à l'adresse) ; la zone opérande ne contient donc pas une adresse mais un déplacement relatif à une adresse de référence.

Ainsi, une instruction avec adressage relatif va permettre un adressage « en avant » ou « en arrière » dans la mémoire, par rapport au contenu du compteur ordinal. Compte tenu de la taille accordée au déplacement, celui-ci ne pourra concerner qu'une partie limitée de la mémoire. Ainsi, avec un déplacement codé sur 8 bits, on pourra adresser une zone de 255 adresses mémoire situées de part et d'autre du contenu courant du compteur ordinal.

```
JR NC,025H
```

Cette instruction va provoquer un « saut en avant » – en fait le déplacement du « pointeur d'instructions » – de 37 emplacements mémoire (25 en hexadécimal) si la condition *No Carry* (pas de retenue) est réalisée (code machine généré 30 25).

On peut noter deux avantages à ce type d'adressage :

- amélioration des performances du programme (moins d'octets utilisés) ;
- possibilité d'implanter le programme n'importe où en mémoire puisque l'on ne considère que des déplacements par rapport au contenu courant du registre PC et non pas des adresses absolues (ce type de programme est alors dit **relogeable**).

8.1.5 Adressage indexé

Dans l'adressage indexé, la valeur spécifiée dans la zone adresse de l'instruction est encore un **déplacement** mais cette fois-ci, non pas par rapport au compteur ordinal, mais par rapport au contenu d'un registre spécialisé, le **registre d'index**.

```
ADD A,(IX+4H)
```

Cette instruction va ajouter au contenu de l'accumulateur, la donnée se trouvant à l'adresse fournie par le registre IX, augmentée d'un déplacement de 4 octets. Ainsi, si le registre d'index contient la valeur 0xF800, on prendra la donnée se trouvant à l'adresse absolue 0xF800 + 0x4 soit 0xF804 (code généré DD 86 04).

8.1.6 Adressage indirect

Un adressage est dit indirect s'il permet d'accéder, non pas à l'information recherchée, mais à un **mot mémoire dans lequel on trouvera l'adresse effective** de l'information. Un tel type d'adressage est assez utile dans la mesure où le code généré tient souvent sur un seul octet.

```
ADD A,(HL)
```

Cette instruction ajoute au contenu de l'accumulateur (A) la donnée se trouvant à l'adresse citée dans le registre HL. Ainsi, si le registre HL contient la valeur 0xF800 on ajoutera au contenu du registre A la donnée contenue à l'adresse 0xF800 (code machine généré 86).

On peut remarquer que l'adressage indexé semble jouer le même rôle si on lui adjoint un déplacement nul : ADD A,(IX+0) ; il convient cependant de bien observer le nombre d'octets généré dans ce cas et dans celui où on utilise l'adressage indirect (DD 86 00 dans le premier cas et 86 dans le second).

8.1.7 Adressage symbolique

Ce mode d'adressage permet au programmeur d'affecter à chaque zone un nom symbolique de son choix. Ces noms (**étiquettes** ou **labels**), répondant à certaines règles définies par le constructeur (par exemple une longueur maximale de 6 caractères), sont **associés** lors de la phase d'assemblage (lors du passage du code mnémonique au code machine) à des **adresses absolues** de la mémoire.

```
JP NC,ETIQ1
```

ETIQ1 est un nom symbolique, se situant à un endroit précis du programme, auquel aura été associé, lors de la compilation ou de l'assemblage, une adresse absolue. Le branchement (ici conditionnel à un *No Carry*) s'effectuera donc à l'adresse absolue associée à cette étiquette. La machine devra donc disposer d'une table des étiquettes associées à ce programme.

8.2 ADRESSAGE DU 8086

Le 8086 est un processeur de la famille Intel, « lointain » ancêtre des Pentium. Bien qu'il ne soit plus en service, nous présenterons ici la technique mise en œuvre pour gérer l'adressage, car elle est simple à comprendre et montre bien les notions de segments, déplacements… que l'on peut retrouver sur certains de ses successeurs.

Les registres du 8086 peuvent être répartis en trois groupes (en dehors des registres spécialisés tels que le compteur ordinal ou le registre d'état) :

- les **registres généraux** ;
- les **registres d'index** utilisés pour le transfert des données ;
- les **registres spécialisés** dans l'adressage.

Le microprocesseur 8086 dispose physiquement de 20 broches d'adresses ce qui lui autorise l'adressage de 1 Mo de données (2^{20} adresses différentes). Son bus de données, d'une largeur de 16 bits, autorise la lecture ou l'écriture en une seule opération, d'un mot mémoire de 8 ou 16 bits. La mémoire centrale est considérée par le microprocesseur comme un ensemble de **paragraphes** de 16 octets et non pas comme une succession « linéaire » d'octets.

Cette division de l'espace adressable par paquets de 16 permet ainsi de supprimer 4 des 20 bits d'adresse et de faire tenir dans un seul registre de 16 bits, l'adresse d'un paragraphe quelconque de la mémoire ; les 4 bits de poids faible de l'adresse réelle étant alors mis à 0. Afin de gérer les adresses de ces paragraphes, on utilise des registres dédiés (ou spécialisés), les registres d'adressage.

Chaque fois qu'une instruction fait référence à un registre d'adressage, un déplacement (ou *offset*), codé sur 8 ou 16 bits, est ajouté à l'adresse absolue du paragraphe pour déterminer l'adresse absolue de l'information.

Un espace de 64 Ko est donc accessible à partir de l'adresse de base du paragraphe ; cet espace est appelé **segment** et le registre d'adressage indiquant à quelle adresse absolue commence ce segment est dit **registre de segment**. Les quatre registres de segment ont chacun un rôle déterminé.

- Le premier registre – **CS** (*Code Segment*) ou segment de code, a pour but d'adresser un segment de programme écrit sous la forme de code.
- Le second registre – **SS** (*Stack Segment*) ou segment de pile, délimite l'espace réservé à la pile (*Stack*), utilisée pour stocker les adresses de retour au programme principal lors des appels de sous-programmes.
- Les deux autres registres – **DS** et **ES** (*Data Segment Rom* et *Extra Segment*) ou segment de données et segment auxiliaire, permettent de faire référence à deux segments réservés aux variables et données du programme.

Cette spécialisation des registres n'empêche pas le programmeur de faire pointer, s'il le désire, deux registres de segment sur le même paragraphe mémoire. Ainsi, 256 Ko d'espace mémoire sont directement adressables au même instant, à condition toutefois que les segments ne se chevauchent pas.

Pour obtenir une adresse absolue de la mémoire, le registre de segment concerné ne suffit pas, son rôle étant simplement lié à une utilisation rationnelle de l'espace mémoire. En effet, le registre de segment ne pointe que sur la **première** des adresses absolues du segment concerné. Il est donc nécessaire d'adjoindre un déplacement à la valeur contenue par le registre de segment pour obtenir l'adresse absolue recherchée.

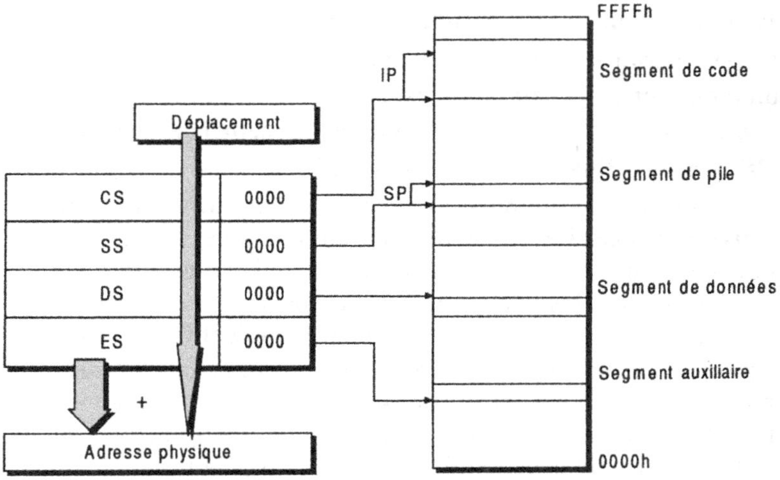

Figure 8.1 Adressage du 8086

Le déplacement (ou *offset*) peut être explicitement donné dans l'instruction sous la forme d'une valeur immédiate de 8 ou 16 bits, ou spécifié par rapport à une valeur d'adresse contenue dans un registre quelconque, auquel cas l'adresse absolue est obtenue en faisant la somme de la valeur contenue dans le registre de segment (multipliée par 16 c'est-à-dire « prolongée » de quatre bits à 0), de la valeur contenue dans le registre désigné, et du déplacement spécifié dans l'instruction (On peut également faire intervenir trois registres et une valeur de déplacement.).

8.3 INTERRUPTIONS

8.3.1 Généralités

Une interruption permet d'arrêter un programme en cours d'exécution sur le processeur, pour que celui-ci traite une tâche considérée comme plus urgente. Quand cette tâche est terminée, le processus interrompu doit alors être repris en l'état où il avait été laissé.

Les interruptions permettent donc à des événements, en général externes au microprocesseur (coupures d'alimentation, alarmes, périphériques prêts à émettre ou à recevoir des données...), d'attirer immédiatement l'attention de l'unité centrale.

Dans la mesure où elle est acceptée par le processeur, l'interruption permet ainsi au circuit périphérique ou au logiciel de suspendre le fonctionnement de ce microprocesseur d'une manière rationnelle et de lui demander l'exécution d'un sous-programme de service, dit également sous-programme d'interruption.

8.3.2 Types d'interruptions

Une interruption peut être provoquée de diverses manières :

- par un périphérique, l'interruption est alors dite **externe** et **matérielle** ;
- par un programme, l'interruption est alors **externe** et **logicielle** ;
- par le processeur lui-même lors de certains événements exceptionnels, l'interruption est alors dite **interne** et appelée **exception**.

Ces événements exceptionnels sont désignés par le terme anglais de ***traps*** ou **exceptions** en français. Les exceptions les plus courantes sont la division par zéro, le dépassement de capacité, un accès anormal à une zone mémoire... Certaines interruptions peuvent être plus importantes que d'autres et se doivent donc d'être prioritaires, il existe ainsi une certaine **hiérarchisation des interruptions**.

Les processeurs disposent d'instructions autorisant ou interdisant les interruptions dans certains cas, c'est ainsi que, si le programme ne doit absolument pas être interrompu (processus système prioritaire en cours de traitement par exemple), on interdira aux interruptions qui pourraient se produire de venir en perturber le déroulement. Cependant, certaines interruptions ne sauraient être interdites, soit du fait de leur nécessité, soit du fait de leur niveau de priorité. L'exemple le plus flagrant est l'interruption pour coupure de courant ! Ces interruptions sont dites **non masquables**.

Par opposition, une interruption est dite **masquable** quand on peut demander à l'unité centrale de l'ignorer. On peut ainsi masquer, à un moment donné, certaines interruptions afin de préserver le déroulement du programme en cours de toute interruption intempestive (sauf bien évidemment des interruptions non masquables).

Le parallèle peut être fait avec une personne en train de travailler, qui répond, ou non, au coup de sonnette, selon l'importance de la tâche qu'elle est en train d'accomplir.

8.3.3 Reconnaissance des interruptions

Il existe divers moyens pour déterminer la source d'une interruption – aussi notée **IRQ** (*Interrupt ReQuest*) – et donc y répondre de manière appropriée.

a) Interruption multiniveau

Chaque équipement susceptible d'émettre une interruption est relié à une entrée d'interruption particulière. Cette solution, techniquement la plus simple, est très coûteuse en broches d'entrées du processeur et de ce fait pas utilisée.

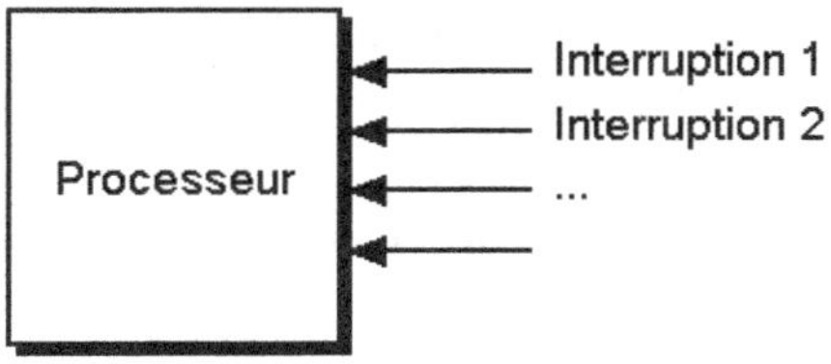

Figure 8.2 Interruption multiniveau

b) Interruption ligne unique

Dans cette technique, une seule entrée est réservée au niveau de l'unité centrale, lui indiquant si une interruption est demandée. Si plusieurs équipements sont reliés à cette ligne, quand l'UC reçoit la demande d'interruption, elle doit alors scruter tous les équipements pour en déterminer l'émetteur ; cette technique est aussi appelée **scrutation**.

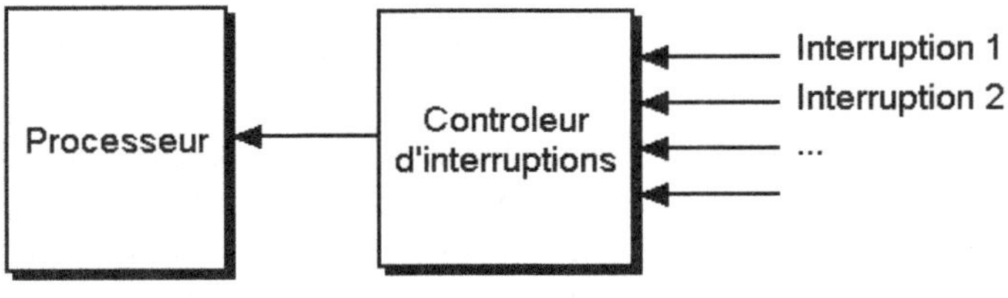

Figure 8.3 Interruption ligne unique

c) Interruption vectorisée

Ce type d'interruption ne consiste pas seulement en un signal de demande, mais comporte également un identificateur qui permet de se brancher directement sur le sous-programme de service approprié. Cet identificateur est un « numéro », ou **vecteur**, identifiant le périphérique à l'origine de la demande d'interruption. Ce vecteur déposé sur le bus de données peut être fourni par un **contrôleur d'interruptions** (comme le classique 8259A qui peut accepter les interruptions de 8 sources externes et jusqu'à 64 sources différentes en cascadant plusieurs 8259A) ou par le périphérique lui-même, mais il est alors nécessaire de gérer une hiérarchisation des priorités afin de ne pas déposer simultanément deux vecteurs sur le bus de données.

8.3.4 Traitement des interruptions

Le traitement d'une interruption se déroule généralement de la manière suivante :

- réception par l'unité centrale d'une demande d'interruption interne ou externe ;
- acceptation (ou rejet) de cette demande par l'unité centrale ;
- fin du traitement de l'instruction en cours ;
- sauvegarde de l'état du système, c'est-à-dire du contenu des divers registres (compteur ordinal, registre d'état...), de manière à pouvoir reprendre l'exécution du programme interrompu en l'état où il se trouvait au moment de l'interruption ;
- forçage du contenu du compteur ordinal qui prend comme nouvelle valeur l'adresse de la première instruction du sous-programme associé à cette interruption.

Le sous-programme d'interruption une fois terminé provoque la restauration de l'état dans lequel se trouvait le système au moment de la prise en compte de l'interruption.

8.4 APPLICATION AUX MICROPROCESSEURS INTEL I86

Les microprocesseurs de la gamme Intel i86 peuvent gérer jusqu'à 16 interruptions matérielles différentes référencées selon leur numéro d'interruption noté **IRQn** (par exemple IRQ1), et 255 vecteurs d'interruption (**type de l'interruption** ou indicateur).

8.4.1 Les interruptions matérielles

Le microprocesseur possède quelques broches susceptibles de recevoir les interruptions externes matérielles (ou interruptions *hardware*).

- NMI (*Non Maskable Interrupt*) est ainsi une broche destinée aux interruptions externes non masquables, utilisable pour faire face à un événement « catastrophique » (défaillance d'alimentation... sortir le microprocesseur de l'exécution d'une boucle infinie...). Une interruption sur la broche NMI a une priorité plus haute que sur INTR.

– INTR (*Interrupt*) est une entrée d'interruption externe, masquable, destinée à recevoir le signal généré par le contrôleur d'interruption (comme le *chipset* 8259A par exemple), lui-même connecté aux périphériques qui peuvent avoir besoin d'interrompre le processeur. Quand INTR est actif, l'état d'un des indicateurs du registre d'état conditionne la réponse du processeur. L'interruption n'est prise en compte qu'à la fin de l'exécution complète de l'instruction en cours.

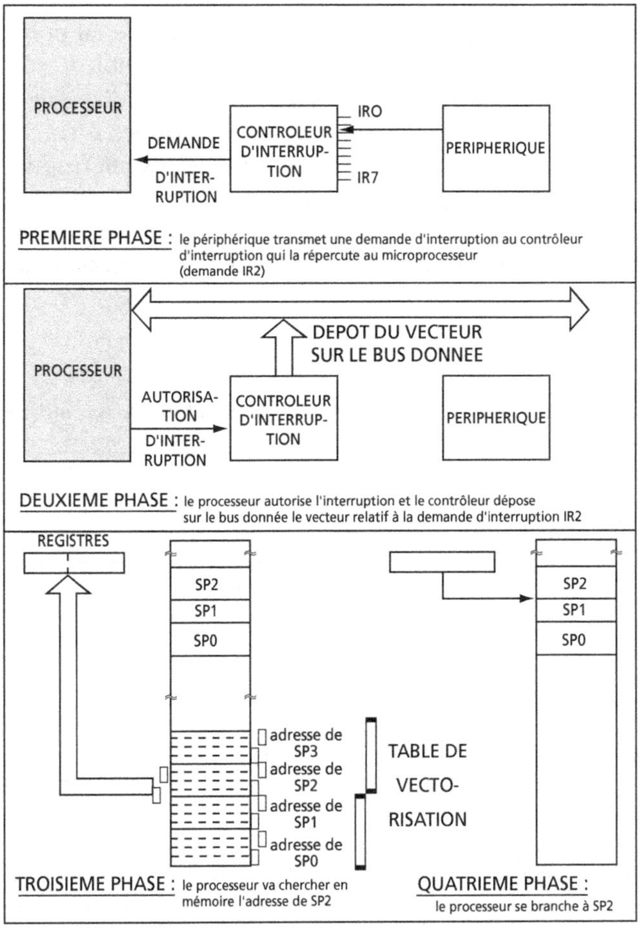

Figure 8.4 Principe de fonctionnement

D'après M. Aumiaux, *Microprocesseurs 16 bits*
Processus de branchement au sous programme SP2 dans le cas d'une interruption externe vectorisée IR2

Si un périphérique (carte réseau, carte graphique, clavier…) souhaite communiquer avec le processeur, il lui envoie une demande d'interruption. Quand cette demande arrive, le processeur examine le niveau de priorité de l'interruption et éventuellement termine et sauvegarde le travail en cours ainsi qu'un certain nombre d'informations relatives à l'état du système. Les interruptions sont donc repérées par un numéro de 0 à 15 dans l'ordre des priorités décroissantes. L'horloge système dispose ainsi de l'IRQ de valeur 0 car c'est elle qui est prioritaire.

La gestion des IRQ est parfois assez délicate et il n'est pas toujours facile de trouver une valeur d'interruption disponible pour une carte. Pour une carte réseau, par exemple, utilisant habituellement une IRQ9 ou une IRQ 11, on peut tenter en cas d'indisponibilité totale, d'utiliser l'IRQ 5 – en principe réservée au port physique LPT2 (imprimante) ou l'IRQ 7 qui correspond en principe au port physique LPT1 (imprimante) – ces interruptions étant, en général, partageables.

Pour connaître les IRQ utilisables ou les adresses d'E/S disponibles, il faut passer par un utilitaire ou par le « Gestionnaire de périphériques » sous Windows. Vous trouverez figure 8.5 un tableau des valeurs classiques des interruptions IRQ.

L'interruption n'est pas forcément le seul paramètre à considérer pour régler les conflits qui peuvent exister entre composants (carte réseau, carte son, carte graphique...). Parmi les sources de conflits possibles, on rencontre aussi les adresses d'entrées/sorties et les canaux DMA.

TABLEAU 8.1 AFFECTATION HABITUELLE DES IRQ

	Assignation fixe	Assignation habituelle par ordre de préférence
IRQ 0	Horloge *(Timer)* système	
IRQ 1	Clavier (contrôleur)	
IRQ 2		Contrôleur d'interruptions
IRQ 3		Port série COM2
IRQ 4		Port série COM1
IRQ 5		Port parallèle LPT2, carte son
IRQ 6	Contrôleur disquette	
IRQ 7	Port parallèle LPT1 mais « partageable »	Carte réseau, carte son...
IRQ 8	Horloge temps réel	
IRQ 9	Disponible	IRQ2 redirigée, CD-ROM, carte son, carte graphique mais carte réseau recommandée
IRQ 10	Disponible	Carte réseau, CD-ROM, scanner à main, carte son, contrôleur SCSI mais USB recommandé (1 seul IRQ est suffisant pour une chaîne USB)
IRQ 11	Disponible	Carte réseau, CD-ROM, scanner à main, carte son mais contrôleur SCSI recommandé

IRQ 12		Port souris sur carte mère
IRQ 13	Coprocesseur mathématique	
IRQ 14	1° Contrôleur disque dur (IDE primaire)	
IRQ 15	Disponible	2° contrôleur disque dur (IDE secondaire)

8.4.2 Adresse du port d'Entrée/Sortie (E/S) ou port I/O (Input/Output)

Les périphériques (souris, clavier…) et les cartes (réseau, vidéo…) doivent échanger des informations avec le système. On leur réserve donc des plages en mémoire (tampon, *buffer*…), destinées à l'envoi et à la réception des données échangées. Ces espaces mémoire sont repérés par des adresses dites « adresses de base » (ports d'entrée/sortie, ports d'E/S… ou I/O *address*).

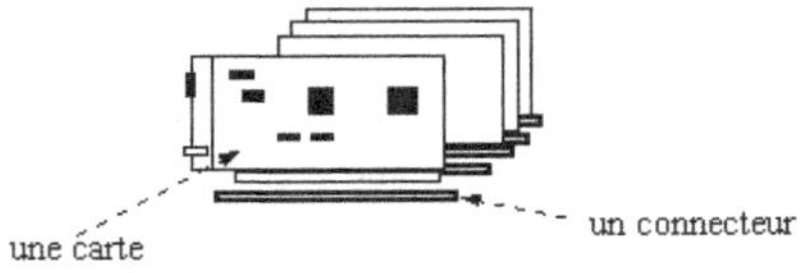

La carte est repérée par une adresse physique (par exemple 0220h). Le connecteur, placé sur un bus (ISA – AT – ou PCI généralement), n'a pas d'**adresse physique** propre.

Figure 8.5 Adresse carte

Le connecteur (le *slot* d'extension) ne possède pas d'adresse « physique » attitrée – on peut par exemple, placer la carte réseau sur tel ou tel connecteur libre – c'est donc seulement **l'adresse mémoire attribuée à la carte** qui va être utilisée. Deux cartes ne doivent pas, en principe, utiliser la même adresse, sinon il y a un risque de conflit quand on croit adresser l'une des cartes. L'attribution de l'adresse peut être faite automatiquement (*plug and play*) ou bien, en cas de conflit, il faut la définir « à la main ». La plupart du temps les adresses destinées aux périphériques (0x300 et 0x340 pour les cartes réseau par exemple) sont utilisables « telles quelles ». Mais on est parfois amené à utiliser des adresses non standard (telles que 0x378 en principe réservée au port parallèle ou 0x3BC… pour ces mêmes cartes réseau par exemple).

On trouve souvent la seule adresse de base (par exemple 0x03B0) mais dans la réalité on peut utiliser pour communiquer avec le périphérique, une zone mémoire de quelques dizaines d'octets et donc une « plage » d'adresses destinées à gérer la carte (par exemple 0x03B0-0x03BB) voire même, dans certains cas, plusieurs plages d'adresses (par exemple 0x03B0-0x03BB et 0x03C0-0x03DF).

TABLEAU 8.2 PLAGES MÉMOIRES RÉSERVÉES AUX PILOTES

De	à	Usage habituellement constaté
200	20F	Port jeu (joystick)
220	22F	Carte son
230	23F	Carte SCSI, souris-bus
240	24F	Carte son, carte réseau Ethernet
260	26F	Carte son
270	27F	Ports de lecture d'E/S, Plug & Play, LPT2
280	28F	Carte son, carte réseau Ethernet
2A0	2AF	Carte réseau Ethernet
2C0	2CF	Carte réseau Ethernet
2E0	2EF	Carte réseau, COM4
2F0	2FF	COM2
300	30F	Carte réseau, interface MIDI MPU 401
320	32F	Carte réseau
330	33F	Interface MIDI MPU 401, carte SCSI
340	34F	Carte réseau
360	36F	Carte réseau, 4e port IDE
370	37F	2e port IDE, 2e contrôleur disquettes
380	38F	Synthétiseur audio FM, carte réseau
3B0	3BF	LPT1, LPT3, ports vidéo CGA/EGA/VGA
3C0	3CF	Ports vidéo
3D0	3DF	Ports vidéo
3E0	3EF	3e port IDE, COM3
3F0	3FF	1er port IDE, 1er contrôleur disquettes, COM1
4D0	4DF	Contrôleur d'interruptions PCI
530	53F	Carte son
600	60F	Carte son, LPT2 en mode ECP
700	70F	LPT1 en mode ECP
A20	A2F	Carte réseau Token Ring IBM
FF80	FF9F	Bus USB

Pour « piloter » la carte, on va utiliser des programmes écrits spécifiquement pour cette carte. Ces programmes portent le nom de pilotes ou *drivers*. Ces programmes sont souvent suffixés .drv (comme *driver*), .vxd ou encore .dll. Par exemple cirrusmm.drv, cirrus.vxd, cmmdd16.dll et cmmdd32.dll sont des drivers utilisés pour la gestion de la carte graphique CIRRUS 5430 PCI. Ces pilotes utilisent également des plages mémoires ainsi que l'indique le tableau suivant. Ici également les adresses utilisées peuvent varier d'un système à un autre.

8.4.3 Canaux DMA

Les canaux DMA (*Direct Memory Access*), en général au nombre de 8 (numérotés 0 à 7 ou 1 à 8... ce qui ne facilite pas les choses !), sont gérés par un contrôleur (le *chipset*) intégré à la carte mère. Ils permettent aux cartes contrôleur de communiquer directement avec la mémoire, sans monopoliser le processeur, ce qui améliore les performances. Vous trouverez tableau 8.3 des valeurs classiques des canaux DMA, ce qui ne signifie pas, ici encore, que les canaux utilisés sur telle ou telle machine doivent impérativement être ceux-ci !

À noter que les canaux DMA ne concernent que les bus ISA et ne se rencontrent plus avec les bus PCI qui utilisent une technique de « contrôle du bus » (*bus mastering*), qu'on appelle parfois DMA (disques durs UltraDMA par exemple). Le « *Bus Master* » permet aux périphériques de prendre temporairement le contrôle du bus sans passer par le CPU (un peu comme le DMA donc) pour transférer des données. On n'utilise pas de numéros de canaux car le bus PCI détecte quel est le périphérique qui demande à en prendre le contrôle. Il n'y a donc pas d'allocation de canaux DMA dans le cas d'un bus PCI.

TABLEAU 8.3 LES CANAUX DMA

	État	Usage habituellement constaté
Canal 0	Libre	Carte son recommandé
Canal 1	Libre	Cartes son 8 bits – recommandé
Canal 2	Réservé	Lecteur de disquettes
Canal 3	Libre	Port imprimante LPT1 en mode ECP recommandé
Canal 4	Réservé	1er contrôleur DMA
Canal 5	Libre	Cartes son 16 bits – recommandé
Canal 6	Libre	Cartes SCSI ISA recommandé
Canal 7	Libre	Disponible
Canal 8	Libre	

8.4.4 Exemple de traitement d'une interruption sur un PC

a) On reçoit un vecteur d'interruption (le **type** de l'interruption) dont la valeur est par exemple 14h.

b) On multiplie cette valeur par 4 pour obtenir l'adresse mémoire où trouver le sous-programme d'interruptions **ISR** (*Interrupt Service Routine*) dans la table des vecteurs d'interruption (14h * 4 = 50h).

c) À partir de cette adresse 50h on peut lire l'adresse ISR dans la table des vecteurs d'interruption (ici 2000:3456), le sous-programme d'interruption recherché se trouve donc ici à l'adresse mémoire 23456h.

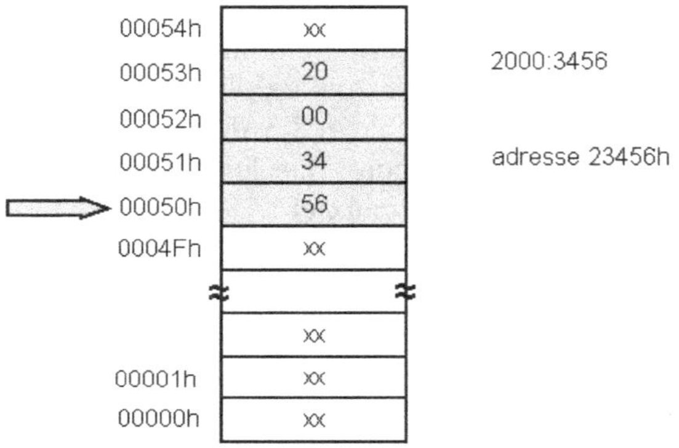

Figure 8.6 Table des vecteurs d'interruption

d) On range le contenu du registre d'état, du segment de code (**C***ode* **S***egment*) et du pointeur d'instructions (**I***nstruction* **P***ointer*) au sommet de la pile.

e) On initialise ensuite le drapeau d'autorisation d'interruption (**I***nterrupt* **F***lag*) et on charge le compteur ordinal avec l'adresse du sous-programme d'interruption trouvée précédemment.

f) On recherche le sous-programme d'interruption ISR correspondant à la demande, et on l'exécute. Ce sous-programme se termine par l'instruction IRET (*Interrupt Return*).

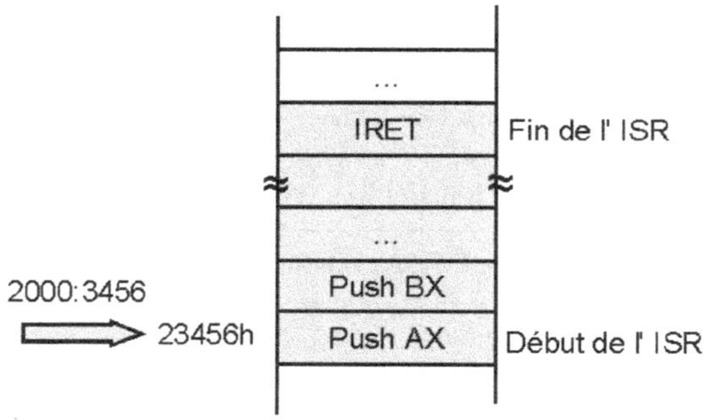

Figure 8.7 L'ISR (*Interrupt Service Routine*)

g) L'instruction IRET provoque la restauration du pointeur d'instructions, du segment de code et du registre d'état depuis la pile où ils avaient été rangés. On peut donc continuer maintenant l'exécution du programme en cours.

8.4.5 Les interruptions logicielles

Une interruption logicielle est provoquée par l'instruction du langage d'assemblage **INT**. Le type de l'interruption est placé dans la zone opérande de cette instruction et indique ainsi au processeur la procédure à exécuter. Parmi celles couramment utilisées on trouve l'interruption 21h utilisée pour afficher un caractère à l'écran, ouvrir un fichier…

a) Les exceptions

Il arrive que parfois le processeur ne puisse réaliser l'opération demandée, par exemple une division par 0. Dans ce cas, le processeur génère une exception qui est une interruption d'un type prédéterminé déclenchée par un « accident » dans l'exécution du programme. Ces exceptions provoquent un traitement spécifique lié à l'origine de l'erreur.

Le tableau 8.4 vous présente quelques-unes des exceptions générées par un processeur de la gamme i86.

TABLEAU 8.4 QUELQUES EXCEPTIONS DES PROCESSEURS I86

Exception	vecteur	8088/86	i286/386…
Division par zéro	00h	oui	oui
Code opération invalide	06h	oui	oui
Périphérique non disponible	07h	non	oui
Segment non présent	0Bh	non	oui
Segment de pile dépassé	0Ch	non	oui
Erreur de page	0Eh	non	non/oui
Erreur coprocesseur	10h	non	oui

8.4.6 Évolution des contrôleurs d'interruption

Bien qu'il dispose pour l'assister d'un contrôleur d'interruptions, le processeur est encore trop souvent sollicité par les demandes d'entrées sorties et les requêtes d'interruption. Une nouvelle architecture d'entrées/sorties intelligentes – **I2O** (*Intelligent Input/Output*) est apparue depuis 1997.

Son principe repose sur l'emploi d'un processeur **IOP** (*Input / Output Processor*) dédié à la gestion des entrées sorties et des interruptions (notion déjà ancienne sur les gros systèmes). I2O permet d'utiliser des pilotes de périphériques (*drivers*) communs à tous les systèmes d'exploitation en se décomposant en deux modules :

OSM (*Operating System Module*) et HDM (*Hardware Device Module*) qui communiquent au travers d'une couche commune (*Communication Layer*). Seul OSM est dépendant du système d'exploitation. HDM, pris en charge par l'IOP, est indépendant d'un quelconque système d'exploitation et permet aux fabricants de s'affranchir de ces contraintes d'OS et de processeur.

Avec I2O les périphériques peuvent communiquer directement entre eux au travers de HDM et de la couche de communication. Ainsi, un disque dur peut transmettre directement ses données vers le lecteur de bandes, lors d'une sauvegarde, sans avoir à solliciter le processeur principal. L'IOP gérant tous les niveaux de contrôle des périphériques (interruptions, cache, transfert de données...) le processeur principal est déchargé de ces opérations et n'est plus interrompu que lorsque cela devient inévitable.

EXERCICES

8.1 Dans le programme suivant quels sont les modes d'adressage employés dans les instructions ?

LD A,(F800H)	Charger l'accumulateur A avec le contenu de l'adresse F800H
ADD A,(F810H)	Ajouter le contenu de l'adresse F810H à celui de A
LD (F820H),A	Ranger à l'adresse F820H ce qui est en A

8.2 Dans le programme suivant quels sont les modes d'adressage employés dans les instructions ?

LD A,(F800H)	Charger l'accumulateur A avec le contenu de l'adresse F800H
MUL A,02	Multiplier le contenu de l'accumulateur par 2
LD B,A	Charger le registre B avec le contenu du registre A

SOLUTIONS

8.1 Il s'agit, dans ces trois instructions, d'un **adressage absolu** ; en effet, on charge A, on fait une addition ou un rangement, en utilisant une zone mémoire dont l'adresse physique absolue (F800H, F810H ou F820H) nous est donnée.

8.2 Dans la première instruction, le mode **d'adressage est absolu** car l'adresse absolue nous est donnée dans l'instruction (F800H).

Dans la deuxième instruction, il s'agit d'un **adressage immédiat** ; en effet, la valeur 02 est la donnée à utiliser pour faire la multiplication par 2 et il ne s'agit donc pas d'une adresse quelconque en mémoire.

Dans la troisième instruction, aucune adresse physique ne nous est donnée, aucune valeur immédiate n'est également fournie, la seule indication que nous ayons est le nom d'un registre. Il s'agit donc d'un **adressage implicite**.

Chapitre 9

Les bus

9.1 GÉNÉRALITÉS

Un bus est, d'une manière simpliste, un ensemble de « fils » chargés de relier les divers composants de l'ordinateur. Nous avons déjà vu succinctement cette notion de bus lors de l'étude de l'unité centrale où nous avons distingué les trois bus fondamentaux du processeur : bus de données, bus d'adresses et bus de commandes. Cependant, les informations doivent non seulement circuler dans le microprocesseur, mais également à l'extérieur de celui-ci, de manière à communiquer avec la mémoire ou les périphériques…

On parle alors, dans le cas des micro-ordinateurs, du **bus d'extension**. Un bus, d'une manière globale peut donc être caractérisé par :

– le « nombre de fils » employés ou largeur du bus : 8, 16, 32, 64 bits…
– la nature des informations véhiculées : données, adresses, commandes ;
– le mode de fonctionnement : synchrone avec le processeur ou asynchrone ;
– le fait qu'il soit « intelligent » (*bus **master***) ou non ;
– la manière dont sont transmises les informations (en parallèle ou en série) ;
– la fréquence de fonctionnement : nombre de fois par seconde qu'un composant peut utiliser le bus pour envoyer des données à un autre ;
– la bande passante : produit de la largeur du bus par sa fréquence.

Dans les premiers systèmes, les informations circulaient sur un ensemble de fils mettant le processeur en relation avec la mémoire ou les entrées-sorties. Un programme faisant de nombreux appels à la mémoire monopolisait ce bus unique au détriment des autres demandeurs. On a donc réfléchi à une « spécialisation » des bus. On distinguera ainsi bus processeur, bus local, bus global et bus d'entrées-sorties…

- Le **bus processeur**, bus privé ou **FSB** (*Front Side Bus*) est le bus de données spécifique au microprocesseur qu'il relie au contrôleur mémoire (*chipset*). On rencontre également un **BSB** (*Back Side Bus*) associant le contrôleur mémoire au cache externe du processeur. C'est la partie ***Northbridge*** (Pont Nord ou contrôleur mémoire) du *chipset* qui est chargée de piloter les échanges entre microprocesseur et mémoire vive, c'est la raison pour laquelle ce ***Northbridge*** est souvent très proche du processeur sur la carte mère.
- Le **bus local** (*local bus*) dit aussi **bus d'extension** prolonge le bus processeur et permet de relier directement certains composants du système au microprocesseur. C'est une notion assez ancienne, rencontrée encore avec les bus PCI.
- Le **bus global** qui correspond également à un bus d'extension, relie entre elles les différentes cartes processeur dans une machine multiprocesseur. Il est maintenant souvent confondu avec le bus local.
- Le **bus d'entrées-sorties** sert aux communications avec des périphériques lents. Ils correspondent aux sorties séries ou parallèle et aux nouveaux bus USB ou FireWire.

Les bus ont évolué, passant ainsi du bus ISA aux bus EISA, MCA, PCI, AGP, USB, FireWire... Pour l'étude des différents contrôleurs disques, dit aussi « bus » tels que **IDE**, **ATA**, **Fast-ATA**, **Ultra-DMA**..., reportez-vous au chapitre concernant les disques durs (*cf. Disques durs et contrôleurs*). Toutefois certains bus, tels que SCSI, ont un usage « mixte ».

9.1.1 Bus parallèle

La solution la plus simple à envisager, pour faire circuler un certain nombre de bits à la fois (8, 16, 32, 64... bits), consiste à utiliser autant de « fils » qu'il y a de bits. Ce mode de transmission est dit **parallèle**, mais n'est utilisable que pour des transmissions à courte distance, car il est coûteux et peu fiable sur des distances importantes, du fait des phénomènes électriques engendrés par cette circulation en parallèle. C'est le mode de transmission utilisé au sein du processeur, de la mémoire... mais le **bus parallèle** est surtout connu comme port de sortie vers les imprimantes, connectées localement au **port parallèle**.

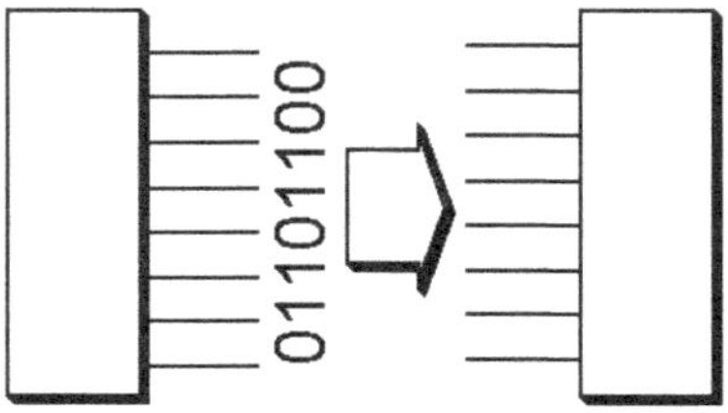

Figure 9.1 Transfert parallèle

Le port parallèle également connu sous le nom de port LPT (*Line PrinTer*), « port parallèle AT » Centronics... a évolué au fur et à mesure des avancées technologiques et des besoins croissants des ordinateurs. On rencontre ainsi trois modes :

– Le mode **SPP** (*Standard Parallel Port*) est le mode unidirectionnel initial qui permet l'envoi de données vers l'imprimante ou le périphérique parallèle. Il est souvent de type DB25 du côté ordinateur et **Centronics**, du nom du fabricant de connecteurs, du côté imprimante. SPP est ensuite devenu bidirectionnel c'est-à-dire capable d'envoyer et de recevoir. C'est le protocole le plus simple, mais la vitesse de transmission maximale que l'on peut espérer atteindre est d'environ 150 Ko/s.

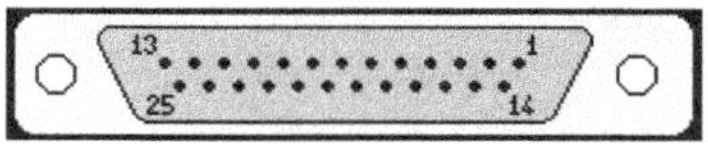

Figure 9.2 Interface DB25 ou port parallèle

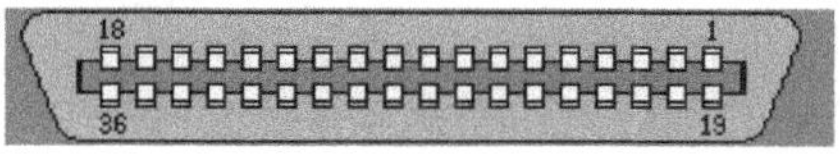

Figure 9.3 Interface Centronics

– Le mode **EPP** (*Enhanced Parallel Port*) [1991] est un mode bidirectionnel qui permet d'atteindre un débit théorique de 2 Mo/s. Ce débit reste inférieur à celui des anciens bus ISA (8 Mo/s) mais permet l'échange de données avec des périphériques externes tels que certains lecteurs de CD-ROM ou disques durs.
– Le mode **ECP** (*Extended Capacity Port*), normalisé IEEE 1284 est un dérivé du mode EPP compatible SPP et EPP. Il apporte des fonctionnalités supplémentaires comme la gestion des périphériques *Plug and Play*, l'identification de périphériques auprès de la machine, le support DMA (*Direct Memory Access*)... ECP peut également assurer une compression des données au niveau matériel (taux maximum 64:1), utile avec des périphériques comme les scanners et les imprimantes où une grande partie des données à transmettre est constituée de longues chaînes répétitives (fond d'image...). L'IEEE 1284 définit trois types de connecteurs : 1284 Type A (ou DB-25), 1284 Type B (ou Centronics) et 1284 Type C (Mini Centronics).

9.1.2 Bus série

Dans une transmission série, chaque bit est envoyé à tour de rôle. Le principe de base consiste à appliquer une tension +V pendant un intervalle pour représenter un bit 1, et une tension nulle pour représenter un bit 0. Côté récepteur, on doit alors observer les valeurs de la tension aux instants convenables ce qui nécessite de synchroniser émetteur et récepteur. La transmission série est surtout connue par le port série auquel on connecte généralement un modem ou une souris... Sur un micro-ordinateur ce port série est piloté par un composant (sérialisateur/désérialisateur chargé de transformer les informations parallèle en informations série et inversement) dont le débit maximum est de 155 200 bit/s selon le sérialisateur utilisé.

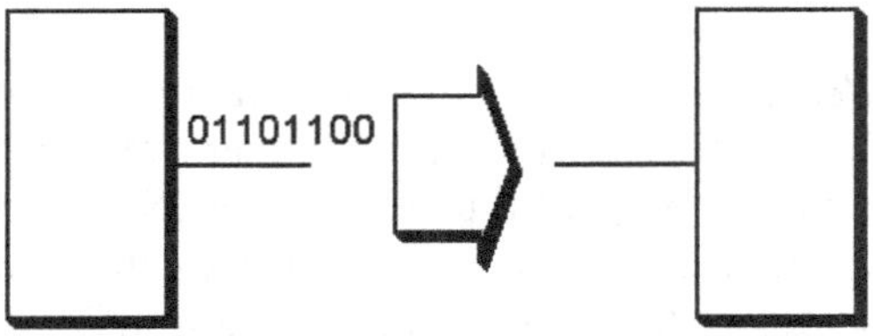

Figure 9.4 Transfert série

Les connecteurs séries ou ports RS 232, possèdent généralement 9 ou 25 broches et se présentent sous la forme de connecteurs DB9 et DB25.

Figure 9.5 Port série DB9

9.2 BUS ISA OU PC-AT

Le bus **ISA** (*Industry Standard Architecture*) [1984], apparu avec le micro-ordinateur IBM PC-AT d'où son surnom de **bus AT** ou **AT-bus**, est en voie d'extinction. Le processeur de l'époque – Intel 80286 (16 bits) à 8 MHz était synchronisé avec le bus (informations circulant à la même vitesse sur le bus extérieur au processeur et dans le processeur). Le bus processeur ou **FSB** (*Front Side Bus*) était relié au bus d'extension ISA du PC par l'intermédiaire d'un contrôleur ISA. Avec le bus ISA, les cartes d'extension étaient configurées à l'aide de micro-switchs ou de cavaliers. D'une largeur de 16 bits, il assurait des taux de transfert de l'ordre de 8 Mo/s, mais les processeurs 32 bits ont imposé d'autres bus d'extension, fonctionnant à des vitesses différentes de celle du processeur. Le bus ISA, s'il est encore parfois présent sur quelques cartes mères est désormais abandonné. Il se présentait sous forme de connecteurs noirs et longs.

9.3 BUS MCA

Le bus **MCA** (*Micro Channel Architecture*) [1987] conçu par IBM pour ses PS/2 a marqué une réelle évolution. Bus « intelligent » ou *bus master*, 32 bits parallèle et asynchrone, fonctionnant à 10 MHz, MCA exploitait des cartes munies de leur propre processeur et gérant leurs entrées-sorties sans que n'intervienne le processeur de la carte mère, ainsi libéré pour d'autres tâches. MCA étant indépendant du processeur, peut être utilisé avec des processeurs Intel, RISC... Il offrait un taux de transfert de 20 à 50 Mo/s et supportait 15 contrôleurs « masterisés ». Chaque carte d'extension était configurable par logiciel.

9.4 BUS EISA

Le bus **EISA** (*Extended Industry Standard Architecture*) [1988] est apparu pour concurrencer MCA. Bus 32 bits, destiné à fonctionner avec les processeurs 32 bits il était prévu pour maintenir la compatibilité avec le bus ISA avec un taux de transfert de 33 Mo/s. EISA reprenait certaines caractéristiques du bus MCA telles que la configuration logicielle des cartes d'extension et la notion de *bus mastering*.

9.5 BUS VESA LOCAL BUS

VESA (*Video Electronics Standard Association*) Local Bus (**VLB**) [1993] était un bus local 32 bits autorisant l'emploi du DMA (*Direct Memory Access*) et du *bus mastering*. Extension du bus du processeur, il fonctionnait donc à la même fréquence que le FSB processeur. Il permettait de piloter trois connecteurs avec un taux de transfert potentiel de 130 Mo/s (148 Mo/s avec un FSB 40 MHz). VLB ayant été conçu pour des processeurs 486 est resté lié à ces caractéristiques. Malgré une version VLB 2.0 – bus 64 bits au débit théorique de 264 Mo/s – VESA est « abandonné » au profit du bus PCI, plus performant et d'une plus grande adaptabilité.

9.6 BUS PCI

PCI (*Peripheral Component Interconnect*) [1990] est un bus qui a connu un certain succès. Il offrait initialement une voie 32 bits à 33 MHz puis est passé à 66 MHz avec la version PCI 2 [1995]. Il permet d'atteindre un taux de transfert de 132 Mo/s (32 bits à 33 MHz) ou de 528 Mo/s (64 bits à 66 MHz). PCI présente l'avantage d'être totalement indépendant du processeur car il dispose de sa propre mémoire tampon (*buffer*) – c'est pourquoi on trouve le terme de « pont » PCI – mémoire chargée de faire le lien entre le bus du processeur et les connecteurs d'extension.

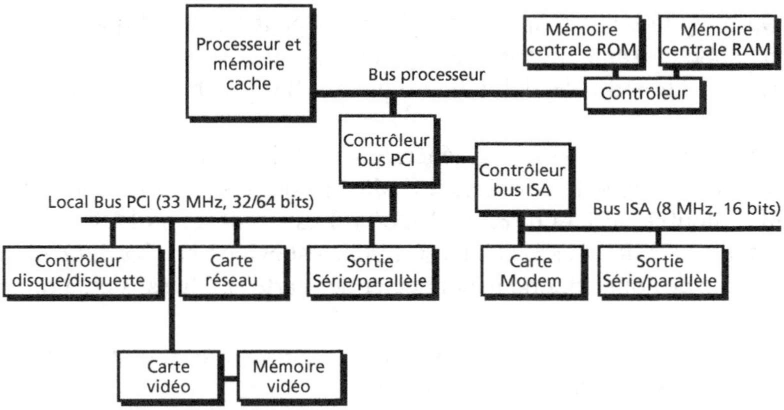

Figure 9.6 Architecture du bus PCI

PCI est une architecture auto configurable (*Plug and Play*) ce qui évite d'avoir à déplacer des cavaliers sur la carte ou d'avoir à configurer les interruptions IRQ ou les canaux DMA utilisés par la carte. Les cartes connectées sont automatiquement détectées et exploitées au mieux. La version PCI 2.3 [2002] évolue vers un voltage à 3,3 volts contre 5 volts habituels et offre un format de connecteur destiné aux ordinateurs portables. Le bus PCI est désormais remplacé par le PCI Express, plus petit et plus rapide.

9.7 BUS PCI-X

PCI-X (PCI *eXtend*) [1998] est une extension du bus PCI compatible avec les anciennes cartes PCI. Cadencé initialement à 133 MHz avec une largeur de bus de 64 bits, il autorise un débit supérieur à 1 Go/s. La version **PCI-X 2.0** [2002] double ou quadruple la bande passante et offre des débits de 2,1 Go/s (PCI-X 233) ou 4,2 Go/s (PCI-X 533) selon qu'il fonctionne en DDR (*Double Data Rate*) sur les fronts montant et descendant d'horloge ce qui double le taux de transfert initial, ou en QDR (*Quadruple Data Rate*) sur de doubles fronts montants et descendants alternés, quadruplant ainsi le débit initial avec une vitesse d'horloge inchangée.

Le PCI-SIG (PCI *Special Interest Group*) avait envisagé un PCI-X 3.0, à 8,5 Go/s mais PCI-X est désormais délaissé au profit de PCI-Express.

9.8 PCI EXPRESS

PCI Express, **PCIE** ou **PCIe** [2002] est un bus fonctionnant sur un protocole de transmission de paquets, qui exploite le principe d'une liaison série point à point symétrique (au lieu d'une transmission parallèle avec PCI-X).

PCI Express est un modèle en couches qui le rend évolutif. Les couches basses sont prévues pour fonctionner sur un lien à deux paires, en exploitant un codage 8B10B. Chaque lien cadencé à 100 MHz assure un débit unidirectionnel de 250 Mo/s. Il intègre des mécanismes de gestion des priorités de flux et de QoS (*Quality of Service*). De plus, le débit nominal de 250 Mo/s peut être dupliqué sur 2, 4… ou 32 voies, la bande passante disponible augmentant donc en fonction de leur nombre, ce qui permet d'atteindre le débit théorique de 8 Go/s, bien supérieur à PCI-X (4,26 Go/s).

Les cartes mères récentes associent généralement seize liens (PCI Express x16), la norme PCI Express actuelle permettant d'aller jusqu'à 32. En x16, le débit atteint 4 Go/s, soit le double de l'AGP 8x (2,1 Go/s). Les connecteurs PCIe se présentent sous quatre tailles (PCIe x1, x4, x8 et x16). PCIe est également *hot-plug* c'est-à-dire qu'il est possible de connecter ou déconnecter des cartes PCIe sans éteindre ou redémarrer la machine.

PCIe, encore essentiellement utilisé par les cartes graphiques, commence à gagner du terrain (cartes réseau, contrôleurs raid…).

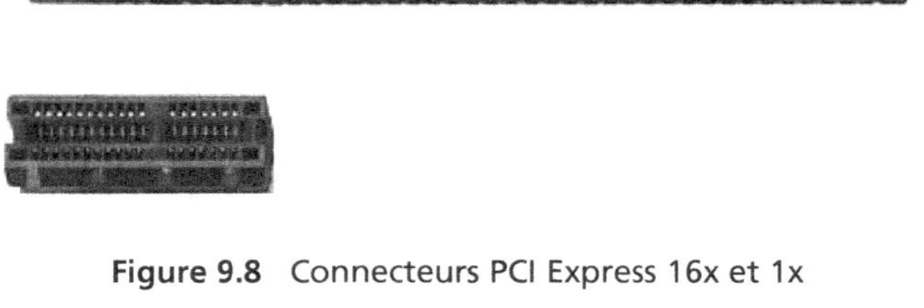

Figure 9.8 Connecteurs PCI Express 16x et 1x

PCI-Express 2.0 [2007] offre une fréquence de 250 MHz et une bande passante de 5 Gigabit/s par ligne. Il introduit une technologie **IOV** (*Input-Ouput Virtualisation*) qui facilite l'usage de composants PCI-Express (telles les cartes réseaux) partagés entre plusieurs machines virtuelles. D'autre part, un câble PCI-Express d'une longueur pouvant atteindre 10 mètres permet de transférer des données à une vitesse de 2,5 Gbit/s.

Par contre, PCIe 2.0 introduit un mécanisme de certification des périphériques et des flux d'entrée/sortie. Le périphérique pourrait donc distinguer si les requêtes viennent d'un logiciel certifié ou non. Cette « gestion » des droits numériques ou **DRM** (*Digital Rights Management*) n'étant pas sans poser quelques problèmes d' « éthique ».

9.9 INFINIBAND

Intel, IBM, Compaq... se sont un temps associés pour étudier un nouveau bus : **InfiniBand [1999]**. InfiniBand crée dynamiquement des liens dédiés qui disposent de l'intégralité de la bande passante (au lieu de la partager comme avec PCI) ce qui lui permet ainsi d`atteindre 2,5 Gbit/s (2 Gbit/s efficaces du fait de l'encodage 8B10B employé) entre la partie système du serveur (processeur et mémoire vive) et les périphériques.

Une matrice de commutation dite *I/O Fabric* gère les liens dynamiques **VL** (*Virtual Lanes*) et les différents composants exploitent la norme IPv6 pour s'identifier et échanger les données sous forme de paquets de 4 Ko. Les communications, exploitant un canal **TCA** (*Target Channel Adapter*) ou **HCA** (*Host Channel Adapter*) alloué dynamiquement par le *I/O Fabric*, ne monopolisent plus un bus spécifique mais partagent un même bus. Les HCA permettent d'interconnecter des processeurs (*multiprocessing*) ou des serveurs tandis que les TCA gèrent la relation avec les périphériques de stockage.

Les connexions physiques s'effectuent à l'aide de liens – 4 ou 12 fils pouvant atteindre jusqu'à 17 m pour du cuivre et 100 m sur de la fibre optique, autorisant des débits de 500 Mbit/s à 6 Gbit/s. Chaque lien physique de base (1X) autorise un débit de 2,5 Gbit/s sur 4 fils (2 en émission et 2 en réception) et supporte jusqu'à 16 liens dynamiques VL, numérotés de VL0 (priorité faible) à VL15 (priorité haute). InfiniBand prévoit également des liens 4X (10 Gbit/s sur 16 fils) et 12X (30 Gbit/s sur 48 fils).

InfiniBand 1.2 [2004] offre désormais une bande passante de 120 Gbit/s dans chaque sens, avec des liens dont le débit de base passe de 2,5 Gbit/s à 5 ou 10 Gbit/s en DDR et à 20 Gbit/s en QDR.

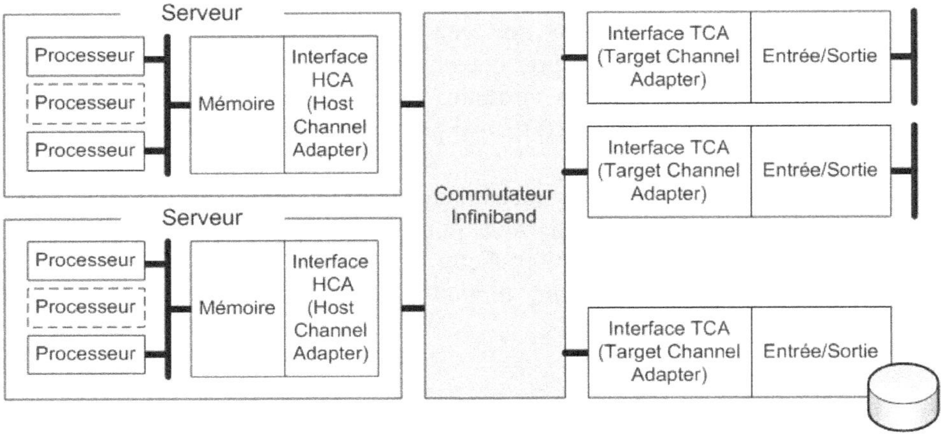

Figure 9.7 InfiniBand

InfiniBand dépasse les capacités d'un simple bus pour flirter avec le monde des réseaux locaux puisque avec des liens fibre optique on peut atteindre 10 km (17 m avec du cuivre par contre !).

Bien que Microsoft et Intel aient annoncé [2002] leur intention d'arrêter leurs recherches dans cette technologie elle continue à évoluer (arrivée de Cisco) et à s'implanter permettant de constituer des grappes de serveurs IBM, Sun... en offrant une alternative intéressante au Fibre Channel et au bus ICSI.

9.10 HYPERTRANSPORT

HyperTransport d'AMD [2001] est un bus (concurrent de PCI-Express – Intel), de technologie série point à point bidirectionnelle mais asymétrique. Une connexion HyperTransport est composée d'une paire de liens unidirectionnels d'une largeur pouvant être de taille différente (2, 4... ou 32 bits) reliant les composants à la carte mère, ce qui permet d'optimiser le trafic. Les données circulent simultanément dans les deux sens sur des liens distincts. Il peut également servir de lien haut débit à 3,2 Gbit/s (par exemple entre processeurs au sein d'un serveur SMP) et assurer un débit de 6,4 Gbit/s ou 12,8 Gbit/s avec un lien 32 bits. Il exploite un mode paquet (paquet de 4 o) et supporte des fréquences de 200 à 800 MHz. HyperTransport est compatible avec les standards du marché (AGP 8x, PCI, PCI-X, USB, InfiniBand, Ethernet...).

HyperTransport est principalement utilisé comme bus mémoire (entre le chipset et le processeur) dans certaines architectures (Athlon 64, PowerPC970...).

HyperTransport 2.0 porte le débit à 22,4 Go/s à une fréquence maximale de 1,4 GHz (en DDR).

HyperTransport 3.0 [2006] porte la bande passante à 41,6 Go/s avec une fréquence maximale de 2,6 GHz. Il offre également le branchement à chaud (*hotplug*) des composants, un mode d'économie d'énergie auto-configurable ainsi que la possibilité de configurer un lien 1x16 en deux liens virtuels 1x8. Il propose aussi une nouvelle interface HTX qui porte la distance maximale de transmission à 1 mètre.

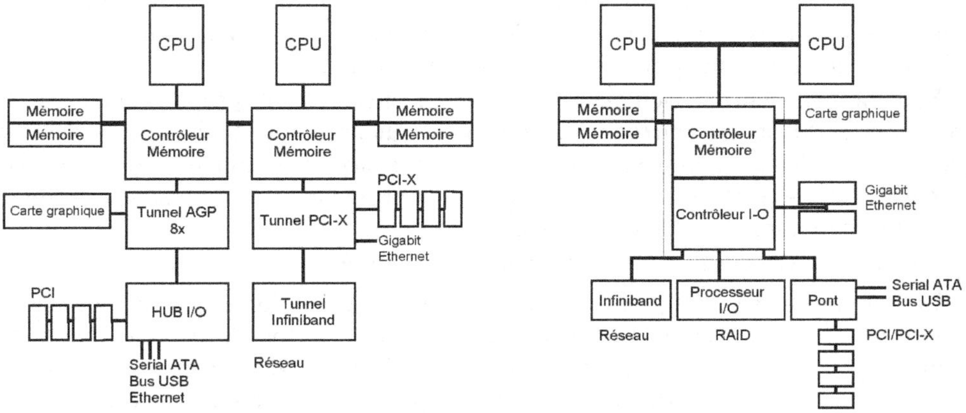

Figure 9.9 HyperTransport – PCI-Express

TABLEAU 9.1 CARACTÉRISTIQUES DE QUELQUES BUS

Type	Largeur	Fréquence	Nombre max. de connecteurs	Taux de transfert
ISA	16 bits	8-12,5 MHz	8	8 Mo/s
EISA	32 bits	8-12,5 MHz	18	50 Mo/s
MCA	32 bits	8-12,5 MHz	8	50 Mo/s
VESA	32 bits	33 MHz	3	132 Mo/s
AGP 8x	32 bits	8x 66 MHz	108	2 Go/s
PCI	32 bits/64 bits	33 ou 66 MHz	84	132 Mo/s ou 528 Mo/s
PCI-X	64 bits	133 MHz à 1 066 MHz	150	1,1 Go/s à 8,5 Go/s
PCI-Express	2 x 32 bits x 2 paires	2,5 GHz à 10 GHz	40	8 Go/s à 16 Go/s

9.11 BUS SCSI

Le bus **SCSI** (*Small Computer System Interface*) [1986] est un bus parallèle, adopté par les constructeurs pour les équipements « haut de gamme », qui supporte de nombreux périphériques (disques dur, CD-ROM, graveurs, lecteurs DAT, scanners...). Son débit varie de 4 Mo/s à 320 Mo/s selon la largeur du bus et le type de SCSI employé (SCSI-1 à 4 Mo/s, Fast SCSI, Wide SCSI à 20 Mo/s, Ultra 2 Wide SCSI à 80 Mo/s, Ultra 320...).

Le débit dépend directement de la fréquence employée sur le bus (5 MHz à l'origine puis 10 MHz pour le **Fast SCSI**, 20 MHz pour **l'ultra SCSI**, 40 MHz pour **l'ultra 2 SCSI**) et de la largeur du bus (8 bits pour SCSI « *narrow* », 16 bits pour le **Wide SCSI** et 32 bits pour « *Extra Wide* » (extra large) ou « *Double Wide* ». Toutefois, la norme SPI-3 a rendu obsolète les transferts 32 bits qui nécessitaient l'utilisation de deux câbles ou nappes en parallèle, ou un câble en 32 bits qui n'a jamais été mis au point car il aurait comporté une centaine de fils !

Malheureusement, la longueur du bus est inversement proportionnelle à la fréquence et quand la fréquence augmente la longueur du bus diminue. Or, SCSI est prévu pour relier des composants supplémentaires aux traditionnels disques durs ou lecteurs de CD-ROM, tels que des scanners, imprimantes... qui ne sont pas forcément à portée immédiate de la machine.

Le bus est aussi défini par le niveau électrique employé :

- Dans le mode **SE** (*Single Ended*) ou Asymétrique, les données circulent sur un seul fil, avec une masse associée a chacun. On trouve donc 8 fils de données sur une nappe 8 bits (*narrow*) et 16 sur une nappe 16 bits (*Wide*). Cette technique est très sensible aux interférences ce qui impose des distances maximums peu élevées (et qui diminuent très vite avec l'augmentation du débit).
- Dans le mode **HVD** (*High Voltage Differential*) ou Différentiel haute tension, on a deux fois plus de fils que de bits à transférer (16 fils en 8 bits et 32 en 16 bits). Un fil véhicule une tension positive, l'autre une tension négative. Cette technique a l'avantage d'être nettement moins sensible aux interférences, ce qui permet des débits plus élevés et une distance de câblage plus importante (jusqu'à 25 mètres).
- Dans le mode **LVD** (*Low Voltage Differential*) ou Différentiel basse tension, le principe de fonctionnement est le même que pour le HVD, la différence se situant au niveau de la tension utilisée : 3,3 V au lieu de 5 V pour le HVD. La distance maximale atteint 12 mètres en LVD.

Les évolutions des normes SCSI sont parfois mentionnées sous leur appellation **SPI** (SCSI *Parallel Interface*). L'**Ultra SCSI**, ou **SCSI 2**, avec un bus à 20 MHz correspond ainsi au **SPI-1**.

Ultra 2 SCSI (norme **SPI-2**) [1997] contourne le problème de la diminution de longueur en exploitant le mode balancé ou différentiel qui utilise un fil pour le signal négatif et un autre fil pour le signal positif ce qui rend le bus moins sujet aux parasites. Le taux de transfert théorique atteint ainsi 80 Mo/s.

L'Ultra 2 SCSI peut gérer jusqu'à 31 unités physiques différentes. Couplée à une interface série SSA *(Serial Storage Architecture*) elle permet d'atteindre un taux de transfert de 80 Mo/s et peut monter à 200 Mo/s avec une interface FC-AL (*Fiber Channel Arbitrated Loop*). C'est un contrôleur intelligent (*Bus Master*) pouvant fonctionner en autonome (transfert entre deux unités SCSI sans faire intervenir la mémoire centrale, gestion optimisée des transferts entre le périphérique et l'unité centrale limitant les états d'attente du microprocesseur...).

SPI-3 [1999] ou **Ultra 160** autorise un débit de 160 Mo/s, non pas en augmentant la vitesse de bus mais en utilisant le *Double Transition Clocking*. **SPI-4** [2001] ou

Ultra 320 autorise un débit de 320 Mo/s sur un bus 16 bits à 160 MHz. Enfin, **SPI-5** ou **Ultra 640** porte le débit à 640 Mo/s avec un bus cadencé à 320 MHz.

Figure 9.10 Connecteur SCSI III Différentiel Externe

TABLEAU 9.2 CARACTÉRISTIQUES DU BUS SCSI

	Fréquence	Largeur Bus (bits)	Débit (Mo/s)	Nbre de Périphériques
SCSI-1	5 MHz	8	5	8
SCSI-2	5 MHz	8	5	8
Wide SCSI	5 MHz	16	10	16
Fast SCSI	10 MHz	8	10	8
Fast Wide SCSI	20 MHz	16	20	16
Ultra SCSI	20 MHz	8	20	8
Ultra SCSI	20 MHz	8	20	4
Ultra Wide SCSI	20 MHz	16	40	8
Ultra Wide SCSI	40 MHz	16	40	4
Ultra 2 SCSI	40 MHz	8	40	8
Ultra 2 Wide SCSI	40 MHz	16	80	16
Ultra 160 SCSI	40 MHz	16	160	16
Ultra 320 SCSI	80 MHz	16	320	16
Ultra 640 SCSI	80 MHz	16	640	16

Malgré des caractéristiques très intéressantes, SCSI est cependant une technologie onéreuse et qui a du mal à trouver une « normalisation » (SCSI se décline en effet de nombreuses versions !) ; c'est pourquoi elle est encore réservée aux serveurs plutôt qu'aux simples PC. Le SCSI parallèle semble avoir atteint ses limites avec des fréquences de 320 MHz et on se tourne désormais vers un SCSI fonctionnant en mode série, le *Serial* SCSI.

9.12 SAS – SERIAL SCSI

SAS (*Serial Attached* SCSI) [2003] vient remplacer le bus SCSI traditionnel et dépasse ses limites en termes de performances, en y apportant le mode de transmission en série de l'interface SATA. SAS supporte ainsi à la fois les protocoles SCSI et SATA, ce qui permet aux contrôleurs de faire fonctionner soit des périphériques SAS, soit des périphériques SATA, soit les deux.

SAS offre un taux de transfert de 3 Gbit/s, légèrement supérieur à l'Ultra 320 SCSI (2,56 Gbit/s). Mais ce débit fournit par SAS est exclusif ce qui signifie que chaque disque dispose d'un débit de 3 Gbit/s, contrairement au SCSI parallèle où la bande passante de 2,56 Gbit/s est partagée entre tous les périphériques du contrôleur. De plus, SCSI parallèle limitait les connexions à 15 périphériques (disque, scanner…) par contrôleurs contre 128 par point de connexion pour SAS.

SAS s'appuie sur les couches basses traditionnellement exploitées dans le modèle réseau. Au niveau de la couche physique c'est encore le traditionnel encodage 8B10B qui est mis en œuvre.

Serial Attached SCSI comprend trois protocoles de niveau transport :

- SSP (*Serial* SCSI *Protocol*) supportant les disques SAS et donc SCSI.
- STP (*Serial* ATA *Tunneling Protocol*) chargé de piloter les disques SATA.
- SMP (*Serial Management Protocol*) qui gère les *Expanders* SAS permettant d'augmenter le nombre de périphériques connectés.

SAS 2.0 [2006] porte les débits à près des 6 Gbit/s et une évolution vers 12 Gbit/s est d'ores et déjà envisagée à l'horizon 2009-2010.

9.13 BUS FIREWIRE – IEEE 1394

Le bus **FireWire**, **IEEE 1394a** [1995] ou **FireWire 400** présente de nombreuses similitudes avec USB telles que le *Plug and Play*, l'utilisation de trames… et permet d'obtenir, sur une distance de 5 mètres, un débit de 400 Mbit/s soit 50 Mo/s (IEEE 1394a-s400). Bâti sur un modèle en couches (*cf. Notions de base – Téléinformatique*), il fonctionne en mode bidirectionnel simultané et transporte les données en mode différentiel – c'est-à-dire par le biais de deux signaux complémentaires sur chacun des fils d'une paire. Il assure ainsi l'interconnexion de 63 périphériques.

IEEE 1394 offre la possibilité de fonctionner selon deux modes de transfert :

- asynchrone : basé sur une transmission de paquets à intervalles de temps variables. L'envoi de paquets est conditionné à la réception d'un accusé de la part du périphérique, sinon le paquet sera réexpédié au bout d'un temps d'attente.
- isochrone (synchrone) : permet l'envoi de paquets à intervalles réguliers. Un nœud (*Cycle Master*) gérant l'envoi de paquets de synchronisation (*Cycle Start packet*) toutes les 125 microsecondes. Aucun accusé de réception n'est nécessaire, ce qui permet de garantir un débit fixe, d'économiser la bande passante et donc d'améliorer les temps de transfert.

FireWire 2.0, **IEEE 1394b** [2002] ou **FireWire 800**, utilise un encodage 8B10B et offre un débit initial de 800 Mbit/s (deux fois celui d'USB 2.0) pouvant atteindre 3,2 Gbit/s (IEEE 1394b-S3200), soit de 100 à 400 Mo/s. FireWire 2 accepte les anciens périphériques IEEE 1394a, sur cuivre ou fibre optique et peut fonctionner sur des distances très importantes – jusqu'à 100 mètres. Les normes IEEE 1394b-s1600 ou **FireWire 1600** et **3200** autorisent respectivement des débits de 1,6 ou 3,2 Gbits/s.

Capable d'auto alimenter des périphériques d'une puissance inférieure à 25 watts, FireWire 2.0 exploite deux liens de communication unidirectionnels. Le lien TPA

(*Twisted Pair* A) est utilisé pour l'émission, tandis que le lien TPB est utilisé pour la réception. FireWire 2.0 est désormais un concurrent sérieux de SCSI.

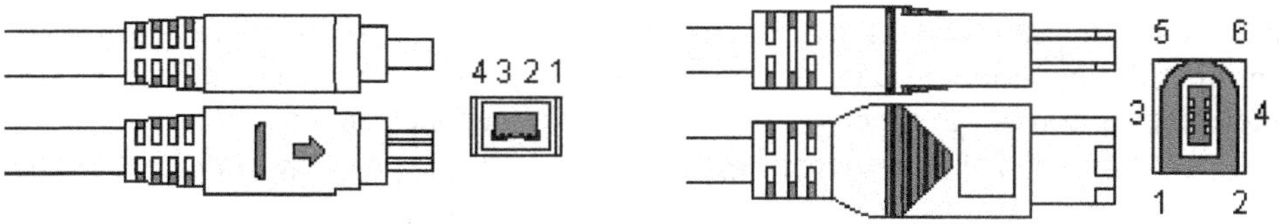

Figure 9.11 FireWire 4 pins et 6 pins

Tableau 9.3 Brochage du bus FireWire

N° broche	Signal
1	Alimentation 30 V
2	Masse
3	TPB– : Twisted-pair B, signal différentiel
4	TPB+ : Twisted-pair B, signal différentiel
5	TPA– : Twisted-pair A, signal différentiel
6	TPA+ :Twisted-pair A, signal différentiel

Tableau 9.4 FireWire Débits et Distances

Media	Distance	100 Mbit/s	200 Mbit/s	400 Mbit/s	800 Mbit/s	1,6 Gbit/s
UTP-CAT 5	100 m	✓				
Fibre Polymère	50 m	✓	✓			
Fibre Hard Polymère	100 m	✓	✓			
Fibre Multimode	100 m			✓	✓	✓
Paire torsadée	4,5 m			✓	✓	✓

La norme **Wireless FireWire** (IEEE 802.15.3 [2004]) autorise un débit de 110 à 800 Mbit/s pour une portée d'environ 10 mètres. Elle exploite le protocole **TDMA** (*Time Division Multiple Access*) qui permet de gérer les connexions simultanées en fonction de la bande passante disponible, pour optimiser les transferts et éviter les engorgements du réseau, ainsi que l'algorithme de codage **AES 128** (*Advanced Encryption Data*) qui remplace l'ancien protocole **DES** (*Data Encryption Standard*) et garantit une meilleure protection des données transférées.

9.14 BUS USB

Le bus **USB** (*Universal Serial Bus*) [1995] est un bus série qui permet d'exploiter 127 périphériques (15 seulement en SCSI) – souris, clavier, imprimante, scanner... chaînés sur un canal. De plus, utilisant les technologies *Plug and Play* et *Hot Plug*, il permet de reconnaître automatiquement le périphérique branché sur le canal et de déterminer automatiquement le pilote nécessaire au fonctionnement de ce dernier.

Sur un bus USB, les informations, codées en NRZI, peuvent circuler à un débit adapté au périphérique, variant de 1,5 Mbit/s (*Low Speed USB*) pour des périphériques lents tels que claviers, souris... jusqu'à 5 Gbit/s (*Super Speed USB*) pour des périphériques plus rapides tels que scanners ou imprimantes... La transmission s'effectue sur des câbles en paire torsadée UTP ou FTP n'excédant pas 5 mètres entre chaque périphérique. Le port USB se présente sous la forme d'un connecteur rectangulaire à 4 broches.

Figure 9.12 Quelques connecteurs USB Type A et B

USB utilise des principes similaires à ceux employés dans les réseaux locaux, autorisant le dialogue simultané de plusieurs périphériques sur le même bus. Chaque transaction sur le bus nécessite l'envoi de un à trois paquets. Chaque paquet diffusé pouvant être de type données, jeton, d'acquittement ou spécial. Toutes les transactions commencent par un jeton qui décrit le type et le sens de la transmission et contient des informations d'adressage repérant le périphérique de destination. Chaque jeton contient un identificateur de paquet PID (*Packet Identificator*) de 8 bits qui peut avoir l'une des significations suivantes :

- IN indiquant la lecture d'un périphérique.
- OUT indiquant l'écriture vers un périphérique.
- SOF (*Start Of Frame*) indiquant le début d'une trame USB
- SETUP indiquant qu'un paquet de commandes va suivre et ne peut être ignoré.

L'adresse sur 7 bits, limite l'emploi du bus USB à 127 périphériques. Une sous-adresse (*End point*) permet toutefois d'indiquer l'emplacement d'un sous-ensemble du périphérique. Enfin, un code CRC termine la trame qui peut être émise de manière asynchrone sans garantie du débit ou synchrone. Il existe également des trames de transaction par interruption et des trames de contrôle qui gèrent les transmissions.

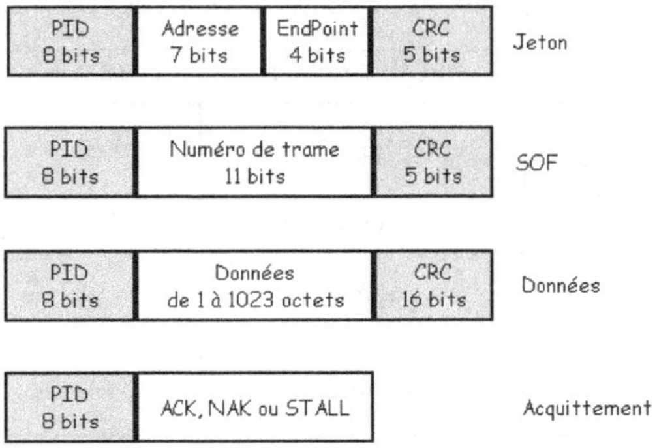

Figure 9.13 Types de paquets USB

Voici un exemple de transaction asynchrone entre l'UC et l'imprimante : la carte mère envoie un jeton OUT pour indiquer au périphérique une opération d'écriture. Le jeton est aussitôt suivi d'un paquet de données DATA0. Le périphérique répond par un ACK si la donnée est bien reçue, par un NAK s'il ne peut recevoir de données (occupé) ou un STALL (défaut de papier, d'encre...) nécessitant une intervention de l'utilisateur. Si le paquet contient une erreur CRC il n'est pas traité et la carte mère constate au bout d'un laps de temps (time out) qu'elle n'a pas reçu d'acquittement. Elle recommencera alors la transmission.

Autre exemple avec une transmission synchrone entre l'UC et la carte son : la carte mère envoie un jeton OUT pour indiquer au périphérique une opération d'écriture, jeton aussitôt suivi d'un paquet de données DATA0 qui peut comporter jusqu'à 1023 octets. La transaction ne donne pas lieu à acquittement mais est simplement contrôlée au moyen du CRC. Ces trames synchrones sont prioritaires sur les trames asynchrones.

Bien entendu la norme USB a évolué avec :

- **USB 1.1** (*Full Speed* USB) [1998] transmettant au maximum à 12 Mbit/s.
- **USB 2.0** (*High Speed* USB) [2000] transmettant jusqu'à 480 Mbit/s.
- **Wireless USB** [2005] Une version sans fil de USB.
- **USB 3.0** (*SuperSpeed* USB) [2008] avec une bande passante de 5 Gbit/s, soit 625 Mo/s, reste compatible avec les normes USB précédentes. Les câbles USB 3.0 sont composés de huit fils (quatre en USB 2.0) : quatre pour les données, deux pour les données en mode USB 2.0 et deux pour l'alimentation. Les produits *SuperSpeed* USB 3.0 sont rétro-compatibles avec les périphériques USB 2.0 et il sera donc possible d'utiliser un câble USB 3.0 avec un appareil USB 2.0 mais pas l'inverse.

Les « clés USB » qui sont des mémoires flash ont activement participé à la notoriété de ce type de bus, qui concurrence maintenant les bus FireWire.

TABLEAU 9.5 COMPARAISON ENTRE DIFFÉRENTS BUS PÉRIPHÉRIQUES

	1394b FireWire	USB 2.0	SCSI-3
Nombre maximum d'équipements connectés	63	127	15
Hot Plug	Oui	Oui	Oui
Longueur max. entre deux équipements	100 m	5 m	25 m
Débit	400 Mo/s	60 Mo/s	10 Mo/s (Fast SCSI) 640 Mo/s (Ultra 640)

Les périphériques **WUSB** (*Wireless USB*) permettent, en s'appuyant sur une couche radio **UWB** (*Ultra Wide Band*), de s'affranchir des fils, avec un débit de 480 Mbit/s (USB 2.0) et une portée théorique de 10 mètres maximum (débit réduit à 110 Mbit/s). Cette technologie semble délaissée.

9.15 BUS GRAPHIQUE AGP

Le bus **AGP** (*Accelerated Graphics Port*) [1997] est spécialisé dans la relation avec les cartes graphiques. Il relie – par le biais du *chipset*, le processeur de la carte graphique au processeur de l'UC et à la mémoire vive. Il offre un bus 32 bits en mode pipeline autorisant des lectures et écritures simultanées en mémoire, et des débits atteignant 528 Mo/s (32 bits à 66 MHz) en version AGP 2x, ainsi que la possibilité d'accéder en mémoire centrale en sus de la mémoire graphique. On peut donc manipuler des images « lourdes » – affichage tridimensionnel 3D... sans saturer la mémoire de la carte graphique, puisque l'on peut placer une partie de l'image en mémoire centrale.

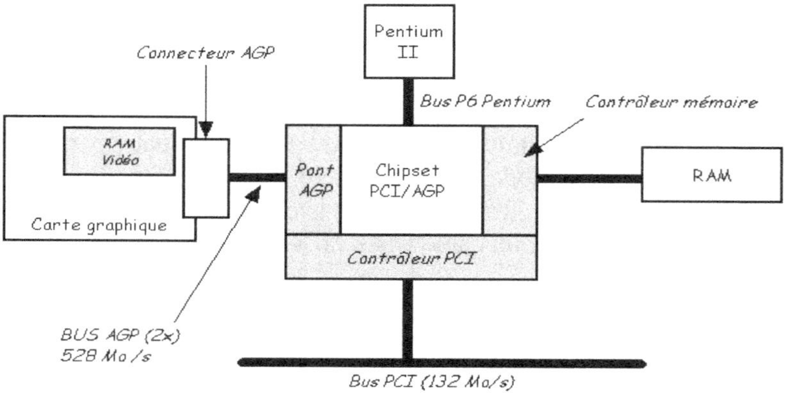

Figure 9.14 Le bus AGP 2x

La version de base **AGP** ou **AGP 1x** offrait un débit de 264 Mo/s, deux fois supérieur à celui du bus PCI (132 Mo/s). **AGP 2x** fonctionne en DDR (*Dual Data Rate*) et offre un débit de 528 Mo/s.

AGP 4x [1998] destiné à tirer parti au maximum des instructions des processeurs MMX fonctionne en QDR (*Quadruple Data Rate*) et dépasse 1 Go/s.

AGP 8x [2002], dernière mouture du bus AGP, double encore les performances avec un débit de 2,13 Go/s sur un bus à 533 MHz.

AGP est un bus parallèle et va de ce fait subir le même sort qu'ATA avec les disques durs. Les bus parallèles génèrent en effet de la diaphonie, des rayonnements parasites... de plus en plus délicats à maîtriser au fur et à mesure que les débits ou les distances s'accroissent.

C'est donc PCI Express, mis en avant par Intel et qui fonctionne en mode série, ou Infiniband pour le monde des HPC (*High-Performance Computers*) qui sont en train de prendre le pas au niveau des cartes mères.

9.16 FIBRE CHANNEL

FCS (*Fiber Channel Standard*) ou « **Fibre Channel** » [1988], norme ANSI X3T11, est à l'origine une technologie d'interconnexion haut débit : de 266 Mbit/s à 4 Gbit/s (8 Gbit/s imminents), sur des distances pouvant atteindre 10 km sur fibre optique monomode. **FC** est habituellement considérée comme une méthode de communication optique point à point (*peer-to-peer*). Toutefois, les améliorations apportées au standard incluent le support du câblage cuivre et la mise en œuvre de boucles FC-AL (*Arbitrated loop*) qui peuvent connecter jusqu'à 126 périphériques. Fonctionnant aussi bien sur du coaxial, du cuivre ou de la fibre optique, contrairement à ce que son nom pourrait laisser croire, Fibre Channel offre des débits de 133 Mbit/s à plus de 2 Gbit/s et supporte de nombreux protocoles dont IP, SCSI ou ATM. Très utilisé comme interface de stockage pour les réseaux SAN, il est concurrent direct de iSCSI.

L'architecture de Fibre Channel se décompose en cinq couches :

- FC0 est la couche la plus basse ou couche média et définit la liaison physique.
- FC1 est la couche de codage/décodage basée sur le code 8B10B.
- FC2 est la couche chargée de la signalisation, du contrôle de flux et de la mise en forme des trames.
- FC3 est une couche de services utilisée par des fonctions avancées telles que le cryptage, la compression, le *multicast*...
- FC4 est la couche supérieure chargée des protocoles réseau ou du canal de données. Elle assure la conversion entre SCSI et/ou IP en Fibre Channel...

Fibre Channel reste réservé, à ce jour, aux serveurs et aux baies de stockage.

EXERCICES

9.1 Répondez par Vrai ou Faux aux affirmations suivantes :

a) Le bus USB est un bus graphique : Vrai – Faux

b) Le bus AGP permet de connecter des disques durs rapides : Vrai – Faux

c) Le bus SCSI permet de connecter des imprimantes : Vrai – Faux

9.2 Le responsable réseau de l'entreprise décide d'acheter un serveur d'application sur lequel seront centralisées les applications bureautique les plus courantes (traitement de texte, tableur, bases de données...). Ce serveur devra être attaqué par 150 stations simultanément. Quel type de bus proposeriez vous pour connecter le disque dur. La sauvegarde sur bande qui doit se faire la nuit doit elle utiliser le même bus ? Justifiez.

SOLUTIONS

9.1 *a)* Le bus USB est un bus graphique : **Faux**

b) Le bus AGP permet de connecter des disques durs rapides : **Faux**

c) Le bus SCSI permet de connecter des imprimantes : **Vrai**

9.2 Le serveur d'applications va devoir faire face à une forte demande d'accès disques, le contrôleur Ultra 2 Wide SCSI semble donc le plus adapté compte tenu de ses performances et notamment du débit qu'il autorise. En ce qui concerne la sauvegarde sur bande le problème peut s'envisager de deux manières.

Dans la mesure où on dispose déjà d'un contrôleur SCSI, capable de recevoir plusieurs périphériques, pourquoi ne pas y connecter la sauvegarde sur bande. Sinon les performances du SCSI n'étant pas essentielles pour une sauvegarde qui peut prendre la durée de la nuit, un simple bus PCI pourrait suffire. Tout dépend en fait du volume à sauver.

Le bus PCI Express pourrait également être envisagé...

Chapitre **10**

Microprocesseurs

Le microprocesseur regroupe, sur une puce de silicium de quelques mm^2, les fonctionnalités (unité de commande, unité de calcul, mémoire...) qu'offraient jadis des systèmes bien plus volumineux. Leurs performances et leur densité d'intégration (le nombre de transistors par mm^2) continuent de croître, respectant encore, pour le moment, la fameuse **loi de Moore**. Ils suivent une évolution fulgurante et à peine l'un d'entre eux est-il commercialisé qu'on annonce déjà un concurrent ou un successeur encore plus puissant et plus performant.

Nous commencerons par présenter les caractéristiques du microprocesseur Intel 8086, « père » des microprocesseurs Intel. Il n'est certes plus employé dans les micro-ordinateurs mais offre, pédagogiquement, une structure simple. Nous étudierons ensuite les notions plus générales de pipeline, architecture superscalaire, technologie CISC, RISC... puis ferons un historique rapide de l'évolution des processeurs à travers ceux de la famille Intel avant de terminer par les notions de multiprocesseurs.

10.1 LE MICROPROCESSEUR INTEL 8086

Les deux microprocesseurs Intel i8086 [1978] et i8088 [1979] sont maintenant les ancêtres d'une vaste famille. Entièrement compatibles d'un point de vue logiciel, un programme écrit pour l'un pouvant être exécuté par l'autre, la différence essentielle entre eux était la largeur du bus de données externe – 8 bits pour le 8088, 16 bits pour le 8086. Dans le cas du 8086, il s'agissait d'un **vrai 16 bits** (un microprocesseur équipé d'un bus de données interne et externe 16 bits), alors que le 8088 était un **faux 16 bits** (bus de données interne sur 16 bits, mais bus de données externe sur 8 bits) il lui fallait donc deux accès en mémoire pour traiter un mot de 16 bits. Il intégrait 29 000 transistors et était gravé en 3 µm avec une capacité d'adressage de 1Mo de mémoire.

10.1.1 Étude des signaux

Les signaux que nous allons observer ne sont pas systématiquement les mêmes selon les processeurs. Il n'est pas impératif de les connaître « par cœur » mais leur compréhension vous permettra de mieux appréhender les principes de fonctionnement du processeur.

- Masse et Vcc. Assurent l'alimentation électrique du microprocesseur.
- CLK (*Clock*). Entrée destinée à recevoir les signaux de l'horloge système.
- INTR (*Interrupt Request*). Entrée de demande d'interruption en provenance du processeur spécialisé dans la gestion des entrées sorties.
- NMI (*No Masquable Interrupt*). Lorsqu'elle est utilisée, cette entrée d'interruption non masquable, est généralement branchée sur une détection de coupure d'alimentation.
- RESET. Permet d'initialiser (*reset*) le microprocesseur, c'est-à-dire de mettre à 0 les divers registres de segment et le mot d'état, d'aller chercher le système d'exploitation et de lui passer le contrôle.
- READY. Quand un périphérique lent est adressé – disquette… – et s'il ne peut exécuter le transfert demandé à la vitesse du processeur, il l'indique au générateur de signaux d'horloge qui met à zéro cette entrée en synchronisation avec le signal d'horloge. Le CPU attend alors la remontée du signal pour continuer l'exécution du programme.

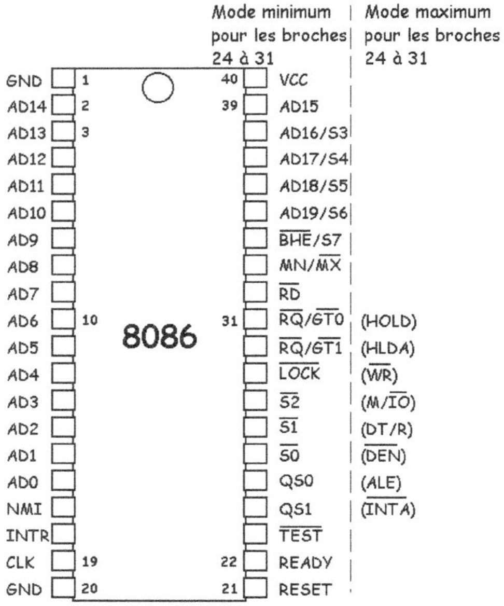

Figure 10.1 Brochage du 8086

- TEST/. Permet de synchroniser l'unité centrale sur une information en provenance de l'extérieur. Elle est ainsi utilisée par la broche BUSY (occupé) du coprocesseur arithmétique 8087, mettant le processeur en attente s'il a besoin du résultat d'un calcul en cours d'exécution dans le 8087. Peut également servir à vérifier la fin de l'exécution d'une opération lente (démarrage du lecteur de disquette, lecture ou écriture sur le disque...).

- RD/ (*Read Data*). Ce signal, actif à l'état bas, indique à l'environnement que l'unité de traitement effectue un cycle de lecture.
- AD0 à AD7. Broches à trois états (0, 1 ou haute impédance) correspondant à la partie basse des bus d'adresses et bus de données, multiplexées (servant soit aux adresses, soit aux données) afin de limiter le nombre de broches. L'état de haute impédance autorise un périphérique à utiliser le bus, sans contrôle du CPU.
- AD8 à AD15 pour le 8086 (A8 à A15 pour le 8088). Même rôle que ci-dessus sauf pour le 8088 où ces broches ne sont utilisées que comme sorties d'adresses.
- A16 (S3) à A19 (S6). Ces broches, également multiplexées, sont utilisées, soit pour la sortie d'adresses des quatre bits de poids forts, soit S3 et S4 indiquent le registre de segment (voir chapitre 8, *Modes d'adressage et interruptions*) ayant servi à générer l'adresse physique.
- BHE/ (S7) (*Bus High Enable*). Durant la sortie de l'adresse, BHE et l'adresse A0 valident les données respectivement sur la moitié haute et basse du bus de données.
- MN (MX/) (Minimum/Maximum). Cette entrée est soit câblée à la masse pour faire fonctionner le processeur en mode maximum, soit au +5V pour le mode minimum.
- S2/, S1/, S0/. Ces broches, actives au début d'un cycle d'opération, indiquent au contrôleur de bus la nature du cycle en cours – lecture ou écriture mémoire, lecture ou écriture externe..., lui permettant ainsi de générer les signaux correspondants.
- RQ/(GT0/), RQ/(GT1/) (*Request/Grant*). Reçoit des demandes d'utilisation du bus interne (*request*) envoyées par les coprocesseurs et émet un acquittement (*grant*) à la fin du cycle en cours. Le coprocesseur indiquera en fin d'utilisation du bus, grâce à la même broche, que le processeur peut reprendre l'usage du bus.
- LOCK/. Ce signal contrôlé par le logiciel grâce à une instruction particulière interdit l'accès du bus à tout autre circuit que celui qui en a déjà le contrôle.
- QS0, QS1 (*Queue*). Ces broches permettent au coprocesseur de calcul ou à d'autres circuits de savoir ce que le processeur fait de sa file d'attente d'instructions.
- M (IO/) (*Memory ou Input Output*). Ce signal permet de faire la distinction entre un accès mémoire et un accès à un périphérique d'entrées sorties.
- DT (R/) (*Direction Transmission*). Cette broche permet de contrôler la direction des transmetteurs du bus de données (1 = émission, 0 = réception).
- WR/ (*Write*). Ce signal provoque l'exécution d'une écriture par le processeur.
- INTA/ (*Interrupt Acknowledge*). Ce signal joue le rôle du RD/ (*Read Data*) durant la reconnaissance d'une interruption. Le processeur lisant le numéro de l'interruption placée sur le bus de données par le contrôleur d'interruptions.

– ALE (*Address Latch Enable*). Permet de « capturer » l'adresse présente sur le bus dans des bascules « latchées » avant le passage du bus en bus de données.
– HOLD, HLDA (*Hold Acknowledge*). Hold indique au processeur une demande d'usage des bus. Le processeur répond à la fin du cycle en cours, en mettant HLDA à l'état haut et en mettant ses propres accès au bus en état de haute impédance.
– DEN/ (*Data Enable*). Autorise les transferts de données en E/S.

10.1.2 Les registres

a) Les registres de données

Les registres de données, repérés AX, BX, CX et DX servent à la fois d'accumulateurs et de registres opérandes 16 bits. Chacun peut être séparé en deux registres 8 bits. La lettre X est alors remplacée par H (*High*) pour la partie haute et par L (*Low*) pour la partie basse. Ainsi AH et AL associés nous donnent AX.

Bien que généraux, ces registres présentent cependant en plus certaines spécificités :
– AX est utilisé pour les opérations d'entrées sorties, les multiplications et divisions.
– BX sert de registre de base lors de l'adressage indirect par registre de base.
– CX sert de compteur de données dans les opérations sur les chaînes de caractères.
– DX est utilisé avec AX pour les multiplications et divisions, ou comme registre d'adressage indirect.

b) Les registres de segment

Les registres de segment CS, DS, SS et ES font partie de l'unité de gestion mémoire intégrée au 8086. Chacun contient l'adresse de base physique d'une page de 64 Ko (voir chapitre 8, *Modes d'adressage et interruptions*).

c) Les registres pointeurs

Les registres SP (*Stack Pointer*), BP, SI et DI sont les registres utilisés lors d'opérations arithmétiques ou logiques ; les deux premiers sont également utilisés pour indiquer un déplacement dans le segment de pile alors que les deux derniers sont utilisés pour repérer un déplacement dans le segment de données.

Le registre IP (*Instruction Pointer*), correspondant au compteur ordinal, contient le déplacement, à l'intérieur du segment de programme, par rapport à l'adresse de base.

d) Le registre d'état

Ce registre offre 16 bits dont seulement 9 sont utilisés.

*	*	*	*	O	D	I	T	S	Z	*	A	*	P	*	C

Figure 10.2 Le registre d'état

- **AF** (*Auxiliary Carry Flag*) est la retenue de poids 2^4 utilisée lors d'opérations arithmétiques décimales.
- **CF** (*Carry Flag*) est l'indicateur de report, et est positionné, entre autre, lors d'une opération ayant engendré une retenue.
- **PF** (*Parity Flag*) est l'indicateur de parité.
- **SF** (*Sign Flag*) est l'indicateur du signe, considérant que l'on travaille alors en arithmétique signée (0 positif, 1 négatif).
- **ZF** (*Zero Flag*) est l'indicateur zéro qui indique que le résultat de la dernière opération (soustraction ou comparaison) est nul.
- **OF** (*Overflow Flag*) est l'indicateur de dépassement de capacité.
- **DF** (*Direction Flag*) est un indicateur utilisé lors de la manipulation de chaînes de caractères (0 décroissantes, 1 croissantes).
- **IF** (*Interrupt Flag*) autorise ou non la prise en compte des interruptions externes masquables (0 non autorisées, 1 autorisées).
- **TF** (*Trace Flag*) permet d'utiliser le mode trace, assure la visualisation du contenu des registres et un fonctionnement en pas à pas.

10.1.3 Architecture interne du 8086

L'architecture interne du 8086 est constituée de deux parties : **l'unité d'exécution** – EU (*Execution Unit*) – exécute les fonctions arithmétiques et logiques et **l'unité d'interface bus** – BIU (*Bus Interface Unit*) – stocke par anticipation 6 octets d'instructions dans une file d'attente de 6 octets de mémoire, interne au processeur. Ainsi, pendant que l'unité d'exécution traite une instruction, la BIU recherche dans le segment de programme une partie des octets composant la prochaine instruction à exécuter. Ce mode de fonctionnement, dit **pipeline** accélère les traitements et est très utilisé en informatique. Le 8086 a été le premier microprocesseur à utiliser ce mode.

10.2 NOTIONS D'HORLOGE, PIPELINE, SUPERSCALAIRE...

Le microprocesseur doit exécuter les instructions d'un programme le plus rapidement possible. Afin d'augmenter ces performances diverses solutions ont été recherchées.

10.2.1 Le rôle de l'horloge

L'horloge de la **carte mère** (*motherboard*) rythme les diverses « tâches » du microprocesseur. Elle pilote le bus processeur ou bus système **FSB** (*Front Side Bus*) ou HT (*Hyper Transport*) et agit sur un certain nombre d'autres éléments tels que la RAM... Pour améliorer les performances des processeurs, la première idée a été d'accroître sa vitesse de fonctionnement. C'est ainsi que l'on est passé de 4,77 MHz sur les premiers microprocesseurs à plus de 4 GHz sur certains processeurs (1000 fois plus rapides !) et même 500 GHz testés en laboratoire par IBM. Cette vitesse est celle du fonctionnement interne du processeur, différente de celle du bus

FSB ou HT qui l'alimente en données (processeur Pentium 4 à 3,06 GHz avec un FSB à 800 MHz par exemple ou AMD HT 4000 avec une fréquence d'horloge de 200 MHz et une fréquence de données de 2 000 MHz).

Mais l'accélération des fréquences accroît la consommation électrique et, la température étant directement proportionnelle à la consommation, il faut alors équiper les processeurs de systèmes de refroidissement (radiateurs, ventilateurs, dissipateurs…) ou diminuer la tension – passant successivement de 5 volts à 3,3 puis 2,8 et 1,5 volts. La baisse de tension va de pair avec la diminution de la largeur des pistes de silicium et c'est ainsi que l'on est passé d'une piste gravée avec une largeur de 0,60 microns à 0,25 μ, 0,18 μ, 0,13 μ, 0,09 μ, 65 nanomètres et 45 nm.

10.2.2 Overclocking

L'***overclocking*** consiste à augmenter volontairement la fréquence de fonctionnement du bus **FSB** (*Front Side Bus*), pour agir sur celle du processeur ou d'un autre composant (RAM, bus AGP…), en déplaçant quelques cavaliers ou en gérant le fonctionnement du bus et de ses paramètres par l'intermédiaire du BIOS.

La fréquence d'un processeur est en effet déterminée à la fabrication mais les fondeurs gardent souvent une marge de sécurité et il est souvent possible de « pousser » le processeur à une vitesse supérieure à celle prévue. La fréquence de fonctionnement, si elle est dépendante de l'horloge de la carte mère est en effet déterminée par le produit : valeur du multiplicateur de fréquence * vitesse du bus de données. Ainsi, un processeur à 300 MHz peut être réglé à $4,5 \times 66,6$ MHz ou à 3×100 MHz. Le **modulateur FSB** est le moyen par lequel on peut modifier la fréquence du bus.

Attention : une telle pratique mal maîtrisée risque de mettre en péril vos composants. En effet, si on augmente la fréquence du bus, les composants en relation avec ce bus vont également fonctionner de manière accélérée ce qui en provoque l'échauffement ou engendre une instabilité du système. Un peu comme un moteur qui tournerait en permanence en surrégime. L'*overclocking* est donc à utiliser avec précautions.

10.2.3 Pipeline, super pipeline, hyper pipeline

La technique du **pipeline** – anticipation dans le processeur – repose sur le « découpage » de l'instruction en sous-ensembles logiques élémentaires ou micro-opérations de longueur fixe, de type chargement, décodage, exécution, rangement, tels que nous les avons fait apparaître lors de l'étude du fonctionnement de l'unité centrale. Par exemple, un Pentium distingue 5 phases :

- chargement de l'instruction (*prefetch*) ;
- décodage de l'instruction (*decode*) ;
- génération des adresses (*address generate*) ;
- exécution (*execute*) ;
- réécriture différée du résultat (*result write back*).

Ce microprocesseur dispose donc d'un pipeline à 5 **étages** ce qui lui permet de « traiter » cinq instructions simultanément. Pendant que l'on traite la phase d'exécution, on peut donc réaliser en même temps la phase de génération des adresses de l'instruction suivante, le décodage d'une troisième instruction et le chargement d'une quatrième... À chaque cycle d'horloge, le processeur fait « avancer » l'instruction en cours d'une action élémentaire et commence une nouvelle instruction.

Considérons pour comprendre le principe, une station de lavage de voitures comprenant plusieurs files (les **étages** du pipeline) assurant savonnage, lavage, rinçage, séchage, lustrage. On peut savonner la cinquième voiture qui se présente tandis que la quatrième est au lavage, la troisième au rinçage, la seconde au séchage et la première à s'être présentée au lustrage.

Pour fonctionner en mode pipeline, il est nécessaire que l'unité de traitement soit composée des deux sous-ensembles :

– **l'unité d'instruction** qui gère la file d'attente du chargement des instructions ;
– **l'unité d'exécution** qui s'occupe du traitement de l'instruction.

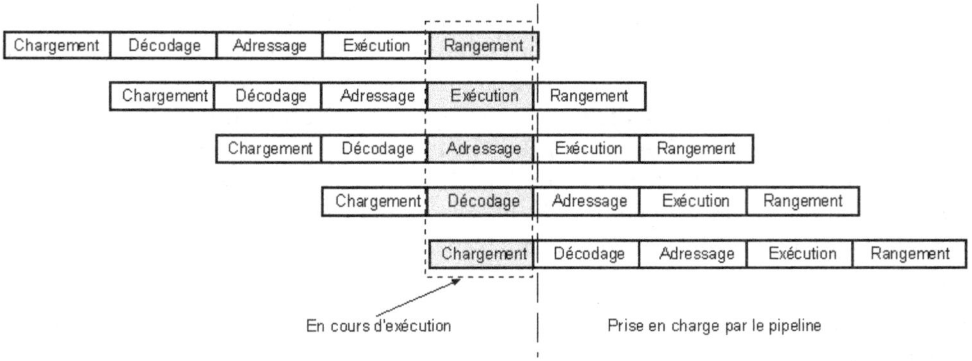

Figure 10.3 Fonctionnement du pipeline

Quand on dispose de plusieurs unités d'instructions ou si le processeur est capable d'assurer un découpage encore plus fin des instructions, on parle alors de **super pipeline** voire d'**hyper pipeline**. Le Pentium III d'Intel dispose ainsi d'un super pipeline à 10 étages tandis que le Pentium 4 gère un hyper pipeline à 20 niveaux.

Le pipeline présente toutefois des limites : en effet, pour être exécutée, une instruction doit parfois attendre le résultat d'une instruction précédente. Ainsi, par exemple, si la première UAL traite le calcul $X = 8 \times 2$ et que le calcul suivant est $Y = X + 2$, la seconde UAL ne peut en principe rien faire d'autre qu'attendre... Dans ce cas, le processus est évidemment plus lent que si toutes les instructions étaient traitées de manière indépendante. Un mécanisme de « prédiction » des instructions à exécuter est mis en œuvre sur les processeurs afin d'optimiser le traitement des instructions mais plus le nombre de niveaux augmente et plus il est délicat à gérer.

10.2.4 Superscalaire, hyperthreading, core

Un processeur ne disposant que d'une seule unité de traitement pour les entiers et les flottants est dit **scalaire**. En technologie **superscalaire** on fait travailler plusieurs unités d'exécution, en parallèle dans le processeur. Ainsi, avec un processeur disposant d'une unité de calcul pour les entiers – **CPU** (*Central Processor Unit*) et d'une unité de calcul pour les nombres flottants ou **FPU** (*Floating Processor Unit*), trois instructions vont pouvoir être traitées en parallèle : une sur les entiers, une sur les flottants et une instruction de branchement, cette dernière n'utilisant pas d'unité de calcul. On peut bien entendu multiplier le nombre d'unités de traitement. C'est le cas des processeurs de nouvelle génération qui disposent tous de plusieurs unités de traitement des nombres entiers et de traitement des nombres flottants. Ils sont **superscalaires**.

Avec plusieurs unités de traitement on peut traiter en « parallèle » plusieurs instructions. Ce **traitement parallèle** – à distinguer du *parallel multiprocessing* (voir le paragraphe 10.10, *Le multi-processing*) peut être de deux types :

- **Traitement parallèle implicite** : Dans cette architecture rien ne distingue, dans les instructions, celles qui peuvent être exécutées « avant » telle ou telle autre. C'est donc le processeur lui même qui doit déterminer une éventuelle possibilité de traitement parallèle ou anticipé des instructions. C'est le cas des Pentium (voir le paragraphe 10.5, *Étude détaillée d'un processeur : le Pentium Pro*).
- **Traitement parallèle explicite** : Dans cette architecture dite **EPIC** (*Explicit Parallel Instruction Computing*) les instructions sont spécialement décrites comme pouvant être traitées en parallèle. Ceci nécessite bien entendu de disposer d'un compilateur spécifique traduisant les instructions d'un langage de programmation tel que C++ en langage machine spécifique destiné à un processeur EPIC.

L'***hyperthreading*** ou **SMT** (*Simultaneous Multi Threading*) consiste à simuler le *biprocessing* au sein d'un seul et unique processeur. Le processeur simule un biprocesseur, vis-à-vis du programme qui l'exploite – programme qui doit exploiter le *multithread*. L'*Hyperthreading* permet au processeur d'être plus efficace en multitâches car il fonctionne vis-à-vis du logiciel comme s'il intégrait deux processeurs On peut donc gérer deux processus (*threads* ou flots d'instructions) de manière « simultanée ». Les performances sont ainsi accrues de 10 à 30 % en théorie – contre 70 % toutefois avec deux processeurs. Le processeur doit alors disposer de deux paires de registres sur un même noyau. C'est le cas des Xeon et Pentium 4 à 3 GHz d'Intel.

La technologie **CMP** (*Chip Multi Processor*) ou **Core** (***dual core***, ***core duo, multicore***) intègre plusieurs unités d'exécution indépendantes sur une même puce de silicium. Ce concept diffère de l'*hyperthreading* qui utilise une seule unité d'exécution physique en permettant au processeur d'exécuter deux séquences logiques en parallèle. Certains processeurs double-cœur incluent d'ailleurs l'*hyperthreading* et sont donc capables d'exécuter en parallèle jusqu'à quatre flux d'instructions indépendants (*Quad*). La technologie *dual core* ne constitue qu'une étape avant le ***multi core*** (couramment de 2 à 4 cœurs chez Intel qui a déjà présenté [2007] un prototype à 80 cœurs !).

Cette technologie offre divers avantages tels que la réduction de la consommation électrique globale du processeur, une augmentation des performances due à la réduction des trajets empruntés par les données… Par contre, la gestion des entrées/ sorties et des accès en mémoire se complexifie avec le nombre de « processeurs » mis en œuvre.

10.2.5 Processeur 32 bits, 64 bits…

À l'origine, définir la « taille » d'un processeur était relativement simple : c'était la taille des registres qu'il renfermait. Un processeur 16 bits possédait ainsi des registres permettant chacun de stocker 16 bits. Aujourd'hui cette notion a changé car les architectures des processeurs se sont nettement complexifiées et les registres multipliés. Dans un processeur x86 on trouve ainsi des registres 32, 64, 80 bits voire 128 bits ! L'idée communément retenue consiste alors à se baser sur la taille des registres généraux **GPR** (*General Purpose Registers*) qui sont les registres de travail du processeur et également ceux qui permettent d'adresser la mémoire. La capacité de mémoire adressable dépendant directement de la taille de ces GPR.

Dans une architecture x86 « 32 bits » ou **IA32** (*Intel Architecture* 32 bits) ces GPR sont, depuis le i386, d'une taille de 32 bits. Dans une architecture x64 « 64 bits » ou IA-64 chez Intel, ces GPR ont une taille de 64 bits (AMD64, Pentium 965…). La capacité d'adressage, ainsi que les capacités de traitement, sont donc supérieures en théorie, Toutefois, il faut augmenter le nombre de transistors en proportion, compte tenu de l'accroissement des tailles des entrées de l'UAL, *Program Counter*… et de la taille des instructions permettant d'exploiter au mieux ces possibilités. On estime ainsi qu'un programme en code 64 bits serait en moyenne entre 20 et 25 % plus volumineux qu'en code IA32 équivalent. Ce qui explique la relative « lenteur » du passage aux applications « 64 bits ».

10.3 LE RÔLE DES CHIPSETS

Le ***chipset*** est un composant majeur de la carte mère – souvent négligé lors du choix d'un micro-ordinateur – chargé de faire coopérer les autres composants : processeur, bus, mémoire cache, mémoire vive… Ces *chipsets* permettent de piloter les bus système reliant processeur et mémoire à des fréquences pouvant atteindre 1066 MHz (Intel i975X…). Leur évolution suivant (ou précédant) celle des processeurs, il est assez difficile de « suivre le mouvement ! ».

Le chipset se compose de deux parties : un **pont nord** (*north-bridge*) ou **MCH** (*Memory Controler Hub*) qui se charge de contrôler les composants rapides (processeur, mémoire carte graphique, bus AGP, bus PCI…) et se situe de fait à proximité immédiate du processeur, et un **pont sud** (*south-bridge*) ou **ICH** (I/O *Controler Hub*) qui gère les communications « lentes » (ports parallèle et série, USB, contrôleurs IDE, SATA…).

La communication du *chipset* avec le processeur se fait au moyen du **FSB** (*Front Side Bus*) ou du HT Bus (*Hyper Transport*) tandis que le **BSB** (*Back Side Bus*) sert à communiquer avec la mémoire cache externe.

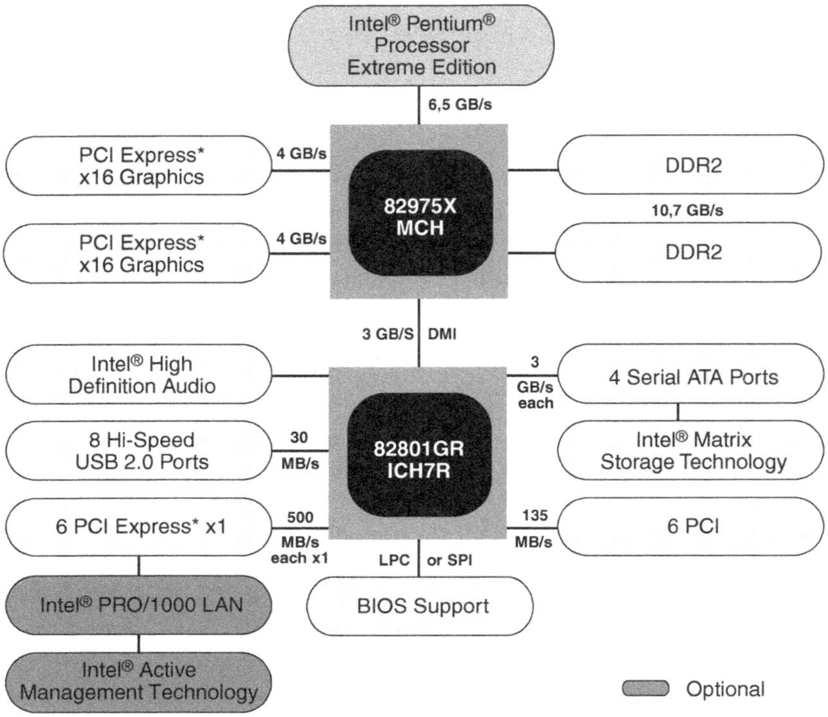

Figure 10.4 Structure d'un chipset

Le chipset Intel i975X gère ainsi tous les processeurs « Socket 775 » d'Intel (comme les Celeron D, Pentium 4, Pentium D, Pentium 4 Extreme Edition ou Pentium Extreme Edition double cœur, supportant l'*HyperThreading* (deux processeurs virtuels en un) et l'EM64T (instructions 64 bits), avec un bus FSB à 800 ou 1066 MHz. Le contrôleur *North-bridge* ou **MCH** (*Memory Controler Hub*) pilote jusqu'à 8 Go de mémoire DDR2 et permet d'atteindre une bande passante de 10,7 Go/s à 333 MHz. Il assure également la gestion des cartes PCI Express.

Le contrôleur *South-bridge* ou **ICH** (I/O *Controler Hub*) supporte jusqu'à 8 ports USB 2.0 et 4 ports SATA II à 3 Gbit/s. Il peut également piloter 6 ports PCI Express, un contrôleur audio compatible « Haute Définition Audio ». Enfin, un contrôleur PCI traditionnel permet de piloter jusqu'à 6 slots 32 bits à 33 MHz et il pilote également une interface réseau 10/1000 Mbits.

Le tableau 10.1 présente quelques-unes des caractéristiques de chipsets du marché. Il en existe bien d'autres et chaque constructeur en propose régulièrement de nouveaux.

TABLEAU 10.1 QUELQUES CHIPSETS

Prend en charge	Intel 845	Intel 875P	AMD VIA Apollo Pro 266 T	AMD KT400
Processeurs	2 P4	2 P4	2 Celeron ou PIII	2 Athlon MP
Mémoire	3 Go SDRam DDR (845a)	4 Go DDR-SDRam à 400 MHz	4 Go DDR ou SRam	4 Go DDR-SDRam à 400 MHz
Bus USB		8 × USB 2.0	6 ports	8 × USB 2.0
Contrôleur IDE Max	ATA 66	2 × ATA 100	ATA 100	2 × ATA 133

10.4 LES SOCKETS, SOCLES OU SLOTS

Le ***socket*** (socle ou ***slot***) correspond au connecteur de la carte mère, destiné à recevoir le processeur. Il évolue conjointement aux processeurs et on en rencontre une gamme étendue de sockets.

- **1**, **2**, **3** et **5** : correspondent aux anciens Intel 486 SX, DX, DX2 et DX4 et Intel Pentium 60 et 66 ou AMD K5 équivalents.
- **7** : destiné aux Pentium 75 MHz, Pentium MMX, AMD K6-2, K6-3… il a longtemps été le connecteur de base des processeurs de type Pentium. Il a introduit le connecteur d'insertion **ZIF** (*Zero Insertion Force*) – petit levier sur le côté du connecteur destiné à insérer le processeur sans risquer d'endommager les broches.
- **8** : support des processeurs Pentium Pro.
- **Slot 1** (*Slot one*) : destiné aux Pentiums – remplacé par le socket 370.
- **Slot 2** (*slot two*) : support des processeurs Pentium II et III Xeon.
- **Slot A** : support des AMD Athlon et Thunderbird. Apparenté au slot 1 mais non compatible électriquement, il a été remplacé par le 462 ou socket A.
- **370** : support des Intel Celeron Pentium III, Cyrix III… Physiquement le 370 et socket 7 se ressemblent (support ZIF), mais le 370 comporte 49 broches de plus.
- **462 ou A** : support des processeurs AMD Duron et Athlon Thunderbird, le Socket A d'AMD ressemble physiquement au socket 370.
- **423** : destiné au Pentium 4 (gravure 0,18 μ), remplace le 370 limité à 133 MHz.
- **478** : socle destiné au Pentium 4 (gravure 0,13 μ).
- **754 :** développé par AMD, il succède au 462. C'est le premier socket AMD compatible avec la nouvelle architecture 64 bits, AMD64.
- **775, T** ou **LGA 775** : (775 broches) [2004] dédié aux processeurs Pentium 4, Célérons, Pentium Extreme Edition double cœur…
- **939** : lancé par AMD en réponse au 775 d'Intel mais ne supporte que la mémoire DDR.
- **940** : socket de 940 broches pour processeurs AMD 64-bit.

- **AM2, AM2+** et **AM3**. AM2 est une évolution du socket 939 supportant la mémoire DDR2. AM2+ [2008] supporte les processeurs K10 et AM3 [2009] supporte la mémoire DDR3.
- **LGA 1156** et **1366** [2009] pour processeurs Core i5 700, Core i7 800 et Core i7 900 d'Intel.

10.5 ÉTUDE DÉTAILLÉE D'UN PROCESSEUR : LE PENTIUM PRO

10.5.1 Introduction

Le **Pentium Pro** a été conçu pour accroître significativement les performances des premiers Pentium. La combinaison des techniques mises en œuvre dans ce processeur et améliorée chez les suivants, est appelée par Intel l'**exécution dynamique**. Son étude permet d'aborder de manière relativement simple les concepts mis en œuvre (et « complexifiés ») dans les générations suivantes.

L'architecture superscalaire utilisée permet d'éliminer le séquencement linéaire des instructions entre les phases de recherche (*fetch*) et de traitement de l'instruction (*execute*), en autorisant l'accès à une réserve d'instructions (*instruction pool*). L'emploi de cette réserve permet à la phase de traitement d'avoir une meilleure visibilité dans le flot des futures instructions à traiter et d'en assurer une meilleure planification. Mais en contrepartie la phase de recherche et de décodage *(fetch-decode)* des instructions doit être optimisée, ce qui est obtenu en remplaçant la phase d'exécution par un ensemble séparé de phases de distribution-exécution (*dispatch/ execute*) et de retrait (*retire*) des instructions traitées permettant de démarrer le « traitement » des instructions dans n'importe quel ordre. Cependant leur achèvement doit toujours répondre à l'ordre du programme.

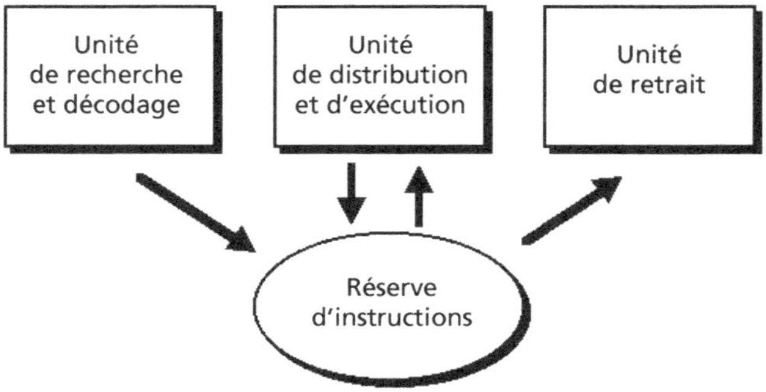

Figure 10.5 Les trois moteurs du Pentium Pro

Une approche basée sur l'emploi de « moteurs indépendants » a été choisie car le point faible des microprocesseurs était le sous-emploi des CPU (*Central Processor Unit*). Le Pentium Pro comporte ainsi trois « moteurs » indépendants, puisant selon les besoins dans la réserve d'instructions.

Considérons le fragment de code suivant :

r1 ← mem [r0]
r2 ← r1 + r2
r5 ← r5 + 1
r6 ← r6 – r3

La première instruction de cet exemple consiste à charger le registre r1 du processeur avec une donnée en mémoire. Le processeur va donc rechercher cette donnée dans son cache interne de niveau 1 – L1 (*Level 1*) – ce qui va provoquer un « défaut de cache » si la donnée ne s'y trouve pas. Dans un processeur classique le noyau attend que l'interface bus lise la donnée dans le cache de niveau supérieur, ou en RAM – et la lui retourne avant de passer à l'instruction suivante. Ce « blocage » du CPU crée alors un temps d'attente et donc son sous-emploi. Pour résoudre ces « défauts de cache » liés à la mémoire, on pourrait envisager d'augmenter la taille du cache L2 mais il s'agit d'une solution onéreuse, compte tenu des vitesses à atteindre par les caches.

Pour limiter le temps d'attente le Pentium Pro va rechercher, dans sa réserve d'instructions, celles qui sont consécutives, pour tenter de gagner du temps. Ainsi, dans l'exemple, l'instruction 2 n'est en principe pas exécutable sans réponse préalable de l'instruction 1. Mais les instructions 3 et 4 sont, elles, réalisables sans délai. Le processeur va donc anticiper l'exécution de ces instructions. Comme il n'est pas possible de transmettre aussitôt le résultat de ces deux instructions aux registres si l'on veut maintenir l'ordre originel du programme, les résultats seront provisoirement stockés, en attendant d'être extraits le moment venu.

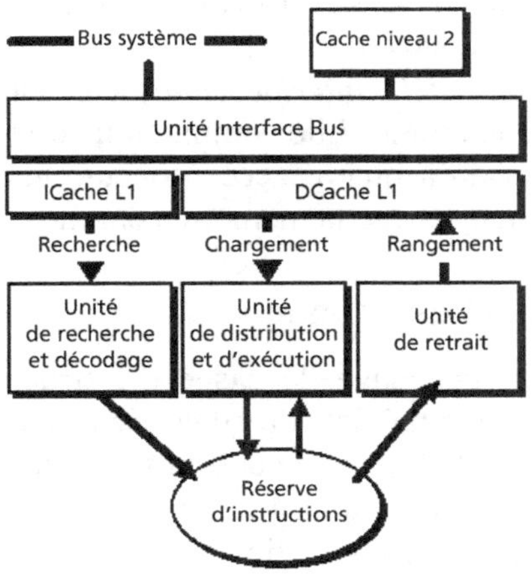

Figure 10.6 La réserve d'instructions

Le CPU traite donc les instructions en fonction de leur « aptitude à être exécutées » et non en fonction de leur ordre originel dans le programme – il s'agit là d'un système de gestion des flux de données. Les instructions d'un programme sont exécutées – en apparence tout du moins – dans le désordre (*out of order*).

Revenons à l'instruction 1. Le défaut de cache peut prendre plusieurs cycles d'horloge et le CPU va alors essayer d'anticiper les autres instructions à exécuter. Il va ainsi observer de 20 à 30 instructions au-delà de celle pointée par le compteur ordinal. Dans cette **fenêtre d'anticipation** il va trouver (en moyenne) cinq branchements que l'unité de recherche-décodage (*fetch/decode*) doit correctement prévoir, si l'unité de répartition-exécution (*dispatch/execute*) fait son travail convenablement.

Les références au jeu de registres d'un processeur Intel (*Intel Architecture*) risquent de créer – lors du traitement anticipé – de multiples fausses références à ces registres, c'est pourquoi l'unité de répartition exécution (*dispatch/execute unit*) renomme les registres pour améliorer les performances. L'unité de retrait simule ainsi le jeu de registres d'une architecture Intel et les résultats ne seront réellement transmis aux registres que lorsqu'on extrait de la réserve d'instructions une instruction intégralement traitée.

Observons l'intérieur du Pentium Pro pour comprendre comment il gère cette exécution dynamique et voyons le rôle de chaque unité :

- **L'unité de recherche décodage** (*fetch/decode unit*) reçoit, de manière ordonnée, les instructions issues du cache et les convertit en une série de micro-opérations (*uops*) représentant le flux de code correspondant aux instructions à traiter.
- **L'unité de répartition exécution** (*dispatch/execute unit*) reçoit, de manière désordonnée, le flux d'instructions, planifie l'exécution des micro-opérations nécessitant l'emploi de données et de ressources et stocke temporairement les résultats des exécutions anticipées.
- **L'unité de retrait** (*retire unit*) détermine, de manière ordonnée, quand et comment retirer les résultats des instructions traitées par anticipation pour les remettre à la disposition du noyau.
- **L'unité d'interface bus** (*BUS interface unit*) met en relation les trois unités internes avec le monde extérieur. Elle communique directement avec le cache de niveau 2, supportant jusqu'à quatre accès concurrents au cache et elle pilote également un bus d'échange avec la mémoire centrale.

10.5.2 L'unité de recherche-décodage

Dans l'unité de recherche-décodage, le cache d'instructions ICache (*Instruction Cache*) est situé à proximité immédiate du noyau, les instructions peuvent ainsi être rapidement trouvées par le CPU quand le besoin s'en fait sentir.

L'unité de pointage des « instructions à venir » Next IP (*Next Instruction Pointer*) alimente le pointeur du cache d'instructions (*ICache index*), en se basant sur les entrées du tampon de branchement BTB (*Branch Target Buffer*), l'état des interruptions et/ou des exceptions (*trap/interrupt status*), et les défauts de prédiction de branchement de l'unité de traitement des entiers. Les 512 entrées du BTB utilisent un algorithme qui fournit jusqu'à plus de 90 % de prédictions exactes. Le pointeur de cache recherche la ligne du cache correspondant à l'index proposé par le Next IP ainsi que la ligne suivante et présente 16 octets consécutifs au décodeur. Deux lignes sont lues en cache, les instructions Intel se présentant par blocs de deux octets. Cette partie du pipeline monopolise trois cycles d'horloge, incluant le temps passé à décaler les octets prérecherchés de manière à ce qu'ils se présentent correctement au décodeur d'instructions ID (*Instruction Decoder*). On marque également le début et la fin de chaque instruction.

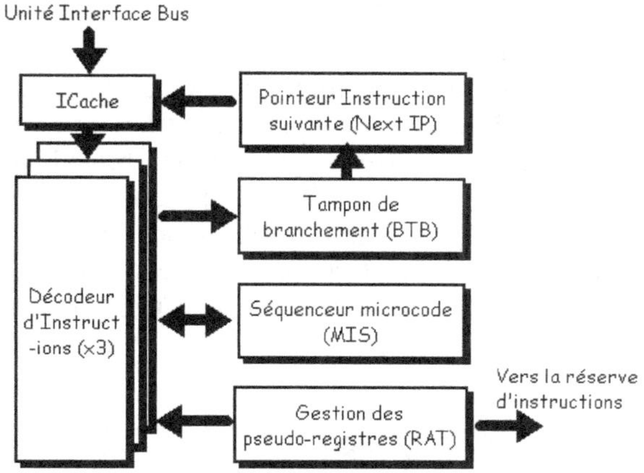

Figure 10.7 L'unité de recherche-décodage

Trois décodeurs d'instruction, traitent en parallèle ce flot d'octets. La plupart des instructions sont converties directement en une seule micro-instruction, quelques-unes, plus élaborées, sont décodées et occupent de une à quatre micro-instructions et les instructions encore plus complexes nécessitent l'usage de microcode (jeu précâblé de séquences de micro-instructions) géré par le MIS (*Microcode Instruction Sequencer*). Enfin, quelques instructions, dites *prefix bytes*, intervenant sur l'instruction suivante donnent au décodeur une importante surcharge de travail.

Les micro-instructions issues des trois décodeurs sont ordonnées et expédiées d'une part à la table des pseudo-registres RAT (*Register Alias Table*), où les références aux registres logiques sont converties en références aux registres physiques, et d'autre part à l'étage d'allocation (*Allocation stage*), qui ajoute des informations sur l'état des micro-instructions et va les envoyer vers la réserve d'instructions. Celle-ci est gérée comme un tableau de mémoire appelé tampon de réordonnancement ROB (*ReOrder Buffer*).

10.5.3 L'unité de répartition-traitement

L'unité de répartition (*dispatch unit*) sélectionne les micro-instructions dans la réserve d'instructions, selon leur état. Si la micro-instruction dispose de tous ses opérandes alors l'unité de répartition va tenter de déterminer si les ressources nécessaires (unité de traitement des entiers, des flottants…) sont disponibles. Si tout est prêt, l'unité de répartition retire la micro-instruction de la réserve et l'envoie à la ressource où elle est exécutée. Les résultats sont ensuite retournés à la réserve d'instruction.

Il y a cinq ports sur la station de réservation RS (*Reservation Station*) et de multiples ressources y ont accès permettant au Pentium Pro de gérer et répartir jusqu'à 5 micro-instructions par cycle d'horloge, un cycle pour chaque port – en moyenne seulement 3 micro-instructions par cycle.

L'algorithme utilisé par le processus de planification-exécution est vital pour les performances. Si une seule ressource est disponible pour une micro-instruction lors d'un cycle d'horloge, il n'y a pas de choix à faire, mais si plusieurs sont disponibles laquelle choisir ? *A priori* on devrait choisir n'importe laquelle optimisant le code du programme à exécuter. Comme il est impossible de savoir ce qu'il en sera réellement à l'exécution, on l'estime à l'aide d'un algorithme spécial de planification. Beaucoup de micro-instructions correspondent à des branchements. Le rôle du tampon de branchement (*Branch Target Buffer*) est donc de prédire au mieux la plupart d'entre eux mais il est impossible qu'il les prédise tous correctement. Par exemple le BTB prédit correctement le branchement renvoyant à la première instruction d'une boucle mais la boucle se termine et le branchement, à cet instant, sera mal prédit.

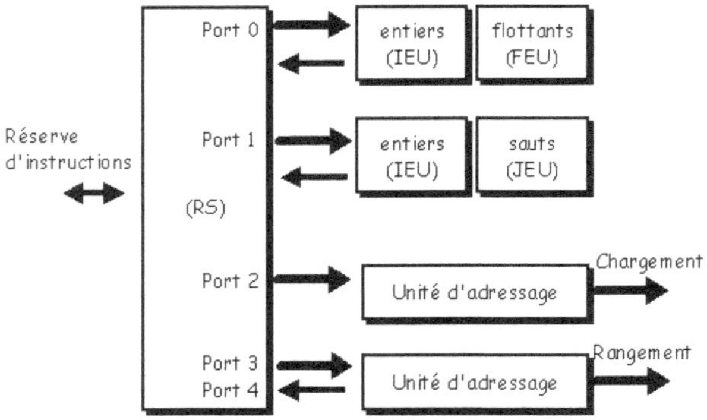

Figure 10.8 L'unité de répartition

Les micro-instructions de branchement sont marquées avec leur adresse et la destination de branchement prévue. Quand le branchement s'exécute, il compare ce qu'il doit faire avec ce que la prédiction voudrait qu'il fasse. Si les deux coïncident la micro-instruction correspondant au branchement est retirée, et la plupart des travaux qui ont déjà été exécutés préventivement et mis en attente dans la réserve d'instructions seront bons. Mais si cela ne coïncide pas (par exemple il est prévu d'exécuter un branchement sur une boucle et la boucle se termine...) l'unité d'exécution de saut JEU (*Jump Execution Unit*) va changer l'état (*status*) des micro-instructions situées après celle correspondant au branchement, pour les ôter de la réserve d'instructions. Dans ce cas la nouvelle destination de branchement est fournie au BTB qui redémarre le « *pipelining* » à partir de la nouvelle adresse cible.

10.5.4 L'unité de retrait

L'unité de retrait vérifie l'état des micro-instructions dans la réserve d'instructions et recherche celles qui ont été exécutées et peuvent être retirées de la réserve. Une fois retirées, ces micro-instructions sont remplacées par l'instruction d'origine. L'unité de retrait ne doit pas seulement repérer quelles micro-instructions disposent de tous leurs opérandes, mais également les replacer dans l'ordre originel du programme tout en tenant compte des interruptions, des exceptions, des erreurs, des points d'arrêts et autres prédictions erronées... Le processus de retrait nécessite deux cycles d'horloge.

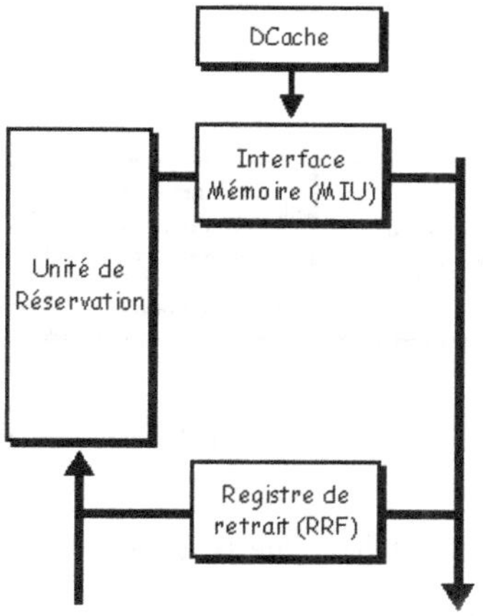

Figure 10.9 L'unité de retrait

L'unité de retrait doit examiner la réserve d'instructions pour y observer les candidates potentielles au retrait et déterminer lesquelles de ces candidates sont les suivantes dans l'ordre originel du programme. Ensuite elle inscrit les résultats de ces retraits simultanément dans la réserve d'instruction et dans le registre de retrait RRF (*Retirement Register File*). L'unité de retrait est ainsi capable de retirer 3 micro-instructions par cycle d'horloge.

10.5.5 L'unité d'interface Bus

L'unité d'interface bus BIU (*BUS Interface Unit*) met en relation les trois unités internes avec le monde extérieur. Elle communique directement avec le cache de niveau 2, supporte jusqu'à quatre accès concurrents au cache et pilote également un bus d'échange avec la mémoire centrale.

Il y a deux types d'accès mémoire à gérer : chargements et rangements. Les chargements nécessitent seulement de spécifier l'adresse mémoire où accéder, la taille de la donnée à rechercher et le registre de destination. Ils sont codés sur une seule micro-instruction.

Les rangements imposent de fournir une adresse mémoire, une taille de donnée et la donnée à écrire. Ils nécessitent deux micro-instructions (une pour générer l'adresse et une pour générer la donnée). Ces micro-instructions sont planifiées séparément pour maximiser leur simultanéité mais doivent être recombinées dans le buffer de stockage pour que le rangement puisse être effectué. Le buffer de rangement n'exécute le rangement que s'il possède à la fois l'adresse et la donnée et aucun rangement n'en attend un autre. L'attente de rangements ou de chargements augmenterait peu les performances (voire les dégraderait). Par contre, forcer des chargements en priorité avant d'autres chargements joue de manière significative sur les performances.

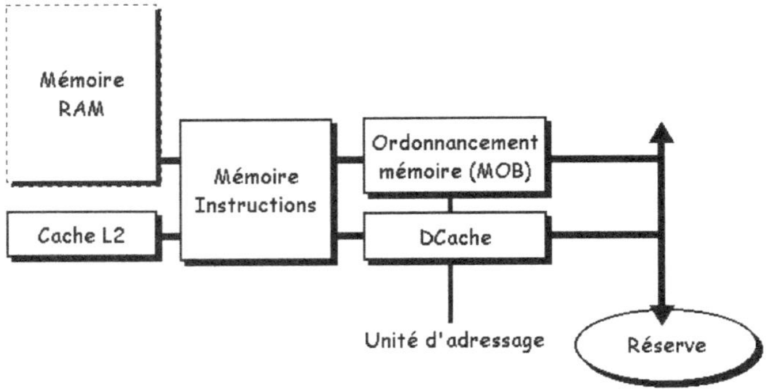

Figure 10.10 L'unité d'interface BUS

Intel a donc recherché une architecture mémoire permettant d'obtenir la priorité des chargements sur les rangements voire d'assurer certains chargements avant d'autres. Le buffer d'ordonnancement mémoire MOB (*Memory Order Buffer*) réalise cette tâche en agissant comme une station de réservation et comme un buffer de réordonnancement (*Re-Order Buffer*), suspendant les chargements et les rangements et les réorganisant quand les conditions de blocage (dépendance entre instructions ou non-disponibilité des ressources) disparaissent.

C'est cette combinaison de **prédiction de branchement** multiple (fournissant à la mémoire de nombreuses instructions), **d'analyse du flux de données** (choisissant le meilleur ordonnancement), **traitement anticipé** ou **exécution spéculative** (exécutant les instructions dans un ordre préférentiel) qui a fait l'attrait du Pentium Pro.

10.6 ÉVOLUTION DE LA GAMME INTEL

À la suite des i8086 et i8088 présentés au début de ce chapitre, Intel conçoit le **80286** [1982], **vrai 16 bits** qui travaille, à vitesse d'horloge égale, 4 fois plus vite. La vitesse d'horloge sera poussée de 8 à 20 MHz. Le bus d'adresses 24 bits permet d'adresser physiquement 16 Mo et la gestion mémoire intégrée permet d'adresser une **mémoire virtuelle** de 1 Go.

Le **80386DX** [1985], **vrai 32 bits** cadencé à 16, 20 puis 33 MHz, intègre 270 000 transistors et présente un bus d'adresses 32 bits, l'adressage physique atteint 4 Go. Grâce à la gestion de mémoire virtuelle, il peut adresser 64 To. Pour améliorer les performances, il anticipe le chargement des 16 octets suivant l'instruction en cours (pré-*fetch*). Compatible 80286 il supporte un mode virtuel 8086. La version réduite **80386SX** [1988] – bus externe 16 bits et interne 32 bits – est un **faux 32 bits** cadencé de 16 à 33 MHz. Le bus d'adresses est limité à 24 bits. Le **80386SL** [1990] est un 386SX à 16 puis 25 MHz, intégrant un mécanisme d'économie d'énergie, destiné aux portables.

Le **80486DX** [1989] – vrai 32 bits cadencé de 20 à 100 MHz intégre 1,2 million de transistors et offre sur le même composant une UAL pour le calcul des entiers, une unité de calcul en virgule flottante ou FPU (*Floating Processor Unit*), 8 Ko de mémoire cache, commune aux données et aux instructions et un contrôleur de mémoire virtuelle **MMU** (*Memory Managment Unit*). À vitesse d'horloge égale il multiplie par 4 les performances du 386DX. Afin de réduire les coûts Intel produit un **80486SX** (un 486DX au coprocesseur inhibé). Le **80486DX2** [1992] à 25/ 50 MHz et 33/66 MHz en doublant la fréquence d'horloge interne (25 MHz externe/ 50 MHz interne) augmente la puissance des machines de 30 à 70 % ! Ces doubleurs de fréquence ou **Overdrive** viennent en complément du i486 existant ou le remplacent sur la carte mère. Un 486DX4 suivra, qui, en fait, est un tripleur de fréquence. L'UAL fonctionne alors à 100 MHz en interne tandis que la carte n'est cadencée qu'à 33 MHz.

Le **Pentium** [1993] est toujours un processeur CISC, mais intègre certaines caractéristiques des RISC. Il possède un bus de données externe **64 bits**, mais des registres 32 bits et dispose de 2 unités d'exécution indépendantes 32 bits, fonctionnant simultanément (architecture **superscalaire**). Muni de 2 caches séparés (instructions – données) de 8 Ko chaque, d'une FPU optimisée et de 2 pipelines à 5 étages, il est cadencé à 60 MHz puis porté à 200 MHz.

Le **Pentium Pro** [1995] cadencé de 150 à 200 MHz intègre 256 Ko de cache L2, puis 512 Ko. Le cache L1 est de 8 Ko pour les données et 8 Ko pour les instructions. Conçu avec une architecture Pentium (64 bits, superscalaire...) en gravure 0,35 μ il fonctionne en 3,1 volts. Il complète la technique du pipeline par l'anticipation du traitement des instructions (voir le paragraphe 10.5, *Étude détaillée d'un processeur : le Pentium Pro*). Intel intègre au processeur des instructions **MMX** (*MultiMedia eXtensions*) chargées de gérer les fonctions multimédias. Cette technique, qui porte le nom de **SIMD** (*Single Instruction Multiple Data*) améliore le traitement du son ou des images.

Le **Pentium II** [1997] cadencé de 233 à 450 MHz, renferme à la fois le processeur et la mémoire cache L2. Il communique avec le reste du PC au moyen d'un bus DIB (*Dual Independent Bus*). Cette nouvelle architecture de bus permet aux données de circuler dans le processeur sur plusieurs flux et non plus sur un seul, offrant ainsi de meilleures performances multimédias, notamment pour les graphiques en 3D. Le bus externe fonctionne à 66 MHz pour les versions de 233 à 300 MHz et à 100 MHz à partir du 350 MHz. Une version allégée **Celeron**,

266 MHz – 400 MHz (au départ un PII privé de mémoire cache intégrée de 2° niveau) est proposée pour l'entrée de gamme.

Le **Pentium II Xeon** [1998] – gravé en 0,25 μ – permet au sein d'une même machine d'intégrer jusqu'à 8 processeurs (2 pour le Pentium Pro) et de gérer jusqu'à 64 Go de Ram. Il offre un cache L1 de 32 Ko, et un cache L2 de 512 à 2 Mo, fonctionnant à la même vitesse que le microprocesseur (400 MHz).

Le **Pentium III** [1999] cadencé de 450 à 1,2 GHz, reprend l'architecture du PII (cœur « P6 », 7,5 millions de transistors, 512 Ko de cache L2, gravure 0,25 μ puis 0,18 μ, bus à 100 MHz, 133 MHz...) et intègre 70 nouvelles instructions de type **SSE** (*Streaming SIMD Extension*) qui complètent les instructions MMX et de nouveaux algorithmes optimisant l'usage de la mémoire cache. Les fréquences FSB sont portées à 100 MHz, puis 133 MHz contre 66 MHz auparavant.

Le **Pentium 4** [2000] intègre de 42 à 55 millions de transistors (technologie 0,18 μ puis 0,13 μ) et est disponible de 1,30 GHz à 3,06 GHz. Il introduit une architecture NetBurst innovante (*Hyper Pipelined Technology, Execution Trace Cache, Advanced Dynamic Execution, Advanced Transfer Cache, Rapid Execution Engine, Enhanced FPU, SSE2*, Bus système à 400 puis 800 MHz).

Hyper Pipelined offre 20 niveaux de pipeline ce qui accélère les traitements en augmentant le risque de « défaut de cache », compensé en théorie par l'amélioration de la prédiction de branchement. Les technologies *Rapid Execution Engine* et *Enhanced FPU* correspondent en fait à la présence de deux UAL et d'une FPU (*Floating Point Unit*) qui, fonctionnant à vitesse double de celle du processeur, permettent d'exécuter jusqu'à 4 instructions par cycle contre 2 auparavant.

Le temps d'accès du cache de données L1 de 8 Ko passe à 1,4 ns (P4 à 1,4 GHz) contre 3 ns (PIII à 1 GHz). Le cache d'instructions – *Instruction Trace Cache* ou *Execution Trace Cache* – stocke les instructions converties en micro-opérations, dans l'ordre où elles devraient être utilisées ce qui économise les cycles processeur en cas de mauvaise prédiction de branchement. La taille du cache L2 (256 Ko) inchangée par rapport aux PIII utilise la technologie *Advanced Transfer Cache*, qui offre une bande passante de 41,7 Go/s (pour un P4 à 1,4 GHz) contre 14,9 Go/s pour un PIII à 1 GHz.

Utilisant la prédiction de branchement (voir *Étude détaillée d'un processeur – Le Pentium Pro*), *NetBurst* est capable d'exécuter les instructions de manière « non ordonnée » (*out of order*). Le Pentium 4 utilise pour cela une fenêtre de cache pouvant comporter jusqu'à 126 instructions (42 avec des PIII) et le BTB (*Branch Target Buffer*) occupe 4 Kbits contre 512 bits précédemment.

SSE2 (*Streaming SIMD Extension v.2*) ajoute 144 nouvelles instructions orientées vers la gestion mémoire, vers la 3D, la vidéo... et permet de traiter des entiers en 128 bits et 2 flottants en double précision à chaque cycle. Le bus système 64 bits – cadencé à 100 MHz ou 133 MHz – exploite la technique « *Quad Pumped* » (4 mots de 64 bits envoyés par cycle) ce qui en fait un bus 400 MHz (533 MHz en bus 133 MHz), autorisant une bande passante de plus de 6,4 Go/s.

La version **Pentium 4** exploitant la fonction ***hyperthreading*** optimise l'utilisation des ressources partagées et autorise le traitement en parallèle de deux flux d'instructions. Mais, à la différence des véritables plates-formes biprocesseurs, la seconde puce est ici totalement virtuelle.

Le **Pentium Extrême Edition 955** [2005] est un processeur *dual core* gravé en 65 nm. Il dispose de 4 Mo de mémoire cache (2 Mo pour chaque cœur), la fréquence de 3,46 GHz et le FSB de 1066 Mhz. Couplé à un chipset i975X, il supporte la technologie **VT** (*Virtual Technology*) qui permet de gérer nativement le fonctionnement de plusieurs systèmes d'exploitation sur une même machine, via un VMM (*Virtual Machine Monitor*) compatible.

Le **Pentium D 960** [2006] cadencé à 3,6 GHz est la déclinaison de la gamme « double cœur » (*dual core*) qui offre une gravure plus fine, 0,065 μ, une taille du cache revue à la hausse et l'intégration de la technologie de virtualisation. Chaque cœur est doté d'un cache de 2 Mo afin d'améliorer les performances du système.

L'**Itanium** [2001] ou **IPF** (*Itanium processeur Familly*) ou **IA-64** fait aborder à Intel la génération 64 bits. Il s'agit d'un processeur **64 bits** (IA-64) en technologie massivement parallèle **EPIC** (*Explicitly Parallel Instruction Computing*), hybride entre RISC et CISC. Il comporte un « moteur » 32 bits afin d'assurer la compatibilité avec les programmes destinés aux Pentium. La gravure du processeur est de 0,18 μ et la fréquence de 800 MHz.

L'**Itanium 2** [2002] intègre des caches L1 (32 Ko) et L2 (256 Ko) et pilote un cache L3 de 3 à 9 Mo. Il fonctionne à une fréquence de 1 GHz. Utilisant le jeu d'instructions EPIC, il exécute 6 instructions par cycle d'horloge soit un gain de performances de 50 à 100 %. Il ne dispose pas de l'*hyperthreading*, mais sa conception massivement parallèle offre un résultat similaire.

L'**Itanium 2** *dual core* [2005] permet à chaque processeur de disposer de sa propre mémoire cache L3, d'une taille comprise entre 8 et 24 Mo !

L'**Itanium 3 9300** [2010] quadri-cœur est encore gravé en 65 nm mais intègre deux milliards de transistors ! Il bénéficie de nouvelles fonctions **RAS** (*Reliability, Availability, Serviceability*), de la technologie d'interconnexion Intel QPI et sous-système mémoire et d'une architecture **MCA** (*Machine-Check Architecture*) qui doit garantir le maintien du fonctionnement, même en cas de défaillance de certains composants.

10.7 LES COPROCESSEURS

Les coprocesseurs ou **FPU** (*Floating Processor Unit* ou *Floating Point Unit*) étaient des processeurs spécialisés dans le traitement des calculs arithmétiques en virgule flottante. Ils ont suivi une évolution parallèle à celle des microprocesseurs, et c'est ainsi que l'on trouvait des Intel 80387, 80487, Weitek 3167 et 4167, ou autres Cyrix EMC87... Les microprocesseurs ne disposent souvent que de très peu d'instructions mathématiques (addition, soustraction, multiplication et division), aucun ne présentant par exemple d'instruction de calcul du sinus ou du cosinus ils devaient faire un nombre important d'opérations élémentaires pour réaliser un tel calcul ralentissant considérablement le processeur. Le coprocesseur avait été conçu pour pallier ces insuffisances, mais ils sont désormais intégrés aux processeurs qui comportent tous une FPU.

10.8 LES MICROPROCESSEURS RISC

Les processeurs « traditionnels » font partie de la famille des **CISC** (*Complex Instruction Set Computer*) – leur jeu d'instruction est étendu et intègre dans le silicium le traitement de la plupart des instructions (dites « câblées »). À côté de cette architecture traditionnelle, est apparue [1970] la technologie **RISC** (*Reduced Instruction Set Computer*) qui propose un jeu d'instructions câblées réduit et limité aux instructions les plus fréquemment demandées – 80 % des traitements faisant appel à uniquement 20 % des instructions que possède le processeur.

Du fait de son très petit jeu d'instructions câblées, un processeur RISC n'occupe que de 5 à 10 % de la surface d'un circuit, contre plus de 50 % pour un CISC. La place ainsi gagnée permet alors d'intégrer sur une même puce des caches mémoire, de nombreux registres... Des processeurs tels que les **Alpha EV7** de Compaq, **PA-RISC** de HP, R/4000 de Mips, **UltraSparc** de SUN, **Power** d'IBM... sont de type RISC à la base bien qu'intégrant souvent dorénavant des technologies issues du monde CISC. À titre d'exemple, présentons succinctement l'architecture de processeur Power d'IBM.

L'architecture **POWER** (*Performance Optimized With Enhanced Risc*) apparaît comme une architecture RISC conventionnelle, utilisant des instructions de longueur fixe, les transferts registre-à-registre avec un adressage simplifié et s'appuyant sur un ensemble d'instructions relativement simples... Elle est cependant conçue pour répartir les instructions en mode superscalaire. Ainsi, les instructions arrivant au processeur sous forme d'un flot séquentiel sont distribuées entre 3 unités d'exécution indépendantes, une unité de débranchement, une unité de calcul entier, une unité de calcul flottant. Les instructions peuvent ainsi être exécutées simultanément et se terminer dans un ordre différent (voir le paragraphe 10.5, *Étude détaillée d'un processeur : le Pentium Pro*).

L'architecture RISC inclut aussi des instructions composées (correspondant à plusieurs actions simultanées) de façon à réduire le nombre d'étapes à exécuter. Ces instructions ont été conçues car le point faible des architectures RISC classiques, par rapport aux CISC, est la tendance à générer beaucoup d'instructions pour traiter une tâche ce qui augmente le volume de code.

Le **Power 4** *dual core* 64 bits, en technologie cuivre-SOI (*Silicon On Insulator*) fonctionne en SMP à 1 GHz. Chaque CPU intègre un cache (*on-die*) L1 de 32 Ko de données et un cache L1 de 64 Ko d'instructions. Les deux cœurs se partagent un cache interne L2 de 1,5 Mo (bande passante supérieure à 100 Go/s) et un cache externe (*off-chip*) L3 de 32 Mo (bande passante de 10 Go/s). La mémoire gérée va de 4 à 32 Go par carte, sachant qu'un système peut embarquer 4 cartes.

Le **Power 5** [2004] *dual core* 64 bits supporte quatre *threads* simultanés. La finesse de gravure est de 130 nm, et la fréquence d'horloge de 1,5 GHz. Le Power 5+ [2005] est la « réduction » à 90 nm du Power 5 cadencée à 1,5 et 1,9 GHz et embarque jusqu'à 72 Mo de cache.

Le **Power 7** [2010] gravé en 45 nm, dispose de huit cœurs 64 bits ; chacun pouvant gérer quatre *threads* à une fréquence de fonctionnement de 3,3 GHz. Il est doté de 32 Mo de cache.

10.9 LES AUTRES CONSTRUCTEURS

Intel a longtemps régné en maître sur le monde des processeurs mais il est concurrencé par des fondeurs tels qu'AMD dont nous ne détaillerons pas la gamme faute de place mais qui tient une part de marché de plus en plus prépondérante sur le secteur. Signalons également IBM, VIA, Motorola... dont les processeurs sont plus souvent exploités dans des machines propriétaires, des serveurs Unix ou dans des composants « intelligents » (routeurs, baies de stockage...).

10.10 LE MULTIPROCESSING

Afin d'accroître les performances des ordinateurs et notamment de ceux destinés à remplir le rôle de serveurs de réseaux, on a été amené à faire fonctionner ensemble plusieurs processeurs dans le même ordinateur. C'est le **multiprocessing** qui repose sur deux approches différentes : architecture parallèle et architecture partagée.

Dans une **architecture parallèle** ou **massivement parallèle** (*clustering*) chaque processeur dispose de sa propre mémoire, son propre bus système et ses unités d'entrées sorties personnelles. On est alors obligé d'utiliser des connexions à haut débit pour relier les processeurs entre eux. De plus, comme ils ne partagent pas la même mémoire, certains traitements peuvent devenir incohérents, et on est donc obligé de gérer les traitements réalisés par ces processeurs au moyen de logiciels. Cette architecture est également dite à « mémoire distribuée » ou bien encore « massivement parallèle » **MPP** (*Massively Parallel Processor*).

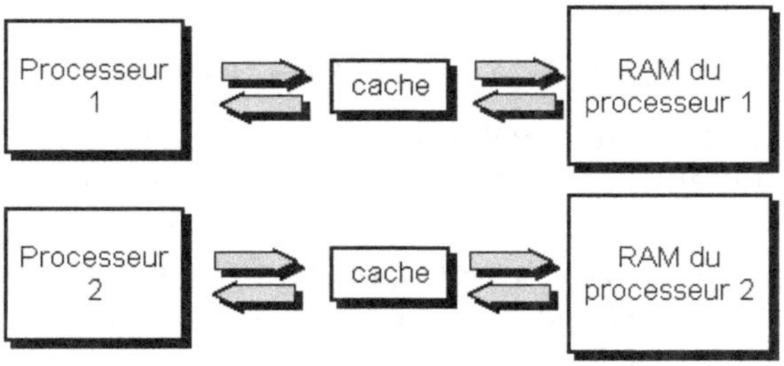

Figure 10.11 Architecture parallèle

Dans la technique de **l'architecture partagée** ou « à mémoire partagée » les processeurs se partagent la mémoire, le bus système et les entrées sorties. Bien entendu, il faut également éviter les conflits, et on rencontre alors deux méthodes : traitement asymétrique ou traitement symétrique.

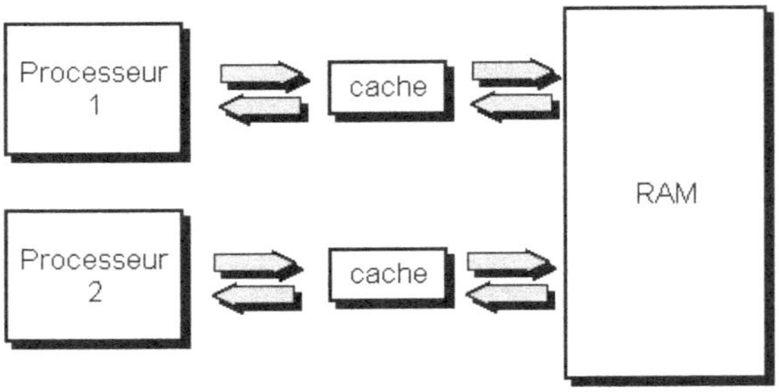

Figure 10.12 Architecture partagée

Dans le cas du **traitement asymétrique,** chaque processeur se voit confier une tâche particulière par le système. Des programmes spécifiques doivent donc être écrits pour chaque processeur. Ainsi, l'un sera chargé de gérer les entrées-sorties alors qu'un autre aura à charge la gestion du noyau du système d'exploitation. Ainsi, certaines tâches telles que les interruptions sont prises en charge par un processeur spécialisé. Un processeur peut donc, selon les cas, être totalement « inactif » alors qu'un autre sera, quant à lui, saturé de travail.

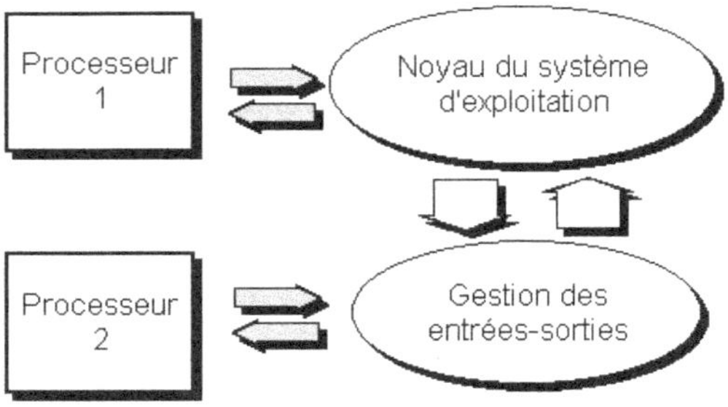

Figure 10.13 Traitement asymétrique

Dans le cas du **traitement symétrique** SMP (*Symetrical Multi-Processing*), qui est la méthode la plus employée actuellement, on répartit également les traitements entre les processeurs. Le terme de symétrique indiquant qu'aucun processeur n'est prioritaire par rapport à un autre. Chaque processeur peut donc exécuter le noyau du système d'exploitation, une application ou la gestion des entrées-sorties. Un planificateur (*scheduler*) assure la distribution des tâches aux processeurs disponibles.

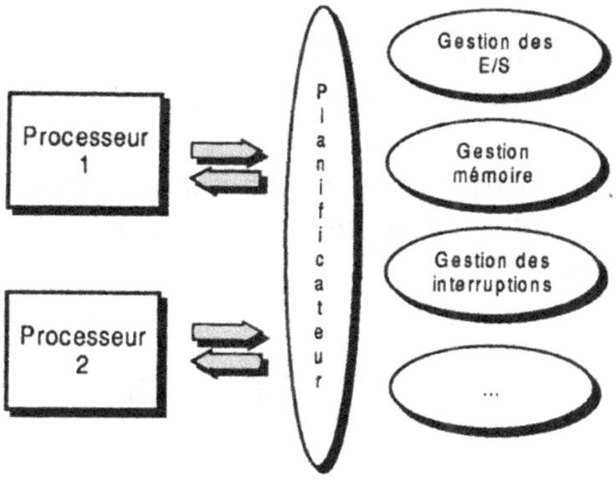

Figure 10.14 Le traitement symétrique

Enfin, les terminologies suivantes peuvent également être employées :

- **MIMD** (*Multiple Instruction Multiple Data*) où les processeurs travaillent indépendamment les uns des autres et traitent « en parallèle » plusieurs flots de données et plusieurs flots d'instructions.
- **SIMD** (*Single Instruction Multiple Data*) où les processeurs exécutent en même temps la même instruction mais sur des données différentes. Il y a un seul flot d'instructions et plusieurs flots de données.

10.11 MESURE DES PERFORMANCES

La mesure des performances est un point délicat de comparaison que l'on est tenté d'établir entre les divers microprocesseurs. Un certain nombre de tests (*benchmarks*) sont régulièrement proposés par les constructeurs de microprocesseurs – les fondeurs – ou par des organismes divers. Quelques termes sont intéressants à connaître.

- **MIPS** (*Millions of Instructions Per Second*) : unité de mesure de la puissance des ordinateurs. Toutefois, cette mesure n'est pas très significative si l'on considère que le traitement d'instructions de branchement, de calcul sur des nombres flottants ou sur des entiers est sensiblement différent.
- **FLOP** (*FLoating-point Operations*) : nombre d'opérations sur les nombres flottants par seconde. Ainsi le Power 4 affiche par exemple 4 Flops par cycle d'horloge soit 5,2 GFlops pour un processeur à 1,3 GHz.
- **SPECint** (*Standard Performance Evaluation Corporation / Integer*) et **SPECfp** (SPEC / *Floating*) : unités de mesure des performances des processeurs – très employées – basées sur des séries de tests appropriés au traitement des entiers ou des flottants.

– **TCP** (*Transaction Processing Performance Council*) est un standard de benchmarks professionnel.
– Le **Dhrystone** est également une unité de mesure concernant les calculs sur les entiers, tandis que **Whetstone** est une batterie de tests pour les calculs en virgule flottante.

Enfin de nombreux constructeurs ou organismes proposent leurs propres tests (*bench*) avec des unités plus ou moins « personnelles » telles que WinBench99, Winstone, CPU Mark99…

EXERCICES

10.1 On relève sur un site de ventes Internet les offres suivantes :

a) Carte mère Slot 1 – Intel 440 BX – Bus 100 MHz – AGP Processeur Pentium III – K6-3 Intel P III 550 MHz

b) Carte mère ASUStek CUV266 – Carte mère pour CPU Intel PIII & Celeron

• Socket 370
• Chipset VIA Apollo Pro 266
• Contrôleur Ultra-ATA/100
(intégré au south-bridge)
• 1 connecteur AGP Pro (4x)
• 5 connecteurs PCI
• 1 connecteur ACR
• 3 slots DDR-SDRAM (Max. 3x1 Go)
• Configuration par BIOS

Que signifient les termes employés ? Complétez éventuellement vos recherches sur Internet.

10.2 Reconstituer à partir d'un exemple de la vie courante le principe du pipeline.

SOLUTIONS

10.1 Examinons chacun des termes :

a) Carte mère Slot 1 nous permet déjà de savoir qu'elle peut accueillir des Pentium ce qui est d'ailleurs précisé par la suite. Toutefois cette carte mère ne pourra pas évoluer car le Slot 1 est désormais délaissé. Les processeurs supportés seront des Pentium III ou des AMD K6-3 à 550 MHz. Le chipset proposé est un 440 BX qui s'il est encore répandu est désormais dépassé. De même le bus est à 100 MHz, vitesse désormais délaissée au profit du 133 MHz. C'est donc une carte « d'entrée de gamme » déjà un peu ancienne. La marque n'est pas précisée.

b) Carte mère ASUStek CUV266 : Il s'agit d'une marque connue de cartes mère dont CUV266 est la référence de carte. Le chipset est un VIA Apollo Pro 266 ce qui signifie qu'il fonctionne à une fréquence de base de 266 MHz. Un contrôleur Ultra-ATA/100 (intégré au south-bridge) va permettre de connecter des disques durs IDE sur un bus à 100 MHz. Elle dispose d'un connecteur AGP4x ce qui permet de connecter une carte graphique de qualité, de 5 slots PCI (il n'y a plus de slot ISA sur les cartes récentes) qui permettent de connecter divers périphériques (modem, carte son...). Le connecteur ACR est relativement récent et permet de connecter un modem (xDSL ou autre). Les 3 slots DDR-SDRAM (Max. 3x1 Go) permettent de connecter de la mémoire DDR-SDRAM dans la limite de trois barrettes de 1 Go. Enfin cette carte est configurable par BIOS (*jumperless*) ce qui permettra d'envisager un *overclocking* éventuel. Il s'agit donc d'une carte plus récente que la précédente, de bonne qualité et assez performante même si elle ne supporte pas les derniers Pentium 4.

10.2 Prenons par exemple le cas d'une recette de cuisine : la blanquette de veau.

Les instructions sont les suivantes :

- Couper le veau en morceaux.
- Préparer un bouquet garni.
- Laisser mijoter 2 heures avec eau et vin blanc.
- Préparer des champignons.
- Faire mijoter des petits oignons dans du beurre.
- Préparer un roux blond avec du beurre et de la farine.
- Mettre la viande dans la sauce et laisser mijoter 10 minutes.
- Ajouter les champignons et servir.

Pendant que le veau commence à mijoter sur un feu, on peut préparer le bouquet garni et faire mijoter les oignons sur un deuxième feu tandis que le beurre fond dans une troisième casserole pour préparer le roux blond. On peut donc faire **quatre choses en même temps** – c'est le principe d'un **pipeline à quatre étages**.

Évidemment, si vous êtes aidé par quelqu'un, vous passez en **superscalaire** et il est évident que le travail n'en sera que facilité et la recette meilleure (ça va vous éviter de faire attacher le roux blond au fond...).

Chapitre **11**

Mémoires – Généralités et mémoire centrale

La mémoire est un dispositif capable d'enregistrer des informations, de les conserver aussi longtemps que nécessaire ou que possible, puis de les restituer à la demande. Il existe deux grands types de mémoire dans un système informatique :

- la **mémoire centrale**, très rapide, physiquement peu encombrante mais onéreuse, c'est la mémoire « de travail » de l'ordinateur,
- la **mémoire de masse** ou **mémoire auxiliaire**, plus lente, assez encombrante physiquement, mais meilleur marché, c'est la mémoire de « sauvegarde » des informations.

11.1 GÉNÉRALITÉS SUR LES MÉMOIRES

Il est possible de déterminer certains critères communs, caractérisant les mémoires. C'est ainsi que nous pourrons distinguer :

- La **capacité** qui indique la quantité d'informations que la mémoire est en mesure de stocker. Cette capacité peut se mesurer en bits, en octets (**o** en terminologie francophone et **B** (*Byte*) dans les pays anglo-saxons), et en multiples du bit ou de l'octet. Il faut donc bien faire attention à distinguer **bit** et **Byte** dont la première lettre est malheureusement la même, ce qui porte parfois à confusion. En principe un **B** majuscule désigne un Byte, soit un octet.

Historiquement, on utilisait le multiplicateur 1024 pour définir le « kilo informatique », mais l'IEC (*International Engineering Consortium*) a désormais (Norme IEC 60027-2) [1998] établi la norme à 1000, comme pour les autres disciplines scientifiques.

Les anciennes unités utilisées étaient (et sont encore très souvent) :
- le kilo-octet (ko ou kB) soit 1 024 octets ;
- le Méga-octet (Mo ou MB) soit 1 024 ko ;
- le Giga-octet (Go ou GB) soit 1 024 Mo ;
- le Téra-octet (To) soit 1 024 Go...

Afin de lever les ambiguïtés avec le système international retenu pour les autres sciences, l'IEC a défini les notions de « kilo binaire » (kibi), Méga binaire (Mébi), Giga binaire (Gibi)...

TABLEAU 11.1 LES TAILLES MÉMOIRE STANDARDISÉES

Terminologie		Abrévation
Kilo-binaire	Kibi	Ki
Méga-binaire	Mébi	Mi
Giga-binaire	Gibi	Gi
Téra-binaire	Tébi	Ti
Péta-binaire	Pébi	Pi
Exa-binaire	Exbi	Ei
Zetta-binaire	Zebi	Zi
Yotta-binaire	Yobi	Yi

Il convient donc de faire attention à l'unité retenue. Ainsi, un **kibibit**, qu'on peut noter **1 Kibit** est équivalent à 2^{10} bits soit **1 024 bits** alors qu'un **kilobit**, qu'on notera **1 kbit**, soit 10^3 bits est équivalent à **1 000 bits**.

Un **kilo-octets** ou **Kio** (que l'on devrait de préférence noter **KiB**) est donc équivalent à 1 000 octets, tandis que le traditionnel **Ko** (ou **KB** à ne pas confondre avec le kilobit noté **Kb** !) est équivalent à 1 024 octets.

De la même façon, un **mebibyte**, noté **1 MiB**, soit 2^{20} B est équivalent à **1 048 576** octets, tandis qu'un **megabyte** que l'on notera **1 MB**, soit 10^6 B est équivalent à **1 000 000** B ou 1 000 000 d'octets !

- La **volatilité** représente le temps pendant lequel la mémoire retient l'information de manière fiable, notamment si l'on coupe l'alimentation électrique. Ainsi, une mémoire sur disque magnétique sera dite non volatile, car l'information, une fois enregistrée, sera conservée même si on éteint l'ordinateur, alors que la mémoire vive (centrale, de travail...) de l'ordinateur est volatile et s'efface si on coupe le courant.
- Le **temps d'accès** (**temps de latence**) est le délai nécessaire pour accéder à l'information. La mémoire centrale (composant électronique) est d'un accès rapide, mesuré en nanosecondes (**ns** – ou milliardième de seconde soit 10^{-9} s), alors que la mémoire auxiliaire (disque dur, bande...) est d'un temps d'accès plus important mesuré en millisecondes (**ms** – 10^{-3} s).

Le rapport de temps entre une mémoire centrale rapide (disons de la RAM à 10 ns) et une mémoire de masse rapide (disons un disque dur à 10 ms) est de

1 000 000 soit, à une échelle plus « humaine », un accès à l'information en 1 s (en mémoire centrale) contre un accès en à peu près 12 jours (en mémoire de masse) ! Ce rapport « minimum » de 1/1 000 000 (les mémoires vives ayant plus souvent des temps d'accès de 70 à 80 ns – sans compter le passage par le *chipset* qui fait que le temps réel avoisine plutôt les 200 ns) est essentiel à retenir pour comprendre le rôle fondamental de la mémoire centrale, de la mémoire cache et ses relations avec la mémoire de masse (disque dur, CD ou, pire encore, disquette !).

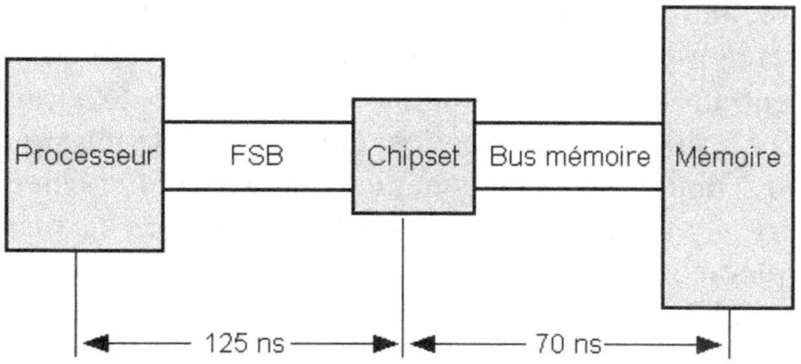

Figure 11.1 Temps d'accès en mémoire

– La notion de **bande passante** remplace parfois le temps d'accès, et correspond au produit de la largeur du bus de données par la fréquence de ce dernier. Ainsi, avec un bus de données de 16 bits et une fréquence de bus mémoire de 800 MHz on atteint une bande passante de 1,56 Go/s (800 MHz × 16 bits/8/1 024). Plus la bande passante est élevée, plus la mémoire est performante. Le temps d'accès, en ns, équivaut au rapport 1/bande passante.
– Le **type d'accès** est la façon dont on accède à l'information. Ainsi, une mémoire sur bande magnétique nécessitera, pour arriver à une information déterminée, de faire défiler tout ce qui précède (accès dit séquentiel) ; alors que, dans une mémoire électronique, on pourra accéder directement à l'information recherchée (accès direct).
– L'**encombrement physique**. Il est intéressant – et c'est ce qui a permis l'essor de l'informatique – d'avoir des systèmes informatiques, et donc des mémoires, occupant le volume physique le plus petit possible. C'est un critère en perpétuelle amélioration.
– Le **prix de revient** de l'information mémorisée. En règle générale, les mémoires électroniques ont un coût de stockage au bit relativement élevé ce qui explique leur faible capacité, alors que les mémoires magnétiques (bandes, disques…) sont proportionnellement nettement moins onéreuses.

L'idéal serait donc une machine avec des composants alliant tous les avantages. Cette solution trop coûteuse amène les constructeurs à faire des choix technologiques regroupant au mieux les diverses caractéristiques des mémoires. On peut donc les classer en deux grands types (voir tableau 11.2).

TABLEAU 11.2 LES DEUX GRANDES FAMILLES DE MÉMOIRES

Mémoires centrales (électroniques)		Mémoires de masse (magnétiques ou optiques)	
Avantages	**Inconvénients**	**Avantages**	**Inconvénients**
très rapides	généralement volatiles	peu chères	assez volumineuses
peu volumineuses	chères	non volatiles	lentes
directement adressables	de faible capacité	de grande capacité	

Dans ce chapitre, nous traiterons des **mémoires centrales**, que l'on peut classifier en trois grandes catégories : les mémoires **vives**, **mortes** et **spécialisées**.

La mémoire centrale se présente comme un ensemble de « cases » ou **cellules mémoire**, destinées à stocker l'information. Chaque cellule physique est capable de stocker un bit 0 ou 1 mais on accède généralement à 1, 2, 4... octets simultanément – le **mot mémoire** – qui désigne une **cellule logique** de la mémoire. Pourquoi « logique » ? simplement parce que, la plupart du temps, les composants physiques (cellule élémentaire) à la base des mémoires centrales sont des transistors capables de stocker un bit et que le stockage physique d'un mot mémoire dont la taille est d'un octet nécessite huit transistors.

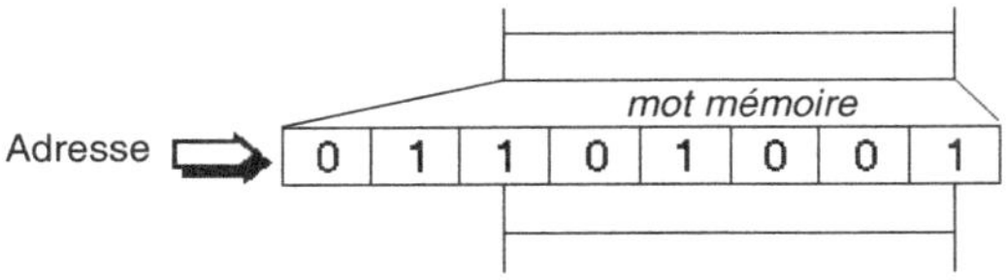

Le mot mémoire, logé dans un ensemble de cellules, est repéré par une adresse

Figure 11.2 Structure du mot mémoire

Afin de repérer dans l'ensemble des cellules logiques (cases mémoire) celle souhaitée (pour y lire ou écrire), la cellule (le mot mémoire) est identifiée par une **adresse** exprimée en hexadécimal – par exemple 0xBFFFF (le 0x de gauche indiquant qu'il s'agit d'une valeur hexadécimale).

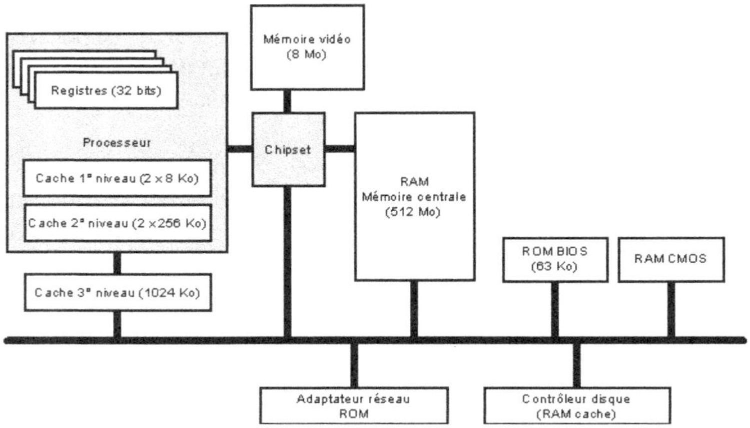

Figure 11.3 Usage des mémoires électroniques (valeurs indicatives)

11.2 LES MÉMOIRES VIVES

Les mémoires vives peuvent être **lues** ou **écrites** à volonté. Elles sont connues sous le terme générique de **RAM** (*Random Access Memory*) littéralement « mémoire à accès aléatoire » parce que l'on peut accéder à n'importe quel emplacement de la mémoire – et non pas parce qu'on y accède « au hasard » ! L'inconvénient des mémoires vives est en principe leur **volatilité**, une coupure de courant faisant disparaître l'information. Par contre, leurs temps d'accès sont très rapides, elles ne consomment que peu d'énergie et peuvent être lues, effacées et réécrites à volonté. Elles servent donc surtout de mémoire de travail – mémoire centrale – et de mémoire cache. À l'intérieur de ces mémoires vives, on distingue deux catégories, dépendant du type de conception : les **mémoires vives statiques** et les **mémoires vives dynamiques**.

La mémoire est un composant qui évolue de concert avec les possibilités d'intégration, tout comme les processeurs. L'accroissement des fréquences bus sur les cartes mères a induit un besoin de mémoire encore plus rapide. Une large gamme de mémoires vives est donc disponible sur le marché et en constante évolution. Les PC actuels disposent d'une mémoire de plusieurs Go, une capacité bien loin des 4 Ko des premiers micro-ordinateurs !

11.2.1 Les mémoires vives statiques SRAM

Dans la RAM statique ou **SRAM** (*Static Random Access Memory*), la cellule de base est constituée par une bascule de transistors. Si la tension est maintenue sans coupure, et selon le type de transistor employé, l'information peut se conserver jusqu'à une centaine d'heures sans dégradation. La SRAM est très rapide, entre 6 et 15 ns, mais assez chère car on a des difficultés à atteindre une bonne intégration. Elle est donc surtout utilisée pour des mémoires de faible capacité comme la **mémoire cache** (voir chapitre sur la **gestion de l'espace mémoire**) ou la mémoire vidéo.

11.2.2 Les mémoires vives dynamiques DRAM

Dans la RAM dynamique ou **DRAM** (*Dynamic Random Access Memory*), la cellule de base est constituée par la charge d'un « condensateur » (en réalité la capacité grille/source du transistor). Comme tout condensateur présente des courants de fuite, il se décharge, peu à peu ce qui risque de fausser les valeurs des informations contenues en mémoire. Par exemple, si un bit 1 est stocké dans la cellule, il « s'efface » peu à peu et risque de voir passer sa valeur à 0. Pour y remédier, on procède régulièrement à la relecture et la réécriture des informations. C'est le **rafraîchissement** qui a lieu toutes les 15 ns (nanosecondes) environ. Bien entendu, pendant le rafraîchissement, la mémoire est indisponible en lecture comme en écriture, ce qui ralentit les temps d'accès. Son temps d'accès est couramment de l'ordre de 60 à 70 ns.

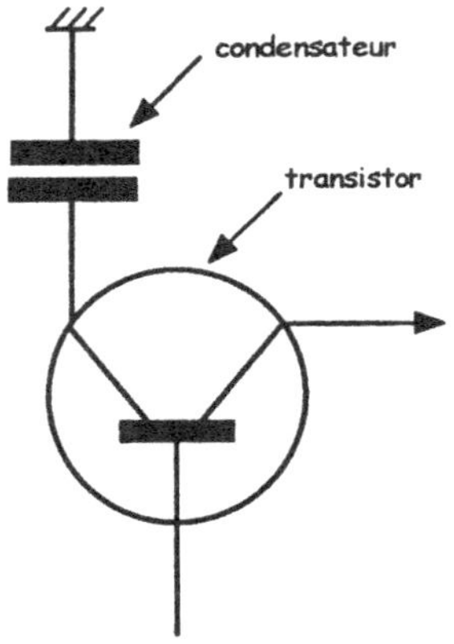

Figure 11.4 Cellule mémoire DRAM

Ce type de mémoire est aussi connu par son mode de fonctionnement **FPM** (*Fast Page Mode*) qui est en fait une amélioration du mode de fonctionnement des anciennes DRAM, permettant d'accéder à toute une rangée de cellules – la « page ». Ainsi, si la prochaine adresse mémoire recherchée concerne la même page, le contrôleur mémoire n'a pas besoin de répéter la phase de recherche de cette rangée mais uniquement à indiquer la valeur de la colonne (voir, dans ce même chapitre, le paragraphe 11.2.12, « Organisation et brochage des mémoires vives »).

11.2.3 Les mémoires EDO et BEDO

La mémoire **EDO** (*Extended Data Out*) [1995] ou HPM DRAM (*Hyper Page Mode* DRAM) est bâtie comme de la DRAM où on a ajouté, aux entrées de rangées, des bascules autorisant le chargement d'une nouvelle adresse en mémoire sans avoir à attendre le signal de validation de lecture. La période d'attente entre deux lectures (le cycle de latence) est minimisée et on peut donc la faire fonctionner à une fréquence (50 MHz) double de la DRAM. Ces mémoires offrent des temps d'accès de 45 à 70 ns. La mémoire EDO est désormais totalement détrônée, de même que le mode BEDO (*Burst* EDO) à 66 MHz, supporté par peu de *chipset*.

11.2.4 La SDRAM

La **SDRAM** (*Synchronous DRAM*) [1997] échange ses données avec le processeur en se synchronisant avec lui à 66, 100 (**SDRAM PC100**) ou 133 MHz (**SDRAM PC133**) – voire 150 MHz (SDRAM PC150). Cette synchronisation permet d'éviter les états d'attente (*Wait State*). En lecture le processeur envoie une requête à la mémoire et peut se consacrer à d'autres tâches, sachant qu'il va obtenir la réponse à sa demande quelques cycles d'horloge plus tard. On atteint alors, selon la fréquence et la largeur du bus, une bande passante (débit théorique) de 528 Mo/s à 1 064 Mo/s et des capacités de 64 à 512 Mo par barrette. Ainsi une SDRAM PC133, avec une largeur de bus de 64 bits permet d'atteindre un taux de transfert de 1 064 Mo/s (64x133/8).

11.2.5 La SLDRAM

La **SLDRAM** (*Synchronous Link DRAM*) repose sur un adressage de la mémoire par bancs de 16 modules à la fois, au lieu de 4 dans la SDRAM. Le brochage de la puce limite les nombre de pattes et sa logique de contrôle permet d'adresser les cellules mémoire par paquets. Prévue pour fonctionner à 800 MHz (4 x 200 MHz) elle reprend certains concepts de la RDRam (signaux de contrôle émis en série sur une seule ligne…) ce qui accélère les débits. Bien qu'étant une technologie ouverte et sans royalties elle ne semble pas avoir « émergé ».

11.2.6 La DDR-SDRAM – DDR, DDR2, DDR3

La **DDR SDRAM** (*Double Data Rate SDRAM*), **DDRam** ou **SDRAM II** offre une architecture 64 bits fonctionnant avec un bus système de 133 MHz à 216 MHz. Elle est capable de lire les données sur les fronts montant et descendant d'horloge ce qui double son taux de transfert initial (*Double Data Rate*). La mémoire **DDR** est référencée par sa bande passante (débit théorique) ou par sa fréquence. Pour obtenir la bande passante à partir de la fréquence il suffit de multiplier cette dernière par 8. C'est pourquoi de la DDR 300 sera aussi dite DDR PC-2400, de la DDR 400 sera dite DDR PC-3200… Ceci est aussi valable pour les DDR2 et DDR3 (ainsi de la DDR2 à 800 MHz est dite PC2-6400 et de la DDR3 à 1 066 MHz, PC3-8500 – « arrondi »).

La bande passante théorique va de 2,1 Go/s (**DDR 266** ou **DDR PC-2100** - 2 fois la fréquence bus de 133 MHz), 2,4 Go/s (**DDR 300** ou **DDR PC-2400**), plus de 2,5 Go/s (64x166x2/8) avec de la **DDR 333 (DDR PC-2700)** à 3,5 Go/s pour la **DDR 433 (DDR PC-3500)**…

Toutefois la DDR (DDR1) est désormais supplantée par la **DDR2** ou la **DDR3**.

Figure 11.5 Barrette DDR PC2100

La **DDR2** SDRAM (ou DDR de 2e génération) fonctionne comme de la DDR en externe, mais comme de la **QDR** (*Quad Data Rate, quad-pumped*) ou **4DR** (*Quadruple Data Rate*) pour désigner la méthode de lecture et d'écriture utilisée. Elle utilise en effet deux canaux séparés pour la lecture et pour l'écriture. Ainsi, la DDR2-533 communique avec le reste du PC via un bus DDR (*Dual Data Rate*), avec 2 envois d'informations par cycle à 266 MHz, alors qu'en interne elle fonctionne à 133 MHz QDR soit 4 envois d'informations par cycle. Les vitesses d'horloge sont couramment de 667 ou 800 MHz. Ainsi, une barrette DDR2-800 (PC2-6400) fonctionne à 400 MHz et offre un débit de 6,4 Go/s (6 400 Mo/s) par barrette – comme sa référence l'indique clairement.

Les modules de mémoire **DDR3** [2007] ou DDR de 3e génération, gravés en 80, 70, 60, voire en 40 nanomètres, prennent désormais la succession des DDR et DDR2. La DDR3, fonctionnant à une tension de 1,5 ou 1,65 volts (au lieu de 1,8 V pour de la DDR2 et 2,5 V pour de la DDR), consomme donc moins d'énergie (théoriquement 40 % en moins) et offre une vitesse de transfert deux fois plus élevée que celle proposée par la DDR2. Cette mémoire est cadencée à 800 MHz, 1 066, 2 000 ou 2 400 MHz. Elle se décline en barrettes de 1 ou 2 Go.

Figure 11.6 Barrette DDR3

Les cartes-mères sont donc maintenant capables d'exploiter la technologie « double canal » (*Dual* DDR ou *Dual Channel*). Les modules mémoire offrent généralement un bus de 64 bits compatible avec les contrôleurs de mémoire traditionnels mais les contrôleurs plus performants utilisent un bus de 128 bits sur deux canaux et sont donc capables d'accéder à deux modules mémoire simultanément (2 x 64 bits). Le taux de transfert est ainsi multiplié par 2.

11.2.7 La Direct Rambus – RDRAM

La **RDRAM** (*Rambus DRAM*) ou **DRDRAM** (*Direct RDRAM*) est une DRAM de conception originale nécessitant des contrôleurs (*chipset*) spécifiques. Elle effectue 8 transferts par cycle d'horloge, avec des horloges pouvant atteindre 1 GHz et peut fonctionner en mode bi canal 16 bits. Elle assure ainsi un débit théorique de 32 Go/s (1 GHz x 8 transferts/cycle x 2 octets x 2 canaux. Le bus Rambus est composé de deux éléments : le RAC (*Rambus Asic Cell*) faisant office d'interface physique et électrique et disposant d'une mémoire tampon à 400 MHz, et le RMC (*Rambus Memory Controler*) chargé de l'interface entre le circuit logique et le RAC. Les barrettes utilisées sont au format RIMM (*Rambus In-line Memory Module*) simple ou double face, de 16 bits (18 bits avec contrôle de parité ECC) – soit une largeur de bus de 2 octets – associées en 4 blocs et lues en série. Abandonnée par Intel du fait d'une architecture trop « propriétaire », elle est désormais dépassée.

Figure 11.7 Barrette RAMBUS

11.2.8 La RLDRAM II

La **RLDRAM II** (*Reduced Latency DRAM*) est une mémoire à ultra-hautes performances, capable de fournir une bande passante de 3,6 Go/s à 4,8 Go/s (288 Mbits et 576 Mbits dans la **576-RLDRAM**). Bien que mise en service depuis un certain temps [2003] elle commence seulement à être produite en série [2006] et occupe le créneau des caches L3. Elle offre un temps de latence très bas (15 ns, contre 43,5 ns pour une SDRAM PC133). La RLDRAM II fonctionne à une fréquence de 400 ou 533 MHz et bénéficie d'un temps de cycle trois fois plus faible que celui de la DDR-SDRAM et d'un temps de latence plus réduit (15 ns) d'où son nom.

Le tableau ci-après montre la correspondance entre la fréquence du bus de la carte-mère (FSB), celle de la mémoire (RAM) et son débit.

TABLEAU 11.2 LES DEUX GRANDES FAMILLES DE MÉMOIRES

Mémoire	Appellation	Fréquence FSB	Fréquence RAM	Débit
DDR200	PC1600	100 MHz	100 MHz	1,6 Go/s
DDR333	PC2700	166 MHz	266 MHz	2,7 Go/s
DDR400	PC3200	200 MHz	333 MHz	3,2 Go/s
DDR500	PC4000	250 MHz	466 MHz	4 Go/s
DDR533	PC4200	266 MHz	500 MHz	4,2 Go/s
DDR550	PC4400	275 MHz	538 MHz	4,4 Go/s
DDR2-400	PC2-3200	100 MHz	550 MHz	3,2 Go/s
DDR2-533	PC2-4300	133 MHz	400 MHz	4,3 Go/s
DDR2-675	PC2-5400	172,5 MHz	667 MHz	5,4 Go/s
DDR2-800	PC2-6400	200 MHz	675 MHz	6,4 Go/s

11.2.9 Mémoire MRAM

La technologie **MRAM** (*Magnetoresistive* RAM) ou RAM magnéto résistive, associe des matériaux magnétiques à des circuits classiques en silicium, pour combiner en un même produit la rapidité des mémoires SRAM (cycles de lectures et d'écriture de 35 ns), la non-volatilité des mémoires Flash et une durée de vie « illimitée ».

La cellule d'une MRAM est fabriquée sur la base d'une technologie Cmos 0,18 μm sur laquelle sont rajoutées les couches magnétiques destinées à former la jonction tunnel. On superpose au transistor, une jonction magnétique, formée d'une couche d'isolant prise en sandwich entre deux couches d'un matériau magnétique faisant fonction d'électrodes. L'une des électrodes est conçue de façon à maintenir une orientation déterminée du champ magnétique, la seconde est libre de passer d'une orientation à une autre. Quand les deux électrodes sont de même sens, la résistance électrique est faible. Quand les polarités sont inversées, la résistance est très grande. Ces deux états stables, qui ne nécessitent pas de courant de maintien, caractérisent les « 0 » et « 1 » logiques. À l'étude depuis 2000, la société Freescale a annoncé [2006] la commercialisation des premiers modules 4 Mbits, mais des contraintes de production risquent d'en freiner l'essor.

11.2.10 Les mémoires VRAM, WRAM, SGRAM, GDDR, XDR

VRAM (*Video* RAM) est une mémoire de technologie DDR2 ou DDR3 réservée à l'affichage et utilisée sur les cartes graphiques d'entrée de gamme. Elle utilise deux ports séparés ; l'un est dédié à l'écran, pour rafraîchir et mettre à jour l'image et le second au processeur ou au contrôleur graphique, pour gérer les données correspondant à l'image en mémoire. Les deux ports peuvent travailler simultanément ce qui améliore les performances. La **WRAM** (*Windows* RAM), est une variante de la VRAM. VRAM offre un taux de transfert d'environ 625 Mo/s contre 960 Mo/s pour la WRAM.

SGRAM (*Synchronous Graphics* RAM) est une extension de la SDRAM destinée aux cartes graphiques. Elle permet l'accès aux données par blocs ou individuellement ce qui réduit le nombre d'accès en lecture écriture et améliore les performances.

GDDR (*Graphics Double Data Rate Memory*) est la technologie mémoire exploitée par les cartes graphiques. Les technologies de base de GDDR sont celles des DDR2 ou DDR3, mais les caractéristiques électriques ont été reconsidérées pour assurer une meilleure intégration et des systèmes de refroidissements plus simples.

- **GDDR2** (*Graphics Double Data Rate*) exploite les fronts montants et descendants, doublant la bande passante par rapport à de la SD-RAM de même fréquence.
- **GDDR3** (*Graphic Double Data Rate 3th generation*) cadencée de 500 MHz à 1 GHz, offre une bande passante de 1,2 à 1,6 Go/s.
- **GDDR4** [2006] à 1,4 GHz offre une bande passante 1,8 à 2,4 Go/s.

- **GDDR5** [2007] gravée en 66 nm et cadencée à 2,5 GHz offre une bande passante de 20 Go/s. Elle double les performances de GDDR3 et permet d'atteindre 160 Go/s sur une carte graphique à bus 256 bits.
- La progression de la fréquence des **GPU** (*Graphic Processor Unit*) utilisés sur les cartes graphiques fait progresser la GDDR. Les derniers modules [2009] sont ainsi de 2Gbits, gravés en 40 nanomètres et fonctionnent à 7 Gbit/s avec une bande passante atteignant 28 Go/s sur un bus 32 bits.

XDR est une technologie mémoire haute performance de chez Rambus, pouvant atteindre des débits de 7,2 Gbit/s et fournissant une largeur de bande pouvant aller jusqu'à 28,8 Go/s. Elle propose, selon Rambus, des signaux de transfert bi-directionnels assurant de hautes performances en consommant peu d'énergie, le transfert de 8 bits de données par cycle alors que la DDR2 n'en permet que 4…

XDR2 [2010] est l'évolution de XDR permettant d'atteindre des débits de 12,8 Gbit/s, avec un pic de bande passante double de GDDR5. La technologie 16x DR permet à la XDR2 de fonctionner deux fois plus vite que la GDDR5 avec une vitesse d'horloge inférieure de moitié.

11.2.11 Mémoire ECC

La mémoire **ECC** (*Error Correction Code* ou *Error Checking and Correction*) intègre des techniques exploitant des bits additionnels, destinés à gérer les codes de correction d'erreurs.

La technique la plus simple consiste à gérer un ou plusieurs bits de parité supplémentaires. Avec un seul bit de parité on peut détecter une erreur mais on ne peut pas la corriger. Avec la technologie ECC DED-SEC (*Double Error Detection-Single Error Correction*) on peut déceler deux erreurs sur un bloc de huit mots mais on ne peut en corriger qu'une seule (*cf. Protection contre les erreurs, encodages et codes*). Une erreur de parité ne pouvant être corrigée est dite *chipkill*.

a) Mémoire Chipkill ECC

La mémoire **ChipKill ECC** ou **RAID-M** (*Redundant Array of Inexpensive Dram Memory*) a été conçue pour dépasser les limites imposées par l'ECC ou l'ECC DED-SEC. Elle est ainsi capable de reconstituer le contenu d'un mot mémoire, même s'il a été totalement détruit. Un circuit intégré associé au module mémoire effectue un contrôle de parité systématique des mots mémoire (contrôle ECC traditionnel). Il en stocke les résultats dans sa mémoire réservée, selon les principes du RAID-5 (*cf. Disques durs et contrôleurs*). À chaque opération, le contrôleur mémoire vérifie que les valeurs issues des calculs de parité sont conformes. En cas de différence il détermine le mot incriminé grâce à la méthode ECC classique et est capable de reconstruire ce mot en fonction des données stockées avant l'incident.

Toutefois, 1 Go de DDR-333 ECC est environ 50 % plus cher que son équivalent non-ECC, Avec de la DDR-400, on est 80 % plus cher et avec de la DDR2 on double le prix. De plus, on estime que la mémoire ECC est de 1 à 3 % plus lente que ses équivalents non-ECC. Elles nécessitent également un Bios et un *chipset* adaptés. Elles sont donc essentiellement utilisées sur les serveurs.

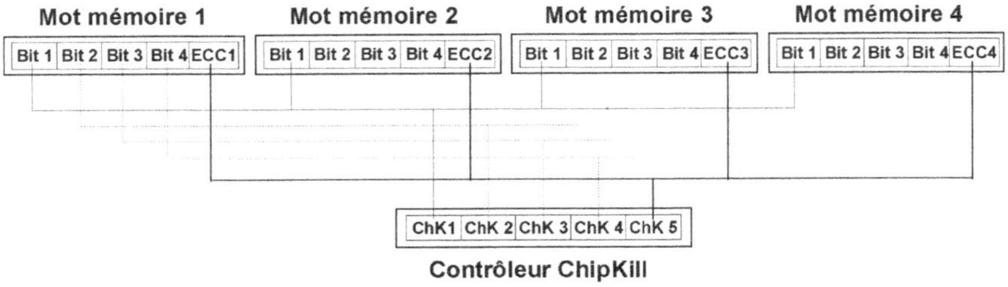

Figure 11.8 Mémoire ChipKill ECC

11.2.12 Organisation et brochage des mémoires vives

a) Organisation

La mémoire est organisée en blocs de un ou plusieurs tableaux de bits organisés en lignes et colonnes dont l'accès est piloté par un contrôleur qui sert d'interface entre le microprocesseur et la mémoire.

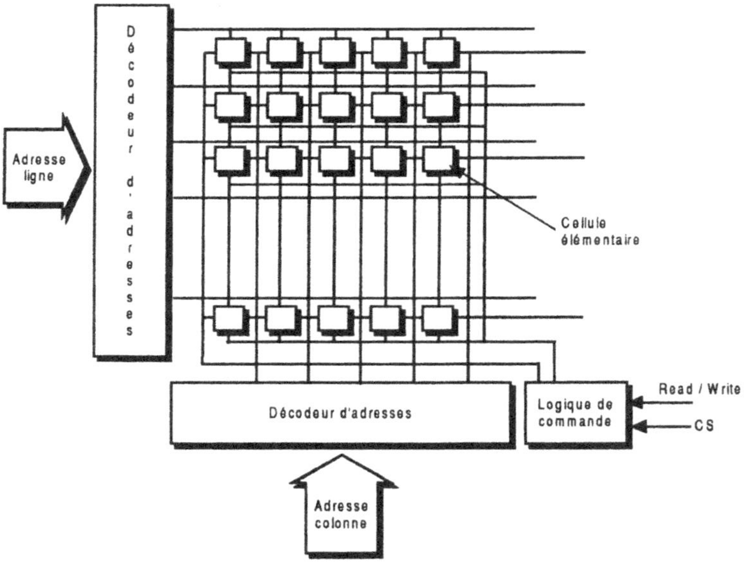

Figure 11.9 Organisation de la mémoire

Le processeur envoie au contrôleur mémoire le numéro de la colonne **CAS** (*Column Address Strobe*) puis le numéro de la ligne **RAS** (*Raw Address Strobe*) où se trouve la donnée recherchée. La donnée est alors envoyée sur le bus de données ou écrite en mémoire.

Le mode **FPM** (*Fast Page Mode*) utilisé avec la DRAM, permet de conserver l'adresse ligne (la « page ») et de lire les bits en incrémentant la seule valeur de la colonne ce qui permet de gagner du temps sur l'adressage ligne. Le mode **EDO** ou **HFPM** (*Hyper FPM*) [1995] ajoute des bascules D sur les entrées d'adresses lignes ce qui permet un gain de rapidité sur la lecture d'une ligne en autorisant le chargement d'une nouvelle adresse en mémoire sans avoir à attendre le signal de validation de la lecture. Enfin les **SDRAM** ont ajouté au brochage une entrée d'horloge permettant de se synchroniser avec le processeur.

b) Brochage et implantations

Voici un exemple de brochage simple d'une puce mémoire.

- $\mathbf{A_0}$ à $\mathbf{A_n}$: adresses mémoire des données.
- $\mathbf{I/O_1}$ à $\mathbf{I/O_n}$ (ou D_0 à D_n) : broches de sortie ou d'entrée des données.
- **CS** *Chip Select* : sélection du boîtier.
- **WE** *Write Enable* (ou *Read/Write R/W*) : autorise les données présentes sur les broches de sortie ou d'entrée à être écrites ou lues.
- **Vcc Gnd** : alimentation.

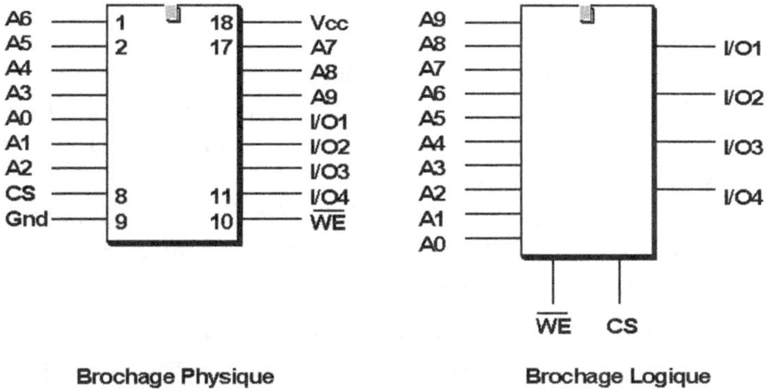

Figure 11.10 Brochage mémoire

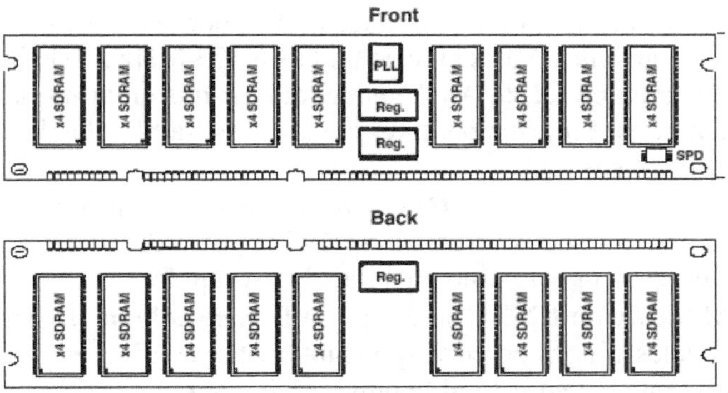

Figure 11.11 Implantation de puces de SDRAM 133 sur une barrette (doc. IBM)

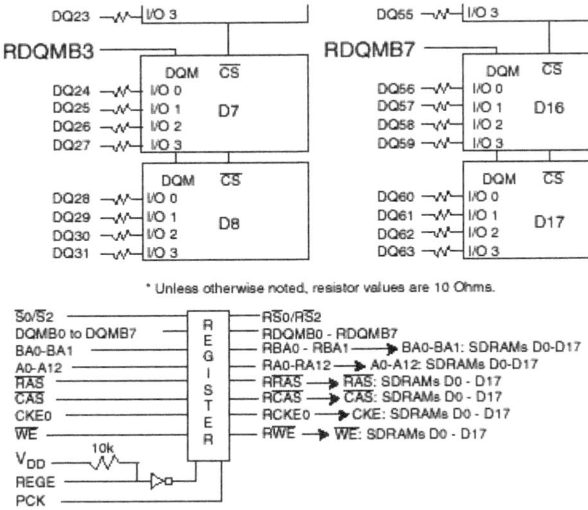

Figure 11.12 Extrait d'une implantation SDRAM 133 (doc. IBM)

c) Principes de fonctionnement

Le fonctionnement de la mémoire est dépendant d'un certain nombre de caractéristiques. Le premier d'entre eux est le **temps T** utilisé pour un cycle ou **CLK** (*Clock*). Il est égal à 1/fréquence bus et est donc de 10 ns avec un bus mémoire à 100 MHz, de 7,5 ns à 133 MHz, 5 ns à 200 MHz…

On utilise souvent une notation du type 5-5-5-15 pour définir le paramétrage de la mémoire vive, généralement par le biais du BIOS de la machine – à utiliser avec précaution ! Ces chiffres correspondent généralement aux valeurs suivantes :

- **CAS** (*Column Address Strobe* ou *Select latency*), **tCAS** ou **temps de latence** qui indique, en nombre de cycles d'horloge, le temps mis entre la réception du signal CAS (indiquant que la mémoire est prête à recevoir du contrôleur, le numéro de colonne correspondant à l'information recherchée) et le moment où cette information est transmise au processeur (fin du signal CAS). Ainsi, une mémoire 3-2-2 mettra 3T pour lire la première donnée et 2T pour les suivantes. Avec un bus à 100 MHz, 3T équivaut à 30 ns et avec un bus à 133 MHz à 1/133x3 soit 22,5 ns. C'est généralement ce **CL** (CAS *Latency*) qui est mis en avant par les fabricants de puces mémoires. En principe, plus sa valeur est faible plus l'accès est rapide, mais le CAS n'est pas tout.
- **RAS** (*Row Address Strobe*) ou **tRP** (*Precharge time*) qui indique le nombre de cycles d'horloge entre deux instructions RAS, c'est-à-dire entre deux accès à une ligne. Plus cette valeur est faible plus l'accès est rapide.
- **RAS to CAS** *delay* ou **tRCD**, ou temps de latence colonne ligne, qui indique le nombre de cycles d'horloge correspondant au temps d'accès d'une ligne à une colonne. Plus cette valeur est faible plus l'accès est rapide.

– **RAS** *active time* ou **tRAS** qui indique le nombre de cycles d'horloge correspondant au temps d'accès à une ligne. Plus cette valeur est élevée plus l'accès est rapide.

Le **SPD** (*Serial Presence Detect*) est une petite EEPROM, présente sur de nombreuses barrettes mémoire actuelles contenant les paramètres de la barrette, tels que définis par le constructeur (temps d'accès, taille de la barrette...). Au démarrage de la machine, le BIOS consulte le contenu du SPD afin de configurer les registres du chipset en fonction des informations qui s'y trouvent.

TABLEAU 11.4 OPÉRATIONS D'ÉCRITURE OU LECTURE

Écriture d'une donnée	Lecture d'une donnée
– Sélection de l'adresse mémoire. – Mise en place de la donnée sur le bus de données. – Sélection du circuit par activation de la broche CS (*Chip Select*). – Activation de la commande d'écriture (*Write* ou R/W).	– Sélection de l'adresse mémoire. – Activation de la commande de sélection du boîtier (CS). – Activation de la commande de lecture (*Read* ou R/W). – Lecture de l'information sur le bus de données.

On peut représenter le fonctionnement de la mémoire sous la forme d'un chronogramme tel que la figure 11.13, ci-après.

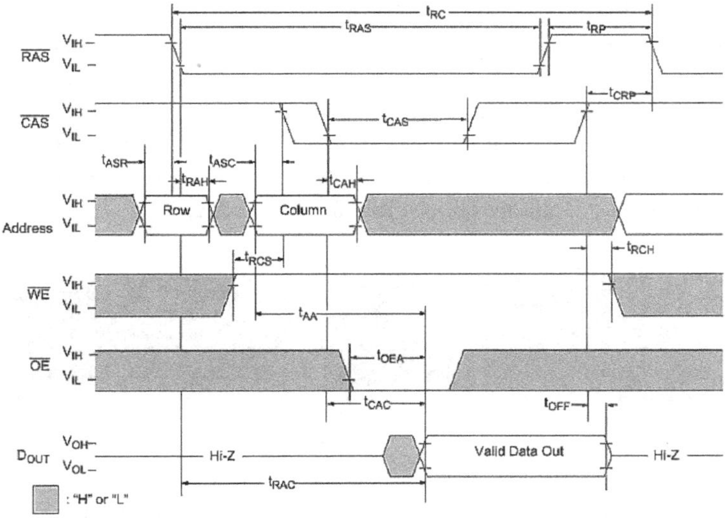

Figure 11.13 Chronogramme d'accès en mémoire

d) Présentation physique

Dans les micro-ordinateurs, la mémoire vive se présente généralement sous la forme de **barrettes** qui peuvent se présenter sous différents formats.

La barrette **SIMM** (*Single Inline Memory Module*) – maintenant délaissée – comporte plusieurs puces de RAM soudées et se présente sous la forme de barrettes à 30, 64 ou 72 broches (8 ou 32 bits) qui doivent en général se monter deux par deux en utilisant des barrettes de caractéristiques identiques, formant ainsi des « bancs » ou « banque » de mémoire (*memory bank*).

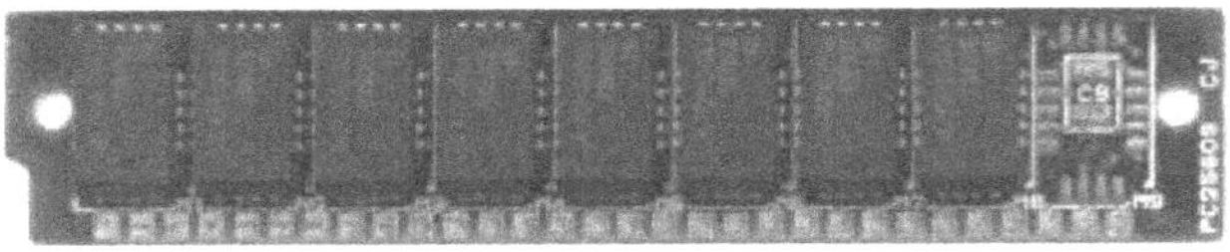

Figure 11.14 Barrette au format SIMM 30 broches

Figure 11.15 Barrette au format SIMM 72 broches

Le format **DIMM** (*Dual In line Memory Module*) qui offre deux fois plus de connecteurs (168 broches) que les SIMM en présentant en fait une rangée de connecteurs de chaque côté du module. On peut donc gérer des accès à la mémoire par blocs de 64 bits bits (plus les bits de contrôle on arrive à un total de 72 bits à lire ou écrire). Là où il fallait monter deux barrettes SIMM, une seule barrette DIMM suffit donc. C'est le format utilisé avec les SDRAM. Le format **SO-DIMM** (*Small Outline DIMM*) essentiellement employé sur les portables, se présente sous la forme de barrettes 32 bits à 72 broches ou 64 bits à 144 broches.

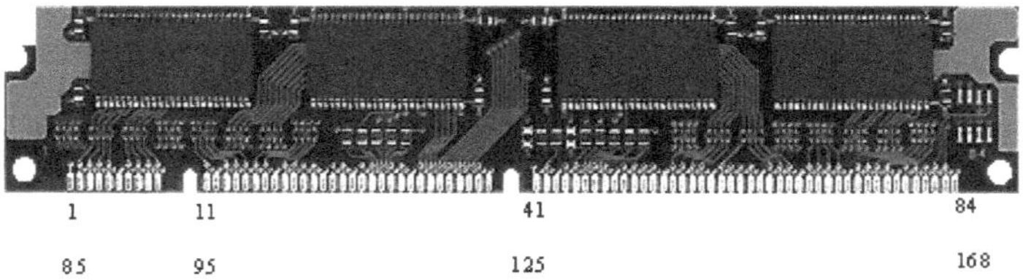

Figure 11.16 Barrette au format DIMM 168 broches

Le format **RIMM** (*Rambus In line Memory Module*) est un format propriétaire Rambus. Il se présente sous la forme d'une barrette semblable à la DIMM recouverte d'une feuille aluminium dissipatrice de chaleur et comporte 184 broches.

Le format **SODIMM** (*Small Outline* DIMM), destiné aux portables, ne comporte que 144 broches et se présente sous un format plus compact que les SIMMs, DIMMs et autres RIMMs.

Le format **FB-DIMM** (*Fully Buffered* DIMM) [2006], destiné essentiellement aux serveurs, offre un bus bidirectionnel série, à l'instar de PCI-Express. Chaque barrette mémoire dispose d'une mémoire tampon **AMB** (*Advanced Memory Buffer*) dont le rôle est de servir d'intermédiaire entre les puces et le contrôleur mémoire, ce qui permet de *bufferiser* les données elles-mêmes et pas seulement leurs adresses mémoires, d'où l'appellation « *Fully-Buffered* ». Le contrôleur mémoire passe donc d'abord par l'AMB pour écrire les données dans la RAM.

FB-DIMM permet de gérer jusqu'à 8 barrettes par canal, sans réduction de vitesse et d'augmenter le nombre de canaux sans complexifier les cartes mères. On porte ainsi la capacité maximale de mémoire RAM DDR2-533 ou DDR2-667 (DDR3 prévue) supportée par un seul contrôleur à 192 Go en théorie. Les modes de détection et de correction d'erreurs CRC et ECC sont également présents. Il semblerait toutefois qu'Intel envisage d'abandonner cette technologie au profit de la rDIMM.

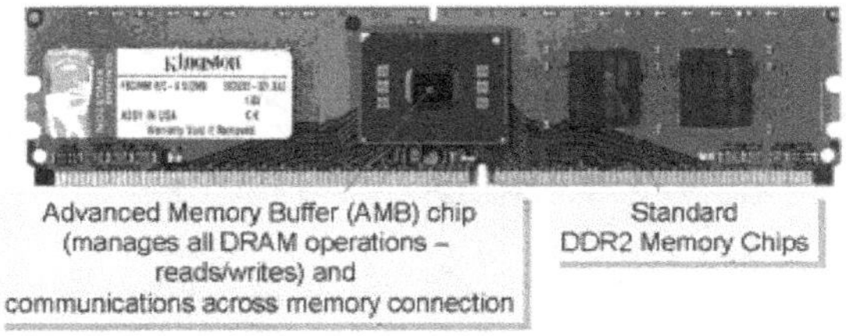

Figure 11.17 Barrette au format FB DIMM 240 broches

Les premières barrettes au format **rDIMM** (*Registered* DIMM) exploitant de la DDR, DDR2 ou DDR3 sont essentiellement destinées aux serveurs. La capacité de ces barrettes de mémoires, de 512 Mo à 4 Go, peut atteindre 32 Go. Ces mémoires à 184 broches offrent de meilleures performances grâce aux registres qui prennent en charge la gestion des adresses, les signaux de contrôle et d'horloge ou PLL (*Phase Lock Loop*) qui contrôlent la fréquence de transfert des données.

Les formats **PCMCIA** (*Personal Computer Memory Card International Association*), « *Credit Card* » et autres « *ExpressCard* » peuvent également être utilisés comme supports mémoire.

11.3 LES MÉMOIRES MORTES

En opposition aux mémoires vives qui sont des mémoires à lecture écriture, les mémoires mortes ne peuvent être que lues. Elles sont généralement connues sous le terme de **ROM** (*Read Only Memory*, mémoire à lecture seule). Ces mémoires ont suivi une évolution technologique qui amène à distinguer plusieurs types.

11.3.1 Les mémoires ROM

L'information stockée dans ce type de mémoire est enregistrée de façon **définitive** lors de la fabrication de la mémoire par le constructeur. Le prix de revient élevé de ce type de mémoire en limite l'utilisation aux très grandes séries.

a) Principes de fonctionnement

Ce type de mémoire est conçu selon le principe de la matrice à diodes. Le réseau de diodes est constitué en fonction des mots mémoires que l'on désire stocker aux différentes adresses. Ici c'est le mot mémoire numéro 2 (d'adresse 2) qui a été sélectionné par « fermeture du contact » correspondant à ce mot. Dans la colonne la plus à gauche de cette ligne d'adresse (bit de poids fort du mot) il n'y a pas de diode, ce qui ne permet pas au courant de s'écouler du +v vers la masse –v, par la ligne de mot 2, on peut donc détecter un 1 logique sur cette colonne.

Sur la colonne suivante, la diode a été prévue à la conception, permettant au courant de s'écouler vers la masse, l'information recueillie sur cette colonne est donc un zéro logique.

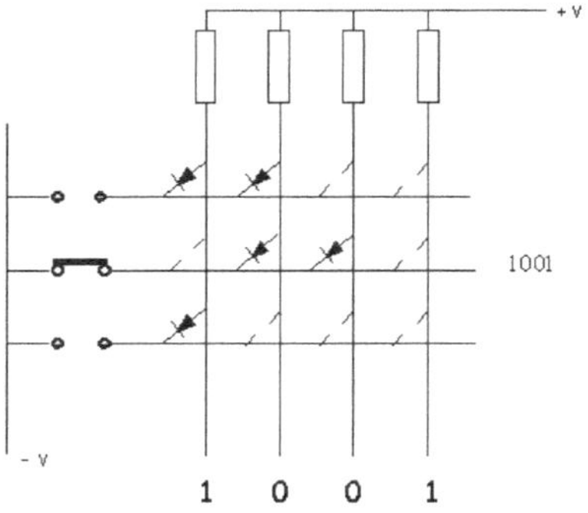

Figure 11.18 Matrice mémoire

Compte tenu de la difficulté de conception et, partant, du prix de revient de telles mémoires, il a paru intéressant de fabriquer des mémoires mortes programmables au choix de l'utilisateur.

11.3.2 Les mémoires PROM

La mémoire **PROM** (*Programmable ROM*) est une ROM dont l'écriture ne sera plus réalisée à la fabrication mais faite par l'utilisateur au moyen d'une machine appelée programmeur de PROM.

Au départ, on dispose donc d'une matrice complète de diodes. Le principe de la programmation de telles PROM résidant souvent dans la fusion ou la non fusion d'un fusible (la diode), le fusible une fois coupé, il n'est bien évidemment plus possible de reprogrammer la PROM. Ces mémoires sont également connues sous les termes de **PROM à fusibles**. De telles mémoires seront donc utilisées dans le cas de petites séries.

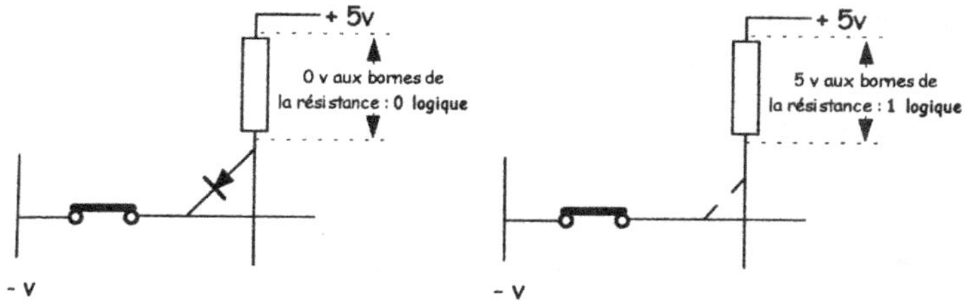

Figure 11.19 Principe de fonctionnement de la PROM

11.3.3 Les EPROM

La mémoire de type **EPROM** (*Erasable PROM*, Effaçable PROM), que l'on désigne aussi parfois sous le terme de **REPROM** (*REprogrammable PROM*) présente l'avantage de pouvoir être effacée une fois écrite. L'effacement de l'EPROM se fait au moyen d'un effaceur d'EPROM qui n'est rien d'autre qu'un tube à rayons ultraviolets.

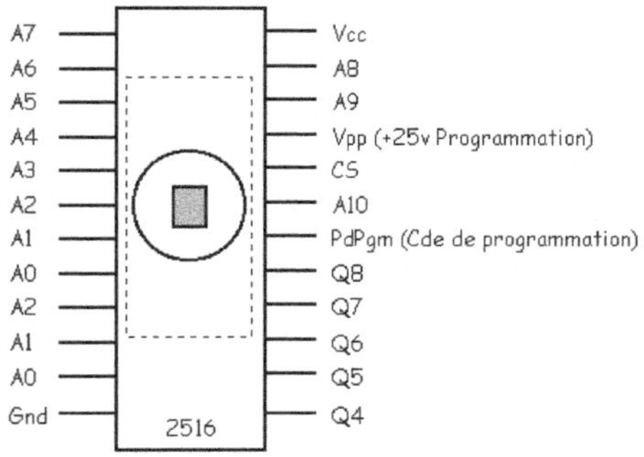

Figure 11.20 Mémoire EPROM

Les EPROM se distinguent ainsi des autres mémoires par la présence sur leur face supérieure d'une petite fenêtre de quartz, souvent obturée par un adhésif de manière à ne pas être exposée aux ultraviolets naturels (soleil, néon…) qui s'infiltreraient par les interstices du boîtier de l'unité centrale. Elles sont couramment employées pour de petites séries et pour la mise au point des mémoires PROM.

11.3.4 Les EEPROM

Les EPROM présentaient l'inconvénient de nécessiter une source d'ultraviolets pour être effacées, ce qui obligeait donc de les enlever de leur support – opération toujours délicate ; les constructeurs ont donc développé des **EEPROM** (*Electrically EPROM*) effaçables électriquement, octet par octet, que l'on trouve aussi sous l'appellation d'**EAROM** (*Electrically Alterable ROM*). Ces mémoires présentent l'avantage d'être non volatiles et cependant facilement réutilisables, toutefois leur prix de revient et leur capacité limitée, n'en autorisent pas une application courante.

11.4 LA MÉMOIRE FLASH

La mémoire Flash est un composant proche des technologies EEPROM et RAM, qui présente des caractéristiques intéressantes de **non volatilité** et de rapidité. Conçue comme de la DRAM, elle ne nécessite pas de rafraîchissement comme la SRAM, et comme l'EEPROM on peut supprimer la source d'alimentation sans perdre l'information. C'est une mémoire effaçable et programmable électriquement qui peut se reprogrammer en un temps relativement bref d'où son appellation. On distingue deux types de mémoire flash selon la technologie employée : flash NOR et flash NAND, du nom des portes logiques utilisées.

La mémoire **flash NOR** [1988] est rapide en lecture, mais lente en écriture (notamment en effacement). Par contre, elle est directement adressable contrairement à la NAND et on peut donc accéder à un bit précis en mémoire alors qu'avec de la NAND il faut passer par une mémoire tampon et des registres. Un autre défaut de la flash NOR, outre sa lenteur en écriture, est sa densité très faible. Elle est donc surtout utilisée comme support de stockage du *firmware* des appareils électroniques et téléphones portables, mais peu à peu délaissée au profit de la flash NAND.

La mémoire **flash NAND** [1989] n'exige qu'un transistor par point de mémoire (contre deux à trois pour une EEPROM) ce qui permet d'obtenir des capacités importantes (jusqu'à 16 Go de données par puce [2006]). Elle offre une vitesse élevée (jusqu'à 60 Mo/s en lecture et 16 Mo/s en écriture), une plus grande densité, un coût moins important par bit et une faible tension… Par contre, son cycle de vie est limité à 100 000 écritures, on est obligé d'écrire ou de lire par blocs (pages) et non pas bit à bit. Elle est utilisée pour stocker le BIOS des machines (BIOS « flashable ») et sous forme de *memory stick*, PC-card, clés USB, disques SSD ou autres cartes flash…

La mémoire flash NAND existe actuellement en deux versions, la **SLC** (*Single Level Cell*) et la **MLC** (*Multiple Level Cell*). La première stocke 1 bit par cellule, alors que la seconde en stocke plusieurs. Les cellules 2 bits **MLC 2BPC** (*bits per cell*) et 3 bits (**MLC 3BPC**) sont en production et celles à 4 bits sont envisagées.

Avec une MLC 3BPC, la densité augmente car on stocke 1,5 fois plus de bits sur la même surface, pour un coût proche de celui des MLC 2BPC. Par contre, on perd en durée de vie et les débits en écriture diminuent car on doit gérer plus d'états binaires pour une cellule, ce qui complexifie la détection des niveaux de tension. Les SLC sont donc plus performantes tandis que les MLC offrent plus de place.

a) Mémoire USB

La **mémoire USB** ou **Clé USB** est un abus de langage puisque le terme désigne en fait le connecteur et nullement la technologie mémoire. Ce sont des mémoires flash d'une capacité de 32 Mo à 16 Go qui se connectent directement sur le port USB.

Les clés USB compatibles U3 permettent de transporter des données et des logiciels U3, comprenant notamment : communication, productivité, synchronisation de fichiers, jeux, photo, sécurité et autres.

b) Disque SSD (Solid State Disk)

Le **disque SSD** (*Solid State Disk*) est une mémoire de masse composée de mémoire flash NAND et munie d'une interface IDE, ATA ou SATA. Considéré plus comme un disque dur que comme une mémoire flash nous traiterons des SSD dans le chapitre 13 consacré aux disques durs.

c) Cartes SD Memory Stick

La **carte SD** (*Secure Digital*) [2000] est un format de mémoire flash très répandu, destiné essentiellement au matériel photo et vidéo. Elle se décline physiquement en diverses versions (SD, mini SD, micro SD...) et offre une capacité maximale de 2 Go – liée à son format de stockage FAT16. L'accès aux données est réalisé par un connecteur latéral à 8, 9 ou 11 broches, permettant d'atteindre un taux de transfert maximal de 10 Mo/s.

La carte **SDHC** (*SD High Capacity*) ou **SD 2.0**, qui a les mêmes caractéristiques physiques, porte la capacité à 32 Go en utilisant le système de fichiers FAT32.

Les cartes SD ou SDHC sont classées selon leur débit :

- SD **classe 2** : vitesse de 2 Mo/s
- SD **classe 4** : vitesse de 4 Mo/s
- ...
- SD **classe 10** : vitesse de 10 Mo/s

Le nouveau format **SDXC** (*SD eXtended Capacity*) [2010] succède aux « anciens » SD et SDHC en proposant des capacités qui devraient atteindre 2 To et des débits allant jusqu'à 300 Mo/s (64 Go à ce jour [2010] avec un taux de transfert de 22 Mo/s en lecture).

Une carte mémoire de 64 Go permettrait ainsi de filmer pendant plus de 8 heures avec un caméscope haute définition.

Les ***Memory Stick***, PC Card, Compact Flash... ou les cartes SD utilisées dans les appareils photos numériques sont composées, là encore, de mémoire flash.

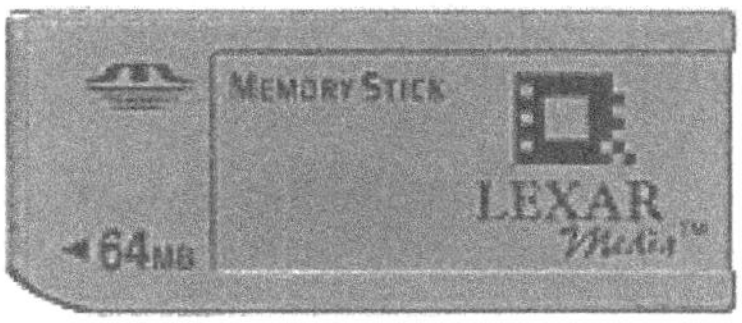

Figure 11.21 Carte Memory Stick

d) La PRAM futur de la mémoire flash

IBM, Samsung, Intel… ont annoncé [2006] une nouvelle technologie de mémoire non volatile dite **PRAM** (*Phase-change* RAM), **PCM** (*Phase-change memory*) ou **C-RAM** (*Chalcogenide* RAM) ou encore « mémoire à changement de phase ».

La PRAM [1970] se révélait jusqu'à présent trop coûteuse pour des applications commerciales. Elle utilise les propriétés du verre chalcogenide qui passe d'un état cristallin à un état amorphe en fonction de la chaleur. À l'état amorphe, ce verre possède une très grande résistance électrique qui permet de représenter le 1 binaire. L'état cristallin est l'exact opposé et représente la valeur 0. Pour connaître l'état de chaque bit, un courant très faible est envoyé pour déterminer les résistances des points mémoire et donc en connaître l'état binaire. À noter que ce matériau est également utilisé dans les CD-RW et DVD-RW, mais au lieu de faire appel aux propriétés électriques des états amorphes et cristallins, on utilise leurs propriétés optiques et leurs indices de réfraction.

La PRAM est 500 fois plus rapide que la flash, et offre une durée de vie supérieure à 100 millions de lectures/écritures, et une finesse de gravure jusqu'à 22 nm et moins.

Elle remplacera sans doute à termes les mémoires Flash, Les premiers modules de 4 et 16 Mo commencent à apparaître [2007] et on annonce déjà les premières puces à 64 Mo [2008].

EXERCICES

11.1 Quelle est la taille du mot mémoire, et combien peut-on loger de mots mémoire (capacité mémoire ou taille mémoire du boîtier), dans un boîtier tel que représenté ci-après (Figure b) ? De quel type de mémoire s'agit-il ?

11.2 Quel débit offre une mémoire présentant les caractéristiques suivantes : Mémoire – 64 Mo – Bus 64 – SDRAM – DIMM 168 broches/100 MHz – 3,3 V ?

11.3 On repère sur une carte mère un boîtier tel que présenté ci-après (Figure a) ? De quel type de mémoire s'agit-il et comment le sait-on ? À quoi sert cette mémoire sur la carte mère ?

Figure a

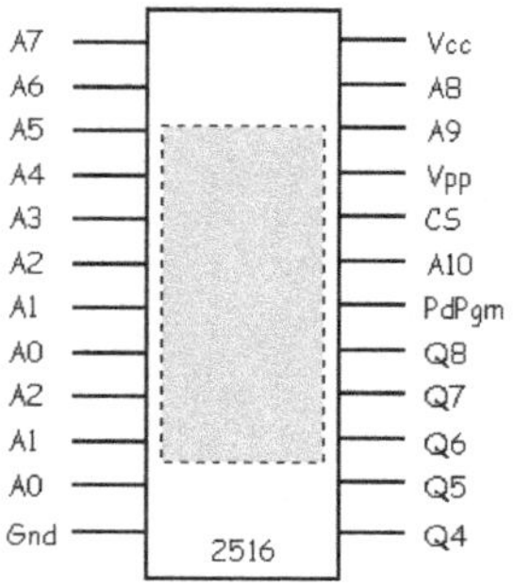

Figure b

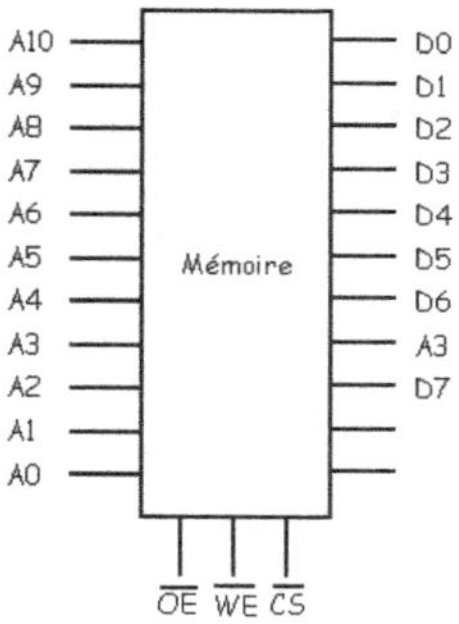

SOLUTIONS

11.1 La taille du mot mémoire se détermine facilement en observant le nombre de broches permettant les entrées ou les sorties de données, (Data) et donc repérées par la lettre D : ici 8 broches (notées D0 à D7), donc il s'agit de mots de 8 bits.

La capacité mémoire se calcule simplement en observant le nombre de broches destinées à recevoir les adresses des mots mémoire (*Address*) repérées par la lettre A. Ce boîtier présente 11 broches d'adresses (repérées de A_0 à A_{10}) ce qui permet de déterminer qu'il dispose de 2^1 adresses différentes soit une capacité d'adressage de 2 Ko.

Enfin, on reconnaît qu'il s'agit d'une **mémoire vive**, à la présence d'une broche WE (*Write Enable*) dont on n'aurait que faire dans un boîtier correspondant à une mémoire morte qui ne pourrait être que lue.

11.2 Il s'agit de SDRAM donc fonctionnant à la fréquence indiquée de 100 MHz. Avec un bus 64 bits on obtient donc un débit de 100 * 64/8 = 800 Mo/s.

11.3 Il est assez facile de repérer ici une mémoire de type EPROM car la face supérieure est recouverte d'un petit adhésif gris destiné à protéger la fenêtre d'effacement contre les ultraviolets auxquels il pourrait être soumis, soit lors de sa manipulation, soit par infiltration dans la machine ou lors d'une ouverture du capot… Éventuellement on peut passer le doigt à la surface du boîtier et on ressentira en arrière-plan la fenêtre d'effacement.

Sur une carte mère ce type de boîtier contient en général le BIOS de la machine (moins vrai sur les nouvelles machines ou le BIOS est en RAM Flash la plupart du temps). Il peut contenir également les programmes nécessaires aux tests de mise en route de la machine.

Chapitre **12**

Bandes et cartouches magnétiques

Les **mémoires de masse** ou **mémoires auxiliaires** dont font partie les bandes magnétiques, les disques durs… présentent l'avantage d'une grande capacité de stockage au détriment d'un temps d'accès lent. Compte tenu de leur grande capacité et d'un prix de revient bas, elles jouent encore, malgré ce temps d'accès lent, un rôle important dans le domaine des sauvegardes.

12.1 LA BANDE MAGNÉTIQUE

La bande magnétique traditionnelle, compte tenu de son très faible coût de stockage de l'information, a longtemps été un des supports les plus employés en archivage.

12.1.1 Principes technologiques

La bande magnétique traditionnelle utilisée en informatique se présente sous la forme d'un ruban de polyester d'environ 1,5 μ d'épaisseur. Ses dimensions sont en règle générale d'un demi-pouce (*inch*) de large (12,7 mm) pour une longueur variant entre 183, 366 ou 732 m. Le ruban de polyester est recouvert de particules métalliques microscopiques qui agissent comme autant de petits aimants.

Si on soumet un barreau métallique au passage d'un courant continu dans une bobine entourant ce barreau, il va s'aimanter dans un sens tel qu'il détermine à ses extrémités un pôle nord et un pôle sud. Si on soumet ce barreau métallique à un courant circulant en sens inverse dans la bobine (ou solénoïde), le sens d'aimantation s'inverse.

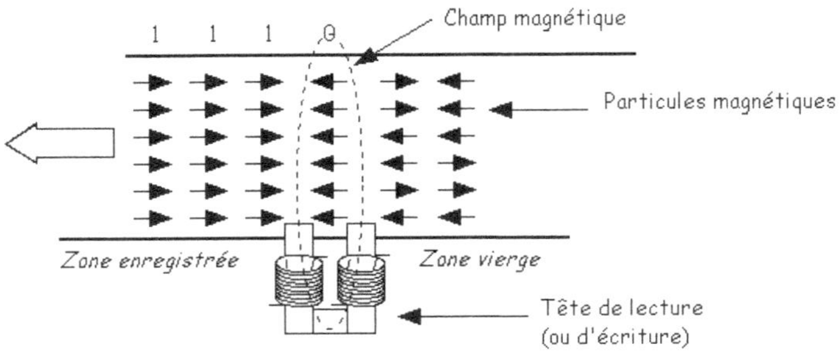

Figure 12.1 Structure de la bande magnétique

Les particules d'oxyde qui, à la construction, sont en général orientées dans le même sens, vont donc être soumises à un champ magnétique d'un sens ou d'un autre selon que l'on souhaite coder des 1 ou des 0 logiques. Les propriétés du magnétisme sont telles qu'une particule aimantée va conserver son aimantation pendant un temps important, qui dépend de la qualité de l'oxyde, appelé **rémanence**.

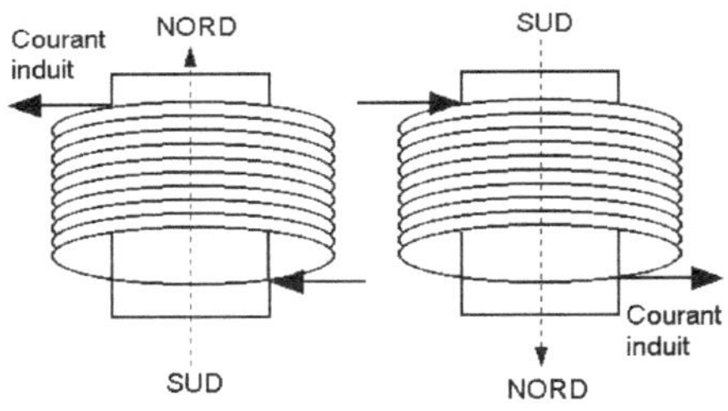

Figure 12.2 Écriture sur la bande

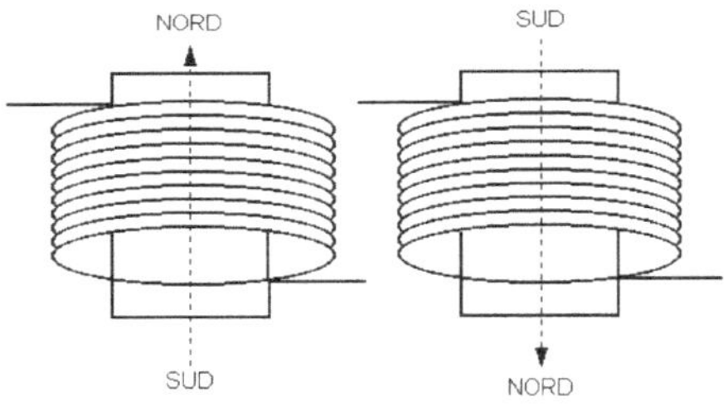

Figure 12.3 Lecture de la bande

Si l'on soumet un barreau métallique au champ magnétique créé par un électroaimant, ce barreau s'aimante. Inversement, si l'on approche un aimant d'une bobine, on va créer dans la bobine un courant induit, dont le sens dépend du sens du champ magnétique auquel il est soumis.

La lecture d'une bande magnétique se fera donc en faisant défiler, à vitesse constante, la bande sous la tête de lecture constituée d'un noyau métallique et d'une bobine. Suivant le sens d'aimantation des particules se trouvant sous la tête de lecture, on va créer un courant induit dont le sens va nous indiquer s'il s'agit de la codification d'un 0 ou d'un 1 logique.

Afin de pouvoir stocker des mots binaires, une bande sera généralement « découpée » en **9 pistes** (ou **canaux**) permettant d'enregistrer simultanément 9 informations binaires élémentaires – 8 bits de données plus un bit de parité.

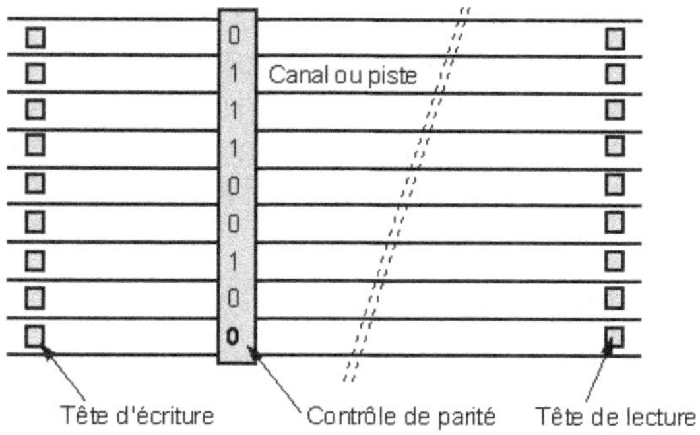

Figure 12.4 Canaux ou pistes

Les bandes **MP** (*Metal Particle*) utilisent un liant polymère pour faire adhérer les particules magnétiques au support mais, avec le temps, ce liant se fragilise du fait de l'humidité, des écarts de température… Des particules se détachent alors et se déposent sur la tête d'enregistrement, ce qui impose un nettoyage fréquent. À terme, on peut arriver à une décomposition de la couche d'oxyde, la surface de la bande s'amollit et secrète une matière collante. Ce syndrome augmente la friction, entraîne l'encrassement de la tête et la détérioration de la bande et du matériel.

Les lecteurs plus récents (LTO, SAIT…) utilisent la technique **AME** (*Advanced Metal Evaporated*) qui emploie comme support magnétique du cobalt pur évaporé par une technique de vide. Le résultat obtenu assure une densité d'enregistrement supérieure à celle des supports traditionnels. De plus, les dépôts sur la tête sont minimes, car aucun polymère n'intervient pour lier les particules magnétiques au support. Enfin, pour améliorer la durée de vie de la bande, celle-ci est vitrifiée au moyen d'un film **DLC** (*Diamond-Like Carbon*) de carbone, dur comme le diamant, ce qui lui donne une haute résistance à l'usure.

12.1.2 Les divers modes d'enregistrement

Les principes de base du magnétisme ne sont pas utilisés tels quels pour coder des informations ; en fait, il existe plusieurs méthodes pour enregistrer des informations sur la bande. Ces méthodes ont évolué avec le développement des technologies afin de stocker le maximum d'informations dans le minimum de place et ceci avec le maximum de fiabilité. Les plus anciens de ces modes d'enregistrements – modes de codage ou encodage – sont les modes NRZI (*No Return to Zero Inversed*) et PE (*Phase Encoding*). Actuellement les modes d'encodage RLL (*Run Length Limited*) et PRML (*Partial Reed Maximum Likelihood*) utilisés sur les disques durs sont également employés sur les nouveaux lecteurs de bandes.

a) Le mode NRZI (No Return to Zero Inversed)

Dans ce mode d'enregistrement (*cf.* chapitre sur l'encodage), la valeur du bit codé n'est pas associée à une polarisation précise. La lecture de l'enregistrement se fait en testant à intervalles réguliers le sens d'aimantation et en comparant le sens détecté à celui précédemment observé. Ce mode est délaissé car il ne permet pas de stocker plus de 800 BpI (*Byte per Inch* ou octet par pouce). En effet, comme pour stocker un bit on doit disposer d'un intervalle de temps suffisamment « grand » pour que la tête de lecture ait le temps de détecter le sens de magnétisation, on préfère donc utiliser des techniques où le bit est repéré par une transition, d'une durée nettement inférieure.

b) Le mode PE (Phase Encoding)

Le mode PE, également ancien, utilise l'encodage Manchester associant à chaque valeur du bit une transition du sens d'aimantation du film magnétisable (le nombre de flux de transition se mesure en **fpi** (*flux change per inch*). Une transition de sens inverse représente un 1 logique. La lecture se fait en testant à intervalles réguliers la transition du sens d'aimantation de la bande. Ce mode d'enregistrement permet de stocker correctement jusqu'à 1 600 BpI.

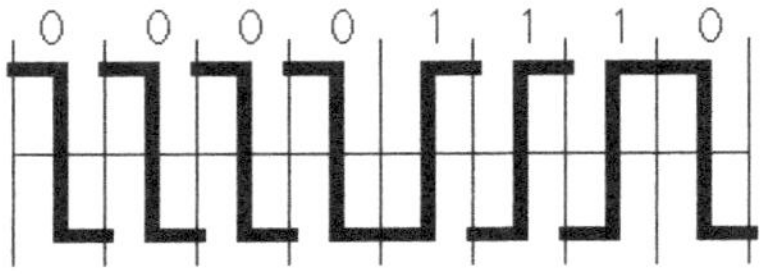

Figure 12.5 Mode PE

Pour des densités supérieures, on emploie des modes d'enregistrement identiques à ceux utilisés sur les disques magnétiques ; aussi étudierons-nous ces modes quand nous aborderons les disques. Sachez toutefois que l'on peut, grâce à ces modes d'enregistrement, atteindre 6 250 BpI ce qui permet d'assurer le stockage d'environ 180 Mo de données mais on reste loin des capacités atteintes sur les cartouches à enregistrement linéaire ou hélicoïdal.

12.1.3 Organisation physique des bandes

La lecture caractère par caractère n'est pas possible sur une bande magnétique car celui-ci n'occupe que quelques centièmes de millimètre. On est donc obligé de lire un ensemble suffisant de caractères à la fois (de quelques centaines à quelques milliers). De plus, la qualité de la lecture ou de l'écriture exige un déplacement régulier de la bande devant les têtes, ce qui conduit également à prévoir la lecture ou l'écriture d'ensembles de caractères. Ces ensembles portent le nom de **blocs physiques**.

Afin d'assurer l'arrêt de la bande après lecture d'un bloc, ou pour lui permettre de retrouver sa vitesse de défilement lors d'un redémarrage, les blocs sont séparés entre eux par des « espaces » inter-enregistrements ou ***gap*** (un fossé en anglais) de 1,5 à 2 cm. Lors de la lecture de la bande, celle-ci prend de la vitesse et atteint sa vitesse de défilement ; un bloc est alors lu **en une seule fois** et son contenu transféré en mémoire dans une zone spécialisée dite *buffer* d'entrées/sorties ; puis la bande va s'arrêter sur un *gap* et éventuellement redémarrer pour la lecture d'un autre bloc physique.

12.1.4 Organisation logique des bandes

Un bloc peut contenir un article, c'est-à-dire l'ensemble des informations relatives à une même entité. Selon la taille de l'article, il peut être possible d'en regrouper plusieurs dans un même bloc.

> Supposons une bande comportant des blocs stockant 5 000 caractères et un article du fichier d'une taille de 800 caractères ; il est aisé à comprendre qu'au lieu de mettre un seul article dans un bloc il est préférable d'en mettre le maximum soit ici 6 articles.

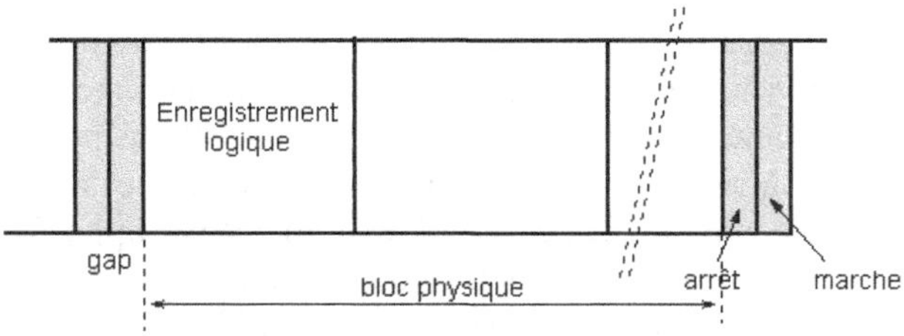

Figure 12.6 Blocs et enregistrements

On distingue donc, à côté des enregistrements physiques (figure 12.6), des enregistrements **logiques** – articles du fichier. Le nombre d'enregistrements logiques qu'il est possible de faire tenir dans un enregistrement physique constitue le **facteur de blocage**, ou **facteur de groupage**.

Plus le facteur de groupage sera important, plus le nombre des espaces arrêt-marche (*gap*), séparant les blocs sera réduit et plus la place destinée aux informations sera importante. Ce choix, déterminé par le programmeur ou par le système, impose la longueur de la bande nécessaire pour enregistrer un fichier, influant également sur le temps d'écriture ou de lecture.

L'organisation logique des fichiers, les techniques d'indexation et de rangement des données sur les bandes sont autant de facteurs sur lesquels travaillent les constructeurs. Ainsi, sur certains modèles (LTO...) le lecteur accède, dès le montage de la cartouche, au catalogue des partitions qui assure la relation entre l'emplacement logique des données et l'emplacement physique sur la bande.

Les lecteurs modernes exploitent dorénavant des techniques d'adressage et d'indexation par blocs de données. Ainsi, la technologie **DPF** (*Discret Packet Format*) utilisée sur certains lecteurs enregistre les données, non plus sous la forme d'une piste linéaire et « continue » mais comme un ensemble de « paquets de données », ce qui autorise une relecture « à la volée » des blocs et leur réenregistrement immédiat s'ils sont erronés. Lors de la phase de lecture, les paquets « dans le désordre » seront remis en ordre en mémoire cache. Cette technologie autorise ainsi une meilleure fiabilité d'enregistrement des cartouches.

12.1.5 Les contrôles

Pour éviter les erreurs, toujours possibles lors des opérations de lecture ou d'écriture, il est vital d'adjoindre aux informations stockées sur la bande des informations de contrôle. Nous avons vu que, pour chaque octet par exemple, on pouvait enregistrer un bit additionnel de parité – parité verticale ou **VRC** (*Vertical Redundancy Check*). Mais ce simple contrôle de parité est insuffisant. On est alors amené à utiliser des contrôles supplémentaires **LRC** (*Longitudinal Redundancy Check*) ou, plus souvent, un code du type code de Hamming. D'autres techniques existent également, tel le codage **GCR**, dépassant le cadre de ce cours.

a) Début et fin de bande

Avant de pouvoir utiliser une bande magnétique, il faut la mettre en place physiquement, on « monte un volume ». On va donc trouver sur la bande une « amorce » de début de bande et une amorce de fin sur lesquelles il n'est pas possible d'écrire. Afin de repérer à partir d'où on peut lire ou écrire sur la bande et à partir d'où ce n'est plus possible, on colle sur la bande un adhésif métallisé appelé *sticker* (*to stick* : coller). En passant devant des cellules photoélectriques ces *stickers* permettront de démarrer ou d'arrêter la lecture ou l'écriture de la bande.

12.2 LES CARTOUCHES MAGNÉTIQUES

Les bandes traditionnelles, volumineuses et peu aisées à mettre en œuvre, ont assez tôt été concurrencées par les cassettes et les cartouches magnétiques. On rencontre de nombreux types de cartouches, cassettes, mini cartouches… Schématiquement on peut les classer en deux familles, selon leur procédé d'enregistrement :

- **Hélicoïdal** : cette technologie, issue des techniques employées en vidéo, exploite une tête de lecture rotative qui inscrit les données de bas en haut. Les cartouches **DAT** (*Digital Audio Tape*), **DDS** (*Digital Data Storage*), **AIT** (*Advanced Intelligent Tape*), **SAIT** (*Super* AIT), **VXA**… utilisent ces techniques.
- **Linéaire** (longitudinal) : cette technique, issue de la traditionnelle bande magnétique, consiste à enregistrer l'information sur des pistes longitudinales. Les cartouches **QIC** (*Quarter Inch Cartridge*), **DLT** (*Digital Linear Tape*) ou **SDLT** (*Super DLT*), **LTO** (*Linear Tape Open*), **MLR** ou **SLR** (*Scalable LineaR tape*) utilisent cette technologie.

12.2.1 Technologies hélicoïdales

Dans la technologie d'enregistrement hélicoïdal (*Helical Scan*), dite aussi d'enregistrement par balayage en spirale, enregistrement de piste diagonale… la bande défile devant les têtes, portées par un tambour incliné à 6°, qui tourne à environ 2 000 tours/minute, tandis que la bande avance à une vitesse d'un peu plus d'un quart de pouce par seconde. Le déplacement relatif de la bande est ainsi d'environ 3 mètres/seconde et on évite les problèmes de tensions ou d'accélérations brutales sur la bande. Le tambour portant les têtes étant incliné, les données sont enregistrées sur des « bouts » de piste d'environ 23 mm placées dans le travers de la bande.

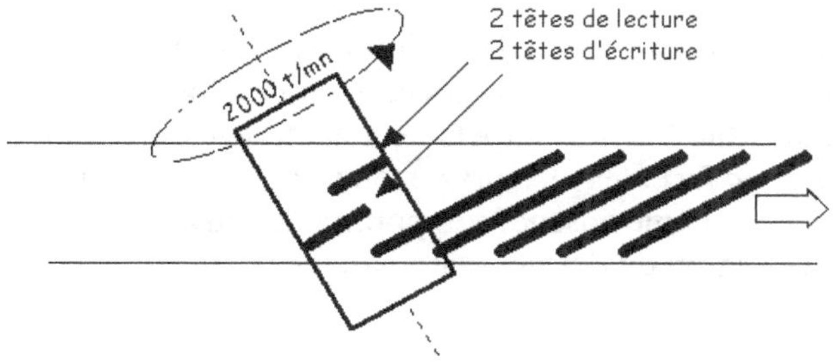

Figure 12.7 Enregistrement hélicoïdal

La cassette **DAT** (*Digital Audio Tape*) s'inspire des techniques audio et utilise une bande magnétique de 4 mm de largeur sur laquelle on enregistre les données en appliquant l'une des deux formats d'enregistrement DDS ou DataDAT.

Le format **DDS** (*Digital Data Storage*), développé par HP, Sony et Seagate, s'est rapidement affirmé comme standard (**DDS-1** : 4 Go puis **DDS-2** : 8 Go), a évolué avec la version **DDS-3** (12 Go) et enfin **DDS-4** qui permet de sauvegarder 20 Go de données non compressées (40 Go compressés) avec un taux de transfert d'environ 3 Mo/s et un temps moyen d'accès inférieur à 80 s. DDS-5 envisagé pendant un temps ne devrait pas voir le jour.

Le prix de revient se situe aux environs de 1,5 euro le Go. Une version « mammouth » (*Mammoth*) permet de sauvegarder 40 Go avec compression – taux de transfert de 3 Mo/s. La version *Mammoth* 2 autorise 60 Go en format non compressé avec un débit de 12 Mo/s.

La solution **AIT-5** (*Advanced Intelligent Tape*) [2006] assure une sauvegarde de 400 Go avec un taux de transfert de 24 Mo/s en format non compressé. Sony propose également, **SAIT-1** [2003] avec des taux de transfert de 30 Mo/s et une capacité de stockage de 500 Go non compressés, **SAIT-2** [2006] offrant 800 Go à 45 Mo/s en non compressé. Les versions **AIT-5**, **SAIT-3**... ont été abandonnées par Sony qui se consacre désormais au format DAT.

Avec la technologie **VXA** (*Variable speed eXtend Architecture*) [1999], utilisée sur des cartouches 8 mm, on lit et écrit les données dans de petits paquets, gérés individuellement en technologie **DPF** (*Discrete Packet Format*). Lors de la lecture, les paquets de données sont collectés dynamiquement et ré assemblés dans la mémoire tampon du lecteur, ce qui assure une intégrité de restauration des données beaucoup plus élevée, à un coût réduit. La dernière génération VXA-3 permet d'enregistrer jusqu'à 320 Go de données, en mode compressé, sur une cartouche 8 mm, de technologie **AME** (*Advance Metal Evaporated*), avec un taux de transfert de 12 ou 24 Mo/s (soit quatre fois plus que le standard DDS DAT 72). VXA-4 devrait assurer 640 Go à 32 Mo/s. Les bandes VXA ont également la réputation de pouvoir supporter 600 sauvegardes contre une centaine seulement, pour celles au format DAT.

12.2.2 Les technologies linéaires

Contrairement à la bande, sur laquelle les informations sont séparées par des gaps, la cartouche est enregistrée comme une succession de blocs sans espaces inter blocs, selon une technique dite linéaire serpentée, à haute vitesse et en plusieurs passages. C'est le *streaming-mode*, et les lecteurs de telles cartouches sont dits **streamers**. S'il y a un ralentissement ou une absence temporaire de sauvegarde, la bande est ralentie puis repositionnée à la fin du dernier enregistrement.

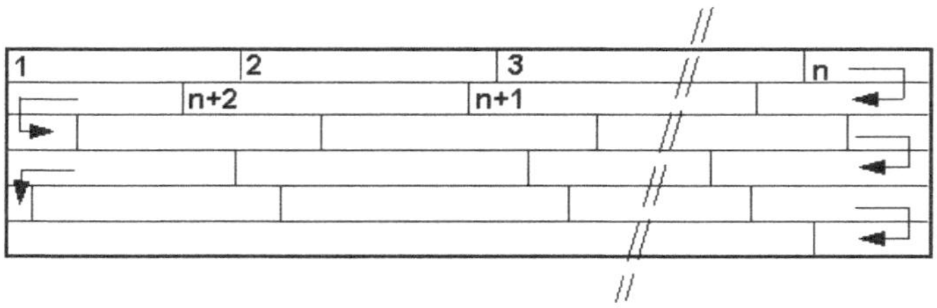

Figure 12.8 Le format linéaire serpenté

La **cartouche 1/4" QIC** (*Quarter Inch Cartridge*), ancêtre des sauvegardes en cartouches, offre l'aspect d'un boîtier plastique dont la dimension varie de celle d'une grosse cassette audio à celle d'une cassette de magnétoscope. Progressivement abandonnées, les QIC vont du lecteur 3"1/2 assurant la sauvegarde de 2 Go au lecteur 5"1/4 d'une capacité variant de 2,5 Go à 5 Go en mode compressé.

La **cartouche DLT** (*Digital Linear Tape*) utilise aussi un mode linéaire serpenté et présente l'avantage d'une faible usure des bandes et des têtes de lecture écriture.

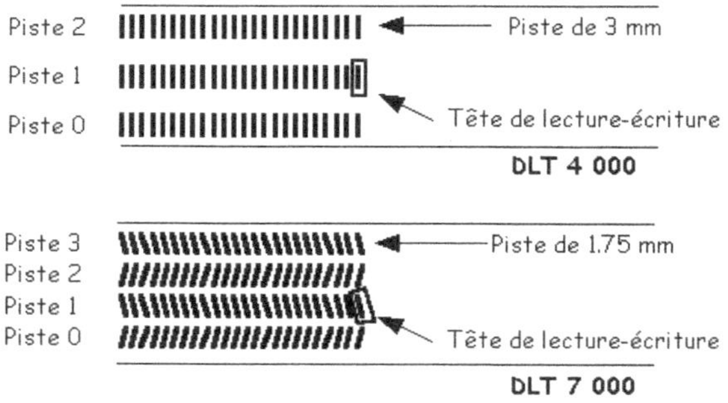

Figure 12.9 Les formats DLT 4000 et 8000

DLT 4000 [1994] offre 20 Go de stockage, avec un taux de transfert de 1,5 Mo/s et un temps moyen d'accès de 68 s.

DLT 8000 [1999] combine enregistrement linéaire et hélicoïdal avec plusieurs têtes de lecture angulaire enregistrant les pistes adjacentes avec un angle différent pour optimiser l'espace de stockage en diminuant la largeur des pistes. Elle stocke

40 Go (80 Go compressés) à 6 Mo/s avec un temps moyen d'accès d'environ 102 s en non compressé.

SDLT (*Super* DLT) utilise une octuple tête magnéto résistive et un encodage PRML (*Partial Response Maximum Likehood*) identique à celui utilisé sur les disques durs pour enregistrer sur 448 pistes de données. Il utilise également une piste optique d'asservissement placée au dos de la bande et lue par faisceau laser, pour positionner avec précision la bande devant les têtes. La **SDLT 600** offre une capacité native de 300 Go (600 Go compressés) avec un taux de transfert de 36 Mo/s (72 Mo/s en compressé). Toutefois, les technologies DLT sont désormais [2007] abandonnées par la société Quantum au seul profit de la technologie **LTO**.

LTO (*Linear Tape Open*), dit aussi **Ultrium** [2000] est une technologie linéaire qui concurrence très fortement les technologies SAIT et SDLT (LTO occupe plus de 80 % de part de marché en 2007). La technique exploite le mode linéaire serpenté bidirectionnel avec une technologie d'enregistrement RLL (*Run Length Limited*) comme sur les disques durs ou PRML (*Partial Response Maximum Likehood*). LTO se décline en versions LTO-1 (100 Go, débit 20 Mo/s), LTO-2 (200 Go, débit 40 Mo/s) et dorénavant en :

- **LTO 3 [2005]** de 200 Go à 400 Go compressé avec un taux de transfert de 80 à 160 Mo/s (compressé). Les bandes de 12,7 mm de large sur 600 m de long comportent 384 pistes organisées en quatre zones, séparées par des zones d'asservissement destinées à assurer le positionnement précis des têtes.
- **LTO 4** [2007] ou **Ultrium 1840** offre 800 Go (1,6 To compressés) avec un taux de transfert de 120 Mo/s à 240 Mo/s (compressés).

Le *roadmap* LTO (www.lto.org) envisage d'atteindre une capacité de 6,4 To avec un taux de transfert de 540 Mo/s.

Signalons aussi les technologies MLR et SLR (*Scalable Linear Recording*) développées par la société Tandberg. Elles permettent, avec la version MLR5, d'atteindre de 25 Go à 50 Go par cartouche et avec SLR-140 d'atteindre une capacité de 140 Go compressés avec un taux de transfert de 6 Mo/s.

12.2.3 Conclusions

La bande magnétique a été et reste encore un support privilégié de l'information ; ceci tient à diverses raisons telles que :

- un très faible coût de la donnée enregistrée ;
- un encombrement physique faible en regard du volume stocké ;
- la (relative) non-volatilité des informations enregistrées.

Par contre elle présente aussi certains inconvénients et notamment :

- une lecture fondamentalement séquentielle ;
- un temps moyen d'accès à l'information long (10 s au mieux) ;
- une relative sensibilité à l'environnement (poussière, humidité...).

C'est pourquoi, à l'heure actuelle les supports magnétiques, tels que les cartouches servent essentiellement à l'archivage des informations en attendant, peut-être, d'être définitivement détrônés par d'autres médias tels que les disques optiques numériques.

EXERCICES

12.1 Vous devez assurer la sauvegarde des bases de données qui occupent près de 700 Go sur le serveur d'une grosse société. En dehors de l'aspect financier, quelle(s) technique(s) de sauvegarde préconiseriez-vous ? À partir des données fournies dans le chapitre, établissez un tableau comparatif des volumes et des temps de sauvegarde. Ne prenez pas en compte la compression ni les temps de latence.

12.2 Combien de temps devrait théoriquement prendre la sauvegarde des 2 disques de 400 Go de votre serveur que vous devez « *backuper* » sur le petit lecteur de cartouches « bas de gamme » livré avec le serveur et dont le taux de transfert annoncé est de 6 Mo/s ? Qu'en tirez-vous comme conclusion ?

SOLUTIONS

12.1 Le volume à sauvegarder est de 700 Go

Matériel	Volume cartouche	Taux de transfert	Nbre de cartouches	Temps de sauvegarde	
AIT-5	400 Go	24 Mo/s	700 / 400 = 2	(700 × 1024)/24 = 29 867 s	8 h 18 min
SAIT-2	800 Go	30 Mo/s	1	(700 × 1024)/30 = 23 894 s	6 h 38 min
DLT 8000	40 Go	6 Mo/s	700 / 40 = 18	(700 × 1024)/6 = 119 467 s	33 h 11 min
SDLT 600	100 Go	10 Mo/s	700 / 100 = 7	(700 × 1024)/10 = 71 680 s	19 h 54 min
LTO 4	800 Go	120 Mo/s	1	(700 × 1024)/120 = 5 973 s	1 h 40 min

La technologie présentant les meilleures caractéristiques est ici sans conteste la toute dernière LTO 4. Les autres nécessitent trop de cartouches ou de temps. En ce qui concerne le nombre de cartouches on peut bien entendu envisager des chargeurs automatiques.

12.2 Avec 2 disques de 400 Go on dispose d'un volume total de 800 Go soit 8 x 1 024 Mo = 963 200 Mo.

À raison de 6 Mo/s la sauvegarde devrait mettre 963 200 Mo / 6 Mo/s, soit 160 534 s. Au final on va sauvegarder en près de 44 heures 36 minutes.

La conclusion s'impose d'elle même… Il va falloir envisager l'acquisition d'un autre système de sauvegarde !

Chapitre **13**

Disques durs et contrôleurs

Les bandes magnétiques, si elles ont l'avantage d'un faible prix de revient, présentent l'inconvénient majeur d'une lecture fondamentalement séquentielle. Les constructeurs (IBM) ont développé dès 1956, des systèmes autorisant l'accès direct à l'information recherchée, grâce au disque magnétique.

13.1 PRINCIPES TECHNOLOGIQUES

L'information est enregistrée sur le disque magnétique (disque dur) selon les principes du magnétisme exposés lors de l'étude des bandes magnétiques. L'élément de base du disque est un plateau circulaire, souvent en aluminium – métal amagnétique et léger – de 0,85",1", 1,8", 2,5", 3,5" ou 5,25 pouces de diamètre pour les disques durs (et qui atteignait anciennement jusqu'à 60 cm). Ce diamètre ou **facteur de forme**, tend à diminuer fortement puisqu'on en est rendu à des disques logeant sur un format carte de crédit (PCMCIA) avec une épaisseur de 6 mm ! Les facteurs de forme 3,5" ou 5,25" sont les plus répandus.

Dans la technique à **film mince** ou **TFI** (*Thin Film Inductive*) utilisée jusque vers 1997 on disposait d'une tête de lecture écriture (jouant le rôle de solénoïde) par plateau, chacun étant recouvert d'une couche très fine (0,05 à 1 μ) de phosphore nickel ou phosphore cobalt, autorisant une densité d'enregistrement d'à peu près 800 Mbits/pouce carré. Le plateau est parfois recouvert d'une couche de carbone ce qui le protége des phénomènes d'électricité statique et réduit les risques de contact tête/plateau. Sur le plateau l'aimantation peut se faire selon trois principes :

– **enregistrement longitudinal** : le plus utilisé actuellement ou **LMR** (*Longitudinal Magnetic Recording*). L'aimantation a lieu dans le plan de la couche, tangentiellement à la piste.

- **enregistrement transversal** : l'aimantation se fait ici encore dans le plan de la couche mais cette fois-ci perpendiculairement à la piste.
- **enregistrement vertical, perpendiculaire** ou **PMR** (*Perpendicular Magnetic Recording*) : avec une aimantation perpendiculaire au plan de la couche, permettant d'obtenir des disques d'une capacité supérieure à 2 To !

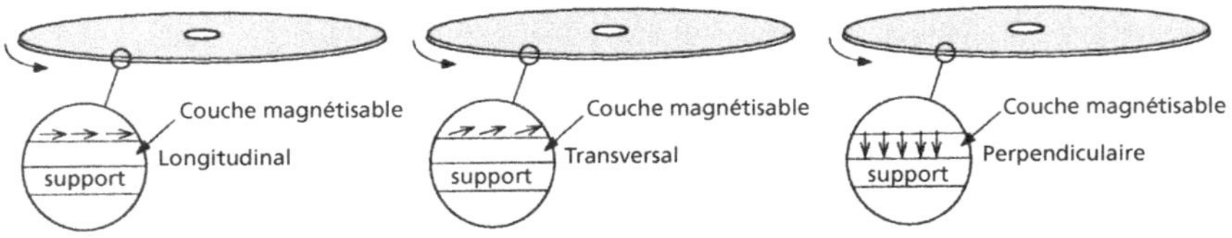

Figure 13.1 Technologies d'enregistrement

La technologie PMR commence à trouver sa place sur le marché et devrait évoluer vers des capacités plus importantes encore. Les constructeurs envisagent [2016] une densité surfacique pouvant atteindre 4 Tbit/pouce carré ce qui permettrait de fabriquer des disques durs 3,5 pouces de 25 To. La limite théorique semblant se situer aux alentours des 100 Tbits/pouce carré, ce qui permettrait d'envisager un disque dur 3,5 pouces de 65 Pétaoctets (soit 65 000 To) !

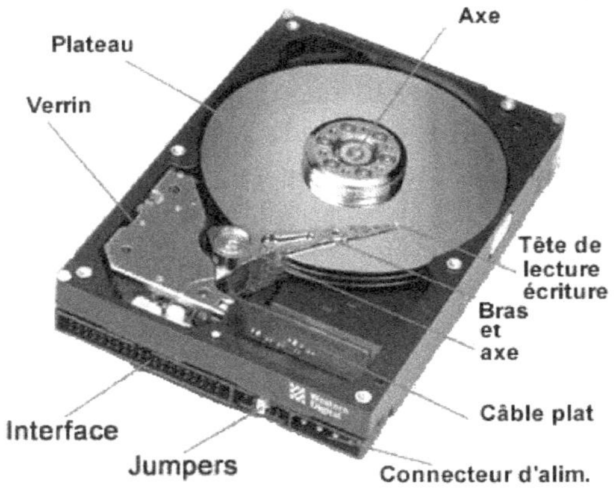

Figure 13.2 Éclaté d'un disque dur

La technique **SMART** (*Self Monitoring Analysis and Reporting Technology*) assure une gestion statistique des incidents, permettant d'avertir l'utilisateur de l'imminence d'une panne.

TABLEAU 13.1 ÉVOLUTION DES DENSITÉS

Date	Densité en Giga bits/pouce carré	Épaisseur de la tête en µ	Largeur de la piste en µ
1993	2,6	0,08	1,35
1998	10	0,04	0,68
1999	35	0,02	0,34
2003	100	NC	NC

Dans un disque dur, chaque face est divisée en **pistes** circulaires concentriques dont le nombre varie, selon les modèles, de 10 à plus de 1 000 pistes par face. Chaque piste est elle-même divisée en **secteurs** (de 8 à 64), qui sont en fait des portions de pistes limitées par deux rayons. Toutes les pistes ont la même capacité ce qui implique une densité d'enregistrement accrue au fur et à mesure que l'on se rapproche du centre. Bien entendu pistes et secteurs ne sont pas visibles à l'œil nu. L'opération consistant, à partir d'un disque vierge à créer des pistes concentriques, divisées en secteurs et à y placer les informations nécessaires à la bonne gestion du disque s'appelle le **formatage** et dépend du système d'exploitation.

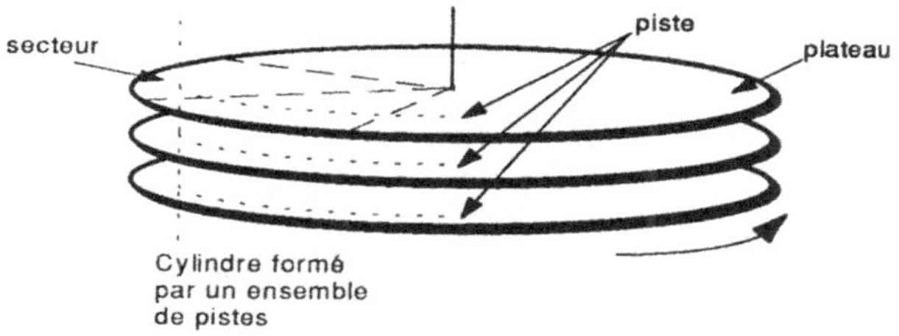

Figure 13.3 Plateaux, secteurs et pistes

Plusieurs disques superposés sur un même axe (jusqu'à 20) constituent une **pile** de disques ou ***dispack*** (on dit également 20 **plateaux**). Ces disques sont séparés entre eux par un espace de quelques millimètres permettant le passage des têtes de lecture-écriture. Ainsi, plusieurs têtes, permettant un accès simultané à l'ensemble des informations situées sur les pistes d'une pile se trouvant à la verticale les unes des autres, déterminent un **cylindre**.

Sur une piste, les bits sont enregistrés linéairement, les uns derrière les autres. Le nombre de bits que l'on peut ainsi aligner les uns à la suite des autres dépend de la **densité linéaire** et se mesure généralement en **bpI** (*bits per inch*). Afin d'améliorer ces densités d'enregistrement et donc augmenter les capacités de stockage, il est nécessaire de réduire au maximum la taille de la zone d'aimantation associée à la codification d'un bit.

Afin de pouvoir détecter les variations de champs magnétiques les plateaux sont en rotation permanente. Dans une unité de disques, les plateaux tournent à grande vitesse – de 3 600 à près de 15 000 tours par minute **tpm** (ou **rpm** *Rotate per Minute*). La vitesse de rotation de la majorité des disques des micro-ordinateurs est de 5 400 tpm ou 7 200 tpm pour les disques IDE et de 10 000 tpm pour certains disques SCSI.

Sur un disque dur, chaque secteur doit être lu ou écrit en conservant une **vitesse angulaire constante CAV** (*Constant Angular Velocity*) qui impose que la densité d'enregistrement augmente quand on passe d'un secteur stocké sur une piste extérieure à un secteur situé sur une piste intérieure, proche de l'axe de rotation du plateau. La densité d'enregistrement linéaire varie donc si on se rapproche du centre du plateau. La taille attribuée à un secteur diminue au fur et à mesure que l'on approche du centre or la quantité d'information qu'on peut loger sur le secteur doit rester identique (512 o en général). Il faut donc faire varier la densité linéaire en fonction de la position de la piste sur le plateau. La vitesse de rotation du plateau étant constante – **vitesse angulaire constante CAV**, la vitesse linéaire de défilement des particules sous la tête de lecture augmente alors au fur et à mesure que la tête de lecture se déplace vers l'axe de rotation. Le système doit donc être en mesure de lire et d'écrire des densités d'enregistrement différentes.

Compte tenu de la vitesse de rotation des plateaux, les têtes ne doivent absolument pas entrer en contact avec le média car il en résulterait un fort échauffement qui les détruirait et provoquerait l'arrachage des particules magnétiques de la surface du média. Cet accident, souvent fatal aux données, s'appelle un **atterrissage de tête**.

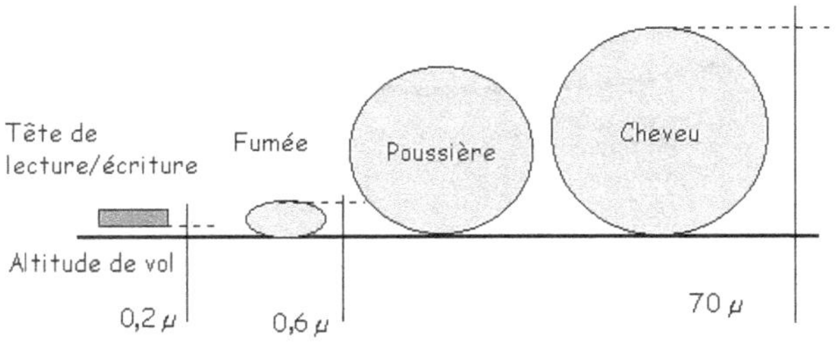

Figure 13.4 Tailles des impuretés et hauteur de vol des têtes

Les têtes doivent être maintenues à distance du plateau, dite **hauteur de vol** (de l'ordre de 0,25 à 1 micron), ce qui nécessite une surface absolument plane et d'une absolue propreté sous peine de provoquer un atterrissage de la tête. Le maintien des têtes de lecture-écriture à bonne distance des plateaux est obtenu par « flottage » de la tête sur le coussin d'air provoqué par la rotation du disque – phénomène physique dit « de roulement de fluide ». Il est donc impératif de disposer de têtes ultralégères. De telles têtes ont été développées notamment dans les technologies Winchester et Whitney. Les plateaux sont également recouverts d'une couche de carbone lisse qui les protège de l'électricité statique. La nécessité de maintenir les médias dans cet état de propreté absolu a conduit à enfermer les têtes et les plateaux dans un boîtier étanche. C'est la technologie dite **Winchester** tirant son nom du premier disque de ce type – l'IBM 3030 – calibre de la célèbre carabine Winchester des westerns.

Compte tenu de la vitesse de rotation et de la fragilité des têtes il est préférable que ces têtes soient rétractées avant tout arrêt de la rotation du disque. Pour cela elles vont être retirées dans des logements particuliers. Sur les anciens disques une piste spéciale (*landing track* ou *land zone*), est destinée à recevoir la tête quand elle se pose. En fait l'arrêt du disque n'étant jamais instantané, le film d'air va diminuer progressivement et la tête se poser en douceur sur la piste. Le problème vient surtout de ce que la tête se posera généralement toujours au même endroit sur le disque et qu'à la longue cette zone risque d'être endommagée.

La technologie **MR** (*MagnetoResistive*) sépare la tête de lecture de celle d'écriture ce qui autorise une densité de stockage sur le plateau de 1 Gigabit/pouce carré et le niveau des signaux issus des têtes est indépendant de la vitesse de rotation du disque. La tête de lecture contient un capteur dont la résistance change d'état en fonction du champ magnétique provenant des plateaux du disque ce qui permet d'avoir des têtes plus sensibles et plus fines et donc une densité plus importante. C'est grâce à cela que les capacités disques on considérablement évoluées.

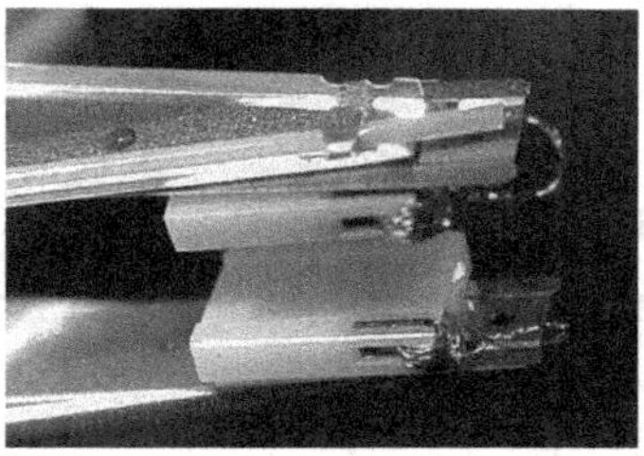

Figure 13.5 Têtes de lecture/écriture

La technologie **GMR** (*Giant MagnetoResistive* ou *spin valve*) permet d'atteindre des densités surfaciques (*areal density*) ou Gbpsi (*gigabit per square inch*) très élevées.

La technologie **HAMR** (*Heat assisted magnetic recorded*) [2002] équipe chaque tête de lecture-écriture d'une fibre optique transportant un faisceau laser, concentré par une lentille d'un diamètre inférieur à 350 μ. On utilise à la fois le principe d'enregistrement perpendiculaire PMR et les variations de puissance du laser pour lire ou écrire sur le disque. Dans le cas d'une écriture, le faisceau laser de plus forte intensité vient modifier les propriétés de la couche qui est alors magnétisée dans un sens ou dans l'autre selon qu'on enregistre un 0 ou un 1. En lecture, le faisceau laser de faible intensité envoyé sur le plateau sera réfléchi différemment selon que la couche a été magnétisée d'un sens ou de l'autre. On n'utilise plus ici les seules propriétés du magnétisme mais celles liant le magnétisme aux variations du sens de polarisation du faisceau laser. Cette technologie prometteuse semble mise en veille mais, selon Seagate, elle doit permettre d'atteindre [2010] 50 térabits par pouce carré, soit plus de 2 800 CD audio ou 1 600 heures de films sur un plateau de 3 cm de diamètre.

13.2 LES MODES D'ENREGISTREMENTS

Les modes d'enregistrement utilisés sur disques magnétiques sont :

– **FM** (*Frequency Modulation*) – Modulation de Fréquence : cette technique d'enregistrement ancienne, plus connue sous l'appellation de **simple densité**. Le principe en est simple, il y a polarisation dans un sens à chaque signal d'horloge et à chaque information de type 1 logique. À la lecture, il y aura donc apparition de deux signaux pour le 1 et d'un seul pour le zéro.

– **MFM** (*Modified Frequency Modulation*) – Modulation de Fréquence Modifiée : cette technique d'enregistrement ancienne, est plus connue sous le nom de **double densité**. Il y a polarisation au milieu du temps de base, à chaque information de type 1 et si deux 0 se suivent il y a polarisation au signal d'horloge pour les séparer.

– **M2FM** (*Modified MFM*) – Modulation de Fréquence Modifiée 2 fois : ce codage réduit encore le nombre des transitions à l'enregistrement des informations. Les débuts des temps de base sont enregistrés uniquement en cas de 0 suivant des cellules sans transition.

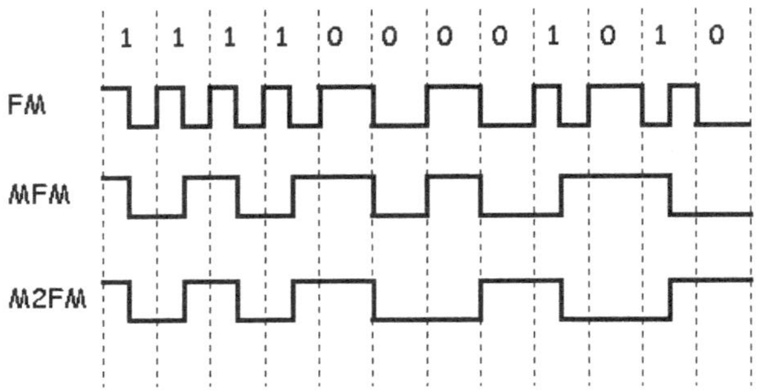

Figure 13.6 Modes d'enregistrements

– **RLL** (*Run Length Limited*) – Code à longueur limitée : C'est à ce jour le système de codage le plus efficace. Il permet d'augmenter de 50 %, par rapport au MFM, la densité d'informations sans augmenter la densité des transitions. Il existe également un mode **ARLL** (*Advanced RLL*).

– **PRML** (*Partial Response Maximum Likelihood*) [1990] est une technique de lecture qui améliore la qualité du signal en réduisant l'interférence signal-bruit, ce qui autorise des taux de transfert élevés. La méthode PRML autorise une lecture plus rapide que la méthode classique de détection de pics (*Peak Detection Read Channel*) en éliminant la plupart des parasites et bruits captés par la tête de lecture. Le signal est lu comme un signal analogique puis converti en numérique.

13.3 LES FORMATS D'ENREGISTREMENTS

En plus des données à mémoriser, les pistes et les secteurs d'un disque doivent contenir les informations nécessaires au système pour exploiter ces données. Certaines pistes ou certains secteurs du disque sont ainsi réservés au système pour repérer quels sont les secteurs disponibles pouvant enregistrer des informations, quels fichiers sont présents sur le média et quelles sont leurs caractéristiques.

Chaque secteur est lui-même porteur de certaines informations, un secteur pourra ainsi fournir les éléments suivants :

- **Intervalle de secteur** : il sert de marque de début et de fin de secteur.
- **Marqueur de label** : il annonce le label (équivalent à la tape mark de la bande).
- **Label de secteur** : permet de reconnaître l'adresse de l'information recherchée. Le secteur désiré est ainsi parfaitement localisé sur le disque. Il contient notamment : le numéro de disque, le numéro de cylindre, le numéro de piste, le numéro de secteur...
- **Le code de détection d'erreur** : produit par un algorithme particulier, il permet d'assurer le contrôle des labels et des données.
- **Synchronisateur final** : cette zone permet le passage de la fonction de lecture d'adresse à celle d'écriture d'informations et transmet au contrôleur des informations permettant de synchroniser les tops horloges afin d'assurer un bon « découpage » de la zone enregistrée, permettant de reconnaître ainsi les données codées sur le disque.
- **Intervalle 2** : contenant en principe des 0, il peut être utilisé comme zone de débordement après une mise à jour.
- **Marqueur de données** : il joue le rôle de la *tape mark* des bandes.
- **Zone de données :** permet en principe de stocker 512 octets de données, elle est remplie de 0 lors de l'opération de formatage.

Sur les disques, lors d'une opération de formatage « classique » (haut niveau), seuls quelques secteurs particuliers de la table d'allocation des fichiers (FAT, MFT...) sont effacés. Il est alors possible, à l'aide d'utilitaires particuliers, de récupérer un disque accidentellement formaté. Mais rien ne remplace une bonne sauvegarde... !

En principe, lors d'un formatage de « bas niveau », toutes les zones de données du disque sont remplies de 0 (et/ou de 1) et les informations sont donc perdues. Seuls quelques laboratoires spécialisés peuvent tenter de « récupérer » les informations en analysant très finement les variations de champs magnétiques... On entre là dans le domaine du laboratoire ou de la police scientifique...

13.4 CAPACITÉS DE STOCKAGE

Comme nous l'avons vu précédemment, à chaque secteur du disque sont associées des informations autres que les données. Il convient donc de faire la distinction entre **capacité théorique** et **capacité pratique** (on parle aussi de capacité avant ou après formatage). La capacité théorique d'un disque est le produit de la capacité théorique d'une piste par le nombre de pistes par face, par le nombre de faces utiles. La capacité pratique est généralement celle fournie par le constructeur ou le vendeur.

Pour atteindre (adresser) les informations stockées sur le disque il est nécessaire de connaître certaines valeurs, historiquement liées aux contraintes physiques des disques et du BIOS, qui sont le nombre de cylindres, têtes et secteurs. C'est la « géométrie » du disque. On rencontre donc, historiquement, un certain nombre de techniques d'adressage :

13.4.1 Mode CHS ou mode normal

Le mode **CHS** (*Cylinder Head Sector* – cylindre, tête, secteur), ou mode « normal » dans le BIOS (*Basic Input Output System*) Setup, est le plus ancien. Comme son nom l'indique, il exploite les valeurs de cylindres, têtes et secteurs.

L'interruption 13h du BIOS est chargée de gérer les accès disques. Le passage des paramètres CHS à cette interruption se fait sur 24 bits (10 bits pour le numéro de cylindre, 8 bits pour la tête de lecture et 6 bits pour le nombre de secteurs). On peut donc adresser au maximum 1 024 cylindres (2^{10}), 256 têtes (2^8) et 64 secteurs par piste (en réalité 63 car le secteur 0 n'est pas utilisé). Soit 1 024 x 256 x 63 = 16 515 072 secteurs différents. Chaque secteur étant d'une capacité de 512 o, la capacité maximum du disque est alors limitée à 8,4 Go. La faible quantité de bits, allouée au repérage des valeurs CHS limite la capacité d'adressage du disque. Le BIOS utilise donc une **géométrie physique**.

13.4.2 Mode ECHS (*Extend* CHS) ou mode large

Dans le mode **CHS étendu**, le contrôleur disque effectue une conversion (BIOS *translation*) qui lui permet de gérer des paramètres supérieurs à la limite de 1024 cylindres. Le format IDE/ATA reconnaît en effet 65 536 cylindres contre 1024 pour le BIOS. Par contre, le BIOS accepte plus de têtes qu'IDE/ATA (256 au lieu de 16). La conversion des valeurs d'adressage exploitables par IDE/ATA en valeurs reconnues par le BIOS se fait donc en adaptant les paramètres IDE/ATA de façon à se rapprocher au plus près des valeurs maximum acceptées par l'interruption 13h.

Pour cela, on va diviser le nombre de cylindres physiques par un coefficient (en général 2, 4, 8 ou 16) et multiplier le nombre de têtes par ce même coefficient. On est donc capable de passer d'une **géométrie logique** reconnue par IDE à une **géométrie physique** reconnue par le BIOS.

Par exemple : si on considère un disque ayant comme **géométrie logique** : 6136 cylindres, 16 têtes et 63 secteurs/piste, ces valeurs sont conformes au standard IDE/ATA. Par contre, le nombre de cylindres (6136) est supérieur au standard du BIOS (1024). Un coefficient de translation est alors déterminé. Ici, un coefficient de 8 convient (6136/8 = 767 ; compatible BIOS), alors que 4 (6136/4 = 1534) ne conviendrait pas car supérieur à la limite des 1024 cylindres du BIOS. Le BIOS va alors diviser le nombre de cylindres par 8, et multiplier le nombre de têtes par ce même coefficient (16 x 8 = 128). Le résultat de la translation est donc :

767 cylindres, 128 têtes et 63 secteurs/piste. Ce sont ces valeurs qui seront exploitées par le système de gestion de fichiers.

TABLEAU 13.2 CONVERSION IDE/ATA – BIOS

	C	H	S	Capacité
Limites IDE/ATA	65 536	16	256	
Limites BIOS (Int 13h)	1024	256	63	8,4 Go
Géométrie Logique du disque	6136	16	63	3,02 Go
Facteur de translation du BIOS	/ 8	* 8	inchangé	--
Géométrie translatée du BIOS	767	128	63	3,02 Go

13.4.3 Mode LBA

Avec le mode **LBA** (*Logical Block Addressing*), un secteur n'est plus identifié par une valeur CHS mais par un numéro de secteur « relatif » sur le disque, le contrôleur de disque étant chargé de retrouver le secteur physique correspondant.

On évite ainsi des limites de l'interface IDE, notamment celle de 4 bits pour repérer les têtes ($2^4 = 16$ têtes). Un BIOS reconnaissant le mode LBA va maintenir un accès CHS au disque dur, via l'Int 13h, en convertissant les valeurs CHS codées sur 24 bits, en adresses « linéaires » LBA sur 28, 32 ou 48 bits. Le numéro relatif de secteur pouvant être lui-même d'une taille différente, selon le « modèle » LBA employé.

Ainsi, en ATA-2, exploitant le mode LBA28, chaque secteur est repéré sur 28 bits et il est donc possible d'adresser 2^{28} secteurs différents. Sachant que chaque secteur contient toujours 512 o, la capacité disque est limitée à environ 137 Go.

SCSI utilise en principe un adressage LBA32, la capacité du disque est donc limitée à 2^{32} secteurs de 512 o soit environ 2 To. Avec ATA-6, l'adressage logique est de 48 bits (LBA48), soit 2^{48} secteurs, soit environ 128 Po !

Les disques exploitent désormais la technique **ZBR** (*Zone Bit Recording*) ou **ZCAV** (*Zone Constant Angular Velocity*), qui permet de définir un nombre différent de secteurs selon la piste considérée (par exemple 122 secteurs sur les cylindres intérieurs et 232 sur les cylindres extérieurs).

On n'utilise donc plus directement le mode CHS du BIOS, mais une **géométrie logique**, qui masque au BIOS la structure réelle du disque. Le BIOS construit alors, à chaque démarrage, une table de paramètres qui contient pour chaque disque les informations concernant le disque et les paramètres CHS qu'il exploite.

13.4.4 Notion de cluster

Pour des raisons technologiques, la lecture des informations ne peut se faire ni bit à bit, ni « d'un coup » pour tout le contenu d'un disque ou d'un fichier. On est donc obligé d'exploiter des unités de transfert entre le disque et la mémoire centrale. Ce sont les **blocs** pour les bandes et les **unités d'allocation** ou **clusters** pour les disques. L'unité minimum à laquelle on peut accéder sur un disque étant le **secteur**, le cluster va ainsi être composé de 1, 2, 4, 8, 16 voire 64 secteurs physiques. Les clusters étant transférés en une opération de lecture écriture, leur taille détermine celle du ou des *buffers* d'entrées sorties associés en mémoire centrale. On accélère donc les accès disque en choisissant des clusters de grande taille, au détriment toutefois de la place occupée. En effet, avec un très petit fichier (1 o par exemple) on va occuper un cluster (disons 32 Ko pour bien comprendre le problème) – vous voyez la place perdue… ! Ces choix peuvent être des paramètres de l'ordre de création du système de fichiers qui permet la réservation d'un espace disque ou bien des paramètres du formatage. Il convient alors de ne pas les négliger.

13.5 PRINCIPALES CARACTÉRISTIQUES DES DISQUES

Les disques possèdent un certain nombre de caractéristiques sur lesquelles il convient de s'attarder un peu si l'on veut être capable de choisir le disque approprié.

La **capacité** ou **volume de stockage** : dépend directement de facteurs tels que la densité linaire, radiale ou surfacique. Mais c'est cette capacité qui va généralement être mentionnée dans les documentations.

La **densité linéaire** ou densité d'enregistrement : correspond au nombre de bits par pouce sur une même piste. Elle s'exprime en **bpi** (*bit per inch*) et dépasse 522 000 bpi (IBM/[1999]). Comme elle varie selon la position de la piste sur le plateau, la valeur fournie par les constructeurs est en général une valeur moyenne.

La **densité radiale** : correspond au nombre de pistes par pouce. Elle s'exprime en **Tpi** (*Track per inch*) et peut dépasser 67 300 Tpi (IBM/[1999]). On envisage d'atteindre 100 000 Tpi dans un avenir proche grâce à la technologie OAW (*Optically Assisted Winchester*).

La **densité surfacique** (*areal density*) représente le rapport des deux densités linéaires et radiales. On atteint de 5 à plus de 25 Gigabits par *inch* carré ($Gbpi^2$) dans le commerce. Cette densité est en constante et forte évolution – environ 60 % par an. En moins de dix ans la capacité des disques durs a été multipliée par 20 et le prix au Mo divisé par 30 environ. En terme d'études de laboratoire, signalons les technologies AFM (*Atomic Force Microscope*) utilisant deux faisceaux lasers de longueur d'onde différente qui permettrait d'atteindre des capacités de l'ordre de 1 000 Go, ou OAW (*Optically Assisted Winchester*) de Seagate utilisant un positionnement des têtes assisté par laser.

La technologie antiferromagnétique **AFC** (*Anti Ferromagnetically Coupled*) d'IBM présente plusieurs couches d'alliages magnétiques extrêmement minces, séparées par des couches amagnétiques ultras minces (3 atomes de ruthénium – *pixie dust* ou « poussière de fée »).

Ces évolutions permettent de proposer [2007] des disques 3,5 pouces de 1 To.

La **vitesse de rotation** : est la vitesse à laquelle tourne le disque. Elle s'exprime en tours par minute **tpm**, ou en **rpm** (*rotate per minute*). Elle est de l'ordre de 5 400 à 7 200 tpm (10 000 à 15 000 tpm pour certains disques). L'augmentation de cette vitesse permet de diminuer les temps moyens d'accès et les taux de transfert mais engendre échauffement, consommation d'énergie accrue pour les moteurs et vibrations qu'il faut donc parfaitement maîtriser…

Le **temps d'accès** : est le temps nécessaire pour positionner la tête de lecture sur le cylindre désiré. On peut distinguer :

- le ***temps d'accès minimal*** qui correspond au positionnement de la tête sur le cylindre adjacent (de 1,5 à 20 ms),
- le ***temps d'accès maximal*** correspondant à la traversée de l'ensemble des cylindres (de 100 à 200 ms),
- le ***temps d'accès moyen*** (de 6 à 15 ms) qui correspond en principe à la somme du délai de positionnement du bras sur la piste et du délai rotationnel.

C'est en principe le temps d'accès moyen qui est fourni par le constructeur. Il est de l'ordre de 7 à 12 ms. Mais le temps d'accès donné par certains revendeurs tient compte de la présence d'une mémoire cache disque qui l'abaisse considérablement.

Le **délai rotationnel** ou **temps de latence** : indique le temps nécessaire pour que la donnée recherchée, une fois la piste atteinte, se trouve sous la tête de lecture. Ce temps peut être « nul » si le secteur se présente immédiatement sous la tête de lecture, ou correspondre à une révolution complète du disque si le secteur recherché vient « juste de passer ». On considère donc en moyenne la durée d'une demi-révolution. Sachant que le disque tourne, par exemple, à 3 600 tpm le temps moyen sera alors de (60"/3 600 t) /2 – soit un temps « incompressible » de l'ordre de 8 ms. Si la rotation passe à 7 200 tpm on divise donc le temps d'accès par 2. Le temps de latence est donc inversement proportionnel à la vitesse de rotation – toutefois, de 7 200 à 10 000 tpm, on ne gagne plus que 1,18 ms. L'amélioration sensible des temps d'accès ne peut donc pas se faire en augmentant la seule vitesse de rotation. On constate d'ailleurs parfois une diminution des vitesses de rotation qui repassent à 5 400 tpm pour certains disques. À haute vitesse on doit en effet lutter contre l'échauffement des roulements assurant la rotation des plateaux, les vibrations…

La **vitesse de transfert** ou **taux de transfert** : est la vitesse à laquelle les informations transitent du média à l'ordinateur ou inversement. Mesurée en Mo/s, elle dépend essentiellement du mode d'enregistrement et du type de contrôleur et bien entendu de la vitesse de rotation du plateau, car plus le disque tourne vite et plus les informations défilent rapidement sous les têtes de lecture. L'amélioration des technologies permet d'atteindre de 80 Mo/s à 160 Mo/s.

Le **facteur d'entrelacement** (*interleave*) : les disques durs anciens étaient parfois trop rapides pour l'ordinateur et il fallait ralentir les transferts entre disque et ordinateur. Les secteurs d'un même fichier n'étaient donc pas enregistrés de manière continue mais avec un **facteur d'entrelacement**. En effet, si on lit le secteur physique 1 et que le système doive attendre un peu avant de lire le secteur physique 2 – alors que le disque tourne – il est préférable de ne pas placer les données sur ce secteur 2, situé immédiatement après le 1, mais à une certaine distance (de 3 à 9 secteurs), variant en fonction du système. Ainsi, avec un facteur d'entrelacement de 1:6, il faut « passer » 5 secteurs physiques avant de parvenir au secteur logique suivant. Actuellement, le facteur d'entrelacement habituel est de 1:1, ce qui signifie… qu'il n'y a plus d'entrelacement.

Le **MTBF** (*Middle Time Between Failure*) : correspond au temps moyen entre deux pannes et est de ce fait un critère à ne pas négliger lors de l'acquisition d'un disque dur. Il est courant d'avoir des MTBF de plus de 200 000 heures et on peut atteindre plus d'1,2 million d'heures sous tension. On lui associe parfois le **MTTF** (*Mean Time To Failure*) ou temps moyen que met un système à tomber en panne et le **MTTR** (*Mean Time To Repair*) ou temps moyen mis pour réparer un système en panne. Au total MTBF = MTTF+MTTR !

13.6 LES CONTRÔLEURS OU INTERFACES DISQUES

Le rôle de l'interface disque – **contrôleur disque** ou **BUS** – est de gérer les échanges de données et leur encodage entre le disque et le système. Les interfaces les plus utilisées actuellement avec les disques durs sont les EIDE et SCSI mais l'interface *Fiber Channel* fait également son apparition pour le très haut de gamme.

TABLEAU 13.3 CARACTÉRISTIQUES D'UN DISQUE DUR EIDE DU COMMERCE

Capacité formatée – 512 o/secteur (*Formatted GBytes*)	36,5 Go
Vitesse de rotation	5 400 tpm
Nombre de plateaux (*Disks*)	4
Nombre de têtes (*Heads*)	8 têtes GMR
Temps d'accès moyen (*Average seek*)	9 ms
Temps moyen d'attente (*Average latency*)	5,55 ms
Temps d'accès piste à piste (*Track-to-track seek*)	1 ms
Taux de transfert (en Ultra 2)	34,2 Mo/s
Taille du buffer (*Cache*)	2 Mo
Poids	590 grammes
Facteur de forme (*Form factor*)	3,5 "
Puissance d'alimentation	11 Watts/12 v

Le premier contrôleur : **ST506** (*Seagate Technology*) a vu le jour en 1980 avec des disques de 5 Mo ! Il a évolué en ST 506/412 avec l'ajout d'un cache de recherche des informations, des disques de 20 à 100 Mo et des taux de transfert de 5 à 8 Mo/s. L'interface **ESDI** (*Enhanced Small Device Interface*) – évolution du ST 506 – gère des disques de 100 à 137 Go à des débits de l'ordre de 24 Mo/s.

Le contrôleur **IDE** (*Integrated Drive Electronic*), **BUS-AT**, **ATA** (*Advanced Technology Attachment*) [1986] ou **P-ATA** (*Parallel* ATA) est un **bus parallèle** qui permet de gérer, dans sa première version, des disques de 20 à 528 Mo avec des taux de transfert de 8,3 Mo/s.

IDE – ATA a évolué en **EIDE** (*Enhanced* IDE), **ATA-2** ou **Fast-ATA-2**. Toujours de type parallèle EIDE – simplement dit IDE la plupart du temps – est plus performant et permet de gérer des disques de plus grande capacité (jusqu'à 10 Go) ainsi que les CD-ROM à la norme **ATAPI** (ATA *Packet Interface*). Les contrôleurs EIDE – ATA utilisent deux protocoles de transmission :

- **PIO** (*Programmed Input Output*) où le taux de transfert varie de 3,33 Mo/s pour le PIO Mode 0 à 16,67 Mo/s pour le PIO Mode 4. Le mode PIO 4, très répandu, à tendance à monopoliser le processeur ce qui n'est pas le cas du mode DMA,
- **DMA** (*Direct Memory Access*) qui permet de transférer les informations directement vers la mémoire centrale sans transiter par le processeur ce qui améliore nettement les taux de transfert.

Ultra ATA/33 (ou **EIDE DMA 33**) [1997] autorise des taux de transfert théoriques de 33,3 Mo/s, soit le double du PIO mode 4 en assurant l'émission de paquets de données lors des phases montantes et descendantes du signal d'impulsion. Ultra ATA/33 offre une meilleure sécurité en vérifiant l'intégrité des données grâce aux contrôles de redondance cyclique – CRC.

Ultra ATA/66 (ou **EIDE DMA 66**) autorise des taux de transfert théoriques de 66,6 Mo/s mais la nappe passe à 80 fils, car pour fiabiliser le transfert des paquets de données – doublant ainsi le taux de transfert – chaque fil d'origine est doublé d'un fil de masse. Le connecteur conserve toutefois 40 broches (*pins*).

Ultra ATA/100 (ou **ATA-6/ATAPI-6, UDMA 100**, **UDMA-5**, « *Big drive* »...) au débit de 100 Mo/s reconnaît un adressage sur 48 bits (LBA48), ce qui permet d'envisager des disques d'une capacité de 144 Po (Pétaoctets) ! Encore faut-il que la carte mère dispose du chipset *south-bridge* approprié.

Ultra ATA/133 (ou **ATA-7**, **UDMA 133, UDMA-6**) est la dernière norme apparue [2001] mais le gain n'est plus que de 33 % sur l'ATA/100.

L'inconvénient de **P-ATA-EIDE** vient principalement de son bus parallèle. La nappe comporte 80 fils et est de ce fait limitée à 40 cm car elle engendre de la diaphonie. De plus, elle est chère, encombrante, délicate à manipuler...

SATA 1 (*Serial* ATA) [2003] représente l'évolution du PATA avec une transmission des données en série (l'ancienne nappe devenant un câble à 4 ou 8 fils de 1 mètre de long, transportant également l'alimentation électrique) ce qui permet d'abaisser la tension de 5 V à 0,5 V. Avec la première implémentation du **SATA-150**, le débit maximum autorisé est d'environ 150 Mo/s.

SATA-300 [2004], dit **SATA 2**, double le débit qui passe à environ 300 Mo/s. Un autre intérêt de cette technologie est **NCQ** (*Native Command Queuing*) qui permet d'optimiser le déplacement de la tête de lecture afin de réduire les temps d'accès ainsi que la possibilité de « *hot plug* ». Les interfaces SATA et SATA II sont interconnectables et il est possible de brancher un disque dur SATA sur un contrôleur SATA II et inversement.

SATA 3.0. [2009] atteint désormais 6 Gbit/s (vitesse à nouveau doublée), soit 750 Mo/s théoriques (en fait 600 Mo/s à cause du codage 10B8B utilisé). NCQ est améliorée pour les applications audio et vidéo gourmandes en bande passante, ainsi que la gestion d'énergie. À noter aussi l'apparition de deux nouveaux connecteurs.

SATA est aujourd'hui le standard par défaut puisque 98 % des disques vendus en 2008 étaient à ce standard.

TABLEAU 13.4 INTERFACES ATA – DMA

	Taux de transfert	Connecteur	Nappe	CRC
DMA	11,1 Mo/s	40 broches IDE	40 fils	Non
Multiword DMA	13,3 Mo/s	40 broches IDE	40 fils	Non
Fast ATA	16,6 Mo/s	40 broches IDE	40 fils	Non
Ultra ATA/33 ou Ultra DMA/33	33,3 Mo/s	40 broches IDE	40 fils	Oui
Ultra ATA/66 ou Ultra DMA/66	66,6 Mo/s	40 broches IDE	80 fils	Oui
Ultra ATA/100 ou Ultra DMA/100	100 Mo/s	40 broches IDE	80 fils	Oui
Ultra ATA/133 ou UDMA/133	133 Mo/s	40 broches IDE	80 fils	Oui

L'interface **SCSI** (*Small Computer System Interface*), ou contrôleur SCSI, est adoptée par de nombreux constructeurs comme moyen de piloter les disques durs des machines haut de gamme. Sa vitesse de transfert est de l'ordre de 4 à 40 Mo/s selon la largeur du bus et le standard SCSI employé (SCSI-1 à 4 Mo/s, SCSI-2, SCSI-3, Wide SCSI à 20 Mo/s ou FAST-20, Ultra Wide SCSI à 40 Mo/s ou FAST-40…).

Ultra Wide SCSI permet également de piloter disques durs ou optiques… Couplée à une interface série **SSA** *(Serial Storage Architecture)* elle permet d'atteindre un taux de transfert de 80 Mo/s (**Ultra 2 Wide SCSI**), 160 Mo/s (**Ultra 3** ou **Ultra 160 SCSI**), 320 Mo/s (**SCSI-3 – Ultra 4 SCSI**) et 640 Mo/s (**SCSI-3 – Ultra 5 SCSI**).

Ultra SCSI est un contrôleur intelligent pouvant fonctionner sans faire intervenir la mémoire centrale, en optimisant les transferts entre le périphérique et l'unité centrale. Il offre donc de très bonnes performances et permet de connecter de nombreux types de périphériques.

SAS (*Serial Attached SCSI*) dépasse les limites du bus SCSI en optant pour le mode de transmission série de l'interface SATA. SAS offre un taux de transfert de 3 Gbit/s à 6 Gbit/s (SAS 2.0), supérieurs à l'Ultra 320 SCSI (2,56 Gbit/s) ou à l'Ultra 640 SCSI (5 Gbit/s). Les débits fournis par le SAS sont exclusifs à chaque disque qui dispose d'un débit de 3 Gbit/s, contrairement à SCSI où la bande passante est partagée entre tous les périphériques connectés. D'autre part, SCSI est limité à 32 périphériques par contrôleurs (SCSI-3) contre 128 pour SAS. Enfin, connecteurs et câbles d'interfaces sont communs aux disques SAS et SATA.

SAS 2.0 intègre désormais le SATA 3.0 à 6 Gbit/s, qui permet d'atteindre un débit de 600 Mo/s par connecteur.

13.7 DISQUES DURS EXTERNES, EXTRACTIBLES, AMOVIBLES

L'inconvénient des disques durs « classiques » c'est qu'ils ne sont généralement pas extractibles (sauf sur certains serveurs ou baies RAID), ce qui signifie que pour en assurer la sauvegarde on est obligé de les recopier sur des bandes magnétiques, des CD ou DVD… ce qui peut prendre un certain temps ! Peuvent aussi se poser des problèmes de capacité de stockage disponible (par exemple avec un ordinateur portable), de transfert des données entre deux machines non reliées en réseau. Les disques durs externes, extractibles ou amovibles apportent une solution souple à ces problèmes.

Le **disque dur externe** est en fait un disque dur « classique » connecté à l'extérieur de l'unité centrale par le biais d'un port USB, FireWire ou réseau. On peut faire une distinction, selon le poids et l'encombrement, entre disque dur externe « de bureau » et disque dur externe « portable ». Leur capacité varie de 40 Go à 2 To (en fait quatre disques de 500 Go). Ils sont généralement moins rapides que les disques intégrés car « ralentis » par leur interface USB 2.0 ou FireWire et ce malgré un cache intégré de 8 à 16 Mo. Ils offrent généralement des possibilités de mise en RAID (RAID 0, RAID 1 ou RAID 5).

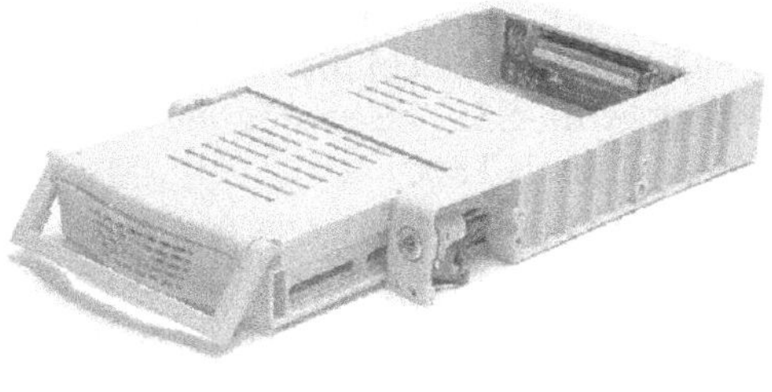

Figure 13.7 Disque extractible

Le **disque dur extractible** est également un disque dur « classique » dans sa technologie mais qui est contenu dans un boîtier (*rack*) amovible. Ce boîtier est en principe résistant aux chocs ce qui permet de le transporter sans problème et sa connexion se fait sur la nappe du contrôleur de disque dur traditionnelle.

Ce disque extractible peut être, selon les systèmes, extrait ou connecté « à chaud » (*hot plug*), c'est-à-dire sans arrêter l'ordinateur.

Le terme de **disque amovible** est aussi employé pour désigner d'autres types de médias tels que les disques pouvant être connectés sur les ports USB ou FireWire et autres LS-120 ou disques ZIP.

Iomega, un spécialiste de ces solutions de stockage, propose avec son **disque REV** (comme REVolution) une solution hybride entre le disque dur amovible et le disque externe. L'Iomega REV offre 35 ou 70 Go d'espace non compressé par cartouche. Il exploite la technologie RRD (*Removable Rigid Disk*) qui répartit les composants du disque dur entre la cartouche et le lecteur. Ce dernier intègre l'électronique, la tête de lecture… La cartouche REV contient un plateau magnétique en verre qui tourne à 4200 tpm.

13.8 L'AVENIR DES DISQUES DUR

13.8.1 Les SSD

Le disque **SSD** (*Solid State Disk*) est sans doute le futur « proche » du disque dur classique. Composé de mémoire flash NAND il est muni d'une interface IDE, ATA ou SATA, mais il reste encore certaines contraintes technologiques à lever.

Ainsi, afin d'éviter la perte de données en cas de blocs défectueux, les SSD disposent de nombreuses cellules supplémentaires. Un SSD proposé en 100, 200 ou 400 Go « efficaces » est donc d'une capacité « physique » de 128, 256 ou 512 Go. Cette capacité « inexploitée » a évidemment un impact sur le rapport cout/capacité des SSD.

De plus, compte tenu de leur structure d'adressage de la mémoire en blocs et en pages, les disques SSD doivent enregistrer nettement plus de bits qu'un disque dur. Un SSD « bas de gamme » peut ainsi enregistrer jusqu'à 10 bits pour un bit utile, on parle alors d'une « *write amplification* » de 10 (10 Go enregistrés pour 1 Go de données).

Enfin, la cellule de mémoire Flash doit être effacée avant d'être réécrite, alors qu'un disque dur peut immédiatement réécrire sur un secteur déjà utilisé. Afin d'optimiser les écritures ultérieures, certains firmwares permettent d'utiliser une commande TRIM destinée à effacer les cellules dès la suppression d'un fichier, afin d'éviter que les performances du SSD ne se dégradent. Seul Windows 7 supporte cette commande sur une partition NTFS.

Un effort important est donc fait sur ces divers points. Le contrôleur Intel X25-M annonce ainsi une « *write amplification* » de 1,1 (11 Go enregistrés pour 10 Go de données) tandis que le contrôleur SandForce [2010] annonce une « *write amplification* » de 0,5 (soit 5 Go enregistrés pour 10 Go de données) en exploitant la compression à la volée DuraWrite. Les capacités efficaces sont ainsi nettement supérieures (120, 240 ou 480 Go pour 128, 256 ou 512 Go physiques), soit 13 % de perte seulement au lieu de 27 % et, bien que la compression ne soit pas efficace avec tous les types de données, elle réduit l'usure de la mémoire flash de façon notable.

Les performances des SSD équipés de ce dernier type de contrôleur se situent désormais aux limites de la norme SATA.

InnoDisk propose pour sa part des SSD affichant des débits théoriques de 800 Mo/s en lecture et de 600 Mo/s en écriture et des capacités de 128 Go à 2 To. Ces SSD utilisent une interface PCI-Express 8x et bénéficient d'une technologie RAID intégrée.

Signalons qu'une technologie dite de « disques durs hybrides » intègre de la mémoire Flash NAND (de 256 Mo à 1 Go) en tampon d'un disque dur classique ce qui permet d'améliorer les performances avec un coût inférieur au SSD.

13.8.2 Le HDR

Une technologie de disque dur « révolutionnaire » vient d'être proposée par la société Dataslide [2009].

Le **HDR** (*Hard Rectangular Drive*) ou « disque dur rectangulaire » n'utilise pas de têtes de lecture/écriture traditionnelles mais un réseau bidimensionnel ultrafin de millions de têtes de lecture/écriture (64 opérant en parallèle), positionné sur chaque face d'un média de forme rectangulaire, mis en oscillations grâce à un système piézoélectrique.

Le HRD affiche des performances de 160 000 **IOPS** (*Input/Output Operations Per Second*) (contre 100 à 150 pour des disques « classiques ») et un taux de transfert de 500 Mo/s, en lecture comme en écriture, avec un temps d'accès pratiquement nul.

En comparaison, un disque SSD haut de gamme peut atteindre près de 50 000 IOPS (record à 100 000), avec un taux de transfert de 220 Mo/s en lecture et 115 Mo/s en écriture.

Le HRD allie la fiabilité et le faible coût des disques durs classiques aux performances et à la faible consommation électrique des SSD. Il consommerait 60 % de moins qu'un disque dur classique (moins de 4 W) sans dissipation thermique au repos et serait plus résistant aux chocs qu'un disque dur traditionnel.

Ce HRD est encore au stade de prototype [2010] et utilise l'enregistrement perpendiculaire, des têtes fabriquées selon une méthode classique (lithographie) et des traitements de verre tels que ceux des LCD. Le prototype n'affiche toutefois qu'une capacité de 36 Go, bien inférieure aux disques durs classiques.

13.9 LES TECHNOLOGIES RAID

Pour sauvegarder les données, on peut copier le contenu des disques sur bande, cartouche DAT... au moyen de programmes de sauvegarde (*backup*). En cas de « *crash* » disque on peut alors récupérer (*restore*) les données sauvegardées mais cette procédure de récupération peut être relativement longue et contraignante. Dans des environnements où les serveurs de données sont sans arrêt sollicités et mis à jour (ventes en ligne, assurances, banques...), il faut trouver d'autres solutions. C'est l'objectif des technologies **RAID** (*Redundant Array of Inexpensive Disks*) qui s'opposent à la technique dite **SLED** (*Single Large Expensive Drive*) consistant à n'utiliser qu'un « grand » disque et des sauvegardes classiques. Compte tenu de l'évolution des technologies et de la baisse des coûts, il semble plus approprié aujourd'hui de faire correspondre le I de RAID à *Independant* plutôt qu'à *Inexpensive*.

La technologie RAID consiste à employer plusieurs disques (une **grappe**), de capacité identique en général ; afin de répartir les données sur des supports physiques distincts. Ces disques sont souvent groupés au sein d'une unité spécifique dite **baie de stockage** ou **baie RAID**. Selon le niveau de performance, de coût, de sécurité... envisagé, plusieurs **niveaux de RAID** ont été définis, notés de RAID 0 à RAID 5 en principe, mais de nombreuses variantes plus ou moins « propriétaires » sont proposées RAID 0+1, RAID 10, RAID 50, RAID 5 *HotSpare*, RAID-DP, RAID ADG, RAID 6...

Figure 13.8 Une baie de stockage RAID

13.9.1 RAID 0 – grappe de disques avec agrégat de bandes

Le **RAID 0** (*Stripped Disk Array without Fault Tolerance*), **agrégat de bandes** ou ***stripping***, consiste à répartir les données, découpées en blocs ou « bandes de données » réguliers, répartis alternativement sur chacun des disques de la grappe. Les opérations de lecture et d'écriture se font quasi simultanément sur chacun des disques de la grappe. Toutefois, cette technique **n'assure pas une réelle sécurité** mais un accès plus rapide aux données. En effet, si l'un des disques tombe en panne on ne peut pas reconstruire les données, qui devront donc avoir été sauvées par ailleurs (bande, DAT...). Le RAID 0 est souvent associé à une autre technologie RAID (RAID 1, 3, 5...) pour former des techniques « propriétaires » telles que RAID 0+1, RAID 30, RAID 50...

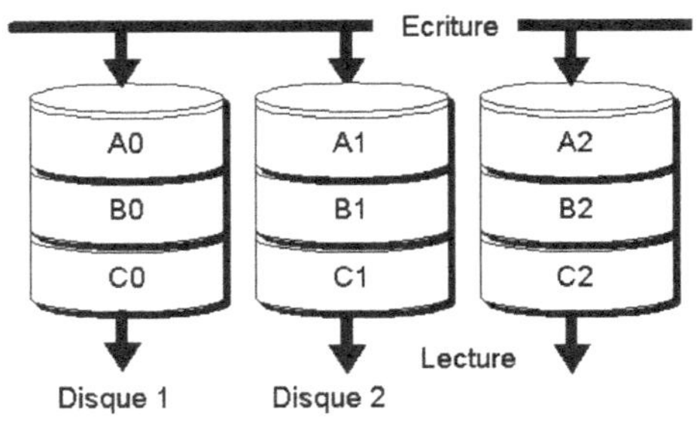

Figure 13.9 RAID-0

13.9.2 RAID 1 – disques en miroir

Le **RAID 1** (*Mirroring and Duplexing*) consiste à effectuer la copie physique du premier disque sur un second disque « miroir ». Cette copie peut être faite en utilisant le ***mirroring*** (un seul contrôleur gère les deux disques) ou le ***duplexing*** (chaque disque utilise son propre contrôleur). Cette méthode est très sûre car on dispose à tout moment d'une copie physique du premier disque, mais onéreuse car on n'exploite en fait que la moitié de la capacité disque totale, chaque donnée étant copiée deux fois. En général le *mirroring* double les performances en lecture (pas en écriture) et il est en principe impossible de basculer de manière transparente d'un disque à l'autre (*hot swapping*).

13.9.3 RAID 2 – grappes parallèles avec codes ECC

Le **RAID 2** utilise un principe de fonctionnement similaire à celui employé par le RAID-0. En effet, dans cette technique, les données sont réparties sur tous les disques mais on utilise un ou plusieurs disques supplémentaires pour stocker des codes de contrôles ECC (*Error Checking and Correcting*). C'est une technique peu utilisée.

13.9.4 RAID 3 – grappes parallèles avec parité

Le **RAID 3** (*Independent Data Disks with Shared Parity Disk*) utilise une grappe de trois disques (ou plus) pour les données et un disque supplémentaire réservé aux contrôles de parité. Lors de l'écriture d'informations, le système répartit les octets de données sur les disques et enregistre les contrôles de parités de ces données sur le dernier disque. En cas de panne d'un disque ce système permet de reconstruire la structure du fichier de données. Par contre on mobilise un disque uniquement pour les contrôles de parité.

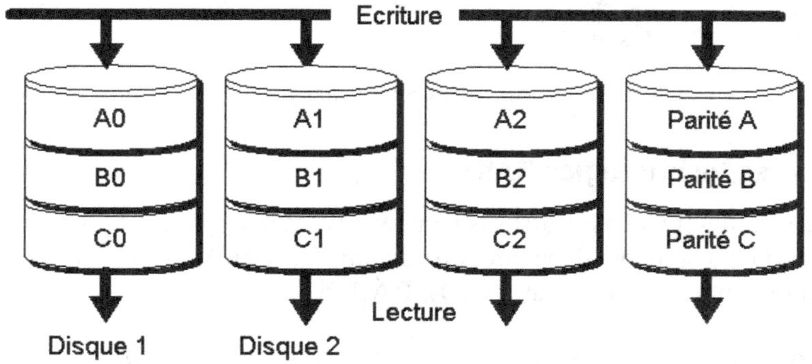

Figure 13.10 RAID 3

13.9.5 RAID 4 – agrégat de bandes avec parité

Le **RAID 4** fonctionne selon le même principe que le RAID 3 mais assure l'enregistrement de blocs de données par « bandes » et non plus octet par octet. Il présente sensiblement les mêmes avantages et inconvénients que le RAID 3. Les opérations de lecture simultanées sur tous les disques de données sont ici possibles alors que les opérations d'écriture ne peuvent pas être simultanées puisqu'il faut mettre à jour le disque des parités, ce qui provoque un goulet d'étranglement.

13.9.6 RAID 5 – agrégat de bandes avec parité alternée

Le **RAID 5** (*Independent Data Disks with Distributed Parity Blocks*) est une évolution du RAID 4 où les contrôles de parité ne sont plus enregistrés sur un disque unique mais répartis sur l'ensemble des disques qui stockent donc tout aussi bien des données que des contrôles de parités ce qui permet d'assurer une meilleure fiabilité de reconstruction des fichiers en cas de panne d'un des disques. La répartition de la parité à l'avantage de limiter les goulets d'étranglement lors des opérations d'écriture. Par contre cette technique nécessite l'emploi d'au moins cinq disques.

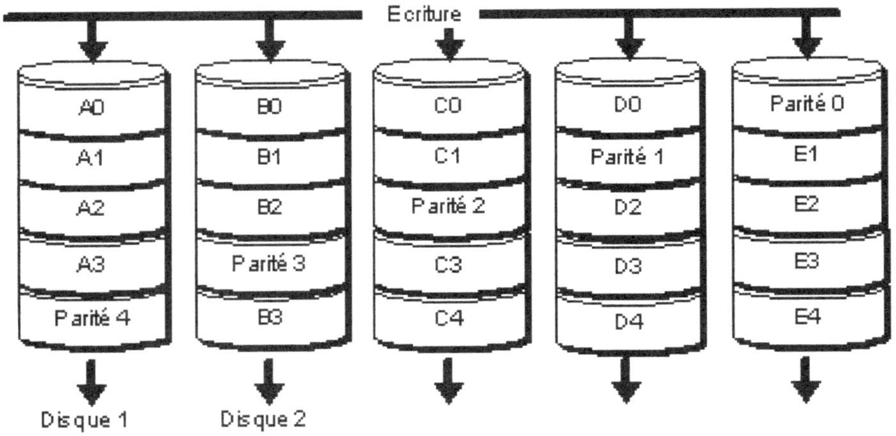

Figure 13.11 RAID 5

13.9.7 Autres technologies RAID

Les niveaux de RAID les plus utilisés sont les niveaux 0 (qui n'est pas réellement du RAID dans la mesure où il ne procure aucune sécurité) et qui est donc souvent combiné à une autre technologie RAID), RAID 1, 4 et 5 mais il existe de multiples variantes.

Ainsi, **RAID 6** ou RAID-IPP (*Independent Data disks with two Independent Distributed Parity schemes*) repose sur RAID 5 mais on génère une double parité répartie équitablement sur l'ensemble des disques physiques. La tolérance de pannes est bonne puisque deux disques physiques peuvent « tomber », mais le calcul des parités dégrade les performances en écriture.

RAID 10 (*Very High Reliability Combined with High Performance*) combine à la fois *stripping* et *mirroring*. **On utilise** dans cette technologie, deux couples de disques en RAID 1, ces couples étant ensuite regroupés en RAID 0. On utilise donc un nombre pair de disques (4 au minimum). Cette configuration est souvent utilisée car elle assure performance et sécurité. Le **RAID 1E** est une variante minimaliste du RAID 10 qui reprend ses principes mais est capable de fonctionner avec trois disques seulement.

RAID 0+1 (*High Data Transfer Performance*) combine également *stripping* et *mirroring* mais sans génération de parités.

RAID 50 (*Independent Data Disks with Distributed Parity Blocks*) ou **RAID 05** utilise le RAID 5 sur deux grappes de trois disques, chaque grappe étant connectée ensuite en RAID 0. **RAID 30** (*High I/O Rates and Data Transfer Performance*) combine deux couples de disques en RAID 3, ces couples étant ensuite regroupés en RAID 0…

EXERCICES

13.1 À l'aide d'un utilitaire on relève les caractéristiques suivantes sur un disque dur. Quelle est la taille du secteur en octets ?

capacité	850 526 208 o
cylindres	824
têtes	32
secteurs	63 / piste

13.2 Quelle est la capacité utile d'un disque dont les caractéristiques affichées sont :

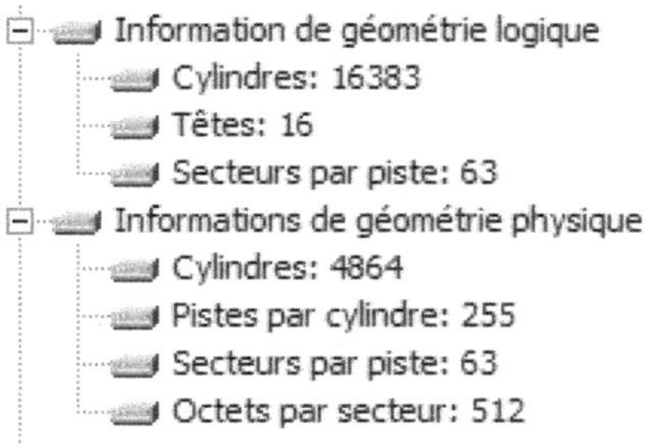

SOLUTIONS

13.1 La réponse est assez simple et se détermine par une suite de divisions.

– Le disque comporte 824 cylindres donc chaque cylindre contient :

850 526 208 / 824 = 1 032 192 octets.

– Il y a 32 faces utilisées donc chaque piste du disque contient :

1 032 192 octets / 32 = 32 256 octets.

– Chaque piste est divisée en 63 secteurs donc chaque secteur contient :

32 256 octets / 63 = 512 octets.

13.2 Au vu des caractéristiques de géométrie physique, on peut calculer la capacité du disque.

4864 x 255 x 63 x 512 / (1024 x 1024) = 38 154 Mo (soit un disque vendu pour 40 Mo).

Chapitre **14**

Disques optiques

14.1 LE DISQUE OPTIQUE NUMÉRIQUE

Le **disque optique numérique**, ou **DON**, est issu de travaux menés depuis 1970 sur les disques audio, compact-disques et vidéodisques. La terminologie employée varie selon les technologies et l'on trouve ainsi les abréviations de CD (*Compact Disk*), **CD-ROM** (*CD Read Only Memory*), **WOM** (*Write Only Memory*), **WORM** (*Write Once Read Many*), **CD-R** (*CD ROM Recordable*), **CD-RW** (*CD ROM Recordable & Writable),* ou autres **DVD** (*Digital Video Disk*)... C'est un média encore en forte évolutivité, notamment en ce qui concerne la « réinscriptibilité » et les différents formats retenus.

14.1.1 Historique et évolutions des normes

Le DON est – toutes proportions gardées – un média récent, puisque c'est en 1973 que Philips lance ses premiers CD Audio.

Philips et Sony normalisent ensuite [1982] le CD-Audio ou **CD-DA**, sous l'appellation de « Livre-rouge ». De nombreux constructeurs mettent au point le **CD-ROM High Sierra**, normalisé ISO 9 660 [1988] également dit « Livre-jaune ». Dans cette norme, données informatiques et audio cohabitent sur le disque mais dans des zones distinctes, ce qui oblige le lecteur à les lire séparément. La capacité de stockage est de 640 Mo sur une face d'un 5,25".

Philips, Sony et Microsoft élaborent [1988] la norme **CD-ROM-XA** (*eXtend Architecture*) – extension de ISO 9660 qui gère conjointement sons et images en utilisant des techniques de compression du son et d'entrelacement des données, sons et images.

Kodak met au point [1990] le **CD–R** (CD réinscriptible) ou **CD Photo** (« Livre-orange »), inscriptible une fois mais pouvant être inscrit en plusieurs fois. Il nécessite des lecteurs multi sessions. Le **Vidéo–CD** (« Livre-blanc ») [1993] d'une capacité de 700 Mo autorise 74 minutes d'enregistrement. Le **CD-RW** (CD *Read Write*) est défini par le « *Orange Book Part III* ».

Le DVD Forum [1995] permet aux constructeurs (Hitachi, Sony, Pioneer...) de s'accorder sur un « standard », le **DVD** (*Digital Video Disk*) qui permet de stocker 4,7 Go. Au départ prévu avec des caractéristiques différentes selon les constructeurs, un accord se dessine entre les divers fabricants de DVD qui aboutit au... **DVD** (*Digital Versatile Disk*) « normalisé ».

Depuis... l'évolution continue et on distingue à l'heure actuelle au moins six formats de DVD validés par le DVD Forum.

Le CD commence à décliner lentement en termes de parts de marché, au profit des DVD qui, s'ils sont plus onéreux, ont une capacité de plus en plus intéressante.

14.1.2 Description d'un disque optique

Un CD est un disque de 120 mm de diamètre et de 1,2 mm d'épaisseur en général. Le trou central sert à centrer et à entraîner le CD en rotation. Le CD est constitué d'un disque en plastique ou en polycarbonate (plus solide et plus résistant que les plastiques usuels). Il comporte un anneau d'empilement (*stack ring*) qui permet de protéger les CD empilés et une rainure porte tampon (*stamper holder groove*).

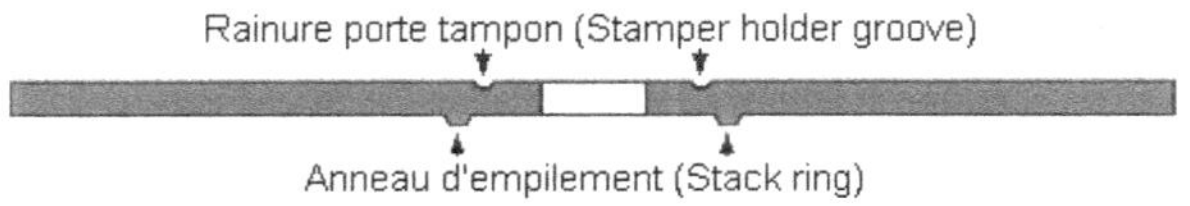

Figure 14.1 Coupe d'un CD

Le disque est recouvert par un colorant organique (phthalocyanine, cyanine...) dont le but est de conserver les informations et qui se modifie sous l'effet d'un rayon laser générateur de chaleur. Le colorant se transforme sous l'effet du rayon laser (création de l'information). Une couche réfléchissante (*reflective layer*) en or ou en argent, déposée sous vide permet de réfléchir le rayon laser lors de la lecture du CD. L'argent a peu à peu remplacé l'or pour diminuer les coûts et augmenter la réflectivité au détriment toutefois de sa durée de vie. Une couche de laque déposée sur l'ensemble du disque puis cuite aux ultraviolets protège les couches organiques qui pèlent facilement et où l'humidité peut s'infiltrer. Enfin une couche de protection haute résistance protège le support des rayures.

14.1.3 Principes techniques d'écriture et de lecture

Les principes d'écriture et de lecture sont divers selon qu'il s'agit d'un simple CD « pressé », d'un CD-R « gravé », d'un CD-RW réinscriptible, d'un DVD, d'un DVD-R ou d'un DVD-RW... Le principe de base repose sur l'écriture et la lecture des disques optiques numériques au moyen d'un faisceau laser plus ou moins réfléchi ou diffusé selon l'état de surface du média, permettant ainsi de coder les différents états binaires. Ces deux états sont repérés par les « trous » (cuvettes ou ***pits***) ou les « bosses » (***lands***) pressés, gravés ou enregistrés sur le support.

L'intérêt du laser est de fournir, selon la catégorie de laser employée – ou « couleur » du laser qui dépend de la longueur d'onde – un faisceau lumineux fin et intense autorisant une précision de l'ordre du micron, voire du 10e de μ. On atteint ainsi une densité binaire importante à la surface du média. La distance entre la tête de lecture optique et le média n'influant pas sur la qualité de la lecture ou de l'écriture, on évite les risques d'atterrissage des disques durs. Le DON se compose généralement d'une couche sensible très fine sur laquelle est stockée l'information, prise en sandwich entre une face réfléchissante et une ou deux faces transparentes.

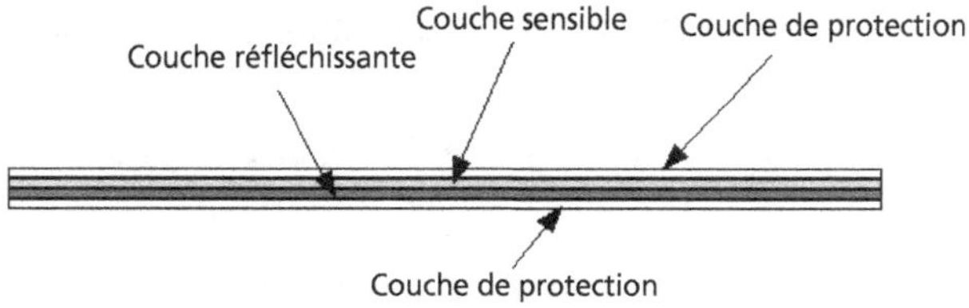

Figure 14.2 Les couches d'un CD

On distingue diverses techniques d'écriture et de lecture de l'information.

a) Ablation

Écriture. Sous l'effet de la chaleur du faisceau émis par une diode laser d'écriture dont la longueur d'onde est en moyenne de 780 nm, le composé chimique – alliage de tellurium ou autre... fond, créant une microcuvette qui permet de repérer un bit (1 par exemple). Cette technique est irréversible.

Lecture. Si le faisceau de lecture – moins puissant et n'endommageant pas la couche sensible – ne rencontre pas de cuvette, il sera réfléchi en phase avec l'onde émise alors que, dans le cas d'une ablation, la distance entre la tête de lecture et la surface réfléchissante augmente et l'onde réfléchie sera déphasée par rapport à l'onde émise. On distinguera donc une information différente de celle recueillie en l'absence de trou.

L'ablation peut être obtenue par pressage en usine ou par « brûlage » de la couche sensible au moyen d'un **graveur** de CD-ROM. L'enregistrement se présente sous la forme de microcuvettes, généralement codées en fonction de la suite binaire à inscrire au moyen d'une technique d'encodage dite EFM (*Eight to Fourteen Modulation*). Les temps d'accès en gravure sont encore lents.

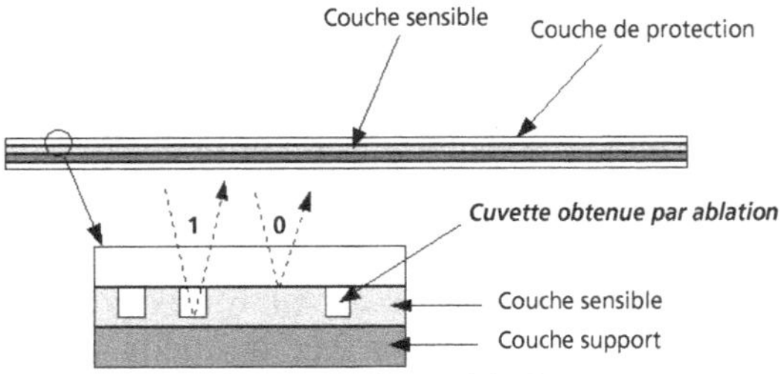

Figure 14.3 L'ablation

b) Déformation

Écriture. L'échauffement par le faisceau laser d'écriture de la couche sensible, prise en sandwich entre les autres couches, provoque une déformation irréversible du produit, cette déformation est souvent dite « bulle ».

Lecture. Elle repose sur le même principe de variation des distances que dans la technique de l'ablation.

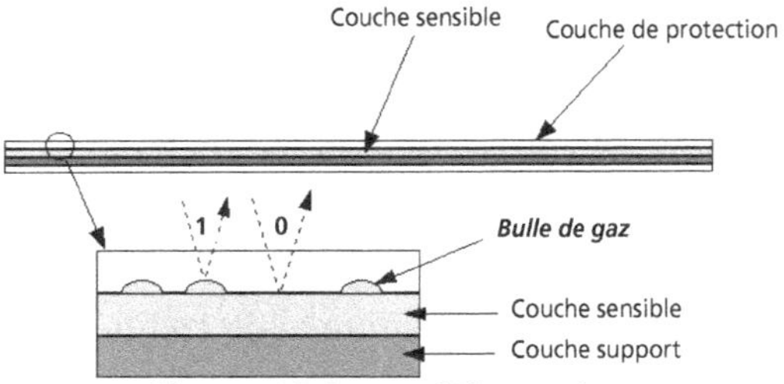

Figure 14.4 La déformation

Cette technique utilisée sur les anciens WORM 12 pouces destinés à l'archivage d'informations tels que les ATG-Cygnet, VFD 16 000, Philips LMS LD 6100 ou autre Sony WDD 531… semble abandonnée.

c) Amalgame

Écriture. À l'écriture le faisceau laser fait fondre, de manière irréversible, la couche métallique qui absorbait la lumière, découvrant ainsi une seconde couche qui, elle, la réfléchit.

Lecture. Dans un cas, le faisceau de lecture sera réfléchi par le média, dans l'autre, il ne le sera pas.

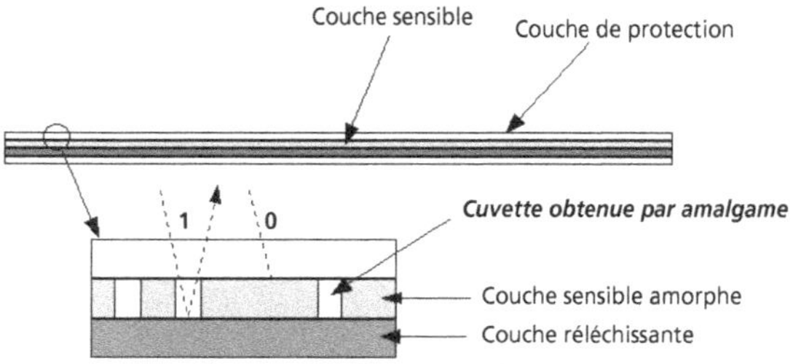

Figure 14.5 L'amalgame

d) Transition ou changement de phase

Écriture. Dans la technique à transition de phase (*phase change*) employée sur les CD-RW, la température du laser à l'écriture est différente de celle utilisée à l'effacement. Le laser est ainsi modulé suivant trois valeurs de puissance dites *Pwrite* (*Pit write*), *Perase* (*Pit erase*) et *Pbias* (*Pit bias*). Lors de l'enregistrement, le laser chauffe l'alliage au-delà de la température de fusion (*Pwrite*) entre 500 °C et 700 °C. Puis, pendant un temps très court, la puissance est modulée pour atteindre une température inférieure à 200 °C (*Pbias*), afin d'éviter une recristallisation provoquée par un refroidissement trop brutal. La zone devient alors amorphe et son indice de réflexion est diminué. Elle correspond alors à un « trou » (*pit*). Les zones restées cristallines correspondent aux « bosses » (*lands*). Le niveau de puissance *Perase* est utilisé durant la phase de réécriture ou d'effacement, la température reste constante (un peu plus de 200 °C) ce qui permet de recristalliser les zones amorphes.
Lecture. Dans le cas d'une structure cristalline, le faisceau de lecture sera réfléchi par le média, dans l'autre cas ou la structure est rendue amorphe, il ne le sera pas.

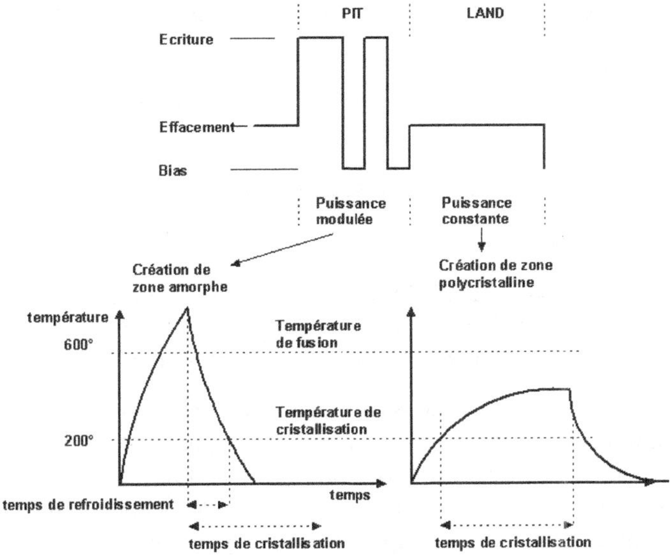

Figure 14.6 Écriture en transition de phase

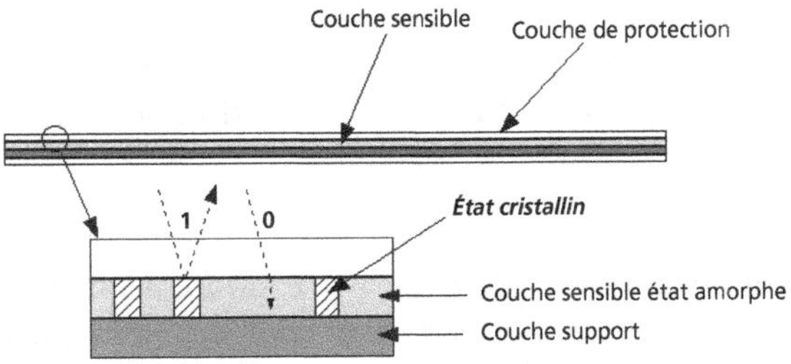

Figure 14.7 La transition de phase

C'est la technique qui est généralement employée avec les CD-RW.

e) Polarisation ou Magnéto-optique

Écriture. On applique un champ magnétique à la zone à enregistrer mais ce champ magnétique ne modifie pas la valeur du champ originel. C'est la chaleur du faisceau d'écriture – près de 150 °C ou « point de Curie » – qui va permettre d'en modifier les propriétés magnétiques. En se refroidissant, la zone va alors conserver son aimantation.

Lecture. La lumière, réfléchie par le support est polarisée de manière différente selon le sens de magnétisation de la surface. En effet, lorsqu'un faisceau lumineux passe au travers d'un champ magnétique, il subit une rotation dont le sens dépend de la polarisation du champ magnétique (effet de Kerr). Il suffit de détecter cette polarisation pour savoir si la valeur binaire stockée sur le support correspond à un 0 ou à un 1.

Effacement. On peut remagnétiser localement dans le sens d'origine, selon la méthode utilisée à l'écriture assurant ainsi effacement ou réécriture. La modification des propriétés de magnétisation ne pouvant se faire qu'à chaud, il n'y a donc à froid aucun risque de démagnétisation accidentelle des données.

Cette technologie employée sur les disques **magnéto-optiques** est désormais délaissée.

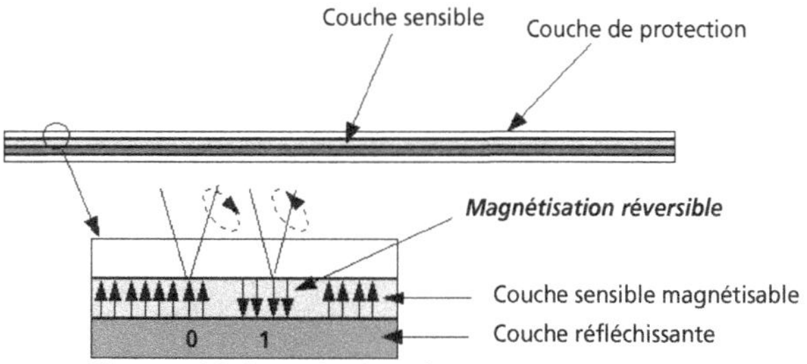

Figure 14.8 Principe du magnéto-optique

Ces techniques de **transition de phase** et de **polarisation** autorisent l'effacement des données et donc la réutilisation du média. La lenteur de ce type de support à la réécriture vient du fait qu'avant d'écrire une information, on doit effacer la zone où l'on veut écrire. On avait classiquement trois tours de disque (effacement, écriture, vérification) ce qui, pénalisait le temps d'accès moyen. On arrive maintenant – technique **LIM-DOW** (*Light Intensity Modulation for Direct Over Write*) – à réécrire en un seul tour. Le gain procuré est d'environ 10 % mais le temps d'accès reste encore lent.

Les graveurs de CD et de DVD classiques utilisent habituellement une technologie de faisceau laser rouge (650 nm de longueur d'ondes ou *wavelenght*).

14.1.4 Les DVD

Le **DVD** (*Digital Versatile Disk*) [1997] est issu de l'évolution technologique et de l'adoption de « normes » communes aux divers constructeurs de CD. Il se décline en différentes versions, couvertes chacune par un livre (*book*) de normes (plus ou moins établies) et notées de A à E.

TABLEAU 14.1 LES GRANDES DÉCLINAISONS DU DVD

Produit	Utilisations	Livre	Statut
DVD ROM	Lecture seulement Pressage en usine	A	Normalisé
DVD-Vidéo	Vidéo compressée MPEG2 Lecture seulement Pressage en usine	B	Normalisé
DVD Audio	Audio-lecture seulement Pressage en usine	C	Normalisé
DVD-R +R (WORM)	Enregistrable une seule fois WORM (*Write Once Read Many*) DL (*Dual Layer* ou double couche)	D	Normalisé [1997]
DVD-RW	Réenregistrable –RW ou +RW (non reconnu par le DVD Forum)	E	Normalisé [1998]
DVD-RAM	Réenregistrable	E	Normalisé [1997]

TABLEAU 14.2 FORMATS COURANTS DE DVD

Type	Faces Couches	R/W	Capacité	Capacité Video
DVD-5	1/1	R	4,7 Go	2+ h
DVD-9	1/2	R	8,5 Go	4 h
DVD-10	2/1	R	9,4 Go	4,5 h
DVD-18	2/2	R	17 Go	8+ h
DVD-R	1/1	WORM	3,95 – 4,7 Go	2+ h
DVD+R	1/1	WORM	4,7 Go	1 h
DVD+R5			4,7 Go	
DVD+R9	2/2		8,5 Go	
DVD-RAM	1/1	RW	2,6 Go	1 h
DVD-RW	1/1	RW	4,7	2+ h
DVD+RW	2/2	RW	4,7 Go	
DVD+RW DL	2/2	RW	8,5 Go	

Cependant, à l'intérieur de certaines catégories, selon le nombre de faces – de 1 à 2, et le nombre de couches utilisées – de 1 (**SL** – *Simple Layer* ou **simple couche**) à 2 (**DL** – *Dual Layer* ou **double couche**) couches par face actuellement, il existe plusieurs déclinaisons du support. Bien entendu, la capacité de stockage est en relation directe avec ces caractéristiques.

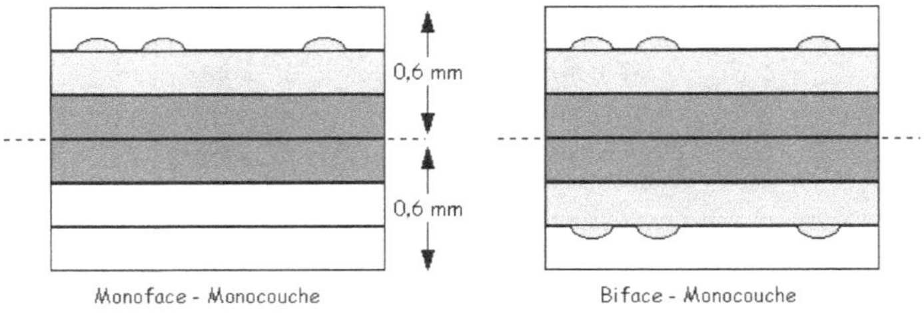

Figure 14.9 Les DVD monocouche

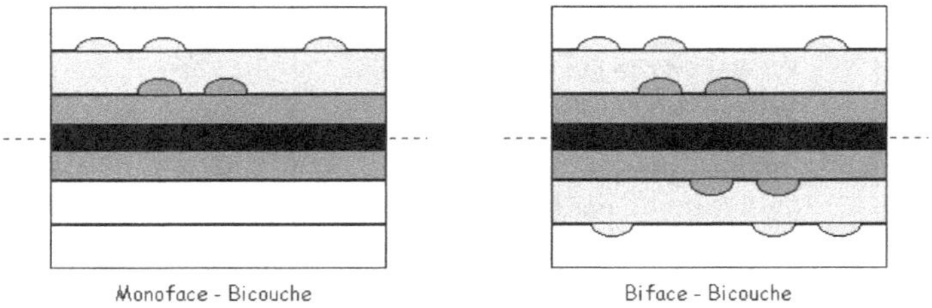

Figure 14.10 Les DVD bicouche

La recherche d'un « standard » se poursuit entre les deux formats DVD-RW et DVD+RW. Le format DVD+RW « supporté » par Microsoft mais pas par le DVD-Forum rencontre un certain succès. Il est plus rapide en écriture mais le DVD-RW offre plus de possibilités en termes de lecture de DVD vidéo, en exploitant une technologie dite *Lossless Linking* ou liaison sans perte... Mais tout ceci ne serait-il pas... commercial ?

Le **DVD9** – DVD+R9 ou **DVD DL** (*Dual Layer*) [2004] offre une capacité de stockage de 8,5 Go en simple face – double couche. Il est composé de deux couches d'enregistrement et de réflexion, séparées par une couche transparente de 55 μ.

Le **DVD 10** est un double DVD5 monocouche – double face qui contient 9,5 Go.

Le **DVD-18** est un double DVD9 qui enregistre en double couche sur deux faces, ce qui permet de stocker 17 Go.

Signalons l'éphémère DVD-14, avec une face en simple couche et l'autre en double couche, soit une capacité de 13,2 Go.

Signalons également quelques formats technologiques « à suivre » comme :

- **FVD** (*Forward Versatile Disk*) [2004], exploitant un laser rouge comme pour les lecteurs de CD et DVD « classiques », offre une capacité de stockage de 5,4 Go en simple face/simple couche et 9,8 Go en version double couche. Une version FVD-2, capable de stocker 6 Go en simple face/simple couche et 11 Go en simple face/double couche est d'ores et déjà à l'étude.
- **FMD** (*Fluorescent Multi layer Disk*) annoncé par la société C3D, comme devant permettre de stocker 140 Go de données en utilisant 20 couches d'un matériau fluorescent.

a) DVD Blu-Ray ou BD

Le **BD** (*Blu-ray Disc*) [2006] permet de stocker plus d'informations (de 25 à 50 Go) grâce à un rayon laser « bleu-violet » d'une longueur d'onde de 405 nm, autorisant des sillons plus petits et plus rapprochés (écart de 320 nm) et des « cuvettes » plus courtes (135 nm) ; les CD et DVD conventionnels utilisant des lasers infrarouges et rouges à respectivement 780 nm et 650/635 nm.

Pour des raisons de compatibilité technologique, la couche de protection transparente est plus fine ce qui en rend la production plus délicate. Il bénéficie du soutien du *Blu-ray Disc Founders* (Sony, Philips, Dell, HP...) et de la BDA (*Blu-ray Disc Association*).

Les spécifications Blu-ray 2.0 déclinent ces disques en :

- **BD** (*Blu-ray Disc*), disque de 12 cm, épais de 1,2 mm, simple couche ou double couche, avec une capacité de stockage de 25 Go (50 Go en double face) au débit théorique de 54 Mbit/s et de 7,8 à 15,63 Go pour le mini format 8 cm.
- **BD R** (*Blu-ray Disc Recordable*) enregistrable avec les mêmes formats 12 et 8 cm.
- **BD RE** (*Blu-ray Disc Rewritable*) réinscriptible avec les mêmes formats.
- **BD ROM** (*Blu-ray Disc* ROM / *Video Distribution Format*) destiné à la production vidéo.

Cette technologie est désormais exploitée au seul format BD (*Blu-ray Disc*), la version concurrente HD DVD ayant été abandonnée en 2008.

Une nouvelle technologie [2010] **i-MLSE** (*Maximum Likelihood Sequence Estimation Evaluation Index*) devrait permettre de porter la capacité d'une couche à 33,5 Go (67 Go par disque) en améliorant la précision et en augmentant la tolérance aux erreurs de gravure.

b) DVD holographique ou HVD

Le **HVD** (*Holographic Versatile Disc*), **HD** (*Holographic Disc*) ou DVD holographique [2006] assure un stockage de 300 Go de données (on envisage d'atteindre 3,9 To soit 6 000 CD-ROM !) sur un disque au format 5 pouces 1/4, avec un substrat de 1 mm gravé en 405 nm. La technique holographique consiste à combiner au sein d'un SLM (*Spatial Light Modulator*), deux faisceaux laser. Le premier faisceau est directement émis vers le support sans transformation et sert de référence, le second est, quant à lui, « modulé » par le flux de données à enregistrer. Le support d'enregistrement reçoit donc le faisceau de référence et le faisceau « modulé », les variations du signal provoquant des modifications du substrat à base de photopolymères, placé entre deux disques de plastique, l'ensemble étant actuellement protégé par une cartouche. Si le taux de transfert reste relativement modeste, la capacité pourrait atteindre près de 2 To et la durée de conservation des données est annoncée à 50 ans !

La société InPhase a commercialisé [2009] un tel HVD de 300 Go avec un débit de 20 Mo/s. Il devrait évoluer vers 800 Go puis 1,6 To avec un débit porté à 120 Mo/s. Toutefois, commercialement, Blu-Ray reste la référence compte tenu du prix très élevé des lecteurs HVD.

14.1.5 ISO 9660, CDFS, UDF, Multi sessions

ISO 9660 [1988-2010] aussi connue sous l'appellation de **CDFS** (*Compact Disc File System*) par certains fournisseurs, est une norme de système de fichiers destinée aux supports de disque optique. Elle se décline en plusieurs niveaux de spécification.

Au niveau 1, les noms de fichiers doivent être au format 8.3 (8 caractères dans le nom et 3 caractères dans le suffixe) et en lettres majuscules et il ne peut y avoir plus de huit niveaux de dossiers imbriqués.

Les niveaux 2 et 3 permettent de spécifier des noms de fichiers jusqu'à 32 caractères de long.

ISO 9660:1999 est la dernière mise à jour de la norme qui étend la longueur maximale à 207 caractères et supprime la limite de huit niveaux maximum de répertoires et signification particulière du point dans les noms de fichiers.

Joliet est une extension Microsoft de ISO 9660 qui permet d'utiliser des noms de fichiers jusqu'à 64 caractères de long et comportant des caractères Unicode.

ISO 9660 (ISO 13490) a introduit les notions de mono ou multi sessions. Quand un disque optique est écrit en une seule fois il est dit **mono session**. Si par contre, il est possible d'enregistrer des informations en plusieurs fois, il est alors **multi sessions**. Le lecteur doit donc être capable de reconnaître que le disque a été enregistré en plusieurs fois et que la fin de l'enregistrement lu n'est pas la fin du disque. Il est alors **lecteur multi sessions**. À noter que le fait d'enregistrer un disque en multi sessions fait perdre environ 10 Mo de données pour chaque session, du fait du marquage de la fin de session. À l'heure actuelle lecteurs et graveurs de CD et DVD sont tous multi sessions.

UDF (*Universal Disk Format*) [1996] ou ISO 13346 est une spécification de système de fichiers destinée au stockage sur des médias enregistrables. UDF supporte une technologie d'écriture par paquets exploitant des tables d'allocation virtuelles **VAT** (*Virtual Allocation Table*), similaires aux tables d'allocation **FAT** (*File Allocation Table*) utilisées par certains systèmes d'exploitation pour localiser les fichiers sur le disque. Chaque nouvelle table d'allocation virtuelle ainsi créée contient les informations de la table d'allocation virtuelle précédemment créée, de sorte que tous les fichiers écrits sur un disque puissent être localisés.

L'inconvénient d'UDF est lié au fait qu'il faut formater le disque optique pour qu'il soit utilisable (d'où perte de temps, car la gravure à proprement parler ne peut réellement débuter qu'après ce formatage). Par contre, on peut rajouter des données sur le support sans perte de place (contrairement à l'ISO/multi session).

Les deux formats **ISO** et **UDF** sont généralement reconnus par tous les lecteurs et logiciels de gravure actuels.

14.1.6 Principes d'organisation

Contrairement au disque dur où chaque secteur occupe une zone délimitée par un angle et est donc de plus en plus petit au fur et à mesure que l'on s'approche du centre, sur le DON, chaque secteur est de même longueur, et enregistré sur une spirale de plus de 50 000 tours, comme sur un disque vinyl. Cette spirale commence à proximité de l'axe de rotation et n'est pas régulière mais « oscille » (*wobble*) autour de sa courbe moyenne ce qui permet à la tête de lecture de réguler la vitesse de rotation du CD ou du DVD. Le signal de lecture sera ainsi analysé et décomposé en deux informations : la réfraction et le signal d'erreur de suivi de piste (*Tracking error signal*). La réfraction permet de connaître les informations gravées sur le disque tandis que le signal d'erreur de suivi de piste permet de suivre la spirale et de réguler la vitesse de rotation. Le rayon laser est décomposé en deux parties et l'analyse de la puissance réfléchie de ces deux parties permet de gérer la vitesse de rotation à partir de la fréquence du signal.

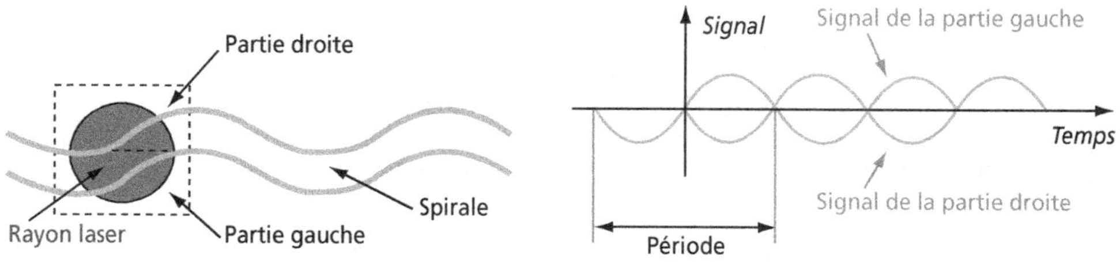

Figure 14.11 Asservissement des pistes sur un CD

Différentes méthodes de lecture peuvent être utilisées :

- **CLV** (*Constant Linear Velocity*) : jusqu'aux CDx12, la technique dite à vitesse linéaire constante ou CLV permettait de conserver la même densité d'enregistrement, à l'extérieur ou à l'intérieur du plateau. Cependant, cette technique impose de faire varier la vitesse de rotation du disque selon que le secteur est à l'extérieur ou à l'intérieur du disque – de 200 tpm sur la piste extérieure à plus de 6 000 tpm sur la piste intérieure. Or, si à petite vitesse une légère déformation du disque ou une légère vibration du CD dans son lecteur est sans importance, à haute vitesse ces phénomènes engendrent du bruit et des erreurs de lecture.
- **CAV** (*Constant Angular Velocity*) a alors été utilisé, avec une vitesse de rotation angulaire constante, technique déjà exploitée sur les disques durs. L'appellation des lecteurs a parfois changé – complément **max** (**CDx44 max**). En CAV, la capacité du disque n'est en principe pas tout à fait aussi grande qu'en CLV. Il faut noter que selon les cas les lecteurs sont ***Full CAV*** c'est-à-dire que la technique du CAV est utilisée pour tout le CD, que les données soient situées à l'extérieur ou à l'intérieur du plateau ou **PCAV** (*Partial CAV*) où on utilise du CLV à l'extérieur du plateau du CAV à proximité de l'axe de rotation. C'est pourquoi on rencontre parfois les termes de **CD 16-32x**, par exemple, pour indiquer qu'une partie du CD sera lue à la vitesse 16x et l'autre partie en 32x.
- **ZCLV** (*Zoned* CLV) est utilisée dans la majorité des graveurs CD et DVD actuels. Avec ZCLV l'information est écrite ou lue avec une vitesse angulaire qui varie par palier, de zone en zone pour maintenir une vitesse linéaire moyenne constante. Le disque tourne donc à une certaine vitesse pendant la première partie de lecture, la

vitesse augmente ensuite sur la partie suivante… L'utilisation de ZCLV lors des gravures de CD oblige à un mécanisme de contrôle des flux car il provoque une petite rupture de la gravure lors du passage d'un pallier à l'autre. Certains graveurs associent les trois techniques CLV, CAV et ZCLV (technologie dite « TriLaser »).

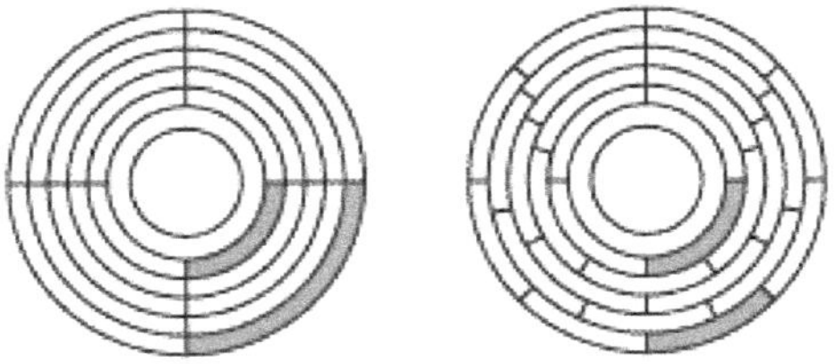

Figure 14.12 Méthodes CAV et Z-CLV

Les lecteurs de CD-ROM et les graveurs sont répertoriés en fonction de leur vitesse de transfert. Attention, ces taux de transferts sont théoriques, puisque selon ce que l'on vient d'énoncer précédemment, les vitesses sont amenées à varier.

On est ainsi passé d'un taux de transfert initial – **CD x1** – de 150 Ko/s à :

- 300 Ko/s avec le **CDx2**, **CD 2x** ou double vitesse ;
- 600 Ko/s avec le **CDx4**, **CD 4x** ou quadruple vitesse ;
- … CD 8x, CD 12x, CD 24x, CD 32x, CD 40x, CD 44x, CD 52x ;
- 8 400 Ko/s avec le **CD 56x**…

64x semble être la limite théorique au-delà de laquelle le CD « explose » compte tenu de la vitesse à laquelle il tourne… Kenwood a cependant présenté un 72x (10,8 Mo/s) mais pour atteindre cette vitesse il utilise une technologie « True-X » qui permet de lire 7 pistes en parallèle. Les données sont donc lues plus rapidement, mais sans faire tourner le CD à haute vitesse.

Compte tenu de leurs énormes capacités de stockage – notamment quand ils sont associés sous forme de juke-boxes – d'une diminution régulière des temps d'accès et des coûts, CD et DVD connaissent un usage courant dans le stockage de données. Toutefois, ils sont toujours concurrencés par les cartouches magnétiques ou les disques durs dont le rapport capacité/prix est resté très concurrentiel et dont les temps d'accès s'avèrent souvent inférieurs à ceux des DON.

Les **graveurs** ou **enregistreurs** permettent d'enregistrer les informations sur ces divers supports. Ils combinent maintenant CD R, RW et DVD, en un même appareil.

Les caractéristiques du graveur se traduisent généralement par 3 vitesses : écriture sur CD-R, réécriture pour les CD-RW et lecture des CD-ROM, CD-R, RW ou CD-Audio.

Ainsi, un modèle CD-RW 52x/32x/52x :

- grave un CD-R (ou écrit sur un RW) en **52x** ;
- réécrit sur un CD-RW en **32x** et ;
- lit les CD à une vitesse maximale de **52x**.

La vitesse de réécriture est inférieure à la vitesse d'écriture compte tenu du temps nécessaire à l'effacement préalable des zones à réécrire.

Plus les chiffres sont élevés, plus la gravure sera rapide mais plus la mémoire tampon devra être importante, ou bien vous devrez disposer d'un graveur offrant un système de protection contre les ruptures de flux de données (*Burn Proof*, *SafeBurn* ou autre *Just Link* selon les constructeurs) et autorisant la reprise de la gravure après un « plantage ».

La présence d'une quatrième valeur signale en principe un « combo », associant à un graveur de CD, un lecteur de DVD. Par exemple un 52x/24x/52x/16x grave les CD-R en 52x, les CD-RW en 24x, et lit les CD-ROM en 52x et les DVD en 16x. Compte tenu de la baisse des coûts ce genre de produit est en train de disparaître rapidement au profit des seuls enregistreurs compatibles DVD.

Enfin, avec les nouveaux graveurs de DVD, acceptant les divers formats, multi-couches... il convient de se pencher un peu plus sur la fiche technique du produit... Voici par exemple les caractéristiques d'un graveur de DVD :

TABLEAU 14.3 CARACTÉRISTIQUES D'UN GRAVEUR DVD (EXEMPLES)

Formats	DVD+R9/-R9, DVD-R /RW, DVD+R/RW, DVD-RAM, CD-R/RW (en écriture), DVD-ROM, CD-R, CD Extra, CD-ROM, CD-ROM XA, CD-RW, CD-I, CD-DA, Photo CD (en lecture)
Modes de gravures	Disc at once, Session at once, Track at once, Packet Writing, Multisession
Capacité de stockage	4,7 Go (simple couche), 8,5 Go (double couche)
Vitesse de transfert	De 7 200 Ko/sec (CD-ROM) jusqu'à 22 160 Ko/ sec (DVD-ROM)
Vitesse de gravure	16x (DVD±R), 8x (DVD+RW), 6x (DVD-RW), 5x (DVD-RAM), 8x (DVD+R9), 4x (DVDR9), 48x (CD-R), 32x (CD-RW)
Vitesse de lecture	48x (CD-ROM),16x (DVD)
Temps d'accès moyen	140 ms (DVD-ROM), 120 ms (CD-ROM), 250 ms (DVD-RAM)
Résolution de la gravure *LightScribe*	1070 TPI (36 mn), 800 TPI (28 mn), 530 TPI (20 mn)
Fiabilité	MTBF 100 000 heures
Poids	750 grammes

Les CD ou DVD que vous achetez peuvent être, suivant leur qualité, incompatibles avec des graveurs rapides. Il faut donc faire attention en achetant CD ou DVD vierges à regarder les étiquettes.

EXERCICES

14.1 Une revue vous propose un lecteur de CD-ROM « 52x IDE » à 25 euros et un graveur « Kit CD-RW 24x/10x/40x USB-2 – FireWire » à 140 euros que signifient ces désignations ?

14.2 Petit QCM.

a) Dans un lecteur de CD-ROM la tête de lecture

1. « flotte » au-dessus du disque quand il est en rotation,
2. est en contact avec le disque,
3. n'est jamais en contact avec le CD.

b) Sur un CD-ROM

1. on peut rencontrer plusieurs pistes,
2. il n'y a toujours qu'une piste,
3. il y a jusqu'à 1 000 pistes actuellement.

SOLUTIONS

14.1 Dans la référence du lecteur de CD-ROM « 52x IDE » on constate qu'il s'agit d'un lecteur offrant un taux de transfert de 7 800 Ko/s car le lecteur tourne à x 52 ce qui est « correct ».

En ce qui concerne la référence à IDE il s'agit du type de contrôleur accepté. En l'occurrence il s'agit plus probablement d'un contrôleur EIDE (*Enhanced* IDE), dit aussi ATA-2 ou Fast-ATA-2, qui permet de gérer des disques de grande capacité (500 Mo et plus) ainsi que les CD-ROM à la norme ATAPI (ATA *Packet Interface*).

Dans le cas du « Kit CD-RW 24x/10x/40x USB-2 – FireWire » on constate qu'il s'agit d'un graveur de CD-ROM et de CD réinscriptibles (RW) offrant un taux de transfert en écriture de 3 600 Ko/s car le lecteur tourne à x24, réécrit sur un CD-RW en 10x (1 500 Ko/s) et il lit les CD à la vitesse de 40x (6 000 Ko/s) ce qui, compte tenu du prix, reste correct bien que des vitesses supérieures puissent être trouvées.

14.2 *a)* Bien entendu la tête de lecture ne « flotte » pas comme sur un disque dur, et elle est encore moins en contact avec le disque comme sur un lecteur de disquette. La bonne réponse était la réponse 3.

b) La bonne réponse est ici la réponse 1. En effet, bien qu'il n'y ait généralement qu'une seule piste (un seul « sillon » en fait). Il est possible d'en rencontrer un peu plus, notamment dans le cas d'un CD multisessions, ayant été gravé ou enregistré en plusieurs fois.

Chapitre **15**

Disquettes, disques amovibles et cartes PCMCIA

Conçue par IBM [1970], la disquette servait à l'origine à charger des programmes de tests. Cette disquette d'un diamètre de 8" n'était recouverte d'oxyde magnétique que sur une seule de ses faces (Simple Face). En 1975, la société Shugart Associates développe le mode d'enregistrement double densité et, en 1976, IBM propose des disquettes enduites des deux cotés ou disquettes double face. La même année, Shugart lance la disquette 5"1/4. En 1981, apparaît la disquette de diamètre 3"1/2. Seul le format 3"1/2 se maintient, les autres ont disparu et les tentatives d'imposer des formats différents ont toutes avorté. La disquette est un média fortement mis en échec par l'apparition des « clés USB » (*memory key*).

15.1 LES DISQUETTES

15.1.1 Principes technologiques

La disquette, qui est un média très répandu du fait de sa simplicité d'utilisation, de son faible encombrement physique et de son faible prix, est composée de deux parties.

a) Le support magnétique ou média

Le support magnétique consiste en un disque souple en mylar, percé en son centre pour faire place au mécanisme d'entraînement, recouvert généralement d'une couche d'oxyde magnétique, et tournant librement dans son enveloppe protectrice. Un trou pratiqué dans le mylar – le trou d'index, permet sur les disquettes 5"25, de repérer le premier secteur d'une piste. Ce trou n'existe plus sur les 3"1/2 où le repérage se fait logiciellement.

b) L'enveloppe protectrice

Réalisée en plastique rigide, l'enveloppe protectrice, recouverte à l'intérieur d'un revêtement antistatique et antipoussière, protège la disquette des poussières, traces de doigts ou autres impuretés. Cette enveloppe est percée d'un trou oblong autorisant l'accès du système de lecture écriture. Sur les disquettes 3"1/2, cette fenêtre est protégée par un cache métallique qui s'efface quand on insère la disquette dans son logement. Sur les disquettes 5"1/4, de chaque côté de la fenêtre d'accès des têtes, se trouvent deux encoches antipliure qui évitent qu'en manipulant la disquette, elle ne se plie au niveau de la fenêtre d'accès, ce qui risquerait d'abîmer le média. Sur le côté de ces disquettes 5"1/4, on trouve généralement une encoche qui, selon qu'elle est libre ou obturée par un adhésif, autorise ou interdit **l'écriture** d'informations sur le média. Sur les 3"1/2, la protection en écriture est réalisée par un petit cliquet plastique, qui obture ou non un orifice, selon que l'on peut écrire ou non sur la disquette.

La pochette est percée, sur les 5"25, de un (deux) trou(s) d'index.

Figure 15.1 Les différents modèles de disquettes

15.1.2 Modes d'enregistrements

Les modes d'enregistrement utilisés sur les disquettes sont :

- le mode FM ou **S**imple **D**ensité (**SD**) – historiquement dépassé,
- le mode MFM ou **D**ouble **D**ensité (**DD**) – historiquement dépassé,
- le mode **H**aute **D**ensité (**HD**),
- le mode **E**xtra haute **D**ensité (**ED**).

Selon qu'une seule face de la disquette ou les deux sont enregistrées, on parle de **simple face** ou **double face**. La simple face appartient désormais à l'histoire. Ceci dépendait en fait du lecteur de disquette, selon qu'il disposait d'une ou de deux têtes de lecture écriture, et non pas de la disquette elle-même.

Comme sur les disques durs, la disquette est découpée en pistes et en secteurs. On trouve sur les pistes et les secteurs, en plus des informations à stocker, des informations de gestion de la disquette, utilisées par le système d'exploitation. Ces informations, ainsi que le nombre de pistes et de secteurs sont définies selon un **format** et leur écriture sur le média se fait lors de l'opération dite de **formatage**. Les secteurs peuvent être repérés de manière matérielle – **sectorisation matérielle** (*hard sectoring*), pratiquement abandonnée, et qui se concrétise par la présence d'un trou à chaque début de secteur. Le trou est détecté par une cellule photoélectrique qui provoque un signal appelé « *clock-sector* ». On ne peut donc pas changer le nombre de secteurs par piste, mais la sécurité est plus grande. Ils peuvent être repérés par **sectorisation logicielle** (*soft sectoring*), qui est la méthode utilisée car elle permet de choisir le nombre de secteurs par piste. Les formats des secteurs sont alors sensiblement identiques à ceux étudiés sur les disques.

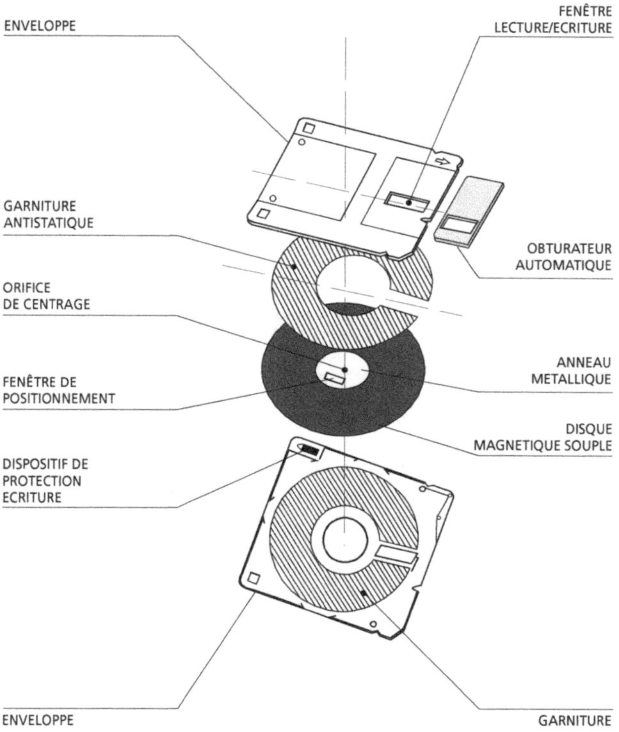

Figure 15.2 Coupe d'une disquette 3" 1/2

15.1.3 Organisation logicielle

Afin de nous appuyer sur un exemple concret, nous allons décrire très sommairement la façon dont sont organisées les informations sur une disquette au format IBM PC sous système d'exploitation MS-DOS.

La piste 0 est partiellement utilisée pour fournir des informations relatives au type de disquette et à son contenu.

Le premier secteur de cette piste est appelé secteur de « *boot* », et contient diverses informations relatives à la version MS-DOS, à la taille des secteurs, du disque..., ainsi que, dans le cas d'une disquette dite ***system***, le programme de chargement du dit système d'où l'appellation de ***boot***. Pour la petite histoire, cette zone était en fait dite *boot strap* ce qui correspond au petit ruban qui sert à tirer la botte du cow-boy, ici le reste des logiciels du système d'exploitation. Cette zone constituant un secteur est chargée en mémoire vive par la ROM de démarrage.

Les deuxième et troisième secteurs constituent la table d'allocation des fichiers ou FAT (*File Allocation Table*) où chaque élément indique l'état d'une unité d'allocation (Contrôle d'Intervalle ou « ***cluster*** »), généralement 1 024 octets, de la disquette. Le système sait ainsi si le cluster est disponible, occupé par un fichier, défectueux.

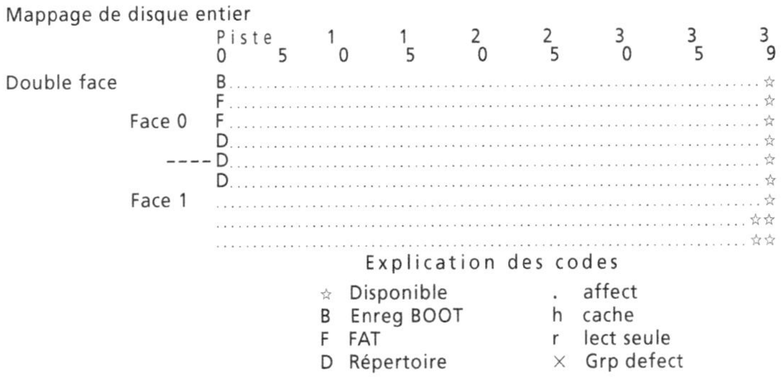

Figure 15.3 Mappage de disquette

C'est dans ces unités d'allocations que sont rangées les données constituant les fichiers. Quand on enregistre de nouvelles données, MS-DOS doit décider d'allouer un certain nombre d'unités d'allocation et ne doit donc pas réaffecter un cluster déjà utilisé, ou défectueux. De plus, il convient d'optimiser la gestion des emplacements affectés à un même programme ou à un fichier, afin de limiter les déplacements de la tête de lecture écriture. Cette FAT est recopiée sur les secteurs 4 et 5 en secours.

Le catalogue des fichiers et répertoires ou ***Directory*** indique les noms, taille, date de création et premier cluster attribué de chacun des fichiers ou répertoires présents sur la disquette. Il occupe les secteurs 7, 8 et 9 de la face 0 ainsi que les secteurs 1 et 2 de la face 1. Chaque élément de ce répertoire « racine » (*root directory*) se présente comme une table, occupe 32 octets et représente soit un fichier, soit un sous-répertoire. Les informations fournies par les 7 secteurs affectés à cette *root directory* sont utilisées par MS-DOS lors de commandes de catalogage (DIR) pour fournir les informations telles que le nom, le suffixe, la taille, les dates et heures de création des fichiers.

L'examen plus détaillé de ces secteurs ne sera pas développé ici mais nous vous engageons à vous reporter au chapitre traitant des **Systèmes de gestion de fichiers** où vous retrouverez l'étude détaillée d'une organisation de fichier FAT traditionnelle.

15.1.4 Capacités

Les capacités des disquettes dépendent du nombre de pistes, du nombre de secteurs, du nombre de faces et du mode d'enregistrement, tout comme sur les disques durs.

Rappelons que la densité radiale dont dépend le nombre de pistes s'exprime en **Tpi** (*track per Inch*). Cette densité dépend en fait de la qualité des oxydes magnétiques mis en œuvre et de la technologie du lecteur de disquette.

La densité linéaire s'exprime quant à elle en **bpI** (*bits per inch*) et atteint 17 432 bpI sur une 3"1/2 de 1,44 Mo et 38 868 bpI sur une 3"1/2 de 2,88 Mo.

TABLEAU 15.1 CARACTÉRISTIQUES DE DISQUETTES UTILISABLES SUR LES COMPATIBLES PC

	Capacité théorique	Capacité utile	Densité radiale	Pistes	Secteurs	Mode d'enregistrement	Réf. habituelles Europe	Réf. habituelles USA
5"1/4		360 Ko	48 Tpi	40	9	Double Densité	MD2D	SD2D
	1,6 Mo	1,2 Mo	96 Tpi	80	15	Haute Densité	MD2DD	2SDHD
3"1/2	1 Mo	720 Ko	135 Tpi	80	9	Double Densité	MF2DD DFDD	DSDD
	2 Mo	1,44 Mo	135 Tpi	80	18	Haute Densité	MF2HD DFHD	DSHD
	4 Mo	2,88 Mo	135 Tpi			Extra Haute Densité	DFED	

15.1.5 Le lecteur de disquettes

Il reprend globalement les principes du lecteur de disques mais il est à noter qu'ici la tête de lecture **est en contact avec le média**, ce qui entraîne une usure plus rapide des supports. De plus, le cylindre se limite ici aux deux seules faces de la disquette. Contrairement au disque dur, la disquette n'est pas en rotation permanente dans le lecteur car, du fait du contact **permanent** entre la tête de lecture-écriture et le média, il y aurait usure trop rapide du support. Elle se met donc en rotation uniquement quand une opération de lecture ou d'écriture est nécessaire. C'est d'ailleurs souvent audible.

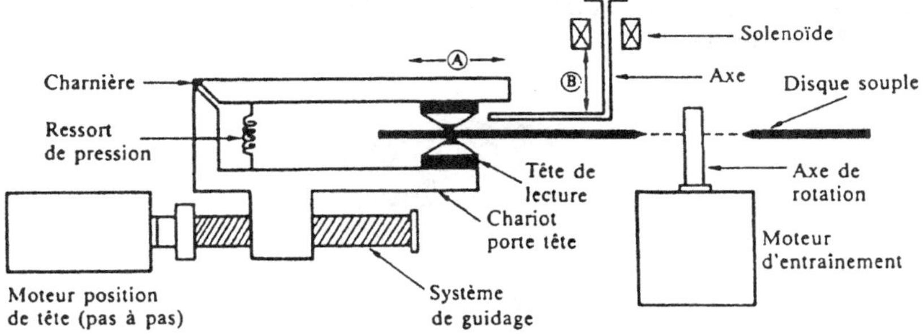

Figure 15.4 Lecteur de disquette

Dans les lecteurs classiques, le positionnement de la tête sur la piste se fait grâce à des moteurs incrémentaux ce qui ne permet pas de vérifier si la tête est bien sur la bonne piste, la précision du déplacement dépendant de la précision des moteurs. Ceci nécessite donc d'avoir des pistes relativement « larges » afin d'éviter les erreurs de positionnement et diminue de fait les capacités de stockage du média.

15.1.6 Évolution des disquettes

Aucun standard n'a réussi à détrôner la disquette 3"1/2 de 1,44 Mo même si les constructeurs ont parfois annoncé des nouveautés censées « révolutionner » le marché. L'alliance Sony, Fuji, Teac... avait ainsi promis [1998] de nouveaux lecteurs haute capacité dits HiFD (*High capacity Floppy Disk*) permettant de stocker 200 Mo sur des disquettes 3"1/2 et qui devaient assurer la compatibilité avec les traditionnelles disquettes 1,44 Mo avec un taux de transfert de 3,6 Mo/s – 60 fois supérieur au taux de transfert traditionnel. Cette technologie n'a jamais émergé !

Matsushita avait annoncé [2001] une disquette 3,5 pouces de 32 Mo – résultat obtenu grâce à un nouveau formatage du support au moyen d'une tête d'enregistrement magnétique particulière. Ce périphérique externe sur port USB devait offrir un taux de transfert de 600 Ko/s avec un temps d'accès moyen de 9,5 ms. Objectif commercial non atteint !

Malgré des tentatives comme l'évolution des techniques d'asservissement optique de positionnement de la tête (*floptical*), l'augmentation de la vitesse de rotation, l'emploi de la technique d'enregistrement perpendiculaire et l'usage de nouveaux alliages (ferrites de baryum) à forte coercibilité... la disquette est un support « mourant », très fortement concurrencé par les mémoires flash accessibles au travers d'un port USB (*Disk On Key* ou autres *Memory Key*...) ou par la banalisation des CD réinscriptibles, qui se traduit par la disparition du lecteur de disquette à 1,44 Mo des PC mis sur le marché.

15.2 LES DISQUES AMOVIBLES

En dehors des « vrais » disques amovibles (voir le paragraphe 13.7, *Disques durs extractibles*) qui ne sont souvent que des disques durs dans des boîtiers antichocs, on retrouve dans les revues cette appellation comme désignant en fait différents médias tels que les Zip de Iomega...

Figure 15.5 Disque IOMEGA Zip

Le ZIP Iomega 750 semble bien être un des « derniers » concurrents à la disquette. D'une capacité de 250 à 750 Mo, il offre un temps d'accès de 29 ms à un taux de transfert maximum soutenu de 71,54 Mo/s.

Là encore, ce type de média est en voie de disparition au profit des DVD de type Blu-Ray ou autres réinscriptibles...

15.3 LA CARTE PCMCIA

La carte **PCMCIA** (*Personal Computer Memory Card International Association*) ou **PC Card** [1989] se présente sous le format d'une carte de crédit, autorisant l'ajout d'extensions périphériques généralement associées à des ordinateurs portables.

La norme PCMCIA assure la reconnaissance de la carte par le système informatique grâce au code CIS (*Card Information Structure*), fourni sur la carte, indiquant l'organisation et le format des données que cette carte contient, les ressources dont elle a besoin pour fonctionner...

Figure 15.6 Carte radio au format PCMCIA

La norme intègre des « *Sockets Services* », qui assurent la liaison de la carte avec le BIOS du micro en gérant l'aspect matériel du système et des « *Card Service* » chargés d'allouer dynamiquement les ressources disponibles du système (mémoire, niveaux d'interruptions...).

Elle assure, depuis la version 3.0, un service CardBus 32 bits (*Bus Master*), un service de gestion de l'alimentation... Le CardBus et le bus PCI ont certains points communs tels que la fréquence de 33 MHz en 32 bits et un débit théorique maximum de 132 Mo/s.

Une carte PCMCIA permet de stocker de la mémoire (flash, SRAM ou mémoire morte). On peut ainsi y enregistrer des systèmes d'exploitation ou des applicatifs. Mais on la rencontre plus souvent dans un usage d'adaptateur réseau filaire ou Wifi.

Les cartes PCMCIA se rencontrent sous trois versions standardisées selon leur épaisseur :

- Les cartes de **Type I**, de 3,3 mm d'épaisseur, essentiellement utilisées comme mémoire EProm, mémoire flash, adaptateur SCSI...
- Les cartes de **Type II**, de 5 mm d'épaisseur, peuvent recevoir de la mémoire flash ou des modems, fax modem, fonctions réseau...
- Les cartes de **Type III**, jusqu'à 10,5 mm d'épaisseur, intègrent des disques durs de 1,8 pouce avec des capacités allant de 40 à plus de 400 Mo !
- Les cartes dites **Combo** permettent d'associer plusieurs types de composants au sein d'une même carte PCMCIA.

La compatibilité est ascendante au niveau du connecteur 68 broches (une Type III reconnaissant une Type II). Elles ont toutes la même longueur et la même largeur 85,6 x 54 mm, sensiblement celles d'une carte de crédit.

L'**ExpressCard** remplace la technologie PCCard. Elle utilise un port directement relié, par un connecteur 26 broches, au bus PCI Express et au bus USB 2.0, qu'elle exploite « au besoin », en fonction du débit demandé et de l'occupation des bus. Deux formats sont définis : le format ExpressCard 54 (54 x 75 x 5 millimètres) dit aussi « *Universal ExpressCard* » ou le format 34 (34 x 75 mm) destiné aux ordinateurs portables.

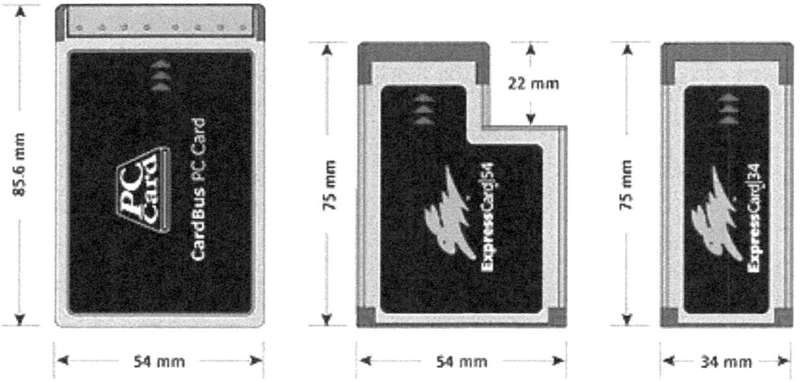

Figure 15.7 Les formats PCCard et Express Card

La « PCMCIA Association » a désormais été dissoute et toutes les activités autour des standards PC Card et ExpressCard sont gérées par le **USB-IF** (USB *Implementer's Forum*).

Chapitre **16**

Systèmes de gestion de fichiers

Les SGF (Systèmes de Gestion de Fichiers) ont pour rôle d'organiser et d'optimiser, l'implantation des données sur les disques. Il est utile de connaître cette organisation car le disque est souvent source d'erreurs et représente l'un des goulots d'étranglement du système en terme de performances (rappelez-vous du rapport de 1/1 000 000 entre le temps d'accès disque mesuré en ms, soit 10^{-3}, et le temps d'accès en mémoire mesuré en ns, soit 10^{-9}). La connaissance du SGF permet donc de retrouver et de corriger une zone endommagée, de repérer certains virus, d'optimiser les performances du système en comprenant l'importance d'opérations telles que la défragmentation ou la compression de fichiers…

Les systèmes de fichiers que l'on rencontre en informatique sont :

- FAT (*File Allocation Table*) [1980] qui bien qu'obsolète reste toujours très utilisé ;
- HPFS (*High Performance File System*) [1989] utilisé surtout avec OS/2 ;
- NTFS (*Windows NT File System*) [1993] utilisé avec Windows NT, Windows 2003, 2008, XP…
- UNIX et ses variantes utilisés plutôt sur les gros systèmes (*mainframe*) ;
- Linux Native, Ext2, Ext3, Reiserfs… dans le monde Linux ;
- CDFS utilisé pour la gestion des CD-ROM.

Nous étudierons lors de ce chapitre :

- le système de gestion de fichiers de type **FAT** encore répandu dans le monde des compatibles PC, micro-ordinateurs et petits serveurs,
- le système de fichiers **NTFS** utilisé sur les serveurs de fichiers ou d'applications, spécifiquement réseau de type Windows 2000, 2003…

16.1 PRÉAMBULES

16.1.1 Rappels sur le formatage

Le formatage est une opération qui consiste à préparer un disque de manière à ce qu'il puisse accueillir et ranger les informations que l'on souhaite y stocker. On trouve en fait deux niveaux de formatage.

a) Le formatage de bas niveau

Préformatage ou formatage physique, généralement effectué en usine, le formatage bas niveau peut être réalisé à l'aide d'utilitaires. Il consiste à subdiviser le disque en pistes (cylindres) et secteurs. Pour cela l'utilitaire détermine la taille des secteurs à utiliser, le nombre de pistes et le nombre de secteurs par piste. La taille des secteurs, très généralement 512 octets, est définie en se basant sur les caractéristiques physiques du disque, et ces secteurs sont créés en écrivant, sur les en-têtes de secteur, les adresses appropriées, et en plaçant aussi des informations de correction d'erreur afin d'éviter l'utilisation des secteurs physiquement défectueux.

b) Le formatage logique

Le formatage logique (ou formatage classique) est celui réalisé par le biais de la commande FORMAT. Il consiste à placer des informations complémentaires, selon le système de gestion de fichiers employé, dans les secteurs définis lors du formatage de bas niveau. Lors de cette opération chaque secteur est numéroté et il est à noter que pour diverses raisons, telles que secteurs physiquement défectueux ou autres ; les secteurs qui apparaissent logiquement comme étant des secteurs successifs (secteur 1, secteur 2, 3, 4...) ne le sont pas forcément sur le disque.

Les informations enregistrées lors d'un formatage logique sont :

- écriture du secteur d'amorçage des partitions ;
- enregistrement de l'octet d'Identification système (ID *System*) dans la table des partitions du disque dur ;
- informations du système de fichiers sur l'espace disponible, l'emplacement des fichiers et des répertoires...
- repérage des zones endommagées...

Une exception doit être faite en ce qui concerne les disquettes où formatage physique (de bas niveau) et formatage logique sont confondus et réalisés en une seule opération.

Entre l'opération de formatage bas niveau et de formatage logique on réalise si besoin le partitionnement des volumes.

16.1.2 Notion de partitions

Une partition est une zone d'un disque dur pouvant être affectée au rangement des informations. On peut ainsi « découper » un volume physique en un certain nombre de partitions. C'est le rôle d'utilitaires tels que FDISK sous DOS, Fips ou Diskdruid avec Linux... Chaque partition peut ensuite être formatée de telle manière qu'un système de gestion de fichier puisse y être logé. Il est possible d'avoir une partition de type FAT, cohabitant avec une partition de type NTFS et une partition Linux. Le repérage des partitions est fait grâce à une **table de partitions** située dans un enregistrement particulier dit **enregistrement d'amorçage principal** (nous y reviendrons).

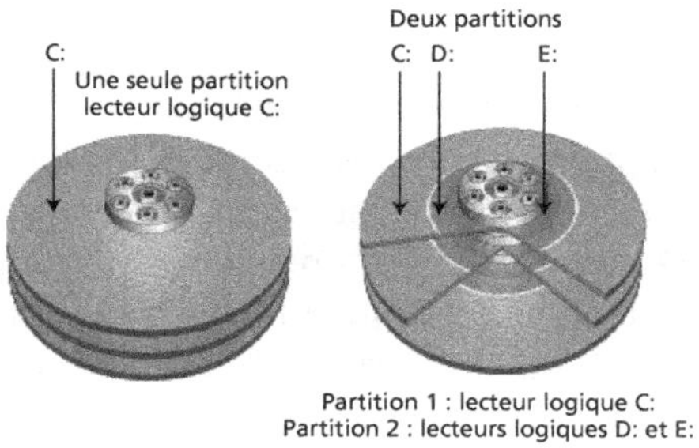

Figure 16.1 Partitions

Disque 0	C:
400 Mo	FAT
	400 Mo

Disque 1	D:	F:	G:	H:
800 Mo	NTFS	FAT	FAT	Unix
	500 Mo	50 Mo	30 Mo	220 Mo

Figure 16.2 Exemple de partitionnement

Le BIOS (*Basic Input Output System*) des PC ne sait gérer que 4 partitions par disque. Ces partitions peuvent être de deux types : primaires (principales) ou étendues. Les **partitions primaires** sont indivisibles et la seule et unique **partition étendue** possible peut, à son tour, être divisée en partitions logiques ; astuce qui permet de « contourner » la limite des 4 partitions.

a) Partition primaire

La partition primaire (*primary*) – ou partition principale – est reconnue par le BIOS comme susceptible d'être amorçable, c'est-à-dire que le système peut démarrer à partir de ce lecteur (**partition active**). La partition principale comporte en conséquence un **secteur d'amorçage** qui lui-même contient **l'enregistrement d'amorçage principal** ou **MBR** (*Master Boot Record*) – stocké sur le premier secteur du disque (cylindre 0, tête 0, secteur 0 – parfois noté secteur 1). Ce MBR contient la **table des partitions** qui décrit l'emplacement physique des partitions définies sur le disque.

Sous DOS, Windows… on peut créer un maximum de **quatre** partitions principales sur un disque (dans ce dernier cas il n'y aura pas de partition étendue). Une seule partition principale (PRI-DOS) peut être active et contient le gestionnaire de démarrage (*Boot Manager*) qui permet de choisir entre les différents systèmes d'exploitation éventuellement implantés sur les partitions. Les fichiers composant ces systèmes d'exploitation peuvent, eux, être implantés sur des partitions principales différentes ou sur la partition étendue.

b) Partition étendue

L'espace disque non défini dans les partitions principales, mais devant être utilisé, est défini dans une unique partition étendue (*extend*).

La partition étendue peut être divisée en **lecteurs logiques** repérés par une lettre (sauf A et B réservés aux lecteurs de disquettes). Ces lecteurs logiques seront ensuite formatés avec des systèmes de fichiers éventuellement différents (FAT, FAT32, NTFS...). La partition étendue est dite « EXT-DOS » et peut contenir jusqu'à 22 unités logiques (la lettre C étant réservé à la partition principale).

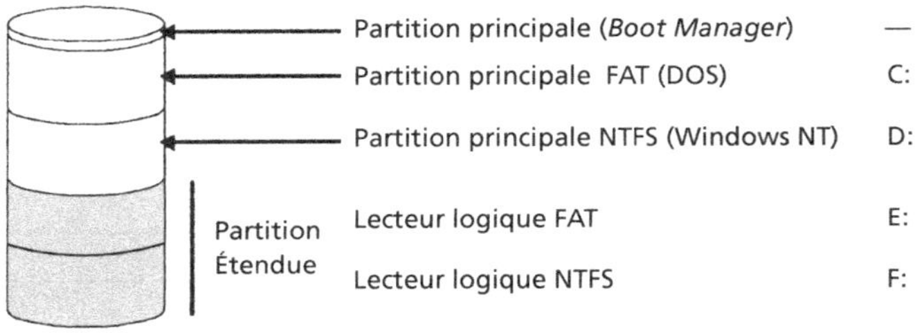

Figure 16.3 Partitions et lecteurs logiques

c) Lecteurs logiques

Les lecteurs logiques divisent les partitions étendues en sous-groupes. Il est possible de diviser de grands disques en lecteurs logiques pour maintenir une structure de répertoire simple. Sous Windows NT ou 2000..., volume logique et volume physique sont à différencier. En effet, non seulement on peut créer des partitions sur un même volume mais un volume logique (E par exemple) peut recouvrir plusieurs parties de disques physiques différents (disque 1, disque 2, disque 3 par exemple) – c'est « l'agrégat de partitions ».

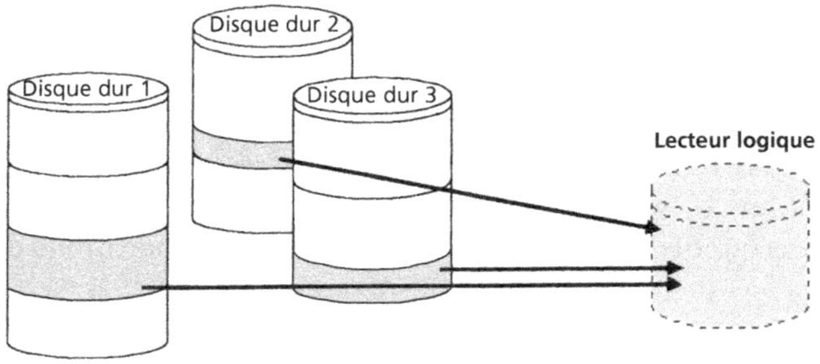

Figure 16.4 Agrégat de partitions

16.2 ÉTUDE DU SYSTÈME FAT

Le système FAT (*File Allocation Table*) ou **table d'allocation des fichiers** est utilisé sur les machines de type compatibles PC (MS-DOS, Windows 3.x, Windows 95, Windows NT 4.0…). La technique de la FAT a été conçue à l'origine pour gérer des disquettes de faible capacité, mais la très forte évolution des capacités des disques durs en montre les limites.

La FAT divise le disque dur en blocs (clusters). Le nombre de clusters est limité et ils ont tous la même capacité (par exemple 1 024 o) sur un même disque dur. La FAT contient la liste de tous ces blocs dans lesquels se trouvent les parties de chaque fichier. Quelle que soit sa taille un disque utilisant le système FAT est toujours organisé de la même manière, on y trouve ainsi :

- un enregistrement d'amorçage principal avec la table de partitions (disque dur) ;
- une zone réservée au secteur de chargement (*Boot Loader*) ;
- un exemplaire de la FAT ;
- une copie optionnelle de la FAT ;
- le répertoire principal (*Root Directory*) ou dossier racine ;
- la zone des données et sous-répertoires.

Pour la suite de notre étude, nous allons considérer une disquette formatée sous Windows 95 – d'où certaines différences avec une disquette formatée sous DOS, car W 95 utilise une technique particulière de FAT dite V-FAT (Virtual FAT) ou FAT étendue, destinée à gérer les noms longs. Nous observerons également un disque dur à 63 secteurs (numérotés de 0 à 62). Compte tenu de la présence sur le disque dur du secteur d'amorçage – inexistant sur la disquette – on trouvera le secteur de boot de la disquette au secteur 0 alors que celui du disque commencera au secteur 63. L'examen de ce secteur d'amorçage sera fait plus loin dans le chapitre.

Il convient de faire attention au fait que la numérotation des secteurs est généralement faite de 0 à *n*. On parle alors de numéro de **secteur logique** ou de numéro de **secteur relatif**. Par contre si on précise le numéro de cylindre/piste, la tête de lecture… on parle de **secteur physique**. Ainsi notre disquette comportera-t-elle 2 880 secteurs logiques numérotés de 0 à 2779, alors que chaque piste de cette même disquette comporte 18 secteurs physiques numérotés de 1 à 18.

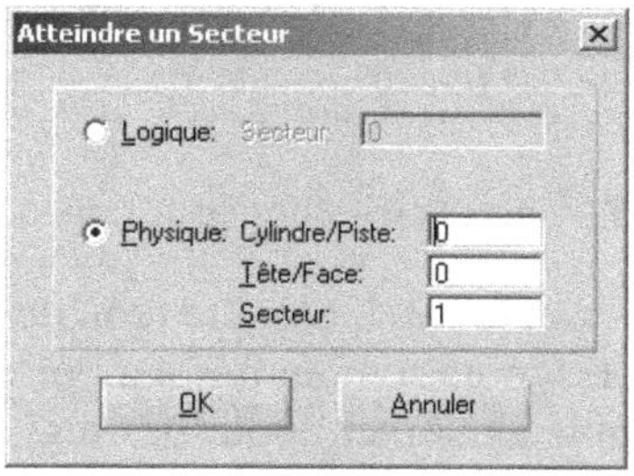

Figure 16.5 Secteur Logique ou Physique

16.2.1 Le secteur de BOOT

Sur un disque dur on rencontre en premier lieu un **enregistrement d'amorçage principal** ou **MBR** (*Master Boot Record*) suivi du secteur d'amorçage de la partition. Sur une disquette, de très petit volume, on ne peut pas créer de partitions et l'enregistrement d'amorçage principal MBR n'existe donc pas. Le secteur de boot est donc le premier secteur du volume d'une disquette (dans le cas des disques dur il sera situé après les secteurs réservés à l'amorçage).

Le secteur de boot contient des informations sur le format du disque et un petit programme chargeant le DOS en mémoire (BOOT *Strap*). Le secteur de boot avec le code d'amorçage se situe donc piste 0 secteur 0 sur une disquette (avec un disque dur on va rencontrer, sur ce secteur 0, l'enregistrement d'amorçage principal qui occupera tout le cylindre soit autant de secteurs qu'il en comporte).

Prenons comme exemple une disquette système avec l'arborescence suivante et comportant des secteurs défectueux :

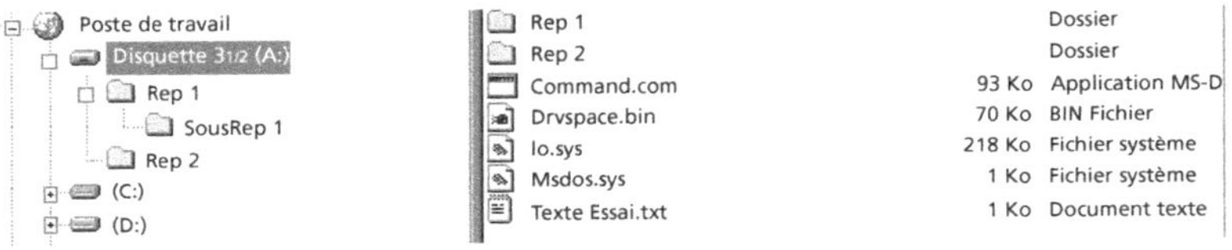

Figure 16.6 La disquette à examiner

On édite (ici avec le *shareware* HWorks32.exe – mais il en existe d'autres tels WinHex...) le secteur 0 (*Boot Sector*), situé au début de la disquette (piste extérieure – piste 0) où on voit les informations suivantes :

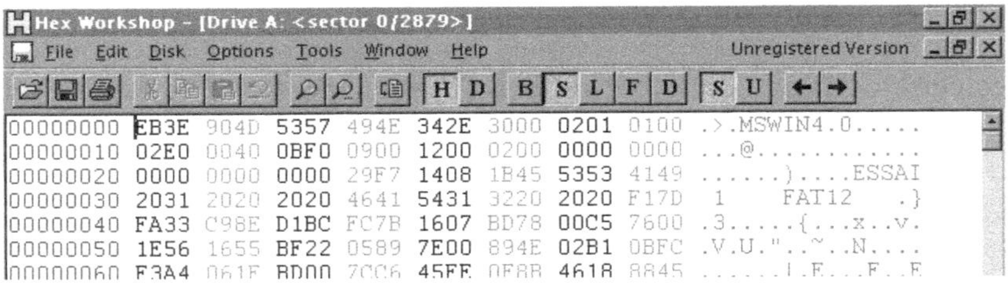

Figure 16.7 Secteur 0 – Boot sector de la disquette

Attention : avec les processeurs Intel, compte tenu de ce que l'on charge d'abord la partie basse des registres, les mots sont en fait « à l'envers ». Ainsi 0x40 0B devra se lire 0x0B40. Ceci est valable également pour des registres d'une taille supérieure à 2 octets.

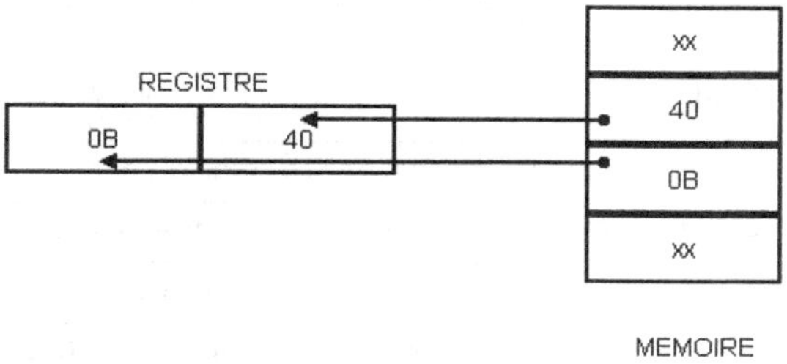

Figure 16.8 Format Intel de chargement des registres

Les informations contenues par le secteur de *boot* sont les suivantes :

TABLEAU 16.1 DESCRIPTION DU SECTEUR DE BOOT

Descriptif	Taille (en octets)	Offset Hexa
Instruction de saut	3 o	00
Nom & version OEM (constructeur) en texte	8 o	03
Nombre d'octets par secteur	2 o (*Word*)	0B
Nombre de secteurs par unité d'allocation (*cluster*)	1 o (*Byte*)	0D
Nombre de secteurs réservés	2 o	0E
Nombre de tables d'allocation (FAT)	1 o	10
Taille du répertoire principal	2 o	11
Nombre de secteurs sur le volume (Petit nombre)	2 o	13
Descripteur du disque	1 o	15
Taille des FAT en nombre de secteurs	2 o	16
Nombre de secteurs par piste	2 o	18
Nombre de têtes	2 o	1A
Nombre de secteurs cachés	4 o	1C
Complément au nombre de secteurs (Grand nombre)	4 o	20
Numéro du disque	1 o	24
Tête en cours (inutilisé)	1 o	25
Signature	1 o	26
Numéro série du volume	4 o	27
Nom du volume	11 o	2B
Type de FAT (FAT 12, FAT 16...) en texte	8 o	36
Code d'amorçage	448 o	3E
Marqueur de fin de secteur	2 o	1FE

Examinons les différentes informations que contient le secteur de boot.

TABLEAU 16.2 SECTEUR DE BOOT DE LA DISQUETTE

Offset Hexa	Contenu	Rôle
00	EB 3E 90	instruction de saut (parfois détournée par certains virus)
03	4D 53 57 49 4E 34 2E 30	nom et version OEM (MSWIN 4.0)
0B	00 02	512 octets par secteur (0x02 00 → 512)
0D	01	1 secteur par unité d'allocation (*cluster*)
0E	01 00	1 secteur réservé (0x00 01 → 1)
10	02	2 copies de la FAT
11	E0 00	entrées possibles du répertoire principal (0x00 E0 → 224)
13	40 0B	Petit-nombre de secteurs (0x0B 40 → 2 880) 2 880 × 512 o = 1 474 560o
15	F0	type de disque (ici 3" 1/4 en HD)
16	09 00	taille des FAT (0x00 09 → 9) ici 9 secteurs
18	12 00	nombre de secteurs par piste (0x00 12 → 18)
1A	02 00	nombre de têtes (0x00 02 → 2)
1C	00 00 00 00	nombre de secteurs cachés (si plusieurs partitions...)
20	00 00 00 00	complément à Petit-nombre. 0 car Petit-nombre est utilisé
24	00	le lecteur A (disquette) est numéroté 00
25	00	inutilisé dans le système FAT
26	29	signature habituelle d'un système DOS (parfois 28)
27	F7 14 08 1B	numéro unique de volume créé au formatage
2B	45 53 53 41 49 20 31 20 20 20 20	nom du volume (ici ESSAI 1)
36	46 41 54 31 32 20 20 20	type de FAT (ici FAT 12)
3E	F1 7D FA 33...	code d'amorçage (zone où se logent certains virus !)
1FE	55 AA	marque de fin de secteur

16.2.2 Étude de la table d'allocation des fichiers FAT proprement dite

La FAT occupe plusieurs secteurs du disque, comme indiqué dans le secteur de boot, et commence au secteur suivant ce secteur de boot. La FAT est une structure de table dont les éléments constituent des chaînes (chaque élément donnant la position de l'élément suivant). Chaque élément fournit des informations sur une **unité d'allocation** (le bloc, groupe ou cluster), qui peut, selon le type de volume être **composée d'un ou plusieurs secteurs**. La taille du cluster dépend de la taille du disque.

Sur l'exemple suivant on voit ainsi une entrée de répertoire (*Root Directory*) repérant la première entrée de FAT de chacun des fichiers Fichier1.txt, Fichier2.txt et Fichier3.txt.

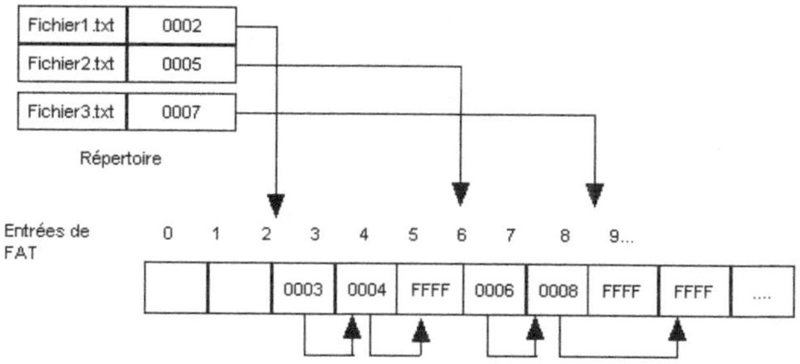

Figure 16.9 Exemple de FAT

– Le fichier Fichier1.txt commence à l'unité d'allocation 2 du disque. Dans l'entrée de FAT correspondante on trouve la valeur de pointeur 0003 ce qui indique que Fichier1.txt continue sur l'unité d'allocation 3 du disque. Fichier1.txt occupe également l'unité d'allocation 4. Cette dernière entrée de FAT est marquée FFFF ce qui indique qu'il n'y a plus d'autre unité d'allocation allouée à Fichier1.txt. En clair Fichier1.txt occupe 3 unités d'allocation sur le disque (unités 2, 3 et 4). Il s'agit donc d'un fichier « non fragmenté » occupant des clusters (et donc des secteurs) contigus du disque.
– Fichier2.txt occupe quant à lui les unités d'allocation 5, 6 et 8. Il s'agit donc d'un fichier « fragmenté » occupant des clusters non contigus du disque.
– Fichier3.txt occupe la seule unité d'allocation 7. Il s'agit donc d'un très petit fichier n'occupant qu'un seul cluster du disque.

Les entrées 0 et 1 ne sont pas utilisées pour repérer des clusters mais servent à repérer le type de disque. Pour savoir à quel cluster correspond l'entrée de FAT (l'entrée 2 par exemple) le système procède à un calcul en tenant compte des indications du *Boot Sector* où il trouve la taille occupée par les FAT, celle du répertoire racine, de chaque unité d'allocation… Les informations fournies par la FAT sont la disponibilité ou non du cluster, l'utilisation du cluster par un fichier, l'indication de secteur défectueux. L'avantage de cette technique c'est que lors d'une lecture du disque on accède, non pas à un seul secteur (sauf quand le cluster fait un secteur) mais à une unité d'allocation composée de plusieurs secteurs, ce qui augmente la rapidité des accès disques.

Éditons le secteur 1 – *Fat Sector*, situé au début de la disquette derrière le *Boot Sector*.

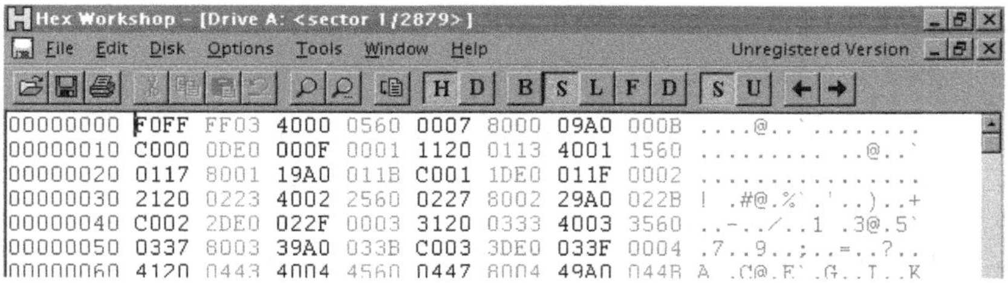

Figure 16.10 Secteur 1 – Fat sector (1° FAT) de la disquette

Compte tenu de l'historique du système FAT, on rencontre divers types de FAT : FAT 12, FAT 16, V-FAT, FAT 32. L'exemple précédent, correspondant à la FAT d'une disquette, montre une table d'allocation de type FAT 12 ce qui signifie que chaque bloc est repéré à l'aide d'une adresse contenue sur 12 bits, soit un octet et demi. Avec une FAT 12 on peut alors repérer 2^{12} clusters soit 4 096 clusters par volume. Cette technique est donc utilisée sur de petits volumes (disquette) où on n'a besoin que d'un petit nombre de clusters.

<table>
<tr><td>Valeur Hexa.</td><td>F</td><td>0</td><td>F</td><td>F</td><td>F</td><td>F</td><td>0</td><td>3</td><td>4</td><td>0</td><td>0</td><td>0</td><td>0</td><td>5</td><td>6</td><td>0</td><td>0</td><td>0</td><td>0</td><td>7</td><td>8</td><td>0</td><td>0</td><td>0</td><td>0</td><td>9</td><td>A</td><td>.</td></tr>
<tr><td>Octet</td><td colspan="2">1</td><td colspan="2">2</td><td colspan="2">3</td><td colspan="2">4</td><td colspan="2">5</td><td colspan="2">6</td><td colspan="2">7</td><td colspan="2">8</td><td colspan="2">9</td><td colspan="2">10</td><td colspan="2">11</td><td colspan="2">12</td><td colspan="2">13</td><td colspan="2">14</td></tr>
<tr><td>Entrée</td><td colspan="3">0</td><td colspan="3">1</td><td colspan="3">2</td><td colspan="3">3</td><td colspan="3">4</td><td colspan="3">5</td><td colspan="3">6</td><td colspan="3">7</td><td colspan="3">8</td><td>.</td></tr>
</table>

Figure 16.11 Principe de la FAT 12

Une table d'allocation de type FAT 16 fonctionne avec des adresses de blocs codées sur 16 bits, ce qui lui permet de référencer 2^{16} clusters (soit 65 536 par volume). Cette technique est donc utilisée sur des volumes où on a besoin d'un grand nombre de clusters, tels les disques durs. On comprend aisément que, compte tenu du nombre limité de clusters, on est obligé de passer par l'augmentation de la taille du cluster dès lors que l'on augmente la taille du volume. Par exemple, si le volume faisait 64 Mo, chaque cluster devrait faire 1 Ko (65 536 x 1 024 = 64 Mo). Par contre si le volume fait 640 Mo, chaque cluster doit faire 10 Ko.

Les inconvénients inhérents à la façon de procéder de la FAT sont la perte de place et la **fragmentation**. En effet un fichier doit occuper un nombre **entier** de clusters et si, par exemple, un cluster est composé de 8 secteurs (8×512 o = 4 096 o) alors que le fichier fait 1 caractère, on perd la place inutilisée dans le cluster soit 4 096 o – 1 o = 4 095 o. Ainsi, avec 2 000 fichiers, on peut perdre facilement jusqu'à 4 Mo d'espace disque ! Et imaginez avec des clusters de 32 Ko comme on peut en rencontrer avec les disques... Le moindre autoexec.bat ou autre .tmp vide monopolise 32 Ko ! Avec un disque FAT, il faut donc éviter les petits fichiers (comme par exemple ceux que l'on trouve dans le cache Internet) ou bien il faut utiliser la compression de disque pour les loger.

<table>
<tr><td>Valeur Hexa</td><td>F</td><td>0</td><td>F</td><td>F</td><td>F</td><td>F</td><td>0</td><td>3</td><td>4</td><td>0</td><td>0</td><td>0</td><td>0</td><td>5</td><td>6</td><td>0</td><td>0</td><td>0</td><td>0</td><td>7</td><td>8</td><td>0</td><td>0</td><td>0</td><td>0</td><td>9</td><td>A</td><td>.</td></tr>
<tr><td>Octet</td><td colspan="2">1</td><td colspan="2">2</td><td colspan="2">3</td><td colspan="2">4</td><td colspan="2">5</td><td colspan="2">6</td><td colspan="2">7</td><td colspan="2">8</td><td colspan="2">9</td><td colspan="2">10</td><td colspan="2">11</td><td colspan="2">12</td><td colspan="2">13</td><td colspan="2">14</td></tr>
<tr><td>Entrée</td><td colspan="4">0</td><td colspan="4">1</td><td colspan="4">2</td><td colspan="4">3</td><td colspan="4">4</td><td colspan="4">5</td><td colspan="4">6</td></tr>
</table>

Figure 16.12 Principe de la FAT 16

Examinons les différentes informations du secteur FAT (FAT 12) de la disquette.

Les entrées 0 (0xF0F) et 1 (0xFFF) indiquent en principe le format du disque. En réalité c'est le premier octet (ici 0xF0) qui nous donne cette information, les octets suivants étant remplis (on dit aussi « mis à ») 0xFF. 0xF0 indique une disquette 3"1/2 2 faces, 80 pistes et 18 secteurs par piste. 0xF8 nous indiquerait la présence d'un disque dur.

Les entrées suivantes 1, 2, 3… indiquent l'état des clusters. Les valeurs peuvent être :

0x000	le cluster est libre,
0x002 à 0xFF6	le cluster est occupé et la valeur donne le numéro de l'entrée suivante (chaînage),
0xFF7	l'unité d'allocation contient un cluster défectueux ne devant donc pas être utilisé,
0xFF8 à 0xFFF	c'est le dernier cluster de la chaîne,
0x001	valeur qui n'est pas utilisée dans les FAT.

On repère les secteurs défectueux en observant les dernières entrées de la FAT (secteurs 7 et 8 de la disquette). Ces secteurs défectueux étant situés aux environs des dernières pistes. Un secteur défectueux est repéré dans la FAT par une entrée à 0xFF7.

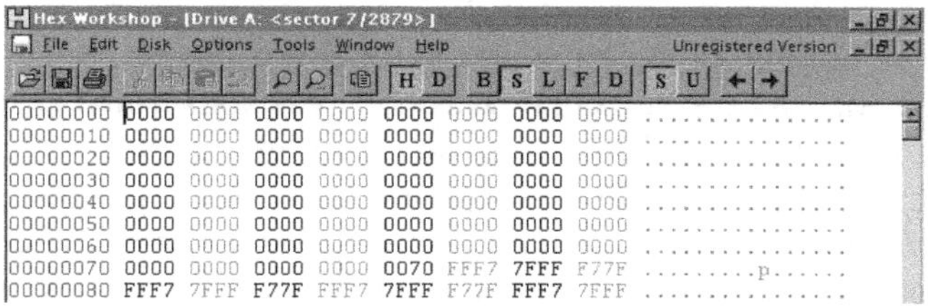

Figure 16.13 Secteur 7 – Indication des secteurs défectueux de la disquette

La première FAT occupe 9 secteurs (secteurs 1 à 9) une deuxième copie de la FAT doit donc occuper les secteurs 10 à 18. Vérifions avec l'éditeur.

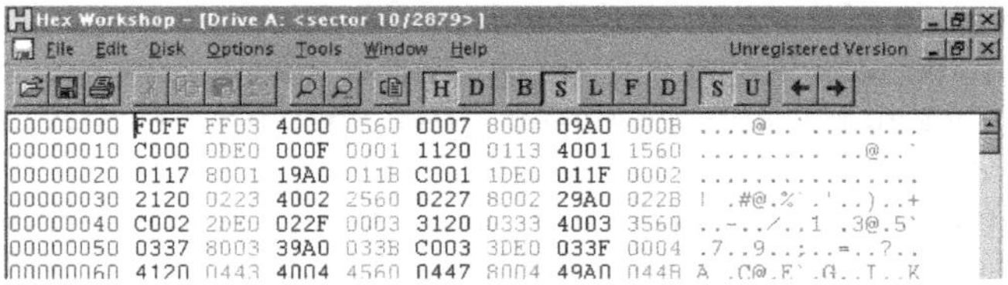

Figure 16.14 Secteur 10 – Copie de la FAT de la disquette

Nous retrouvons bien entendu les mêmes valeurs dans la copie que dans l'original.

Pour accéder aux informations de la FAT, il faut d'abord intervertir les quartets (*nibbles*) composant chaque octet, puis effectuer leur regroupement sur 12 bits (3 quartets) et finalement lire le résultat à l'envers ! Ainsi, avec la première ligne de la FAT12 qui correspond à l'exemple :

1. Original (ce qu'on « voit ») :

F0	FF	FF	03	40	00	05	60	00	07	80	00	09	A0	00	0B

2. Inversion des quartets dans chaque octet :

0F	FF	FF	30	04	00	50	06	00	70	08	00	90	0A	00	B0

3. Regroupement des quartets par blocs de 3 quartets soit 12 bits (FAT 12) :

0FF	FFF	300	400	500	600	700	800	900	A00	B0...

4. Lecture inverse (on voit bien les entrées de FAT, dans l'ordre actuellement, puisque le fichier IO.SYS qui est ici concerné a été le premier fichier écrit sur la disquette et n'est donc pas fragmenté).

FF0	FFF	003	004	005	006	007	008	009	00A...

Essayons de retrouver où est logé le fichier « Texte Essai.txt ». Mais pour cela il faut d'abord prendre connaissance de la façon dont est organisé le répertoire racine.

16.2.3 Le répertoire principal (Répertoire racine ou *Root*)

Le **répertoire racine** – *Root sector* ou *Root Directory*, se situe immédiatement derrière la deuxième copie de la FAT. Comme chacune de nos FAT occupe 9 secteurs sur la disquette, le *Root sector* se situe donc sur cette disquette au secteur 19. La taille occupée, en nombre de secteurs, par le répertoire racine principal est fournie par le secteur de boot (à l'offset 0x11). Dans notre cas nous trouvons dans le secteur de boot la valeur 0x00 0E soit 224 entrées de répertoire possible.

Mais attention, ceci n'est réellement exploitable qu'avec un format de nom dit 8.3 – non pas en fonction d'un quelconque numéro de version mais parce que la partie principale du nom loge sur 8 caractères et le suffixe sur 3 caractères. Avec Windows 9x, NT, 2000, 2003... on utilise des noms longs ce qui monopolise sur un disque de type FAT, non plus une entrée de répertoire par nom de fichier mais trois entrées. Les deux systèmes étant compatibles nous n'étudierons, dans un premier temps, que le nom 8.3.

Chaque entrée du répertoire racine occupe 32 o. Soit un espace occupé par le répertoire racine de 224 * 32 o = 7 168 o. Comme chaque secteur de la disquette contient 512 o nous aurons donc besoin de 7 168 o/512 o = 14 secteurs pour loger ce répertoire racine.

À la création du nom de volume, une entrée est créée dans le répertoire principal, qui contient le nom du volume.

Chaque entrée est organisée, en mode 8.3, de la manière suivante :

TABLEAU 16.3 DESCRIPTION D'UNE ENTRÉE DU RÉPERTOIRE RACINE DE LA DISQUETTE

Descriptif	Taille	Offset Hexa
Partie principale du nom en texte	8 o	00
Extension du nom en texte (le . n'est pas enregistré)	3 o	08
Attributs du fichier	1 o	0B
Réservés par MS-DOS	10 o	0C
Heure de dernière écriture	2 o	16
Date de dernière écriture	2 o	18
Première unité d'allocation du fichier	2 o	1A
Taille du fichier en octets	4 o	1C

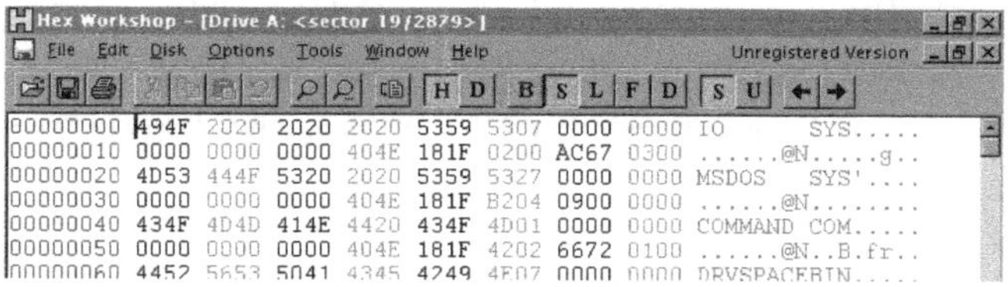

Figure 16.15 Secteur 19 – Répertoire racine de la disquette

Examinons les différentes informations de la première entrée du secteur de *root*, toujours en système de nom 8 + 3.

TABLEAU 16.4 CONTENU DE LA PREMIÈRE ENTRÉE

Offset	Contenu	Rôle
0x00	49 4F 20 20 20 20 20 20	Nom du fichier (ici IO)
0x08	53 59 53	Extension du nom (ici SYS)
0x0B	07	Attributs du fichier
0x0C	00 00 00 00 00 00 00 00 00 00	Réservé par DOS
0x16	40 4E	Heure de dernière écriture
0x18	18 1F	Date de dernière écriture
0x1A	02 00	Première unité d'allocation (02 00 à 0002)
0x1C	AC 67 03 00	Taille du fichier

Dans la partie réservée au nom du fichier (offset 0x00) on peut trouver plusieurs valeurs :

– le nom en clair bien entendu. Par exemple : IO ;
– 0x000 l'entrée n'a jamais été utilisée et c'est donc la fin du répertoire racine utilisé ;
– 0x0E5 l'entrée a été utilisée mais le fichier a été effacé, elle est donc disponible ;
– 0x02E l'entrée correspond au répertoire lui même (code ASCII du point). Si le second octet est également 0x02E l'entrée correspond au répertoire père de niveau supérieur (ce qu'on marque .. sous DOS).

Dans la partie extension on trouve l'extension en clair du nom. Exemple : SYS

Dans la partie attributs du fichier, on trouve en fait un bit par attribut que possède le fichier. Si le bit est à 1 l'attribut est positionné, si le bit est à 0 l'attribut n'est pas positionné.

0x01	0000 0001	Lecture seule (*Read Only*)
0x02	0000 0010	Fichier caché (*Hidden*)
0x04	0000 0100	Fichier système (*System*), exclu des recherches normales
0x08	0000 1000	Nom de volume (*Volume name*) donné lors du formatage
0x10	0001 0000	Définit un répertoire (*Directory*)
0x20	0010 0000	Fichier archive (*Archive*). Mis à 1 à chaque écriture.

Nous avons ainsi 0x07 qui correspond donc à 0x04 + 0x02 + 0x01 soit un fichier *System*, *Hidden*, *Read-Only*.

Dans la partie heure le système écrit l'heure sous un format compacté lors de chaque écriture dans le fichier.

TABLEAU 16.5 FORMAT D'ENREGISTREMENT DE L'HEURE

Poids du bit	15	14	13	12	11	10	9	8	7	6	5	4	3	2	1	0
Info	h	h	h	h	h	m	m	m	m	m	m	s	s	s	s	s
Hexa	4				E				4				0			
Binaire	0	1	0	0	1	1	1	0	0	1	0	0	0	0	0	0

Ainsi nous trouvons 0x40 4E qui, rappelons-le, est à lire sous la forme 0x4E 40.

hhhhh valeur binaire indiquant le nombre d'heures écoulées depuis 0 heure (ici 01001 soit 9).
mmmmmm valeur binaire indiquant le nombre de minutes écoulées depuis le début de l'heure (ici 110010 soit 50).
sssss valeur binaire indiquant la moitié du nombre de secondes écoulées depuis le début de la minute (ici 00000 soit 0).

Donc le fichier IO.SYS a été enregistré à 9h 50m 0s.

Dans la partie date le système écrit la date sous un format compacté lors de chaque écriture dans le fichier.

TABLEAU 16.6 FORMAT D'ENREGISTREMENT DE LA DATE

Poids du bit	15	14	13	12	11	10	9	8	7	6	5	4	3	2	1	0
Info	a	a	a	a	a	a	a	m	m	m	m	j	j	j	j	j
Hexa	1				F				1				8			
Binaire	0	0	0	1	1	1	1	1	0	0	0	1	1	0	0	0

Nous trouvons ainsi 0x18 1F qui, rappelons-le, est à lire sous la forme 0x1F 18.

aaaaaaa valeur binaire indiquant le nombre d'années écoulées depuis 1980 (ici 0001111 soit 15) donc 1980 + 15 = 1995.
mmmm valeur binaire indiquant le numéro du mois dans l'année (ici 1000 soit 8) donc Août.
sssss valeur binaire indiquant le nombre de jours depuis le début du mois (ici 11000 soit 24) donc le 24.

Le fichier IO.SYS a été enregistré le 24 août 1995.

Dans la partie relative à la première unité d'allocation on trouve la valeur 0x02 00 qui doit se lire 0x00 02. Ce fichier IO.SYS commence donc à l'unité d'allocation 2.

C'est le premier fichier situé sur le volume puisque les entrées d'allocation 0 et 1 servent à décrire le volume (voir étude précédente de la première ligne de la FAT). Enfin, la partie taille du fichier fournit une valeur binaire qui correspond à la taille exacte du fichier en octets. Ici nous avons la valeur 0xAC 67 03 00 à déchiffrer 0x00 03 67 AC du fait du chargement des registres par la partie basse, soit un fichier d'une taille de 223 148 o. Lors de l'affichage des répertoires ce nombre est souvent arrondi (ici 218 Ko sont affichés au lieu de 217,9179…).

Nous avions commencé à étudier où se trouvait le fichier « Texte Essai.txt ». Dans le répertoire racine, on observe au moins deux lignes comportant le mot Texte. Nous verrons ultérieurement la technique des noms longs, contentons-nous pour l'instant de la conversion du nom long « Texte Essai.txt » en son nom court, ici « TEXTEE~1.TXT ».

La première entrée de ce fichier dans la FAT se situe, selon la description des entrées, à l'adresse 0x02 FF, (valeur « vue » : 0xFF 02) soit la 767ᵉ entrée de la table d'allocation.

```
00000120 4278 0074 0000 00FF FFFF FF0F 00F5 FFFF Bx.t............
00000130 FFFF FFFF FFFF FFFF FFFF 0000 FFFF FFFF ................
00000140 0154 0065 0078 0074 0065 000F 00F5 2000 .T.e.x.t.e.... .
00000150 4500 7300 7300 6100 6900 0000 2E00 7400 E.s.s.a.i.....t.
00000160 5445 5854 4545 7E31 5458 5420 008A 0071 TEXTEE~1TXT ...q
00000170 6320 6320 0000 0171 6320 FF02 0901 0000 c c ...qc ......
Ready                    Offset: 00000000   Value: -45239   512 bytes/sector   OVR
```

Figure 16.16 Entrée correspondant au fichier Texte Essai.txt

Rappelons la structure d'occupation de notre disquette.

TABLEAU 16.7 STRUCTURE DE LA DISQUETTE

Nombre de secteurs	Numéro de secteur logique	N° de cluster affecté	Utilisation
1	0		Boot sector
9	1 à 9		1° FAT
9	10 à 18		2° FAT (copie)
14	19 à 32		Répertoire racine
	33	0	1° secteur logique contenant des données
		…	
	798	767	1° entrée du fichier « Texte Essai.txt »

Le fichier « Texte Essai.txt » commence donc à la 767ᵉ entrée de la FAT ce qui correspond au secteur 798 de la disquette. Vérifions avec l'utilitaire habituel en examinant ce secteur 798.

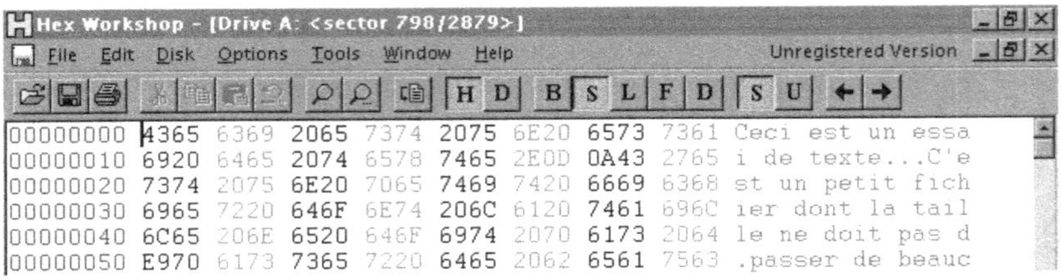

Figure 16.17 Secteur 798 – Début du fichier

Observons également la 767e entrée dans la FAT. Pour arriver à la repérer il faut bien entendu se livrer à de « savants calculs » en fonction du nombre d'octets par secteurs, de la taille occupée par chaque entrée... Pour vous aider on peut tenir le raisonnement suivant.

- Sur le secteur 1 de la FAT on dispose de 512 o (3 réservés à l'identifiant). Donc 512 o × 8 bits/o /12 bits/entrée de FAT = 341 entrées et il reste 4 bits à exploiter avec le secteur suivant.
- Sur le secteur 2 de la FAT on dispose de 512 o. Donc ((512 o × 8 bits/o) + 4 bits issus du secteur 1) /12 bits/entrée de FAT = 341 entrées et il reste 8 bits exploités avec le secteur suivant.
- Sur le secteur 3 de la FAT on dispose de 512 o. Donc ((512 o × 8 bits/o) + 8 bits issus du secteur 1) /12 bits/entrée de FAT = 342 entrées et il ne reste pas de bits à exploiter avec le secteur suivant. Etc.

Donc la 767° entrée se trouve sur le secteur 3 de la FAT. On a déjà « épuisé » 341 + 341 = 682 sur les secteurs 1 et 2. On utilise le premier quartet de ce secteur 3 qui, combiné aux 8 bits restants du secteur 2 précédent nous fournit la 683° entrée. Il ne reste plus qu'à « parcourir » les 85 entrées restantes pour constater que l'entrée 767 (qui correspond au 768° groupe de 12 bits – n'oubliez pas que la table d'allocation des fichiers note ses entrées à partir de 0 !) correspond à l'offset 0x7F et partiellement 0x7E du 3° secteur.

Cette entrée correspond, ainsi que vous pourrez le constater sur la capture d'écran de la page suivante, au dernier groupe d'entrée soit FFF. Il est normal que cette entrée de FAT contienne ici une telle valeur car le fichier fait moins de 512 o et occupe de ce fait un seul secteur. La FAT ne renvoie donc pas vers une autre entrée mais nous indique seulement qu'il s'agit de la fin de la chaîne des unités d'allocation.

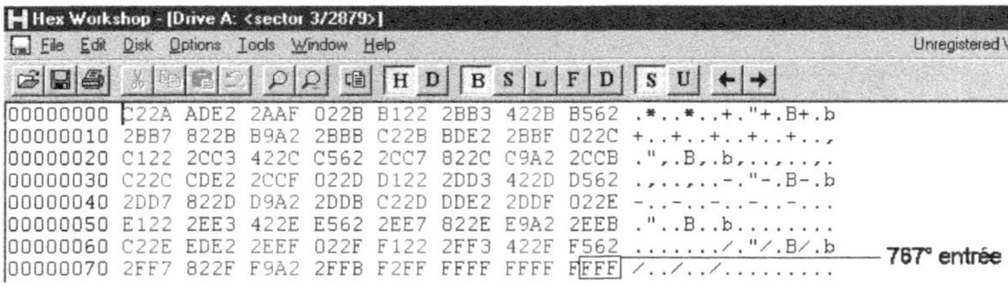

Figure 16.18 Secteur 9 – Fat sector de la disquette

16.2.4 Noms longs et partitions FAT

Depuis Windows NT 3.5 et Windows 9x, les fichiers créés sur une partition FAT se servent de bits d'attribut pour gérer les noms longs qu'ils utilisent, sans interférer avec la technique huit plus trois classique utilisée par DOS.

Quand un utilisateur W 9x crée un fichier avec un **nom long**, le système lui affecte immédiatement un alias d'entrée courte respectant la convention 8 + 3 ainsi qu'une ou plusieurs entrées secondaires, en fait une entrée supplémentaire tous les treize caractères du nom long.

Chaque caractère composant le nom long est stocké en Unicode (dérivé du code ASCII et occupant 16 bits) ce qui monopolise 2 octets par caractères.

Observons l'entrée de répertoire du secteur Root du disque dur (tableau 16.8), sachant qu'il utilise la technique des noms longs de W 95, qui diffère très légèrement de celle employée par Windows NT en ce qui concerne la manière d'attribuer les caractères finaux ~1, ~2…

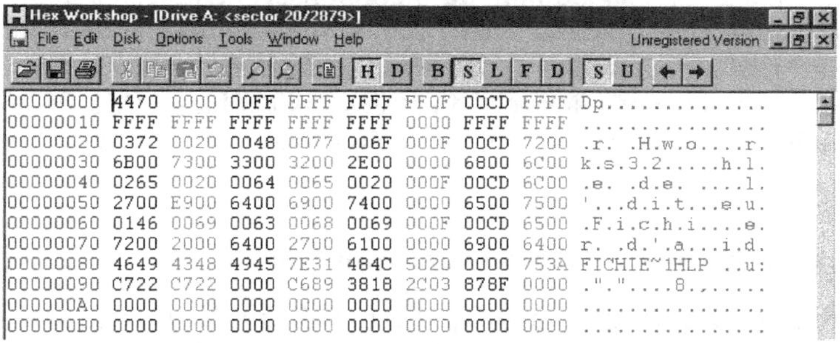

Figure 16.19 Extrait du répertoire racine du disque dur

TABLEAU 16.8 LES ENTRÉES DE NOM LONG SOUS WINDOWS 95

4e entrée longue	44	p	0000	FFFF	FFFF	FFFF	0F	00	CD	FFFF					
(et dernière)	FFFF	FFFF	FFFF	FFFF	FFFF	0000	FFFF	FFFF							
3e entrée	03	r		H	w	o	0F	00	CD	r					
longue	k	s	3	2			0000	h	l						
2e entrée	02	e		d	e		0F	00	CD	l					
longue	'	é	d	i	t	0000	e	u							
1re entrée	01	F	i	c	h	i	0F	00	CD	e					
longue	r		d	'	a	0000	i	d							
Entrée courte	F	I	C	H	I	E	~	1	H	L	P	20	00	00	7534
	C722	C722	0000	C689	3818	2C03	878F 0000								
	Date Modification	Date Dernier Accès		Heure Création	Date Création	1re entrée FAT	**Taille du fichier**								

Observons les différentes valeurs rencontrées dans ces entrées de noms longs.

- La valeur 7534 dans l'entrée courte représente l'heure de modification.
- La valeur 20 derrière le nom court correspond aux attributs du fichier de la même manière qu'étudiés précédemment et repère ce nom court utilisable par DOS. Une entrée de nom long, étant repérée 0F ainsi qu'on peut le voir dans la 1° entrée longue.
- Chaque entrée est repérée par un numéro d'ordre, seule la dernière entrée est repérée différemment ici 44.
- La notation des dates et heures se fait de manière classique.
- CD représente la valeur d'un contrôle *checksum*.
- Le 0000 derrière le nom en marque la fin (4° entrée ici derrière la lettre p).

Comme la racine d'une partition FAT est limitée à 512 entrées, l'emploi de noms longs monopolisant chacun plusieurs entrées réduit d'autant le nombre de ces entrées. Ainsi, en supposant que l'on utilise systématiquement des noms longs occupant tous 35 caractères, chaque nom va monopoliser 4 entrées (1 pour l'alias, et 1 pour chaque fragment de 13 caractères). Le nombre d'entrées réellement disponible sous la racine sera alors ramené à (512/4) soit 128 et non plus de 512 entrées. On risque donc de se retrouver à court d'entrées disponibles et de ne plus pouvoir ajouter de fichiers sous la racine alors que physiquement il reste de la place sur le disque !

16.2.5 L'enregistrement d'amorçage principal

L'enregistrement d'amorçage principal est créé en même temps que la première partition sur le disque dur. Son emplacement est toujours le premier secteur (cylindre 0, tête 0, secteur 0, parfois noté secteur 1).

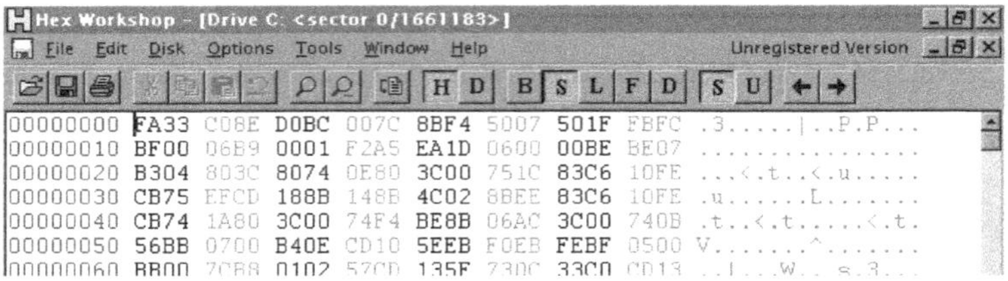

Figure 16.20 Secteur 0 – Master Boot Record du disque dur

L'enregistrement d'amorçage principal comporte la table des partitions du disque et un fragment de code exécutable. Sur les ordinateurs x86 le code examine la table des partitions – où chaque partition est repérée par un ensemble de 64 bits – et identifie la partition système. Cette table commence à l'offset 0x1BE de l'enregistrement d'amorçage principal. Ici repérable, sur la première ligne, par les valeurs d'octets 80 01…

```
000001B0 0000 0000 0000 0000 0000 0000 0000 8001 ................
000001C0 0100 061F FF37 3F00 0000 C158 1900 0000 .....7?....X....
000001D0 0000 0000 0000 0000 0000 0000 0000 0000 ................
000001E0 0000 0000 0000 0000 0000 0000 0000 0000 ................
000001F0 0000 0000 0000 0000 0000 0000 0000 55AA ..............U.
```

Figure 16.21 Extrait de la table des partitions du disque dur

TABLEAU 16.9 DESCRIPTIF DE LA TABLE DES PARTITIONS

Taille	Valeur exemple	Description
1 o	80	80 : partition système. 00 : ne pas utiliser pour l'amorçage.
1 o	01	Tête de départ.
6 bits	01 00	Secteur de départ (les 6 bits de poids faible du 1er octet).
10 bits		Cylindre de départ (les 2 bits de poids fort du 1er octet et l'octet suivant).
1 o	06	ID Système (type de volume – ici System BIGDOS FAT).
1 o	1F	Tête finale.
6 bits	FF 37	Secteur final (les 6 bits de poids faible du 1er octet)
10 bits		Cylindre final (les 2 bits de poids fort du 1er octet et l'octet suivant).
4 o	3F 00 00 00	Secteur relatif (décalage entre le début du disque et le début de la partition en comptant en secteurs). Attention à l'inversion des octets pour la lecture.
4 o	C1 58 19 00	Nombre total de secteurs dans la partition. Attention à l'inversion des octets pour la lecture.

Selon sa valeur l'octet réservé à la description de l'ID système peut repérer plusieurs types de partitions. En voici quelques valeurs :

- **01** partition ou lecteur logique FAT 12 (nombre de secteurs inférieur à 32 680).
- **04** partition ou lecteur logique FAT 16 (nombre de secteurs compris entre 32 680 et 65 535, soit une partition d'une taille inférieure à 32 Mo).
- **05** partition étendue.
- **06** partition BIGDOS FAT (partition FAT 16 d'une taille supérieure à 32 Mo).
- **07** partition NTFS.
- **0B** partition principale FAT32 (prise en charge par Windows 95, pas par NT).
- **0C** partition étendue FAT32 (prise en charge par Windows 95, pas par NT).
- **0E** partition étendue FAT 16 (prise en charge par Windows 95, pas par NT).
- **83** partition Linux Native.
- **85** partition Linux étendue.

16.3 PARTITIONS LINUX

16.3.1 Numérotation des disques, partitions et lecteurs logiques

Linux utilise d'autres méthodes pour numéroter les disques, les partitions primaires, étendue et les lecteurs logiques. Si le disque dur est de type IDE, son nom va commencer par **hd**. Le premier disque IDE de la première nappe est repéré **hda**, le deuxième **hdb**, le premier disque de la deuxième nappe **hdc** et le deuxième de la deuxième nappe **hdd**. Certains disques Ultra DMA sont notés **hde**. Mais généralement les disques sont installés comme de simples IDE, et utilisent donc la numérotation IDE normale – hda, hdb...). Si le disque est SCSI, il sera repéré **sda** pour le premier, **sdb** pour le deuxième...

Si le disque est partitionné on rajoute un numéro : hda1, hda5, hda6... pour repérer les partitions ou les lecteurs logiques. **Attention** : la numérotation des lecteurs logiques commence à 5 (1 à 4 étant réservé aux partitions principales gérables par le BIOS).

16.3.2 Partitions ou répertoires Linux

Avec Linux le minimum de partitions gérées est de un mais, en fait, on en utilise souvent davantage et on utilise aussi des répertoires, parfois appelés « partitions » Linux (un peu comme pour les lecteurs logiques de DOS qu'on appelle abusivement partitions). Avec Linux les partitions primaires sont notées 1, 2, 3 et 4 précédées du nom du disque (hda, hdb...) et donc, comme en DOS, on dispose d'un maximum de quatre partitions primaires. Les lecteurs logiques sont notés à partir de 5 dans la partition étendue.

a) La zone de swap

Presque toutes les distributions (RedHat, Mandrake...) utilisent une partition de swap (fichier d'échange). En général on considère que le swap doit faire le double de la taille de la RAM. La zone de swap est généralement placée vers le début du disque ce qui rend son accès plus rapide. hda5 (1° lecteur logique de la partition étendue) est généralement le lecteur logique retenu.

/ : la partition racine est notée / et elle est obligatoire. Les autres répertoires seront « montés » sous cette partition racine si on ne leur spécifie pas de partition spécifique.

/boot : on peut souhaiter installer le système de démarrage dans une partition à part. C'est l'intérêt du /boot.

/home : ce dossier sert à stocker les données personnelles des utilisateurs. L'intérêt de les séparer physiquement du système est d'autoriser la réinstallation de Linux sans toucher aux données (c'est également valable sous Windows !). Le format de fichier est généralement Linux native, Ext2, Ext3, Reiserfs (si le noyau le supporte)...

/usr : cette partition facultative sert à stocker les programmes. On peut ne pas créer de /usr et on utilise alors directement la racine /.

/var : cette partition facultative sert à stocker les données exploitées par le système ou les programmes.

/root : cette partition facultative correspond au /home mais est réservée au SU (*Super User*) root.

16.3.3 Emplacement du système de boot Linux

Chaque disque dur possède un secteur de boot, et le secteur de boot de la partition primaire active contient le MBR (*Master Boot Record*) – automatiquement lu par le BIOS au démarrage. Avec Linux c'est généralement là qu'est installé le programme de démarrage. On trouve également un secteur de *boot* par partition et on peut donc y installer le système de démarrage de Linux (utile pour les « images » disque de type Ghost), mais il faudra alors que le MBR indique au système où rechercher les fichiers de démarrage de Linux.

À l'installation, Windows efface le MBR, ce qui oblige dans une machine multi-boot, soit à installer Windows en premier, soit si l'on installe Linux en premier à avoir une disquette de boot pour pouvoir relancer Linux ultérieurement et reconstituer un secteur de démarrage en multi-boot.

La commande permettant de restaurer un MBR défaillant est : **fdisk /mbr** sous DOS.

16.3.4 Choix du logiciel de démarrage

Les distributions proposent souvent plusieurs programmes de démarrage :

- **Lilo** (***Linux Loader***) : est le système historique. Il a besoin de connaître l'emplacement physique des fichiers de démarrage et peut être installé sur n'importe quelle partition, voire sur une disquette.
- **Grub** : Plus puissant que LILO il est capable de « monter » les systèmes de fichiers et de chercher les fichiers à démarrer tout seul.
- **Loadlin** : est un logiciel DOS qui sait démarrer un système Linux à partir d'une machine initialement prévue pour DOS/Windows (*dual boot*).

16.4 LE SYSTÈME NTFS

Lors de la conception de Windows NT, deux techniques existaient déjà : la FAT qui commençait à montrer ses limites face aux capacités croissantes des disques et HPFS utilisé sur OS/2 en partenariat IBM-Microsoft, qui permettait de gérer de plus grands disques (éléments repérés sur 32 bits soit 2^{32} éléments gérables) avec une meilleure fiabilité mais ne répondait pas encore assez sérieusement aux exigences de Windows NT (taille de fichier limitée à 4 Go…). Le système de fichiers NTFS (NT *File System*) a donc été spécialement conçu pour Windows NT au moment ou IBM et Microsoft interrompaient leurs relations de partenariat. Compte tenu des antécédents, FAT et HPFS notamment, on retrouve dans NTFS un certain nombre des caractéristiques de ces systèmes de fichiers.

Il convient de noter que Windows NT peut fonctionner avec des volumes de type FAT 16, mais que la gestion de fichiers sera optimisée en performances et en sécurité avec un système NTFS. Un volume initialement formaté en FAT 16 pourra ensuite être converti en NTFS par Windows NT mais cette opération est irréversible. Il est ainsi conseillé d'installer Windows NT avec un volume initialement FAT puis, lorsque l'installation est correctement terminée, de convertir ce volume en système NTFS.

16.4.1 NTFS principes généraux d'organisation

Le système de gestion de fichiers NTFS est organisé en couches, indépendantes les unes des autres et communiquant par le biais d'interfaces. Ainsi les divers pilotes se transmettent les requêtes d'entrées/sorties de l'un à l'autre, indépendamment de la manière dont ils travaillent en interne. NTFS travaille également en collaboration avec le gestionnaire de cache.

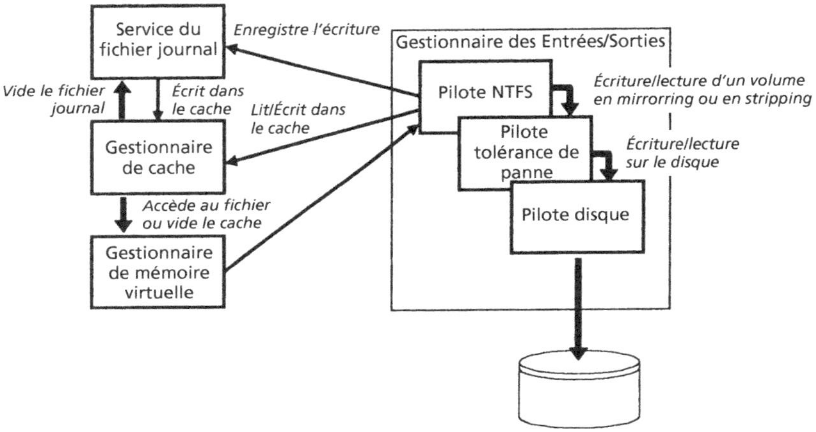

Figure 16.22 Les composants NTFS et exécutifs de Windows NT

Pour cela, le gestionnaire de cache fournit au gestionnaire de mémoire virtuelle VM (*Virtual Memory*) de Windows NT une interface spécialisée. Quand un programme tente d'accéder à une partie de fichier qui n'est pas dans le cache, le gestionnaire VM appelle le pilote NTFS pour accéder au pilote disque et obtenir le contenu du fichier à partir du disque. Le gestionnaire de cache optimise les entrées/sorties disques en utilisant un ensemble de *threads* système qui vont utiliser le gestionnaire VM pour transférer, en tâche de fond, le contenu du cache vers le disque.

NTFS a été conçu comme un système de fichiers sécurisé capable de gérer la restauration de fichiers endommagés. Dans le cas d'un incident système ou d'une panne d'alimentation, NTFS est capable de reconstruire les volumes disques. Cette opération s'effectue automatiquement dès que le système accède au disque après l'incident et ne dure que quelques secondes, quelle que soit la taille du disque. Pour cela NTFS utilise le fichier journal LFS (*Log File Service*) qui gère les écritures sur le disque. Ce journal sert à reconstruire le volume NTFS dans le cas d'une panne système, ce qui est impossible avec un volume de type FAT. En outre NTFS duplique les secteurs vitaux de sorte que si une partie du disque est physiquement endommagée, il peut toujours accéder aux données fondamentales du système de fichier. NTFS peut également communiquer avec un pilote disque à tolérance de panne (RAID-0 – miroir – ou RAID-5 – agrégat de bandes) ce qui en améliore encore la fiabilité.

Le système de fichiers NTFS utilise un modèle de fonctionnement transactionnel pour assurer la sécurisation des volumes. C'est-à-dire qu'il ne considérera comme définitives que les seules opérations de lecture ou d'écriture menées à terme sans incident, sinon il ramènera le système à l'état antérieur à cette transaction défectueuse.

Supposons qu'un utilisateur soit en train de créer un fichier. Le système NTFS est en train d'insérer le nom du fichier dans la structure du répertoire quand un incident se produit. À ce moment, l'entrée dans le répertoire existe mais il n'y a pas encore eu d'unité d'allocation allouée à ce fichier. Quand le système va redémarrer après l'incident, NTFS supprimera l'entrée dans le répertoire en revenant ainsi à l'état antérieur à la transaction endommagée.

a) Les clusters NTFS

NTFS alloue, comme dans la FAT, des unités d'allocation que l'on continue à appeler couramment *clusters* – et mémorise leurs numéros dans une table dont chaque entrée est codée sur 64 bits ce qui donne 2^{64} éléments gérables soit 16 milliards de milliards de *clusters* possibles, chacun pouvant contenir jusqu'à 4 Ko. Avec NTFS la taille du *cluster* est déterminée par l'utilitaire de formatage mais peut être ensuite modifiée par l'administrateur système et cette taille du *cluster* (dite **facteur** de *cluster*) ne dépend plus de celle du volume. Ainsi NTFS va utiliser une taille de *cluster* de :

- 512 o sur de petits disques d'une capacité inférieure à 512 Mo,
- 1 Ko pour des disques entre 512 Mo et 1 Go,
- 2 Ko pour des disques entre 1 et 2 Go,
- et 4 Ko pour de gros disques de capacité supérieure à 2 Go.

NTFS fait uniquement référence à des *clusters*. Pour retrouver l'emplacement physique du disque où se situent les données il utilise les numéros logiques des *clusters* ou LCN (*Logical Cluster Number*), qui sont simplement les numéros des *clusters* du début à la fin du volume, puis convertir ce LCN en adresse physique en le multipliant par le facteur de *cluster* pour obtenir un décalage en octets à partir du début du volume.

NTFS gère les fichiers et les répertoires (considérés comme des fichiers) dans une base de données relationnelle implantée sur le disque. La table qui contient ces informations est appelée MFT (*Master File Table*). Les lignes de cette table MFT correspondent aux fichiers sur le volume et les colonnes aux attributs de ces fichiers. Un répertoire est considéré comme un fichier et est enregistré dans cette même table avec quelques différences au niveau des attributs. Chaque ligne de la MFT occupe une taille, déterminée au formatage, d'au minimum 1 Ko et d'au maximum 4 Ko.

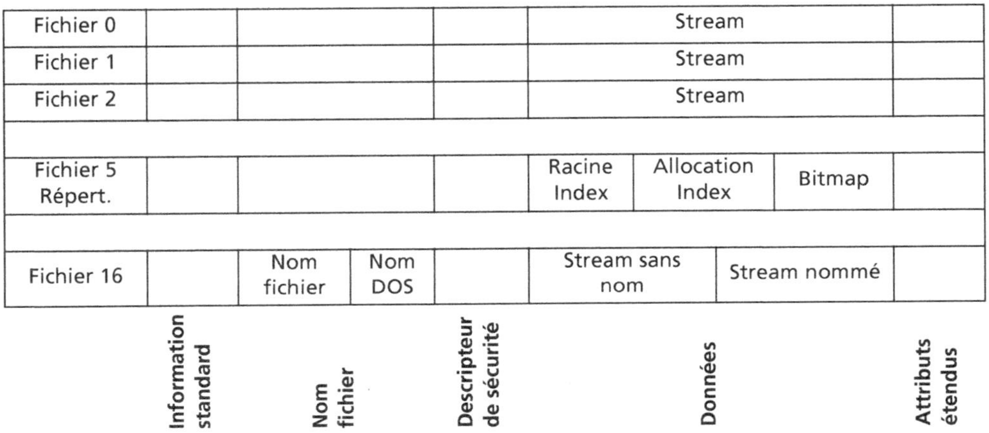

Figure 16.23 Structure de la *Master File Table*

b) Enregistrements de fichiers et répertoire dans la Master File Table

NTFS identifie un attribut par son nom en majuscules précédé du symbole $. Par exemple $FILENAME correspond à l'attribut « nom de fichier ». Chaque attribut est enregistré comme un *stream*. Le *stream* correspondant à une suite d'octets qui répertorie les noms, propriétaires, dates… et données des unités d'allocations. Il faut bien comprendre que les données du fichier sont considérées comme de simples attributs. Les attributs autres que les données sont triés automatiquement par ordre croissant selon la valeur du code de cet attribut. Les *streams* peuvent avoir un nom (*stream* nommé), notamment dans le cas de *streams* multiples concernant les données d'un même fichier. Un fichier, dans un volume NTFS est identifié par une valeur sur 64 bits, appelée référence de fichier.

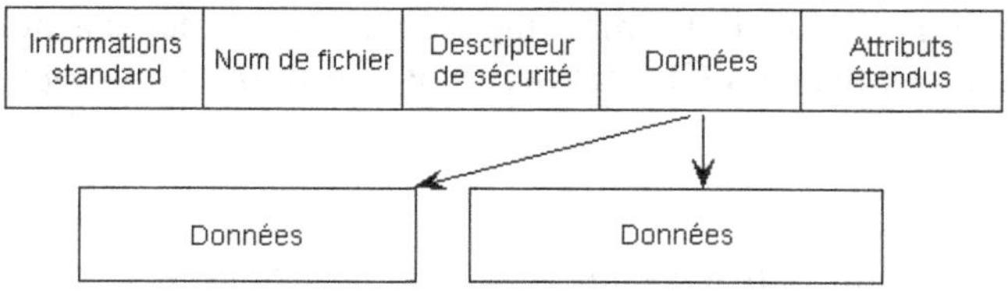

Figure 16.24 Éléments de fichiers NTFS

Celle-ci se compose d'un numéro de fichier et d'un numéro de séquence. Le numéro de fichier correspond sensiblement à la position de l'enregistrement du fichier dans la MFT. Mais ce n'est pas toujours exactement le cas car, si un fichier possède de nombreux attributs ou devient très fragmenté, il est possible que plusieurs enregistrements de la MFT lui soient consacrés. Quand le fichier est très petit (inférieur à une unité d'allocation – par exemple inférieur à 4 Ko) où s'il s'agit d'une entrée de petit répertoire, les données du fichier sont intégrées dans le *stream* de la MFT. L'accès est considérablement accéléré puisqu'au lieu d'aller lire l'emplacement du fichier dans une table puis une suite d'unités d'allocation pour retrouver les données du fichier (comme on le fait avec un système FAT par exemple), NTFS accède à la MFT et obtient les données immédiatement. Les attributs situés dans la MFT sont dits résidents.

Bien entendu dans le cas de fichiers dont la taille excède celle d'un enregistrement de la table MFT (1 Ko, 2 Ko ou 4 Ko), NTFS doit lui allouer des unités d'allocation supplémentaires. NTFS procède alors par allocation de zones supplémentaires d'une taille de 2 Ko (4 Ko avec une ligne de MFT de 4 Ko).

Chaque zone supplémentaire, située en dehors de la MFT et appelée *run* ou extension, va contenir les valeurs des attributs (par exemple les données du fichier). Les attributs placés sur des extensions et non pas dans la MFT sont dits non résidents. NTFS va alors placer dans les attributs résidents des informations (liens ou pointeurs) destinées à situer les autres *runs* concernés sur le disque.

Cette même technique est applicable au cas des grands répertoires qui ne pourraient être contenus dans un seul enregistrement de la *Master File Table*.

EXERCICES

16.1 Calculer la place gagnée selon que l'ordre de réservation d'espace fichier sur une machine théorique serait :

a) CREATE FIC1 -LRSZ 90 -CISZ 256

b) CREATE FIC2 -LRSZ 90 -CISZ 512

– FIC1 ou FIC2 sont les noms des fichiers créés.
– LRSZ désigne la longueur de l'article du fichier.
– CISZ (CI *SiZe*) détermine la taille du CI en octets.

On considère pour l'exercice que les articles logiques ne peuvent être fractionnés ce qui n'est pas toujours le cas sur des machines réelles ou un même article peut parfois être fractionné entre plusieurs CI, assurant ainsi un remplissage optimum des dits CI.

16.2 Décrivez le volume suivant dont on a édité le secteur de boot.

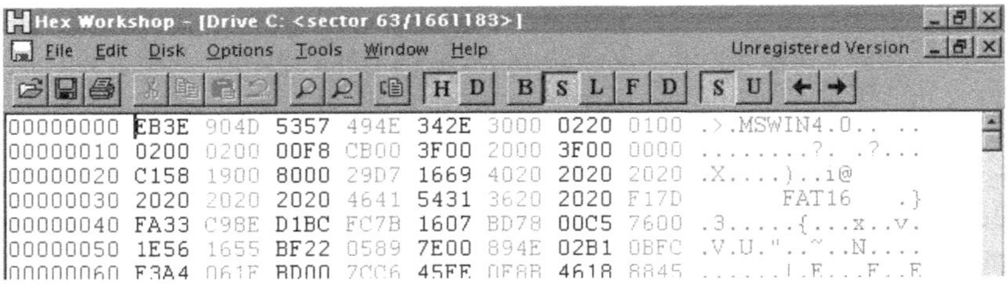

16.3 Repérez dans l'extrait de la table de partitions ci après le nombre et les types des partitions rencontrées sur ce disque dur.

0000 01B0	...	...	...	...	...	...	...	...	...	...	...	...	...	...	80	01
0000 01C0	01	00	06	0F	7F	96	3F	00	00	00	51	42	06	00	00	00
0000 01D0	41	97	07	0F	FF	2C	90	42	06	00	A0	3E	06	00	00	00
0000 01E0	C1	2D	05	0F	FF	92	30	81	0C	00	A0	91	01	00	00	00
0000 01F0	C1	93	01	0F	FF	A6	D0	12	0E	00	C0	4E	00	00	55	AA

SOLUTIONS

16.1 *a)* Dans un bloc de 256 octets, il est possible de loger 2 articles complets (2×90 o = 180). La place inutilisée est donc de 256 o – (90 o $\times$ 2) = 76 octets. Soit une « perte » de 29 %.

b) Dans un bloc de 512 octets, il est possible de loger 5 articles logiques complets ($5 \times 90 = 450$ o) . La place inutilisée est donc de 512 o – (90 o $\times$ 5) = 62 octets. Soit une « perte » de 12 %. On a donc bien intérêt à « bloquer » un maximum.

16.2 Description du volume.

EB 3E 90	Instruction de saut
4D 53 57 49 4E 34 2E 30	Nom & version OEM : MicroSoft Windows 4.0
00 02	512 octets par secteur (0x02 00 → 512)
20	2 × 16 = 32 secteurs par unité d'allocation (*cluster*)
01 00	1 secteur réservé (0x00 01 → 1)
02	2 tables d'allocation (FAT)
00 02	Entrées du répertoire principal (0x02 00 → 512)
00 00	Nombre de secteurs sur le volume (Petit nombre)
F8	Type de disque (ici disque dur → F8)
CB 00	Taille des FAT en secteurs (0x00 CB → 203)
3F 00	Nombre de secteurs par piste (0x00 3F → 63)
20 00	Nombre de têtes (0x00 20 → 32)
3F 00 00 00	Nombre de secteurs cachés (0x00 00 00 3F → 63)
C1 58 19 00	Nombre de secteurs (Grand nombre) (0x00 19 58 C1 →)1 661 121). 1 661 121 × 512 o = 850 493 952 o → 811 Mo
80	Numéro du disque
00	Tête en cours (inutilisé)
29	Signature
D7 16 69 40	Numéro série du volume
20 20... 20	Nom du volume (ici n'a pas de nom)
46 41 54 31 36 20 20 20	Type de FAT (46 → F, 41 → A, ... FAT 16)
F1 7D...	Code d'amorçage

16.3 Chaque descriptif de partition occupe 16 octets.

LES 16 OCTETS DE LA PREMIÈRE PARTITION

80	80 : partition système
01	Tête de départ : 1
01 00	Secteur de départ (les 6 bits de poids faible du 1er octet) : 00 0001 → 1
(attention ! ici pas d'inversion)	Cylindre de départ (les 2 bits de poids fort du 1er octet et l'octet suivant) : 00 0000 0000 → 0
06	ID Système – type de volume : ici System BIGDOS FAT
0F	Tête finale : 15
7F 96	Secteur final (les 6 bits de poids faible du 1er octet) : 11 1111 → 63
(attention ! ici pas d'inversion)	Cylindre final (les 2 bits de poids fort du 1er octet et l'octet suivant) : 10 1001 0110 → 406
3F 00 00 00	Secteur relatif : (à lire 0x00 00 00 3F → 63)
51 42 06 00	Secteurs totaux : (à lire 0x00 06 42 51 → 410 193)

Les 16 octets de la seconde partition

00	00 : ne pas utiliser pour l'amorçage
00	Tête de départ : 0
41 97	Secteur de départ (les 6 bits de poids faible du 1er octet) : 00 0001 → 1
(attention ! ici pas d'inversion)	Cylindre de départ (les 2 bits de poids fort du 1er octet et l'octet suivant) : 01 1001 0111 → 407
07	ID Système – type de volume : ici NTFS
0F	Tête finale : 15
FF 2C	Secteur final (les 6 bits de poids faible du 1er octet) : 1111 11 → 63
(attention ! ici pas d'inversion)	Cylindre final (les 2 bits de poids fort du 1er octet et l'octet suivant) : 11 0010 1100 → 812
90 42 06 00	Secteur relatif : (à lire 0x00 06 42 90 → 410 256)
A0 3E 06 00	Secteurs totaux : (à lire 0x00 06 3E A0 → 409 248)

Les 16 octets de la troisième partition

00	00 : ne pas utiliser pour l'amorçage
00	Tête de départ : 0
C1 2D	Secteur de départ (les 6 bits de poids faible du 1er octet) : 00 0001 → 1
(attention ! ici pas d'inversion)	Cylindre de départ (les 2 bits de poids fort du 1er octet et l'octet suivant) : 11 0010 1101 → 813
05	ID Système – partition étendue
0F	Tête finale : 15
FF 92	Secteur final (les 6 bits de poids faible du 1er octet) : 1111 11 → 63
(attention ! ici pas d'inversion)	Cylindre final (les 2 bits de poids fort du 1er octet et l'octet suivant) : 11 1001 0010 → 914
30 81 0C 00	Secteur relatif : (à lire 0x00 0C 81 30 → 819 504)
A0 91 01 00	Secteurs totaux : (à lire 0x00 01 91 A0 → 102 816)

Les 16 octets de la quatrième partition

00	00 : ne pas utiliser pour l'amorçage
00	Tête de départ : 0
C1 93	Secteur de départ (les 6 bits de poids faible du 1er octet) : 00 0001 → 1
(attention ! ici pas d'inversion)	Cylindre de départ (les 2 bits de poids fort du 1er octet et l'octet suivant) : 11 1001 0011 → 915
01	ID Système – partition FAT 12
0F	Tête finale : 15
FF A6	Secteur final (les 6 bits de poids faible du 1er octet) : 1111 11 → 63
(attention ! ici pas d'inversion)	Cylindre final (les 2 bits de poids fort du 1er octet et l'octet suivant) : 11 1010 0110 → 934
D0 12 0E 00	Secteur relatif : (à lire 0x00 0E 12 D0 → 922 320)
C0 4E 00 00	Secteurs totaux : (à lire 0x00 00 4E C0 → 20 160)

La série se continue par 0x55 AA qui ne correspondent pas à un début d'information sur une partition. On dispose donc de 4 partitions sur ce volume :

- 1 partition BIGDOS FAT,
- 1 partition NTFS,
- 1 partition étendue,
- 1 partition FAT 12.

Chapitre 17

Gestion de l'espace mémoire

17.1 GÉNÉRALITÉS

Si la taille de la **mémoire centrale** a nettement évolué depuis quelques années, du fait des progrès de l'intégration et de la diminution des coûts de fabrication des composants, les techniques de multiprogrammation, l'emploi d'environnements graphiques… ont de leur coté également progressés et de nombreux processus sont souvent rivaux pour accéder en mémoire centrale.

La gestion de l'espace mémoire est donc toujours un problème d'actualité dans les systèmes informatiques. Les deux principaux reproches que l'on peut adresser aux mémoires centrales concernent leur capacité – toujours trop faible – et leur vitesse – toujours trop lente, limitant de fait les capacités de traitement de l'unité centrale. Les solutions que l'on peut tenter d'apporter à ces problèmes sont de deux ordres :

– envisager une extension importante de la capacité mémoire en utilisant la mémoire auxiliaire « comme de la mémoire centrale » ;
– accélérer la vitesse globale de travail de l'unité centrale par l'emploi de mémoires à technologie rapide (mémoires caches ou antémémoires).

17.2 GESTION DE LA MÉMOIRE CENTRALE

Compte tenu de leur taille, et de leur nombre, il n'est pas envisageable d'implanter l'intégralité des processus à exécuter en mémoire centrale. Le système d'exploitation doit donc réaliser de nombreux échanges de segments de programmes entre les mémoires auxiliaires et la mémoire centrale, au fur et à mesure de l'état d'avancement de ces programmes.

Il conviendra donc d'amener en mémoire centrale des données ou des instructions à traiter, normalement stockées en mémoire auxiliaire. Ce faisant, il sera éventuellement nécessaire de libérer de la mémoire centrale en évacuant provisoirement des données ou des instructions dont le traitement n'est pas imminent ou vient d'être réalisé. Ces échanges entre mémoire auxiliaire et mémoire centrale portent le nom de **swapping** (*to swap* échanger).

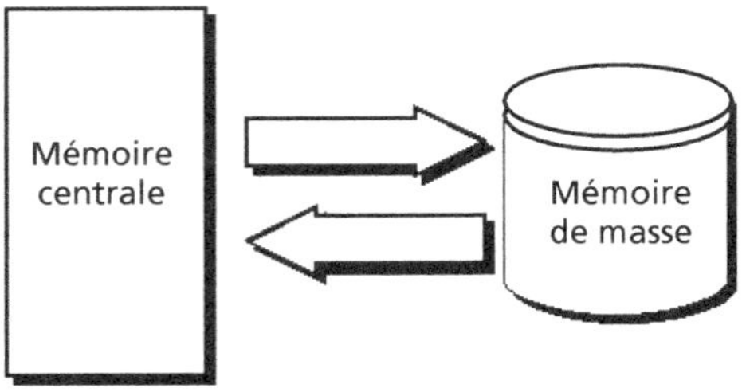

Figure 17.1 Le swapping

L'ensemble de l'espace mémoire exploitable par un utilisateur – que la mémoire se présente sous forme de mémoire auxiliaire (disque, bande...) ou sous forme de mémoire centrale (RAM) – peut être considéré par le système comme un espace unique que l'on désigne alors sous le terme de **mémoire virtuelle**.

Dans le cadre d'un système multi-utilisateurs ou multitâches, il faut également que les zones de mémoire attribuées à un utilisateur ou à un processus ne viennent pas empiéter sur celles affectées aux autres processus présents dans le système. Pour pallier cela, diverses techniques existent, permettant un partage judicieux de la mémoire entre plusieurs segments de programme c'est-à-dire succinctement pour éviter qu'un programme n'aille déborder en mémoire sur un autre programme.

17.2.1 Le partitionnement fixe

Le **partitionnement fixe**, ou **allocation statique** de la mémoire, consiste à découper, de façon arbitraire et « définitive », l'espace mémoire centrale en plusieurs partitions (ne pas confondre avec la partition du disque dur). La taille de chaque partition peut être différente en fonction des traitements que l'on sera amené à y effectuer.

Les processus seront donc chargés dans les partitions mémoire au fur et à mesure des besoins. L'inconvénient majeur de cette technique est le fractionnement des processus trop importants pour loger dans une seule partition libre.

17.2.2 Le partitionnement dynamique

Cette technique, dite aussi **allocation dynamique** de la mémoire (*garbage collector,* littéralement « ramassage des ordures »), consiste à tasser les segments les uns à la suite des autres dès qu'un processus se retire de l'espace mémoire, laissant alors derrière lui un espace inutilisé. Chaque processus n'occupe ainsi que la place qui lui est nécessaire et laisse, du fait du tassement, un seul segment de mémoire contiguë vide. Toutefois, le tassement que rend nécessaire cette technique est coûteux en temps de traitement.

17.2.3 La pagination

La technique de la **pagination**, qui rappelle celle du partitionnement statique, utilise un découpage de la mémoire en segments de même taille, eux-mêmes décomposés en petits blocs d'espace mémoire (128, 256 octets...) appelés **pages**. Dans certains systèmes, les termes de segments et pages désignent la même chose. La pagination évite ainsi les problèmes liés au tassement des segments mais nécessite, pour gérer les pages, l'adjonction d'un dispositif que l'on appelle table des pages – qui doit être capable de reconstituer l'ordre logique des diverses pages composant le segment de programme.

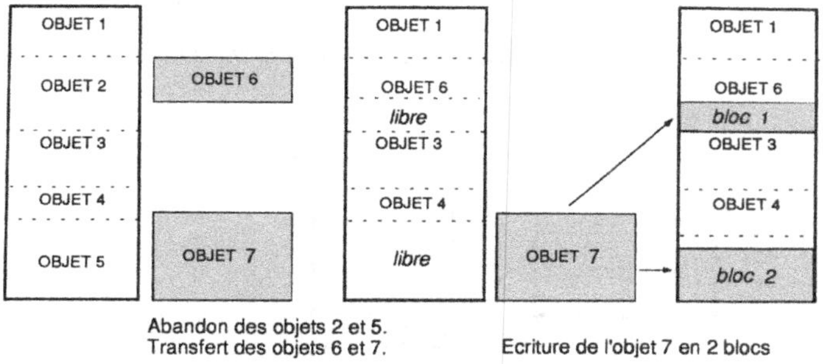

Figure 17.2 Allocation statique de la mémoire

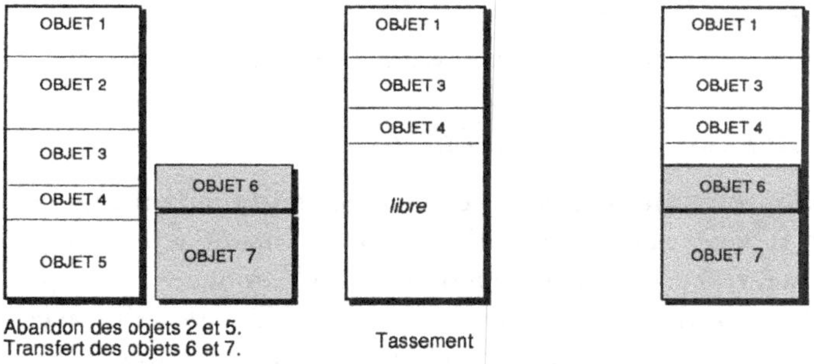

Figure 17.3 Allocation dynamique de la mémoire

17.2.4 La segmentation

La segmentation est une technique qui consiste à diviser l'espace mémoire en n segments de longueur variable, un numéro étant attribué à chacun des segments de l'espace adressable.

L'adresse logique est alors traduite en une adresse physique en effectuant le calcul **base + déplacement**. Chaque segment peut être muni d'un certain nombre d'attributs tels qu'adresse physique de base du segment, longueur du segment, attributs de protection...

Ces diverses informations sont stockées dans le registre descripteur d'un composant spécialisé appelé unité de gestion mémoire dite MMU (*Memory Management Unit*).

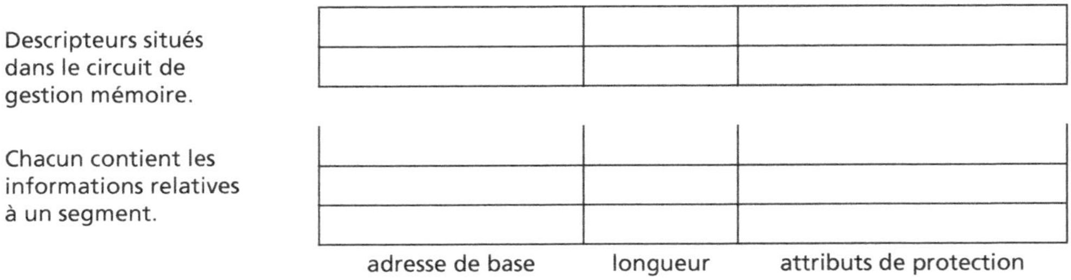

Figure 17.4 Registre descripteur du MMU

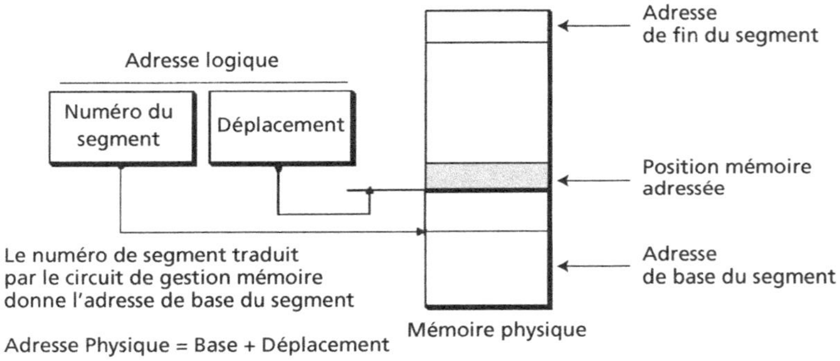

Figure 17.5 Principe de l'adressage d'une position mémoire

17.2.5 La mémoire cache ou antémémoire

La **mémoire cache** – ou **antémémoire** – est un dispositif fondamental qui permet de réduire le temps d'accès aux informations, en anticipant leur lecture. En effet, l'instruction qui va être à exécuter prochainement ou la donnée dont le processeur va avoir besoin se trouvent très souvent à proximité immédiate de celle en cours de traitement. Donc, plutôt que de charger, à partir de la mémoire auxiliaire (temps d'accès de l'ordre de 10^{-3} s) instruction par instruction, ou donnée après donnée, on essaye de charger dans une mémoire rapide (temps d'accès de l'ordre de 10^{-9} s) un maximum de données ou d'instructions à la fois.

Prenons un exemple trivial : vous adorez les mandarines (*ce sont les données*). Quand vous allez faire vos courses en grande surface (*ce qui représente le disque dur où de très nombreuses données sont stockées*) vous en achetez directement plusieurs filets (*vous ramenez des données du disque dur vers la mémoire... ça prend du temps...*). Vous mettez ces filets dans le cellier (*c'est la mémoire vive*). Dans la coupe de fruits de la cuisine, vous en mettez quelques-unes (*mémoire cache de niveau* 2) et vous en avez toujours une ou deux dans vos poches (*mémoire cache de niveau 1*). Quand vous voulez une mandarine vous n'avez qu'à mettre la main à la poche et vous consommez immédiatement votre mandarine (*traitement de données par l'unité centrale de calcul*). Quand votre poche est vide (*défaut de cache*) vous tendez la main vers la coupe et quand la coupe est vide (*défaut de cache*) vous allez dans le cellier et en remettez dans la coupe. Quand il n'y en a plus dans le cellier, vous retournez faire des courses… et vous achetez quelques filets ! Vous avez là un exemple trivial de gestion de cache à plusieurs niveaux.

Une mémoire de petite taille, mais extrêmement rapide – **cache de premier niveau** – **L1** (*Level one*) ou **cache primaire** – est aujourd'hui couramment intégrée dans la puce du microprocesseur (cache « *on-die* ») où elle occupe de l'ordre de 8 à 128 Ko selon les processeurs…

La plupart des processeurs intègrent désormais le **cache de second niveau** – **L2** (*Level two*) – autrefois situé sur la carte-mère – ce qui améliore sensiblement les performances. Sa taille varie de 128 Ko à 1 Mo selon les processeurs.

Un troisième niveau de cache – **L3** – est généralement présent sur les cartes mères et géré par le processeur (de l'ordre de quelques Mo) dans la mesure où le cache L2 est désormais intégré à la puce et on peut même trouver quelques caches L4 (64 Mo sur certains serveurs IBM…).

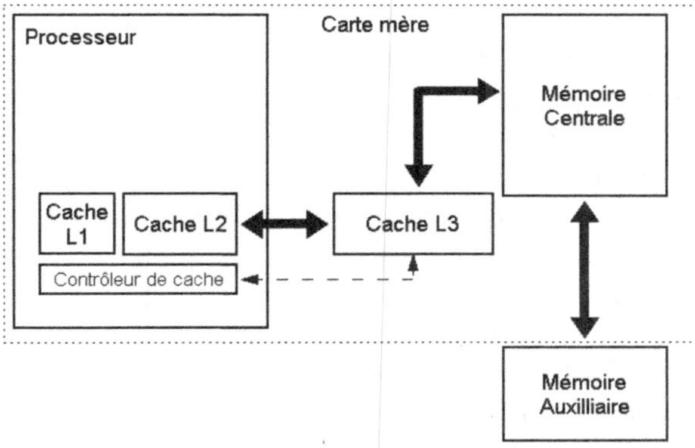

Figure 17.6 La hiérarchie des mémoires

L'utilisation de la **mémoire cache** se présente en fait comme une pagination à un, deux, trois… niveaux. Quand une instruction en cours de traitement dans le CPU recherche une donnée ou fait appel à une autre instruction, elle recherche d'abord cette information dans la mémoire cache de premier niveau puis, en cas d'échec, dans le cache de second niveau… En cas d'échec dans le cache, on cherche en mémoire centrale, puis enfin, si la recherche n'a toujours pas abouti, on procède à un chargement (*swap-in*) de la mémoire auxiliaire vers la mémoire centrale, quitte à devoir pour cela procéder au rangement (*swap-out*) d'une page vers la mémoire auxiliaire.

Selon la manière dont on fait correspondre les cellules mémoire du cache avec celles de la mémoire centrale on distingue trois architectures de cache :

– ***direct mapping***, qui correspond à l'architecture la plus simple. À une adresse du cache correspond une adresse en mémoire centrale. Le cache se comporte alors

comme de la mémoire centrale, la seule différence provenant de la rapidité des composants utilisés, plus rapide en cache (30 à 40 ns) qu'en RAM (60 à 70 ns) ;
- ***fully associative*** où le cache sert à conserver les portions de mémoire les plus utilisées par le microprocesseur. Les données les plus récentes sont donc toujours en mémoire mais la recherche de ces données est plus délicate ;
- ***set associative***, plus performant, qui correspond à une architecture où le cache est divisé en segments, ce qui permet de mettre en correspondance chacun de ces segments avec une zone différente de la mémoire centrale. On peut donc avoir des segments réservés aux données et d'autres aux instructions.

L'écriture du contenu du cache dans la mémoire centrale peut se faire de différentes manières. C'est ainsi que l'on rencontrera, dans l'ordre des performances croissantes, les modes :
- ***Write Through*** ou mise à jour immédiate, pour le plus ancien, qui consiste à recopier systématiquement en mémoire centrale le contenu du cache affecté par un traitement, et ce quel que soit ce contenu. C'est ainsi que même si on se contente de lire une donnée dans le cache, son contenu est recopié en mémoire centrale. Le contrôleur de cache est donc très fréquemment sollicité et mobilise également le bus mémoire pour faire la mise à jour. Ce qui interdit temporairement au microprocesseur de faire un accès direct en mémoire **DMA** (*Direct Memory Access*).
- ***Write Back*** ou mise à jour par blocs, où on ne réinscrit le bloc de mémoire cache en mémoire que s'il y a eu modification de la donnée par le microprocesseur ou si un autre bloc de donnée a besoin de s'implanter dans le cache.
- ***Write Back Synchrone***, plus performant que le *Write Back* dont il reprend les principes de base. On assure la mise à jour de la mémoire centrale seulement si une donnée du cache a effectivement été modifiée par le microprocesseur. La simple lecture d'un bloc ou son déchargement pour implantation d'un autre n'entraîne pas de réécriture en mémoire centrale si le bloc n'a pas été modifié. Le contrôleur de cache est synchronisé avec le processeur et ne sera donc actif que lorsque le processeur ne tentera pas lui même un accès **DMA**.

17.3 GESTION MÉMOIRE SOUS MS-DOS

MS-DOS a été initialement conçu pour être utilisé avec des microprocesseurs ne pouvant pas adresser physiquement plus de 1 Mo. À l'époque [1981] on considérait qu'il s'agissait là d'une plage mémoire tellement importante qu'on n'en atteindrait jamais les limites et on a donc décidé de réserver 384 Ko comme mémoire utilisable par le système, laissant ainsi libre une zone de 640 Ko destinée aux applications.

La zone de mémoire de 640 Ko dans laquelle travaille essentiellement MS-DOS est dite **mémoire conventionnelle** (*Conventional Memory*). La zone de 384 Ko réservée au système (ROM, RAM Vidéo...) est dite **mémoire supérieure** ou UMA (*Upper Memory Area*). Compte tenu de la taille des programmes à exécuter en mémoire on a été obligé de s'affranchir assez tôt [1985] de la barrière des 640 Ko. On a donc utilisé de la mémoire, située au-delà du seuil des 1 Mo d'origine. Cette mémoire est la **mémoire étendue** (*Extend Memory*).

17.3.1 La mémoire conventionnelle

Cette zone fondamentale pour MS-DOS et pour vos applications a comme inconvénient majeur une taille limitée à 640 Ko. Aussi, chaque octet gagné dans cette zone mémoire est important pour la bonne santé de vos applications. À cet effet, on peut être amené à limiter son occupation par la limitation du nombre d'emplacements mémoire réservés par les variables système telles que BUFFER, FILES... que vous pouviez rencontrez dans les traditionnels fichiers CONFIG.SYS de MS-DOS. Une autre technique consiste à faire s'exécuter le maximum de processus en mémoire supérieure ou à y charger le maximum de drivers. Ceci est généralement réalisé par le biais des commandes DEVICEHIGH ou LOADHIGH des fichiers CONFIG.SYS ou AUTOEXEC.BAT. On arrive ainsi à disposer pour les applications d'environ 540 Ko sur les 640 Ko d'origine mais souvent au prix de bien des soucis. Certains utilitaires tels que MEMMAKER.EXE – livré avec MS-DOS – ou QEMM... se chargent d'optimiser cette occupation au mieux.

RAM *Extension mémoire*	2, 4, 8... Mo	**Zone de mémoire étendue**
Hight Memory Area	64 Ko	Zone de mémoire haute
ROM BIOS	1 Mo	**Zone de mémoire supérieure**
ROM cartouches		Réservée au système
ROM Basic		
RAM Vidéo		
RAM *Programmes utilisateur*	640 Ko	**Zone de mémoire conventionnelle**
RAM Système	0 Ko	

Figure 17.7 Zones mémoire sous MS-DOS

L'évolution technologique est telle que l'on est amené à utiliser des espaces adressables d'une taille physique allant jusqu'à 4 Go et atteignant virtuellement jusqu'à 64 To.

Tableau 17.1 Les capacités d'adressage

Microprocesseur	Taille du Bus d'adresses	Capacité d'adressage physique	Capacité d'adressage Virtuel
8086	20 bits	1 Mo	néant
80286	24 bits	16 Mo	01 Go
80386, 80486...	32 bits	4 Go	64 To
Pentium	32 bits	4 Go	64 To
Pentium Pro, PII...	36 bits	64 Go	64 To

De plus, chaque nouveau microprocesseur assure une compatibilité avec les anciens tout en fonctionnant selon des modes qui lui sont propres.

<table>
<tr><td colspan="6">80386, 80486, SX,DX...</td></tr>
<tr><td colspan="2">80286</td><td rowspan="2">Mode Étendu</td><td colspan="3"></td></tr>
<tr><td>8086
Mode Réel</td><td>Mode Protégé</td><td>8086</td><td>8086
Mode Virtuel</td><td>8086...</td></tr>
</table>

17.3.2 La mémoire supérieure

La **mémoire supérieure** ou zone de mémoire réservée également dite mémoire haute (*High Memory*) – à ne pas confondre avec la zone de 64 Ko en HMA – est en principe inutilisable par les applications. Toutefois il est possible depuis MS-DOS 5.0, d'exploiter la zone initialement destinée à la RAM vidéo.

À cet effet les zones inutilisées de la mémoire supérieure sont découpées en segments de 16 Ko, appelés **UMB** (*Upper Memory Blocks*) qui peuvent être utilisés par Windows notamment, exécuté en mode 386 étendu. Ces segments sont gérés par le gestionnaire EMM386.EXE en appliquant les principes définis dans la norme XMS (*eXtended Memory Specification*).

17.3.3 La mémoire étendue (extend memory)

Comme les applications MS-DOS ne sont pas capables d'utiliser directement de la mémoire étendue, les sociétés Lotus, Intel et Microsoft ont mis au point en 1985 une norme dite LIM (L, I et M étant les 3 initiales des sociétés), dite aussi spécification **EMS** (*Expanded Memory Specification*) ou encore LIM-EMS de manière à gérer cette mémoire étendue. Cette norme consiste à découper la mémoire additionnelle, située au-dessus de ces 640 Ko, appelée parfois mémoire expansée, en blocs de 16 Ko et à transférer ces blocs (par paquets de 4 au maximum) dans un espace de 64 Ko (4 * 16) adressable directement dans les 640 Ko de la mémoire conventionnelle.

DOS peut accéder à cette mémoire grâce à des utilitaires (drivers, gestionnaires...) de gestion de mémoire étendue, en principe normalisés XMS (eXtend Memory System) comme HIMEM.SYS...

Certains logiciels (WINDOWS 3, EXCEL, LOTUS...) géraient également directement cette mémoire étendue par le biais du gestionnaire EMM386 .EXE et de la norme XMS. Toutefois cette mémoire n'est pas accessible en mode réel, c'est-à-dire sur des processeurs 8086 ou des logiciels simulant ces processeurs (mode virtuel).

HIMEM.SYS est un cas un peu particulier, car il permet à DOS d'accéder directement à la zone de 64 Ko située en mémoire étendue alors que normalement DOS ne sait pas reconnaître directement cette zone. Cette zone particulière est appelée **HMA** (*High Memory Area*).

La mémoire étendue se situe uniquement en RAM – physiquement – et ne saurait donc dépasser les limites imposées par l'adressage physique de chaque microprocesseur.

17.3.4 La mémoire d'expansion (expand memory)

La **mémoire d'expansion** (*expand memory*) est également composée de mémoire située au-dessus des 640 Ko de RAM conventionnelle, mais cette mémoire est en principe située physiquement sur une carte d'expansion mémoire et non pas sur la carte mère comme c'est le cas habituellement.

Cette mémoire d'expansion est gérée par la norme mise au point par les principaux acteurs de l'époque et connue sous leurs initiales – LIM (*Lotus Intel Microsoft*). Elle est également désignée comme mémoire EMS (*Expand Memory System*). La mémoire d'expansion présente certains avantages sur la mémoire étendue. Ainsi on peut y accéder sans avoir à passer en mode protégé, c'est-à-dire que même en mode réel (8086) on peut y accéder, ce qui signifie qu'elle fonctionne donc avec un 8086 comme avec un 80486...

La mémoire EMS emploie pour fonctionner l'espace d'adressage du DOS (les 640 Ko et la zone HMA). Pour accéder à cette mémoire d'expansion, on utilise une fenêtre de 64 Ko découpée en pages de 16 Ko. Cette fenêtre peut être placée dans les 640 Ko de RAM conventionnelle, ou plus souvent, en RAM dans la zone HMA. Pour écrire ou lire dans la mémoire EMS, on transite par ces pages de 16 Ko. D'où l'appellation de **mémoire paginée**.

17.4 GESTION MÉMOIRE AVEC WINDOWS 9X, NT, 2000...

Windows 9x, ou autres Windows 2000, 2003... ne pouvant être implantés que sur des processeurs 386, 486, Pentium et supérieurs – processeurs qui disposent d'un bus d'adresses d'une largeur de 32 bits – doivent être capables de gérer les 4 Go (2^{32}) d'espace mémoire qu'un tel bus peut adresser.

Les systèmes d'exploitation ne distinguent donc plus – en termes d'adressage – les notions de mémoire conventionnelle, mémoire supérieure ou mémoire étendue... Pour eux l'adressage est dit **linéaire** c'est-à-dire qu'ils peuvent utiliser, indistinctement, toute la plage d'adresses mémoire comprise entre 0 à 4 Go.

FFFF FFFF	Noyau du système d'exploitation DLLs de Windows System Pilotes de matériel virtuel (VxD)	4 Go
BFFF FFFF	Applications Windows 16 bits DLLs des applications Objets OLE	3 Go
07FF FFFF	Applications Windows 32 bits	2 Go
03FF FFFF	Rarement utilisée	4 Mo
000F FFFF	Mémoire MS-DOS	1 Mo
0000 0000		0

Figure 17.8 Plan d'occupation mémoire avec Windows 95

Bien entendu toutes les machines ne disposent encore pas de 4 Go de mémoire vive et le plan d'adressage est donc considéré sur l'ensemble « mémoire virtuelle » (mémoire centrale plus espace disque). Chaque application 32 bits gère son propre espace d'adressage et fonctionne comme si elle disposait de 2 Go. Quand la mémoire vive est pleine, un échange de page (*swapping*) est opéré par le gestionnaire de mémoire virtuelle entre l'espace disque et la mémoire vive.

Le système fonctionne en exploitant la technique de la mémoire virtuelle et gère l'espace d'adressage d'un processus (ensemble des adresses accessibles par les threads de ce processus). C'est le gestionnaire de mémoire virtuelle ou **VMM** (*Virtual Memory Manager*) qui met en œuvre la mémoire linéaire et assure la traduction (*mapping*) des adresses virtuelles en adresses physiques et recopie au besoin (*swapping*) une partie du contenu de la mémoire physique sur le disque. Le VMM utilise la pagination à la demande comme mécanisme d'adressage pour faire le lien entre l'espace d'adressage virtuel et l'espace d'adressage physique. Une page n'étant chargée en mémoire que lorsqu'un défaut de page se produit, ce qui arrive lorsqu'un thread référence une page qui n'est pas présente en mémoire physique ou n'est pas directement accessible (voir paragraphe 10.5, *Étude détaillée d'un processeur : le Pentium Pro*). Le manque de mémoire peut se traduire notamment par des paginations fréquentes de votre système ce qui ralentit l'exécution des processus.

Deux termes vous renseignent généralement sur la quantité de mémoire dont vous disposez :

- **Mémoire User disponible** : pourcentage de ressources disponibles dans le composant Utilisateur Windows,
- **Mémoire GDI disponible** : pourcentage de ressources disponibles dans l'interface de périphérique graphique Windows (GDI, *Graphic Design Interface*).

Pour améliorer les performances de vos applications – en ne considérant que le facteur mémoire – vous disposez en fait de diverses solutions : l'achat de RAM, si la carte mère le permet, l'augmentation de la taille de la mémoire cache, l'optimisation de la mémoire virtuelle en augmentant la taille du fichier d'échange réservé en zone disque, en le déplaçant vers un autre disque géré par un autre contrôleur...

EXERCICES

17.1 On observe avec l'utilitaire MEM de MS-DOS, la mémoire d'un ordinateur

Type de mémoire	Totale	Utilisée	Libre
Conventionnelle	640 K	75 K	565 K
Supérieure	0 K	0 K	0 K
Réservée	384 K	384 K	0 K
Étendue (XMS)	31 744 K	192 K	31 552 K
Mémoire totale	32 768 K	651 K	32 117 K
Total inférieur	640 K	75 K	565 K

Totale Paginée (EMS) 32 M (33 030 144 octets)
Mémoire libre paginée (EMS) 16 M (16 777 216 octets)
Taille maximale du programme exécutable 564 K (578 032 octets)
Taille maximale de la mémoire supérieure libre 0 K (0 octets)
MS-DOS réside en mémoire haute (HMA).

Reportez ces valeurs aux emplacements concernés du tableau ci-après.

	Disponible	Libre	
RAM			**Zone de mémoire étendue**
Hight Memory Area			Zone de mémoire haute
ROM BIOS ROM cartouches ROM Basic RAM Vidéo			**Zone de mémoire supérieure** Réservée au système
RAM			**Zone de mémoire conventionnelle**
RAM Système			

17.2 Vous recevez régulièrement un message vous indiquant que la mémoire disponible est insuffisante et vos applications semblent « tourner » au ralenti. Que devez-vous vérifier ?

SOLUTIONS

17.1 Les valeurs doivent être reportées aux emplacements du tableau comme montré ci-après.

	Disponible	Libre	
RAM	32	32	**Zone de mémoire étendue**
Hight Memory Area			Zone de mémoire haute
ROM BIOS ROM cartouches ROM Basic RAM Vidéo	384	0	**Zone de mémoire supérieure** Réservée au système
RAM	640	565	**Zone de mémoire conventionnelle**
RAM Système		75	

17.2 Il est fortement conseillé d'aller regarder – en utilisant par exemple un utilitaire tel que MSINFO32 sous Windows 9x ou Windows 2000 – la taille occupée et « occupable » par le fichier d'échange de mémoire virtuelle. En effet si l'espace disque est insuffisant par exemple le fichier d'échange ne peut plus jouer correctement son rôle et le système en est perturbé.

Mémoire physique totale :	32256 Ko	
Mémoire physique disponible :	0 Ko*	** Voir « Mémoire » dans l'index de l'aide*
Mémoire USER disponible :	80 %	
Mémoire GDI disponible :	79 %	
Taille du fichier d'échange :	20992 Ko	
Utilisation du fichier d'échange :	7 %	
Configuration du fichier d'échange :	Dynamique	
Espace disponible sur l'unité C :	486512 Ko	
Espace disponible sur l'unité D :	134752 Ko	
Répertoire Windows :	C:\WINDOWS	
Répertoire TEMP :	C:\WINDOWS\TEMP	

* « …Capacité de mémoire physique libre communiquée… Il n'est pas rare que ce nombre soit très petit ou même égal à zéro Ko, ce qui ne dénote pas forcément un problème. En effet, il se peut que les processus système… consomment davantage de mémoire simplement parce que cette mémoire n'est pas utilisée par d'autres processus ou applications. Par défaut, Windows utilise votre disque dur comme mémoire pour les applications et les processus inactifs. Il peut donc allouer une plus grande capacité de mémoire sur le disque dur si cela se révèle nécessaire, à condition qu'il reste de l'espace libre sur le disque… »

Chapitre **18**

Imprimantes

Le document papier représente encore le support privilégié de l'information pour l'homme et l'imprimante est, avec l'écran, le périphérique de sortie par excellence.

18.1 GÉNÉRALITÉS

Les imprimantes sont nombreuses sur le marché. Elles diffèrent selon la technologie employée ou par quelques détails seulement. Parmi cet ensemble on peut tenter d'établir une classification en fonction de quatre critères :

➤ La famille technologique

à impact : le dessin du caractère est obtenu par la frappe du dit caractère sur un ruban encreur placé devant la feuille.	**sans impact** : le caractère est formé sans frappe, par projection ou transfert d'encre.

➤ Le mode d'impression du caractère

caractère préformé : le caractère est créé d'un seul coup.	**impression matricielle** : le caractère est formé par une matrice de points.

➤ Le mode d'impression du texte

mode caractère : les caractères qui composent le texte sont imprimés les uns après les autres.	**mode ligne** : le dispositif d'impression couvre toute la ligne de texte du document. Toute la ligne est imprimée d'un seul coup.

➤ Le mode d'avancement du papier

friction : le papier est entraîné par la friction exercée à sa surface par un rouleau caoutchouté.

traction : le papier est entraîné par des roues à picots dont les dents s'insèrent dans les perforations latérales, prévues à cet effet sur le papier (**bandes caroll**).

18.2 LES DIVERSES TECHNOLOGIES D'IMPRIMANTES

18.2.1 Les imprimantes à bande ou à ruban

Dans l'imprimante à bande ou à ruban, un ruban métallique, portant plusieurs jeux de caractères, tourne en permanence devant le papier. Entre le ruban métallique et le papier est placé un ruban encreur (souvent en tissu imprégné d'encre). Une rangée de marteaux situés derrière le papier vient frapper le caractère souhaité quand il coïncide avec sa position désirée sur la ligne. Ce système, relativement lent (300 à 2 000 **lpm** ou lignes par minute) est apprécié pour sa fiabilité et l'alignement des caractères d'une même ligne. Il peut se rencontrer en informatique « lourde » sur quelques systèmes anciens.

18.2.2 Les imprimantes matricielles

L'impression matricielle est souvent associée à la notion d'impact, mais on peut considérer comme faisant partie des impressions matricielles les diverses techniques que sont **l'impact**, le **transfert thermique** et le **jet d'encre** dans la mesure où le dessin du caractère se fait bien au travers d'une matrice de points.

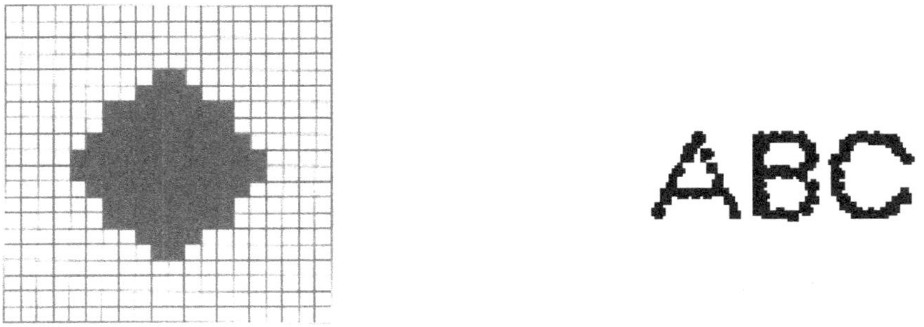

Figure 18.1 Exemple de caractères fortement grossis

a) Impression matricielle par impact

Dans cette technique, toujours présente mais en régression, le caractère est constitué par une matrice de points (**dot**), dont certains seront imprimés et d'autres non. Les matrices les plus souvent rencontrées étaient, il y a encore quelques années, de 5 × 7 ou de 7 × 9 points, elles sont désormais bien meilleures et montent jusqu'à 18 × 21, 18 × 24 ou même 36 × 18 points.

L'impression se fait sur papier ordinaire, à l'aide d'un ruban encré que vient frapper chaque aiguille. Celles-ci sont portées par une tête comportant souvent 9 ou 24 aiguilles (deux colonnes de 12), voire 48 aiguilles pour certaines plus fragiles. En effet, plus il y a d'aiguilles et plus leur diamètre doit diminuer (200 μ avec les têtes 24 aiguilles).

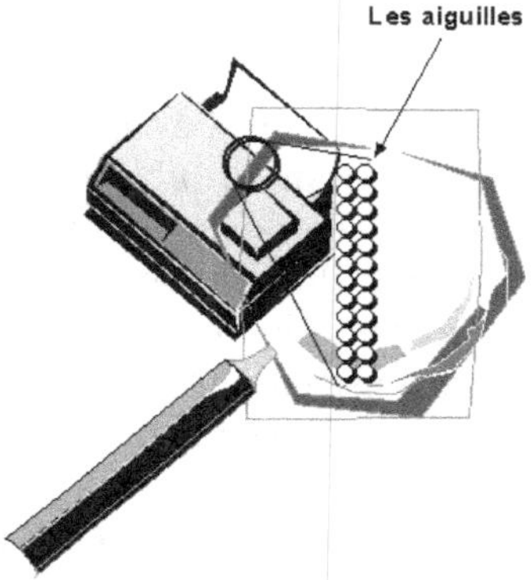

Figure 18.2 Imprimante à aiguilles

Le ruban est soit monochrome noir, soit un ruban à trois ou quatre couleurs **RGB** (*Red, Blue, Green*) – **RVB** (Rouge, Vert, Bleu) ou **CMYB** (*Cyan, Magenta, Yellow, Black*) – **CMJ** (Cyan, Magenta, Jaune). Les autres couleurs sont obtenues par mélange des couleurs de base. Suivant l'usage que l'on en fait, certaines couleurs du ruban peuvent s'user plus vite que d'autres (le jaune en particulier). D'autre part, lors d'un usage intensif de l'imprimante, il peut se produire un léger dérèglement dans la hausse du ruban, tant et si bien que les couleurs situées l'une à côté de l'autre finissent par « baver ».

L'impression matricielle à impact est fiable, et peut même être de belle qualité quand on frappe deux fois la lettre avec un très léger décalage (impression en qualité courrier). Par contre, elle est souvent assez peu rapide, notamment en qualité courrier, de l'ordre de 120 à plus de 1200 **cps** (caractères par secondes), soit environ 40 à 450 lpm. Certaines imprimantes atteignent cependant plus de 1350 cps et jusqu'à 2 000 lignes par minute (lpm) en mode « brouillon » (***draft***). Ce système permet également le tracé de graphiques ou de dessins (bitmap...). La résolution est généralement de 360 ppp sur 360 ppp mais on peut monter à plus de 400 ppp.

Cette technologie est encore employée actuellement compte tenu de la possibilité de frapper des liasses de documents, mais c'est un mode d'impression relativement bruyant qui tend à être détrôné par les imprimantes à jet d'encre et les imprimantes lasers.

b) Imprimante à sublimation

La sublimation est un phénomène physique particulier qui permet à un solide (cire) de se vaporiser sans passer par l'état liquide. Les imprimantes à sublimation exploitent un film recouvert de cires particulières qui, en présence de certains composés à la surface du papier et chauffées à une certaine température, passent directement à l'état gazeux et imprègnent les fibres du papier.

Pour doser la quantité de cire à sublimer, on fait varier la température de l'électrode entre 220 et 368 °C (256 niveaux de température, soit une précision d'un demi-degré Celsius pour chaque point imprimé). On obtient alors en quatre passes (ou en une seule selon les imprimantes) un point composé des trois couleurs de base et/ou du noir, chaque couleur offrant un niveau d'intensité variant de 0 à 255, soit 16,8 millions de nuances possibles.

Le papier utilisé est un papier spécial, la face sur laquelle on imprime étant recouverte d'une couche particulière favorisant la sublimation de l'encre à une température donnée. La structure du papier est telle que la vapeur qui se diffuse à l'intérieur des fibres reste confinée en un point. Il existe quelques variantes telles que la technique « autochrome » où les éléments colorants sont inclus dans le papier, ou encore la technologie Micro Dry où ce n'est plus la chaleur qui déclenche l'impression, mais la frappe obtenue par percussion d'une aiguille comme sur les anciennes imprimantes matricielles.

La sublimation donne d'excellents résultats – résolution supérieure à 300 dpi × 300 dpi avec 16,8 millions de couleurs par point, soit l'équivalent d'une résolution « classique » de 4 800 × 4 800 dpi ! ce qui assure une qualité photographique, supérieure à ce qu'on peut obtenir en jet d'encre.

c) Les imprimantes à jet d'encre

Dans ce type d'imprimante, le caractère est également formé par une matrice de points obtenus par la projection, grâce à une série de buses, de microscopiques gouttelettes **IJ** (*Ink Jet*), ou bulles d'encre **BJ** (*Bubble Jet*), à la surface du papier.

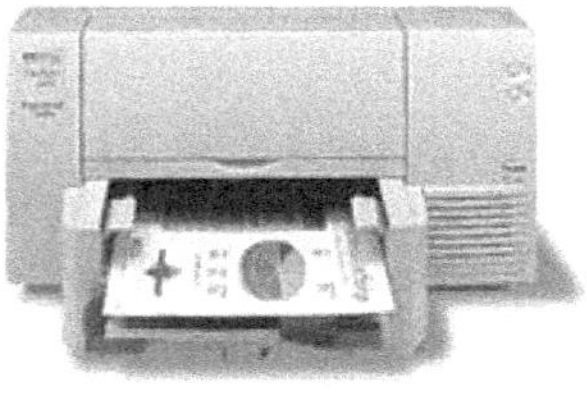

Figure 18.3 Imprimante à jet d'encre

➤ Imprimante à jet continu

Dans l'imprimante à jet continu, une série de buses émet de l'encre à jet continu. Un convertisseur piezo, par des oscillations haute fréquence, transforme ces jets en gouttelettes qui passent dans une électrode creuse où chacune est chargée électriquement parmi 30 niveaux possibles. Des électrodes de déflexion dévient les gouttes en fonction de la charge.

La projection des gouttes sur le papier se fait selon deux méthodes : une méthode **binaire** où les gouttes chargées sont récupérées et les autres projetées sur le papier sans déflexion, ou une méthode analogique dite « **multi dévié** » où les gouttes sont déviées par des électrodes, en fonction de la charge. La fréquence d'émission des gouttes peut atteindre 625 000 /s et la résolution obtenue est d'environ 1 400 × 720 **ppp** (points par pouce) – qui s'exprime plus souvent en **dpi** (*dot per inch*).

➤ Imprimante du type piezo

Dans les jets d'encre **piezo**, la tête d'impression est constituée de petites pompes activées par des cristaux qui changent de forme quand un courant leur est appliqué. Ils actionnent alors de petits pistons qui éjectent les gouttes d'encre à grande vitesse et avec une extrême précision. La fréquence d'émission des gouttes atteint 14 000/s, la résolution 2 880 × 720 dpi ou 1 200 × 1 200 dpi. Ces microbuses (jusqu'à plus de 300) portées par les têtes d'impression sont de plus en plus fines et atteignent 3 pico litres soit 33 µ (la taille du point se mesure en **pico litre** ou 10^{-12} litre – quantité d'encre nécessaire à son impression). Le point est quasiment invisible puisqu'on estime que la limite de l'œil humain est de 40 µ à une distance de 20 cm. Une technologie permet même de faire varier la taille du point durant l'impression. Par exemple, on produit une combinaison de gouttes à 3, 10, 19 ou 11, 23, 38 pico litres. Cette technologie permet une meilleure qualité d'impression des dégradés, et une optimisation de la vitesse.

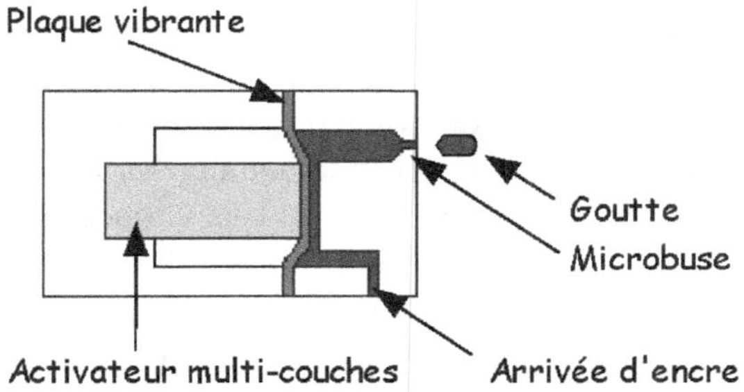

Figure 18.4 Principe de la goutte à la demande

➤ Imprimante à bulle d'encre

La technique à **bulle d'encre** ou **BJ** (*Bubble Jet*) repose sur une élévation de température entre 300 et 400 °C dans les buses (au-delà du point d'ébullition) ce qui crée une bulle de vapeur d'encre qui provoque l'éjection d'une gouttelette vers le papier. Cette technique ne nécessite pas de déformation mécanique des composants de la tête d'impression, ce qui permet de réaliser des buses très fines (< à 50 µ). Chaque buse projette ainsi une infime quantité d'encre (de 2 à 7 pico litres) – *Microfine Droplet Technology*. Par exemple, la Canon BJC-8200 Photo offre 6 têtes portant 2 rangées de 128 buses décalées en quinconce – soit 256 microbuses par tête d'impression. La tête d'impression comporte donc 1 536 buses ce qui porte la résolution géométrique à 1 200 × 1 200 dpi. La résolution visuelle atteint 1 800 dpi – en dessous du seuil de perception de l'œil – l'impression numérique bat ainsi le procédé photo argentique.

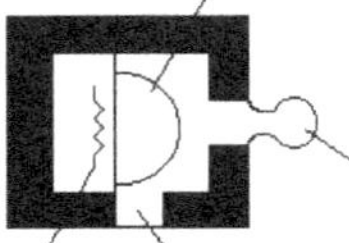

Figure 18.5 Principe de la bulle d'encre

Les deux systèmes – jet d'encre piezo ou bulle d'encre – sont souvent confondus sous la seule appellation de « jet d'encre ».

L'inconvénient des imprimantes à jet d'encre est la *kogation* (du nom d'un petit gâteau japonais qui a tendance à s'émietter). En effet, la montée brutale en température dégrade l'encre créant de petites particules solides qui encrassent les têtes.

Les recherches portent donc sur la qualité et les types d'encres. Depuis 2005 ; on utilise ainsi une encre gélifiée ou gel d'encre qui se solidifie au contact de l'air et ne pénètre donc pas dans les fibres du papier. Des modèles à encre solide (bâtons de cire) ont également vu le jour et donnent des résultats supérieurs en qualité aux lasers couleurs.

Les imprimantes jet d'encre permettent de réaliser des impressions de belle qualité en associant une cartouche à chaque couleur de base **CMYB** (*Cyan, Magenta, Yellow, Black*). Une tête composée de plusieurs rangées verticales de buses projetant de manière simultanée les encres de couleur sur le papier, un seul passage de la tête est alors suffisant. Il existe en fait trois types concernant le nombre de têtes couleur selon que l'on travaille en trichromie, quadrichromie ou polychromie.

- La trichromie exploite les trois couleurs primaires : **CMJ** (Cyan, Magenta, Jaune). Le noir est obtenu par mélange des trois couleurs. Ce noir verdâtre, donne des clichés couleurs de faible qualité. De plus ce procédé consomme beaucoup d'encre et ralentit l'impression.
- La quadrichromie ajoute aux trois têtes de couleurs, une tête d'impression noire séparée. Le résultat est bien plus satisfaisant et plus économique.
- La polychromie utilise cinq ou six têtes de couleurs et une tête noire (par exemple **CMYB** + Cyan clair et Magenta clair). Cette technologie n'est pour l'instant présente que sur certains modèles dits « Imprimante photo ».

L'imprimante jet d'encre présente de nombreux avantages :

- une impression relativement silencieuse, souvent moins bruyante qu'une laser (40 dB contre 50 environ) ;
- une qualité d'impression en constante évolution (2 400 x 1 200 dpi) atteignant celle des lasers et la qualité photographique, et jusqu'à 4 800 x 2 400 dpi ;
- une rapidité convenable de 4 à plus de 24 ppm ;
- elles permettent l'emploi de papier ordinaire – perforé (listing à traction) ou non, peuvent gérer le recto-verso…

18.2.3 Les imprimantes lasers

Les principes utilisés dans la technologie laser (*Light Amplification by Stimulated Emission of Radiation*), dite aussi **xérographique**, **électro graphique** ou encore **électro photographique**, sont ceux employés sur les photocopieurs.

Un tambour, recouvert d'une couche de sélénium photosensible, est chargé négativement. L'image à imprimer est alors envoyée sur le tambour grâce au faisceau lumineux émis par un laser. À l'endroit où le tambour a été insolé, une charge électrique positive apparaît formant une « image » latente du document à imprimer. La poudre d'encre (***toner***), chargée négativement, va être attirée par cette charge. Le papier introduit dans le mécanisme d'impression reçoit une importante charge positive qui attire le *toner* sur la feuille. L'encre est ensuite fixée au papier par cuisson. Enfin, la feuille est éjectée vers le bac récepteur, le tambour nettoyé et le processus peut recommencer.

Figure 18.6 Imprimante laser

L'image du caractère peut être générée par un faisceau laser piloté par le générateur de caractères, par un jeu de diodes électroluminescentes, ou par un obturateur à cristaux liquides. Avec une imprimante **laser**, le faisceau est projeté sur le tambour par un miroir polygonal tournant à grande vitesse, chaque facette du miroir permettant au rayon laser d'atteindre par réflexion une portion de la génératrice du tambour. La diode laser étant fixe, mais le miroir polygonal étant en rotation constante, l'angle d'incidence va varier en permanence, provoquant un phénomène de balayage. Pendant le balayage, le rayon est allumé ou éteint selon que l'on doit afficher, ou non, un point (pixel) sur la feuille. Le nombre de pixels par ligne détermine la résolution horizontale. Le nombre de lignes par pouce que balaie le faisceau détermine la résolution verticale. Avec les **diodes électroluminescentes** (plus de 2 500 micro diodes LED), le faisceau laser est remplacé par une matrice de diodes insolant le tambour selon que l'on allume ou pas les diodes nécessaires. Avec **l'obturateur à cristaux liquides** – technologie DMD (*Deformable Mirror Device*) – une lampe d'exposition ordinaire éclaire des cristaux qui se déforment en surface et orientent alors le rayon lumineux en fonction du dessin à obtenir. Cette technique limite cependant la résolution à 300 dpi.

Les avantages que présentent ces imprimantes sont principalement des cadences élevées (de 8 à plus de 50 ppm), une très bonne résolution horizontale de l'ordre de 600 à 1 200 dpi et pouvant atteindre jusqu'à 4 800 × 1 200 dpi. Par contre, elles restent d'une technologie un peu complexe les rendant plus chères que les imprimantes jet d'encre.

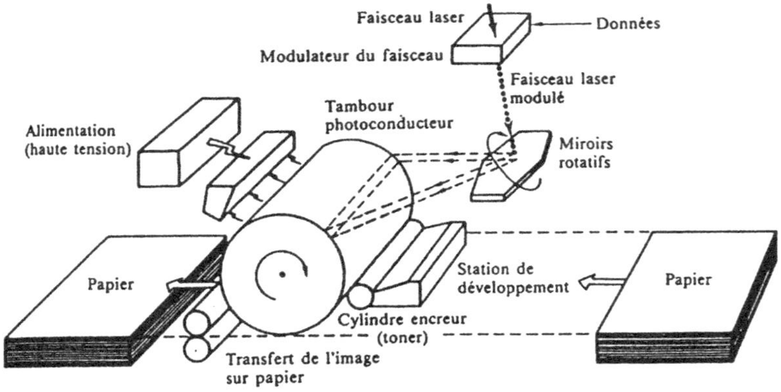

Figure 18.7 Principe de l'imprimante laser

La technique utilisée jusqu'à présent avec les imprimantes laser couleur consistait à assurer quatre passages (technologie dite « carrousel ») du tambour devant des toners de couleur CMYB. À chaque passe, seules les couleurs concernées sont chargées, le transfert et la fixation par cuisson sur la feuille étant assurés en une seule fois. Cette technique est assez délicate à mettre en œuvre car il faut assurer le calage des couleurs pour éviter les débordements et le « bavage » mais permet d'assurer une très bonne qualité (photographique). Les nuances de couleurs étant obtenues par tramage (*dithering*) de points. Dorénavant elles assurent l'impression couleur en une seule passe (technologie dite « tandem »). Quatre tambours couplés à quatre cartouches de toner CMYB sont balayés par quatre lasers orientés par des jeux de miroir, soit par un ensemble de micro diodes. L'encre est déposée sur une courroie de transfert qui va être mise en contact avec la feuille de papier. La couleur est ensuite fixée sur la feuille par le four de cuisson.

Les imprimantes laser couleur travaillent en quadrichromie (16,7 millions de couleurs), trichromie ou monochromie et permettent d'atteindre des résolutions de qualité photographique (2 400 ppp avec les techniques de tramage) et une vitesse d'impression pouvant dépasser 32 ppm en couleur et 55 ppm en monochrome.

18.2.4 Gestion des polices

Les imprimantes autorisent l'emploi de très nombreuses polices de caractères ou de symboles (*dingbats*) de tailles ou d'attributs (gras, souligné, italique…) différents. Ces polices de caractères peuvent être stockées dans la machine sous forme de mémoire morte et on parle alors de **polices résidentes** (mémoire pouvant être étendue par l'adjonction de PROM enfichables sur l'imprimante ou **cartouches**). Il est également possible de charger ces jeux de caractères depuis l'ordinateur vers la mémoire de l'imprimante on parle alors de **polices téléchargeables**.

Parmi ces polices téléchargeables, on peut faire la distinction entre les polices **bitmap**, où le caractère est défini par une « carte de points » fonction de la casse, de la taille et de l'attribut du caractère (autant de tailles et d'attributs, autant de fichiers représentatifs du jeu de caractères sur le disque dur...), et les **polices vectorielles** où on définit mathématiquement chaque caractère ce qui permet d'en faire varier facilement la taille ou les attributs... (une police = un fichier).

Pour assurer ces téléchargements, il faut que l'imprimante dispose de mémoire vive (de quelques Ko à 1 Go – SDRAM en principe), d'un microprocesseur, voire d'un disque dur... et d'un langage capable de reconnaître et d'analyser les commandes reçues. **PCL**, **Postscript**, HPGL (*Hewlett-Packard Graphic Language*), CaPSL de Canon, PJL (*Printer Job Language*), PML (*Printer Management Language*)... sont ainsi quelques-uns des langages utilisés dits langages de description de pages ou **PDL** (*Page Description Language)*.

Les deux grands standards sont PCL et Postscript :

– **PCL** (*Printer Command Language*) a été créé par Hewlett Packard pour ses imprimantes Laserjet. Il est souvent dépendant du matériel, conçu pour une résolution fixée d'avance et existe en diverses versions : PCL3 utilisé par les Laserjet et compatibles, PCL4 qui fonctionne avec des polices bitmap, PCL5e fonctionnant avec des polices vectorielles, et le dernier PCL6 [1995]...
– **PostScript** défini par Adobe Systems [1995] est un langage de description de page utilisant les polices vectorielles, indépendant du matériel et aux instructions identiques, que ce soit pour sortir en 600 dpi sur une laser de bureau ou en 2 500 dpi sur une photocomposeuse. La version actuelle est PostScript 3.

La technologie **GDI** (*Graphic Device Interface*) est exploitée par Windows qui propose son propre langage graphique et les imprimantes GDI intègrent ce langage. Cette solution gagne en rapidité puisqu'on ne passe plus par une phase de traduction en langage PCL ou Postscript

La technologie **RET** (*Resolution Enhancement Technology*) est une technique, développée par Hewlett-Packard, permettant d'améliorer la résolution des imprimantes. Cette technologie permet de limiter l'effet d'escalier en modifiant la couleur de certains points. À partir d'un dégradé, on obtient un effet visuel de lissage des courbes diminuant l'effet d'escalier classique.

Certaines imprimantes supportent également l'impression **IPP** (*Internet Printing Protocol* ou *Internet Pull Printing*) pour les documents issus du web.

18.3 INTERFAÇAGE DES IMPRIMANTES

Les deux méthodes classiques de transmission des caractères entre ordinateur et imprimantes sont la transmission **série** ou la transmission **parallèle** mais on rencontre désormais de plus en plus de connecteurs de type USB ou FireWire pour connecter des imprimantes quand elles ne sont pas directement reliées par l'intermédiaire d'un adaptateur (ou d'un boîtier de partage en jouant le rôle), au réseau local.

Dans la transmission **série** les bits constituant les caractères sont envoyés « les uns derrière les autres » sur une ligne de transmission qui ne peut comporter alors que quelques fils. Cette technique, qui permet des liaisons à distance plus importante, est connue sous le nom de RS 232 ou liaison série. Le connecteur est généralement du type Canon 25 ou 9 points.

Dans la transmission **parallèle** les bits constituant les caractères sont transmis « simultanément » sur autant de fils. Il existe trois sortes de ports parallèles :

- Le port parallèle **standard**, à l'origine unidirectionnel il est maintenant bidirectionnel permettant ainsi à l'imprimante d'émettre des informations telles que incident papier, fin d'encre... Il n'autorise que des liaisons à courte distance à des débits avoisinant la plupart du temps 100 à 300 Ko/s. Son connecteur peut être de type **Centronics** 36 points ou, plus généralement de type Canon 25 points (**DB 25**). Ces ports parallèles gèrent une émission par blocs de 8 bits en sortie mais de 4 bits seulement en entrée.
- Le port parallèle **EPP** (*Enhanced Parallel Port*) autorise un taux de transfert compris entre 400 Ko et 1 Mo/s. Il propose une interface DMI (*Desktop Managment Interface*) et est normalisé IEEE 1284.
- Le type **ECP** (*Extended Capabilities Ports*), étudié et développé par Microsoft et Hewlett-Packard offre les mêmes caractéristiques que EPP mais y ajoute une gestion DMA (*Direct Memory Access*). Il est aussi normalisé IEEE 1284.
- Le bus **EIO** (*Extended Input Output*) **1284b** est un port parallèle à 36 broches normalisé IEEE, évolution du classique Centronics à 36 points.

Il est donc important, quand on choisit une imprimante, de savoir si elle dispose du connecteur approprié à votre système.

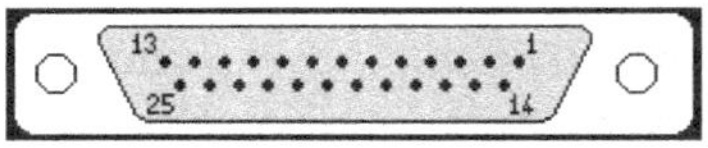

Figure 18.8 Interface DB25 ou port parallèle

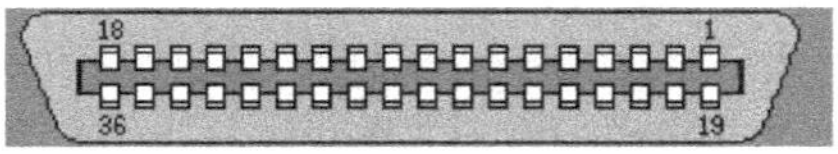

Figure 18.9 Interface Centronics

18.3.1 Imprimantes réseau

Certaines imprimantes sont qualifiées de « réseau ». En fait, la partie « imprimante » est classique mais le périphérique est équipé d'un adaptateur (une carte réseau). L'imprimante n'est plus reliée physiquement à un PC par un câble parallèle, série, USB... mais connectée au réseau par le biais d'un câble en paire torsadée et d'une prise RJ45 ou d'une carte WiFi L'adaptateur peut être intégré à l'imprimante ou se présenter sous la forme d'un boîtier de connexion externe.

18.3.2 Imprimantes « multifonctions »

De plus en plus d'imprimantes jouent désormais tout à la fois le rôle du photocopieur, du fax ou du scanner. Cet aspect peut être intéressant à considérer en termes d'encombrement de bureau.

18.4 CRITÈRES DE CHOIX

Les critères de choix des imprimantes sont très nombreux et dépendent du type d'utilisation envisagée :

- **Interfaçage** : parallèle, série, USB ou FireWire... la connexion de l'imprimante passe par une interface dont doit disposer l'ordinateur si on veut y connecter l'imprimante.
- **Résolution** : elle caractérise la qualité d'impression et s'exprime souvent en ppp (points par pouce) ou dpi (*dot per inch*). 600 × 600 est une résolution « correcte » mais on rencontre des résolutions de 1 200 × 1 200 dpi et pouvant atteindre 5 760 × 1 440 ppp. La résolution mécanique est en général celle qui est donnée par le constructeur. Elle définit la précision de placement des points qu'offre l'imprimante. Par exemple, une résolution de 2 400 dpi × 1 200 dpi, indique que, à l'horizontale, la fréquence d'impression de la tête est de 2 400 points par pouce et qu'à la verticale, la vitesse de défilement du papier (le pas d'avancement) est de 1/1 200e de pouce. La résolution peut également s'exprimer en caractères par pouce, par exemple 16,7 cpp. La nouvelle technologie **RIT** (*Resolution Improvment Technology*) d'Epson permet encore d'améliorer ces possibilités.
- **Polices de caractères** : le choix du jeu de caractères se fait généralement par logiciel (téléchargé ou contenu dans une cartouche) au travers de langages de description de page PCL, Postscript, HPGL...
- **Nombre de colonnes** : le nombre de colonnes est généralement de 80 ou de 132 pour la plupart, mais certaines peuvent écrire plus de caractères en mode « condensé ».
- **Vitesse d'impression** : elle varie de quelques pages par minute (5, 10 ppm) pour les imprimantes courantes à plus de 200 pages par minute pour les imprimantes haut de gamme. Cette rapidité variant selon que l'on travaille en mode brouillon, qualité normale, qualité supérieure... Cette vitesse peut également être exprimée en mm/s par exemple 86,4 mm/s.
- **Choix du papier** : les imprimantes thermiques nécessitent un papier spécial donc plus cher. Les matricielles, jets d'encre et les lasers nécessitent parfois un papier d'un grammage (épaisseur donc poids) particulier ou plus ou moins glacé (photo).
- **Format du papier** : largeur maximale des feuilles acceptées par la machine (format A4 A3, listing 80 ou 132 colonnes de 11 ou 12 pouces de haut...).
- **Dispositif encreur** : les rubans mylar ou en tissu imprégné ont quasiment disparu. La cartouche de toner des lasers est souvent assez onéreuse à l'achat mais souvent rentable en terme de coût de la page. Il en est de même avec les cartou-

ches d'encre des imprimantes à jet d'encre où le coût de la page peut être assez élevé.

– **Bruit** : les imprimantes à impact peuvent être assez bruyantes, bien qu'il existe des capots d'insonorisation. Les imprimantes lasers et à jet d'encre sont plus silencieuses.

EXERCICES

18.1 Un catalogue vous propose une imprimante Laser 1 800 × 600 dpi, 36 ppm A4 – 19 ppm A3, réseau 10/100 base T – 32 Mo ext 288 Mo. Quelles caractéristiques pouvez-vous déterminer dans cette proposition ?

18.2 On vous charge de faire l'acquisition d'une imprimante pour le service comptable de l'entreprise. Quelles caractéristiques allez-vous observer ?

SOLUTIONS

18.1 Les caractéristiques d'imprimante pouvant être déterminées sont :

– La technologie : laser

– La résolution : 1 800 × 600 dpi (*dot per inch*) est bonne (600 dpi étant déjà une valeur correcte).

– La vitesse : 36 ppm (pages par minute) en format A4, un peu plus lente (19 ppm) en format A3 ce qui est logique. Elle est performante.

– Le format de papier accepté qui va du A4 au A3.

– C'est une imprimante réseau qui peut se connecter sur un réseau à 10 Mbit/s ou à 100 Mbit/s.

– La capacité de mémoire imprimante : 32 Mo extensibles à 288 Mo ce qui permet d'accélérer les impressions.

Il s'agit donc ici d'une « grosse » imprimante dite « départementale » et destinée à desservir rapidement plusieurs stations au travers du réseau. On ne connaît pas par contre les langages exploités et « en l'état » on ignore si elle est couleur (sans doute pas car elle serait peut-être un peu plus lente ?).

18.2 Les caractéristiques à observer seront les suivantes :

– Il faut commencer par déterminer l'usage qui sera fait de l'imprimante. s'il s'agit d'imprimer des liasses – comme ce peut être le cas dans un service comptable – le choix d'une matricielle à impact est impératif sinon une jet d'encre ou une laser peuvent faire l'affaire.

– Il faut connaître le nombre de documents à imprimer ce qui va vous permettre de déterminer le débit – en ppm généralement – de l'imprimante à choisir.

– La couleur est-elle impérative ou non ? généralement l'imprimante couleur est plus lente que la monochrome et les consommables sont plus onéreux.

– Il faut calculer le coût de ces consommables. Une cartouche d'encre ne coûte pas très cher pour une jet d'encre mais sur le long terme une cartouche de tonner pour une laser est peut être moins onéreuse. À terme cet aspect financier peut se révéler non négligeable.
– Il faut connaître la capacité mémoire de l'imprimante et éventuellement le coût de son extension dans la mesure où elle est possible.
– Il faut déterminer si l'imprimante dont vous avez besoin doit être « réseau » ou non.
– On peut également tenir compte de la quantité de feuilles blanches en « réserve » dans les bacs d'alimentation.
– Enfin il faut prendre en considération les aspects « coût d'achat », fiabilité, service de la marque...

Chapitre 19

Périphériques d'affichage

L'écran est pour l'utilisateur une pièce maîtresse dont il peut apprécier la qualité même sans être un spécialiste. Il est donc important d'y porter une attention particulière. Il peut être incorporé à l'ordinateur (ordinateur portable, *notebook, notepad…*) ou extérieur à celui-ci (console, moniteur…).

19.1 LES ÉCRANS CLASSIQUES

19.1.1 Généralités

L'écran classique, ou **moniteur vidéo**, est constitué d'un **TRC** (Tube à Rayons Cathodique) – ou CRT (*Cathodic Ray Tube*), dans lequel on a réalisé le vide. La face avant est recouverte, d'une couche de matières phosphorescentes (blanc, vert, ambre ou rouge, vert et bleu…).

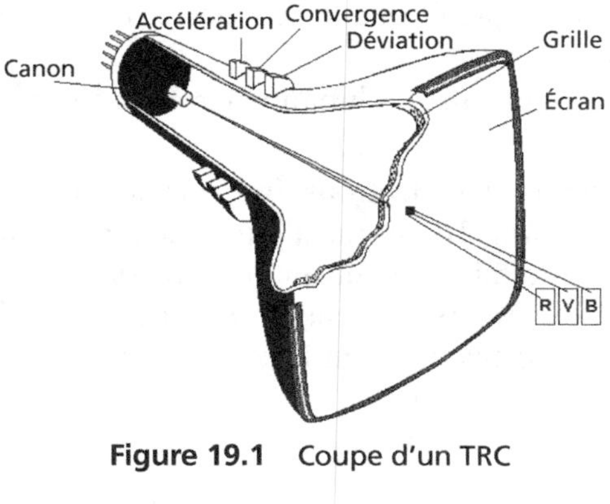

Figure 19.1 Coupe d'un TRC

Un faisceau d'électrons, émis par chauffage de la cathode, accéléré et orienté par des plaques de déflexion selon les informations issues du système, vient frapper la couche sensible. Les électrons se changent alors en photons lumineux visibles par l'œil.

La surface de l'écran est composée de **pixels** (contraction de *picture element)* – plus petit point adressable sur l'écran – qui sont, dans les moniteurs couleur, des groupes de trois luminophores de phosphore émettant dans des rayonnements différents (d'ordinaire rouge, vert et bleu, d'où la dénomination **RVB**). À partir de ces trois couleurs, toutes les autres nuances peuvent être reconstituées, les trois luminophores d'un pixel étant suffisamment petits pour être confondus par l'œil en un seul point.

La définition de l'écran dépend directement du **pas de masque** (***pitch***) ou matrice, qui indique la distance entre deux luminophores d'une même couleur. Le *pitch* varie entre 0,2 et 0,28 mm, et plus il est petit, meilleure est la définition.

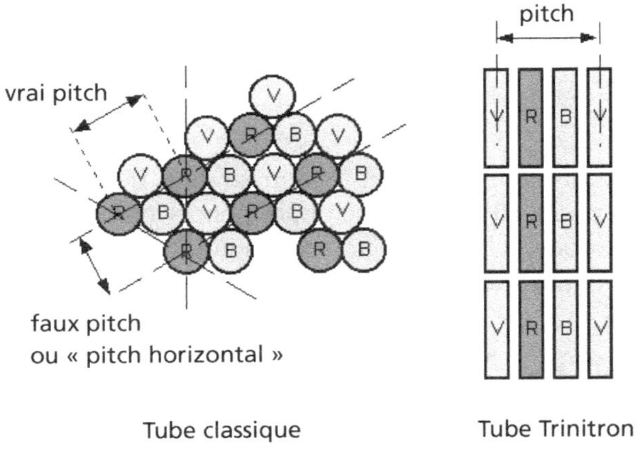

Figure 19.2 Le pitch

Cette définition est cependant encore loin de celle atteinte sur les imprimantes puisqu'elle ne permet pas de dépasser les 100 dpi[2]. Attention au « faux *pitch* » qui permet de passer de 0,28 à 0,24 mm par la simple astuce consistant à considérer la hauteur du triangle de pixels plutôt que le côté de ce triangle comme c'est en principe le cas !

Pour orienter le faisceau sur le luminophore approprié on utilise diverses techniques :

– Dans le **système à crible**, les électrons émis par le canon sont orientés par un disque (masque ou *Shadow Mask*) métallique ou céramique, percé de trous (le crible), qui sélectionne le faisceau suivant le luminophore à atteindre. Les tubes **FST-Invar** (*Flat Square Tube*) utilisent ce type de grille. Ils offrent une image nette et des couleurs correctes mais ont l'inconvénient de légèrement déformer et d'assombrir l'image dans les coins.

- Dans la technologie **Trinitron** de Sony ou **Diamondtron** de Mitsubishi, issue des téléviseurs, le canon est unique et la déviation du faisceau est assurée par des bobines de déviation et un masque lamellaire constitué de fentes verticales (*aperture grille* ou grille à fentes verticales) qui remplace le crible. La qualité d'affichage est meilleure et les couleurs plus intenses qu'avec un tube classique.
- Les tubes **Cromaclear** qui possèdent un masque constitué d'un système à fentes ellipsoïdales (*Slotmask*), à mi chemin entre la grille et les fentes verticales. Ces tubes sont lumineux et donnent une image relativement stable.

19.1.2 Caractéristiques des moniteurs

a) Moniteur analogique, TTL, DVI

Pour afficher une image il faut, bien entendu envoyer des signaux au moniteur. Ces signaux peuvent être de type analogique ou numérique selon le type d'entrée du signal prévue.

L'entrée analogique permet de présenter n'importe quelle valeur de signal, ce qui offre en théorie une infinité de couleurs possibles. Précisons toutefois que, dans la pratique, les tensions sont produites par le micro-ordinateur et ne peuvent donc prendre qu'un nombre de valeurs fini mais permettant de dépasser les 260 000 couleurs. Les normes d'affichage postérieures à EGA impliquent une entrée analogique.

La conversion du signal numérique issu de la carte graphique en un signal analogique destiné au moniteur est réalisée par un circuit spécialisé dit **RAMDAC** (*Ram Digital Analogic Converter*). Plus ce Ramdac est rapide et plus l'image est stable en haute résolution. Cependant cette conversion peut être affectée par des signaux parasites ce qui altère la qualité des signaux transmis et dégrade la qualité de l'image. L'autre inconvénient de cette méthode tient au fait qu'avec les nouveaux écrans plats numériques il faut reconvertir le signal analogique en signal numérique ce qui le dégrade encore un peu plus. La fréquence du RAMDAC renseigne sur le nombre maximal d'images par seconde que la carte graphique peut afficher (même si sa puissance théorique est supérieure, elle peut être limitée par le RAMDAC).

L'entrée numérique était classiquement une entrée dite **TTL** (*Transistor Transistor Logic*). L'inconvénient de cette entrée tient au nombre très limité de couleurs utilisables. Les moniteurs utilisant une telle entrée n'affichent en général que 64 couleurs dont 16 simultanément.

L'entrée DVI (*Digital Visual Interface*) [1999] équipe les nouveaux moniteurs et propose une interface numérique à haute définition entre PC et moniteur. Cette entrée DVI, destinée à remplacer la vieille norme VGA, exploite la technologie **TMDS** (*Transition Minimized Differential Signaling* dit aussi *PanelLink*) reposant sur un algorithme de codage qui minimise les transmissions de signaux sur le câble reliant PC et moniteur ce qui limite les interférences et améliore la qualité de transmission.

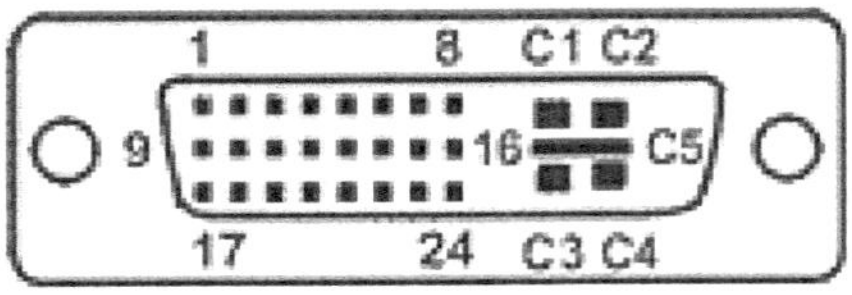

Figure 19.3 Connecteur DVI

Le processeur graphique envoie l'information composée des valeurs de pixels (24 bits) et de données de contrôle (6 bits) au transmetteur TMDS. Les données sont alors codées par les trois processeurs DSP (*Digital Signal Processor*) du transmetteur suivant l'algorithme TMDS. Chaque processeur DSP reçoit ainsi 8 bits correspondant à l'une des trois couleurs RVB et 2 bits de signaux de contrôle (horizontal et vertical). Ce sont donc de petits paquets de 10 bits qui sont émis sur le câble vers le décodeur du moniteur, constituant le lien TMDS.

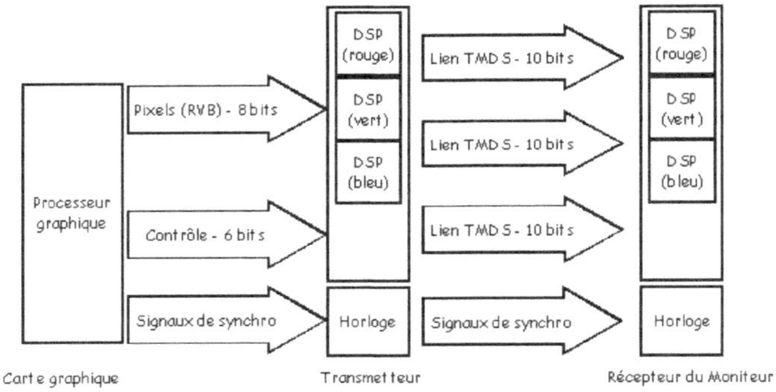

Figure 19.4 Interface DVI

Chaque lien exploite une bande passante à 1,65 Gbit/s soit 165 Mégapixels/s. On peut ainsi gérer de grands écrans plats – notamment ceux aux normes **HDTV** (*High Definition Television*) ou **QXGA** (*Quality eXtended Graphic Array*) d'une définition respective de 1 920 × 1 080 pixels et 2 048 × 1 536 pixels. La norme DVI devrait encore être améliorée avec les protocoles MPEG-2 et une « profondeur » de couleur au-delà des 24 bits. Le connecteur DVI se présente comme un connecteur 29 points (24 broches sur 3 rangées destinée à l'interface numérique et 5 broches destinées aux signaux analogiques pour maintenir une compatibilité VGA au travers d'adaptateurs).

HDMI (*High Definition Multimedia Interface*) [2001] est une interface de connexion numérique qui se répand de plus en plus et prend en charge les signaux audio et vidéo sans compression ni perte d'information sur de longues distances. Pour assurer une compatibilité totale entre appareils, HDMI instaure une nouvelle prise plus compacte, moins fragile et plus pratique que les prises DVI ou mini FireWire. **HDMI 1.4** [2009] et **1.4a** [2010] prennent en charge **HEC** (HDMI

Ethernet Channel) qui autorise des transferts à 100 Mbit/s entre dispositifs compatibles et peut transporter ses signaux destinés à la télévision 3D. De nouveaux câbles sont nécessaires pour ces versions « *Standard* HDMI » pour un signal 1080i/60 et « *High Speed* HDMI ». Des versions « Ethernet » de ces câbles supportant la connectivité réseau sont proposées.

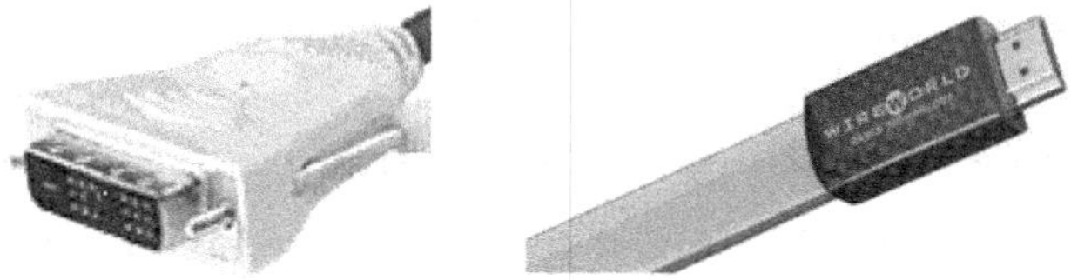

Figure 19.5 Connecteurs DVI et HDMI 1.4

b) Fréquence de rafraîchissement, multifréquences...

Fréquence de rafraîchissement : Pour former une image, le faisceau balaye l'écran ligne après ligne, en excitant ou non chaque luminophore. L'écran étant balayé plus de 25 fois par seconde, l'œil a l'illusion d'une image stable. La fréquence avec laquelle le faisceau parcourt l'écran est appelée fréquence de rafraîchissement (synchronisation verticale, *frequency trame*...). Cette fréquence peut se situer entre 38 et 170 Hz (75 Hz est une valeur courante, 85 Hz sont recommandés et 100 Hz commencent à se répandre). Si le balayage est trop lent, un scintillement désagréable se produit car le pixel « s'éteint » avant que le balayage ne le réaffiche. Ce balayage peut être entrelacé ou non :

- Avec un **balayage entrelacé**, le faisceau parcourt d'abord l'écran en ne traçant qu'une ligne sur deux (les lignes impaires) puis, dans une seconde passe il trace les autres lignes (les lignes paires). On obtient une bonne résolution avec des moniteurs dont la bande passante est étroite et les résultats sont satisfaisants si l'écran offre une rémanence (persistance de l'apparition du point lumineux) supérieure à la moyenne. C'est une technique en forte régression, utilisée sur quelques moniteurs bas de gamme.
- Le **balayage non entrelacé** donne de meilleurs résultats car tous les pixels de l'écran sont rafraîchis à chaque balayage. Il nécessite toutefois un moniteur de meilleure qualité avec une bande passante plus large. La fréquence de rafraîchissement détermine le nombre maximal d'images par seconde qui pourront être affichées. Si vous avez un écran qui ne rafraîchit votre image que 60 fois par seconde, il est inutile d'avoir une carte graphique qui en assure 150, vous ne verrez pas la différence.

Fréquence de balayage horizontal : La fréquence de balayage (fréquence ligne, synchronisation horizontale...) correspond au temps que prend le tracé d'une ligne horizontale sur l'écran. Si on désire augmenter le nombre de lignes avec une synchronisation verticale constante, chaque ligne doit être tracée plus vite et donc la fréquence ligne augmente. Elle se situe entre 30 et 170 kHz.

Moniteurs multifréquences : chaque mode d'affichage requiert une fréquence horizontale et verticale propre. Un moniteur ancien est adapté à cette fréquence et n'en reconnaît pas une autre. Il ne fonctionne donc pas dans un autre mode que celui d'origine. Les moniteurs **multifréquences** (*multiscan*, *multisync*...) acceptent désormais plusieurs fréquences ce qui permet de changer de norme d'affichage sans avoir à changer de matériel (si ce n'est, à l'occasion, de carte graphique).

19.1.3 Les modes d'affichage et la résolution

La résolution maximale d'un moniteur représente le nombre de pixels constituant l'image la mieux définie qu'il puisse afficher. Elle dépend bien entendu du tube, mais aussi des circuits annexes.

Le contrôle du moniteur s'effectue grâce à une carte contrôleur (carte écran, carte vidéo, carte graphique...). De nombreux « standards » se sont ainsi succédés, tels que **MDA** (*Monochrome Display Adapter*) – carte d'origine de l'IBM PC, **CGA** (*Color Graphic Adapter*) [1981], premier mode graphique des micro-ordinateurs de type PC, **HGA** (***Hercules*** *Graphic Adapter*) [1982], **EGA** (*Enhanced Graphic Adapter*) conçu par IBM [1984], **PGA** *(Professional Graphic Adapter*) et autres **MCGA** *(MultiColor Graphic Array*). Ils font maintenant partie de l'histoire ancienne.

a) Les modes VGA, SVGA, XGA, SXGA...

Le mode **VGA** (*Video Graphic Array*) [1987] défini par IBM, émule EGA et offre une résolution de 640 × 480 pixels en 16 couleurs. Le choix de cette définition de 640 × 480 correspond au rapport de 4/3 liant largeur et hauteur d'un écran classique, ce qui permet d'avoir des cercles véritablement ronds, et de conserver les proportions. L'écran reproduisant ainsi fidèlement ce qui sera imprimé ultérieurement, est dit **WYSIWYG** *(What You See Is What You Get*). Le mode VGA a connu un fort succès mais il est maintenant remplacé par ses évolutions SVGA, VGA+... très souvent simplement appelés VGA.

Le mode **SVGA** (**Super VGA**) et ses avatars : VGA+, Double VGA, VGA étendu... sont autant d'extensions du mode VGA [1989], offrant une résolution de 800 × 600, 1 024 × 768 et 1 280 × 1 024 (soit 1 310 720 points ou pixels) avec un choix de 16, 256 à plus de 16 millions de couleurs.

Le mode **XGA** (*eXtend Graphics Array*) permet d'atteindre une résolution de 1024 x 768 points, **WXGA** (*Wide* XGA) 1366 x 768, **SXGA** (*Super* XGA) 1280 x 1024, enfin **UXGA** (*Ultra* XGA) offre une résolution de 1 680 x 1 200 en 16,7 millions de couleurs.

Les nouveaux circuits graphiques offrent des résolutions encore supérieures avec des normes comme :

- **HDTV** (*High Definition TV*) qui offre une résolution de 1920 x 1080 pixels ;
- **QXGA** (*Quad eXtended Graphics Array*) avec 2048 x 1536 pixels ;

– **QSXGA** (*Quad Super eXtended Graphics Array*) avec 2560 x 2048 pixels ;
– **QUXGA** (*Quad Ultra eXtended Graphics Array*) avec 3200 x 2400 pixels ;
– **HXGA** (*Hex Extended Graphics Array*) avec 4096 x 3072 pixels…

Ou autres HSXGA, HUXGA, WSVGA, WXGA-H, WXGA, WXGA+, WSXGA, UHDV… qui sont en fait bien plus destinés aux écrans « domestiques » de diffusion de vidéo qu'aux écrans d'ordinateurs… mais cette distinction sera-t-elle de mise encore longtemps ?

b) HD Ready, FullHD

HD (*High Definition*) compatible, **HD Ready**, Full HD, HDTV, les « logos » censés nous guider dans l'achat d'un matériel pouvant recevoir la haute définition sont nombreux. En fait, deux « standards » cohabitent : **HD Ready** et **Full HD**.

– **HD Ready** a été défini [2005] par l'**EICTA** (*European Information & Communications Technology Industry Association*), géré en France par le HD Forum. L'appareil offre un format d'écran 16/9, une connectique analogique de type YUV et une autre numérique DVI ou HDMI. La définition affiche au minimum 720 lignes et prendre en charge une résolution 720 x 1080.
– **Full HD** garantit un affichage en 1920 x 1080. L'image est de meilleure qualité.
– **HDTV** défini [2006] par l'**EICTA** est destiné aux appareils capables de recevoir, traiter et transmettre les signaux HD. Cette définition englobe les terminaux (satellite, câble et autres xDSL…), les lecteurs-enregistreurs, ainsi que les téléviseurs dotés d'un système de réception haute définition. Il sera ainsi possible de voir un écran doté des logos HD Ready et HDTV…

c) Taille mémoire et résolution

Selon le nombre de couleurs à afficher, la taille mémoire nécessaire pour coder chaque pixel est différente. C'est ce que montre le tableau suivant :

TABLEAU 19.1 RELATION NOMBRE DE COULEURS – OCCUPATION MÉMOIRE DU PIXEL

Nombre de couleurs	Nombre de bits	Nombre d'octets
2 (noir et blanc)	1	0,125
16	4	0,5
256	8	1
65 536	16	2
16,7 millions	24	3
16,7 millions + 256 niveaux de transparence	32	4

Compte tenu de la place occupée en mémoire par chaque pixel, le nombre de nuances de couleurs (la **profondeur de couleur**) influe directement sur la quantité de mémoire vidéo nécessaire pour pouvoir utiliser telle ou telle résolution avec tel ou tel niveau de couleur. La mémoire vidéo occupe généralement de 16 à 512 Mo. Plus la taille de cette mémoire est importante, mieux c'est… mais attention de ne pas tomber dans l'inutile. Ainsi, 16 Mo sont suffisants en bureautique et multimédia. Par contre, les jeux nécessitent une quantité de mémoire vidéo bien supérieure. La largeur du bus mémoire joue également et un bus 128 bits sera généralement moins performant qu'un 256 bits.

On utilise différents types de mémoire vidéo, GDDR étant actuellement la « référence ».

Le tableau suivant vous indique le nombre de couleurs utilisables en fonction de la résolution et de la capacité mémoire.

Il existe une formule rapide pour calculer approximativement le volume de mémoire nécessaire à une carte vidéo, en se basant sur le nombre de couleurs requises à une résolution donnée.

Mémoire nécessaire = résolution horizontale × résolution verticale × octets par pixel.

Ainsi, 16,7 millions de couleurs avec une résolution de 1 024 × 768 nécessitent : 1 024 × 768 × 3 = 2 359 296 octets (soit environ 2,4 Mo).

Il faut donc une carte vidéo à 4 Mo de RAM puisque les mémoires des cartes vidéo progressent généralement par incrément de 1, 2, 4 et 8 Mo. Une autre solution consisterait à diminuer la profondeur de couleur ou la résolution : une carte à 2 Mo suffirait.

TABLEAU 19.2 RAPPORT DU NOMBRE DE COULEUR À LA RÉSOLUTION ET OCCUPATION MÉMOIRE

Résolution	256 Ko	512 Ko	1 Mo	2 Mo	3 Mo	4 Mo
640 × 480	16	256	16,7 M	16,7 M	16,7 M	16,7 M
800 × 600	16	256	65 536	16,7 M	16,7 M	16,7 M
1 024 × 768		16	256	65 536	16,7 M	16,7 M
1 280 × 1 024			16	256	65 536	16,7 M
1 600 × 1 200			16	256	256	65 536

19.1.4 Rôle de la carte graphique

C'est à la carte graphique qu'il appartient de gérer les modes d'affichage, de rechercher les informations sur le disque dur et de les convertir en signaux destinés au moniteur. À l'instar de l'unité centrale, la carte graphique comporte un processeur spécialisé dans les fonctions d'affichage.

Ce **GPU** (*Graphical Processing Unit*) est le processeur central de la carte graphique. Aujourd'hui, les GPU possèdent des fonctions très avancées et chaque génération de GPU apporte son lot d'innovations technologiques, qui sont plus ou moins utilisées dans les jeux. Son principal intérêt est de soulager le processeur central, d'augmenter la qualité des images tout en améliorant encore les performances. La société NVIDIA est spécialisée dans ce type de processeurs exploités sur des cartes telles que les 6600 GT Silentpipe-II et autres 7800 GTX Turbo Force…

Un certain nombre de fonctions sont pré câblées dans la puce graphique : déplacement de blocs, tracé de lignes et de polygones, remplissage des polygones… Sont également mises en œuvre des fonctions d'interpolation consistant à calculer des pixels intermédiaires lors d'affichage vidéo en plein écran par exemple. La conversion des signaux par le RAMDAC est assurée par la carte.

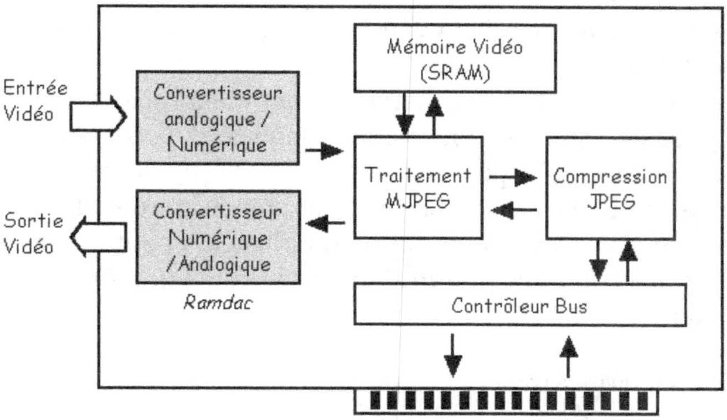

Figure 19.6 Carte Vidéo

Bus AGP, accélérateur 3D, mémoire, compression… sont également des caractéristiques à considérer lors du choix d'une carte vidéo.

19.2 LES ÉCRANS PLATS

Contrairement au TRC, l'écran matriciel **DFP** (*Digital Flat Panel*) ou *Flat Panel* est plat ce qui en fait initialement le dispositif de visualisation privilégié des ordinateurs portables, *notebooks, notepad*… La technologie ayant fortement évolué ces dernières années, ils sont en train de prendre la place des écrans à tube cathodique lourds et volumineux. On peut distinguer deux technologies – ou type de **dalle** (écran) – selon qu'elle émet de la lumière (écran **émissif**, comme le tube) ou selon qu'elle n'en émet pas (écran **non émissif**).

19.2.1 Écrans non émissifs

a) Les écrans à cristaux liquides

Les cristaux liquides sont des molécules organiques possédant des propriétés cristallines, mais qui présentent un état liquide à température normale. Les molécules utilisées dans un écran **LCD** (*Liquid Crystal Display*) possèdent une propriété d'anisotropie optique (ce qui signifie que différents axes de la molécule offrent différents indices de réfraction) dont on se sert pour créer des images visibles, en orientant les molécules à l'aide de champs électromagnétiques faibles.

Dans la gamme des écrans à cristaux liquides LCD on distingue deux types :

- type passif – à **matrice passive** ;
- type actif – à **matrice active**.

➤ Matrice passive

Les écrans à matrice passive sont basés sur l'emploi de cristaux liquides **nématiques** qui sont les plus employés dans ce type de dalle, ou de cristaux **cholestériques** qui changent de couleur en fonction de la température ou sous l'influence d'un champ électromagnétique.

Les dalles exploitant les LCD nématiques sont composées d'une couche de cristaux liquides, prise en sandwich entre deux plaques de verre polarisées. Les molécules des cristaux sont, au repos, « enroulées » (*twist*) de manière hélicoïdale et laissent passer la lumière qui, soit se réfléchit sur un miroir placé derrière l'écran – technique ancienne, soit est émise par un ou plusieurs petits néons placés derrière la dalle (**rétroéclairés** ou *back lighting*) ou sur le côté (*side lighting*) de l'écran, on ne « voit donc rien ».

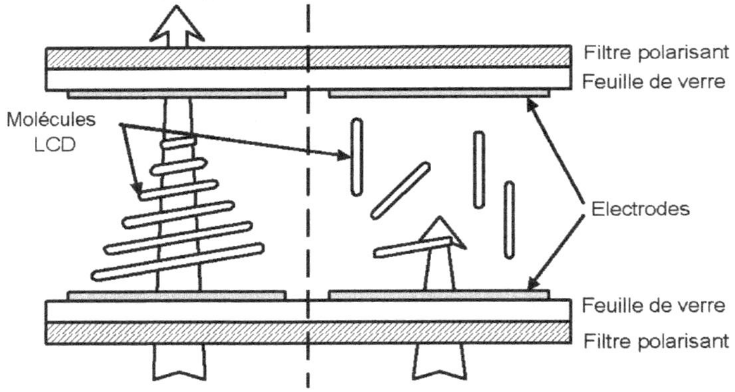

Figure 19.7 Principe de l'écran à cristaux liquides

Quand on vient exciter ces cristaux en leur appliquant un champ électrique, ils se déforment et font obstacle au passage de la lumière, le pixel apparaît alors à l'écran. Les pixels ne sont pas contrôlés par des éléments situés sur les plaques, mais sont allumés ou éteints par une polarisation touchant les électrodes des rangées et des colonnes de la matrice d'où l'appellation de **passif** (le pixel n'est pas actif à lui tout seul). Ces écrans passifs n'offrent un angle de vision que de 15 à 60 degrés. Il faut donc être bien en face de l'écran pour le lire.

Selon les angles d'enroulement des molécules de ces cristaux on peut distinguer diverses qualités d'écrans :

- Les **TN** (*Twisted Nematic)* et les **STN** (*Super Twisted Nematic* ou *Single Twisted Nematic)* présentent des défauts au niveau des temps de réponse (de l'ordre de 50 ms contre moins de 20 ms sur un TRC) source de « traînées » rémanentes lors de déplacements d'images, disparition du curseur lors de déplacements rapides…

Ils sont employés, dans les écrans d'entrée de gamme, sous la forme **TN + Film** (*Twisted Nematic and retardation Film*) où le film correspond à une couche supplémentaire placée sur la dalle, destinée à améliorer l'angle de vision, mais qui, comme son nom l'indique ralentit l'affichage.

- Les **DSTN** (*Double Super Twisted Nematic* ou *Dual Scan Twisted Nematic)* capables d'afficher en couleur au travers de filtres polarisants ce qui permet d'utiliser le mode SVGA. Mais ils ont un temps de réponse lent de l'ordre de 150 à 300 ms et leur contraste (30:1) n'est pas extraordinaire.
- Les STN, un moment abandonnés, semblent retrouver un regain de jeunesse avec les technologies **HCA** (*High Contrast Adressing*), **FastScan HPD** (*Hybrid Passive Display*) ou **HPA** (*High Performance Adressing*). On accélère la vitesse de rotation des cristaux grâce à un liquide moins visqueux et une intensité de courant accrue par le rapprochement des plaques de verre. Le contraste passe de 30:0 pour un STN ordinaire à 40:0. Le temps de réponse de l'ordre de 100 ms, réduisant les problèmes de rémanence.

La technologie à matrice passive – peu coûteuse car assez simple à fabriquer – est très nettement concurrencée maintenant par la technologie dite à matrice active car elle présente de nombreux défauts. En effet les cristaux ne sont généralement pas parfaitement alignés à la verticale du filtre polarisateur et on n'obtient donc pas un noir parfait. De plus, si un transistor est défectueux, les cristaux laissent passer la lumière ce qui provoque l'affichage d'un point lumineux, très visible et gênant. Enfin, l'orientation imparfaite des cristaux réduit l'angle de vision et l'ajout du film (TN + Film) destiné à augmenter le champ de vision nuit au contraste et au temps de réponse.

➤ Matrice active

Dans les LCD à **matrices actives** chaque pixel de l'écran est directement commandé par un transistor transparent **TFT** (*Thin Film Transistor*) ou « transistor en couches minces », qui permet de faire varier l'orientation des cristaux.

IPS (*In-Plane Switching*) ou **Super TFT** [1996] est actuellement la technologie généralement employée. Les cristaux liquides qui ne sont pas excités sont immobiles. Le second filtre polarisant étant placé perpendiculairement au premier, la lumière ne passe pas, ce qui affiche un point noir. Cette technique permet l'affichage d'un noir intense. Si un transistor est défectueux, le pixel mort (*dead pixel*) reste sombre (contrairement à un écran TN) et est ainsi plus discret.

Figure 19.8 Écran plat à matrice active

Pour illuminer un pixel, un champ électrique créé par deux électrodes polarise les cristaux qui vont alors s'orienter perpendiculairement au plan de l'écran. Ils se retrouvent ainsi parallèles les uns aux autres et la lumière peut donc les traverser. En superposant un filtre à quatre couleurs à ce dispositif, on obtient un écran couleur. Suivant la lumière qui parvient à ces filtres, les couleurs seront plus ou moins intenses.

L'inconvénient de ce procédé est lié aux électrodes, grandes consommatrices de courant et qui ne permettent pas d'appliquer une tension sans un temps de latence. C'est pour cela que le rafraîchissement des dalles IPS est plus lent que les TN. Par contre on a un très bon alignement des cristaux par rapport au filtre et l'angle de vision s'en trouve ainsi augmenté.

Cette technologie est plus délicate à maîtriser en termes de fabrication (plus de 4 000 000 de transistors nécessaires pour une résolution de 1 280 × 1 024) et selon le nombre de pixels morts (transistors qui ne fonctionnent pas et laissent apparaître un ou plusieurs points rouge vert ou bleu !) peut entraîner la mise au rebut de l'écran. On conserve donc encore des taux de rebut important ce qui explique le coût, toujours relativement élevé de ce type d'écran.

Compte tenu de leurs performances en terme de contraste (de 200 à 500:1), d'un temps de réponse de plus en plus satisfaisant (de l'ordre de 20 à 35 ms soit 1/0,035 = 28 images/seconde – 85 à 100 images/s pour un TRC) d'une résolution en hausse (1 920 × 1 200 points en 16 millions de couleurs, avec un pitch de 0,225 mm) et d'un coût en baisse régulière, les écrans à matrice active sont de plus en plus employés.

Signalons l'émergence des technologies **S-IPS** (*Super* IPS), **AS-IPS** (*Advanced Super In-Plane Switching*), **SASFT IPS** (*Super Advanced Super Fine Technology IPS*), qui assurent un angle de vision et des contrastes encore supérieurs.

MVA (*Multi-domain Vertical Alignment*) [1998] et une technologie similaire à **IPS** (cristaux perpendiculaires au filtre ce qui permet un noir profond) à la différence que si une tension est appliquée aux cristaux, ils subissent une rotation de 90° pour se retrouver dans l'axe des rayons lumineux, la lumière passe et le pixel devient blanc. Ce procédé permet d'avoir un temps de réponse plus rapide de l'ordre de 25 ms, il consomme moins d'énergie et est plus lumineux. Le noir est aussi intense qu'avec le système IPS et l'angle de vision (160° contre 90 à 120°) est amélioré.

PVA (*Patterned Vertical Alignment*) est la déclinaison par Samsung du MVA. Les cristaux liquides dans une matrice PVA ont donc la même structure qu'avec MVA, mais on utilise ici des paires d'électrodes de chaque côté des cellules. Signalons également un **S-PVA** (*Super* PVA).

Advanced TFT est une technologie qui combine deux structures de cristaux liquides dans un même substrat. L'une est optimisée pour le rétro éclairage (éclairage transmissif) et l'autre pour un éclairage ambiant passif (éclairage réflectif). Sans rétro éclairage l'écran ne consomme plus que 0,008 w.

TABLEAU 19.3 CARACTÉRISTIQUES DES TECHNOLOGIES TFT

Type	Vision	Contraste	Réponse
TFT	60°		50 ms
IPS	170°	300 :1	29 ms
S-IPS	170°	400 :1	35 ms
MVA	160°	400 :1	27 ms
PVA	170°	500 :1	12 à 25 ms
S-PVA	170°	1200 :1	8 ms

Des écrans « souples » utilisant une technologie TFT **LEP** (*Light Emitting Polymer*) basée sur l'emploi de polymères sont à l'étude mais on ne dispose encore que de très peu de données sur ces écrans, actuellement réservés aux futurs téléphones portables. On pourrait ainsi obtenir des écrans souples voire « pliables ».

19.2.2 Écrans émissifs

a) Les écrans électroluminescents OLED, FED, SED

Les **écrans organiques** à diodes électroluminescentes **OEL** (*Organic Electro Luminescence*) ou **OLED** (*Organic Light-Emitting Diode*) génèrent leur propre luminosité et n'ont donc pas besoin de rétro éclairage contrairement aux affichages à cristaux liquides. Considérés comme les successeurs des écrans à cristaux liquides, ils offrent des images de meilleure qualité, plus lumineuses, plus rapides avec un angle de vision supérieur (jusqu'à 165°), tout en réduisant considérablement la consommation en énergie.

Actuellement on atteint une résolution de 77 ppp (pitch 0,33 mm) en 320 × 240 pixels et 260 000 couleurs. Les fréquences lumineuses absorbées par les diodes émettrices de lumière se situant à l'extérieur du spectre visible, rendent la diode OLED transparente quand elle ne fonctionne pas et en font un émetteur de lumière très efficace quand elle est en fonction (une application des OLED – comme pour des LED – en termes d'éclairage est d'ailleurs envisagée). La durée de vie de ces écrans est actuellement estimée à 35 000 heures avec un temps de réponse pouvant atteindre 0,04 ms.

Cependant la technologie d'écrans OLED est régulièrement retardée et on ne trouve actuellement sur le marché que quelques dalles de portable, écrans de téléphone, téléviseurs... dont quand même un écran géant de 149 pouces de diagonale ! Certaines marques (Toshiba, Sharp...) ont abandonné, estimant que l'OLED ne sera jamais compétitif avec le LCD sur les grandes diagonales mais d'autres (Samsung, Sony...) continuent à y travailler.

La technologie **FED** (*Field Emission Display*), qui date pourtant des années 1970, pourrait bien mettre un terme aux écrans OLED. Elle reprend le principe des écrans à tube avec leur canon à électrons, sauf qu'ici le canon est miniaturisé au point de n'occuper que la surface d'un pixel. Ainsi, avec un micro-canon derrière chaque pixel, on obtient un écran CRT avec la finesse d'un LCD.

Les avantages de cette technique sont une qualité d'image grandement améliorée par rapport à un LCD. En effet, le contraste devient quasi-infini, les temps de réponse très rapides, les couleurs plus belles et il n'y a aucune rémanence.

La technologie **SED** (*Surface-conduction Electron-emitter Display*) utilise le même principe du bombardement d'électrons, en utilisant autant de petits canons à électrons (plus de 6 millions) que de pixels sur l'image. Le faisceau d'électrons illuminant directement le phosphore de l'écran, on évite le rétro éclairage, l'angle de vue est total (180°), la luminosité est identique à celle des tubes (400 cd/m^2) avec un contraste de 100 000:1, et les temps de réponses très rapides (< 1 ms).

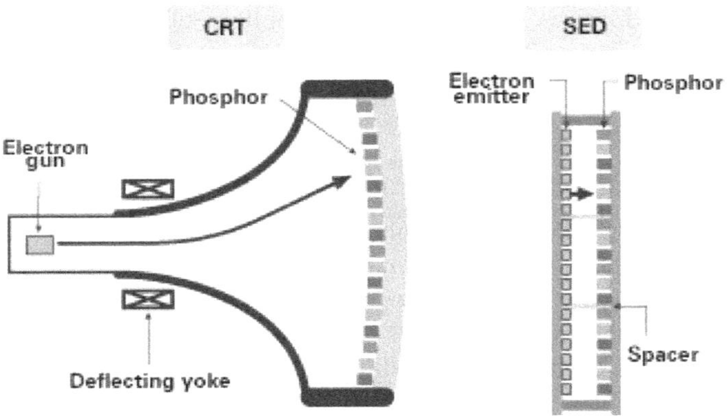

Figure 19.10 Principe de l'écran SED

Mise au point par Canon et Toshiba, cette technologie s'adapte aux diverses tailles d'écrans et aux très hautes résolutions (1 920 x 1 080 points). La consommation électrique est plus faible : 2/3 de moins que les CRT et 1/3 de moins que les écrans LCD et il n'y a pas de changement de brillance et de contraste en changeant l'angle de visionnement, à la différence des écrans LCD.

Cette technologie s'avérant moins onéreuse et moins consommatrice pourrait gagner du terrain malgré une durée de vie de l'écran n'excédant pas actuellement 35 000 heures (50 000 pour les LCD).

b) Les écrans plasma

Les **écrans plasma** ou **PDP** (*Plasma Display Panel*) offrent des performances qui se rapprochent de celle des moniteurs classiques, leur contraste est meilleur que celui offert par les LCD et leur angle de lisibilité – 160° – est important. Les temps de réponse sont de l'ordre de 20 à 60 ms.

Techniquement ils sont constitués de 3 couches de verre soudées hermétiquement sur le pourtour. La feuille du milieu est percée de trous remplis d'un mélange de gaz (néon argon xénon). La tension appliquée aux électrodes ionise le gaz qui devient alors plasma, c'est-à-dire un mélange d'ions et d'électrons, engendrant des rayons ultraviolets qui, en frappant des luminophores RVB, permettent d'afficher la couleur. Ces écrans présentent quelques inconvénients d'usure rapide des cathodes par les ions du plasma et on recherche une autre technique dans les **plasmas alternatifs** où les électrodes séparées du gaz agissent par effet capacitif et sont moins érodées.

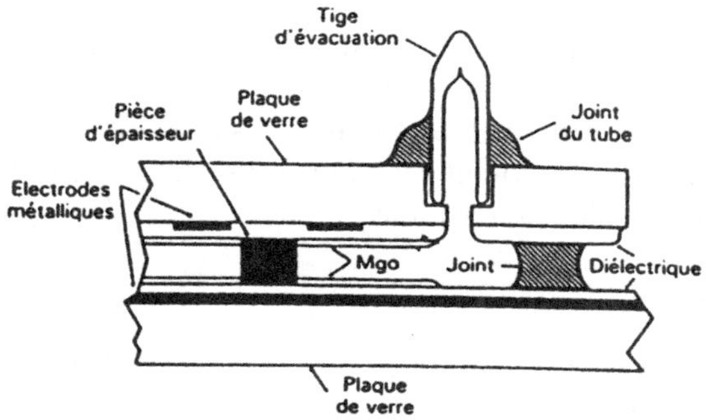

Figure 19.9 Principe de l'écran plasma

La résolution peut atteindre 1 280 × 1 024 pixels avec une palette de 16,7 millions de couleurs. De plus, ces écrans permettent une lecture quelle que soit la position de l'utilisateur en face du panneau avec un contraste important qui peut atteindre 550:1 et une luminosité intéressante de 350 cd/mm^2. Leur prix reste toutefois élevé et ils sont sérieusement concurrencés par les écrans LCD, même dans les grandes dimensions (écrans 30 ou 40 pouces).

19.2.3 Le choix d'un moniteur

Bien choisir un moniteur est important. Les spécialistes estiment qu'un travail régulier devant un écran inadapté peut être source de troubles (migraines, problèmes oculaires…) et s'il est admis que les moniteurs ne provoquent pas de pertes d'acuité visuelle définitive, ils révèlent souvent des défauts de vision mal corrigés.

Le premier critère de choix d'un moniteur est sa taille. Elle est exprimée par la mesure, en pouces de la diagonale de l'écran. Un écran trop petit fatigue inutilement l'utilisateur. Toutefois plus un écran est grand et plus ses défauts sont visibles par contre la résolution pourra être augmentée. La taille actuelle d'un moniteur de qualité moyenne est de 17 pouces. Les moniteurs 19 à 21 pouces plutôt utilisés en PAO et DAO commencent toutefois à se généraliser.

Avec une même résolution (par exemple 1 024 × 768), plus l'écran est petit et plus le point affiché est petit. Comme Windows utilise une matrice de 32 × 32 points pour afficher une icône par exemple, à taille d'écran égale, plus la définition augmente et plus Windows s'affiche petit.

TABLEAU 19.4 TAILLE D'ÉCRAN ET RÉSOLUTION

Taille d'écran	Résolution convenable
15"	800 × 600
17"	800 × 600 ou 1 024 × 768
19"	1 152 × 864
21"	1 280 × 960

La couleur est actuellement indispensable. Les écrans monochromes posent le problème de la couleur du fond (vert, ambre, blanc). L'écriture noire sur fond blanc est, selon les spécialistes, plus lisible et plus reposante, mais il faut que l'écran soit de bonne qualité, car le scintillement y est plus sensible. Ils ne se trouvent plus guère que sur d'anciennes consoles ou terminaux.

19.2.4 Conclusion

En présence d'un aussi grand nombre d'éléments, il est difficile de se former une opinion pour prédire quelle technologie dominera dans les années à venir. Il semble cependant assuré que les écrans TFT entament de plus en plus le marché des moniteurs classiques (30 à 50 % du marché prévu en 2007). C'est ainsi que Sony annonce l'arrêt de sa production de moniteurs TRC de 17 et 19 pouces. Seul le prix des LCD reste encore un frein à leur usage courant.

EXERCICES

19.1 Quelle est la place mémoire occupée par l'image d'un écran :

a) avec une résolution de 640 × 480 et un codage en 256 couleurs ?

b) en résolution 800 × 600 et avec un codage de 16,7 millions de couleurs ?

c) avec une carte graphique disposant de 4 Mo de mémoire, est-il possible de choisir une résolution de 1 600*1 200 en couleurs vraies (32 bits) ?

19.2 Quelles caractéristiques repérez-vous et quelles questions complémentaires pouvez-vous vous poser en ce qui concerne ces deux écrans proposés dans la même revue et commercialisés par deux sociétés différentes :

a) SONY 17" Trinitron 200 SF p 0,25 à 700 € TTC

b) SONY 17" 200 SF Trinitron Multifréquence 1280x1024 75 Hz à 752 € TTC

SOLUTIONS

19.1 La place mémoire occupée est :

a) avec un codage en 256 couleurs, chaque pixel de l'écran doit occuper 8 bits ($256 = 2^8$). En 640×480 on devra donc avoir $640 \times 480 \times 8 = 2\,457\,600$ bits soit 300 Ko.

b) avec un codage en 16,7 millions de couleurs, chaque pixel de l'écran doit occuper 24 bits (16,7 millions $= 2^{24}$). En 800×600 on devra donc avoir $800 \times 600 \times 24 =$ 11 520 000 bits soit 1 406,25 Ko soit 1,373 Mo.

c) avec une résolution de 1 600*1 200 en couleurs vraies (32 bits) on doit coder 1 600*1 200 soit 1 920 000 pixels avec 4 o (32 bits) par pixel. Soit 1 920 000 * 4 o = 7 680 000 o. Donc une RAM vidéo de 4 Mo est insuffisante il faut disposer d'au moins 8 Mo !

19.2 Les caractéristiques repérées sont :

a) On constate qu'il s'agit d'un écran de 17" ce qui représente la diagonale d'écran. Attention aux diagonales « douteuses » qui englobent le bord en plastique de l'écran...

b) 200 SF est probablement la référence SONY de cet écran.

c) Il s'agit d'une technologie Trinitron avec un seul canon. Bonne technologie couramment utilisée sur le marché actuellement.

d) Multifréquence est un point positif car il permet d'envisager le changement, sans problème, du mode d'affichage.

e) P 0,25 il s'agit ici du « pas de masque » ou pitch. Une définition de 0,25 est actuellement très bonne ce qui explique sans doute le prix de l'écran.

f) 1 280 × 1 024 est la résolution maximale que peut atteindre cet écran. C'est tout à fait correct pour un usage normal bureautique ou jeux.

g) 75 Hz est la fréquence traduisant la bande passante du moniteur. 75 Hz est la « référence » actuelle.

h) Enfin, on constate une différence de prix de 52 € TTC entre ces deux moniteurs – qui sont pourtant les mêmes (référence 200 SF). Comparez les prix avant d'acheter !

Chapitre **20**

Périphériques de saisie

On appelle périphérique, l'ensemble des unités connectées à l'unité centrale de l'ordinateur. On distingue en général deux types de périphériques, ceux qui permettent l'introduction de données – **périphériques d'entrée** – et ceux qui assurent la restitution de données – **périphériques de sortie** –, certains périphériques cumulant ces deux fonctions.

20.1 LES CLAVIERS

Le clavier d'un ordinateur offre de nombreuses fonctions en plus de la simple frappe de caractères (touches Escape, Alt, Ctrl...). Parmi ces touches, généralement groupées par blocs (ou pavés), on peut distinguer les touches alphanumériques, numériques, symboliques et les touches de fonction. La disposition de ces touches, leur couleur, leur nombre dépend du constructeur. On rencontre à présent de nombreux modèles de claviers « ergonomiques » où la disposition des touches est censée améliorer la qualité de la frappe et « économiser » l'utilisateur.

Figure 20.1 Claviers

20.1.1 Constitution d'un clavier

Le clavier respecte généralement une disposition reconnue. Le premier type de clavier « modèle » était dit **PC XT** (ou 84 touches) car la disposition des touches avait été adoptée par IBM sur son micro-ordinateur IBM-PC. Il a disparu au profit du clavier **PC AT** ou 102 touches (en fait les nouveaux claviers ont en général 105 touches), très couramment utilisé, et qui reprend la disposition des touches adoptée par IBM sur l'ancien PC IBM-AT. Il se distingue aisément du premier par la présence d'un pavé de flèches de directions, séparé du pavé numérique.

Le clavier « francisé » est dit **AZERTY**, car les premières lettres du clavier respectent cet ordre. Il est « américanisé » – **QWERTY** – si les touches apparaissent dans cet ordre au début du pavé alphanumérique.

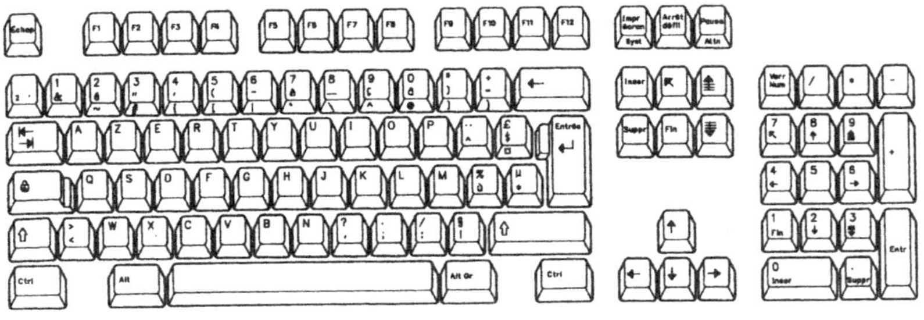

Figure 20.2 Le clavier

Certains claviers sont plus ou moins spécialisés en fonction de leur destination. C'est le cas du clavier traitement de texte dont certaines touches sont conçues dès l'origine pour faire du traitement de texte (touche permettant de passer en mode page, ligne ou caractère…). Ces claviers, généralement de bonne qualité, car soumis à une frappe intensive, rapide… font l'objet d'études ergonomiques poussées et sont souvent, de ce fait, plus agréables à utiliser (touches incurvées, couleur, toucher…). De même, on rencontrera des claviers industriels dont la variété n'a d'égale que le nombre des applications possibles (robotique, conduite de processus…).

20.1.2 Les différents types de clavier

Les touches des claviers utilisent diverses techniques dépendant, tout à la fois de l'usage que l'on en a, ou du coût final prévu. On distingue ainsi différents types de claviers :

- Type **membrane** : les touches sont sérigraphiées sur un film plastique recouvrant hermétiquement des batteries de microcontacts. Ils sont moins chers et plus résistants (étanchéité) mais ils sont souvent pénibles à utiliser (mauvais contacts, répétition du caractère, rupture de la membrane…), hors d'applications particulières.
- Type **calculatrice** : les touches sont en plastique dur et montées sur des ressorts. Ce type de clavier présente de nombreux inconvénients, sensibilité aux manipulations brutales, pas d'ergonomie, jeu dans les touches, contacts pas francs.

Figure 20.3 Clavier membrane

Figure 20.4 Clavier calculatrice

- Type **gomme** : les touches sont faites d'une matière dont le toucher rappelle celui de la gomme. Une frappe rapide et professionnelle n'est pas envisageable. De tels claviers sont donc réservés aux ordinateurs familiaux.
- Type **machine à écrire** : les touches sont celles d'une machine à écrire, avec une ergonomie prévue pour un travail intensif. La dureté des touches, leur prise aux doigts et leur sensibilité varient d'un modèle à l'autre. C'est le type le plus rencontré.

Figure 20.5 Clavier gomme

Figure 20.6 Clavier machine à écrire

- **Les claviers à cristaux liquides** : ces claviers, bien qu'ils ne soient pas très répandus, permettent d'attribuer à chaque touche une fonction ou un caractère particulier (éventuellement avec plusieurs valeurs selon le mode Alt, Shift, Ctrl ou Normal). Chaque touche peut supporter un pictogramme de 20×8 pixels ce qui permet l'utilisation du clavier avec des alphabets différents.

20.1.3 Fonctionnement du clavier

Le clavier est composé d'une série « d'interrupteurs » : chaque fois qu'une touche est actionnée, le mouvement ferme l'interrupteur. Ces interrupteurs sont placés en matrice, dont chaque rangée et chaque colonne sont reliées à l'ordinateur par des lignes électriques.

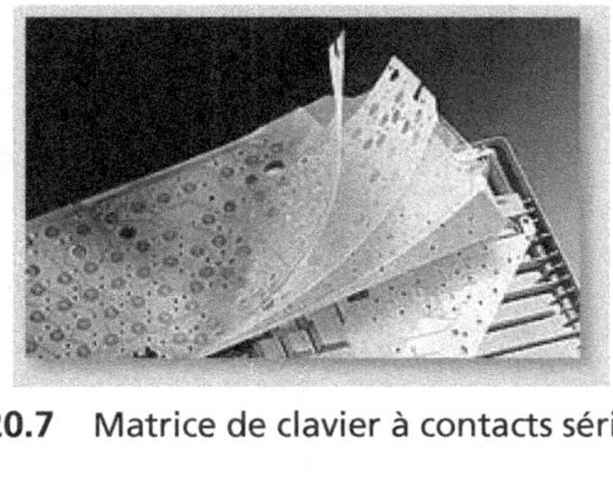

Figure 20.7 Matrice de clavier à contacts sérigraphiés

Cette matrice est balayée en permanence pour vérifier si une touche a été actionnée. Ceci est généralement fait en émettant un signal dans chaque colonne et en vérifiant si ce signal revient par l'une des rangées. Dans ce cas, l'ordinateur identifie la touche actionnée en repérant le point où le signal a été dévié.

a) Technologie des contacts

Les technologies de contacts les plus couramment employées sont les technologies résistives et capacitives.

Dans la technologie **résistive**, la touche est composée d'un simple interrupteur. Le contact est établi par deux barrettes croisées (cross point) en alliage d'or ou par le biais d'une membrane sérigraphiée qui vient s'appliquer sur le circuit imprimé constituant le support du clavier – technologie **FTSC** (*Full Travel Sealed Contact*). Ces deux procédés sont aussi performants l'un que l'autre, mais le contact par membrane est meilleur marché.

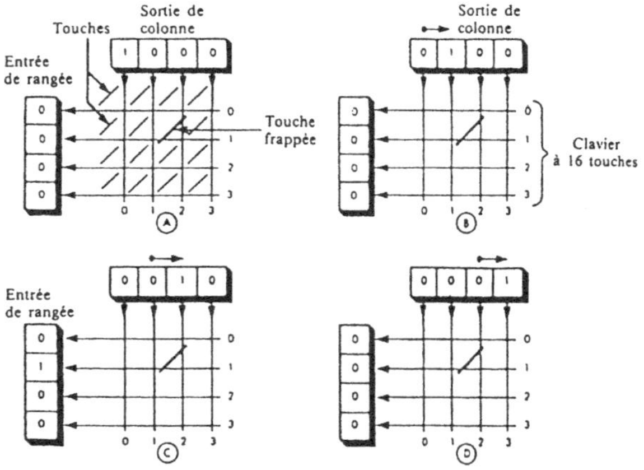

Figure 20.8 Identification de la touche par balayage des colonnes

La technologie **capacitive** consiste à mesurer la variation de capacité d'un condensateur constitué de deux armatures, l'une solidaire de la partie mobile de la touche, l'autre de la partie fixe. L'enfoncement de la touche, rapproche les armatures et entraîne une variation de la capacité du condensateur. Cette technologie demande une électronique plus lourde que la précédente, puisqu'il faut transformer la variation de capacité en signal électrique, elle est par ailleurs plus sensible aux parasites.

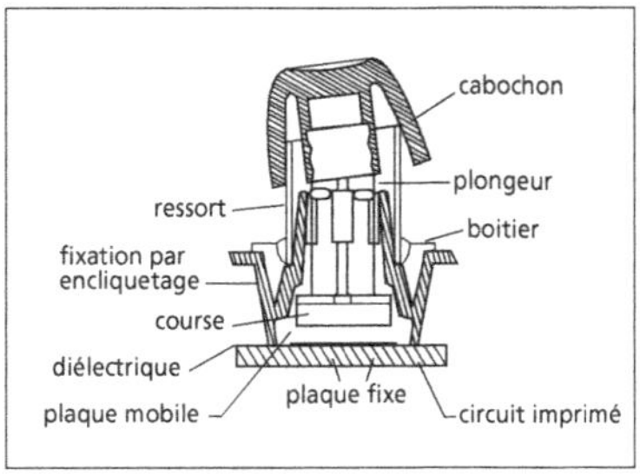

Figure 20.9 Technologie des contacts

b) Le code de transmission

Une fois la conversion mécanique/électrique réalisée, il faut coder le signal pour que la touche puisse être identifiée. On utilise la plupart du temps **un encodage géographique** consistant à transmettre de 0 à 6 codes en hexadécimal (*scancodes*), liés à l'emplacement géographique de la touche enfoncée et non à son identité dans la mesure où toutes les touches ne génèrent pas forcément un unique caractère (touche Ctrl, Alt...). Quand la touche est relâchée, on génère en général le même scancode, incrémenté de 80 en hexadécimal.

Par exemple, si l'utilisateur enfonce la touche correspondant au A du clavier AZERTY ou au Q du clavier QWERTY, touche qui porte le numéro d'emplacement géographique 17, le code transmis sera 0x11. L'unité centrale recevra ensuite le code 0x91, indiquant le relâchement de la touche. Le comportement de certaines touches comme « PrintScreen », « Pause/Break » est particulier. Ainsi, le clavier va générer une séquence de *scancode* **e0 2a e0 37** si on presse simultanément Ctrl et PrntScr, **e0 37** si la touche Shift ou Ctrl est activée simultanément, ou **54** si on presse conjointement la touche Alt (gauche ou droite)... Ces scancodes sont en principe convertis en *keycodes* pour être passés à l'application au moyen d'une table de conversion dite ***keymap*** définie dans le pilote du clavier, ce qui autorise des encodages géographiques éventuellement différents ou la reprogrammation des touches du clavier. Par exemple, le scancode 0x11 correspondra généralement au keycode 17, la séquence de scancodes 0xe0 0x48 pourra être associée au keycode 103... Ce keycode sera ensuite « traduit » en un symbole (A, B... Ö, ĉ,...) au travers des pages de code exploitées (ASCII, ANSI, UTF8...).

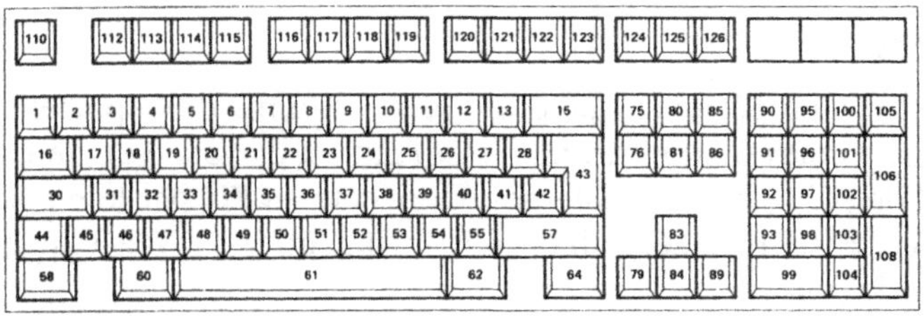

Figure 20.10 Code géographique du clavier 102 touches

Lors de la mise en route du système, l'initialisation le renseigne sur le type de clavier (français, américain ou autre, rôles des commandes KEYB FR ou KEYB US... de DOS, des drivers keyboard.drv...), l'unité centrale peut alors identifier correctement la touche.

L'ISO a actualisé [2009] la norme 9995 de 2002 qui définissait les différentes fonctions d'un clavier d'ordinateur. Cette nouvelle norme définit l'espacement des touches et leurs caractéristiques physiques, l'emplacement des caractères et des symboles sur les touches. Elle définit en outre le système de numérotation des touches qui s'applique à tous les types de claviers numériques, alphanumériques et composites des équipements informatiques. La nouvelle édition prend en compte les applications actuelles et futures des claviers (ordinateurs, téléphones fixes et portables, calculatrices, assistants numériques personnels, écrans tactiles, guichets automatiques...).

Les parties révisées en 2009 sont :

- Partie 1 : Principes généraux de disposition des claviers
- Partie 2 : Module alphanumérique
- Partie 4 : Module numérique
- Partie 5 : Module d'édition et de fonctions
- Partie 7 : Symboles employés pour la représentation de fonctions
- Partie 8 : Affectation de lettres aux touches d'un pavé numérique

La partie 3, Dispositions complémentaires de la zone alphanumérique du module alphanumérique, est en cours de révision.

Une nouvelle partie 9 (*Multilingual-usage, multiscript keyboard group layouts*), est en cours d'élaboration afin d'adapter les claviers aux caractères de tous les types d'écriture au monde.

Dans la norme révisée la disposition des touches ne change pas, mais on trouve désormais la possibilité d'écrire dans d'autres alphabets que le latin. L'utilisation d'un raccourci (touche AltGr) permettant de passer rapidement à un alphabet différent. Les modes disponibles sont A (Arabe), C (Cyrilique), D (Dévanagari ou Sanskrit), G (Grec), K (Coréen), L (Latin), Q (Georgien) et W (Arménien). Notons que certains claviers (dont le clavier français) utilisent déjà le raccourci AltGr pour certaines lettres (AltGr+E, pour le symbole €).

c) Claviers sans fil

Le clavier n'est pas un périphérique que l'on a coutume de déplacer fréquemment, mais un câble trop court ou qui traverse le bureau est parfois bien gênant. Un clavier sans fil permet de palier à ces problèmes. Connecté au PC par le biais d'une liaison radio du type RF, FastRF, Bluetooth ou Wifi... il peut être déplacé jusqu'à une vingtaine de mètres du poste.

Attention toutefois aux problèmes de sécurité car si les claviers « sérieux » proposent l'encryptage des transmissions, ce n'est pas toujours le cas et la frappe des touches est donc souvent transmise « en clair »... pour peu qu'on place un scanner Wifi dans le secteur !

20.1.4 Les qualités d'un clavier

La qualité d'un clavier porte tant sur sa solidité que sur le nombre et la disposition de ses touches, la disposition des lettres répondant aux habitudes du pays. Il existe des normes (plus ou moins suivies), concernant la couleur des touches, l'inclinaison du clavier, le coefficient de réflexion de la lumière à la surface de la touche (ce qui explique que la surface des touches soit parfois légèrement rugueuse). Le plan de la surface de chaque touche peut également avoir diverses inclinaisons par rapport à la base du socle suivant l'orientation du plongeur qui peut être droit ou incliné.

Le clavier est soumis à de nombreuses pressions mécaniques, il s'agit donc d'un périphérique fragile à ne pas martyriser, même s'il s'agit d'un périphérique de saisie au coût relativement abordable.

20.2 LES SOURIS

D'une grande facilité d'utilisation, la souris [1963] est l'outil interactif le plus utilisé après le clavier. Elle offre bien des avantages par rapport à ce dernier et il est ainsi plus naturel d'associer le déplacement d'une souris à celui du curseur (généralement présenté comme une petite flèche), que de faire appel aux touches de direction du clavier. Dans le premier cas, ce sont les automatismes de l'utilisateur qui sont sollicités, et ils ne réclament aucun délai d'exécution, alors que diriger le curseur par l'action sur les touches nécessite un certain laps de temps. La souris ne sert toutefois pas uniquement à diriger le curseur mais permet aussi de « dérouler » les menus et d'y sélectionner (on dit **cliquer**) des commandes. Dans certains cas, elle fait également office d'outil de dessin.

Figure 20.11 La souris

Le boîtier est muni sur sa face supérieure de deux boutons en général. L'action (**clic**) sur le bouton de gauche permet de sélectionner une commande, celui de droite fait généralement apparaître un menu dit « contextuel »... Sur certaines souris, on peut trouver d'autres boutons permettant, par exemple, d'utiliser plus facilement Internet en intégrant certaines fonctions (« page suivante », « page précédente »...). Ces boutons, situés sous le pouce ou sur le dessus de la souris, peuvent aussi servir pour exécuter des raccourcis de commandes, comme l'impression, le copier-coller... Enfin, dans la plupart des souris, une **molette de défilement** – ou **roulette** – placée entre les deux boutons permet de se déplacer rapidement dans un texte en faisant tourner la molette. La molette peut parfois être remplacée par un pavé tactile et certaines intègrent même des systèmes de reconnaissance biométrique d'empreintes digitales.

20.2.1 La résolution

La résolution mesurée en **ppp** (points par pouce) ou **dpi** (*dot per inch*) – parfois en **cpi** (*count per inch*) – exprime la précision de la souris. Les souris optiques ont une résolution de 400 à 800 ppp. Elles transmettent donc 400 (ou 800) coordonnées en parcourant un pouce de distance. La résolution détermine la précision et le déplacement physique nécessaire. En effet, plus la résolution est élevée et moindre sera le déplacement physique nécessaire à la souris pour transmettre les coordonnées. Le phénomène s'amplifie quand la résolution de l'écran augmente et la souris peut devenir « trop rapide » – on peut cependant régler la vitesse du pointeur (panneau de configuration...). Certaines souris opto-mécaniques peuvent atteindre une précision de 2 000 ppp.

20.2.2 Technologie de la souris

a) *Souris opto-mécanique*

La souris opto-mécanique classique, est constituée d'un boîtier sous lequel se trouve une bille métallique recouverte de caoutchouc. Le déplacement du boîtier sur un plan fait tourner la bille, entraînant par friction la rotation de deux disques codeurs disposés à l'extrémité d'axes orthogonaux. Le codage est réalisé par l'intermédiaire de capteurs photoélectriques et de diodes LED (*Light Emetting Diode*) qui détectent le sens de la rotation et la fréquence de déplacement. Le disque étant percé de trous à intervalles réguliers, le faisceau de la LED est interrompu par la rotation du disque et la cellule détecte ces changements qu'elle transmet à la carte électronique À chaque signal détecté, une impulsion est envoyée à la carte contrôleur de l'ordinateur qui traduit alors à l'écran les informations reçues.

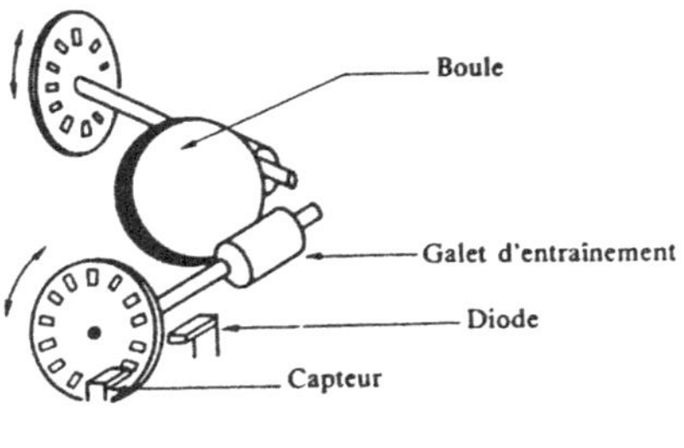

Figure 20.12 Principe de la souris opto-mécanique

b) *Souris optique*

Il existe depuis longtemps déjà des souris optiques, nécessitant pour fonctionner une tablette spéciale, revêtue d'une surface brillante et quadrillée par des lignes qui absorbent la lumière. Le faisceau lumineux émis par la souris est alors réfléchi ou non selon qu'il rencontre les lignes ou la surface réfléchissante.

Dans la souris optique la boule et toutes les autres parties mobiles, sont remplacées par un capteur optique CCD (*sensor*) et un processeur numérique DSP (*Digital Signal Processor*). Une diode électroluminescente éclaire la surface de travail et le capteur prend des « clichés » de cette surface à un taux de 1 500 à 6 000 images par seconde. La résolution atteint couramment 800 ppp. Le processeur convertit les modifications entre ces clichés en mouvements à l'écran. Cette technique, dite « traitement de corrélation d'image », permet de traiter 18 millions d'instructions par seconde, ce qui donne comme résultat, un mouvement du pointeur plus lisse et plus précis. À titre de comparaison, les souris classiques à boules, traitent 1,5 million d'instructions par seconde.

Exempte de toute pièce mécanique, elle est quasiment inusable, elle peut se passer de tapis et n'importe quelle surface lui convient. Enfin ne comportant plus de boule elle ne s'encrasse plus et ne nécessite aucun entretien.

c) Souris sans fil

Optique ou non, la souris sans fil (*cordless*) offre le gros avantage de ne plus être reliée par un fil à l'ordinateur ce qui permet de la positionner où l'on veut sur le bureau sans être « empêtré » dans les fils. La liaison s'effectue par radio (la plupart du temps) ou par infrarouges. Le débit de la liaison est de 9 600 bit/s et la portée de 1,5 à 3 m.

Figure 20.13 Souris sans fil

Les protocoles utilisés sont plus ou moins spécifiquement dédiés aux claviers, joystick ou souris tels Wireless USB – bidirectionnel, d'une portée de 10 m et assurant la connectivité de sept périphériques à 200 Kbit/s ; **UWB** (*Ultra Wide Band*) – d'une portée avoisinant les 30 m à 100 Mbit/s (480 Mbit/s annoncés). Ces protocoles, fonctionnant dans la bande des 2,4 GHz, sont similaires et/ou concurrents de ceux utilisés en réseaux radio tels que Bluetooth, Wi-Fi ou HomeRF...

20.3 LES TABLETTES GRAPHIQUES

Utilisées essentiellement en infographie, les tablettes graphiques, (tables à numériser ou à digitaliser) permettent de créer un environnement proche de celui de la table à dessin. Elles constituent une alternative à la souris et à tout autre outil interactif dès lors que des informations graphiques doivent être converties en coordonnées absolues (X,Y) exploitables par l'ordinateur. On emploie généralement deux types de codage des coordonnées : le **codage numérique**, où chaque position du crayon est repérée par une suite de signaux numériques et le **codage analogique** nécessitant une conversion des informations recueillies.

20.3.1 Fonctionnement d'une table à codage numérique

La table à digitaliser se présente sous la forme d'une surface plane (table à dessin) sur laquelle on vient apposer (ou pas) une feuille de papier. Sous le plan de travail, se trouve un réseau de conducteurs (1 024 ou plus) maillés de façon orthogonale. Chaque réseau est couplé à un registre à *n* bits. Le circuit ainsi réalisé est semblable à un condensateur dont l'une des plaques serait constituée par la table et l'autre par le stylet. À intervalle régulier chaque réseau de conducteurs reçoit une série d'impulsions permettant d'identifier le rang de chacun de ces conducteurs. La position du stylet est alors obtenue par la lecture du contenu des registres associés aux coordonnées X et Y, au moment où le stylet produit un effet capacitif. La résolution obtenue peut dépasser les 2 000 ppp avec une précision atteignant les 0,25 mm et une fréquence de saisie supérieure à 200 points/s.

20.3.2 Fonctionnement d'une table à codage analogique

La table à codage analogique est constituée d'un support isolant recouvert d'une mince couche conductrice, le tout protégé par un revêtement isolant (verre...). Un champ électrique est appliqué au film conducteur et le stylet à haute impédance est couplé à une bobine. Un circuit d'excitation, établi par points sur le pourtour de la table, permet au film conducteur d'engendrer des champs parallèles à chaque axe. Les lignes ainsi créées ont une valeur fonction de la position. Les signaux recueillis par le stylet sont analysés et convertis en coordonnées X-Y. Une variante utilise des propriétés acoustiques. Sur le pourtour de la plaque sont disposés des capteurs acoustiques. Quand le stylet est positionné à l'endroit voulu, on actionne un contact et il émet alors des ultrasons qui sont captés par les « radars » acoustiques, déterminant ainsi sa position.

20.4 LES SCANNERS

Le scanner (numériseur, scanneur...) est un périphérique qui permet de capturer (scanner, scanneriser, numériser...) une image ou un texte, et de convertir son contenu en un fichier de données – image **bitmap** ou « *raster* ». Le fonctionnement en est relativement simple.

Le scanner comprend une source de lumière forte (néon...) qui illumine le document. Plus la zone du document éclairé est sombre (nuance de gris ou couleur) et moins elle réfléchit la lumière. Par le biais d'un jeu de miroirs et d'une lentille de focalisation, une barrette de cellules photosensibles recueille la luminosité réfléchie par le document. Chaque point du document est ainsi analysé et détermine un niveau de luminosité réfléchie, selon la lumière recueillie par la cellule. La source lumineuse est généralement mobile et la barrette de capteurs l'est parfois également. L'illumination du document n'est activée, afin de limiter l'usure des capteurs, qu'au niveau des zones choisies lors d'une prénumérisation.

Figure 20.14 Scanner à plat

Les technologies employées pour les capteurs sont :

- La technologie **CCD** (*Charged couple device*) qui équipe la plupart des scanners à plat et est aussi utilisée avec la photographie numérique, les caméras vidéo... Les CCD sont des semi-conducteurs métal-oxydés organisés en barrettes linéaires de photodiodes. La lumière, d'une couleur et d'une intensité donnée, frappe chaque élément CCD (jusqu'à plusieurs milliers de cellules) qui crée une charge électrique proportionnelle. La valeur analogique de cette charge est convertie en valeur numérique par le biais d'un convertisseur A/N (Analogique/Numérique).
- La technologie **CIS** (*Contact Image Sensor*) ou **LIDE** (*LED Indirect Exposure*) concentre les éléments de numérisation (capteurs, diodes, lentilles convergentes...) en une seule barrette qui occupe toute la largeur de la vitre et disposée juste en dessous de celle-ci ce qui garantit une grande fidélité des couleurs mais produit des images moins nettes et moins lumineuses qu'avec la technologie CCD. On obtient des scanners consommant peu d'énergie et peu encombrants, extra plats, dont la taille dépasse à peine une feuille A4 et surtout moins chers à fabriquer.
- Les technologies **PMT** (*Photo-Multiplier tube*) exploitant des tubes à vide ou APT (*Avalanche Photodiode*) peuvent également être rencontrées. D'une grande précision, ces scanners permettent l'enregistrement d'un large éventail de densités, mais leur complexité rend leur fabrication et leur entretien plus coûteux que les capteurs CCD qui équipent la plupart des appareils.

Deux systèmes d'éclairage sont exploités. Dans le premier, trois lampes RVB (rouge, verte et bleue) illuminent à tour de rôle une ligne du document, chaque faisceau étant tour à tour capté par les cellules. Dans le second une seule lampe éclaire trois fois de suite la même ligne, le faisceau lumineux passe dans un filtre RVB avant d'être reçu par les cellules. Ce système présentait l'inconvénient de requérir trois passages, entraînant un risque de décalage entre les passages. Désormais cette opération est réalisée en un seul passage (scanner « une passe ») au moyen de trois barrettes de capteurs recevant le même faisceau lumineux au travers des filtres appropriés RVB.

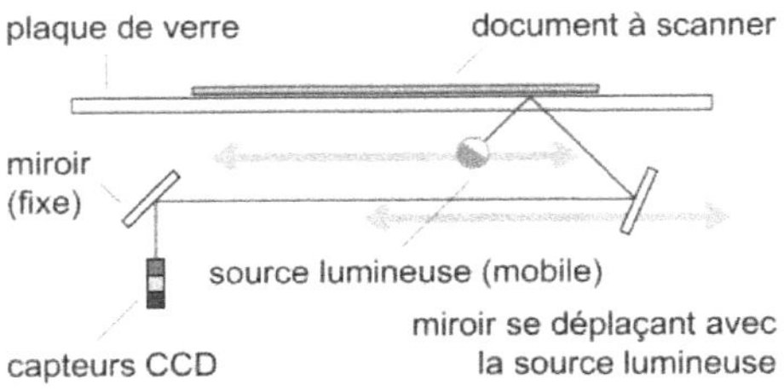

Figure 20.15 Principe du scanner à plat

a) Profondeur de couleur

Les scanners monochromes ne sont quasiment plus commercialisés. Dans le cas de **vrais niveaux de gris**, chaque point est codé sur plusieurs bits selon la luminosité, ce qui occupe environ 1 Mo de mémoire par page. Avec des capteurs à **faux niveaux de gris**, chaque point n'est converti qu'en blanc ou noir et c'est le tramé de points contigus qui simule un niveau de gris (comme sur une photo de journal, sur les imprimantes laser...) la résolution est donc moins bonne.

Dans les scanners couleur, les capteurs associés aux pixels sont du type RVB et définissent trois composantes (dosage de rouge, de vert et de bleu). Chaque point de couleur est échantillonné sur une plage réelle allant de 8 à 48 bits pour les plus performants. Mais attention, si chaque couleur est codée sur 16 bits on peut trouver chez certains constructeurs des caractéristiques indiquant une profondeur de couleur de $16 \times 3 = 48$ bits alors qu'en réalité elle n'est que de 16 bits. Avec une numérisation couleur sur 8 bits, on peut obtenir 2^8 nuances soit 256 nuances sur 65 000 couleurs de base soit plus de 16,7 millions de teintes. La numérisation en 24 ou en 36 bits (68 milliards de couleurs) est dite en **couleurs vraies** ou « *true colors* ». Sur des modèles plus élaborés cette caractéristique peut monter à 48 bits (281 billions de couleurs !).

b) Résolution

La **résolution** du scanner s'exprime en **ppp** (point par pouce – **dpi** *dot per inch* ou **ppi** *pixel per inch*). Elle est par exemple de la forme 1 200 × 2 400 ppp. La plus petite des deux valeurs fait référence à la sensibilité du capteur, la seconde (la plus grande) au nombre de pas qu'est capable d'effectuer le système optique sur un déplacement de un pouce de hauteur. L'indication est cependant ici trompeuse car la résolution réelle est en fait de 1 200 × 1 200. La valeur 2 400 correspondant souvent à une résolution interpolée.

L'interpolation permet en effet d'augmenter de façon logicielle la résolution optique par un calcul de pixels supplémentaires, à partir des vrais points et « améliore » la résolution en ajoutant des pixels à l'image. La couleur de chaque nouveau pixel (chaque pixel de l'original pouvant en générer 4 nouveaux) est déterminée par la couleur des pixels adjacents. L'interpolation crée alors des transitions de tons entre pixels adjacents au moyen d'algorithmes d'interpolation.

On atteint assez couramment une résolution de 2 400 × 4 800 ppp.

c) Vitesse

Le nombre de pages traitées par minute dépend du temps pris par le passage des capteurs (13 s en moyenne) et peut atteindre 47 pages par minute. Tout dépendra de la résolution demandée et des caractéristiques techniques du scanner.

d) Exploitation

Généralement chaque type de scanner propose son propre logiciel de numérisation (digitalisation) mais les fichiers générés respectent dans l'ensemble une des normes classiques telles que les formats **TIFF** (*Tagged Image File Format*), **GIF** (*Graphic Interchange Format*), **JPEG** (*Joint Photographic Experts Group*), **WMF** (*Windows metafile)*, **TWAIN** ou PaintBrush entre autres…

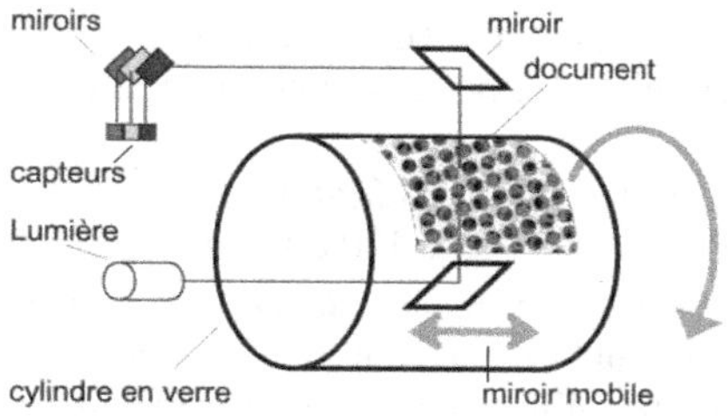

Figure 20.16 Principe du scanner à rouleau

Les scanners sont utilisés en archivage de documents, car ils permettent de conserver les éléments d'un dossier et d'en prendre connaissance même à distance. Ils sont aussi employés en reconnaissance de caractères grâce aux logiciels d'**OCR** (*Optical Character Recognition*) qui permettent de scanner un texte dactylographié ou manuscrit et de le reprendre avec un logiciel de traitement de textes. Il existe quelques scanners à main où c'est l'homme qui assure le déplacement (parfois guidé) des capteurs au-dessus du document avec les risques de déformation de l'image que cela induit (tremblement, déplacement irrégulier…), mais le plus souvent le scanner est « à plat » et permet de numériser une page de format A4 voire A3. Quelques scanners rotatifs ou scanners à rouleau sont également utilisés dans les arts graphiques.

EXERCICE

20.1 Une publicité vous propose un scanner « couleur A4, LIDE, 1 passe, 1 200 × 2 400 dpi, Numérisation 48 bits, Connexion USB 2, livré avec logiciel OCR pour 95 € HT ». Quelles caractéristiques pouvez-vous repérer dans cette proposition ?

SOLUTION

20.1 Quelles caractéristiques pouvez-vous repérer ?

a) On repère bien entendu que ce scanner va accepter des documents en couleur au format A4 soit une feuille de papier classique 21 × 29,7 cm.

b) La technologie employée est LIDE (LED *Indirect Exposure*) soit un scanner très plat mais une technologie qui n'assure pas toujours une parfaite saisie des couleurs (voir ci-après).

c) La résolution est de 1 200 × 2 400 dpi (*dot per inch*) ce qui est bien. Toutefois la résolution réelle est de 1 200 × 1 200, les 2 400 étant obtenus par extrapolation.

d) 48 bits correspond à la « profondeur de couleur » c'est-à-dire que chaque pixel couleur pourra théoriquement être codé sur 48 bits. Attention, compte tenu de la technologie LIDE employée et du faible coût de cet appareil, il s'agit probablement là d'une « fausse profondeur » obtenue en réalité par 3 couleurs numérisées en 16 bits – à vérifier auprès du constructeur ? Il s'agit là d'une caractéristique correcte mais pas excessive puisqu'on atteint couramment 24 bits.

e) Le scanner sera connecté à l'ordinateur par un port USB (moins rapide qu'un port SCSI mais meilleur marché).

f) OCR (*Optical Character Recognition*) il s'agit d'un logiciel de reconnaissance optique des caractères. Très intéressant puisqu'il vous permet de scanner un texte et d'en récupérer le résultat dans un traitement de textes.

Chapitre **21**

Téléinformatique – Théorie des transmissions

La téléinformatique désigne l'usage à distance de systèmes informatiques, au travers de dispositifs de télécommunications. Ainsi, les éléments d'un système informatique, doivent fonctionner comme s'ils étaient côte à côte. Les applications de la téléinformatique sont très nombreuses (services commerciaux, banques de données, télématique...), et sont présentes dans tous les domaines.

21.1 LES PRINCIPES DE TRANSMISSION DES INFORMATIONS

Entre les constituants de l'ordinateur ou du réseau, les informations sont transmises sous forme de séries binaires. La solution la plus simple, pour faire circuler les bits d'information, consiste à utiliser autant de « fils » qu'il y a de bits. Ce mode de transmission est dit **parallèle**, mais n'est utilisable que pour de courtes distances, car coûteux et peu fiable sur des distances importantes. Ce type de transmission est utilisé sur les bus de l'ordinateur et avec l'imprimante.

Pour augmenter la distance, on utilisera une seule voie (en fait au minimum deux fils) où les bits d'information sont transmis les uns après les autres, c'est la transmission **série**. Dans la transmission série, le temps est découpé en intervalles réguliers, un bit étant émis lors de chacun de ces intervalles. Le principe de base consiste à appliquer une tension +v pendant un intervalle pour un bit à 1, et une tension nulle pour un bit à 0. Côté récepteur, on doit alors observer les valeurs de la tension aux instants convenables.

Plusieurs implications apparaissent alors :

- le découpage du temps en intervalles réguliers nécessite la présence d'une horloge, auprès de l'émetteur comme du récepteur,
- une synchronisation est nécessaire entre l'émetteur et le récepteur, pour que ce dernier fasse ses observations aux instants corrects.

21.1.1 Les signaux utilisés

Les signaux digitaux étant difficilement transmissibles « tels quels » sur de longues distances, on est amené à utiliser des signaux analogiques qui, eux, se transmettent plus aisément. Le signal analogique le plus élémentaire est l'onde sinusoïdale dont l'équation est :

$$a(t) = A \sin (wt + \varnothing)$$

a(t) amplitude à l'instant *t*,
A amplitude maximum,
w pulsation = $2\pi f$
où *f* exprime la fréquence* en Hertz,
t temps en secondes,
Ø phase (décalage de l'onde par rapport à l'origine).

* la fréquence est le nombre de périodes (oscillations) par seconde.

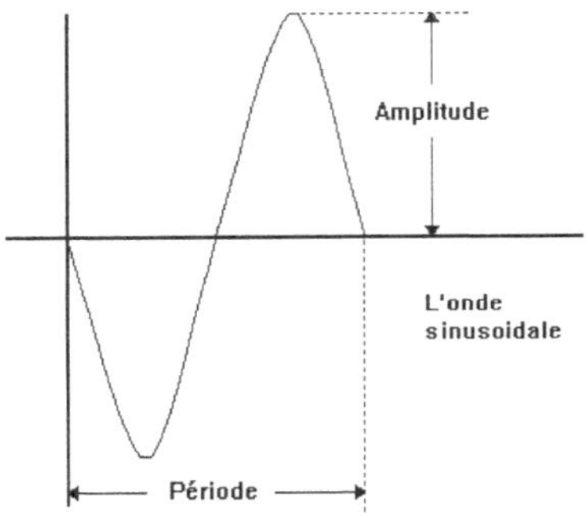

Figure 21.1 L'onde sinusoïdale

A, ***f*** et **ø** sont les trois caractéristiques fondamentales d'une onde sinusoïdale, et si une telle onde doit transporter de l'information binaire, une ou plusieurs de ces caractéristiques doivent alors être significatives des états logiques 0 ou 1 à transmettre.

La modification des caractéristiques retenues pour repérer les états binaires va se faire par rapport à une onde de référence dite **onde porteuse** ou plus simplement **porteuse**. C'est le sifflement que vous entendez si vous faites, par exemple, un 3611 sur un minitel (si vous en avez encore un…).

Le laps de temps pendant lequel une ou plusieurs de ces caractéristiques est significative d'une valeur binaire s'appelle **moment élémentaire** et le nombre de moments élémentaires qu'il est possible de transmettre en 1 seconde est la **rapidité de modulation** (notée R). Cette rapidité de modulation s'exprime en **Bauds**, du nom de l'ingénieur Baudot, inventeur d'un code du même nom utilisé en téléinformatique.

Il ne faut pas confondre la rapidité de modulation et le **débit binaire** (noté D) qui est le **nombre de bits** que l'on peut émettre en 1 seconde. En effet un moment élémentaire peut permettre de coder un nombre variable de bits en fonction de la **valence** du signal.

Ainsi :

- Si un moment élémentaire ne code qu'un bit 0 ou qu'un bit 1, 2 niveaux d'amplitudes sont significatifs, la valence est de 2. La rapidité de modulation étant de 12 moments élémentaires par seconde (12 bauds), le débit sera alors de 12 bit/s.
- Si on considère maintenant qu'un moment élémentaire code deux bits simultanément, la rapidité de modulation étant toujours de 12 moments élémentaires par seconde (12 bauds), le débit sera porté à 24 bit/s ainsi que le démontre la figure 21.2.

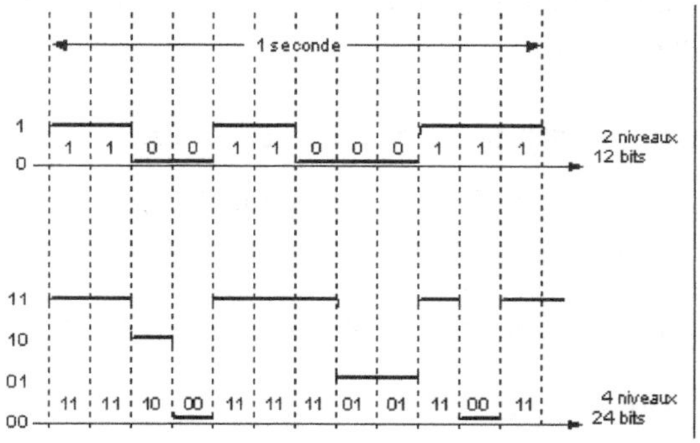

Figure 21.2 Valence et débit binaire

La généralisation de ces exemples nous donne la relation existant entre le débit binaire D, la rapidité de modulation R et la valence V par la formule :

$$D = R * \text{Log}_2 (V)$$

En fait, ce qui nous sera utile par la suite, n'est pas tant la rapidité de modulation que le **débit binaire**. En effet, plus on pourra faire s'écouler de bits par seconde (on emploie souvent le terme « tuyau de communication », le débit représentant la « largeur » du tuyau), et moins longtemps durera la communication entre les deux systèmes ; or une communication a un coût qui dépend généralement, de près ou de loin, de la durée.

21.1.2 Largeur de bande et bande passante

La zone de fréquences utilisée par un signal est appelée **largeur de bande**. On conçoit intuitivement que plus cette largeur est importante et plus le nombre d'informations pouvant y transiter sera grand. Cette largeur de bande ne dépend pas seulement de la façon dont le signal a été émis, mais aussi de la qualité technique de la voie de transmission. Or, aucune voie n'étant parfaite, celle-ci ne laisse passer correctement que certaines fréquences, c'est la **bande passante**. Par exemple, le réseau téléphonique commuté classique, tel que nous l'utilisons pour parler, assure une transmission jugée correcte des fréquences comprises entre 300 et 3 400 Hertz, soit une **bande passante** de 3 100 Hz (le débit est parfois aussi appelé bande passante – ainsi parlera-t-on d'une bande passante de 100 Mbit/s…).

Pour transmettre des signaux numériques (signal digital « carré ») il faut que la voie de transmission possède une large bande passante. Les signaux analogiques nécessitant une bande passante plus étroite, la technique basée sur la modulation est donc restée pendant longtemps la seule employée.

La bande passante joue un rôle important sur la rapidité de modulation qu'elle limite. Ainsi le mathématicien Nyquist a démontré que le nombre d'impulsions qu'on peut émettre et observer par unité de temps est égal au double de la bande passante du canal. Soit R = 2 * W, où R est la rapidité de modulation et W la bande passante.

> Ainsi, une ligne téléphonique de bande passante de 3 100 Hz peut transmettre des signaux à 6 200 bauds (attention, nous n'avons pas dit à 6 200 bits par seconde… n'oubliez pas la valence !).

21.1.3 Déformation des signaux et caractéristiques des médias

Les signaux, transmis sur des lignes de communication, tant en numérique (digital) qu'en modulé (analogique) sont soumis à des phénomènes divers qui les altèrent. Ces phénomènes sont liés pour partie aux caractéristiques et à la qualité des divers médias employés (paire torsadée, câble coaxial, fibre optique…).

a) *Affaiblissement ou atténuation*

Le signal, émis avec une certaine puissance, est reçu par le récepteur avec une moindre puissance, c'est **l'affaiblissement** ou **atténuation**. L'atténuation dépend, en courant continu, du diamètre du conducteur et de la qualité du cuivre. En courant alternatif l'atténuation varie également en fonction de la fréquence. L'atténuation peut donc provoquer des déformations du signal transmis et les lignes de transmission doivent répondre à certaines caractéristiques – gabarits – quant à l'affaiblissement qu'elles apportent aux signaux. L'atténuation s'exprime en **décibels** (**dB**) par unité de longueur et traduit l'énergie perdue par le signal au cours de sa propagation sur le câble, elle dépend de l'impédance du câble et de la fréquence des signaux.

$$A = 10 \times \text{Log}(P_1/P_2)$$

Où P_1 est la puissance du signal en entrée et P_2 la puissance du signal en sortie.

Plus l'atténuation est faible et meilleur c'est. Par exemple 5 dB pour de la fibre optique.

b) *Impédance*

L'impédance traduit le comportement du câble vis-à-vis d'un courant alternatif. C'est le rapport entre la tension appliquée en un point du câble et le courant produit par cette tension (le câble étant supposé infini). L'impédance est exprimée en ohms (Ω).

Ce rapport détermine l'impédance itérative c'est-à-dire l'impédance du « bouchon de charge » que l'on peut placer en fin de ligne pour éviter les réflexions parasites du signal. Par exemple, 100 Ω pour de la paire torsadée et 50 Ω pour du câble coaxial.

c) Distorsions

On rencontre deux types de distorsion, les distorsions d'amplitude qui amplifient ou au contraire diminuent l'amplitude normale du signal à un instant t, et les distorsions de phase qui provoquent un déphasage intempestif de l'onde par rapport à la porteuse.

d) Bruits – diaphonie – paradiaphonie

Il existe deux types de bruits, le **bruit blanc** (bruit Gaussien), dû à l'agitation thermique dans les conducteurs, et les **bruits impulsifs** dus aux signaux parasites extérieurs.

Le débit maximal d'un canal soumis à un bruit est fixé par la formule de Shannon :

$$C = W \, Log_2 \, (1 + S/N)$$

W représente la bande passante, S la puissance du signal et N la puissance du bruit. Ainsi, pour une ligne téléphonique de bande passante 3 100 Hz avec un rapport signal/bruit de l'ordre de 1 000, on obtient un débit maximal d'environ 31 000 bit/s.

La **diaphonie** est un phénomène dû au couplage inductif des paires proches, qui limite l'utilisation de la paire torsadée à des distances relativement faibles. Elle exprime – pour une fréquence donnée et pour une longueur donnée – le rapport qu'il y a entre l'énergie du signal transmis sur une paire et l'énergie du signal recueilli par induction sur une paire voisine. Ce signal parasite – qui participe à la dégradation du rapport signal/bruit ou **ACR** (*Attenuation to Crosstalk loss Ratio*) – se mesure en décibels (dB), et est un facteur important indiquant l'écart qu'il y a entre le signal utile et les parasites liés à la diaphonie. Plus la diaphonie est faible, c'est-à-dire plus la valeur en décibels est élevée, meilleur c'est. Ainsi, pour un câble de cuivre catégorie 5, souvent utilisé en réseau local, l'ACR est en général de 3,1 dB minimum.

La **paradiaphonie** ou **NEXT** (*Near End CrossTalk loss*) indique l'atténuation du signal transmis sur une paire, en fonction du signal transmis sur une paire voisine. Elle s'exprime en décibels et plus cette valeur est élevée, meilleur est le câble. Ainsi, avec un câble catégorie 5 à 100 MHz, le Next est en général de 27,1 dB minimum.

e) Vitesse de propagation ou coefficient de vélocité

Sur une voie de transmission les signaux se propagent à des vitesses différentes selon les caractéristiques des matériaux traversés. Les fabricants indiquent la vitesse de propagation en pourcentage de la vitesse de la lumière dans le vide soit 300 000 km/s. La vitesse de propagation retenue dans les câbles se situe couramment aux alentours de 60 % à 85 %. Ainsi, dans un réseau local de type Ethernet on considère que la vitesse de propagation moyenne sur le bus doit être d'environ 200 000 km/s, soit 66 % de celle de la lumière.

f) Temps de propagation

Le temps de propagation (T_p) est le temps nécessaire à un signal pour parcourir un support d'un point à un autre. Ce temps de propagation dépend directement du coefficient de vélocité. Par exemple ce temps est de 5 µs/km sur un réseau Ethernet (1 s/66 % * 300 000 km). Le temps de propagation est généralement négligeable.

g) Temps de transmission

Le temps de transmission (T_t) dépend de la taille du message à transmettre et du débit supporté par la voie de transmission. Il correspond au rapport entre ces deux données.

h) Délai d'acheminement

Le délai d'acheminement (D_a) correspond à la somme des temps de propagation et temps de transmission.

$$D_a = T_p + T_t$$

Soit la transmission d'un message de 10 000 bits à 10 Mbit/s sur 100 m.

T_t = 10 000 bits / 10 000 000 bit/s = 1 ms

T_p = 5 µs/km * 0,1 km = 0,5 µs = 0,0005 ms

21.2 LES DIFFÉRENTES MÉTHODES DE TRANSMISSION

On peut utiliser différentes méthodes pour transporter de l'information binaire sur des voies de transmission.

21.2.1 La bande de base

La transmission **en bande de base** consiste à émettre l'information sous sa forme digitale, c'est-à-dire sans autre modification qu'une éventuelle amplification destinée à éviter les phénomènes d'affaiblissement et une codification assurant la transmission de longues suites de 0 ou de 1 (code NRZI, Manchester, Code de Miller, MLT3…).

Compte tenu de l'affaiblissement apporté aux signaux par les caractéristiques de la ligne, ils subissent une dégradation qui limite l'usage de cette technique à une distance maximale **théorique** de 50 km. Ce type de transmission nécessite donc des voies présentant une large bande passante telles que câble coaxial, fibre optique ou voie hertzienne. Dans la pratique on considère que 5 km est la distance maximale efficace avec des supports tels que les fils de cuivre. C'est la technique de transmission **la plus utilisée dans les réseaux locaux**.

21.2.2 La modulation

La modulation est réalisée par un MODEM (MODulateur DEModulateur) dont le rôle est de transformer le signal numérique en signal analogique et inversement. Elle permet de pallier aux limitations de distance de la bande de base. Ce mode de transmission, s'il reste encore très utilisé (modem classiques, Wifi...) est en forte régression devant la montée en puissance de la numérisation des voies d'abonnés.

a) La modulation de fréquence

Dans ce type de transmission, le signal modulé s'obtient en associant une fréquence f_1 à la codification d'une information binaire 1 et une fréquence f_2 à la codification du 0.

➤ 1re méthode

Chaque fréquence représente une valeur du bit.

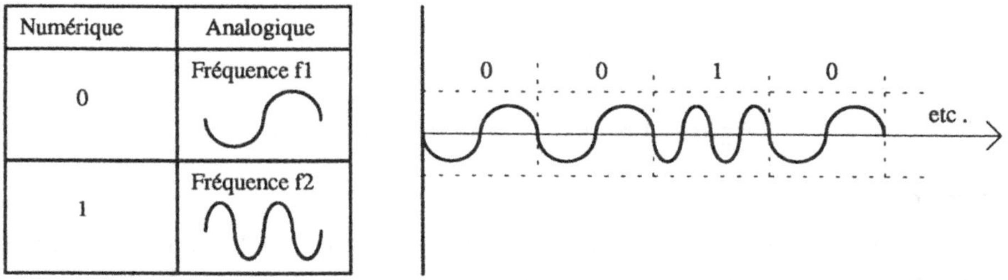

Figure 21.3 La modulation de fréquence

➤ 2e méthode

Le changement ou le non-changement de fréquence donne la valeur du bit.

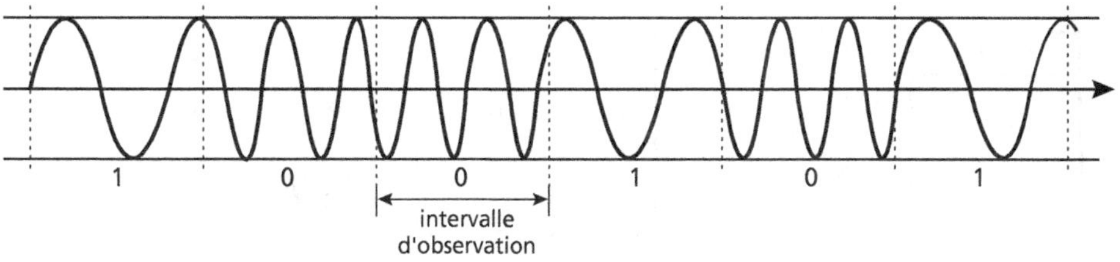

Figure 21.4 La modulation de fréquence (autre méthode)

Cette technique de modulation permet de réaliser avec un matériel simple des transmissions peu sensibles aux perturbations, mais, compte tenu de l'influence de la fréquence sur la largeur de bande, elle ne pourra être utilisée que pour des vitesses faibles (jusqu'à 1 800 bit/s).

b) La modulation d'amplitude

Dans ce type de transmission, le signal modulé s'obtient en associant à une information logique 1, une amplitude donnée et une autre amplitude à un 0 logique.

Le principal inconvénient de ce type de modulation réside dans le fait que l'information utile est transmise deux fois, c'est-à-dire dans chacune des bandes latérales supérieures et inférieures, ce qui élargit inutilement la bande de fréquences utilisée. Il existe deux techniques (Bande Latérale Unique, **BLU,** ou Bande Latérale Résiduelle, **BLR**) permettant de limiter ces contraintes.

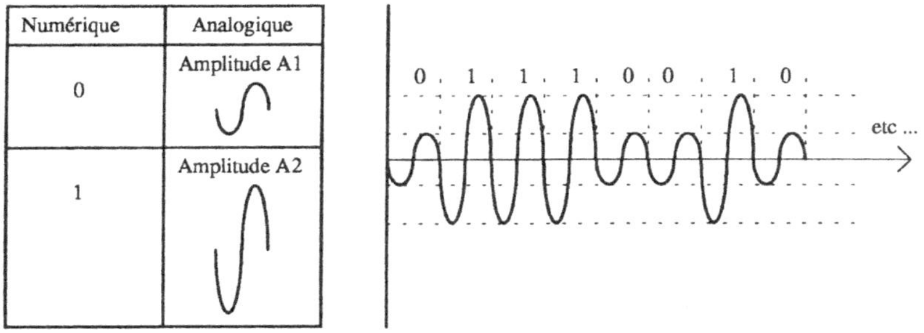

Figure 21.5 La modulation d'amplitude

c) La modulation de phase

Dans ce type de transmission, le signal modulé s'obtient en générant un déphasage représentatif des 0 et 1 logiques à transmettre. Ainsi il est possible d'adjoindre au 1 logique un déphasage de ¶, et au 0 logique un déphasage nul par rapport à l'onde porteuse de référence.

➤ 1re méthode

Chaque phase représente une valeur du bit.

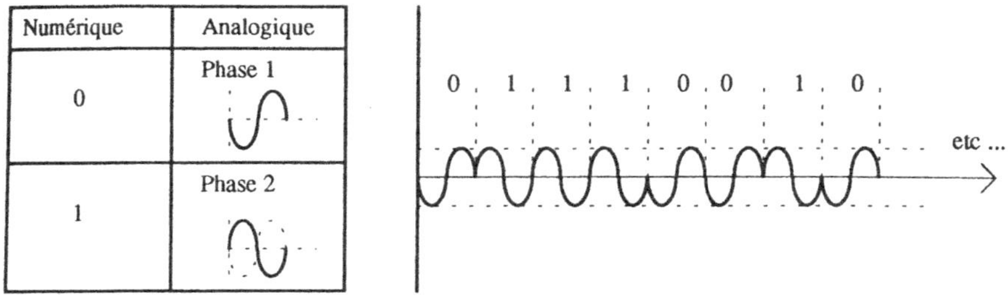

Figure 21.6 La modulation de phase

La modulation est dite **cohérente** lorsque c'est la valeur absolue de la phase qui représente l'information, et **différentielle** quand l'information est représentée par les variations de la phase entre deux instants successifs.

➤ 2e méthode

Le changement ou le non-changement de phase donne la valeur du bit.

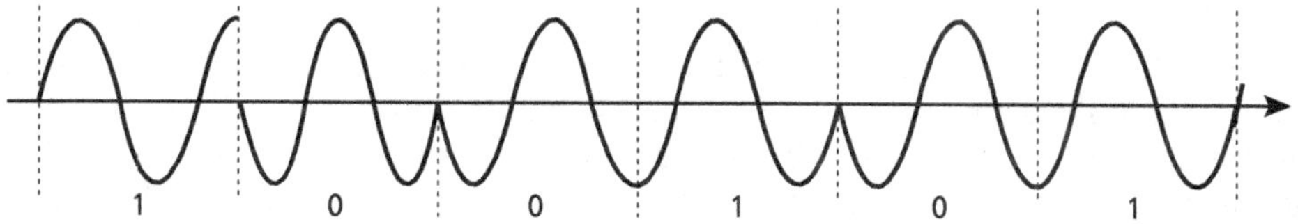

Figure 21.7 La modulation de phase (autre méthode)

Dans l'exemple précédent, un changement de phase indique un bit 0 tandis qu'un non-changement de phase indique un bit 1.

21.2.3 Les symboles multiples

Avec les techniques de modulation précédentes, on a pu observer comment le temps était découpé en intervalles de même durée et comment dans chacun de ces intervalles, on pouvait émettre un bit. Au lieu d'un bit, il est possible d'envoyer, selon la valence choisie, un « symbole » qui peut prendre plusieurs valeurs. On peut notamment émettre de tels symboles en combinant les techniques précédentes (souvent modulation d'amplitude et de fréquence, et plus rarement modulation de phase).

Par exemple, si on module la porteuse en fréquence (2 fréquences) et en amplitude (2 niveaux d'amplitude) on obtient 16 états possibles et à chaque état on peut associer 4 bits. Ainsi, avec deux modulations de fréquence et/ou d'amplitude successives, on transmet un octet (modem 14,4 Kbit/s).

Ce type de modulation est appelé **QAM** *(Quadrature Amplitude Modulation)*.

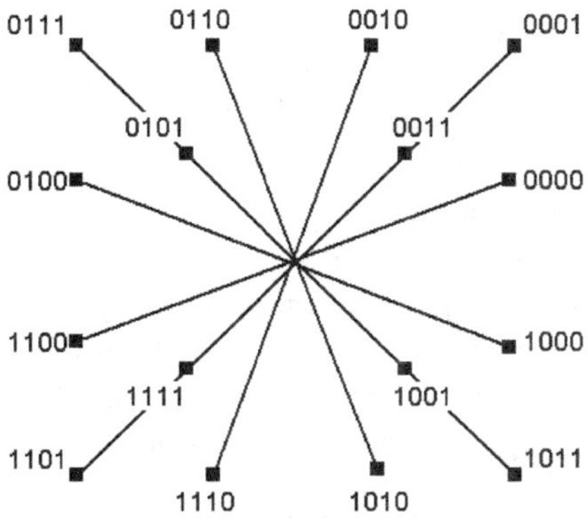

Figure 21.8 Symboles multiples – QAM

21.2.4 La modulation par impulsions codées

Le procédé **MIC** (Modulation par Impulsions Codées) permet de transmettre, sur une voie numérique telle que Numéris ou SDH par exemple, des informations analogiques (voix, musique...). Il consiste à échantillonner le signal, à quantifier chaque échantillon sur un modèle de référence puis à transmettre ces échantillons sur la voie. En effet, un signal dont la largeur de bande est *W* peut être représenté par une suite d'échantillons prélevés à une fréquence minimum de 2 fois *W*. Une voie de transmission dont la bande de fréquence irait, pour simplifier, jusqu'à 4 000 Hz, peut ainsi être reconstituée à partir de ces échantillons, prélevés à une fréquence de 8 000 Hz, soit un échantillon toutes les 125 μs, le prélèvement de l'échantillon durant quant à lui quelques μs.

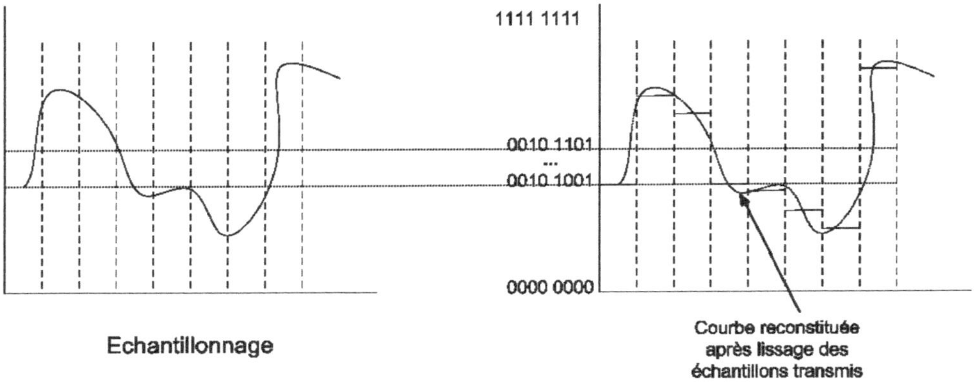

Figure 21.9 Modulation MIC

L'amplitude du signal d'origine, détectée lors du prélèvement, est alors codée sur un octet, par rapport à un référentiel de 256 amplitudes. On transporte ainsi 8 bits toutes les 125 μs, ce qui autorise un débit de transmission élevé de 8 × 1 s/125 μs soit 64 Kbit/s. Les octets représentant le signal sont alors émis sur la voie de transmission en bande de base (téléphonie Numéris par exemple) ou après modulation (téléphonie sur Internet par exemple).

Avec cette technique de transmission MIC, on peut multiplexer plusieurs voies. On dispose en effet, entre deux prélèvements, d'un laps de temps d'environ 120 μs pour transmettre les 8 bits des échantillons prélevés sur d'autres voies.

Ce type de transmission présente de nombreux avantages par rapport aux transmissions analogiques classiques (possibilité de contrôle par code cyclique, multiplexage...), c'est pourquoi il est couramment exploité, notamment sur les réseaux numériques à intégration de service (RNIS) tel que NUMERIS ou les réseaux d'infrastructure de transport (SDH).

21.3 LES MODES DE TRANSMISSION DES SIGNAUX

Les messages sont constitués de signaux élémentaires qui peuvent être des caractères (lettre, chiffre, symbole...) représentés par une suite caractéristique de bits, ou bien des séries binaires « quelconques » (image, musique...). La loi de correspondance entre une suite ordonnée de bits et le caractère qu'elle représente est le **code**. Un message peut donc être considéré, succinctement, comme une suite de caractères, qu'ils soient de texte, de service... ou comme un flux de bits. Se posent alors divers problèmes au niveau du récepteur :

- Il faut découper correctement chaque message en caractères (c'est la **synchronisation caractère**).
- Il faut découper correctement chaque caractère en éléments binaires permettant de l'identifier ou décomposer le flux de bits en autant de bits le composant (c'est la **synchronisation bit**).

Cette synchronisation peut se faire de trois manières :

- tout au long de la connexion entre les divers composants du réseau, et on parle alors de transmission **synchrone** ou **isochrone**,
- uniquement pendant la durée de transmission du message, c'est la transmission **asynchrone-synchronisée**,
- uniquement à l'émission de chaque caractère, auquel cas on parle de transmission **asynchrone**, **start-stop** ou **arythmique**.

21.3.1 La transmission asynchrone

Quand la source produit des caractères à des instants aléatoires (cas de la frappe de caractères sur un clavier de terminal), il peut être intéressant de les transmettre, sans tenir compte de ceux qui précèdent ou sans attendre ceux qui suivent.

Chaque caractère émis est alors précédé d'un moment élémentaire de début (dit **bit de start**) qui se traduit par la transition de l'état de repos 1 à l'état 0, information destinée à déclencher, préalablement à la transmission, la synchronisation des correspondants et suivi d'un moment élémentaire de fin (dit **bit de stop**). La synchronisation au niveau du bit est faite à l'aide d'horloges locales de même fréquence nominale.

À la réception, le signal **start** déclenche la mise en route de l'oscillateur local qui permet l'échantillonnage des bits contenus dans le caractère. La légère dérive qui peut alors se produire par rapport à l'instant idéal est sans conséquence, compte tenu de la faible durée concernée.

Ce mode de transmission est dit **asynchrone** ou encore **start-stop**, et est généralement réservé à des équipements lents (claviers...) dont la transmission ne doit pas dépasser 1 200 bit/s.

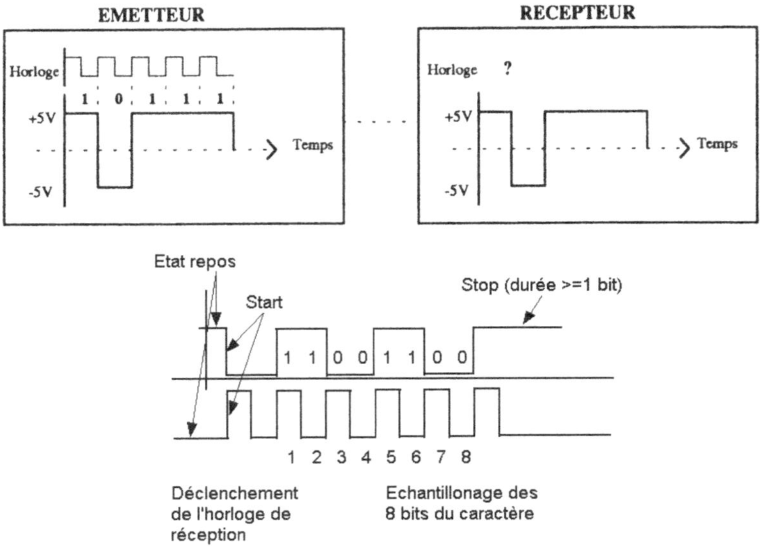

Figure 21.10 Le problème de la synchronisation

21.3.2 La transmission synchrone

Dans ce type de transmission la synchronisation bit doit être constante, c'est-à-dire aussi bien lors des périodes d'émission que pendant les moments de « silence ». Le temps est donc sans cesse découpé en intervalles élémentaires au niveau de l'émetteur, intervalles qui doivent se retrouver au niveau du récepteur, ce qui n'est pas sans poser problèmes. En effet, l'usage à la réception d'une horloge d'une fréquence même très légèrement différente de celle de l'émetteur conduirait, du fait de la taille des blocs émis, à une dérive des instants significatifs pouvant entraîner des erreurs de reconnaissance des caractères. Pour éviter cela, l'horloge de réception doit être sans cesse resynchronisée (recalée) sur celle d'émission, ce qui peut se faire par l'envoi de transitions binaires alternant 1 et 0. Si les données à transmettre comportent de longues suites de 1 ou de 0, on est amené à utiliser un code dit **embrouilleur** qui intègre dans le message les transitions nécessaires au recalage des horloges. Une telle technique est donc délicate à mettre en œuvre et on utilisera plus souvent une transmission asynchrone-synchronisée (souvent qualifiée abusivement de synchrone).

21.3.3 La transmission asynchrone-synchronisée

Dans cette méthode de transmission, bien que le message soit transmis de manière synchrone, l'intervalle de temps entre deux messages ne donne pas lieu à synchronisation. Afin de recaler l'oscillateur local avant chaque message, on doit faire précéder le message par des caractères de synchronisation (exemple SYN en ASCII). C'est le rôle joué par le préambule dans les trames Ethernet utilisées en réseau local. On retrouve donc dans la transmission asynchrone-synchronisée, les techniques employées dans les transmissions synchrones, telles que l'embrouillage.

21.4 LES TECHNIQUES DE MULTIPLEXAGE

Pour augmenter les capacités des voies de transmission, il est intéressant de faire passer plusieurs messages en même temps sur la même ligne, c'est le **multiplexage**.

21.4.1 Le multiplexage fréquentiel (AMRF-FDMA)

Le Multiplexage à Répartition de Fréquences, **AMRF** (Accès Multiples à Répartition de Fréquences) ou encore **FDMA** (*Frequency Division Multiple Access*) consiste à affecter une fréquence différente à chaque voie de transmission (canal). Plusieurs voies seront ainsi combinées pour être émises sur un même support. Ce système est d'une capacité relativement faible due au fait que, pour éviter la diaphonie entre les voies, on est amené à séparer les bandes de fréquences jointives par des « marges » inutilisées. Ce procédé reprend vie avec le nouveau multiplexage **OFDM** (*Orthogonal Frequency Division Multiplexing*) mis en œuvre sur les réseaux radio HiperLAN 2 et 802.11a.

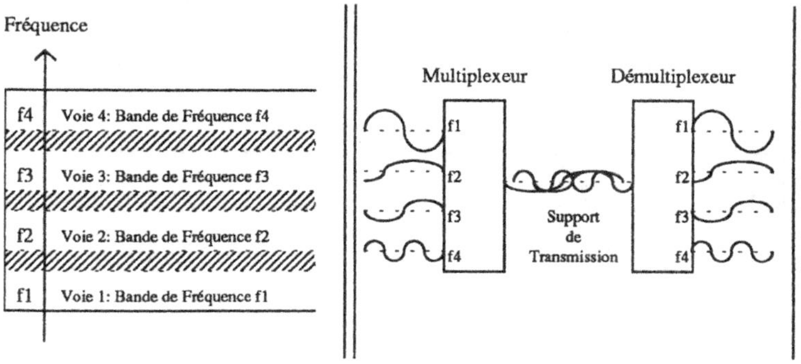

Figure 21.11 Le multiplexage à répartition de fréquences

21.4.2 Le multiplexage temporel (AMRT-TDMA)

Le principe du Multiplexage à Répartition dans le Temps, **AMRT** (Accès Multiples à Répartition dans le Temps), **TDM** (*Time Division Multiplex*) ou **TDMA** (*Time Division Multiple Access*), consiste à attribuer un intervalle de temps à chaque voie de communication. AMRT peut se présenter sous deux formes : fixe ou statistique.

➤ Multiplexage temporel fixe

Sur la voie de transmission vont circuler des **trames**, constituées de sous-blocs appelés **Intervalles de Temps** (IT) contenant chacun une suite de bits émis par une voie participant au multiplexage. Chaque IT est muni de bits de service qui en indiquent la nature (message ou service). Pour que le multiplexeur puisse reconnaître le numéro des IT dans la trame, il faut qu'il puisse reconnaître le début de la trame ; pour cela, on trouve en tête de trame une combinaison binaire spéciale dite **fanion** ou **verrouillage de trame**.

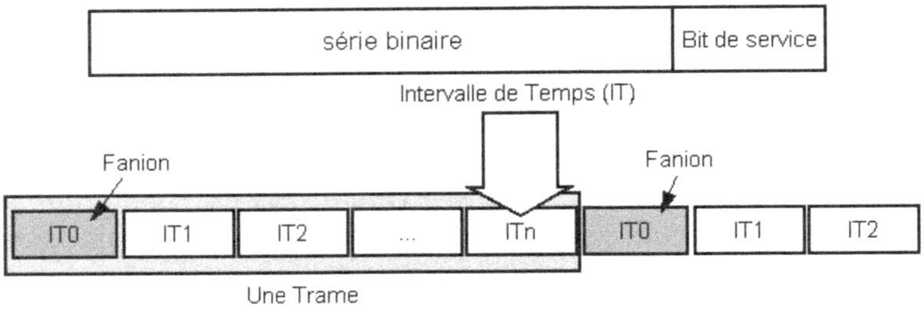

Figure 21.12 Multiplexage temporel fixe

➤ Multiplexage temporel statistique

Cette technique consiste à allouer de manière dynamique, les IT d'une trame aux **seules voies actives** à un moment donné et non plus à toutes les voies comme dans les méthodes précédentes, ce qui permet de gagner en efficacité. Ce type de multiplexage offre un bon rendement sauf, évidemment, si toutes les voies sont actives en même temps, car il peut se produire alors un phénomène de saturation.

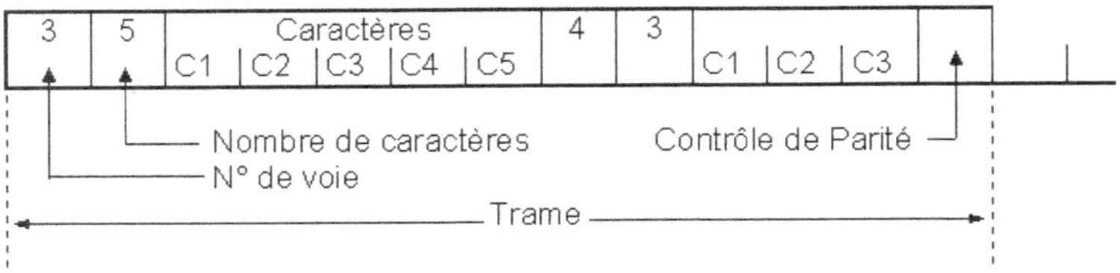

Figure 21.13 Multiplexage temporel statistique

21.5 LES DIFFÉRENTS TYPES DE RELATIONS

21.5.1 Terminologie globale

ETTD : Équipement Terminal de Traitement de Données ou **DTE** (*Data Terminal Equipment*). Il assure le traitement des données transmises (ordinateur, terminal écran clavier…)

ETCD : Équipement Terminal du Circuit de Données ou **DCE** (*Data Communications Equipment*). Il assure la gestion des communications et la bonne émission et réception des signaux.

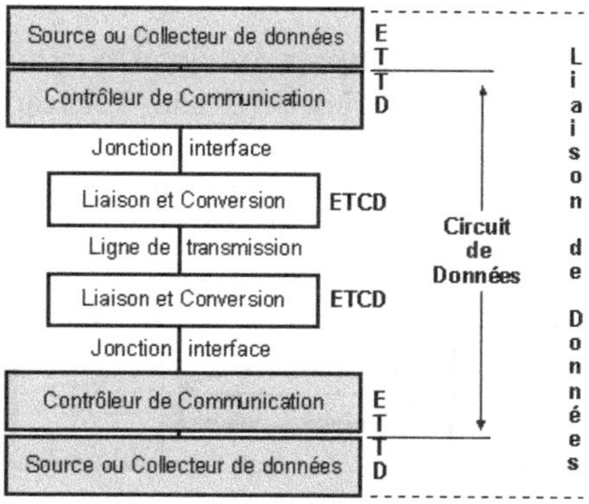

Figure 21.14 Composants de la liaison téléinformatique

En téléinformatique, la relation est établie par l'intermédiaire d'une voie – ou ligne de transmission – entre deux ETTD, mais cette relation peut se faire de différentes façons.

21.5.2 Unidirectionnel (simplex)

Dans une relation unidirectionnelle, dite aussi ***simplex***, l'information circule toujours dans le même sens, de l'émetteur vers le récepteur (exemple la radio). Une seule voie de transmission (2 fils) suffit donc à un tel type de relation.

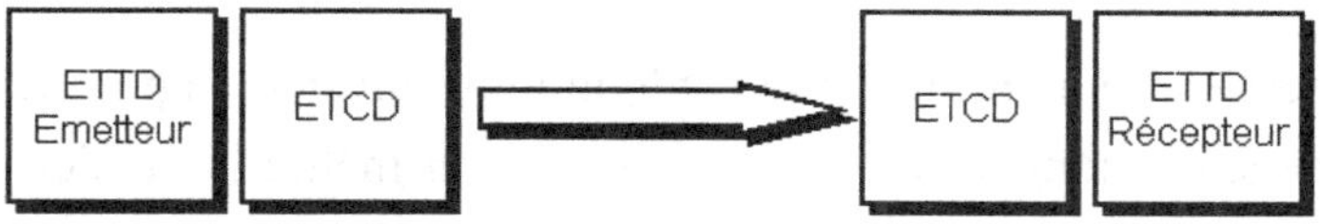

Figure 21.15 Transmission unidirectionnelle

21.5.3 Bidirectionnel à l'alternat (half-duplex)

Dans une relation bidirectionnelle à l'alternat, dite aussi ***half-duplex***, chaque ETTD fonctionne alternativement comme émetteur puis comme récepteur (exemple le talkie-walkie). Une seule voie de transmission (2 fils) suffit donc à un tel type de relation.

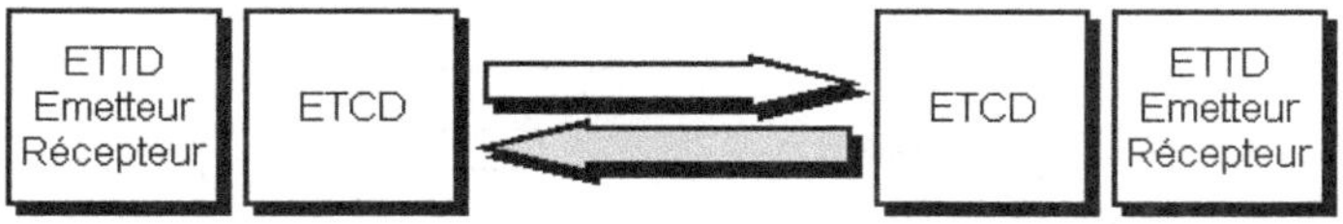

Figure 21.16 Transmission à l'alternat

21.5.4 Bidirectionnel simultané (full-duplex)

Dans ce type de relation, dit aussi **duplex intégral** ou ***full-duplex***, l'information échangée circule simultanément dans les deux sens (exemple une communication téléphonique). Le bidirectionnel simultané nécessite en général deux voies de transmission (4 fils), bien qu'il soit possible, techniquement, de le réaliser sur une seule voie.

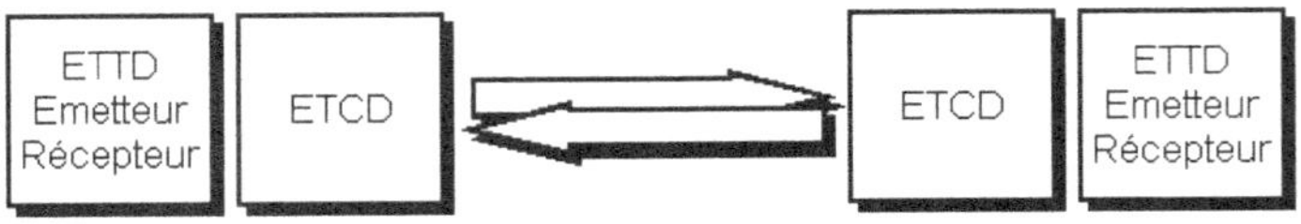

Figure 21.17 Transmission bidirectionnelle simultanée

EXERCICES

21.1 Une encyclopédie comportant des images est stockée sur un serveur et occupe 80 Mo. On souhaite la transférer sur un autre serveur. On dispose d'un réseau ATM autorisant un débit de 622 Mbit/s. Ne vous préoccupez pas d'éventuels bits supplémentaires de synchronisation ou autre…

a) Combien de temps faudra-t-il pour transférer le fichier ?

b) Combien de temps faudrait-il avec un simple modem 33 600 bit/s ?

21.2 On observe sur un ordinateur la configuration suivante du port de sortie.

a) Combien de temps va-t-on mettre pour transmettre un fichier de 48 Ko en mode asynchrone ?

b) Quel est, en pourcentage, le volume de bits supplémentaires transmis ?

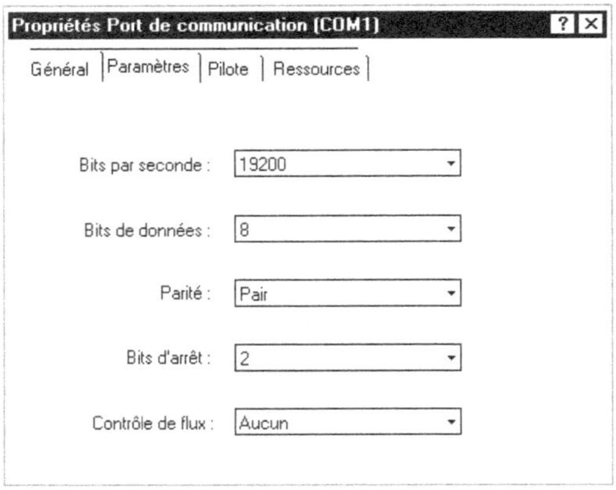
Propriétés Port de communication (COM1)

Général | Paramètres | Pilote | Ressources

Bits par seconde : 19200

Bits de données : 8

Parité : Pair

Bits d'arrêt : 2

Contrôle de flux : Aucun

SOLUTIONS

21.1 Quels sont les temps de transmission ?

a) Commençons par déterminer le volume en bits : 80 Mo = 80 * 8 soit 671 Mbits (en réalité 671 088 640 bits).

Avec ATM ce volume est à transmettre à raison de 622 Mbit/s donc un temps de transfert de : 671 088 640 bits/622 * 1 024 * 1 024 soit légèrement supérieur à 1 s.

b) Avec le modem : 671 088 640 bit/33 600 bit/s = 19 973 secondes soit plus de 5 heures de transmission.

Ce qui démontre bien l'intérêt de disposer d'un débit le plus rapide possible !

21.2 Calcul du temps de transmission et de l'overhead.

a) Chaque octet (8 bits) est accompagné d'un bit de start, d'un bit de parité et de 2 bits de stop ce qui porte le total des bits émis par caractère à 12 bits.

Volume du fichier initial en bits : 48 × 1 024 × 8 soit 393 216 bits.

Volume du fichier réellement transmis : 48 × 1 024 × 12 soit 589 824 bits

Temps théorique mis pour transmettre : 589 824 bits/19 200 bit/s soit 30,72 secondes.

b) Pourcentage de bits supplémentaires : (589 824/393 216) – 1 soit environ 50 % de bits supplémentaires ! 4 bits de trafic « superflu » (*overhead*) pour 8 bits de données.

Chapitre **22**

Téléinformatique – Structures des réseaux

22.1 LES CONFIGURATIONS DE RÉSEAUX

La téléinformatique désigne l'usage à distance de systèmes informatiques, au travers de dispositifs de télécommunications. Plusieurs éléments d'un système informatique, doivent donc fonctionner comme s'ils étaient côte à côte. Les applications sont très nombreuses, et présentes maintenant dans tous les domaines (banque, commerce…).

Il existe de nombreuses possibilités de relier les ETTD entre eux, mais on peut cependant distinguer quelques grands types de topologies ou de topographies.

22.1.1 Topologie ou topographie

Pour considérer la structure (l'architecture) d'un réseau on peut distinguer la **topologie** « logique » traduisant l'architecture telle qu'elle est exploitée par le réseau et la **topographie** – ou topologie « physique » – traduisant l'implantation physique du réseau. Ainsi, des stations reliées physiquement sur un boîtier central **MAU** (*Multistation Access Units*) semblent former « visuellement » une **topographie étoile** alors que la **topologie est un anneau** (le MAU jouant en effet le rôle de l'anneau dans un réseau Token Ring). Il en va de même pour le concentrateur qui montre une topographie en étoile alors que la topologie peut être considérée comme étant un bus. Topologie et topographie sont souvent des termes confondus et on dira ainsi qu'on dispose d'un « réseau Ethernet en étoile sur un concentrateur » – à savoir topologie bus et topographie étoile.

22.1.2 Réseau en étoile

La liaison la plus simple entre deux ETTD est celle qui ne comporte que deux extrémités. Une telle liaison est dite **point à point**. Un ensemble de liaisons point à point, axées comme c'était souvent le cas, autour d'un ETTD central (par exemple un frontal dans les grands réseaux), va former une configuration (topologie et topographie) en **étoile**.

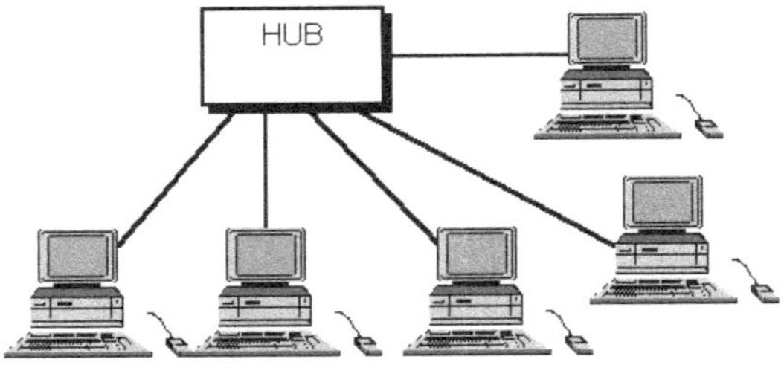

Figure 22.1 Topologie étoile

C'est une **topographie** couramment employée en réseau local où l'équipement central est généralement représenté par un répéteur – concentrateur ou hub – ou par un commutateur. Par contre c'est une **topologie** peu employée.

a) Avantages et inconvénients des liaisons point à point – étoile

La topologie en étoile a l'avantage de la simplicité – ETTD reliés directement, gestion des ressources centralisées... Si un ordinateur tombe en panne ou si un câble de liaison est coupé, un seul ordinateur est affecté et le reste du réseau continue à fonctionner.

Elle présente théoriquement un inconvénient d'ordre économique car elle nécessite autant de voies de liaisons que d'ETTD reliés au nœud central ce qui est générateur de coûts. De plus, si le site central (hub ou switch en réseau local) tombe en panne c'est tout le réseau qui est hors service.

b) Communications

Pour faire communiquer le serveur avec les stations il faut mettre en place des protocoles de communication. On utilise ici une procédure dite ***polling-selecting***.

Le *polling-selecting* comporte deux phases. Le ***polling*** (invitation à émettre), permet au site maître de demander à chaque station (esclave), et dans un ordre prédéfini, si elle a des informations à émettre. On lui accorde alors, provisoirement, le statut de maître et la station peut émettre vers le site central ou, si elle n'a rien à émettre, « redonner la main » au site central qui passe le contrôle à une autre... Lors du ***selecting*** (invitation à recevoir) la station maître demande au terminal esclave s'il est prêt à recevoir les données qui lui sont destinées. Celui-ci interrompt sa tâche et reçoit les données. BSC est un ancien protocole basé sur le *polling selecting*.

22.1.3 Réseau multipoints ou en BUS

Dans la topologie en **bus**, les ETTD connectés se partagent une même voie de transmission. C'est une topologie courante de réseaux d'ordinateurs avec Ethernet (où le rôle du bus est joué par le hub) et une topographie de moins en moins utilisée dans les réseaux locaux du fait des faibles débits supportés par les câbles coaxiaux qui supportaient cette topographie.

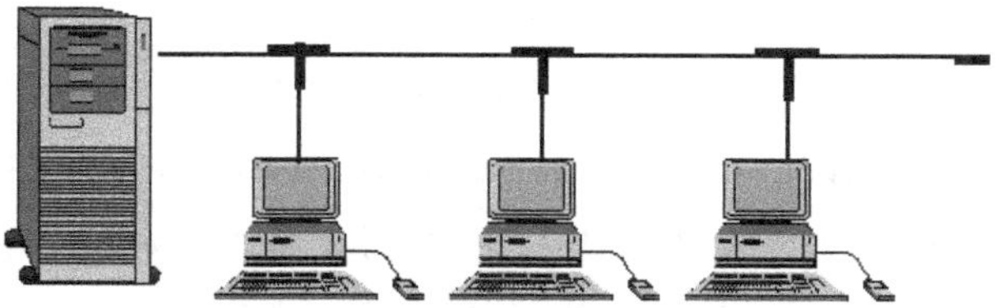

Figure 22.2 Topologie bus

Les stations sont connectées à la voie unique ou bus, par le biais de connecteurs spécialisés (*transceivers*, connecteurs en T... dans le cas des coaxiaux).

a) Avantages et inconvénients des liaisons multipoints ou bus

Dans la liaison en bus, la voie physique est optimisée et utilisée à moindre coût dans la mesure où elle est unique. Des contraintes techniques limitent cependant le nombre de tronçons et d'ETTD. Les stations ne peuvent pas communiquer en même temps, ce qui limite les temps de réponse et plus le nombre de stations connectées augmente, plus les performances se dégradent du fait de l'augmentation des collisions. Si un tronçon est défectueux, il y a perte de communication pour tous les ETTD situés en deçà du tronçon.

b) Communications

Dans la mesure où les données ne circulent que sur une voie commune, il ne peut y avoir qu'une seule station en train d'émettre à un instant *t*, si on ne veut pas risquer la « cacophonie ». La technique de la **diffusion** employée sur ces topologies consiste à émettre les données vers toutes les stations. Seule, la station concernée, repérée par son adresse (Mac, NetBIOS... par exemple) « écoutera » le message, les autres n'en tiendront pas compte. Si plusieurs ordinateurs émettent en même temps il y a **collision** des paquets de données – c'est la **contention**. Nous reviendrons plus en détail sur cette technique de la diffusion dont le protocole le plus connu et utilisé est **CSMA/CD** (*Carrier Sense Multiple Access with Collision Detection*).

22.1.4 Réseau en Boucle ou Anneau

Composé d'une suite de liaisons point à point, la topologie de réseau en boucle est aussi dite en **anneau** (*Ring*). La topologie en anneau *Token Ring* d'IBM est ainsi constituée au niveau du concentrateur MAU (*Multistation Access Unit*) où viennent se brancher en étoile les différents postes du réseau. La topographie est donc en étoile. Une topographie double anneau FDDI existe également.

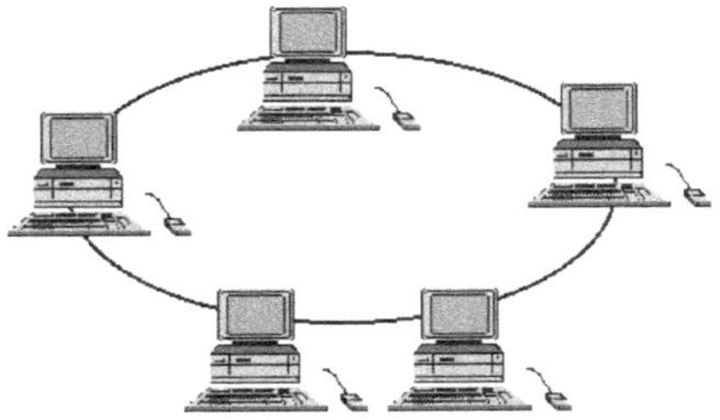

Figure 22.3 Topologie anneau

a) Avantages et inconvénients des liaisons en boucle ou anneau

Dans une liaison en anneau de type Token Ring, chaque station régénère le signal avant de passer le relais à la suivante. Il s'agit ici d'une topologie **active**. En théorie, dans la mesure où jeton et trames de données passent de machine en machine, le fait qu'un ordinateur de l'anneau tombe en panne interrompt l'anneau. Dans la réalité des mécanismes permettent généralement de court-circuiter le passage dans une machine en panne et de considérer qu'il s'agit simplement d'un tronçon plus long.

b) Communications

L'accès des stations au réseau est réglementé par le passage d'un « relais » appelé **jeton** (*Token*). Dans cette configuration, la station n'est autorisée à émettre, que si elle dispose du jeton. Si elle n'a rien à émettre, elle passe le jeton à la suivante... Si elle veut émettre, elle met sur le circuit un en-tête de message, le message et le jeton. Tous les participants au réseau sont à l'écoute, et s'il y a concordance entre l'adresse de la station et l'adresse du destinataire du message, ce dernier copie le message et le réinjecte dans la boucle avec un acquittement. Quand le message revient acquitté à l'émetteur, il est supprimé de la boucle, sinon il continue à circuler un nombre limité de fois. Nous reviendrons sur le principe du jeton lors de l'étude des **modes d'accès**.

22.1.5 Réseau maillé

Constitué d'une série de liaisons point à point reliant divers ETTD, ce type de topologie et topographie réseau est dit plus ou moins **fortement maillé** selon le nombre de relations établies.

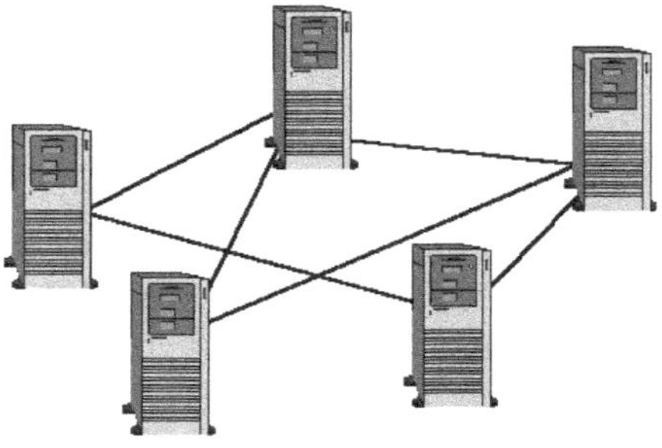

Figure 22.4 Topologie maillée

En général, de telles configurations sont réservées à la connexion d'ordinateurs entre eux, ainsi les ordinateurs des réseaux de transport (routeurs Internet...) sont disposés en configuration fortement maillée.

TABLEAU 22.1 CRITÈRES DE CHOIX DE LA TOPOLOGIE

Topologie	Avantages	Inconvénients
Bus	– Économie de câble – Mise en œuvre facile – Simple et fiable – Facile à étendre	– Ralentissement du trafic en cas de nombreuses stations – Problèmes difficiles à isoler – Une coupure de câble affecte de nombreux utilisateurs
Anneau	– Accès égalitaire de toutes les stations – Performances régulières même avec un grand nombre de stations	– Une panne d'ordinateur peut affecter l'anneau – Problèmes difficiles à isoler – La reconfiguration du réseau peut interrompre son fonctionnement
Étoile	– Ajouts de stations facile – Surveillance et gestion centralisée – Une panne d'ordinateur est sans incidence sur le réseau	– Si le site central tombe en panne tout le réseau est mis hors service

22.2 TECHNIQUES DE COMMUTATION

Pour établir une relation il faut relier « physiquement » les composants du réseau au moyen de voies de communication (« tuyaux » ou « tubes » de communication). Cette mise en relation, dite **commutation**, peut emprunter diverses formes.

22.2.1 La commutation de circuits

La **commutation de circuits** est la technique la plus simple et la plus ancienne consistant à établir, à la demande – et préalablement à l'échange d'informations – le circuit joignant deux stations par la mise bout à bout de circuits partiels. La voie de transmission ainsi établie reste physiquement inchangée tant que les interlocuteurs ne libèrent pas expressément les circuits. Les interlocuteurs monopolisent toutes les ressources employées à établir la connexion (commutateur...). Cette technique est essentiellement utilisée sur des réseaux tels que le RTC ou Numéris (réseau RNIS).

22.2.2 La commutation de paquets

La **commutation de paquets**, utilisée notamment par le protocole **X25** et issue de l'ancienne commutation de messages travaille essentiellement au niveau 3 de l'OSI. Elle traite des entités de faible taille (les **paquets**) conservés le moins longtemps possible au niveau des ordinateurs chargés de les acheminer sur le réseau. Les messages émis par un ETTD sont fragmentés, munis d'informations de service (contrôle d'erreurs...) et de l'adresse du destinataire, formant ainsi un paquet. Ces paquets circulent sur une voie logique ou « voie virtuelle » et sont acheminés vers le destinataire.

En cas de rupture ou d'encombrement d'une voie physique, les nœuds du réseau peuvent décider, de faire passer les paquets par des voies différentes, qui ne sont pas forcément les plus« directes ».

De tels réseaux offrent un service dit de **Circuits Virtuels** ou **VC** (*Virtual Circuit*) assurant une relation **logique** entre deux ETTD quelles que soient les voies physiques empruntées par les paquets. Ces circuits peuvent être :

- établis de manière permanente : **CVP** (Circuit Virtuel Permanent) ou **PVC** (*Permanent Virtual Circuit*),
- établis à la demande : **CVC** (Circuit Virtuel Commuté ou **SVC** : *Switched Virtual Circuit*).

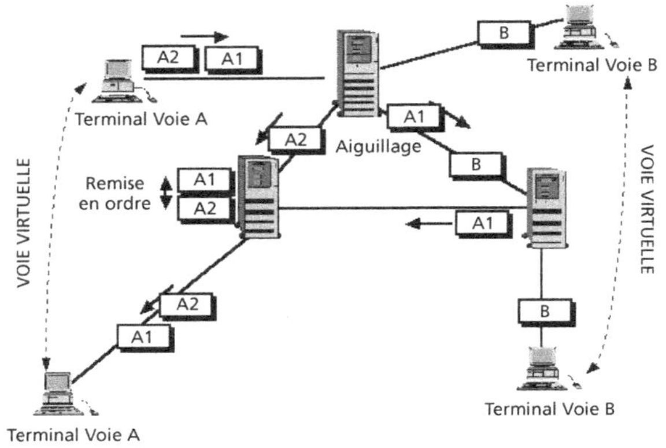

Figure 22.5 Commutation de paquets et circuits virtuels

Ce mode de commutation optimise également l'emploi des ressources puisque les paquets de différentes sources peuvent être multiplexés sur un même chemin.

22.2.3 Le relais de trames

Le **relais de trames** (*Frame Relay*) ou « *Fast Packet Switching* », est une technique de commutation [1980 à 1991] normalisée par l'ANSI, ITU, *Frame Relay Forum*... Considérant que les voies de communication sont plus fiables que par le passé, le relais de trame ne prend plus en compte les contrôles d'intégrité ou de séquencement des trames, ce qui permet de diminuer le volume « superflu » (*overhead*) de données émises et donc d'augmenter les débits. Le relais de trames, utilisant également les techniques de circuits virtuels, permet une utilisation souple et efficace de la bande passante avec un débit variable dans le temps. Transparent aux protocoles il peut transporter du trafic X25, IP, IPX, SNA...

22.2.4 La commutation de cellules

La **commutation de cellules**, mise en œuvre par **ATM**, est basée sur la transmission de paquets de très petite taille et de longueur fixe (53 octets) – les **cellules**. Ces cellules doivent être capables de transporter aussi bien de la voix que de l'image ou des données informatiques. Cette technologie travaillant essentiellement au niveau 2 du modèle ISO (*cf.* chapitre 23 – *Procédures et protocoles*) et utilisant elle aussi les techniques de circuits virtuels, permet d'atteindre des débits très importants (plus de 155 Mbit/s) avec des temps de commutations très rapides.

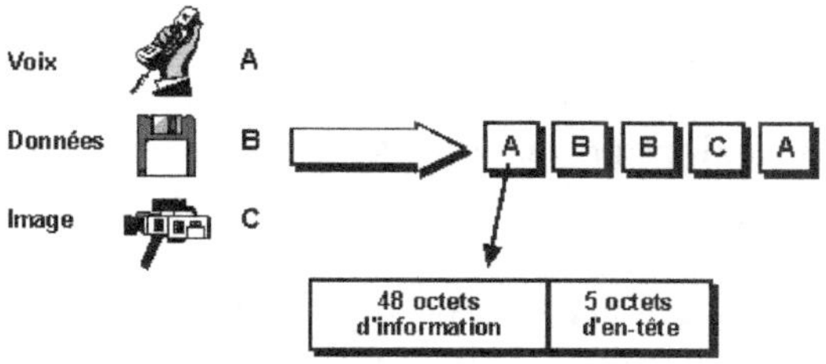

Figure 22.6 Cellule ATM

22.3 ÉLÉMENTS CONSTITUTIFS DES RÉSEAUX

La réalisation physique d'un réseau nécessite un nombre important d'appareillages, plus ou moins complexes, dont nous allons étudier rapidement le rôle et la constitution.

22.3.1 Les terminaux

Il est délicat de classifier les ETTD du fait de leur diversité, tant sur le plan de la « puissance », que sur celui de « l'intelligence ». Ainsi, un calculateur, connecté à un autre calculateur pour exécuter des traitements par lots, peut être considéré comme un terminal, au même titre qu'une simple console utilisée en interrogation. En règle générale, on parlera de **terminal lourd** ou terminal **intelligent** s'il est capable d'effectuer des traitements sur les informations reçues, et de **terminal léger** ou **client léger**, s'il ne peut, par exemple, faire que de la saisie ou de l'émission d'information. Après une période d'expansion puis de déclin, les terminaux légers semblent trouver un regain de vitalité avec l'usage de logiciels spécifiques tels que Terminal Server ou Citrix Metaframe qui minimisent le trafic réseau.

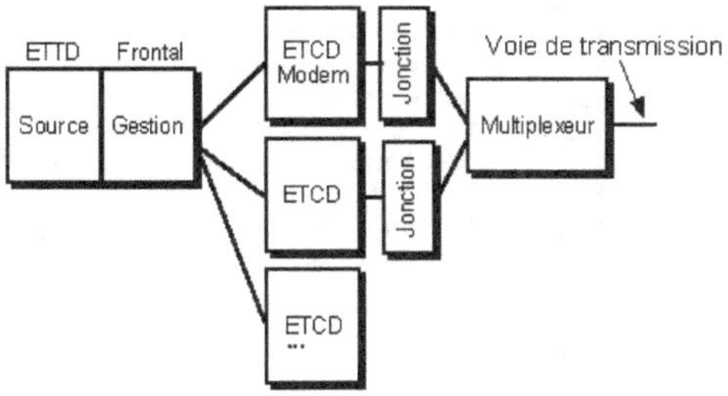

Figure 22.7 ETTD et ETCD

Le **frontal** est un équipement (souvent un ordinateur spécialisé) placé entre le réseau et l'ETTD. Il prend en charge les divers protocoles à mettre en œuvre sur le réseau ainsi que la gestion des divers ETCD et la répartition des transmissions vers les divers interlocuteurs.

22.3.2 Les interfaces de connexion normalisées ou jonctions

Pour mettre ETTD et ETCD en relation, il est nécessaire d'établir une connexion entre les constituants physiques du réseau et notamment le modem ou la carte réseau avec le câble. Les connexions normalisées les plus répandues sont :

- DB25 qui respecte les avis RS232C, Avis V24, port série, ISO-IS2110...
- DB9 qui respecte également l'avis V24, RS232C...
- DB15 qui reprend l'avis X21 UIT-T des services numériques
- RJ 11 utilisé en téléphonie
- RJ45 qui est la principale jonction utilisée en réseau local
- BNC utilisée en réseau local sur support coaxial
- FC ou VF-45 utilisées avec la fibre optique.

Ces jonctions font l'objet, de la part de l'UIT (Union Internationale des Télécommunications) de règles de normalisation qui portent le nom d'**avis**.

a) Connexion DB25 – RS232C ou avis V24

Normalisée par l'avis V24, connue sous le nom de jonction RS232C, de connecteur DB25 (*Data Bus* – 25 broches) ou bien de **port série**, cette connexion repose sur l'utilisation de circuits physiques distincts matérialisant commande ou signalisation. La connexion entre l'ETTD et l'ETCD est réalisée au moyen d'un câble électrique (d'une longueur maximale de 100 mètres environ), enfermant autant de fils qu'il y a de circuits. Le connecteur, situé en bout de câble, a aussi été normalisé par l'ISO ; le plus courant comprend 25 broches. Il est connu sous le nom de prise **Canon 25 points**, connecteur **DB25**, sortie série **RS232C** ou connecteur **V24**.

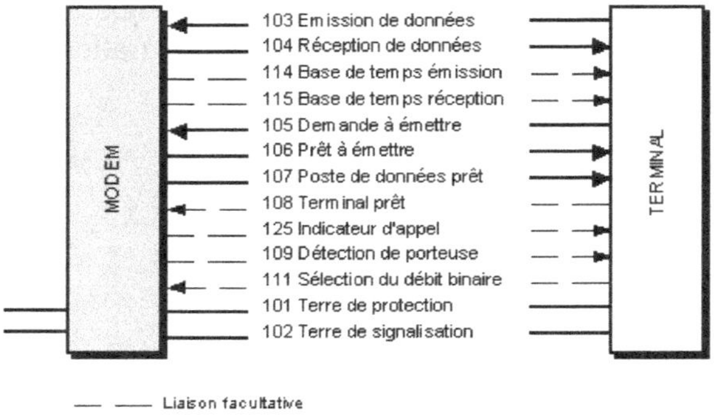

Figure 22.8 Connexion DB25

b) Connexion DB15 et DB9

Les connecteurs DB15 (*Data Bus* – 15 broches) ou interface IEEE 802.3 sont utilisés pour relier des stations de travail à une dorsale Ethernet. Le connecteur DB9 utilisé pour le port série ou comme connecteur Token-Ring, ressemble sensiblement au connecteur DB25, si ce n'est le nombre de broches qui passe à 9. Il existe d'ailleurs des adaptateurs (changeurs de genre) DB9-DB25.

c) Connexions RJ11 et RJ45

Dans les réseaux locaux, ou pour relier le modem à la voie téléphonique, on peut rencontrer d'autres connecteurs tels que le connecteur **RJ11** utilisé en téléphonie et surtout le connecteur **RJ45** – plus grand que le RJ11 de manière à ne pas pouvoir être utilisé sur une ligne téléphonique (mais on fait maintenant des connecteurs RJ11« compatibles » **RJ45**). La fiche RJ45 comporte 8 broches (4 paires) alors que le RJ11 n'utilise que 4 ou 6 broches.

Figure 22.9 Connexion RJ45

Selon les types de câble auquel il est associé, le connecteur RJ45 peut être blindé ou non blindé. Sur les 4 paires de fils reliées au connecteur, Ethernet peut n'utiliser que 2 paires (Ethernet 10 BaseT et Ethernet 100 BaseTX). Avec Ethernet Gigabits on utilise les 4 paires.

Du côté des équipements (carte réseau, adaptateur, concentrateur, commutateur, routeur...) le connecteur au format RJ45 (femelle) est souvent appelé **MDI** (*Medium Dependant Interface*) ou **NIC** (*Network Interface Connector*). Ce connecteur comporte généralement deux voyants qui indiquent si le lien est établi et si une activité est détectée sur le réseau. Une diode orange indique généralement la présence d'un lien à 10 Mbit/s alors que si elle est verte il s'agit en principe d'un lien à 100 Mbit/s.

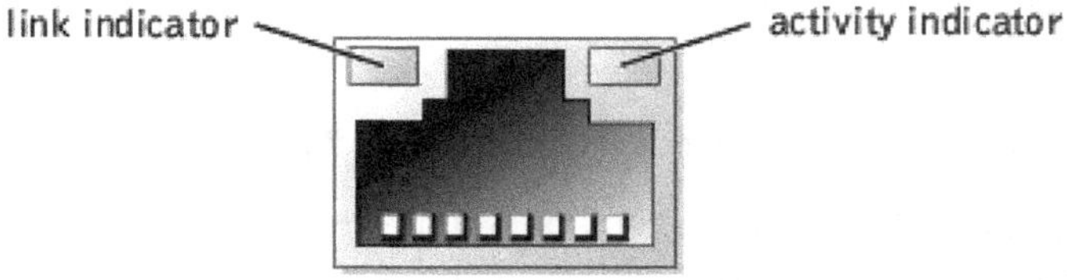

Figure 22.10 Connecteur NIC – RJ45

d) Connexions BNC

Les connecteurs BNC (*British Naval Connector*) servent à connecter des câbles coaxiaux. Ils se présentent la plupart du temps sous la forme de connecteurs sertis ou soudés à l'extrémité d'un câble coaxial fin ou épais, de connecteurs en T servant à relier deux segments de câble à une carte ou de terminaison – bouchon de charge – servant à éviter les phénomènes de rebond de signaux en extrémité de câble.

Figure 22.11 Connexion BNC

e) Connecteurs optiques

Les connecteurs optiques, jusqu'alors de type plus ou moins « propriétaire », sont en train de se standardiser autour de modèles se rapprochant de la classique prise RJ45.

Figure 22.12 Connecteurs optiques

Le connecteur le plus répandu est sans doute le connecteur de type **ST** mais il a l'inconvénient de se présenter sous la forme de deux prises – une fiche émission et une fiche réception. On rencontre désormais des connecteurs : **LC** (*Lucent Connector*), **MT-RJ** (*Mechanical Transfer Registered Jack*), **VF-45**, **FC** (*Ferrule Connector*), **MTO/MTP**, **ST** (*Straight Tip*), **SC** (*Subscriber Connector / Standard Connector*) ou autres MU... Le choix du connecteur n'est pas à négliger car il permet de regrouper sur une façade d'équipement de connexion, un maximum d'arrivées.

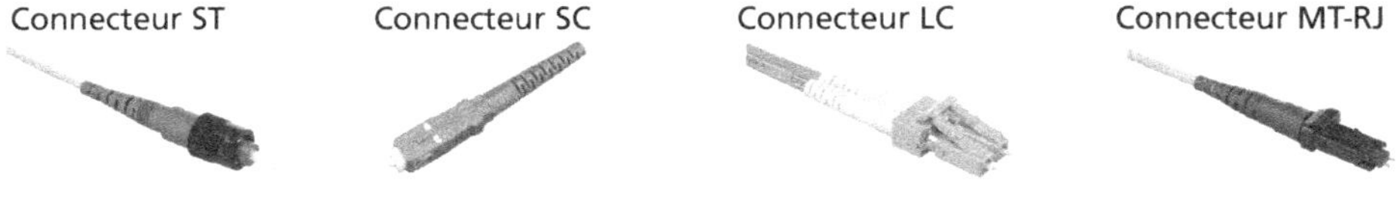

Figure 22.13 Quelques connecteurs optiques courants

Dans les équipements d'interconnexion (concentrateurs, commutateurs...) les **transceivers** sont des composants qui permettent d'assurer une conversion opto électronique entre le signal optique et le signal électrique. Ces transceivers sont eux aussi plus ou moins « normalisés » et peuvent donc se présenter au format **GBIC** (*Gigabit Interface Converter*) adapté aux connecteurs de type LC, **SFP** (*Small Form factor Pluggable*) ou mini-GBIC qui accepte des connecteurs LC ou au format **XFP** (*10-gigabit Form factor Pluggable*). Là encore il existe une multitude de formats : SFP, GBIC, XFP, XENPACK, SFF, 1X9...

Figure 22.14 Transceiver XFP

22.3.3 Les voies de transmission

Matériellement, les divers équipements que nous avons décrits sont reliés entre eux par des lignes métalliques, des lignes coaxiales, des fibres optiques, des liaisons hertziennes, des liaisons radioélectriques... ou **médias** de transport.

a) Les lignes métalliques

Les lignes métalliques ou câbles à quarte, sont généralement utilisées pour constituer des lignes d'abonnés (boucle locale d'abonné) et entre centraux urbains. Les fils sont groupés par paires torsadées afin d'éviter les phénomènes de capacité parasite, paires qui peuvent à leur tour être regroupées en multipaires – jusqu'à plus de 2 600 paires. Bon marché, elles sont encore très employées sur la boucle locale (le fil de téléphone qui va de chez vous au central) – mais sujettes à la diaphonie. La ligne de cuivre permet d'atteindre une bande passante proche des 1,1 MHz ; or en téléphonie classique seule la bande 0 à 4 kHz est utilisée. Des technologies comme xDSL permettent à présent d'exploiter au mieux la bande passante disponible sur ce type de média.

b) La paire torsadée

La « paire torsadée » est le média le plus employé en réseau local du fait de son faible coût. Elle est en fait constituée de fils de cuivre tels qu'utilisés en téléphonie (2 ou 4 paires de fils par câble « basique » – pouvant être groupés sur des câbles multipaires de 16, 32, 64 ou 128 paires). En ce qui concerne les réseaux locaux, cette **paire torsadée** est classée en catégories selon les caractéristiques techniques, le nombre de torsades par pied de long et la bande passante supportée. Les organismes ISO, ANSI, EIA (*Electronic Industries Alliance*) et TIA (*Telecommunications Industry Association*) gèrent les standards de câblage.

- **Catégorie 1** : c'est le traditionnel fil téléphonique, prévu pour transmettre la voix mais pas les données.
- **Catégorie 2** : autorise la transmission des données à un débit maximum de 4 Mbit/s. Il contient 4 paires torsadées.
- **Catégorie 3** : peut transmettre des données à un débit maximum de 10 Mbit/s. Il contient 4 paires torsadées à 3 torsions par pied. Il convient aux réseaux Ethernet 10 Mbit/s et est parfois appelé « abusivement » **10 BaseT** car il était très employé sur ce type de réseau. Les catégories 1 à 3 ne sont quasiment plus employées.

- **Catégorie 4** : peut transmettre des données à un débit maximum de 16 Mbit/s. Il contient 4 paires torsadées. Il était utilisé avec des réseaux Token Ring à 16 Mbit/s.
- **Catégorie 5** : cette catégorie normalisée (EIA/TIA 568), peut transmettre des données à une fréquence de 100 MHz. Dit aussi « abusivement » **100 BaseT** ou « Fast Ethernet » car il est employé sur ce type de réseau, il contient 8 fils (4 paires) torsadés et est utilisable en 10 BaseT et 100 BaseT. À 100 MHz il présente une valeur NEXT de 10,5 dB/100 m et un affaiblissement de 22 dB/100 m. C'est une catégorie courante qui autorise un débit maximal de 100 Mbit/s.
- **Catégorie 5+** : standard destiné à la base à sécuriser les transmissions en Full duplex sur réseau Fast Ethernet (100 Mbit/s). Il contient toujours 4 paires torsadées et travaille également à 100 MHz mais les valeurs NEXT, PS-NEXT... ont été améliorées.
- **Catégorie 5e** (*ehanced*) : autre standard (EIA/TIA 568A-5), destiné aux réseaux à 100 Mbit/s et 1 Gbit/s. Les câbles catégorie 5e sont souvent capables de supporter une fréquence de 200 à 300 MHz. L'atténuation est de 22 dB/100 m. La catégorie 5e permet de fonctionner à des débits de 10 Mbit/s à 1 Gbit/s. La valeur de NEXT est de 35 dB/100 m.
- **Catégorie 6** : ce standard [2002] (EIA/TIA 568-B) permet d'exploiter des fréquences de 250 MHz à 500 MHz (GigaTrue CAT6) et des débits dépassant le 1 Gbit/s. L'atténuation va de 19,8 dB/100 m sur des câbles de 1 fois 4 paires ou de 2×4 paires en 100 MHz à 33 dB/100 m à 250 MHz et atteint 49,2 dB à 500 MHz.
- La **catégorie 7** classe F (câble 4 paires blindé), est prévue pour supporter des fréquences de 600 MHz sur 100 m tandis que la **catégorie 8** (ou 7 classe FA) supporterait 1 GHz autorisant le 10 G Base-T. Ces fréquences permettent d'atteindre de hauts débits sur du cuivre, sachant que le débit ne dépend pas uniquement de la fréquence mais également du codage (Manchester, MLT3...). Ainsi *Fast* Ethernet à 100 Mbit/s nécessite une bande de fréquences de 62,5 MHz en codage NRZE et de seulement 31,25 MHz en codage MLT3.

Selon sa conception le câble va en général être commercialisé sous deux formes :

- paire torsadée non blindée UTP (*Unshielded Twisted Pair*),
- paire torsadée blindée STP (*Shielded Twisted Pair*).

Figure 22.15 Câble catégorie 5 blindé

➤ Paire torsadée non blindée (UTP)

Le câble **UTP** (*Unshielded Twisted Pair*) ou paire torsadée non blindée est un type très employé en réseau local pour des environnements non perturbants. Théoriquement le segment UTP peut atteindre environ 100 m.

➤ Paire torsadée blindée (FTP)

Le câble **FTP** (*Foiled Twisted Pair*), **STP** (*Shielded Twisted Pair*) ou paire torsadée blindée, utilise une qualité de cuivre supérieure et possède surtout une enveloppe de protection composée d'une fine feuille d'aluminium (feuillard ou écran) disposée autour de l'ensemble des paires torsadées. Il est donc plus onéreux mais, compte tenu du blindage et de la meilleure qualité du média, moins sensible à la diaphonie entre fils et aux parasites extérieurs. Il peut souvent supporter un débit plus élevé et permet surtout d'atteindre des longueurs plus importantes (brins de 150 à 200 m environ). On rencontre également, en plus du FTP, du **F/FTP** blindé paire par paire, du **SUTP** (*Screened UTP*) ou du **SSTP** (*Screened STP*) dits aussi « **câble écranté** ».

Les câbles en paires torsadées possèdent généralement 8 fils repérés par leur couleur. Ce repérage peut varier selon la catégorie et la norme adoptée – la norme 568B étant la plus utilisée en catégorie 5 et supérieures. Dans le cas d'un câble blindé un « drain » métallique est mis en contact avec la partie métallique de la fiche RJ45. Les fils sont numérotés de gauche à droite, en regardant la prise par-dessous (contacts visibles vers vous).

TABLEAU 22.2 BROCHAGE DES CÂBLES EN PAIRES TORSADÉES

	Norme	EIA/TIA T 568A	EIA/TIA T 568B
Broche	Catégorie 3	Catégorie 5 et +	Catégorie 5 et +
1	Incolore	Blanc Vert	Blanc Orange
2	Bleu	Vert	Orange
3	Gris	Blanc Orange	Blanc Vert
4	Orange	Bleu	Bleu
5	Jaune	Blanc Bleu	Blanc Bleu
6	Blanc	Orange	Vert
7	Violet	Blanc Marron	Blanc Marron
8	Marron	Marron	Marron

c) *Contraintes de câblage*

TABLEAU 22.3 CÂBLE CROISÉ EN 10 MBIT/S

Côté 1			Côté 2		
Nom	N°	Couleur	Nom	N°	Couleur
TX+	1	Blanc/Vert	RX+	3	Blanc/Orange
TX–	2	Vert	RX-	6	Orange
RX+	3	Blanc/Orange	TX+	1	Blanc/Vert
Masse	4	Bleu	Masse	4	Bleu
Masse	5	Blanc/Bleu	Masse	5	Blanc/Bleu
RX–	6	Orange	TX-	2	Vert
Masse	7	Blanc/Marron	Masse	7	Blanc/Marron
Masse	8	Marron	Masse	8	Marron

Bien entendu, l'émission des signaux d'une station doit arriver sur la réception de l'autre. Ce croisement de fils entre émission et réception est normalement effectué par les équipements d'interconnexion (concentrateur-*hub*, commutateur-*switch*...) et on ne peut donc pas relier directement deux adaptateurs réseau à l'aide d'un simple câble, sauf si on croise volontairement les fils émission et réception (**câble croisé**).

Pour des cartes réseaux à 10 Mbit/s (10 BaseT) voir le tableau 22.3 (fils numérotés de gauche à droite, en regardant la prise, contacts visibles vers vous) :

Pour des cartes réseaux à 100 Mbit/s (100 BaseT) voir le tableau 22.4 :

TABLEAU 22.4 CÂBLE CROISÉ EN 100 MBIT/S

Côté 1			Côté 2		
Nom	**N°**	**Couleur**	**Nom**	**N°**	**Couleur**
TX_D1 +	1	Blanc/Vert	RX_D2 +	3	Blanc/Orange
TX_D1 –	2	Vert	RX_D2 -	6	Orange
RX_D2 +	3	Blanc/Orange	TX_D1 +	1	Blanc/Vert
B1_D3 +	4	Bleu	B1_D4 +	7	Blanc/Marron
B1_D3 –	5	Blanc/Bleu	B1_D4 -	8	Marron
RX_D2 –	6	Orange	TX_D1 -	2	Vert
B1_D4 +	7	Blanc/Marron	B1_D3 +	4	Bleu
B1_D4 –	8	Marron	B1_D3 -	5	Blanc/Bleu

Partant du fait qu'on dispose de 4 paires dans le câble et que dans certains cas on en exploite uniquement 2 (10 BaseT ou 100 Base TX par exemple) certains constructeurs proposent des **économiseurs** ou **doubleurs** de prise en catégorie 3, 5 ou 5e. On peut ainsi utiliser un seul câble pour relier 2 postes.

TABLEAU 22.5 DOUBLEUR DE CÂBLES

	Prise RJ45 arrivée							
Broches	1	2	3	6	4	5	7	8
	|	|	|	|	|	|	|	|
Broches	1	2	3	6	1	2	3	6
	Prise 1 – RJ45				Prise 2 – RJ45			

Avec certains équipements, les câbles peuvent être utilisés en **agrégation de liens** (***trunking***), c'est-à-dire que l'on met plusieurs câbles en parallèle pour faire passer plus de données à la fois et donc augmenter les débits. Cette technique exploitée sur des réseaux locaux de type Ethernet ou ATM présente l'avantage de la sécurité puisque, si un lien est rompu – coupure de fil, connexion défectueuse... – les données continuent à circuler sur les liens restants – à un débit moindre bien entendu.

➤ Connectique

Le connecteur utilisé sur la paire torsadée traditionnelle est en général du type RJ45 c'est pourquoi on emploie parfois – et là encore abusivement – le terme de « **câble RJ45** » alors qu'il s'agit en fait d'un câble de catégorie 4, 5, 5e... et d'une **connectique** RJ45.

Les nouvelles catégories posent encore quelques problèmes de connecteurs. On hésite entre des connecteurs propriétaires tels que mini C d'IBM, connecteurs hermaphrodites de type Gigascore ou RJ45 munis de broches complémentaires GC45 (femelle) et GP45 (mâle). C'est pourtant le traditionnel RJ45 qui l'emporte (même en catégorie 6) car il ne remet pas en cause l'existant.

d) Les lignes coaxiales

Les lignes coaxiales, désormais abandonnées comme média des réseaux locaux mais qu'on peut rencontrer en connexion ADSL ou pour des antennes satellites..., sont constituées de deux conducteurs cylindriques de même axe séparés par un isolant (comme le câble utilisé avec les postes de télévision). Elles permettent de faire passer des fréquences allant jusqu'à plus de 500 MHz. Le débit supporté n'excédant généralement pas les 10 Mbit/s. Le conducteur extérieur sert de blindage au conducteur intérieur, elles sont donc moins sensibles aux parasites. En réseau local on utilisait deux types de câbles coaxiaux : câble coaxial fin (*Thinnet*) et câble coaxial épais (*Thicknet*).

Figure 22.16 Câble coaxial

➤ Câble coaxial fin

Le câble **coaxial fin** (*Thinnet*) ou « abusivement » **10 Base-2** (nom de la norme Ethernet) mesure environ 6 mm de diamètre. Il est donc relativement souple. Il permet de transporter les données sur une distance théorique de 185 mètres avant que le signal ne soit soumis à un phénomène d'atténuation. Il existe en différentes catégories :

- **RG-58 /U** : il comporte un brin central mono fibre en cuivre. C'était le plus utilisé.
- **RG-58 A/U** : il comporte un brin central torsadé ce qui lui donne plus de souplesse mais en augmente le prix.
- **RG-59** : utilisé en transmission à large bande telle que la télévision par câble.
- **RG-6** : d'un diamètre plus large que le RG-59, il est conseillé pour des transmissions à large bande (modulation) ou à des fréquences élevées.

➤ Câble coaxial épais

Le câble **coaxial épais** (*Thicknet*) « abusivement » **10 Base-5** (nom de la norme Ethernet) ou « standard Ethernet » a été le premier type de câble utilisé par les réseaux Ethernet. Il est parfois dit « câble jaune » du fait de la couleur employée au départ.

Son diamètre d'environ 12 mm le rend moins souple que le coaxial fin mais lui permet d'atteindre des débits et des distances plus importantes (500 m) avant que ne se fasse sentir le phénomène d'atténuation. Autrefois utilisé comme épine dorsale (*backbone*) pour interconnecter plusieurs réseaux de moindre importance, il est plus onéreux que le coaxial fin.

e) La fibre optique

La fibre optique – ancienne FOIRL (*Fiber Optic Interrepeater Link*) – est constituée d'un brin central en fibre de verre – **GOF** (*Glass Optical Fiber*) ou en plastique – **FOP** (Fibre Optique Plastique) ou **POF** (*Plastic Optical Fiber*) – extrêmement fin et entouré d'une gaine protectrice. Chaque fibre optique – gainée de plastique de manière à l'isoler des autres – permet de faire passer des fréquences très élevées. D'un prix de revient en baisse, elle est encore délicate à mettre en œuvre pour la fibre verre et son utilisation est de ce fait encore limitée au niveau des réseaux. Toutefois la FOP de plus en plus performante devrait prendre son essor car elle est moins délicate à raccorder du fait du diamètre de son cœur (1 000 µ) contre 9 µ pour une fibre GOF.

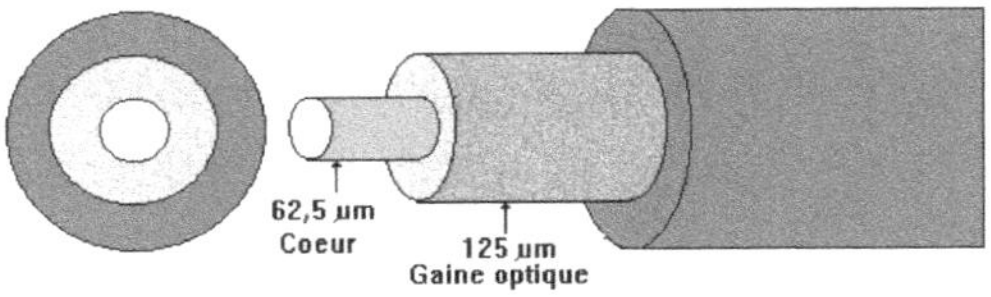

Figure 22.17 Fibre optique

Les fibres optiques permettent de réaliser des liaisons à grande distance et offrent l'avantage d'être pratiquement insensibles à un environnement électrique ou magnétique.

Elles sont classifiables en différents types, selon la façon dont circule le flux lumineux. Si le flux peut emprunter divers trajets la fibre est dite **multimode** (à saut ou à gradient d'indice) ou **MMF** (*Multi Mode Fiber*) alors que si le flux ne peut suivre qu'un seul trajet la fibre est dite **monomode** ou **SMF** (*Single Mode Fiber*).

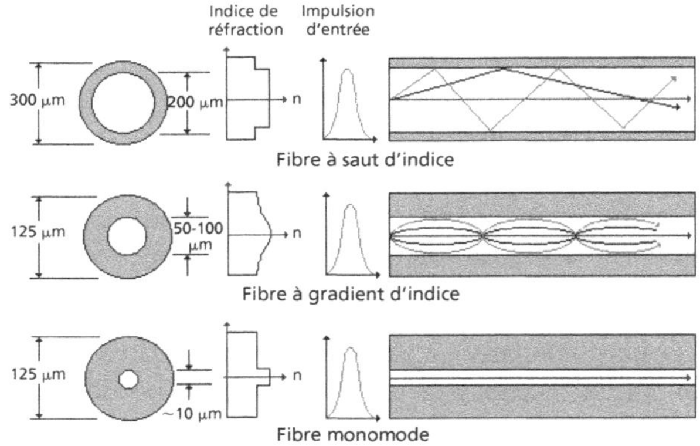

Figure 22.18 Types de fibres optiques

– La **fibre multimode à saut d'indice** (fibre de 1° génération) est constituée d'un cœur et d'une gaine optique en verre ou en plastique dont les indices de réfraction sont différents. Du fait de l'importante section du cœur, cette fibre pèche par une grande dispersion des signaux la traversant, ce qui génère une déformation du signal reçu.
– La **fibre multimode à gradient d'indice** (fibre de 2° génération) est constituée d'un cœur de verre ou de plastique ayant un indice de réfraction qui varie de la périphérie au centre de la fibre. On réduit ainsi la dispersion. Le cœur de la fibre est classiquement de 50, 62,5 ou 100 µ pour du verre et 200 ou 1 000 µ pour du plastique).
– La **fibre monomode** ou **SMF** (*Single Mode Fiber*), plus performante en distance et en débit, se caractérise par une moindre atténuation. Le cœur de la fibre est si fin (9 µ) que le chemin de propagation des ondes lumineuses est pratiquement direct et la dispersion quasiment nulle. La bande passante transmise est presque infinie (> 10 GHz/km). Le très faible diamètre du cœur nécessite toutefois une grande puissance d'émission, donc des diodes au laser onéreuses et un raccordement très précis. On peut distinguer plusieurs catégories :
  – G.652 : fibre à dispersion non décalée, la plus courante, qui permet une transmission à 2,5 Gbit/s au maximum ;
  – G.653 : fibre à dispersion décalée, utilisée dans les câbles sous-marins ;
  – G.655 : fibre à dispersion non nulle ou NZDF (*Non Zero Dispersion Fiber*), conçue pour exploiter WDM (*Wavelength Division Multiplexing*) ;
  – G.692 : compatible avec le multiplexage DWDM (*Dense Wavelength Division Multiplexing*), elle permet d'assurer une transmission haut débit sur des distances pouvant atteindre 2 000 km (câbles sous-marins).

L'affaiblissement de la lumière dans la fibre – fonction de la longueur d'onde de la source – se mesure en nanomètres (classiquement de 850 à 1 300 nm en multimode). Il est constant pour toutes les fréquences du signal utile transmis et plus la longueur d'onde est faible et plus l'affaiblissement du signal est important.

Le **transceiver optique** est le composant qui convertit les signaux électriques en signaux optiques véhiculés par la fibre. À l'intérieur des deux transceivers partenaires, les signaux électriques seront traduits en impulsions optiques par une LED et lus par un phototransistor ou une photodiode.

Initialement, chaque fibre ne transmettait l'information que dans un seul sens ce qui nécessitait l'emploi systématique d'une fibre à l'émission et d'une autre à la réception. On assure maintenant du full-duplex sur une seule fibre.

L'accroissement des débits assurés par les fibres est essentiellement lié aux techniques de multiplexage mises en œuvre. C'est ainsi qu'on utilise :

– **WDM** (*Wave length Division Multiplexing*) ou multiplexage en longueur d'onde qui consiste à injecter simultanément dans la même fibre optique plusieurs trains de signaux numériques à la même vitesse de modulation, mais chacun à une longueur d'onde distincte. Cette technique nécessite, pour multiplexer ou démultiplexer ces longueurs d'onde, des composants particuliers destinés à filtrer la lumière. La solution classique utilise un support transparent où sont déposées de très fines couches de matériaux aux indices de propagation de la lumière différents. Une solution exploite les « réseaux de Bragg photo-inscrits » qui enregistrent la fonction de filtrage directement au cœur d'une fibre de 10 cm de long. Le signal ne passe plus au travers de substrats différents et reste donc dans la fibre.

- **DWDM** (*Dense Wavelength Division Multiplexing*) est une évolution de WDM, qui augmente la densité des signaux optiques transmis en associant de 40 à 80 (et jusqu'à 160) longueurs d'onde dans la même fibre. La variante **UDWDM** (*Ultra Dense Wavelength Division Multiplexing*) permet de multiplexer jusqu'à 1 204 canaux soit un débit agrégé atteignant 6,4 Tbit/s.
- **CWDM** (*Coarse* WDM) autorise le multiplexage en longueur d'onde (18 longueurs d'ondes) sur fibre monomode à l'aide d'équipements moins onéreux que DWDM.

Compte tenu de ses performances, la fibre optique peut être mise en place sur des distances pouvant atteindre 160 kilomètres avec un débit de 14 Tbit/s (essai laboratoire NTT Docomo [2006]) ou de 160 Gbit/s sur une liaison en fibre optique de 4 000 km. Cependant, les débits réellement utilisés ne sont souvent que de 155 Mbit/s à 622 Mbit/s compte tenu de l'emploi d'**ATM** (*Asynchronous Transfer Mode*) ou de **SDH** (*Synchronous Digital Hierarchy*) comme protocoles de transport et les distances « classiques » d'utilisation ne dépassent guère 2 kilomètres.

Les fibres optiques à âme de verre sont délicates à mettre en œuvre, surtout en ce qui concerne les connexions où le moindre défaut peut être fatal. La fibre est sensible aux températures, en effet une chaleur excessive dilate la fibre et modifie les caractéristiques de sa bande passante, alors que le froid la fragilise, notamment lors des opérations de pose. Enfin, il faut penser au trajet de la fibre dans le milieu environnant et prendre en compte les éventuels produits chimiques, rongeurs...

Les fibres **HPCF** (*Hard Polymer Clad Fiber*) emploient le plastique comme placage et le verre de silice comme cœur de fibre. Cette fibre optique respecte la norme FireWire IEEE 1394 établie par l'IEEE (*Institute of Electrical and Electronic Engineers*).

L'utilisation de la fibre est encore restreinte en ce qui concerne les petits réseaux locaux mais les progrès en connectique et en débits sont très rapides et elle gagne du terrain notamment avec les fibres plastiques plus économiques et dont le raccordement est moins problématique. Elles sont essentiellement utilisées pour interconnecter des équipements distants ou pour assurer des liens haut débit dans les réseaux locaux (10 Gigabit Ethernet annoncé).

f) Les courants porteurs

La transmission de données sur les lignes électriques est désormais opérationnelle et d'une mise en œuvre simplissime. Cette technologie dite **CPL** (Courants Porteurs en Ligne), **PLC** (*PowerLine Communication*) ou **BPL** (*Broadband over Power Line*) met en œuvre deux boîtiers que l'on branche sur une prise de courant et qui disposent d'une connectique RJ45 permettant de relier le boîtier au PC, à l'imprimante réseau… La transmission des données se fait sur le circuit électrique, dans des bandes de fréquences différentes de celles utilisées par le courant (50 Hz).

CPL autorise [2007] couramment des débits théoriques de 200 Mbit/s sur une distance allant jusqu'à 1 000 mètres. Toutefois, il souffre encore de l'absence de norme (une norme IEEE P1901 étant prévue courant 2008). D'autre part, le réseau électrique présente une topologie de type bus et le débit annoncé est donc partagé entre tous les adaptateurs connectés au réseau, le nombre de postes étant de fait limité par la bande passante du média. Dans le standard HomePlug, le nombre d'adaptateurs est limité à 15 mais devrait passer à 256 dans la version HomePlug AV. Une version au débit théorique de 1 Gbit/s soit 125 Mo/s [2010] autorise des performances jusque-là réservées aux connexions filaires de type Ethernet.

Enfin, le signal ne s'arrête pas toujours au compteur (CPL *indoor*), et il convient d'utiliser des filtres pour ne pas polluer les réseaux proches et chiffrer les communications si on souhaite une bonne confidentialité. Le CPL « *outdoor* » doit faire l'objet de demandes spécifiques à l'ART compte tenu du manque de normalisation.

g) Les liaisons par satellites

Les liaisons satellites sont des liaisons hertziennes qui utilisent en général la diffusion sur une zone de couverture. Elles sont d'un prix de revient élevé et réservées de ce fait à des transmission de données particulières même si un usage plus courant commence à se répandre (faisceau Internet par exemple). On place chez le client une micro-station satellite ou **VSAT** (*Very Small Aperture Terminal*) qui autorise, selon sa taille, des débits de 64 kbit/s à 2 Mbit/s (voie montante) ou 10 Mbit/s (voie descendante).

Des centaines de satellites de communication sont aujourd'hui en orbite à 36 000 km de la Terre. Ils reçoivent les signaux provenant des stations terrestres, les amplifient et les retransmettent dans une fréquence différente à une autre station. Les principales bandes utilisées (fréquence de montée/fréquence de descente) sont les suivantes :

- bande L (1,6/1,4 GHz), de 80 MHz de largeur, réservée aux communications mobiles. Constituant la bande de fréquence la moins sujette aux perturbations atmosphériques, elle est utilisée par de petites stations terrestres mobiles (bateaux, véhicules terrestres…) ;
- bande C (6/4 GHz), d'une largeur de 500 MHz, très utilisées par les centaines de satellites actifs aujourd'hui en orbite. De fait, elle est maintenant saturée ;
- bande Ku (14/12 GHz), très utilisée, principalement par les grandes stations terrestres fixes ;
- bande Ka (30/20 GHz), qui demeure la seule encore vacante. Mais l'utilisation de fréquences élevées induit un coût important.

Les communications par satellite sont extrêmement sûres et d'une excellente qualité. Le temps d'accès moyen est d'environ 320 ms. Les débits proposés peuvent atteindre 64 Mbit/s en bidirectionnel ou en unidirectionnel avec un multiplexage AMRT (TDMA) à répartition dans le temps en général.

h) Les liaisons laser infrarouges

La norme 802.11r a mis en place les règles d'exploitation de réseaux sans fil au moyen de liaisons infrarouges – IR (*InfraRed*) mais il semblerait que la référence soit en fait le standard **IrDA** (*Infrared Data Association*). L'émission infrarouge peut se présenter sous deux formes :

- **Infrarouge diffus** (*Diffused infrared*) où les ondes infrarouges peuvent se refléter sur des surfaces passives telles que mur, sol ou plafond et qui permettent ainsi à un émetteur d'être en relation avec plusieurs récepteurs. Elles sont utilisées à courte distance par exemple, par les télécommandes d'appareils…
- **Infrarouge en émission directe** (*Direct infrared*) où le signal infrarouge est concentré ce qui autorise des liaisons à plus longue distance et à débit plus élevé mais à condition que les points qui communiquent soient en vis-à-vis.

Théoriquement, les liaisons optiques aériennes **OSF** (Optique Sans Fil), **FSO** (*Free Space Optics*), **FSP** (*Free Space Photonics*) ou **OW** (*Optical Wireless*) par infrarouges (laser infrarouge ou *near-infrared*), dites parfois « fibre optique virtuelle », peuvent assurer des débits allant jusqu'à 2,5 Gbit/s (160 Gbit/s atteints en laboratoire) et une portée de 7 000 m avec un débit qui se dégrade en raison inverse de la distance. Dans les faits 100 à 155 Mbit/s et 500 m semblent les limites proposées par les équipementiers (mais une borne 155 Mbit/s d'une portée annoncée de 6 000 m est commercialisée).

Elles trouvent leur intérêt dans des cas particuliers où une liaison filaire n'est pas envisageable (immeubles en vis-à-vis avec une route entre les deux…). Le coût des équipements est généralement élevé et la transmission est sensible aux conditions d'environnement (brouillard, fumée…).

i) Les liaisons hertziennes ou hyperfréquences

Les liaisons par faisceau hertzien (hyperfréquences ou *microwave*) sont par leur nature, très proches des transmissions radio à la longueur d'onde près, qui se situe ici dans la bande des 1 à 40 GHz… On peut donc y situer des équipements aussi variés que les satellites présentés ci-dessus, les faisceaux hertziens, Bluetooth…

➤ Faisceaux hertziens

Longtemps connus de par les immenses tours employées par France Télécom pour ses transmissions à vue, ces réseaux sont en voie de démantèlement au profit de la fibre optique. On peut également les exploiter entre deux bâtiments au moyen d'antennes directives avec une portée de quelques centaines de mètres à 30 km.

➤ Bluetooth

Bluetooth est un procédé de transmission radio (802.15) à courte distance dont l'usage concerne surtout les liaisons entre périphériques informatiques des réseaux

« personnels » ou **WPAN** (*Wireless Personal Area Network*). De nombreux téléphones portables, organiseurs, PC portables... sont dotés de ces fonctions. La portée maximale est de 100 mètres selon la version Bluetooth utilisée 1.2, 2.0 EDR (*Enhanced Data Rate*) ou 3.0 (*High Speed*) et donc la puissance d'émission ; avec des appareils qui ne sont pas forcément placés en « visibilité directe ». Bluetooth assure la liaison sur 79 canaux se situant dans une bande de fréquences avoisinant les 2,4 GHz, ce qui pose des problèmes d'interférences avec la norme 802.11 exploitée par le WiFi. Le débit maximal atteint, selon la version, 24 Mbit/s sur une portée de trois mètres.

UWB (*Ultra Wide Band*) normalisé IEEE 802.15.3a [2007], considéré parfois comme le successeur Bluetooth, doit permettre d'atteindre un débit de 480 Mbit/s avec une portée théorique de 80 m (en fait 480 Mbit/s à 3 mètres et 100 Mbit/s à 10 !). UWB utilise la technologie **MB-OFDM** (*Multiband Orthogonal Frequency Division Multiplexing*) et exploite la bande de fréquence des 6 à 9 GHz dont le spectre est bien moins occupé que les bandes inférieures mais rend l'UWB Européen non compatible avec l'UWB Américain. Chaque impulsion émise dans la bande ne requiert que très peu de puissance (1 milliwatt) ce qui lui permet de rester en dessous du bruit de fond des systèmes radio existants et limite les risques d'interférence.

j) Les liaisons radio pour réseaux locaux

Les liaisons radio permettent d'apporter de la souplesse dans l'implantation des réseaux locaux. Ces réseaux sans fil utilisent les bandes de fréquence 2,4 GHz (entre 2 350 et 2 450 MHz) ou 5 GHz (entre 5,15 et 5,3 GHz) exploitées au travers des technologies 802.11 ou **WiFi** (*Wireless Fidelity*), **WLAN** (*Wireless Local Area Network*) ou **RLAN** (Radio LAN).

Un WLAN peut comporter deux types d'équipements :

- Le **point d'accès** – **WAP** (*Wireless Access Point*) ou plus simplement **AP**, station de base ou *hotspot*, qui joue le rôle de passerelle entre réseau filaire et réseau sans fil. Il se compose habituellement d'un émetteur/récepteur radio, d'une carte réseau Ethernet et d'un logiciel de pontage. Il redirige l'accès des stations sans-fil vers le réseau filaire.
- Les stations sans-fil peuvent être des cartes 802.11 aux formats PCMCIA, PCI... ou des solutions embarquées dans des composants tels que combiné téléphonique 802.11, GPS, clé USB...

L'architecture 802.11 repose sur la notion de cellule **BSS** (*Basic Set of Service*), de station et de point d'accès **AP** (*Access Point*). Un réseau sans fil peut exploiter deux modes de fonctionnement :

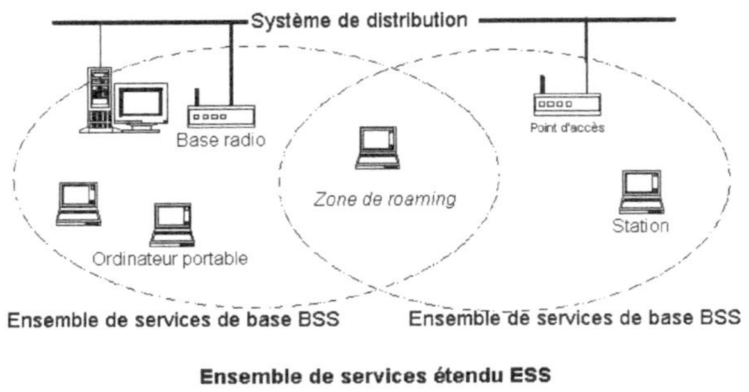

Figure 22.19 Mode infrastructure

– En mode **infrastructure** le client sans-fil est en liaison avec la station de base qui sert de pont avec le réseau câblé. Cette configuration de base est dite cellule **BSS** (*Basic Service Set*) ou ensemble de services de base. Si plusieurs BSS sont connectées sur le même réseau câblé, on forme un **ESS** (*Extended Service Set*) ou ensemble de services étendu. Chaque BSS ou ESS est repérable par un **SSID** (*Service Set Identifier*) ou **ESSID** (*Extended Service Set Identifier*) qui peut être diffusé ou pas. Le client sans-fil peut ainsi librement passer d'une zone couverte par un BSS à une autre (***roaming***), sans perte de connexion ce qui permet d'étendre la zone de couverture du réseau sans-fil. En entreprise, la plupart des clients sans-fil doivent pouvoir accéder aux services pris en charge par le LAN filaire (serveurs de fichiers, imprimantes, accès Internet…), et ils fonctionneront donc généralement en mode infrastructure.
– En mode **point à point** (*peer-to-peer workgroup*) ou mode « **Ad-Hoc** », dit aussi **IBSS** (*Independent Basic Service Set*) ou « ensemble de services de base indépendants », on peut créer des groupes de travail sans station de base et les machines échangent directement des messages entre elles. C'est un moyen simple pour mettre en place un réseau mobile, mais la mise en place d'une solution Ad-Hoc est avant tout destinée à relier de façon ponctuelle deux machines ou plus dans un réseau de type point à point car elle ne permet pas facilement la connexion au réseau filaire de l'entreprise.

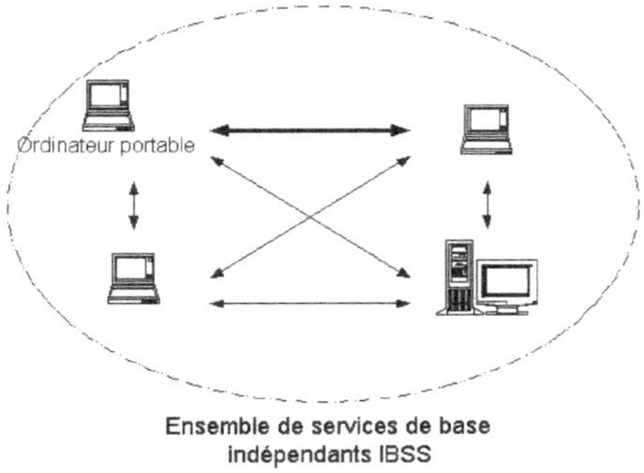

Figure 22.20 Mode Ad-hoc

Le standard 802.11 définit les normes des couches physiques (niveau 2 liaison) qui s'appuient sur diverses techniques de modulation :

- **FHSS** (*Frequency Hopping Spread Spectrum*) ou « à sauts de fréquence », divise la bande des 2,4 GHz en 75 sous-canaux de 1 MHz. La fréquence de transmission est régulièrement changée de façon aléatoire (saut de fréquence) pour éviter l'interception des données. Chaque dialogue sur le réseau s'effectue suivant un schéma de saut différent, défini de manière à réduire le risque que deux émetteurs utilisent simultanément le même sous-canal. Cette technique impose des sauts fréquents et donc une charge importante.
- **DSSS** (*Direct Sequence Spread Spectrum*) dite aussi « à signalisation en séquence directe » ou « à étalement de spectre », divise la bande des 2,4 GHz en 14 sous-canaux de 22 MHz qui se recouvrent partiellement, seuls 3 canaux étant entièrement isolés. Les données sont transmises intégralement sur l'un des canaux « négocié » au départ. Chaque bit de donnée à transmettre est converti en une série de 11 bits comportant des bits redondants (*chipping*) ce qui permet le contrôle et la correction d'erreur car même si une partie du signal est endommagée il peut être reconstruit ce qui réduit les retransmissions.
- **OFDM** (*Orthogonal Frequency Division Multiplexing*) ou « multiplexage par répartition de fréquences » utilisé par HiperLAN 2, 802.11a et 802.11g permet d'atteindre un débit nominal théorique de 54 Mbit/s.

Figure 22.21 Une base radio

La norme 802.11 se décompose en plusieurs versions :

- **802.11b** [1997] utilise la bande de fréquence 2,4 GHz et permet d'atteindre un débit théorique de 11 Mbit/s (4,3 Mbit/s efficaces) et 100 m théorique de portée (460 m annoncés en extérieur mais le débit chute alors à 1 Mbit/s).
- **802.11a** [2002] utilise la bande 5 GHz et permet d'atteindre 54 Mbit/s mais avec un rayon de seulement 50 mètres théoriques (360 m annoncés en extérieur mais le débit chute à 6 Mbit/s). Les cartes « *dual band* » autorisent l'accès aux équipements 802.11a et 802.11b.
- **802.11g** [2003] fonctionne dans la bande 2,4 GHz et assure un débit de 54 Mbit/s. Il est compatible 802.11b et supporte les différentes modulations OFDM, FHSS et DSSS.
- **802.11i** [2004] intègre le cryptage AES-CCMP (*Counter Mode with CBC-MAC*) basé sur AES (*Advanced Encryption Standard*), plus sécurisé que DES et offrant une compatibilité avec TKIP. Ses spécifications définissent aussi la norme **WPA2**

ou « Super WEP », assurant un cryptage robuste, basée sur un chiffrement symétrique itératif à 128 ou 256 bits AES. Il intègre également un mécanisme d'authentification basé sur 802.1x (EAP).

- **802.11n** [2009], 802.11n-2009 ou « *Wireless* N », finalisé après 7 ans de mise au point (l'appellation « pre N » caractérise des équipements ayant « anticipés » la norme), offre des débits pouvant atteindre 600 Mbit/s théoriques (en MIMO 4x4), avec un débit de base par cellule de 72 Mbit/s au lieu de 54 ; soit 10 fois plus que du 802.11g (en fait de 100 à 200 Mbit/s efficaces dans un rayon de 100 mètres). *Wireless* N met en œuvre la technologie **MIMO** (*Multiple-Input Multiple-Output*) basée sur l'utilisation simultanée de plusieurs antennes au niveau des émetteur et récepteur. Les périphériques MIMO sont caractérisés par le nombre d'antennes d'émission et de réception qu'ils utilisent simultanément. Ainsi, un point d'accès 2x1 MIMO émet sur deux antennes et reçoit sur une, alors qu'un 3x3 MIMO émet et reçoit sur 3 antennes. Comme le 802.11g, 802.11n permet de fusionner (*channel bonding* ou *Maximal Ratio Combining*) deux canaux de 20 MHz en un canal de 40 MHz. On devrait donc noter les groupes d'antennes avec trois chiffres : le nombre d'antennes émettrices, réceptrices, et le nombre de flux de données. Ainsi, un 3x3:2 (ou 3x3x2) propose 3 antennes en émission, 3 en réception, et 2 flux de données. Ces « facteurs » sont donc des points à considérer lors de l'achat d'un produit 802.11n.

802.11n intègre également un mécanisme d'agrégation de trames (*frame agregation*) qui permet de diminuer le temps entre transmissions. Les technologies habituelles reposent sur la demande d'émission de la station émettrice, avec envoi d'un paquet RTS (*Request To Send*), la libération du canal, l'émission, puis à nouveau RTS, libération, émission… Avec l'agrégation de trames, une fois que la station émettrice a obtenu un canal, elle peut transmettre une série de trames sans avoir à libérer le canal et à le redemander pour chacune.

Standard	**802.11b**	**802.11g**	**802,11a**	**802,11n**
Canaux de transmission	3 sans chevauchement	3 sans chevauchement	8 sans chevauchement (4 dans certains pays)	
Bande de fréquences	2,4 GHz	2,4 GHz	5 GHz	2,4 et 5 GHz
Débit maxi par canal	11 Mbit/s	54 Mbit/s	54 Mbit/s	300 Mbit/s
Portée théorique	100 mètres	100 mètres	Jusque 366 mètres à l'extérieur, 91 m à l'intérieur	Plus de 400 m en extérieur, 100 m en intérieur
Portée moyenne constatée	30 m (11 Mbit/s) 90 m (1 Mbit/s)	15 m (54 Mbit/s) 45 m (11 Mbit/s)	12 m (54 Mbit/s) 90 m (6 Mbit/s)	80 m (100 à 200 Mbit/s)

Le rayon de couverture de 802.11n est jusqu'à 2-3 fois supérieur à celui des technologies 802.11a,/b,/g, l'itinérance (*roaming*) est améliorée et la signalisation MIMO renforcée augmente la fiabilité de la liaison. La norme intègre les technologies WPA (*Wifi Protected Access*) et WPA2 utilisant des méthodes de cryptage et d'authentification hautement sécurisées.

La sécurisation des normes 802.11 se fait au travers de diverses méthodes possibles :

- **WEP** (*Wireless Encryption Protocol*, ou *Wired Equivalent Privacy*) assure le chiffrement des communications en s'appuyant sur une clé de 40 ou 104 bits **DES** (*Data Encryption Standard*). Certains fournisseurs entretiennent la confusion en indiquant l'emploi de clés 64 ou 128 bits. En fait, les longueurs de clé réelles sont de 40 bits et de 104 bits, les autres 24 bits concernant un paramètre d'initialisation non exploitable pour le cryptage. Certaines solutions propriétaires sont plus sécurisées (clé de 152 bits...).
- **WPA** (*Wireless Protected Access* ou *Wi-Fi Protected Access*) [2003] dit parfois **WAP** (*Wireless Access Protocol*) permet de changer les clés de cryptage à intervalles réguliers, sécurisant ainsi la transmission. Elle intègre l'algorithme de **chiffrement TKIP** (*Temporal Key Integrity Protocol*) et un mécanisme **d'authentification** inexistant dans WEP, fondé sur les techniques **802.1x** et **EAP** (*Extensible Authentification Protocol*) qui exploite les informations d'un serveur d'authentification (Radius...) pour autoriser le client à se connecter.
- **WPA2** [2005] (norme IEEE **802.11i** certifiée par la Wi-Fi Alliance) est une extension du WPA qui impose un chiffrement basé sur **AES** (*Advanced Encryption Standard*), plus sécurisé et mettant en œuvre des clés de 128 à 256 bits.

À côté de ces normes courantes de transmission radio, on peut rencontrer quelques autres technologies :

- **HiperLAN** (*High Performance Radio Lan*) défini par l'**ETSI** (*European Telecom Standard Institute*) est une norme conforme 802.11. **HiperLAN 1** exploite la bande de fréquence des 5 GHz et une modulation GMSK qui permet d'atteindre le débit théorique de 24 Mbit/s et **HiperLAN 2** toujours dans la bande 5 GHz permet d'atteindre – comme 802.11a – des débits de 25 à 74 Mbit/s. **HiperLAN 3** ou **HiperAccess** (*High Performance Radio Access*) est exploité en réseaux radio **WMan** (*Wireless Metropolitan area network* – 5 km) de type point à multipoint à 25 Mbit/s et **HiperLAN** 4 ou **HiperLink**, pour des liaisons à courte portée (de 50 à 500 m) à 17 GHz et 155 Mbit/s.
- **802.20** ou **MBWA** (*Mobile broadband Wireless access*), qui se positionne comme remplaçant de l'interface radio des mobiles de troisième génération. Il permettrait aux terminaux de se déplacer à 250 km/h, avec des débits inférieurs à ceux du 802.16e, mais l'IEEE a décidé de suspendre [2006] les délibérations du groupe de travail 802.20...

Malgré les récentes évolutions, les réseaux sans fil restent encore plus lents que les réseaux câblés et plus sensibles aux erreurs de transmission qui demandent une bande passante conséquente pour « corriger » les problèmes. Ils progressent donc moins rapidement que l'on pouvait l'envisager il y a quelques années…

Toutefois, l'usage du ***beam forming*** (*beamforming, transmit beamforming,* ou *cophasing*, partie optionnelle de la norme 802.11n) pourrait bien révolutionner prochainement la Wifi. Cette technologie consiste à « orienter » les émissions des différentes antennes d'un point d'accès MIMO pour focaliser les signaux émis vers le client afin d'amplifier le signal « reçu », composé de la somme des signaux émis. Et cela à chaque émission de paquet et pour chaque client individuellement. Cette technologie a déjà été adoptée par Cisco sur certains points d'accès (Cisco Aironet 1140AGN par exemple) sous l'appellation *ClientLink*.

Norme ou standard	Débit maximum théorique	Portée théorique (norme)
HomeRF	1.6 Mbit/s	< 50 m
802.11	2 Mbit/s	100 m
802.11b	11 Mbit/s	100 m
802.11a	54 Mbit/s	50 m
802.11g	54 Mbit/s	100 m
802.11n	600 Mbit/s	400 m
Bluetooth 1.1	1 Mbit/s	100 m
Bluetooth 2.0	de 750 kbit/s à 3 Mbit/s	15 à 20 m
Bluetooth 3.0	400 Mbit/s	10 m
HiperLAN 1	20 à 25 Mbit/s	100 m
HiperLAN 2	24, 56 ou 72 Mbit/s	100 m

k) Les liaisons radio « mobiles »

Les **3RD** (Réseaux Radioélectriques Réservés aux Données) ou **WWAN** (*Wireless Wide Area Network*) permettent de s'affranchir d'une infrastructure figée, assurant ainsi la mobilité des terminaux à relier. Les liaisons radio seront donc de plus en plus employées dans les réseaux du futur, notamment avec le développement des « terminaux mobiles » ou « nomades » de type PDA…

GSM (*Global Service for Mobile Communications*) [1982] dit de « génération 2 » ou 2G, est une norme européenne de transmission en radiotéléphonie, basée sur un découpage géographique en cellules (réseau **cellulaire**), qui permet d'atteindre un débit théorique de 12 kbit/s (9 600 bit/s en pratique) en utilisant les bandes de fréquences situées autour de 900 MHz, 1 800 MHz et 1 900 MHz (DCS 1 800, DCS 1 900). GSM utilise **TDMA** (*Time Division Multiple Access*) qui divise chaque porteuse de fréquence utilisée en intervalles de temps très brefs (*slots*) de 0,577 milliseconde. On réalise ainsi un multiplexage de type AMRT (TDMA) fixe. Les utilisateurs exploitent la même fréquence mais à des moments différents.

À sa mise sous tension, le mobile émet des paquets d'identification vers la station de base **BTS** (*Base Terminal Controler*), qui couvre la cellule la plus proche. La taille des cellules varie selon l'environnement et la bande de fréquence utilisée. Avec GSM elle varie aujourd'hui de 300 m à 35 km de diamètre. On sait donc à tout instant sur quelle cellule se trouve le mobile. Quand un utilisateur appelle, il compose le numéro et l'appel est transmis vers sa BTS la plus proche qui relaye l'appel vers un multiplexeur **BSC** (*Base Station Controler*), qui va router à son tour le message vers son destinataire au travers des commutateurs **MSC** (*Main Switch Center*) d'un réseau généralement filaire. Si l'appel est destiné à un autre mobile il sera pris en charge par la BTS où se trouve le correspondant et émis vers le mobile.

GPRS (*General Packet Radio Service*) ou génération 2.5G, évolution du GPS (**GPS Phase 2+**) utilise un **TDMA** statistique et la **commutation de paquets**. La transmission se fait sur plusieurs *slot-times* (8 par usager), assurant un débit théorique de 158,4 kbit/s. Mais GPRS réduit la taille des cellules (au maximum 2 km), la mobilité de l'abonné étant inversement proportionnelle à la bande passante dont il dispose. GPRS est disponible sur la majeure partie du territoire.

EDGE (*Enhanced Data rate for GSM Evolution*) dit « génération 2.75G », autorise un débit de 384 kbit/s en réception (voie descendante). Basé sur GPRS il reprend les mécanismes du TDMA statistique. Toutefois, l'infrastructure de réseau est remise en cause et les cellules restreintes à 300 m de portée ! Il ne semble pas appelé à un avenir très important mais est proposé comme voie « intermédiaire » avant le déploiement d'UMTS ou de HSDPA, par certains opérateurs.

UMTS (*Universal Mobile Telephony Service* ou *Telecommunications System*), ou 3G (troisième génération) est basé sur **WCDMA** (*Wideband Code Division Multiple Access*) et utilise la technique de modulation **QPSK** (*Quadrature Phase Shift Keying*) – les utilisateurs exploitent une même bande de fréquences où ils sont identifiés par des codes (adresse MAC de la station...). Cependant, s'il y a trop de communications simultanées, le rapport signal bruit se dégrade et la station de base **BTS** (*Base Terminal Controler*) pilotant la cellule n'est plus en mesure de les identifier ce qui lui impose de se « replier sur elle même » en diminuant sa puissance d'émission et donc sa portée. En théorie, UMTS permet d'atteindre 2 Mbit/s à partir d'un point fixe et 384 kbit/s en mouvement – en fait de 64 à 128 kbit/s en émission (voie montante) et de 128 à 384 kbit/s en réception (voie descendante). Les bandes de fréquence utilisées, différentes de celles adoptées par GSM ou GPRS, remettent en cause les infrastructures réseau ce qui limite l'accès UMTS aux seules grandes villes.

HSPA (*High Speed Packet Access*) est un ensemble de protocoles utilisés en téléphonie mobile (génération 3,5G ou 3G+), recouvrant HSDPA et HSUPA et basés, comme UMTS, sur WCDMA. On trouve parfois la notation HSxPA.

HSDPA (HS *Downlink* PA) [2006] offre des débits théoriques de 3,6 Mbit/s en voie montante, UL (*Upload Link* ou *Uplink*), et 14,4 Mbit/s en voie descendante, DL (*Download Link* ou *Downlink*). Complémentaire de HSDPA, **HSUPA** (HS *Uplink* PA) propose 50 Mbit/s en DL et 5,74 Mbit/s en UL. Bien que HSDPA et HSUPA soient des services indépendants, ils sont souvent utilisés conjointement dans des applications comme la voix sur IP…

Basé, comme UMTS, sur **WCDMA**, ces technologies assurent la transmission au moyen de canaux partagés, permettant de gérer chacun jusqu'à 15 codes de transmission. Chaque mobile dispose d'un ou plusieurs codes et passe d'un canal à l'autre en 2 millisecondes (20 avec UMTS). La technique de modulation utilisée double la capacité de transfert par rapport à QPSK exploité dans UMTS.

HSOPA (HS *OFDM* PA) ou **4G** est le remplaçant de HSxPA. Il offre des débits bien supérieurs (en théorie 100 Mbit/s en DL) et le nombre d'utilisateurs par fréquence est également supérieur et dépasse les 100 (contre 40 en HSDPA et 9 en UMTS). **HSOPA** étant basé sur une technologie de fréquences orthogonales (OFDM) n'est pas compatible avec WCDMA utilisé en 3G et 3G+, en Europe et dans plusieurs autres pays. **HSOPA** annonce sans doute la convergence des réseaux mobiles avec les réseaux sans fil (WiFi-MIMO/WiMAX), ces derniers fonctionnant déjà avec des fréquences de type OFDM.

WiMAX (*Worldwide interoperability for Microwave Access*) ou **MWBA** (*Mobile Wireless Broadband Access*) est basé sur la norme radio IEEE 802.16, permettant d'émettre et de recevoir des données dans les bandes de fréquences de 2 à 11 GHz. Il offre un débit théorique maximum de 75 Mbit/s sur une portée de 50 km. En pratique plutôt 12 Mbit/s sur 20 km.

La norme 802.16a n'intègre pas le *roaming* (passage automatique d'une antenne à une autre), il n'agit donc qu'en liaison point à point (*ad hoc*). Par contre, 802.16e [2004] intègre désormais le *roaming* et rend ainsi WiMAX complémentaire du WiFi ou de la 3G pour les réseaux mobiles.

WiMAX, standard international ITU [2007] de la norme 3G, assure des connexions sans fil à haut débit, essentiellement en point-multipoint, avec une couverture de plusieurs kilomètres, permettant des usages en situation fixe ou mobile et remplace ainsi l'ancienne **BLR** (Boucle Locale Radio).

Toutefois WiMAX peine à s'imposer, alors qu'arrive déjà la relève avec la norme **LTE** (*Long Terme Evolution*).

LTE (*Long Term Evolution* ou **4G**), en cours de développement, devrait offrir [2011] des débits théoriques de 100 Mbit/s (300 Mbit/s prévus) en lien descendant et de 50 Mbit/s (75Mbit/s prévus) en lien montant. Toutefois 80 Mbit/s et 25 Mbit/s semblent être les débits efficaces mesurés.

LTE offre une zone de couverture supérieure (100 km en campagne) et une rétro-compatibilité avec GPRS et UMTS.

LTE s'appuie sur les technologies **HSOPA** ou **E-UTRA** (*Evolved* UMTS *Terrestrial Radio Access*), utilisés également en ADSL et WiFi et **MIMO** (*Multiple Inputs Multiple Outputs*) qui utilise plusieurs antennes au niveau de l'émetteur et du récepteur.

Le déploiement de LTE a démarré courant 2010 et les objectifs à court terme sont un LTE *Advanced* (Release 10) permettant d'atteindre un débit de 1 Gbit/s en DL et 500 Mbit/s en UL tandis qu'un **IMT *Advanced*** (*International Mobile Telecommunications Advanced*) prévu pour 2012 est déjà en cours d'étude avec un débit symétrique de 1 Gbit/s.

22.3.4 Modems

Ainsi que nous l'avons vu dans la partie consacrée à la théorie du signal, il peut être nécessaire de transformer le signal numérique issu de l'ETTD en un signal analogique transmis sur la ligne et inversement.

a) *Modems classiques*

Les fonctions de MOdulation et de DEModulation entre le poste d'abonné et le Réseau Téléphonique Commuté sont réalisées grâce à un appareil appelé MODEM, qui peut se présenter sous la forme d'une simple carte enfichée dans l'ordinateur, d'une carte électronique interne ou d'un boîtier distinct. Le modem assure également dans la plupart des cas une éventuelle compression, l'encryptage et le contrôle contre les erreurs... ainsi, bien entendu, que décompression, décryptage...

Les modems sont normalisés par des avis de l'ITU. La **boucle locale** d'abonné représente la partie de la ligne qui va de l'abonné au central téléphonique. La modulation concerne donc cette boucle locale, le reste du réseau téléphonique étant dorénavant numérisé à 100 %, en France tout du moins.

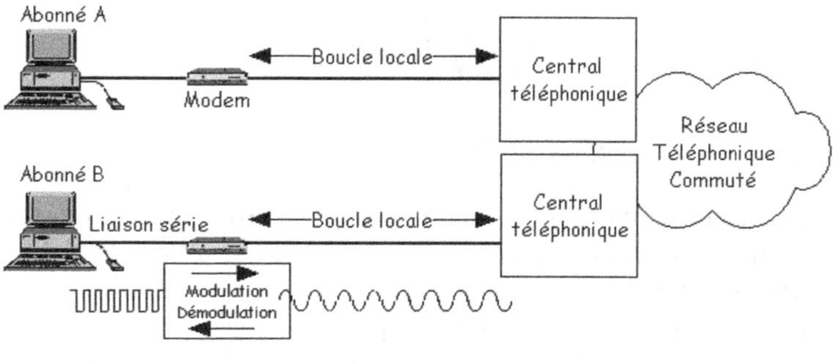

Figure 22.22 Rôle et place du MODEM

Les débits binaires offerts par les modems ont évolué : V34 à 28,8 kbit/s, V34 bis à 33,6 kbit/s [1993], V90 à 56/33.6 kbit/s [1996] et enfin V92 à 56/48 kbit/s [1999]. Toutefois, on peut considérer que le débit efficace et « réel » annoncé est rarement atteint. Avec la montée en puissance des technologies xDSL, la fin des modems classiques est imminente.

b) Modems vocaux

Ces modems sont capables d'intégrer voix et données et notamment de numériser et compresser la voix. Ils permettent, grâce aux techniques du DSVD (*Digital Simultaneous Voice and Data*) ou ASVD (*Analogic SVD*), de transformer un micro-ordinateur en répondeur-enregistreur, serveur vocal interrogeable à distance, gestionnaire de fax… Ainsi un modem DSVD V34 utilisera 4,8 kbit/s pour transmettre de la voix et 24,4 kbit/s pour transmettre, simultanément, des données. Ils permettent de transformer l'ordinateur en répondeur-enregistreur, voire en serveur vocal – une voix de synthèse dialoguant avec le correspondant qui réagit en utilisant les touches de son téléphone.

c) Modems DSL

La technologie **DSL** (*Digital Suscriber Line,* ligne d'abonné numérique) permet d'assurer des transmissions numériques haut débit, sur de la paire torsadée classique. Il n'est donc pas nécessaire de recâbler l'abonné s'il dispose déjà d'une ligne RTC. DSL se décline en diverses versions ADSL, SDSL, HDSL, VDSL… référencées sous le sigle **xDSL**. Le principe du xDSL consiste à mettre en œuvre une modulation par échantillonnage et un multiplexage sur plusieurs porteuses, permettant d'allier les avantages du numérique et du multiplexage pour obtenir des débits théoriques atteignant jusqu'à 200 Mbit/s (VDSL2).

Figure 22.23 Un MODEM ADSL

On distingue généralement deux canaux : une **voie montante** (amont, flux sortant, voie d'émission, canal d'interactivité, *upload*…) allant de l'abonné vers le réseau et une **voie descendante** (aval, flux entrant, voie de réception, canal de diffusion, *download*…) allant du réseau vers l'abonné. Voie montante et voie descendante ont un débit différent dans les techniques **asymétriques** et un même débit dans les techniques **symétriques**. Ce débit théorique chute généralement en fonction de la distance et n'est donc effectif que dans les premières centaines de mètres de la voie.

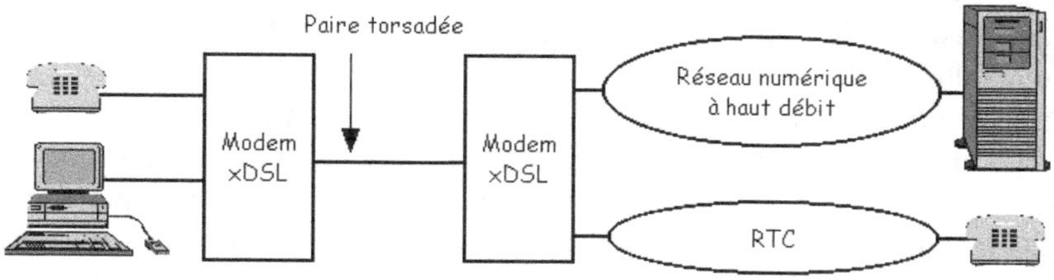

Figure 22.24 Modem xDSL

- **ADSL** (*Asymetric DSL*) est la technique généralement utilisée. Les canaux sont de type **asymétrique**. Avec la mise en œuvre des modulations CAP (*Carrierless Amplitude and Phase*) ou DMT (*Discrete MultiTone*) on atteint un débit de 8 Mbit/s (voie descendante) et 2 Mbit/s (voie montante) sur les modems ADSL (*Asymetric Digital Suscriber Line*). Avec ADSL, le découpage des plages de fréquences est : de 0 à 4 KHz pour la voix ; de 25 à 200 KHz pour les transferts de données montants et de 250 KHz à 1,1 MHz pour les transferts de données descendants.
- **ADSL2** [2003] assure un débit descendant pouvant atteindre 10 Mbit/s et permet d'augmenter la portée des lignes mais le débit montant reste plafonné à 1 Mbit/s.
- **ADSL2+** [2004] porte à 2,2 MHz la fréquence maximum des lignes téléphoniques et le débit théorique maximal atteint alors 25 Mbit/s en réception et 1,2 Mbit/s en émission. Cependant, la montée en fréquence détermine la portée du signal et il faut donc que la prise téléphonique se situe à moins de 2 kilomètres du central **DSLAM** (*Digital SubscriberLine Access Multiplexor*) pour profiter de débits supérieurs à 10 Mbit/s.
- **HDSL** (*High bit rate DSL*) autorise le débit d'un canal T1 (1 544 kbit/s) ou E1 (2 048 kbit/s). Il est utilisé par les opérateurs sur la boucle locale d'abonné ou pour interconnecter deux autocommutateurs PABX. Il nécessite l'emploi de deux paires téléphoniques au moins.
- **IDSL** (*ISDN Digital Subscriber Line*) ou ligne numérique d'abonné ISDN symétrique permet la transmission de données en voie montante ou descendante à haut débit (variant de 64 à 144 kbit/s sur une paire de fils de cuivre). La distance maximum à partir d'un central est de 5 km, mais peut être doublée.
- **SDSL** (*Symetric DSL* ou *Single line DSL*) est la version « sur une paire » de HDSL. SDSL offre le même débit en voie montante et en voie descendante (2 Mbit/s pour une distance de 1,5 à 3 km, 528 kbit/s à 4 km, 144 kbit/s à 5 km…). SDSL n'étant pas compatible avec la transmission RTC sur la même paire de cuivre il faut installer deux paires pour bénéficier à la fois du RTC et de SDSL.
- **SHDSL** (*Single-pair High-speed Digital Subscriber Line*) ou ligne numérique d'abonné symétrique à très haut niveau de transmission. SHDSL permet de relier des utilisateurs situés à plus de 5,4 km. La vitesse de transmission sur voie montante ou descendante varie de 144 kbit/s à 2,3 Mbit/s sur une paire de fils de cuivre.

– **RADSL** (*Rate Adaptive DSL*) ou **RDSL** offre la particularité de mettre en œuvre des mécanismes de replis permettant d'adapter le débit aux caractéristiques physiques du canal.
– **VDSL** (*Very high speed* ou *Very high bit rate DSL*) est une technologie asymétrique qui autorise un débit de 13 à 52 Mbit/s sur le canal descendant ou canal de diffusion et de 1,5 à 2,3 Mbit/s en voie montante, sur une simple paire de fils de cuivre. La liaison VDSL se subdivise en 2 048 porteuses allouées à l'utilisateur selon les besoins. VDSL est limité à une portée de 1,3 km (à 13 Mbit/s).
– **VDSL2** [2006] permet d'atteindre un débit théorique de 100 Mbit/s en full duplex, soit un débit total agrégé supérieur à 200 Mbit/s par port. Il autorise des combinaisons à 70 Mbit/s en voie descendante et 30 Mbit/s en voie montante et exploite les techniques d'adaptation à la voie de RADSL et de modulation DMT de ADSL. Le spectre de fréquences est élargi à 30 MHz contre 12 MHz pour VDSL. Pour disposer de tels débits l'utilisateur doit cependant être à moins de 300 à 500 m du **DSLAM** (*Digital SubscriberLine Access Multiplexor*), sa portée théorique de 2000 m étant loin d'offrir des débits satisfaisants.

TABLEAU 22.8 COMPARATIF DES DSL (SOURCE BLACK BOX)

	Codage	Débit montant	Débit descendant	Portée
ADSL	DMT	640 kbit/s	8 Mbit/s	5,4 km
HDSL	2B1Q	2 Mbit/s	2 Mbit/s	3,6 km
HDSL2	PAM	2 Mbit/s	2 Mbit/s	5 km
IDSL	2B1Q	144 Kbit/s	144 Kbit/s	5,4 km
RADSL	DMT	1,08 Mbit/s	7,1 Mbit/s	5,4 km
SDSL	2B1Q	2 Mbit/s	2,3 Mbit/s	1,5 km
VDSL	DWMT	2,3 Mbit/s	52 Mbit/s	1,3 km

Selon la catégorie de DSL divers techniques de modulation peuvent être employés.

– **2B1Q** (*2 Bits 1 Quaternary line state*) consistant à affecter à une paire de bits un des quatre niveaux électriques définis (voir les notions de valence). Les niveaux sont ici respectivement : **00** –2,5v, **01** –0,83v, **10** +2,5v, **11** +0,83v.
– **CAP** (*Carrierless Amplitude and Phase modulation*) utilise une modulation d'amplitude à deux porteuses en quadrature dérivée du *QAM (Quadrature Amplitude Modulation*) avec suppression de la porteuse.
– **DMT** (*Discrete Multi Tone*) divise chaque plage de fréquence en trois sous-canaux (porteuses ou tonalités) espacés de 4,3 kHz. Chaque sous-canal modulé en phase et en amplitude constitue un symbole DMT qui permet de coder 8 bits par temps d'horloge. Les trois sous-canaux définis sont : un canal voix analogique, un canal bidirectionnel numérique à débit moyen (émission) et un canal numérique descendant (réception) à haut débit.
– **DWMT** (*Discrete Wavelet MultiTone*) utilise un principe de fonctionnement proche de celui de DMT. Mais dans cette technique, les sous-canaux sont séparés

par une bande moitié moindre que celle nécessaire à DMT. Les performances de DWMT sont nettement supérieures à celles de DMT mais sa complexité encore prohibitive.

d) Modems câble

Le **modem câble** relie l'ordinateur au câble du réseau de télévision au lieu du réseau téléphonique. Il utilise certaines fréquences du réseau câblé, distinctes de celles des chaînes de télévision. Son intérêt est lié au débit de 10 Mbit/s qu'offre le câble coaxial, assurant une bande passante d'environ 500 MHz – laissant loin derrière les 128 kbit/s que l'on peut atteindre avec deux voies Numéris ! Certains offrent des débits théoriques de 768 kbit/s à l'émission (voie montante) et de 10 à 30 Mbit/s en réception (voie descendante). Le débit théorique de 10 Mbit/s n'est pour ainsi dire jamais atteint, car l'utilisateur partage la bande passante avec les autres utilisateurs connectés au réseau. Le débit efficace est donc fonction du nombre d'utilisateurs connectés simultanément et plus il y a d'utilisateurs connectés, moins le débit alloué sera élevé.

Figure 22.25 Un MODEM Câble

Le modem câble est en fait un convertisseur de modulation entre le réseau câblé et un réseau Ethernet.

L'offre modem câble est cependant concurrencée par l'offre xDSL dont le débit – proche de celui offert par le câble – n'est plus partagé entre les utilisateurs.

TABLEAU 22.9 ÉVOLUTION DES DÉBITS

Technologie	Type	Voie montante (émission)	Voie descendante (réception)
V90	Ligne analogique	33,6 kbit/s	56 kbit/s
DSL 64 kbit/s	Ligne numérique RNIS	64 kbit/s	64 kbit/s
DSL 128 kbit/s	Ligne numérique RNIS	128 kbit/s	128 kbit/s
Câble	Câble TV	768 kbit/s	10 Mbit/s
ADSL	DSL Asymétrique	De 16 kbit/s à 640 kbit/s	De 1,5 Mbit/s à 9 Mbit/s
RADSL	DSL Taux variable	De 90,6 kbit/s à 1,088 Mbit/s	De 640 Kbit/s à 7,2 Mbit/s
VDSL	DSL Haute performance	De 1,5 Mbit/s à 2,3 Mbit/s	De 13 Mbit/s à 52 Mbit/s
T1 à T3	Ligne spécialisée	De 1,5 Mbit/s à 45 Mbit/s	De 1,5 Mbit/s à 45 Mbit/s
E1 à E4	Ligne spécialisée	De 2 Mbit/s à 140 Mbit/s	De 2 Mbit/s à 140 Mbit/s

22.4 LES MODÈLES ARCHITECTURAUX (OSI, DOD...)

L'amélioration des techniques de commutation (paquets, trames, cellules...), ainsi que la mondialisation des transferts d'informations ont amené les constructeurs et les organismes internationaux à définir des modèles d'architectures de réseaux plus ou moins « standard ». On rencontre ainsi le **modèle OSI** de l'ISO, le **modèle DOD** exploité avec TCP/IP, le modèle IEEE 802 utilisé en réseau local.

22.4.1 Le modèle architectural OSI

Le modèle **OSI** (*Open System Interconnection*) ou **ISO** (Interconnexion de Systèmes Ouverts) a été mis au point [1978] par l'organisme de normalisation **ISO** (*International Standard Organisation*) ou **OSI** (Organisme de Standardisation International) – vous suivez ? – sous le contrôle de l'**UIT** (Union Internationale des Télécommunications), ex **CCITT** (Comité Consultatif International des Téléphones et Télécommunications) et de l'**ISO** dont le siège est à Genève.

OSI a pour but de proposer un modèle structuré permettant à des réseaux hétérogènes de communiquer. L'élaboration de cette norme a rencontré des difficultés dues à l'existence de standards de fait comme TCP/IP, ou propriétaires comme SNA d'IBM. Reprise en 1984, elle a facilité les travaux d'interconnexion de matériels issu de normes différentes, mais on est encore loin de la notion de système ouvert et la norme est loin d'être toujours respectée...

Le modèle OSI repose sur trois termes importants : les **couches**, les **protocoles** et les **interfaces** normalisées. Il est composé de **sept couches** :

- Les couches 1 à 3 sont les **couches** dites **basses** orientées **transmission**,
- La couche 4 est une couche charnière entre couches basses et couches hautes. On parle aussi de ***middleware*** pour désigner cette couche,
- Les couches 5 à 7 sont les **couches** dites **hautes** orientées **traitement**.

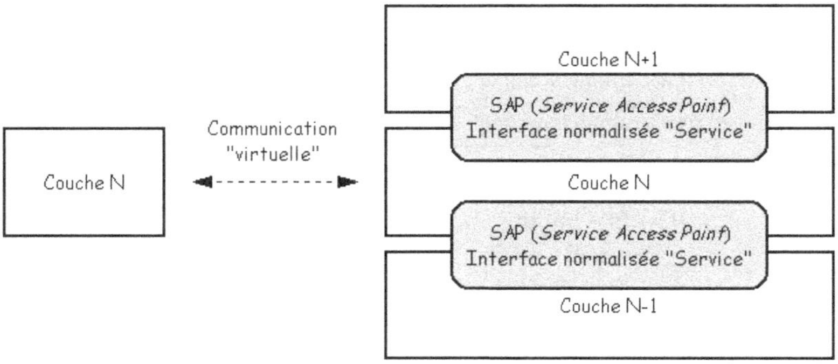

Figure 22.26 Communication entre couches

Cette organisation permet d'isoler des fonctionnalités réseaux dans les couches et de les implémenter de manière indépendante. Elle facilite l'évolution des logiciels réseau, en cachant les caractéristiques internes de la couche, au profit de la description des interfaces et des protocoles. Une couche N communique avec les couches N-1 et N +1 par le biais d'une **interface** appelée **SAP** (*Service Access Point*), composée d'un ensemble de primitives (*CONNECT.request, CONNECT.confirm, CONNECT.response, DISCONNECT.request*...) proposées par la couche à la couche adjacente. Chaque SAP est identifié de manière unique au moyen d'un numéro de SAP.

Les couches de même niveau de deux systèmes éloignés peuvent communiquer grâce à un **protocole** commun à ce niveau et chaque couche est indépendante.

Le modèle OSI normalise, de manière conceptuelle (sans imposer de règles physiques), une architecture de réseau en sept couches attribuant à chacune un rôle particulier.

Le **média** (qui peut être considéré comme un niveau 0) désigne le support physique de la transmission (cuivre, fibre optique...).

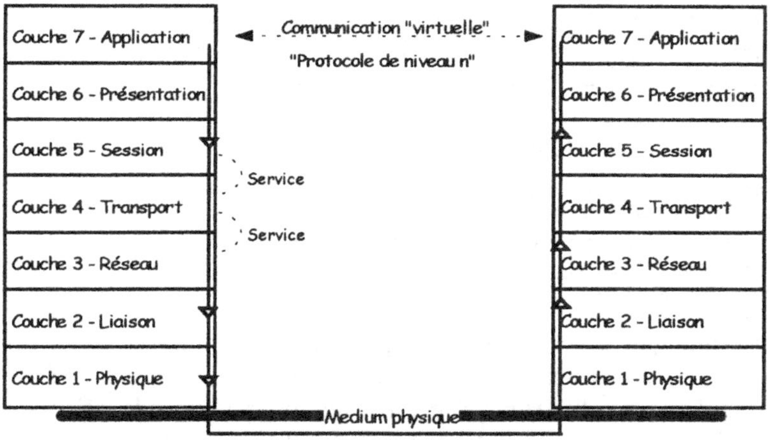

Figure 22.27 Le modèle OSI 7 couches

a) *Couche PHYSIQUE (niveau 1)*

La couche **physique** – niveau 1 (*Physical layer*...) – décrit des caractéristiques **électriques** (niveaux de tension, signaux...), **mécaniques** (forme des connecteurs, caractéristiques des câbles...), **physiques** (distances maximales de transmission...) et **logiques** (débit, codage...) de connexion du poste au réseau. Elle fait en sorte que physiquement, l'émission d'un bit à 1 (bit « brut » en bande de base ou signal analogique...) ne soit pas considérée à la réception comme un bit 0. Elle gère le **type de transmission** (synchrone/asynchrone) et procède éventuellement à la modulation/démodulation du signal. L'unité d'échange (*Data Unit*) à ce niveau est le **bit**.

La norme ISO 10022 et l'avis X.211 du CCITT caractérisent la couche physique.

La paire torsadée catégorie 5, les connecteurs RJ45 et la carte réseau Ethernet (en partie) travaillent au niveau 1 OSI.

b) Couche LIAISON (niveau 2)

La couche **liaison** – niveau 2 (liaison de données, ligne, *Link layer*) – contrôle l'établissement, le maintien et la libération de la liaison logique sur le réseau et est responsable du bon acheminement des blocs d'information. Elle définit donc des **règles d'émission** et de **réception** des données au travers de la connexion physique de deux nœuds du réseau.

L'unité de données est la **trame** (*data frame*) et les informations qui circulent sur le réseau sont donc structurées en trames, contenant les données proprement dites et des informations supplémentaires de détection et de correction d'erreurs. La couche liaison doit assurer la constitution de ces trames, en gérer le séquencement, la détection et la correction des erreurs, ainsi que la retransmission éventuelle des trames erronées (acquittement)...

La norme ISO 8886 et l'avis X.212 du CCITT caractérisent la couche liaison.

La carte réseau (en partie – adresse MAC), le protocole HDLC (*High-level Data Link Control*) travaillent au niveau 2.

Fanion	Adresse	Commande	Information	FCS	Fanion	Trame
01111110	8 bits	8 bits	n bits	16 bits	01111110	HDLC

Figure 22.28 Exemple de trame HDLC

– Fanion : séquence de bits particuliers délimitant la trame
– Adresse : adresse de la station destinataire
– Commande : type de la trame (données, trame spécifique...)
– FCS (*Frame Check Sequence*) : séquence de contrôle permettant la détection des erreurs de transmission (CRC)

Elle communique avec la couche supérieure réseau (pilotes de carte réseau – niveau 3) au travers d'une interface spécifique – généralement **NDIS** (*Network Device – ou Driver – Interface Specification*) pour le monde Microsoft ou **ODI** (*Open Datalink Interface*) pour Novell. NDIS gère les services qui permettent à un module de protocole d'envoyer des paquets sur un périphérique réseau et d'être averti des paquets entrants reçus par un périphérique réseau. NDIS permet à une même carte réseau (adaptateur) ou **NIC** (*Network Interface Card*) d'être compatible avec différents protocoles et permet à plusieurs cartes réseaux de la même machine d'utiliser un même protocole.

Une étude plus détaillée de ces trames sera faite lors du chapitre traitant des protocoles et lors de celui consacré aux réseaux locaux.

c) Couche RÉSEAU (niveau 3)

La couche **réseau** – niveau 3 (*Network layer*) – est chargée de **l'acheminement des paquets** de données qui transitent sur l'ensemble du réseau. Elle doit donc utiliser des informations d'adressage. Ces paquets seront sans doute amenés à traverser des nœuds intermédiaires : un routage est donc nécessaire (c'est-à-dire que la couche réseau doit déterminer le meilleur chemin de communication (c'est le routage). Si un nœud est surchargé ou hors service, le contrôle de flux doit éviter les congestions en régulant la charge du trafic ou en déroutant les paquets vers un autre nœud. L'unité de données est le **paquet**. La couche réseau assure également un service de traduction des adresses logiques (adresse IP par exemple) en adresses physiques (adresse MAC par exemple).

Il existe plusieurs normes à ce niveau : ISO 8348, 8208, 8473... CCITT X.213, X.25...

> Les protocoles X25, IP, IPX assurant l'acheminement des données respectivement sur des réseaux TRANSPAC, Ethernet ou Netware travaillent au niveau 3.

d) Couche TRANSPORT (niveau 4)

La couche **transport** – niveau 4 (*Transport layer*) – assure l'interface (*middleware*) entre les couches hautes orientées « traitement » (session, présentation, application) et les couches basses orientées « réseaux » (réseau, liaison, physique). Elle doit assurer, à la demande de la couche session, le transport correct des **messages**, même au travers de plusieurs réseaux, de manière fiable et « économique » et ce **de bout en bout** entre l'émetteur et le récepteur.

Ce service, transparent pour l'utilisateur même au travers de plusieurs réseaux, lui impose de gérer le flux et de corriger les ultimes erreurs. Elle doit donc garantir les services qui n'auraient pas été assurés dans les couches inférieures. C'est en effet le dernier niveau chargé de l'acheminement de l'information. Elle définit cinq classes de transport (classe 0 à classe 4), en fonction du niveau de qualité recherché (par exemple la classe 0 ne gère pas le séquencement alors que la classe 1 le fait...).

L'unité de données est le **message**. La couche Transport de l'émetteur segmente les données issues de la couche Session en messages et la couche Transport du récepteur reconstitue les messages en replaçant les paquets issus de la couche Réseau dans le bon ordre. Elle permet de **multiplexer** plusieurs flux d'informations sur le même support et inversement de **démultiplexer**.

Il existe également plusieurs normes à ce niveau : ISO 8072, 8073, 8602... et CCITT X.214, X.224...

> TCP, UDP, SPX, NetBEUI... sont autant de protocoles de transport qui travaillent au niveau 4.

e) Couche SESSION (niveau 5)

La couche **session** – niveau 5 (*Session layer*) – est la première couche orientée **traitement**. Elle permet **l'ouverture** et la **fermeture** d'une **session de travail** entre systèmes distants et assure la synchronisation du dialogue. C'est à ce niveau que l'on décide également du mode de transmission (*simplex, half-duplex, full-duplex*). La synchronisation du dialogue se fait au moyen de « points de contrôle » ainsi, lorsqu'un problème se produit, seules les données émises après le dernier point de contrôle correctement reçu seront réexpédiées.

Il existe plusieurs normes chargées de gérer ce niveau 5 : ISO 8326, 8327… et CCITT X.215, X.225…

> Le langage de requête SQL (*Structured Query Language*), le système de partage de fichiers NFS (*Network File System*)… travaillent au niveau 5.

f) Couche PRÉSENTATION (niveau 6)

La couche **présentation** – niveau 6 (*Presentation layer*) – traite l'information de manière à la rendre compatible entre les applications mises en relation. Elle assure l'indépendance entre l'utilisateur et le transport de l'information. Elle s'attache au format et à la représentation de données et assure si besoin la conversion entre différents formats (EBCDIC, ASCII…) ou différents modes de représentation (*big endian*, *little endian*) des données… Elle assure éventuellement la compression et le cryptage/décryptage des données.

Il existe plusieurs normes chargées de gérer ce niveau 6 : ISO 8824, 8327, 9548… et CCITT X.208, X.215, X.225…

> La conversion d'un fichier texte MS-DOS (fin de ligne représentée par le couple de caractères cr/lf) en un fichier texte Unix (fin de ligne représentée par le caractère lf), le logiciel de cryptage PGP (*Pretty Good Privacy*)… travaillent au niveau 6.

Le redirecteur du réseau (composant logiciel chargé de déterminer si la demande concerne l'ordinateur local ou un autre ordinateur du réseau) travaille aussi à ce niveau.

g) Couche APPLICATION (niveau 7)

La couche **application** – niveau 7 – fournit des **services utilisables par les applications** de l'utilisateur. Pour simplifier on peut dire que « l'application de l'usager va utiliser la couche application OSI pour fournir aux processus de l'application usager les moyens d'accéder à l'environnement OSI et de communiquer ». Les applications de l'utilisateur communiquent entre elles en faisant appel à des éléments de service d'application ou ASE (*Application Service Element*). Cette technique permet de partager des modules communs OSI entre plusieurs applications utilisateurs.

Il existe de nombreuses normes chargées de gérer ce dernier niveau : ISO 8824, 8327, 9548… et CCITT X.207…

Les principaux services proposés sont (entre parenthèses vous trouverez certains logiciels communs et normalisés comme « services ») :

- Transfert de fichiers (FTP *File Transfert Protocol*),
- Messagerie ou courrier électronique (SMTP *Send Mail Transfert Protocol*),
- Soumission de travaux à distances (client-serveur),
- Accès aux fichiers distants (NFS *Network File System*),

– Terminal virtuel (Telnet...),
– Web (HTTP Hyper Text Transfert Protocol)

Les systèmes d'exploitation réseau, le protocole HTTP utilisé avec le web... travaillent au niveau 7.

h) Conclusion

OSI – modèle de référence des années 1980 – a mal vieilli car il propose un modèle relativement complexe (7 couches) et donc plus lent ; modèle « rigide » imposé par des bureaucrates et de ce fait peu réactif aux changements technologiques. Il doit donc « cohabiter » avec d'autres normes de droit (IEEE 802.3, IEEE 802.2...) ou d'autres « normes de fait » (TCP/IP) plus évolutives technologiquement ou plus souples et de surcroît libres de droits.

Ainsi, dans les réseaux Ethernet, la couche liaison est décomposée en deux sous-couches : LLC (*Logical Link Control*) et MAC (*Médium Access Control*). Il s'agit donc d'une « entorse au modèle OSI » puisqu'on s'appuie en fait sur un autre modèle : le modèle IEEE 802.2 et IEEE 802.3.

22.4.2 Le modèle DOD (TCP-IP)

TCP/IP est une « suite protocolaire » ou « **pile** de protocoles », travaillant sur un modèle en couches particulier **DOD** (*Department Of Defense*), qui recouvre les différentes couches du modèle OSI – notamment au niveau des couches basses.

Ce modèle comporte quatre couches seulement ce qui le rend plus « performant » qu'un strict modèle OSI.

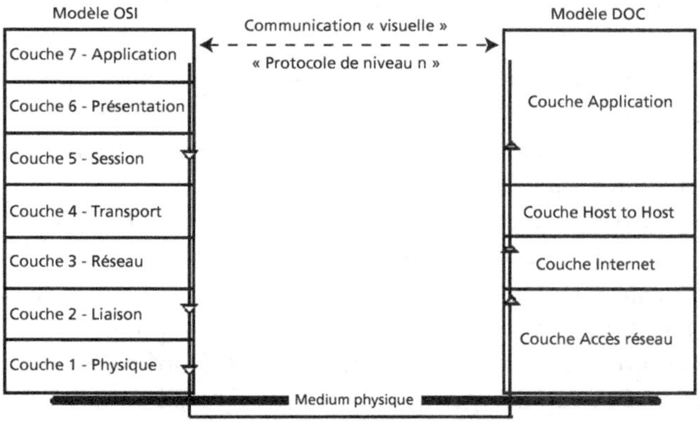

Figure 22.29 Les modèles OSI et DOD

a) Couche ACCÈS RÉSEAU

La couche **accès réseau** (Hôte réseau, *Network Interface Layer...*) « recouvre » les couches physiques et liaison de données du modèle OSI. En fait, cette couche n'a pas vraiment été spécifiée et la seule contrainte imposée est de permettre à un hôte d'envoyer des paquets IP, issus de la couche Internet, sur le réseau. L'implémentation de cette couche est donc laissée libre et est typique de la technologie utilisée sur le réseau local. Par exemple, beaucoup de réseaux locaux utilisent Ethernet : Ethernet est une implémentation de la couche accès réseau.

b) Couche INTERNET

La couche **internet** (*internet layer*) réalise l'interconnexion des réseaux hétérogènes distants – dans un mode non connecté. Son rôle est de permettre l'injection de paquets dans n'importe quel réseau et l'acheminement de ces paquets indépendamment les uns des autres jusqu'à destination. Comme aucune connexion n'est établie au préalable, les paquets peuvent arriver dans le désordre ; le contrôle de l'ordre de remise est éventuellement à la charge de la couche supérieure. Une de ses tâches fondamentale est donc de gérer le routage des paquets au travers des réseaux empruntés.

La couche internet est caractérisée par son implémentation traditionnelle : le protocole IP (*Internet Protocol*).

Remarquez au passage que le nom de cette couche (internet) s'écrit normalement avec un i minuscule, car le mot internet désigne ici l'interconnexion de réseaux, même si l'Internet (avec un grand I et qui désigne l'ensemble des ressources disponible sur le réseau des réseaux – web notamment) utilise cette couche.

c) Couche TRANSPORT

La couche **transport** (*Host to Host Transport layer*) à le même rôle que son homonyme du modèle OSI : « transport correct de **messages**, au travers de plusieurs réseaux, de manière fiable et ce **de bout en bout** entre l'émetteur et le récepteur ».

La couche transport est caractérisée par ses deux implémentations traditionnelles : le protocole **TCP** (*Transmission Control Protocol*) et le protocole **UDP** (*User Datagram Protocol*).

- **TCP** est un protocole à remise garantie, orienté connexion, qui permet l'acheminement sans erreur de messages issus d'une machine à une autre machine. Son rôle est de fragmenter le message à transmettre de manière à pouvoir le faire passer sur la couche internet. À l'inverse, sur la machine destination, TCP replace dans l'ordre les fragments transmis par la couche internet pour reconstruire le message initial. TCP s'occupe également du contrôle de flux de la connexion.
- **UDP** est un protocole plus simple que TCP mais il est non fiable (remise non garantie) et fonctionne sans connexion. Son usage suppose qu'on néglige volontairement le contrôle de flux, et le séquencement (l'ordre de remise) des paquets. UDP est donc plus rapide que TCP. De manière générale, UDP est utilisable lorsque le temps de remise des messages est prédominant.

Nous consacrerons un chapitre entier à l'étude détaillée de TCP/IP.

d) Couche APPLICATION

La couche **application** (*Application layer*), considérant que les logiciels réseau n'utilisent que rarement les couches Session et Présentation du modèle OSI, les « englobes » dans la seule couche Application.

La couche application est caractérisée par ses implémentations traditionnelles sous forme de nombreux protocoles de haut niveau, tels que Telnet, FTP (*File Transfer Protocol*), SMTP (*Simple Mail Transfer Protocol*), HTTP (*HyperText Transfer Protocol*)...

Un rôle important de cette couche est le choix du protocole de transport à utiliser. Par exemple, TFTP (*Trivial* FTP) surtout employé en réseaux locaux, va exploiter UDP car on considère que les liaisons physiques sont suffisamment fiables et les temps de transmission suffisamment courts pour qu'il n'y ait pas d'inversion de paquets à l'arrivée. TFTP est ainsi plus rapide que son équivalent FTP, utilisé surtout pour des transports inter-réseaux, qui va exploiter TCP pour fiabiliser la transmission. Autre exemple, SMTP utilise TCP, car pour la remise du courrier électronique, on souhaite que les messages parviennent intégralement et sans erreurs.

e) Conclusion

Les concepts de **services**, **interfaces** et **protocoles** – fondements du modèle OSI sont quasiment inexistants au sein du couple DoD-TCP/IP. Ceci est dû au fait qu'ici ce sont les protocoles qui sont apparus d'abord. Le modèle ne fait donc pas vraiment non plus la distinction entre **spécifications** et **implémentation** : TCP, UDP, IP sont autant de protocoles qui font partie intégrante des spécifications du modèle. Par contre ce modèle est moins complexe, plus réactif et plus libre que OSI.

22.4.3 Autres modèles

À côté des modèles de référence OSI et DoD on rencontre quelques modèles de droit tel que IEEE 802 ou « propriétaires » tels que DSA-DCM ou SNA.

- **IEEE 802** est un modèle qui concerne les deux couches basses (Physique et Liaison) du modèle OSI et les décompose en trois couches. La couche 2 du modèle OSI a ainsi été subdivisée en deux sous-couches (MAC et LLC) pour prendre en compte d'une part le contrôle d'accès au support (média) et d'autre part la gestion logique de la liaison entre les 2 entités communicantes. Nous reviendrons sur ces aspects lors de l'étude d'Ethernet.
- **DSA** (*Distributed System Architecture*) est un modèle proposé par Bull, qui depuis les années 1980 tente de se plaquer sur le modèle OSI. DSA distingue un réseau primaire, qui gère les connexions entre sites distants, et un réseau secondaire chargé de gérer les ressources d'un site. Depuis quelques années, DSA a évolué vers **DCM** (*Distributing Computing Model*) n'utilisant plus que des protocoles OSI fonctionnant avec Unix.
- **SNA** (*System Network Architecture*) est le modèle architectural proposé par IBM. Il est basé sur l'emploi de ressources logiques (*Logical Units*) et physiques (*Physical Units*). SNA repose sur une architecture en couches assez proche du modèle OSI.

Il existe également d'autres modèles architecturaux tels que **DNA** (*Digital Network Architecture*) de DEC... ou ceux offerts par Hewlett-Packard, Sun ou

NCR… mais ils reprennent dans l'ensemble le modèle en couche de l'OSI qui reste avec DoD-TCP/IP la grande référence.

EXERCICE

22.1 Le câblage de la société X a été réalisé il y a douze ans. Les rocades (*backbone* ou dorsales) entre les trois répartiteurs (espacés chacun de 15 m) sont en 10 Base 5 et le câblage entre postes et répartiteurs a été réalisé en câbles de catégorie 3. Deux nouveaux postes seront situés à 150 m de leur répartiteur, les autres à moins de 100 m. Enfin cinq nouveaux postes seront situés dans un bâtiment extérieur qui vient d'être acquis par la société et qui est séparé des bureaux habituels par une route (distance estimée 150 m).

Les nouveaux usages du réseau imposent un débit de 100 Mbit/s sur les liaisons entre les répartiteurs et les prises murales destinées aux postes, et de 1 Gbit/s en rocade. On souhaite également relier les postes du bâtiment annexe au reste du réseau.

Proposez une solution de câblage pour les rocades, pour les postes et pour les bureaux de l'annexe.

SOLUTION

22.1 En ce qui concerne la rocade entre les trois répartiteurs, et compte tenu de ce que la distance est très faible (15 m) on pourrait envisager de mettre du câble cuivre de catégorie 5e, 6 ou 7 ou opter pour de la fibre optique. Dans l'optique d'une évolution future du réseau il est sans doute préférable de passer directement à la fibre optique. Elle sera ainsi capable de supporter le débit de 1 Gbit/s demandé et ultérieurement du 10 Gbit/s. Le choix peut alors porter – suivant les moyens financiers dont on dispose – vers de la fibre monomode (plus chère mais plus performante) ou multimode, sur support verre (GOF) ou plastique (POF). Compte tenu des distances, une simple fibre multimode POF peut être utilisée dans notre cas.

Les médias pouvant assurer un débit de 100 Mbit/s sont bien entendu le traditionnel câblage cuivre – catégorie 5, 5e ou supérieure (6 ou 7) pour permettre un futur débit de 1 Gbit/s – et la fibre optique. Avec une catégorie 5 et plus, en version non blindée (UTP) la portée est de 100 m et en version blindée (STP) on atteint 150 m.

La fibre est encore un peu onéreuse à poser et on va donc opter pour de l'UTP ou du STP plus « résistant » aux parasites (mais plus rigide à poser) pour l'ensemble des postes situés à moins de 100 m.

En ce qui concerne les postes situés à 150 m il faudra absolument prévoir du câble STP qui permet d'atteindre ces distances ou ponctuellement de la fibre optique si on a les moyens.

Enfin, en ce qui concerne les postes situés de l'autre côté de la rue on penche évidemment pour un réseau sans fil (*Wireless*). Le 802.11b est capable de « tenir la distance » mais il n'est pas dit que le débit de 54 Mbit/s sera tenu. Une liaison laser ou infrarouge peut être envisagée et sera sans doute plus performante mais probablement bien plus onéreuse.

Chapitre 23

Procédures et protocoles

Les communications entre les constituants des réseaux de téléinformatique ne se font pas « n'importe comment » mais sont régies par des règles permettant à des équipements différents de communiquer dans les conditions optimums. Ces règles sont concrétisées par les **procédures** et les **protocoles** – termes bien souvent employés de manière indistincte – régissant les échanges d'informations sur le réseau.

23.1 PROCÉDURES

La **procédure** comprend l'ensemble des phases successives régissant toute communication téléinformatique, depuis l'établissement de la liaison entre les interlocuteurs, jusqu'à sa libération. On peut distinguer les procédures **hiérarchisées** et les procédures **équilibrées** :

– dans une procédure **hiérarchisée**, on trouve les notions de station maître, dirigeant les opérations à un moment donné, et de station esclave, obéissant aux commandes du maître. Le protocole BSC répond à ce type de procédure ;
– dans une procédure **équilibrée** (*Peer to Peer*), n'importe quelle station peut prendre « la main ». La technique de la contention CSMA/CD utilisée en réseaux locaux correspond à ce type de procédure.

Les procédures peuvent se décomposer en 5 phases.

1. **Établissement** : connexion physique entre les différents équipements à relier. Cette phase comprend par exemple la commutation des différents circuits nécessaires à la relation.
2. **Initialisation** : connexion logique entre les équipements, en vérifiant s'ils sont bien en mesure de communiquer. En fait, elle s'assure que les équipements sont capables de se reconnaître et de « parler le même langage ».

3. **Transfert** : assure le transfert proprement dit des informations qui doivent être échangées entre les interlocuteurs.
4. **Terminaison** : clôture la liaison logique, s'assurant que la liaison se termine correctement.
5. **Libération** : permet la remise à la disposition des autres utilisateurs des circuits physiques empruntés par la communication.

Figure 23.1 Exemple des phases lors d'une communication téléphonique

Pour mener ces différentes phases à bien, les systèmes s'appuient sur des règles de communication très précises, les **protocoles** et utilisent les différentes **techniques de commutation** mises à leur disposition.

23.2 PROTOCOLES

Les protocoles dépendent essentiellement du mode de synchronisation adopté dans la relation entre ETTD participant à la liaison téléinformatique. On rencontrera donc deux grandes familles de protocoles, les protocoles asynchrones et les protocoles synchrones.

En mode **asynchrone**, les caractères étant émis indépendamment les uns des autres, on ne dispose pas de protocoles particulièrement développés.

En transmission **synchrone**, les protocoles peuvent être de deux types :

– type **synchro-caractère COP** (*Character Oriented Protocol*), si les données qu'ils transportent sont considérées comme des caractères. Apparus dans les années 1960, ces protocoles synchro-caractère sont maintenant anciens et nous n'en présenterons donc pas de fonctionnement. On peut néanmoins citer :
  – BSC (*Binary Synchronous Communication*) développé par IBM en 1964,
  – VIP (*Visualing Interactive Processing*) développé par BULL.

– type **synchro-bit** BOP (*Bit Oriented Protocol*) si les données qu'ils transportent sont considérées comme de simples suites binaires.

Les principaux protocoles de communication **orientés bit** sont :

– **HDLC** (*High level Data Link Control*) : normalisé ISO, il sert généralement de base fondatrice à d'autres protocoles tels que X25…
– **X25** : bien que vieillissant, ce protocole normalisé ISO est encore utilisé. Il autorise un fonctionnement synchrone en commutation de paquets et peut même accepter des terminaux asynchrones.
– **Frame Relay – Relais de trame** : normalisé par l'ISO ce protocole assure fiabilité et performance aux réseaux. Il autorise un fonctionnement synchrone en commutation de trames.
– **ATM** (*Asynchronous Transfert Mode*) : normalisé par l'ISO ce protocole autorise un fonctionnement synchrone en commutation de cellules et est essentiellement employé sur les dorsales de transport (*backbone*) compte tenu de ses performances.
– **TCP/IP** : « *standard* de fait » ce protocole, issu du monde des réseaux locaux, est un acteur fondamental des réseaux. Il doit sa médiatisation au développement spectaculaire du réseau Internet. Nous lui consacrerons un chapitre.

Ces protocoles présentent des caractéristiques communes :

– communications en bidirectionnel simultané (*full duplex* ou *duplex* intégral),
– les messages – trames, paquets, cellules… – peuvent contenir des données et/ou des informations de service telles que des accusés de réception… ;
– les trames sont généralement protégées contre les erreurs de transmission. Elles ont toutes le même format et présentent un délimiteur unique de début et de fin appelé fanion ou drapeau ;
– il n'y a pas d'attente d'acquittement systématique de la part du destinataire, et plusieurs trames peuvent être émises en séquence sans qu'un accusé de réception soit renvoyé pour chacune d'elles – technique du **crédit de trame** ;
– les transmissions concernent des suites binaires et non des caractères. Le transfert de l'information s'effectue sans interprétation du contenu, ce qui assure une transparence totale vis-à-vis des codes éventuellement utilisés.

23.2.1 Mode connecté ou non connecté

Dans le **circuit virtuel** ou **mode connecté** (mode « assuré »), les paquets doivent être remis dans l'ordre d'émission au destinataire et chaque paquet est donc dépendant des autres. Ils peuvent parfois emprunter des voies physiques différentes mais restent « séquencés » sur le même circuit virtuel. L'adresse contenue dans le paquet est courte car il suffit que ce paquet soit muni d'un numéro connu des deux équipements d'extrémité du circuit virtuel et des nœuds intermédiaires – réalisé lors de la phase d'établissement – pour que la voie virtuelle (ou voie logique) soit établie. Pour cela diverses techniques peuvent être employées telles que les acquittements systématiques ACK NAK (*ACKnowledge–No ACKnowledge*), ou plus souvent les crédits de trame (d'octets ou de bits) ou « fenêtre d'anticipation » consistant à envoyer un certain nombre de trames (octets ou bits) et à recevoir un acquittement global pour cet ensemble. HDLC, X25 Frame Relay, ATM et TCP travaillent ainsi en mode connecté avec crédit de trames.

Dans le **datagramme** ou **mode non connecté** (mode « non assuré »), les trames sont émises sans se préoccuper de la disponibilité du récepteur, charge à lui de redemander leur retransmission au besoin. Les paquets sont donc indépendants les uns des autres. Ils peuvent emprunter des voies physiques différentes et ne restent pas forcément « séquencés » lors de l'acheminement. Dans le datagramme il faut donc que chaque paquet soit muni de l'adresse réseau complète (32 bits sous IPv4). Ce datagramme – comprenant adresse réseau et données – sera ensuite encapsulé dans la trame physique. UDP et IP travaillent en mode non connecté ou datagramme.

23.2.2 Protocoles NetBIOS et NetBEUI

NetBIOS (*Network Basic Input/Output System*) est un ensemble de protocoles non conformes à la norme ISO mais recouvrant plus ou moins les couches 2 à 5 du modèle. C'est un protocole propriétaire développé pour IBM en 1983. En 1985 Microsoft développe le protocole **NetBEUI** (NetBIOS *Enhanced User Interface*), service de transport réseau s'appuyant sur NetBIOS.

NetBEUI présente un certain nombre d'avantages :

- il occupe peu de **place en mémoire** ;
- il est relativement rapide ;
- il est compatible avec tous les réseaux Microsoft.

Par contre il présente également quelques inconvénients :

- il n'est **pas routable** et ne peut donc mettre en relation deux machines situées sur des réseaux distincts (exception faite avec Token-Ring) car il ne dispose pas de couche réseau (niveau 3 ISO) ;
- fonctionnant essentiellement sur une technique de diffusion il génère d'avantage de trafic que d'autres protocoles ;
- il est limité aux réseaux Microsoft.

NetBEUI est donc un protocole peu encombrant en mémoire, rapide mais non routable et il ne peut de ce fait être utilisé que sur de petits réseaux.

NetBIOS qui peut être utilisé en environnement Microsoft MS-DOS, Windows, IBM OS/2, UNIX... définit deux composants :

- Une interface au niveau session (niveau 5 ISO) qui fournit des bibliothèques de fonctionnalités réseaux – API (*Application Programming Interface*) ou NCB (*Network Control Block*) – que les applications peuvent utiliser. Ces applications soumettent les entrées-sorties de réseau ou les directives de contrôle NetBIOS à un logiciel de protocole réseau sous-jacent (TCP/IP, NetBEUI...) pour assurer le transfert *via* le réseau.
- Un protocole de gestion des sessions et de transport des données. La mise en œuvre du protocole fonctionnant au niveau session-transport (niveaux 4 et 5 ISO) est réalisée à travers de NBFP (*NetBIOS Frame Protocol*) dans le cas du protocole

NetBEUI (*NetBios Extended User Interface*) ou au travers de NetBT (*NetBios over Tcpip*) dans le cas du protocole TCP/IP.

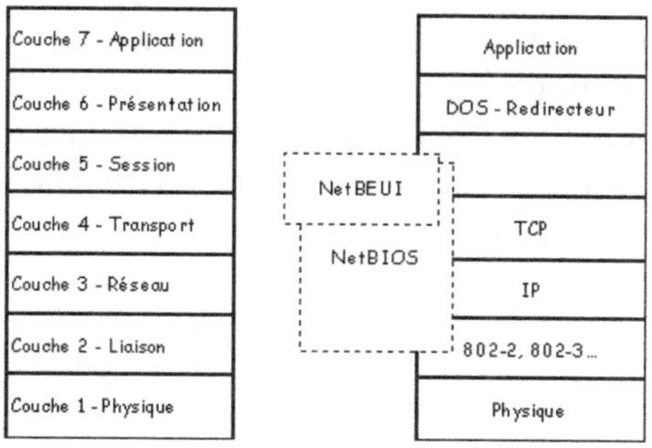

Figure 23.2 Place de NetBIOS et NetBEUI dans le modèle OSI

NetBIOS inclus lui-même différents protocoles. Ainsi, le protocole SMB (*Server Message Block*) assure le partage de fichiers, d'imprimantes...

NetBIOS prend en charge différents services dont :

- l'enregistrement et la vérification des noms sur le réseau ;
- le démarrage et l'arrêt des sessions ;
- le mode connecté (connexion fiabilisée) ;
- le mode non connecté (mode datagramme) ;
- la surveillance et gestion de la carte réseau et du protocole utilisé.

La reconnaissance des participants au réseau se fait au moyen de leur **nom NetBIOS** qui est associé à l'adresse physique de l'adaptateur – adresse MAC (la seule dont on soit absolument certain qu'elle est unique). Un nom NetBIOS est composé de 16 caractères. Les 15 premiers caractères du nom, définis par l'utilisateur, indiquent soit :

- un nom unique identifiant une ressource associée à un utilisateur ou un ordinateur unique du réseau ;
- un nom de groupe identifiant une ressource associée à un groupe ou à un ensemble d'utilisateurs ou d'ordinateurs du réseau.

Le 16° caractère est destiné à identifier le « service » – ainsi 00h identifie le service « station de travail », 20h le service « serveur »...

Chaque nœud du réseau NetBIOS, s'annonce, s'enregistre, puis libère son nom sur le réseau. Par défaut, chaque nœud NetBIOS enregistre en **cache NetBIOS** une liste de noms spécifiques, permettant aux autres postes de l'identifier. Ainsi, lorsqu'à partir d'un poste dont le nom est \\CLIENT1 vous faites une commande **net use** \\ SERVEUR1 – qui vous met en relation avec la machine \\SERVEUR1 – une connexion NetBIOS est établie pour mettre en relation l'identificateur CLIENT1_00h avec SERVEUR1_20h qui correspondent respectivement aux services « station de travail » et « serveur ».

Quand un poste NetBIOS démarre, il effectue une demande d'enregistrement, (inscription de nom), soit diffusée vers le réseau (*Broadcast*), soit adressée directement à un **serveur de noms** NetBIOS – **NBNS** (*NetBios Name Server*) tel que **WINS** (*Windows Internet Name Service*). Si un nom identique existe déjà sur le réseau la demande d'enregistrement reçoit une réponse défavorable et le poste renvoie une erreur d'initialisation.

La correspondance du nom NetBIOS de la machine – par exemple PC201 – avec une adresse IP peut également être répertoriée dans un fichier **LMHOSTS** (*Lan Manager HOSTS*), constitué manuellement par l'administrateur de réseau.

```
102.54.94.97     pc201       #Station de la salle D02
102.54.94.102    pro800      #Serveur d'applications
102.54.94.123    dell2400    #Serveur de données
102.54.94.117    sabado      #Serveur autonome SQL
```

Figure 23.3 Exemple de fichier LMHOSTS

À l'inverse de l'enregistrement, le nom doit être libéré quand le service NetBIOS s'arrête sur le réseau. Ce fonctionnement permet à un instant donné de disposer d'informations suffisamment à jour et éventuellement d'utiliser le même nom sur une autre machine.

23.2.3 Protocole HDLC

HDLC (*High level Data Link Control*) [1976] est un protocole de niveau 2 (liaison) dans le modèle OSI, issu de l'ancien SDLC et normalisé par l'ISO qui sert de base fondatrice à de nombreux autres protocoles et qui est toujours utilisé.

a) Différents types de liaisons sous HDLC

HDLC offre deux types de liaison :

- **Liaison non équilibrée** (*Unbalanced*) : qu'elle soit point à point ou multipoints, une liaison non équilibrée est constituée d'une station primaire chargée de gérer la liaison, et d'une ou plusieurs stations secondaires. Les trames émises par la station primaire sont des **commandes**, celles émises par les stations secondaires sont des **réponses**.
- **Liaison équilibrée** (*Balanced*) : une telle liaison comporte des stations « mixtes », c'est-à-dire pouvant émettre – et/ou recevoir – des commandes – et/ou des réponses. Cette partie du protocole HDLC a été reprise par l'UIT-T et a pris le nom de LAP (*Link Access Protocol* ou *Link Access Procedure*). LAP a été modifié pour devenir **LAP-B** (LAP-*Balanced*) puis a été complété par **LAP-D**, où D représente le canal D – voie destinée aux commandes (voie de signalisation) du réseau Numéris. On trouvera donc plus souvent cette appellation de **LAP-B** ou **LAP-D** dans les ouvrages sur les réseaux.

b) Modes de fonctionnement des stations

HDLC présente également deux modes de fonctionnement :

- **Mode de réponse normal** – NRM (*Normal Response Mode*) : ce mode ne s'applique qu'aux liaisons non-équilibrées, où une station secondaire ne peut émettre que si elle est invitée à le faire par la station primaire. Quand elle a fini, elle rend le contrôle à la station primaire.
- **Mode de réponse asynchrone** – ARM (*Asynchronous Response Mode*) : une station secondaire peut émettre à tout moment sans y avoir été invitée par une station primaire.

HDLC définit ainsi trois classes de procédures, également baptisées classes LAP (*Link Access Protocol*). Ces trois classes sont :

- UNC (*Unbalanced Normal Class*) ;
- UAC (*Unbalanced Asynchronous Class*) – LAP-A ;
- **BAC** *Balanced Asynchronous Class* – cette classe, la plus rencontrée, se décompose en **LAP-B** utilisé en mode équilibré (point à point) en duplex intégral, et **LAP-D** utilisé pour des protocoles tels que X25, RNIS... Elle fonctionne en mode multipoints ou même en mode diffusion.

c) Structure de la trame HDLC

Dans le protocole HDLC, les transmissions se font par l'intermédiaire d'une trame LAP (niveau 2 de la norme ISO) de format unique, qu'elle soit destinée à transporter des données ou uniquement des informations de service.

Figure 23.4 Structure de la trame HDLC

Fanions : les fanions ou drapeaux débutent et terminent toute trame HDLC et sont utilisés pour réaliser la synchronisation bit à l'intérieur d'une trame. Ils ont une configuration binaire unique 01111110. Il convient donc, dans un message, d'éviter les suites de 1 supérieures à 5 bits afin de ne pas les confondre avec un fanion. On insérera ainsi, systématiquement, un bit à 0 derrière chaque suite de 5 bits à 1.

Adresse : identifie la (les) station secondaire concernée. Selon que l'on est en LAP-B ou en LAP-D cette zone est légèrement différente. Les autres zones sont identiques.

Commande : le champ de commande définit le type de trame parmi les trois possibles (I, S ou U), ainsi que le numéro d'ordre de la séquence :

- **Trame de type I** (*Information*) : commande ou réponse, ce type de trame transporte l'information. HDLC offre l'avantage d'accepter l'émission d'un certain nombre de trames consécutives sans demander d'accusé de réception pour chacune. Les trames I, et seulement celles là, sont numérotées et les stations doivent tenir à jour un compteur des trames reçues ou émises. Si une trame est incorrectement reçue, le compteur Nr reste inchangé. Afin d'éviter les erreurs, une station ne doit pas avoir plus de 7 trames maximum en attente d'acquittement ;

ce nombre de trames en attente est appelé **crédit de trame** ou **fenêtre d'anticipation**.

- **Trame de type S** (*Supervision*) : ce type de trame ne transporte pas d'information mais doit gérer la communication. Ainsi une trame S signalera t elle à l'émetteur que le crédit de la station réceptrice est atteint et qu'elle ne peut plus recevoir temporairement d'autres trames d'information (rôle des bits S). Elle est utilisée comme accusé de réception et permet de contrôler le flux de données sur une liaison.
- **Trame de type U** (*Unumbered*) : ce type de trame non numérotée dite aussi trame de gestion, est utilisée pour définir le mode de réponse d'une station, l'initialiser ou la déconnecter, indiquer les erreurs de procédure ou la tester.

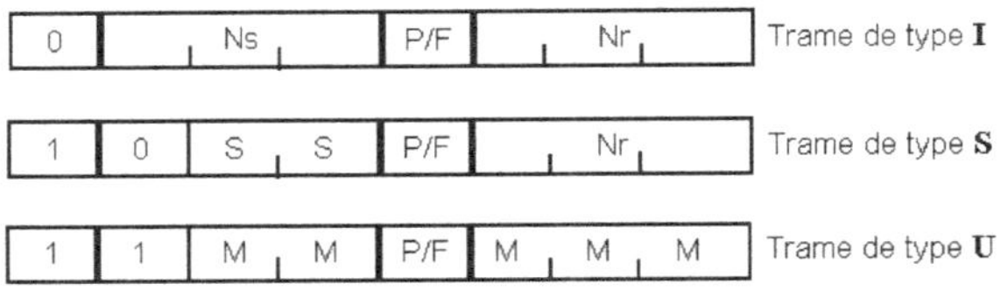

Figure 23.5 Types de trames

- **Ns** est le compteur séquentiel de gestion des émissions indiquant le numéro (de 0 à 7) de la trame de type I envoyée.
- **Nr** est le compteur séquentiel de gestion des réceptions indiquant le numéro (de 0 à 7) de la prochaine trame I attendue.
- **P/F** est un bit unique dit bit **P** (*Poll bit*) quand il est dans une trame de commande et bit **F** (*Final bit*) quand il est dans une trame de réponse. Si le bit P est à 0 il ordonne à la station de recevoir sans avoir à répondre. Si le bit P est à 1 il ordonne à la station secondaire de répondre. Le bit F à 1 indique que la station secondaire a fini son émission et qu'elle redonne le droit d'émettre à la station primaire. Normalement il n'y a pas de bit F à 0. Jouant en quelque sorte le rôle de jeton, ce bit attribue à la station qui le reçoit le droit d'émettre (P = 1 la station secondaire a le droit d'émettre ; F = 1 le droit est restitué à la station primaire).
- **S** : ces deux bits codent 4 types de fonctions de supervision :
  - **RR** *(Receive Ready)* réception prête. RR (00) est utilisé par une station pour indiquer qu'elle est prête à recevoir de l'information,
  - **REJ** *(REJect)* rejet. REJ (01) est utilisé par une station pour demander la transmission ou la retransmission de trames d'information à partir de la trame numérotée Nr, ce qui confirme la bonne réception des trames allant jusqu'à Nr-1,
  - **RNR** *(Receive Not Ready)* réception non prête. RNR (10) indique qu'une station n'est pas en mesure, temporairement, de recevoir des trames d'information. Confirme cependant la bonne réception des trames allant jusqu'à Nr-1,

- **SREJ** *(Selective REJect)* rejet sélectif. SREJ (11) est utilisé par une station pour demander de transmettre ou retransmettre **la seule trame numérotée** Nr, et confirmer la bonne réception des trames allant jusqu'à Nr-1.

– **M** : ces cinq bits permettent de coder 32 types de commandes ou de réponses supplémentaires.

Information : ce champ contient les données à émettre. Il peut contenir n'importe quelle configuration binaire sauf une simulation de fanion (série binaire 01111110).

FCS (*Frame Check Sequence*) est un champ de vérification qui contient sur deux octets le reste de la division du message transmis (Adresse + Commande + Informations) par le polynôme générateur retenu (codes polynomiaux du CCITT).

TABLEAU 23.1 HDLC – DIALOGUE ENTRE DEUX STATIONS EN MODE NRM (ALTERNAT)

Ns	Nr		Type	Ns	P/F	Nr		Ns	Nr	
		---	U (SNRM)	---	---	---	--->			Mise en mode NRM
0	0							0	0	
		<---	U	---	---	---	---			Bien reçu
0	0							0	0	
		---	I	0	P0	0	--->			Envoi trame A0
1	0							0	1	
		---	I	1	P1	0	--->			Envoi trame A1 à acquitter
2	0							0	2	
		<---	I	0	F1	2	---			Réponse B0
2	1							1	2	Bien reçue par A
		---	I	2	P0	1	--->			Envoi trame A2
3	1							1	3	Bien reçue par B
		---	I	3	P0	1	--->			Envoi trame A3
4	1							1	3	Erreur ! Nr ne change pas
		---	I	4	P1	1	--->			Envoi trame A4 à acquitter
5	1							1	3	Ignorée (A3 non reçue)
		<---	I	1	F1	3	---			Réponse B1
3	2							2	3	Bien reçue (m. à j. de Ns Nr)
		---	I	3	P0	2	--->			Renvoi trame A3
4	2							2	4	Bien reçue par B
		---	I	4	P1	2	--->			Renvoi trame A4 à acquitter
5	2							2	5	Bien reçue par B
		<---	I	2	F1	5	---			Réponse B2 (accusé A4)
5	3							3	5	Bien reçue par A
		---	I	5	P0	3	--->			Envoi trame A5

6	3							3	6	Bien reçue par B
		---	I	6	P0	3	--->			Envoi trame A6
7	3							3	7	Bien reçue par B
		---	I	7	P0	3	--->			Envoi trame A7
0	3							3	7	Saturé ! (crédit de 3)
		---	I	0	P1	3	--->			Envoi trame A0 à acquitter
1	3							3	7	Saturé ! trame A0 ignorée
		<---	S	RNR	F1	7	---			Réception non prête
7	3							3	7	Remise en état Ns
		---	S	RR	P1	3	--->			B est-elle prête ? à acquitter
7	3							3	7	
		<---	S	RR	F1	7	---			B est prête
7	3							3	7	
		---	I	7	P0	3	--->			Renvoi trame A7
0	3							3	0	
		---	I	0	P1	3	--->			Renvoi trame A0 à acquitter
1	3							3	1	Bien reçue par B
		<---	I	3	F1	1	---			Réponse B3
1	4							4	1	
		---	I	1	P1	4	--->			Envoi trame A1 à acquitter
2	4							4	2	Bien reçue par B
		<---	S	RR	F1	2	---			B n'a plus rien à émettre
0	0							0	0	

d) Abandon de trame

Il est possible de terminer prématurément une trame en émettant un signal d'abandon formé d'au moins 7 bits consécutifs à 1. Ainsi, à la réception, quand on détecte une suite de 5 bits à 1, on doit considérer les cas suivants :

– si le 6° bit est à 0, il est éliminé et les cinq bits à 1 sont considérés comme des données ;
– si le 6° bit est à 1, et le 7° à 0, il s'agit de la séquence binaire traduisant un fanion de fermeture (ou fanion de verrouillage) de trame ;
– si le 6° et le 7° bits sont à 1 il s'agit d'un signal d'abandon. La trame terminée prématurément est alors considérée comme invalide.

Vous trouverez sur la page suivante un exemple d'échange de trames sous HDLC entre deux stations en mode NRM à l'alternat.

23.2.4 Protocole X25

Bien qu'en fin de vie, le protocole X25, référencé ISO 8208 [1976] et CCITT, révisé depuis par l'UIT-T [1984], [1996]... et régissant la transmission de données sur réseaux à commutation de paquets est encore utilisé dans de nombreux réseaux :

- TRANSPAC en France ;
- EURONET dans la CEE ;
- DATAPAC au Canada, TELENET aux USA...

X25 regroupe les niveaux 1 à 3 de la norme OSI mais travaille essentiellement au niveau de la couche 3 s'appuyant, aux autres niveaux, sur des modèles existants :

Le niveau **paquet**	(3 – réseau)	X25-3
Le niveau **trame**	(2 – liaison de données)	X25-2
Le niveau **physique**	(1 – physique)	X25-1

Figure 23.6 Les couches gérées par X25

- La couche **X25-1** caractérise l'interface physique entre ETTD et ETCD. L'interface la plus répandue étant la X21 qui définit un connecteur à 15 broches (8 seulement étant utilisées), on rencontre également V24 (classique DB25 – RS232C à 25 broches) ou l'interface V35.
- La couche **X25-2** (niveau 2 de l'ISO) assure la transmission de séquences de trames, synchronise émetteurs et récepteurs, prend en charge les erreurs de transmission... Elle correspond au protocole HDLC classe BAC (*Balanced Asynchronous Class*) plus connue comme couche **LAP-B** (*Link Access Procedure–Balanced*).
- La couche **X25-3** définit quant à elle le **niveau paquet** (niveau 3 de l'ISO) et gère les divers circuits virtuels de l'abonné en assurant notamment l'établissement et la libération des Circuits Virtuels Commutés, l'adressage des divers correspondants, le transfert des paquets et la gestion des erreurs et des incidents.

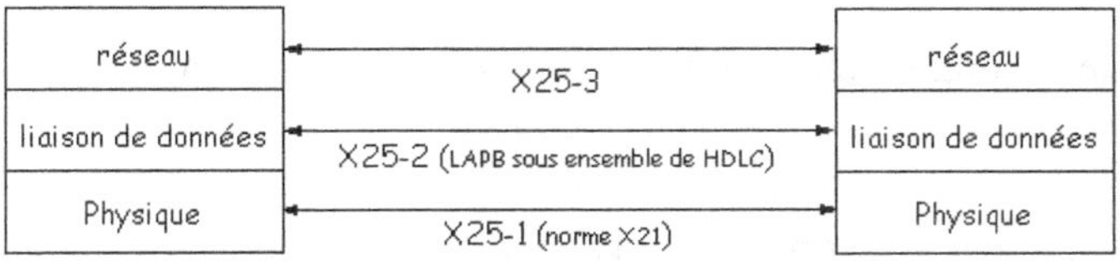

Figure 23.7 La norme X25

a) Fonctionnement de la couche X25-2

La couche **X25-2** (couche liaison de données ou niveau 2 de l'ISO) assure la transmission de séquences de trames, synchronise émetteurs et récepteurs, rattrape les erreurs de transmission... Elle correspond en fait au protocole HDLC classe BAC (*Balanced Asynchronous Class*) plus connue comme couche **LAP-B** (*Link Access Procedure–Balanced*) ainsi que nous l'avons vue précédemment. La plupart des trames sont destinées au transport d'informations mais certaines serviront à gérer le trafic.

➤ Établissement et libération d'un CVC

Quand un ETTD A souhaite communiquer avec un autre ETTD B, on doit d'abord établir un **circuit virtuel** reliant ces deux équipements. L'établissement du circuit se fait au moyen d'un paquet spécial appelé **paquet d'appel**. L'ETCD A, lorsqu'il reçoit un tel paquet de son ETTD, l'achemine dans le réseau en fonction de l'adresse du destinataire. L'ETCD B qui le réceptionne choisit une voie logique libre de B et présente à son ETTD B un paquet dit **d'appel entrant**. L'ETTD B va analyser ce paquet et accepter ou non la communication. Si elle est refusée, l'ETCD B envoie sur le réseau un **paquet de demande de libération** (message « Libération demandée » qui apparaît parfois lors de l'utilisation du Minitel, message LIB 00…). S'il accepte la communication, il envoie alors un paquet de **confirmation de communication**.

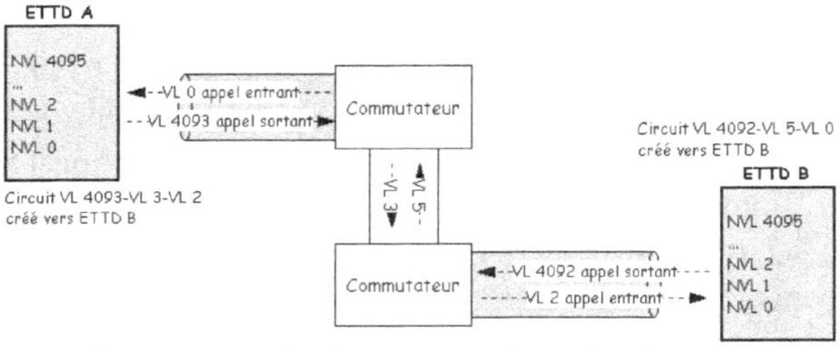

Figure 23.8 Établissement d'un circuit virtuel

➤ Transfert des données

Une fois le CVC établi, ou bien sûr un Circuit Virtuel Permanent (CVP), les ETCD vont communiquer afin d'échanger des paquets de données en full-duplex. Un bit de chaque IGF transmis dans l'en-tête du paquet va servir à confirmer la bonne réception ou non des paquets, de la même manière que lors de l'échange de trames sous HDLC.

> Exemple de dialogue entre ETTD lors d'une communication sur un circuit virtuel.

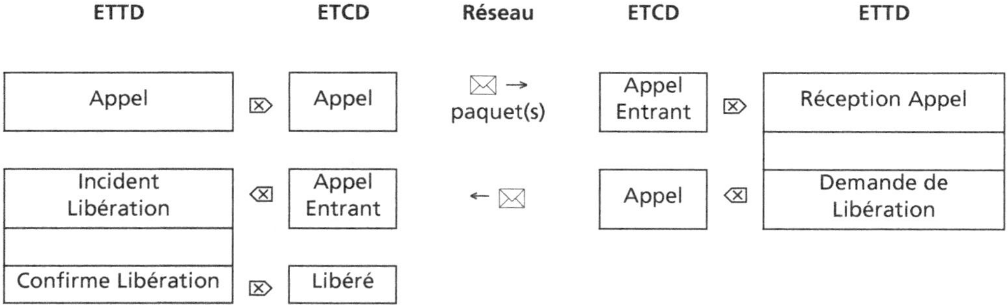

Figure 23.9 Cas d'un appel refusé

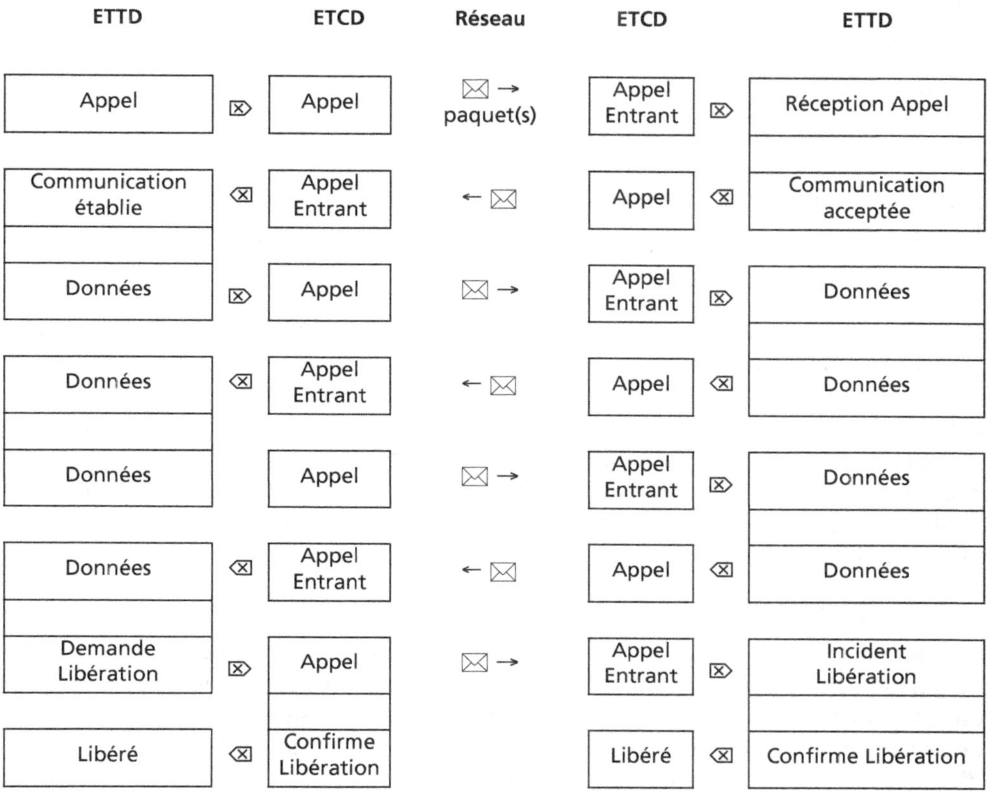

Figure 23.10 Cas d'un appel accepté

➤ Contrôle d'erreurs

Avec X25 le contrôle d'erreurs se fait au niveau de chaque nœud et non pas au simple niveau des équipements terminaux comme avec TCP/IP. Le réseau est donc plus fiable mais cette vérification en limite également le débit.

b) Fonctionnement de la couche X25-3

Les trois services qui doivent être rendus par la couche réseau – niveau 3, du modèle ISO sont l'adressage, le routage et le contrôle de flux. Ces services doivent donc se retrouver également dans le protocole X25.

➤ L'adressage

L'adressage est réalisé au travers de circuits virtuels (*cf.* Étude de la commutation) – avec commutation de paquets dans le cas de X25. Afin de gérer cet adressage au travers des circuits virtuels, chaque paquet est muni d'un en-tête comportant un champ de 4 bits, dit « Groupe de la Voie Logique » qui permet de définir 16 groupes de voies. Le champ complémentaire « Numéro de la Voie Logique », NVL, définit sur 8 bits le numéro de la voie parmi les 256 que peut comporter le groupe. On peut ainsi coder 4 095 (16 * 256) voies logiques par entrée de circuit virtuel, la voie 0 ayant un rôle particulier.

➤ Le routage

Dans ce type de protocole, le routage est assuré par des algorithmes mis en œuvre sur les ordinateurs gérant les nœuds du réseau. Ce routage est assuré ici grâce aux adresses définissant les Groupes de Voies Logiques et NVL (Numéro de Voie Logique).

➤ Le contrôle des flux

Le rythme de transfert des paquets sur un circuit virtuel est limité, d'une part aux possibilités techniques du réseau, d'autre part aux possibilités de réception de chacun des destinataires (taille de la mémoire tampon...). Il importe donc que le débit à l'émission soit asservi par le récepteur. Pour ce faire, il peut émettre des paquets d'autorisation d'émission ; mais il peut aussi envoyer un certain nombre de paquets d'avance sans attendre de confirmation grâce à une fenêtre d'anticipation ou crédit de paquets, telle que nous l'avons définie précédemment lors de l'étude du protocole HDLC.

➤ Formation des paquets

Les données à transmettre d'un ETTD vers un autre sont découpées en **fragments** de 32, 64, 128 ou 256 octets. Un paquet est ainsi constitué d'un fragment muni d'un en-tête contenant diverses informations de service. Il existe également des paquets de service contenant uniquement des informations de service telles que la demande d'établissement ou de libération d'un CVC.

Sur le réseau ne circulent pas seulement des paquets de données mais également des paquets de service contenant uniquement des informations de service telles que la demande d'établissement ou de libération d'un CVC. Certains de ces paquets peuvent être prioritaires et « doubler » les paquets de données. L'en-tête du paquet, sur trois octets, est constitué de la manière suivante.

Identificateur Général de Format	Groupe de la Voie Logique	1er octet
Numéro de Voie Logique		2e octet
Type de paquet		3e octet

– L'Identificateur Général de Format – IGF – indique la taille de la fenêtre d'anticipation.

– Le Groupe de la voie logique et le Numéro de Voie Logique – NVL – permettent de coder, dans chacun des paquets, l'adresse du correspondant au travers d'un circuit virtuel (la voie logique).

– Le type de paquet indique s'il s'agit d'un paquet de service ou de données et la fonction de ce paquet (paquet d'appel entrant, demande de libération, paquet mal reçu, paquet de données, demande de reprise, ...).

Figure 23.11 En-tête de paquet Transpac

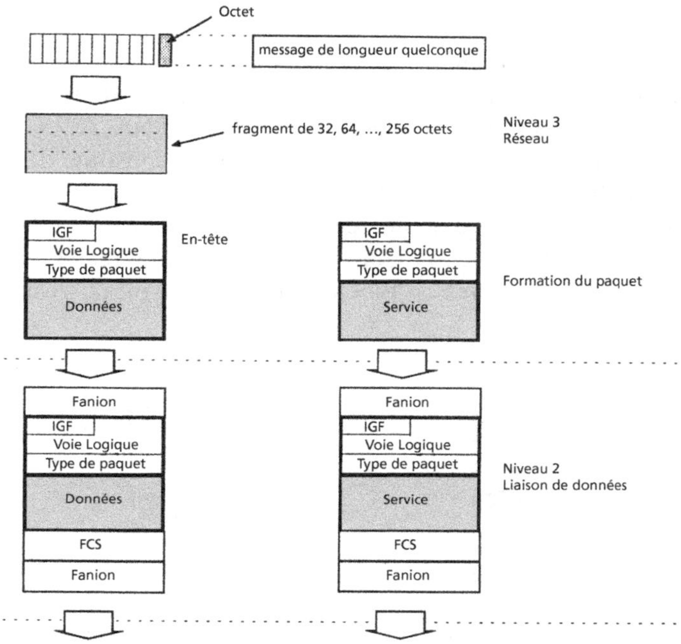

Figure 23.12 La formation des paquets sous Transpac

X25 est en fin de vie (arrêt annoncé pour 2011) : le relais de trames et ATM sont ses concurrents les plus sérieux, mais eux aussi très fortement mis en péril par TCP/IP.

23.2.5 Relais de trames

Le **relais de trame, FR** (*Frame Relay*) ou « *Fast Packet Switching* » est une technique de commutation [1980 – 1991] normalisée par ANSI (TI.606 et TI.617), ITU (I.233 et Q933), *Frame Relay Forum*... lui assurant une reconnaissance internationale. Considérant que les voies de communication sont plus fiables que par le passé, le relais de trame ne prend plus en compte les contrôles d'intégrité ou de séquencement des trames, diminuant ainsi le volume de données émis. Il offre une gamme de débits comprise entre 64 kbit/s et 2 Mbit/s pour l'Europe avec des possibilités jusqu'à 45 Mbit/s. Le relais de trames utilise le multiplexage statistique qui permet une utilisation plus souple et plus efficace de la bande passante en adaptant le débit aux besoins du moment. Transparent aux protocoles il peut transporter du trafic X25, IP, IPX, SNA...

Le relais de trame est une évolution de la commutation de paquets X25. Il établit, en mode connecté, une liaison virtuelle entre les deux extrémités. Cette liaison est soit permanente **CVP** (Circuit Virtuel Permanent, PVC : *Permanent Virtual Circuit*), soit établie à la demande **CVC** (Circuit Virtuel Commuté, SVC : *Switched Virtual Circuit*).

Au cœur du réseau les routeurs et les FRAD (*Frame Relay Access Device*) ou « relayeurs de trames » assurent l'établissement du circuit virtuel et l'acheminement des trames qui encapsulent des protocoles série (BSC, SNA, X.25…) ou de réseau local (IP, IPX…). Un réseau relais de trames est donc constitué d'un ensemble de nœuds FRAD maillés. Les interconnexions sont assurées par des voies à haut débit et les maillages peuvent être quelconques. Le nœud achemine – à l'aide d'une table de correspondance (table de commutation) – les données reçues sur l'une de ses entrées vers l'une de ses sorties en fonction de l'identifiant du circuit virtuel (voie logique).

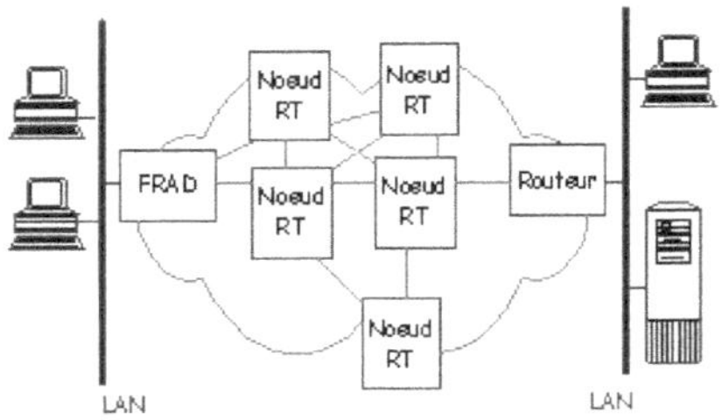

Figure 23.13 Architecture du relais de trames

Le relais de trame couvre les couches 1 et 2 du modèle OSI sans y être toutefois parfaitement conforme.

La **couche physique** (niveau 1) emploie la technique du « *bit stuffing* » qui consiste à insérer un zéro tous les cinq 1 à l'émission et à supprimer tout 0 suivant cinq 1 à la réception. Cette technique – quoique pénalisante en terme de « surdébit » (*overhead*) car elle introduit des bits supplémentaires dans le débit utile – est utilisée afin de s'assurer que la série binaire 0111 1110 (7Eh – fanion de trame) n'apparaisse par hasard.

La **couche liaison de données** (niveau 2) se subdivise en 2 sous-couches : le noyau (*Core*) et une sous-couche complémentaire EOP (*Element Of Procedure*) facultative et non normalisée, utilisée par les équipements terminaux.

La trame utilisée est de type HDLC (*High Level Data Link Control*) dérivée de LAP-D et délimitée par deux fanions 7Eh. Elle est de longueur variable et peut atteindre 8 Ko.

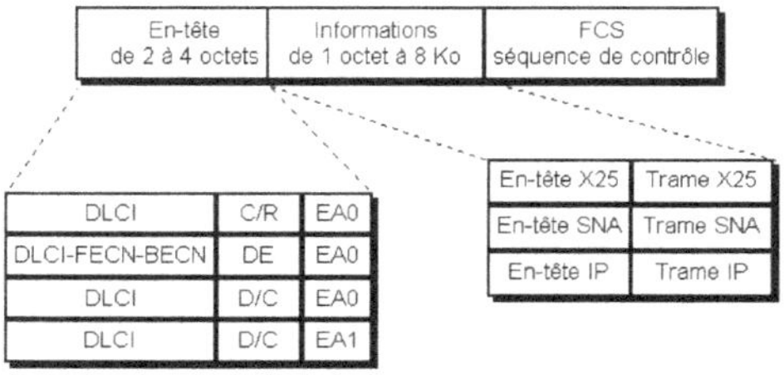

Figure 23.14 Format des paquets en relais de trame

– Le champ adresse DLCI (*Data Link Connection Identifier*) identifie le circuit virtuel.
– Le champ EA (End Address) indique si le champ adresse a une suite (EA = 0) ou non (EA = 1). Le champ adresse est en effet de taille variable – 2 à 4 octets. L'adresse peut donc être exprimée sur 10 bits (en-tête de 2 octets), 17 bits (en-tête de 3 octets), ou 24 bits (en-tête de 4 octets).
– Le champ C/R (*Command/Response*) indique s'il s'agit d'une trame de commande ou de réponse.
– Les bits FECN (*Forward Explicit Congestion Notification*) et BECN (*Backward Explicit Congestion Notification*) permettent d'éviter les congestions. Ils sont utilisés quand le seuil de congestion est sur le point d'être atteint. La station qui reçoit ces avertissements doit alors réduire ses échanges en diminuant son débit ou la taille de ses fenêtres d'anticipation.
– Le bit DE (*Discard Eligibility*) permet aux constituants du réseau de marquer les trames à éliminer en priorité en cas d'engorgement.

a) *Fonctionnement du Relais de Trame*

➤ Adressage

Comme pour un réseau X25, la connexion est établie au travers d'une liaison virtuelle mais, à la différence de X25, cette connexion est assurée de manière unidirectionnelle, la machine distante devant établir son propre circuit virtuel de retour. Chaque circuit virtuel est identifié par son adresse de lien virtuel (champ DLCI), équivalent du NVL (Numéro de Voie Logique) de X25. Dans la version de base cette adresse sur 2 octets permet d'adresser près de 1 024 liaisons virtuelles.

➤ Traitement des erreurs

Chaque commutateur traversé vérifie l'intégrité de la trame en contrôlant la présence des fanions, la validité du DLCI et du contrôle d'erreur FCS. Les trames non valides sont éliminées. Le traitement des autres erreurs est reporté aux organes d'extrémité et aux protocoles de niveau supérieur qui doivent numéroter les blocs de données pour détecter les pertes et gérer la reprise sur temporisation et sur erreur.

➤ Contrôle d'admission

À l'ouverture d'une connexion, le client « négocie » avec son FRAD de rattachement, la qualité de service **QoS** (*Quality of Service*) choisie lors du contrat. Le contrôle d'admission représente le mécanisme principal, assurant la transmission des messages au destinataire et garantissant des performances de réseau satisfaisantes. Lors de l'établissement du circuit virtuel, le client doit spécifier trois descripteurs de trafic :

– Le **CIR** (*Committed Information Rate*) : qui représente le débit moyen garanti par le réseau, avec la QoS choisie par l'usager, sur un intervalle de temps Tc (*Committed rate measurement interval*). Sa valeur est fonction des caractéristiques du trafic généré par l'usager. La somme des CIR des différents usagers partageant un même lien doit donc être inférieure à la capacité du lien. Dans la

pratique, le CIR est une valeur située entre le débit maximal et le débit moyen, sur la durée d'une connexion.
- Le Bc (*Burst committed size*) : qui représente le nombre maximum de bits pouvant être transmis pendant l'intervalle de temps Tc. Le débit est évalué pendant l'intervalle Tc (Tc = Bc/CIR).
- Le Be (*Burst excess size*) ou EIR (*Excess Information Rate*) : qui représente le nombre maximum de bits que le réseau pourrait transmettre en excès par rapport à Bc pendant l'intervalle Tc.

Le service acceptera ou non une nouvelle connexion, en fonction de ces descripteurs de trafic et d'autres informations de QoS.

➤ Suivi du trafic

Le réseau surveille si le flux de trafic de l'utilisateur respecte le contrat et peut réduire le débit et même rejeter des informations si le débit d'accès est excessif. Pour cela, le réseau relais de trame utilise le bit DE (*Discard Eligibility*).

Tant que la quantité d'informations mesurée pendant l'intervalle de temps reste inférieure à Bc (*Burst committed size*), les trames sont transmises sans être marquées (DE reste à la valeur initiale 0). Si la quantité d'informations est comprise entre Bc et Bc + Be (*Burst excess size*), les trames sont marquées (bit DE mis à 1). Elles seront transmises malgré tout mais détruites en priorité si elles transitent par un nœud proche de la saturation. Cette technique permet à un utilisateur de transmettre en excès si les autres n'envoient pas de données, ce qui offre un net avantage sur des mécanismes de contrôle de flux plus stricts. Si la quantité d'informations émise, pendant Tc, dépasse Bc + Be, les trames marquées sont immédiatement détruites par le premier nœud d'accès. Pour limiter le risque d'aggravation lié à des essais de retransmission des trames détruites, on dispose de mécanismes de contrôle de congestion.

➤ Contrôle de congestion

En cas de risque de **congestion** entre nœuds, le réseau alerte (au moyen des bits FECN et BECN) les usagers du lien d'avoir à réduire leur débit pour maintenir le réseau actif. Cette réduction du débit – par la suspension temporaire de l'émission – est du ressort des protocoles de transport de niveau supérieur – Frame Relay étant limité aux niveaux 1 et 2. Ce procédé étant injuste pour les hôtes n'ayant pas provoqué la congestion, un protocole CLLM (*Consolited Link Layer Management*) permet d'y remédier en permettant aux nœuds en état de congestion d'avertir les nœuds voisins et la source de la congestion.

➤ Signalisation

Le relais de trames utilise une signalisation séparée du transport de données (dérivée de celle utilisée en RNIS), à l'aide d'un circuit virtuel spécifique (DLCI d'adresse 0). Les mécanismes de signalisation LMI (*Local Managment Interface*) informent l'usager sur l'état du réseau, permettant de contrôler les circuits virtuels. Ils signalent ainsi l'ajout, la disparition, la présence ou l'intégrité d'un circuit virtuel. Les trames de signalisation ont la même forme physique que les autres trames.

b) Conclusion

Un des avantages du relais de trames est qu'il est très efficace pour des coûts peu élevés. Au départ, considérée comme une technologie intermédiaire permettant d'attendre la standardisation d'ATM, théoriquement plus performant, le relais de trame s'est imposé auprès des entreprises comme une solution intermédiaire mais qui se trouve à présent mise en péril par la poussée inexorable de TCP/IP.

23.2.6 ATM

ATM (*Asynchronous Transfert Mode*) est un protocole normalisé, défini par l'ATM Forum et l'ISO, qui autorise un fonctionnement par commutation de cellules. Il peut offrir des débits allant jusqu'à 1,24 Gbit/s ce qui autorise une grande diversité d'applications (vidéo, données, audio...).

Le flux d'information est divisé en cellules de taille fixe (53 octets), assignées aux utilisateurs selon les besoins. La cellule ATM est composée d'un en-tête (5 octets) et d'un champ d'information (48 octets).

L'architecture fonctionnelle du réseau ATM est composée de trois couches :

- la couche physique assurant l'adaptation du protocole ATM au support de transmission ;
- la couche ATM chargée du multiplexage et de la commutation des cellules ;
- la couche AAL (*ATM Adaptation Layer*) qui adapte les flux d'information à la structure des cellules.

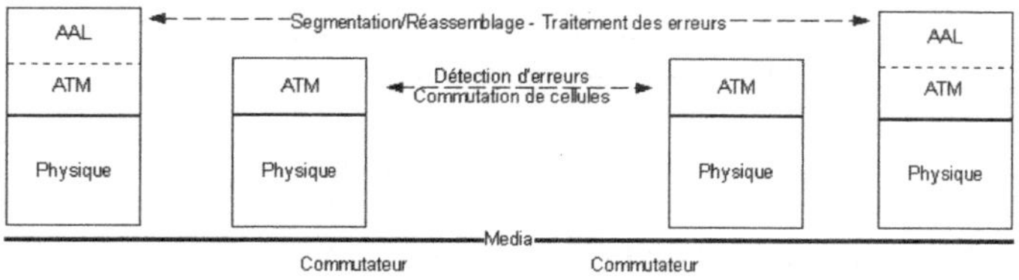

Figure 23.15 Rôle des couches ATM

➤ La couche physique

La couche physique assure l'adaptation des cellules au média de transport utilisé. Le flux de cellules, généré par la couche ATM, peut être transporté théoriquement par n'importe quel système de transmission numérique, permettant ainsi à ATM de s'adapter aux systèmes actuels ou futurs (SONET, SDH, E1, E3, FDDI, xDSL...).

Trois modes de fonctionnement ont été définis au niveau physique :

- le mode **PDH** (*Plesiochronous Digital Hierarchy*) ou mode « tramé temporel » qui utilise les infrastructures existantes,
- le mode **SDH** (*Synchronous Digital Hierarchy*) ou mode « tramé synchrone » (mode conteneur) qui devrait être le seul utilisé à terme,
- le mode **cellule** pour les réseaux privés où les cellules sont transmises directement sur le support de transmission.

➢ La couche ATM

ATM est une technique orientée connexion (la couche ATM est de type connecté, mais les niveaux au-dessus peuvent être avec ou sans connexion) ce qui impose qu'un circuit virtuel soit établi avant l'émission d'informations. Le mode connecté fait en sorte que les cellules soient transmises en conservant leur séquencement.

Au niveau 2, la couche ATM est chargée de la commutation et du multiplexage des cellules tandis la couche **AAL** (*ATM Adaptation Layer*) adapte les données issues des couches supérieures à la couche ATM, par segmentation et ré assemblage. Elle assure notamment :

- l'acheminement des cellules dans le réseau ;
- l'ajout et le retrait des en-têtes ATM ;
- le contrôle de flux et de congestion ;
- l'adaptation du débit (insertion ou suppression de cellules vides) ;
- le contrôle d'admission en fonction de la QoS requise ;
- le lissage de trafic (*Traffic Shopping*).

L'en-tête (5 octets) de la cellule ATM est légèrement différente (champ GFC) selon qu'elle concerne la liaison entre la station et le commutateur : **UNI** (*User Network Interface*) ou la liaison entre deux commutateurs : **NNI** (*Network to Network Interface*).

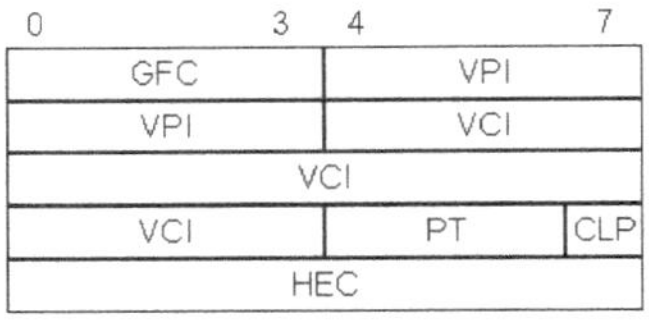

Figure 23.16 En-tête UNI

Elle comporte les champs suivants :

- Le champ GFC (*Generic Flow Control*) assure l'identification de plusieurs stations ayant un accès commun au réseau. Ce champ souvent non utilisé à cette fin est alors considéré comme faisant partie du champ VPI, afin de définir une plage d'adressage plus importante. GFC n'existe pas en en-tête NNI où il est utilisé par le champ VPI.
- Le champ VPI (*Virtual Path Identifier*) identifie une voie virtuelle permanente ou semi-permanente et le champ VCI (*Virtual Channel Identifier*) identifie une voie virtuelle semi-permanente ou établie lors de l'appel. C'est l'équivalent du NVL utilisé avec X25. ATM fonctionnant en mode connecté, les données ne sont acheminées qu'après établissement de cette voie virtuelle VCC (*Virtual Channel Connection*).
- Le champ PT (*Payload Type*) repère le type d'informations véhiculées par la cellule qui peut acheminer des données utilisateur (PT=0) ou des données de service (PT=1) utilisées pour la gestion et la maintenance du réseau (OAM, *Operation Administration Maintenance*). Dans le cas d'une cellule ordinaire, le

deuxième bit – EFCI, *Explicit Forward Congestion Indication* – signale si un nœud est congestionné dans le réseau (EFCI=1), et le dernier bit signale la dernière cellule d'une trame AAL5.

- Le bit CLP (*Cell Loss Priority*) indique une cellule à éliminer en priorité en cas de congestion (CLP=1).
- Le champ HEC (*Header Error Control*), rajouté par la couche physique, permet le contrôle d'erreur et l'autocorrection sur 1 bit par l'emploi d'un code polynomial.

➤ La couche AAL

Afin d'optimiser la qualité de service offerte aux applications, la couche AAL (*ATM Adaptation Layer*) a été définie pour répondre à 4 classes d'applications :

	AAL1	AAL2	AAL3/4	AAL5
Relation temporelle	Élevée		Faible	
Débit	Constant	Variable		
Mode	Connecté		Au choix	Non connecté
Applications types	Voix interactive Vidéo	Voix Vidéo compressée	Données	Interconnexion de réseaux locaux

Figure 23.17 Classes d'application AAL

La couche AAL est elle-même subdivisée en deux sous-couches CS (*Convergence Sublayer*) et SAR (*Segmentation And Reassembly*). La couche SAR découpe et rassemble les données issues de la couche supérieure en cellules de 48 octets, numérotées afin de pouvoir les ré assembler chez le destinataire.

➤ Suivi du trafic

Lors de l'établissement d'une connexion, une qualité de service QoS (*Quality of Service*) est « négociée » par les utilisateurs pour définir la valeur d'un certain nombre de paramètres : taux d'erreur « acceptable », taux de perte, délai de transfert, délai moyen de transfert, débit moyen, débit maximum… Cinq classes de QoS sont définies en fonction du type de trafic :

- classe non spécifiée, support du service « *Best Effort* » ;
- classe 1 (*Class* A dans la terminologie ITU) – trafic à débit constant et émulation de circuit ;
- classe 2 (*Class* B) – transfert de flux audio/vidéo à débit variable ;
- classe 3 (*Class* C) – transfert de données orienté connexion ;
- classe 4 (*Class* D) – transfert de données en mode non-connecté.

➤ Contrôle de congestion

Les mécanismes mis en œuvre pour prévenir et réduire la congestion sont identiques à ceux du relais de trames. Une connexion n'est acceptée que si le réseau peut la satisfaire en termes de qualité de service QoS, sans nuire aux autres connexions actives.

Quand une congestion apparaît sur un nœud du réseau (commutateur ATM), le mécanisme EFCN (*Explicit Forward Congestion Notification*) permet d'avertir la station émettrice du trafic qui engendre la congestion afin qu'elle prenne ses dispositions pour réduire ou faire disparaître la congestion. Il s'agit d'un contrôle a posteriori et l'émetteur peut ne pas tenir compte de l'indication de congestion.

Le destinataire est prévenu de la congestion sur le réseau au moyen du bit EFCI (*Explicit Forward Congestion Indication*) du champ PT. Le destinataire ou n'importe quel commutateur peut alors envoyer une cellule particulière – cellule RM (*Resource Management*) – à la station émettrice pour lui demander de réduire ou d'arrêter temporairement l'émission des données – cellule RR (*Relative Rate*) – ou pour l'informer du débit disponible – cellule ECR (*Explicit Cell Rate*).

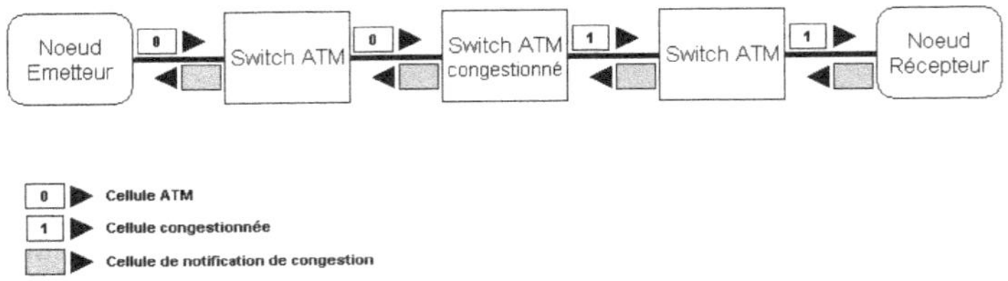

Figure 23.18 Congestion ATM

Les cellules dont le bit CLP (*Cell Loss Priority*) est à 1 sont détruites en priorité et les commutateurs peuvent positionner à 1 le bit CLP de toutes cellules excédentaires par rapport au débit demandé lors de la connexion, voire même les supprimer.

ATM est assez peu implanté en entreprise où il est concurrencé par les réseaux Ethernet Gigabit. Bien qu'on ait prédit sa disparition à partir des années 2000, son utilisation reste stable car la technologie est bien maîtrisée par les opérateurs sur les backbones de transport en réseaux étendus (Colt, France Télécom...). Il souffre toutefois de la poussée inexorable des réseaux « full » Ethernet sur IP.

23.2.7 SONET – SDH

SDH (*Synchronous Digital Hierarchy*) est la version européenne du protocole d'origine américaine **SONET** (*Synchronous Optical NETwork*), recouvrant les niveaux 1 et 2 du modèle ISO et adaptée à ATM. SDH correspond à une technologie de transmission synchrone sur fibre optique, qui présente de nombreux avantages.

SDH repose sur une trame numérique de niveau élevé qui apporte :

- La possibilité d'extraire ou d'insérer directement un signal composant du lien multiplexé.
- Une évolution vers les hauts débits par multiplexage synchrone des trames de base.
- Une interconnexion de systèmes à haut débit, facilitée par la normalisation de la trame de base et des interfaces optiques...

SDH est cadré par un certain nombre de recommandations :

- G707 : caractérisant le débit binaire ;

– G708, G957… : caractérisant l'interface de nœud ;
– G709, G781, G782… : réglementant la structure du multiplexage synchrone…

Selon les débits assurés, la norme décompose l'architecture en six niveaux, référencés différemment selon SONET ou SDH. Avec SONET ces niveaux sont classés comme OC (*Optical Container*), avec SDH en STM (*Synchronous Transport Module*) :

TABLEAU 23.2 NIVEAUX SDH-SONET

SDH	SONET	Débit
STM-1	OC-3	155 Mbit/s
STM-4	OC-12	622 Mbit/s
STM-16	OC-48	2,5 Gbit/s
STM-64	OC-192	10 Gbit/s
STM-128	OC-384	20 Gbit/s
STM-256	OC-768	40 Gbit/s

a) Caractéristiques de SDH

Les signaux à transporter, provenant de voies synchrones ou asynchrones sont « accumulés » dans un **conteneur virtuel** ou **VC** (*Virtual Container*) auquel est associé un débit.

Afin de transmettre un signal analogique sur une voie numérique, il est nécessaire (technique de la modulation par impulsions codées) de l'échantillonner à intervalles réguliers avec une fréquence équivalent à deux fois la fréquence la plus haute. En considérant la voix (bande passante de 50 à 4 000 Hz), il faut donc l'échantillonner au moins 8 000 fois par seconde (soit 8 kHz). Or, 1 s/8 kHz = 125 μs, ce qui correspond à l'intervalle de transport de la trame de base STM-1 de SDH. Chaque trame composée de 9 × 270 octets (2 430 o) permet d'assurer le débit du STM-1, soit : 9 × 270 × 8 b × 8 000/s = 155,52 Mbit/s.

Les 9 × 270 o sont présentés sous la forme de 9 « rangées », les 9 premiers constituant la zone de supervision de SDH, contiennent des informations sur la gestion du réseau (engendrant un « surdébit », *overhead* ou *overflow*) et les 261 o suivants les informations à transmettre, charge utile ou *payload*.

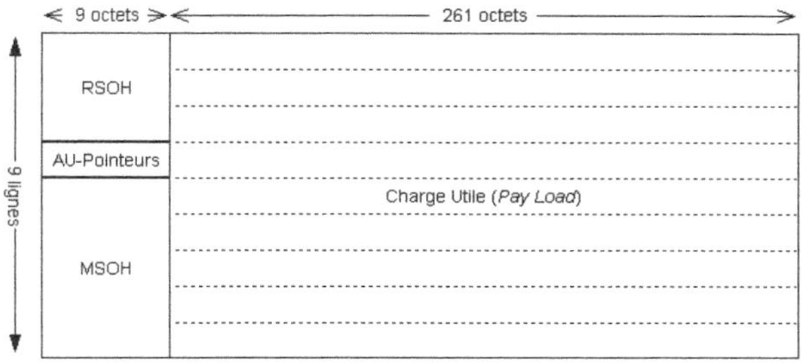

Figure 23.19 Structure de la trame STM-1

Chapitre **24**

Protocole TCP/IP

24.1 PILE DE PROTOCOLES TCP/IP

TCP/IP (*Transmission Control Protocol/Internet Protocol*) a été développé à partir de 1969 sur la base du projet DARPA (*Defense Advanced Research Project Agency*) de la défense américaine. Sa mise en place réelle date des années 80 avec la mise en service du réseau scientifique – **Arpanet** – et son implémentation dans les universités américaines. Son essor est intimement lié au développement d'Internet, qui lui assure une reconnaissance mondiale et l'impose comme « standard de fait ». Il est à présent adopté, à la fois sur des réseaux longue distance tel qu'Internet mais également comme protocole de transport et de réseau dans une grande majorité des réseaux locaux d'entreprise.

TCP/IP ne fait pas l'objet de normes de droits telles que X25, IEEE 802… mais correspond à un ensemble de normes « de fait », définies au travers des **RFC** (*Request For Comments*). Par exemple RFC 791 pour *Internet Protocol*, RFC 793 pour *Transmission Control Protocol*, RFC 1484 pour *Multicast Extensions*… Un certain nombre de sites Internet en proposent la traduction en Français.

TCP/IP ou la « **pile TCP/IP** » est en fait une « suite de protocoles », travaillant selon le modèle **DOD** (*Department Of Defense*) qui recouvre les différentes couches du modèle ISO (*International Standard Organization*) – notamment au niveau des couches réseau et transport. TCP/IP « englobe » ainsi un certain nombre de protocoles tels que :

- niveau DOD internet (réseau – niveau 3 ISO)
  - **IP** (*Internet Protocol*) : circulation des paquets – RFC 791
  - **ICMP** (*Internet Control Message Protocol*) : permet de contrôler les échanges entre nœuds du réseau – RFC 792

  - **IGMP** (*Internet Group Managment Protocol*) : permet de gérer la communication entre routeurs – RFC 1092
- niveau DOD *host to host* (transport – niveau 4 ISO)
  - **TCP** (*Transmission Control Protocol*) – RFC 793
  - **UDP** (User Datagram Protocol) – RFC 768
- niveau DOD applications (niveaux 5, 6 et 7 ISO)
  - **DNS** (*Domain Name Service*) : correspondance entre adresse IP et nom réseau tel qu'il est reconnu sous Internet – RFC 1034
  - **FTP** (*File Transfert Protocol*) : transfert de fichiers – RFC 959
  - **NFS** (*Network File System*) : permet le partage de fichiers
  - **SMTP** (*Simple Mail Transport Protocol*) : courrier électronique – RFC 821
  - **TelNet** (*Teletype Network*) : ouverture de sessions à distance… – RFC 854
  - **SLIP** (*Serial Line IP*) et **PPP** (*Point to Point Protocol*) : adaptent TCP/IP à des liaisons série via le Réseau Téléphonique Commuté ou les Liaisons Spécialisées.

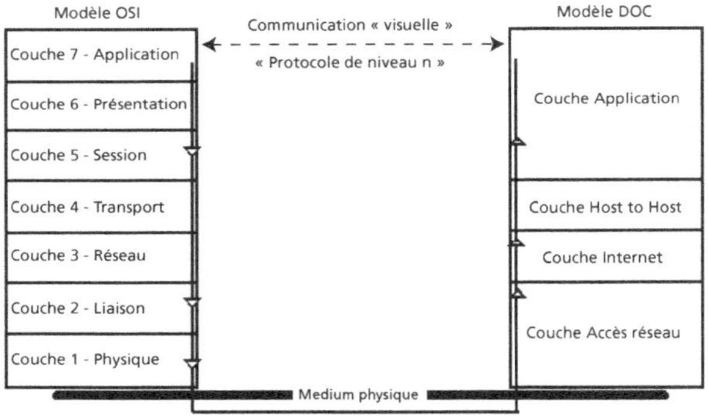

Figure 24.1 Les modèles OSI et DOD

24.1.1 IPv4 (*Internet Protocol*) – niveau 3 « Réseau »

Le niveau 3 du modèle OSI doit assurer, les fonctions d'adressage, de routage et de contrôle de flux des trames. Ces fonctions sont prises en charge par la couche IP. La version qui reste encore la plus utilisée est IPv4 mais la version IPv6, plus performante, commence à faire son apparition.

a) Les classes d'adressage

Afin de repérer les nœuds du réseau (*host*, station, routeur…), chacun doit être muni d'une adresse IP. Chaque adresse IPv4 comporte 32 bits (4 octets) et est souvent représentée sous forme de 4 blocs de trois chiffres décimaux, codant chacun les 8 bits de l'octet, ces chiffres étant séparés par des points (notation dite en « **décimal pointé** »).

Ainsi 191.168.010.001 est une adresse IP qui s'écrit plus souvent 191.168.10.1. Elle correspond en fait à une série de 4 octets (32 bits).

191	168	010	001
1011 1111	1010 1000	0000 1010	0000 0001

Cette série binaire a pour but fondamental de déterminer deux informations : l'identifiant du réseau et l'identifiant de l'hôte.

Avec IPv4, les adresses sont organisées en cinq classes, dont trois classes principales, notées A, B et C, les classes D et E étant d'un usage particulier.

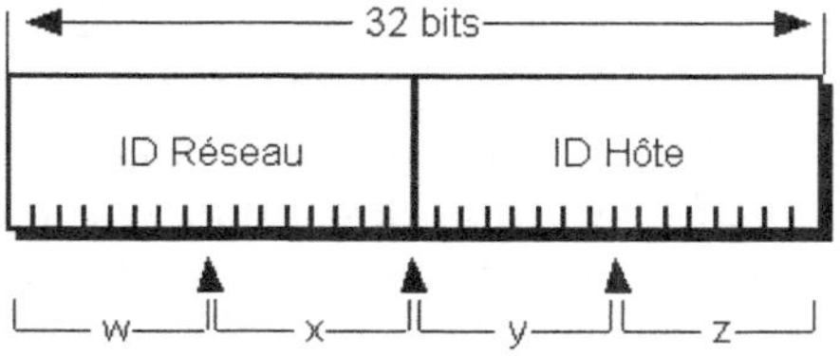

Figure 24.2 Informations contenues dans l'adresse IP (Exemple en classe B)

La position du premier bit à 0 rencontré dans les bits de poids forts du premier octet d'adresse (le plus à gauche) permet de déterminer la classe d'adressage. Si ce bit 0 est en première position c'est une adresse de classe A, s'il est en deuxième position c'est une classe B, etc.

Ainsi, 191 comme valeur de premier octet d'adresse, donne en binaire 1011 1111. Le premier bit de poids fort ayant la valeur 0 est en deuxième position, il s'agit donc d'une adresse de classe B.

La classe IP permet de savoir rapidement quelle partie de l'adresse (*Net Identifier*) repère le réseau où se trouve le nœud et quelle partie de l'adresse (*Host address ou Host Id*) est utilisée pour repérer le nœud lui-même. Toutefois, l'usage d'un masque spécial « surdimensionné » ou « sous-dimensionné » par rapport au masque par défaut de la classe, peut permettre de repérer d'éventuels sous-réseaux (*subnetting*) ou sur-réseaux (*supernetting*). Nous y reviendrons (*cf.* Le rôle du masque, sous-réseaux et sur-réseaux).

Classe A : le premier octet repère l'adresse réseau. Le premier bit de cet octet étant à 0, on peut, avec les 7 bits restants, définir, en théorie 128 (2^7) adresses de réseaux. En pratique, seules 126 seront exploitées (car l'adresse 0 est interdite et la plage 127.0.0.1 à 127.255.255.255 est réservée aux tests). Les 3 octets qui restent permettent alors de définir en théorie 2^{24} adresses possibles, soit plus de 2 milliards d'adresses (126 x 16 777 216). Le nœud d'un réseau de classe A pourrait donc avoir une adresse comprise, théoriquement (nous expliquerons pourquoi prochainement), entre 1.0.0.0 et 126.255.255.255. Le masque associé par défaut à une adresse de classe A est 255.000.000.000 souvent noté 255.0.0.0. Nous reviendrons ultérieurement sur le rôle de ce masque.

Classe B : les deux premiers octets codent l'adresse réseau. Les deux premiers bits de la classe étant forcés à 10 on peut avec les 14 bits qui restent (2 octets moins les 2 bits 10) définir en théorie 2^{14} adresses réseaux comprenant chacun en théorie 2^{16} adresses possibles de nœuds. Le nœud d'un réseau de classe B peut donc avoir une adresse comprise, en théorie, entre 128.0.0.0 et 191.255.255.255. Le masque associé par défaut à une adresse de classe B est 255.255.000.000.

Classe C : les trois premiers octets codent l'adresse réseau. Les trois premiers bits de cette classe étant forcés à 110, on peut définir avec les 21 bits restants (3 octets moins les 3 bits 110), 2^{21} réseaux comprenant en théorie 2^8 soit 256 machines. Le nœud d'un réseau de classe C peut donc avoir une adresse comprise, en théorie, entre 192.0.0.0 et 223.255.255.255. Le masque associé par défaut à une adresse de classe C est 255.255.255.000.

Classe D : les adresses 224 à 231 sont réservées à la classe D, destinée à gérer le routage IP multipoints (*multicast*) vers des groupes d'utilisateurs d'un réseau – groupes de diffusion – et non pas un routage IP *unicast* comme c'est habituellement le cas, où le message est émis vers telle ou telle station présente sur le réseau. Chaque machine du groupe de diffusion possède la même adresse de groupe multicast.

Classe E : les adresses 231 à 254 sont réservées à la classe E ; classe restée en fait inexploitée.

Pour détecter rapidement à quelle classe appartient le paquet circulant sur le réseau et permettre aux routeurs de réexpédier la trame le plus rapidement possible vers le destinataire, le premier octet de chaque adresse IP désigne donc clairement la classe. Ainsi, en nommant **w**, **x**, **y** et **z** les quatre octets.

Tableau 24.1 TCP/IP Adresse réseau/adresse station

Classe	1er octet w	Adresse réseau	Adresse station
A	De 1 à 127	w	x.y.z
B	De 128 à 191	w.x	y.z
C	De 192 à 223	w.x.y	z

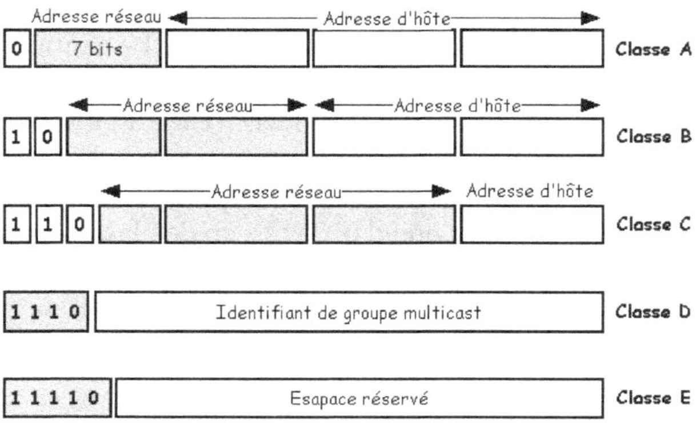

Figure 24.3 Les classes d'adresses IP

Il convient de noter que certaines adresses particulières sont définies par convention :

- l'adresse 127.0.0.1 est dite adresse de *loopback* ou *localhost* et correspond à une adresse de test de « soi-même ». En réalité toutes les adresses de 127.0.0.1 à 127.255.255.254 peuvent être utilisées comme adresse de test !
- une adresse ne peut pas contenir uniquement des 0 ou uniquement des 1. Ainsi l'adresse 0.0.0.0 est celle de la machine « courante » ou ne possédant pas encore d'adresse, 255.255.255.255 est une adresse de diffusion ;
- tous les bits de la partie hôte à 0 indiquent une adresse de réseau. Ainsi 10.0.0.0 correspond à une adresse de réseau dit généralement « réseau 10 » ;
- une adresse de réseau *Netid* « tout à zéro » (**172.0**.0.0 par exemple) ou « tout à un » (**172.255**.0.0 par exemple) est **autorisée** depuis la **RFC 1878** [1995]) ;
- si tous les bits de la partie machine sont positionnés à 1 on obtient une adresse de diffusion (*broadcast*) qui indique que le paquet doit être accepté par tous les nœuds du réseau. Ainsi 10.255.255.255 implique toutes les machines du réseau « 10.0.0.0 ».
- les adresses 10.0.0.0 à 10.255.255.255, 172.16.0.0 à 172.31.255.255 et 192.168.0.0 à 192.168.255.255 sont des adresses **réservées** aux réseaux privés – ou **classes privées** – (RFC 1918), donc jamais attribuées par un FAI ou par le NIC (intéressant pour limiter les intrusions externes). Ces adresses ne seront pas relayées sur les réseaux « publics » (Internet par exemple).

L'intérêt des classes IP se situe surtout au niveau du **routage** des informations. Ainsi une entreprise internationale pourra grouper ses milliers de serveurs sous une adresse de classe B. Les données seront routées plus vite au niveau des nœuds internationaux.

1 … 4	5 … 8	9 … 16	17 … 19	20 … 24	25 … 32
Version	IHL	TOS (Type Of Service)	TL (Total Length)		
ID (IDentification)			FO	Déplacement (Offset)	
TTL (Time To Live)		Protocole	Total de Contrôle (Header Checksum)		
Adresse IP Source					
Adresse IP Destination					
Options IP Éventuelles					Bourrage
Données (de 2 à 65 517o) …					

Version : 0100

IHL : *Internet Header Length* ou longueur d'en-tête, en multiples de 32 bits.

TOS : spécifie le service – priorité du paquet, demande de bande passante…

TL : longueur du datagramme y compris l'en-tête.

FO : *Fragment Offset* – le 1° bit M (*More*) indique si le fragment est suivi d'autres, le 2° bit désactive le mécanisme de fragmentation, le 3° est inutilisé.

TTL : durée de vie du datagramme « choisie » par l'émetteur. Cette valeur est décrémentée à chaque traversée de routeur et utilisée par le destinataire pour gérer l'arrivée des datagrammes fragmentés.

Protocole : type de protocole utilisant les services IP : 1 à ICMP, 6 à TCP, 17 à UDP…

Figure 24.4 Structure du datagramme IP

Nota : l'adresse IP n'identifie pas une « machine » mais simplement un point de connexion (interface, adaptateur...) au réseau. Ainsi, quand un poste possède plusieurs adaptateurs réseau – cas d'une machine faisant office de routeur logiciel par exemple – elle va devoir posséder autant d'adresses IP que d'adaptateurs. Il est également possible d'affecter plusieurs adresses IP à un même adaptateur.

Le datagramme IP comprend donc (entre autres) l'adresse de destination et l'adresse de l'émetteur, ainsi que l'indication du protocole transporté (TCP, UDP, ICMP...).

En résumé, avec IPv4 on rencontre les types d'adresses suivantes (la longueur des zones peut bien entendu varier selon la classe...) :

Hôte donné sur un réseau donné	Numéro de réseau	Numéro d'hôte
La machine courante	Tout à 0	
Hôte sur le réseau courant	Tout à 0	Numéro d'hôte
Diffusion limitée au réseau courant	Tout à 1	
Diffusion dirigée sur un réseau donné	Numéro de réseau	Tout à 1
Adresse de test *localhost*	127	N'importe quoi (souvent 127.0.0.1)

Le rôle du masque

Un **masque** (*Subnet mask*) de 4 octets est appliqué à l'adresse IP afin de distinguer la partie « réseau » (*net id*) de la partie « nœud » (*node id* ou *host id*). La valeur 255 attribuée à un octet du masque correspond à une série de 8 bits à 1 (1111 1111) et la valeur 000 à une série de 8 bits à 0 (0000 0000). Pour trouver l'adresse réseau, le système procède à un ET logique (AND) entre le masque de réseau et l'adresse IP.

En fait, si on considérait uniquement des réseaux et des stations, la connaissance de la classe suffirait à distinguer la partie réseau de la partie station et le masque ne trouve sa pleine utilité qu'avec les sous-réseaux et les adresses « *classless* » CIDR ainsi que nous allons le voir.

Adresse	125	0	0	2
Masque	255	000	000	000
	Réseau « 125 » défini par la classe A	Station « 002 » du réseau « 125 »		

Figure 24.5 Rôle du masque

b) Sous-réseaux

Les **RFC 950** [1985] et **RFC 1878** [1995] précisent les notions de sous-réseau (subnetting) qui permettent aux administrateurs de gérer plus finement leurs réseaux. Au sein d'un réseau local il est ainsi possible de « jouer » avec les notions d'adresse et de masque pour définir des **sous-réseaux** à l'intérieur d'une adresse réseau de départ.

Supposons que nous disposions de deux réseaux (par exemple un réseau à 10 Mbit/s et un autre à 100 Mbit/s) tels que sur la figure 24.5 (bien entendu on pourrait tout à fait avoir des sous-réseaux distincts sur des liens physiques fonctionnant à la même vitesse ou même sur un même lien...). Supposons encore que l'adresse IP d'une machine de ce réseau soit, par exemple, 125.1.1.2 et le masque 255.255.255.0.

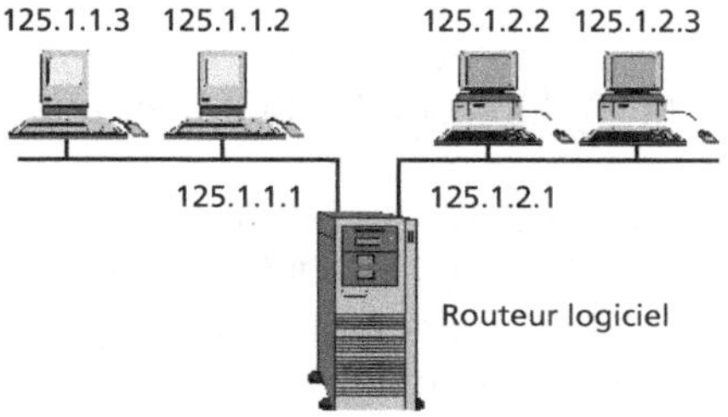

Figure 24.6 Routage par subnetting de réseaux IP

Dans cet exemple, le 1° octet d'adresse étant 125, on travaille avec un réseau de classe A dont l'adresse réseau est de ce fait 125.0.0.0. Le masque par défaut devrait donc être 255.0.0.0. Or ici le masque indiqué est 255.255.255.0 ce qui correspond à une classe C ! Qu'en est-il donc réellement ?

➤ Le masque de sous-réseau

La réalisation de sous-réseaux repose sur l'emploi d'un masque (*subnet mask*) qui définit un découpage de l'adresse IP, réservant une plage plus longue pour la partie réseau, que ne l'exige la classe d'adresse employée. En clair, on exploite un certain nombre de bits – normalement destinés au repérage de l'hôte – pour définir un identifiant de sous-réseau.

Ainsi, dans notre exemple ci-dessus, compte tenu du masque employé l'adresse réseau, bien que de classe A, va être décomposée en une **adresse de réseau** et une adresse de **sous-réseau** comme le montre la figure 24.7. C'est du ***subnetting***. On a défini ici un sous-réseau dans un réseau de classe A.

Adresse	125	1	1	2
Masque théorique	255	000	000	000
Masque utilisé	255	255	255	000
	Réseau « 125 » défini par la classe A	Sous-réseau « 001.001 » ou «1.1 » défini par le masque		Station « 002 » du sous-réseau « 1.1 » du réseau « 125 »

Figure 24.7 Rôle du masque en sous-réseaux

Ce type de *subnetting*, où tous les octets du masque (masque « brut ») ont une valeur 255 (8 bits à 1), est assez facile à exploiter et présente le mérite d'être facilement lisible. Ainsi, le numéro de « réseau »/sous-réseau est ici, clairement, le 125.1.1.0 et le numéro de nœud 0.0.0.2. Mais ce masque n'est pas toujours aussi « grossier » et on peut utiliser des « masques fins ».

➤ Masques fins

La valeur 255 n'est pas obligatoire pour définir un masque de réseau. Elle est souvent utilisée parce que « c'est plus simple » mais en réalité, on va pouvoir « jouer » sur le nombre de bits à utiliser dans le masque de sous-réseau pour définir un masque fin. Ce qui compte, si on s'en tient à la RFC c'est que la suite binaire utilisée pour le masque, soit une suite ininterrompue de bits à 1.

Ainsi, 255.255.224.0 est un masque valide car il correspond à la suite binaire 1111 1111.1111 1111.1110 0000.0000 0000, bien que ses octets ne soient pas tous à 255 ou à 0.
Par contre 255.255.225.0 n'est pas un masque valide car la suite binaire ainsi définie serait 1111 1111.1111 1111.1110 000**1**.0000 0000. Le **1** le plus à droite ne pourrait être interprété comme faisant partie du masque car il est précédé de 0. On dit qu'il y a un « trou » dans le masque.

Les seules valeurs de masque valides pour un octet de masque étant alors celles du tableau 24.2 :

Tableau 24.2 Octets de masques valides en binaire et decimal

1000 0000	128	1111 1000	248
1100 0000	192	1111 1100	252
1110 0000	224	1111 1110	254
1111 0000	240	1111 1111	255

Comment déterminer un masque fin ?

Pour déterminer un masque fin il faut considérer un certain nombre d'éléments : tout d'abord dans quelle classe de réseau on souhaite (ou on doit) se situer, quel est le nombre maximal de nœuds que doit comporter le sous-réseau et enfin combien de sous-réseaux il va falloir définir.

Par exemple, supposons que pour des raisons de sécurité nous souhaitions utiliser une adresse de réseau privé 10 (RFC 1918) – adresse de classe A. Supposons encore que nous ayons à définir 5 sous-réseaux (Administration, Laboratoire, Commerciaux....) et que le maximum de stations (nœuds au sens large – il faut penser aux routeurs, aux imprimantes réseau... qui ont également des adresses IP) que l'on va trouver dans le plus grand de ces sous-réseaux soit de 100.

– Pour identifier chacun de nos 100 nœuds nous avons besoin de 7 bits au maximum (en effet $100_{10} = 1100100_2$ soit 7 bits). En fait, avec 7 bits on pourrait adresser 2^7 nœuds soit 128 (attention : 126 (2^7-2) seulement étant réellement exploitables car les adresses d'hôtes 0000000 et 1111111 sont interdites – *hosts* « tout à 0 » et « tout à 1 »).

– Pour identifier chacun de nos 5 sous-réseaux nous avons besoin de 3 bits ($5_{10} = 101_2$ soit 3 bits). Il est possible avec 3 bits de définir réellement 2^3 adresses soit 8 (les adresses de sous-réseau 000 et 111 – *Netid* « tout à zéro » ou « tout à un » d'une manière générale – **étant autorisées** depuis la **RFC 1878** [1995]).

L'adresse va alors pouvoir se décomposer de diverses manières. En effet, compte tenu de ce qu'un certain nombre de bits peuvent rester inexploités (c'est le cas ici puisque sur les 3 octets (24 bits) destinés à coder l'adresse station dans une classe A, on n'en a besoin ici que de 10 car 7 vont servir à coder les stations et 3 à coder les sous-réseaux, il nous en reste alors 14 non « affectés »), on peut les considérer comme faisant partie de l'adresse du nœud (et on pourra donc repérer plus de nœuds qu'initialement prévus), ou comme faisant partie du sous-réseau (et on pourra donc repérer plus de sous-réseaux que prévus). On pourrait également choisir de « couper la poire en deux » et de répartir arbitrairement les bits inexploités à la fois sur la partie sous-réseau et sur la partie hôte. En général la solution qui prévaut est celle présentée par la figure de droite ci-après.

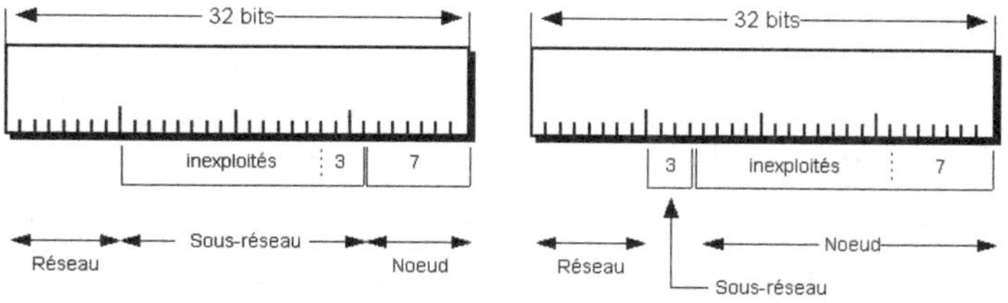

Figure 24.8 Réseaux – Sous-réseaux

On peut alors déterminer, en binaire et en décimal, les adresses du premier et du dernier nœud de chacun des sous-réseaux. Notez que, comme nous l'autorise la **RFC 1878**, nous commençons ici à numéroter nos sous-réseaux à partir de 0 (000) – ce n'est pas une obligation et nous aurions pu numéroter nos sous-réseaux à partir de 1 (001) :

	Réseau	*SR* :	*Hôte*	
1° sous-réseau	0 0 0 0 1 0 1 0	0 0 0 : 0 0 0 0 0	0 0 0 0 0 0 0 0	0 0 0 0 0 0 0 1
de	**10**	**0**	**0**	**1**
	0 0 0 0 1 0 1 0	0 0 0 : 1 1 1 1 1	1 1 1 1 1 1 1 1	1 1 1 1 1 1 1 0
à	**10**	**31**	**255**	**254**
2° sous-réseau	0 0 0 0 1 0 1 0	0 0 1 : 0 0 0 0 0	0 0 0 0 0 0 0 0	0 : 0 0 0 0 0 0 1
de	**10**	**32**	**0**	**1**
	0 0 0 0 1 0 1 0	0 0 1 : 1 1 1 1 1	1 1 1 1 1 1 1 1	1 : 1 1 1 1 1 1 0
à	**10**	**63**	**255**	**254**
3° sous-réseau	0 0 0 0 1 0 1 0	0 1 0 : 0 0 0 0 0	0 0 0 0 0 0 0 0	0 : 0 0 0 0 0 0 1
de	**10**	**64**	**0**	**1**
	0 0 0 0 1 0 1 0	0 1 0 : 1 1 1 1 1	1 1 1 1 1 1 1 1	1 : 1 1 1 1 1 1 0
à	**10**	**95**	**255**	**254**
4° sous-réseau	0 0 0 0 1 0 1 0	0 1 1 : 0 0 0 0 0	0 0 0 0 0 0 0 0	0 : 0 0 0 0 0 0 1
de	**10**	**96**	**0**	**1**
	0 0 0 0 1 0 1 0	0 1 1 : 1 1 1 1 1	1 1 1 1 1 1 1 1	1 : 1 1 1 1 1 1 0
à	**10**	**127**	**255**	**254**
5° sous-réseau	0 0 0 0 1 0 1 0	1 0 0 : 0 0 0 0 0	0 0 0 0 0 0 0 0	0 : 0 0 0 0 0 0 1
de	**10**	**128**	**0**	**1**
	0 0 0 0 1 0 1 0	1 0 0 : 1 1 1 1 1	1 1 1 1 1 1 1 1	1 : 1 1 1 1 1 1 0
à	**10**	**159**	**255**	**254**

Figure 24.9 Les différentes adresses utilisables dans les sous-réseaux

Quel va être le masque de sous-réseau à appliquer ?

Avec un réseau de classe A, le masque « normal » devrait être 255.0.0.0 mais le masque doit en fait s'appliquer non seulement à la partie « réseau » mais aussi à la partie « sous-réseau ». Toute cette zone doit donc être remplie avec des bits à 1. Par contre la partie « hôte » doit être remplie de 0. Ce qui donne en binaire et en décimal :

Réseau	*SR*	*Hôte*	
1 1 1 1 1 1 1 1	1 1 1 : 0 0 0 0 0	0 0 0 0 0 0 0 0	0 : 0 0 0 0 0 0 0
255	224	0	0

Figure 24.10 Le masque de sous-réseau

Quelles vont être en définitive les adresses des « réseaux » et des hôtes ?

Pour trouver la valeur d'adresse du « réseau » (réseau et sous-réseau) il faut appliquer le masque aux adresses IP trouvées. Ainsi, dans le cas de la première station du premier « sous-réseau » :

	Réseau	*SR*	*Hôte*	
1° sous-réseau IP du 1° nœud	0 0 0 0 1 0 1 0 **10**	0 0 0 : 0 0 0 0 0 **0**	0 0 0 0 0 0 0 0 **0**	0 0 0 0 0 0 0 1 **1**
masque	1 1 1 1 1 1 1 1 255	1 1 1 : 0 0 0 0 0 224	0 0 0 0 0 0 0 0 0	0 0 0 0 0 0 0 0 0
Adresse réseau	0 0 0 0 1 0 1 0 **10**	0 0 0 : 0 0 0 0 0 **0**	0 0 0 0 0 0 0 0 **0**	0 0 0 0 0 0 0 0 **0**
Adresse du 1° nœud	0 0 0 0 0 0 0 0 **0**	0 0 0 : 0 0 0 0 0 **0**	0 0 0 0 0 0 0 0 **0**	0 0 0 0 0 0 0 1 **1**

Figure 24.11 Adresses exploitables sur le 1° sous-réseau

En clair, pour la première machine du premier sous-réseau, il va falloir saisir dans la boîte de dialogue de configuration IP, l'adresse 10.0.0.1 et le masque 255.224.0.0. Ces valeurs « recouvrent » en fait une adresse de réseau 10.0.0.0 et une « adresse » de nœud 0.0.0.1.

Pour la première station du cinquième sous-réseau nous aurions :

	Réseau	*SR*	*Hôte*	
5° sous-réseau IP du 1° nœud	0 0 0 0 1 0 1 0 **10**	1 0 0 : 0 0 0 0 0 **128**	0 0 0 0 0 0 0 0 **0**	0 0 0 0 0 0 0 1 **1**
masque	1 1 1 1 1 1 1 1	1 1 1 : 0 0 0 0 0	0 0 0 0 0 0 0 0	0 0 0 0 0 0 0 0
Adresse réseau	0 0 0 0 1 0 1 0 **10**	1 0 0 : 0 0 0 0 0 **128**	0 0 0 0 0 0 0 0 **0**	0 0 0 0 0 0 0 0 **0**
Adresse du 1° nœud	0 0 0 0 0 0 0 0 **0**	0 0 0 : 0 0 0 0 0 **0**	0 0 0 0 0 0 0 0 **0**	0 0 0 0 0 0 0 1 **1**

Figure 24.12 Adresses exploitables sur le 5° sous-réseau

En clair, pour le premier poste du cinquième sous-réseau, il va falloir saisir dans la boîte de dialogue de configuration IP, l'adresse 10.128.0.1 et le masque 255.224.0.0. Ces valeurs « recouvrant » une adresse de réseau 10.128.0.0 et une « adresse » de nœud 0.0.0.1.

L'usage de sous-réseaux offre un certain nombre d'avantages :

– les diffusions sont limitées au sous-réseau (les trames de diffusions n'étant normalement pas routées) ;
– un seul identificateur de réseau est vu depuis l'extérieur ;
– la sécurité est accrue entre les sous-réseaux dans la mesure où la communication entre sous-réseaux doit emprunter un routeur qui peut interdire ou filtrer l'accès à tel ou tel sous-réseau, adresses IP…
– on peut assurer une structuration « administrative » plus aisée dans la mesure où on peut créer des sous-réseaux par organisation (marketing, administration).

c) VLSM - CIDR

Avec la montée en puissance d'Internet, la demande d'adresses IP s'est mise à croitre très fortement alors que les réseaux étaient de type « *classfull* », c'est-à-dire qu'ils utilisaient les masques par défaut des classes d'adresses utilisées (255.0.0.0 pour la classe A…). Le gaspillage d'adresses IP était donc très important et une pénurie d'adresses s'annonçait ; le nombre de réseaux, d'hôtes et le masque de sous-réseau étant fixes pour une classe donnée.

Pour résoudre ce problème, on a développé de nouveaux protocoles de routage dits « *classless* » comme RIPv2, EIGRP… qui, contrairement aux protocoles *classfull* (RIPv1, IGRP…), prennent en compte le masque lors des échanges inter-routeurs destinés à mettre à jour les tables de routage.

Cette technique permettant d'ajuster le masque en fonction des besoins du réseau permet de faire soit du *subnetting*, soit du *supernetting*.

L'utilisation des techniques *classless* a ainsi débutée vers 1994 avec la publication des RFC1517, RFC1518, RFC1519 et RFC1520 définissant le « routage Internet sans classe » ou **CIDR** (*Classless InterDomain Routing*), qui « supprime » le concept des classes IP en s'appuyant sur la notion de **VLSM** (*Variable Lenght Subnet Masking*).

Avec VLSM, le premier octet de l'adresse IP n'est plus considéré comme significatif d'une classe de réseau et chaque adresse IP doit être accompagnée de la taille du masque, notée en termes de « quantité de bits à 1 ».

VLSM/CIDR propose ainsi une identification réseau/hôte orientée « bit », par exemple : 195.202.192.0 / 18 indique que le masque est composé d'une série de 18 bits consécutifs à 1. La partie « réseau » de l'adresse occupe donc les 18 premiers bits et la partie « hôte » les 14 bits restants (32-18), soit (2^{14})-2 hôtes possibles dans ce réseau. Toutes les adresses, de 195.202.192.1 à 195.202.255.254, appartiennent au même réseau.

Les protocoles (*classless*) supportant le VLSM sont : RIPv2, OSPF, BGP4, IS-IS, EIGRP, tandis que RIPv1, IGRP, EGP et BGP3 fonctionnent en mode statique ou *classfull*.

VLSM et CIDR sont deux notions étroitement liées et on peut considérer que la seule différence repose sur le fait que VLSM est en théorie destiné à un réseau interne (et donc reconnu par les protocoles de routage IGP), tandis que CIDR est destiné aux protocoles de routage EGP exploités sur Internet (exception faite de RIPv1 et de IGRP). Une autre distinction parfois faite considère VLSM comme utilisé au niveau interne pour définir des sous-réseaux d'entreprise et donc associé au « *subnetting* » tandis que CIDR serait associé au « *supernetting* » avec pour objectif de diminuer le nombre de lignes dans les tables de routage.

L'usage des techniques « *Classless* » se répand désormais car elle apporte la flexibilité indispensable aux besoins des entreprises en permettant d'utiliser au mieux les adresses IPv4 disponibles, par l'usage de masques adéquats, selon l'endroit où l'on se trouve dans l'organisation ou – à contrario – l'agrégat de routes permettant d'optimiser les tables de routages en minimisant le nombre de lignes.

TABLEAU **24.3** NOMBRE D'HÔTES DISPONIBLES SELON LA TAILLE DU MASQUE

Longueur en bits	**Masque équivalent**	**Nombre d'hôtes disponibles $2^n - 2$**
/24	255.255.255.0	254
/25	255.255.255.128	126
/26	255.255.255.192	62
/27	255.255.255.224	30
/28	255.255.255.240	14
/29	255.255.255.248	6
/30	255.255.255.252	2
/31	255.255.255.254	0 (*point-to-point*)
/32	255.255.255.255	0 (*single-host netmask*)

➤ Limites aux sous-réseaux traditionnels

Dans les calculs de sous-réseaux « traditionnels » vous avez pu remarquer que le masque de sous-réseau déterminé était le même pour tous les sous-réseaux de l'ensemble.

Par exemple, en considérant le réseau 204.15.5.0 suivant, à décomposer en sous-réseaux selon la méthode traditionnelle.

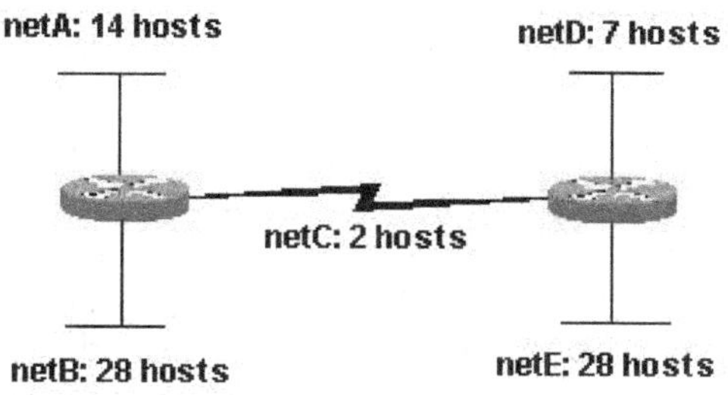

Figure 24.13

Dans une approche « classique » nous partirions du principe qu'il faut créer 5 sous-réseaux (4 sous-réseaux d'hôtes + 1 réseau d'interconnexion) dans un réseau de classe C ; le nombre maximal d'adresses à affecter dans un sous-réseau étant ici de 28. Pour créer ces 5 sous-réseaux, hébergeant nos 79 hôtes, il faudrait empiéter de 3 bits sur la partie *host* (2^3=8). En fait nous pourrions disposer de 8 sous-réseaux alors que nous n'en avons réellement besoin que de 5.

Le masque usuel serait alors 255.255.255.224 ou /27 (/24 + 3) dans une notation CIDR/VLSM.

Il resterait 5 bits (32 bits d'adresse IPv4 – 27 exploités) disponibles dans la partie *host* de l'adresse, avec lesquels nous pourrions coder 32 adresses (2^5 = 32 dont 30 seulement utilisables comme nœuds du réseau) ce qui répond bien à la problématique des 28 adresses à héberger sur certains segments (mais sur certains segments seulement). Par contre, nous pouvons d'ores et déjà constater qu'il serait impossible de placer ici un sous-réseau contenant, par exemple, 48 hosts au lieu de 28.

Les sous-réseaux possibles pourraient alors être :

Réseau	Adresse réseau	masque	Adresses hosts	« gaspillage »
A	204.15.5.0	/27	de 1 à 30	30 – 14 = 16 adresses
B	204.15.5.32	/27	de 33 à 62	30 – 28 = 2 adresses
C	204.15.5.64	/27	de 65 à 94	30 – 2 = 28 adresses
D	204.15.5.96	/27	de 97 à 126	30 – 7 = 23 adresses
E	204.15.5.128	/27	de 129 à 158	30 – 28 = 2 adresses
x	204.15.5.160	/27	inexploité	30 adresses
x	204.15.5.192	/27	inexploité	30 adresses
x	204.15.5.224	/27	inexploité	30 adresses

Une telle configuration « rigide » (ici 255.255.255.224 ou /27) impose que chaque sous-réseau créé ne peut héberger qu'un même nombre d'hôtes (ici 30) au maximum.

Dans la plupart des cas, un tel choix conduit au mieux à un gaspillage d'adresses disponibles et non utilisées pour les stations et les sous-réseaux et au pire à l'impossibilité de créer des sous-réseaux adaptés. Ainsi, il aurait été impossible ici qu'un sous-réseau puisse héberger plus de 30 postes puisqu'il ne nous restait que 5 bits pour la partie hôtes.

Au total, avec cette méthode, on a « gaspillé » 71 adresses dans les réseaux exploités (ces adresses sont inexploitables pour d'autres postes dans d'autres sous-réseaux) et il ne nous reste que 90 (3 fois 30) adresses disponibles dans les sous-réseaux inexploités.

➤ VLSM par l'exemple

Avec **VLSM** (*Variable Length Subnet Masks*), le masque pouvant prendre une longueur variable pourra être différent selon les besoins afin d'optimiser l'espace d'adressage.

L'« approche » VLSM consiste à réserver, à la demande, des blocs d'adresses exploitables de plus ou moins grande taille. En effet, nous pouvons considérer que si nous disposons d'un octet (soit 256 adresses) pour adresser des stations, il est possible de « découper » (subdiviser, partitionner...) l'espace d'adressage ainsi disponible en 2 blocs de 128 adresses ou en 4 blocs de 64 adresses ou en 8 blocs de 32, 16 blocs de 16, 32 blocs de 8 ou 64 blocs de 4 adresses, voire de « combiner » ces découpages.

L'approche dite **VLSM symétrique** consiste à exploiter des blocs de même taille ce qui est plus simple mais revient en fait au gaspillage initial des sous-réseaux traditionnels. Ici, par exemple, en VLSM symétrique, nous considérerions avoir besoin de 5 blocs de 32 adresses (puisque notre plus gros bloc est de 28 adresses à « loger »). Soit un gaspillage incontournable de 5 blocs de 30 adresses – 79 adresses réellement exploitées, soit 71 adresses « gâchées ».

L'approche dite **VLSM asymétrique** consiste à exploiter des blocs dont la taille va s'adapter aux besoins. Considérons ainsi l'exemple précédent et observons comment nous procéderions en VLSM asymétrique.

La façon la plus simple d'assigner les blocs d'adresses consiste à débuter par les réseaux les plus importants en nombre de postes (donc de gros blocs d'adresses et des masques réseau courts) pour finir par les réseaux les moins chargés (donc de plus petits blocs d'adresses et des masques réseau plus longs).

Nous traiterions ainsi successivement et dans l'ordre, les segments netB (28 adresses), netE (28), netA (14), netD (7) et netC (2 adresses).

Déterminons quels masques autorisent le nombre d'adresses voulu :

– **netB** : doit supporter 28 adresses or $28_{10}=11100_2$ soit 5 bits nécessaires dans la partie *host*. Avec 5 bits on peut alors repérer 32 adresses - 2 inexploitables (réseau et broadcast) soit 30 adresses disponibles. Notons que concrètement 2 adresses seront « gaspillées » ici (30 exploitables pour 28 exploitées).
  Une autre approche consiste à rechercher la puissance de 2 immédiatement supérieure aux besoins (28 adresses dans notre cas) et à lui enlever les 2 adresses (réseau et broadcast). Ici 32 est la puissance de 2 supérieure à 28 et si on lui

enlève les 2 adresses réseau et broadcast il reste 30 adresses disponibles. 32 est donc la « taille » du bloc d'adresses dont nous avons besoin.
Il faut donc 5 bits pour repérer les nœuds du réseau **B**. Le masque serait alors /27 (32 - 5).

- **netE** : doit supporter 28 adresses. La puissance de 2 supérieure à 28 est 32 soit 30 adresses disponibles. Notons que 2 adresses sont inexploitées ici (30-28).
Il faut 5 bits pour coder les nœuds du réseau **E**. Le masque sera donc ici encore / 27.
- **netA** : doit supporter 14 adresses. La puissance de 2 supérieure à 14 est 16 soit 14 adresses disponibles. Notons qu'aucune adresse n'est inexploitée ici (14-14). 16 est ici la « taille » du bloc d'adresses dont nous avons besoin – ce bloc est donc plus petit que les blocs précédents.
Il faut 4 bits ($16=2^4$) pour coder les nœuds du réseau **A**. Le masque sera donc /28 (le bloc étant plus petit nous constatons bien que son masque est plus long).
- **netD** : doit supporter 7 adresses. La puissance de 2 supérieure à 7 est 8 mais si on lui enlève les 2 adresses réseau et broadcast il ne reste que 6 adresses disponibles ce qui est insuffisant. On est donc obligé de retenir 16 comme étant la puissance de 2 supérieure. 7 adresses sont alors inexploitées (14-7).
Il faut 4 bits ($16=2^4$) pour coder les nœuds du réseau **D**. Le masque sera donc /28.
- **netC** : doit supporter 2 adresses. La puissance de 2 supérieure aux besoins est 4 et en enlevant les 2 adresses réseau et broadcast il reste 2 adresses disponibles. Aucune adresse n'est inexploitée ici (2-2).
Il faut 2 bits ($4=2^2$) pour coder les nœuds du réseau **C**. Le masque sera donc /30.
Le gaspillage incontournable est donc de 2 (NetB) + 2 (NetE) + 0 (NetA) + 7 (NetD) + 0 (NetC) adresses, soit 11 adresses inexploitables - à comparer aux 71 adresses inexploitables dans le cas de sous-réseaux traditionnels ou du VLSM symétrique.

On peut désormais « placer » les blocs affectés à nos différents réseaux dans le plan d'adressage.

net B	Nbre de hosts à placer :	28	Adresse réseau :	204.15.5.0
	Donc bloc de :	32 @	1° @ exploitée :	204.15.5.1
	Donc masque :	/27	Dern @ exploitée :	204.15.5.28
			Dern @ possible :	204.15.5.30
	Nbre de hosts possibles :	30	@ broadcast :	204.15.5.31
	@ inexploitées :	2	@ réseau suivant :	204.15.5.32

Attention *: lors de la détermination de la dernière adresse exploitée de la plage il faut comptabiliser le nombre de nœuds – 1 si vous faites une addition par rapport à la première adresse. Par exemple avec netB : la 1re adresse exploitée sera 204.15.5.1* *et il faut loger 28 adresses. Si vous faites 1+28 vous obtenez 204.15.5.29 comme dernière adresse alors qu'elle doit bien évidemment être 204.15.5.28.*

	Nbre de hosts à placer :	28	Adresse réseau :	204.15.5.32
	Donc bloc de :	32	1° @ exploitée :	204.15.5.33
	Donc masque :	/27	Dern @ exploitée :	204.15.5.60
net E			Dern @ possible :	204.15.5.62
	Nbre de hosts possibles :	30	@ broadcast :	204.15.5.63
	@ inexploitées :	2	@ réseau suivant :	204.15.5.32
	Nbre de hosts à placer :	14	Adresse réseau :	204.15.5.64
	Donc bloc de :	16	1° @ exploitée :	204.15.5.65
	Donc masque :	/28	Dern @ exploitée :	204.15.5.78
net A			Dern @ possible :	204.15.5.78
	Nbre de hosts possibles :	14	@ broadcast :	204.15.5.79
	@ inexploitées :	0	@ réseau suivant :	204.15.5.80
	Nbre de hosts à placer :	7	Adresse réseau :	204.15.5.80
	Donc bloc de :	16	1° @ exploitée :	204.15.5.81
	Donc masque :	/28	Dern @ exploitée :	204.15.5.87
net D			Dern @ possible :	204.15.5.94
	Nbre de hosts possibles :	14	@ broadcast :	204.15.5.95
	@ inexploitées :	7	@ réseau suivant :	204.15.5.96
	Nbre de hosts à placer :	2	Adresse réseau :	204.15.5.96
	Donc bloc de :	4	1re @ exploitée :	204.15.5.97
	Donc masque :	/30	Dern @ exploitée :	204.15.5.98
net C			Dern @ possible :	204.15.5.98
	Nbre de hosts possibles :	2	@ broadcast :	204.15.5.99
	@ inexploitées :	0	@ réseau suivant :	204.15.5.100

Il importe de garder à l'esprit que dans les faits... tout est en binaire ! Donc, en cas de doutes un bon tableau binaire (toutefois plus « délicat » à mettre en place) ne peut pas nuire... Dans les tableaux suivants vous trouverez ainsi l'ensemble de valeurs binaires correspondant aux blocs d'adresses déterminés, afin de bien mettre en évidence l'évolution des différentes plages (masque, partie host...).

@ netB	204	15	5	0	0	0	0	0	0	0	0	204.15.5.0	28 Postes
Masque	255	255	255	1	1	1	0	0	0	0	0		/27
1re @	204	15	5	0	0	0	0	0	0	0	1	204.15.5.1	1°
Dern @	204	15	5	0	0	0	1	1	1	0	0	204.15.5.28	28°
Dern @ possible	204	15	5	0	0	0	1	1	1	1	0	204.15.5.30	2 inexploitées
Broadcast	204	15	5	0	0	0	1	1	1	1	1	204.15.5.31	

@ netE	204	15	5	0	0	1	0	0	0	0	0	204.15.5.32	28 Postes
Masque	255	255	255	1	1	1	0	0	0	0	0		/27
1re @	204	15	5	0	0	1	0	0	0	0	1	204.15.5.33	1°
Dern @	204	15	5	0	0	1	1	1	1	0	0	204.15.5.60	28°
Dern @ possible	204	15	5	0	0	1	1	1	1	1	0	204.15.5.62	2 inexploitées
Broadcast	204	15	5	0	0	1	1	1	1	1	1	204.15.5.63	

@ netA	204	15	5	0	1	0	0	0	0	0	0	204.15.5.64	14 Postes
Masque	255	255	255	1	1	1	1	0	0	0	0		/28
1re @	204	15	5	0	1	0	0	0	0	0	1	204.15.5.65	1°
Dern @	204	15	5	0	1	0	0	1	1	1	0	204.15.5.78	14°
Dern @ possible	204	15	5	0	1	0	0	1	1	1	0	204.15.5.78	0 inexploité
Broadcast	204	15	5	0	1	0	0	1	1	1	1	204.15.5.79	

@ netD	204	15	5	0	1	0	1	0	0	0	0	204.15.5.80	7 Postes
Masque	255	255	255	1	1	1	1	0	0	0	0		/28
1re @	204	15	5	0	1	0	1	0	0	0	1	204.15.0.81	1°
Dern @	204	15	5	0	1	0	1	0	1	1	1	204.15.0.87	7°
Dern @ possible	204	15	5	0	1	0	1	1	1	1	0	204.15.0.94	7 inexploitées
Broadcast	204	15	5	0	1	0	1	1	1	1	1	204.15.0.95	

@ netC	204	15	5	0	1	1	0	0	0	0	0	204.15.5.96	2 Postes
Masque	255	255	255	1	1	1	1	1	1	0	0		/30
1re @	204	15	5	0	1	1	0	0	0	0	1	204.15.0.97	1°
Dern @	204	15	5	0	1	1	0	0	0	1	0	204.15.0.98	2°
Dern @ possible	204	15	5	0	1	1	0	0	0	1	0	204.15.0.98	0 inexploitée
Broadcast	204	15	5	0	1	1	0	0	0	1	1	204.15.0.99	

Nous pouvons également « visualiser » les blocs exploités.

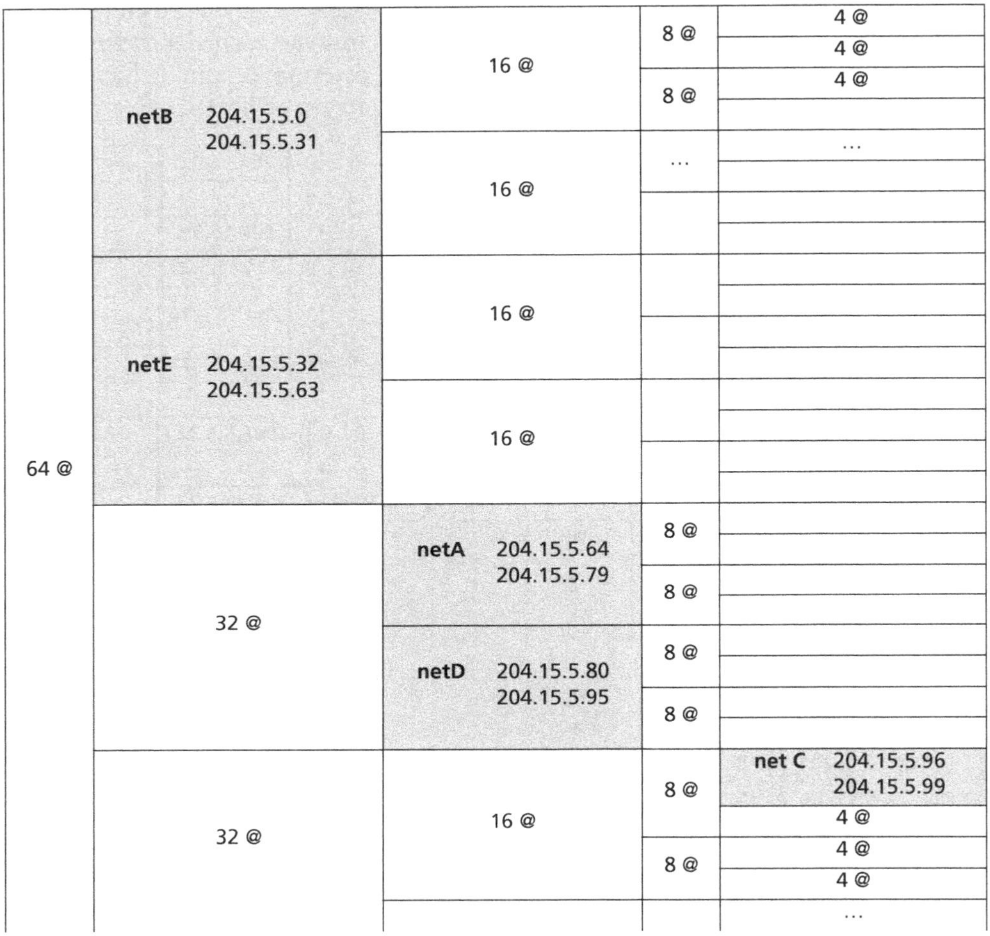

d) Les sur-réseaux

Nous avons vu qu'il était possible de créer des sous-réseaux, en utilisant dans la partie gauche du masque, **plus** de bits à 1 que ne le prévoyait le masque « par défaut ». Cette notion s'est également appliquée au travers du VLSM.

Avec un masque de **sur-réseau** on utilise le phénomène inverse ! C'est-à-dire qu'au lieu d'empiéter sur la partie « hôte » (*host id*), on rogne en fait sur la partie « réseau » (*Net id*) et on utilise donc, dans la partie gauche du masque, **moins** de bits à 1 que ne le prévoyait le masque « par défaut ».

Ainsi, avec un réseau de classe C, dont le masque par défaut est 255.255.255.0 on ne peut disposer à priori que de 2^8 - 2, soit 254 adresses d'hôtes. Alors que si on exploite des **sur-réseaux**, et qu'on utilise, par exemple, un masque 255.255.240.0, on va pouvoir adresser un bloc de 2^{12} - 2, soit 4 094 adresses !

Le sur-réseau (*supernetting*) c'est donc du « sous-réseau à l'envers », et l'usage d'un masque de sur-réseau ou du CIDR (*Classless InterDomain Routing*) permet de définir un réseau accueillant plus d'hôtes que la classe ne le permet. Mais quel en est l'intérêt ?

Considérons le cas des FAI (Fournisseurs d'Accès Internet) ou ISP (*Internet Service Provider*), qui se voient attribuer des plages d'adresses publiques, qu'ils vont ensuite découper pour les affecter aux utilisateurs. Au niveau des routeurs internationaux utilisés par Internet, le *supernetting* va « éviter » de saturer les tables de routage, en n'y faisant pas apparaître autant de lignes que d'adresses d'utilisateurs ! Grâce à l'emploi des sur-réseaux on peut en effet ne faire figurer dans les tables de routage que l'unique adresse du FAI, permettant ainsi de router vers le prestataire l'ensemble des paquets adressés à l'une quelconque des adresses distribuées (sous réserve d'adresses « contiguës » toutefois).

Considérons par exemple 256 réseaux de classe C d'adresses contiguës (192.168.0.0 à 192.168.255.0). Il faudrait 256 routes sur le routeur pour identifier tous ces réseaux. Avec les sur-réseaux, une seule route suffit. Il suffit d'adresser un réseau 192.168.0.0 en utilisant le masque 255.255.0.0 (ou /16 en notation CIDR).

e) Résolution adresse IPv4 – adresse matérielle

L'adaptateur réseau est le seul composant disposant réellement d'une adresse unique au monde. En effet chaque constructeur de carte utilise une plage d'adresses physiques – adresses matérielles ou **MAC** (*Media Access Control*) – qui lui est propre et chaque carte possède, inscrite en mémoire ROM, cette adresse matérielle unique. Rien n'interdit, en dehors du contrôle du NIC, d'employer une même adresse IPv4 sur deux réseaux différents mais seules les adresses physiques MAC identifient avec pertinence une interface donnée. Cette adresse, sur 48 bits, est composée de manière identique pour les cartes Ethernet, Token ring et FDDI.

I/G	U/L	Adresse constructeur (22 bits)	Sous-adresse (24 bits)

Figure 24.14 Format de l'adresse MAC

Le premier bit (I ou G) indique si l'adresse correspond à un nœud précis (bit à 0) ou à un groupe de nœuds (bit à 1). Le second bit (U ou L) indique le format de l'adresse. Si le bit est à 0 il s'agit d'un format d'adresse universel respectant la norme IEEE (*Institute of Electrical and Electronic Engineers*), sinon le format est propriétaire. Une adresse universelle sur 3 octets est attribuée par l'IEEE à chaque constructeur de matériel réseau – RFC 1700 [1994]. Par exemple : **CISCO** : 00 00 0C, **3COM** : 00 00 D8, 00 20 AF, 02 60 8C, **ACCTON** : 00 10 B5…

```
Ethernet carte Connexion au réseau local :
Description . . . . . . : Carte Accton EN1207D-TX PCI Fast Ethernet
Adresse physique. . . . : 00-10-B5-40-52-D0

Adresse IP. . . . . . . : 10.10.3.1
Masque de sous-réseau . : 255.255.0.0
Passerelle par défaut . : 10.10.3.50
```

Figure 24.15 Quelques caractéristiques d'une interface

Quand l'adaptateur reçoit une trame il compare l'adresse MAC contenue dans la trame avec celle mémorisée en PROM. L'adaptateur, travaillant au niveau 2 du modèle ISO, ne reconnaît pas l'adresse IP et il faut donc, au niveau 3, tenir une table de correspondance des adresses IP connues du poste, et les adresses matérielles auxquelles elles correspondent. C'est le rôle du protocole **ARP** (*Address Resolution Protocol*) – composant de la couche IP.

ARP détermine l'adresse matérielle du destinataire en émettant si besoin sur le réseau une requête spéciale de diffusion (*broadcast*), qui contient l'adresse IP à résoudre. Afin que cette trame de diffusion soit acceptée par tous les nœuds du réseau, l'adresse MAC de destination – inconnue pour le moment – est remplacée par une adresse de diffusion (FF.FF.FF.FF.FF.FF), dite « de *broadcast* », qui adresse tous les nœuds du réseau.

Tous les adaptateurs présents sur le segment vont donc accepter cette trame de diffusion et la « remonter » au niveau 3 où seule la machine possédant l'adresse IP demandée va renvoyer son adresse matérielle. ARP va ainsi, peu à peu, constituer une table des adresses IP résolues afin de gagner du temps lors de la prochaine tentative de connexion à cette même adresse IP. Il est possible de prendre connaissance du contenu de cette **table d'adressage** ARP grâce à la commande **arp –a**.

RARP (*Reverse* ARP) effectue l'opération inverse au sein de IP en convertissant l'adresse matérielle en adresse IP mais est en fait assez peu utilisé.

f) Le routage IPv4

La pile TCP/IP a été conçue dès l'origine pour interconnecter des réseaux physiques, au moyen de composants : les routeurs. IP est donc un protocole « routable » ce qui n'est pas le cas de tous les protocoles employés en réseaux locaux. C'est pourquoi l'adresse IP est composée d'une partie « adresse réseau » et d'une partie « adresse hôte ».

La remise des datagrammes IP peut se faire de deux manières :

- **remise directe** ou **routage direct** si le datagramme IP est destiné à un nœud du même réseau. Les deux machines situées sur le même réseau devant donc avoir la même adresse « réseau ». Il suffit d'encapsuler le datagramme IP dans une trame puis de l'envoyer sur le lien physique ;
- **remise indirecte** ou **routage indirect** si le routeur doit remettre le datagramme à un nœud d'un autre réseau, reliés entre eux par des routeurs. Le poste doit donc savoir à quel routeur (passerelle ou *gateway*) s'adresser. Le routeur devra savoir à son tour à quel éventuel autre routeur envoyer les datagrammes... En effet, on ne diffuse pas les datagrammes vers tous les routeurs disponibles sinon on arriverait très vite à une « explosion » du réseau. On doit donc utiliser des **tables de routage** qui associent, à l'adresse IP du réseau, l'adresse IP du routeur auquel est attaché ce réseau. Ces tables de routages peuvent être échangées entre routeurs proches pour tenir compte des mises à jour éventuelles, ce qui peut être à l'origine d'un accroissement du trafic sur le réseau (voir paragraphe 26.4.5, *Les routeurs*).

Considérons par exemple un ensemble de trois réseaux de classe A. Nous distinguons ici des réseaux dont les adresses réseau sont 11, 12 et 121. Rien n'interdit de donner, au sein de chacun de ces réseaux, des adresses identiques aux stations. Par exemple l'adresse station 1.1.1 se retrouve aussi bien dans le réseau 11 que dans le réseau 12.

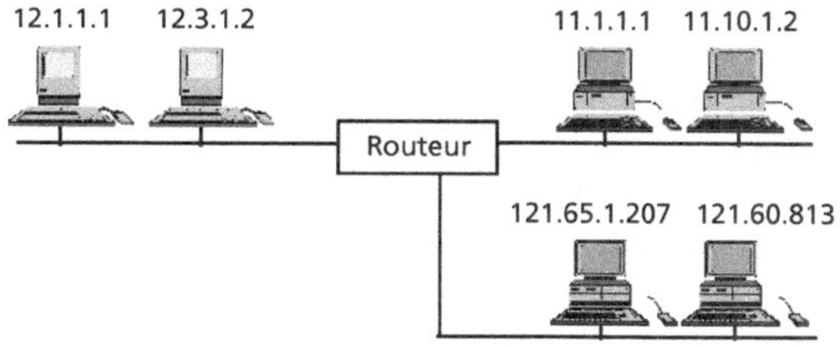

Figure 24.16 Routage indirect IP

Quand un message est expédié par la machine d'adresse 12.1.1.1 vers la machine d'adresse 12.3.1.2, les deux machines ayant la même adresse réseau (12), le routeur ne sera pas sollicité. C'est la **remise directe** ou **routage direct**.

Par contre si la machine d'adresse 12.1.1.1 expédie un message vers la machine 121.65.1.207, les deux machines sont dans des réseaux différents (12 d'une part et 121 d'autre part). Le routeur devra donc être sollicité et le message sera expédié (routé) par le routeur vers le réseau 121 et lui seul (le réseau 11 n'étant pas concerné). C'est la **remise indirecte** ou **routage indirect**.

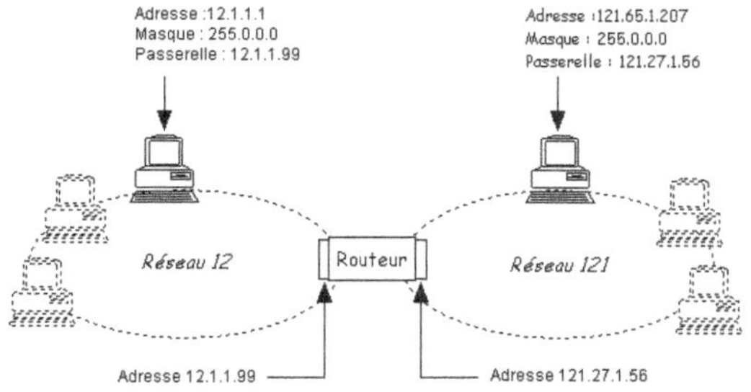

Figure 24.17 Rôle du routeur

La question que l'on est en droit de se poser c'est « qu'en est-il du routeur et comment sait-on s'il faut s'adresser à lui ? » En fait c'est simple, le routeur n'est qu'un nœud particulier disposant de plusieurs interfaces (une « patte » dans chacun des réseaux) munies d'adresses IP. Cette interface est aussi désignée sous le nom de « **passerelle** » (*gateway*) et chaque station d'un réseau doit disposer d'une adresse de passerelle si elle veut pouvoir communiquer avec d'autres réseaux. En comparant, après application du masque de réseau, l'adresse réseau de destination avec l'adresse réseau locale, l'émetteur va savoir si le datagramme doit être transmis au réseau auquel il appartient (même adresse de réseau donc remise directe) ou envoyé au routeur (adresses de réseaux différentes donc remise indirecte). Le routeur se chargeant éventuellement de l'expédier vers une éventuelle autre passerelle…

g) La fragmentation sous IPv4

Pour optimiser les débits, l'idéal serait qu'un datagramme soit intégralement encapsulé dans une seule trame de niveau 2 (Ethernet). Mais comme les datagrammes sont encapsulés dans des trames circulant sur des réseaux différents, et de tailles différentes (1 500 o sur Ethernet, 4 470 o pour FDDI… par exemple), c'est impossible. On doit alors fragmenter les datagrammes trop grands pour les adapter au réseau traversé. La taille maximale de la trame est notée **MTU** (*Maximum Transfert Unit*). IPv4 gère donc une éventuelle fragmentation des datagrammes.

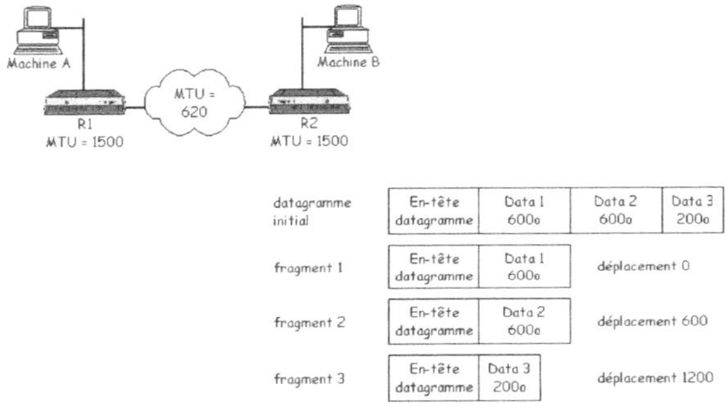

Figure 24.18 Le MTU et la fragmentation

La taille du fragment est choisie la plus grande possible par rapport au MTU tout en étant un multiple de 8 octets. Les fragments ne sont pas réassemblés par les routeurs mais uniquement par la machine finale. En conséquence, la place de chaque fragment dans le datagramme doit être repérée. C'est le rôle de la zone *Offset* de l'en-tête IP. Le champ FO (*Fragment Offset*) – dit aussi *Flag* ou drapeau – contient 3 bits dont 2 servent à gérer la fragmentation. Quand le destinataire final reçoit un fragment il arme un temporisateur et décrémente à intervalle régulier le champ **TTL** (*Time To Live*) de chaque fragment. Si à l'issue du temps les fragments ne sont pas tous arrivés il les supprime et ne traite pas le datagramme.

h) Le contrôle de flux

ICMP (*Internet Control Message Protocol*) doit gérer les erreurs en utilisant l'envoi de messages. Ils signalent essentiellement des erreurs concernant le traitement d'un datagramme dans un module IP. Pour éviter l'effet « boule de neige » qui consisterait à émettre un message ICMP en réponse à un autre message ICMP erroné et ainsi de suite…, aucun message ICMP n'est réémis en réponse à un message ICMP. On ne sait donc pas s'il est bien reçu. Les informations des messages devront donc être exploitées par les couches supérieures pour résoudre les problèmes. Ces messages ICMP sont encapsulés et véhiculés sur le réseau comme des datagrammes ordinaires.

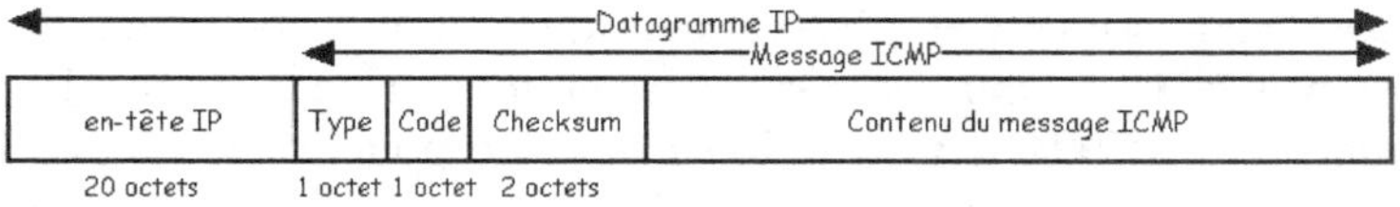

Figure 24.19 Encapsulation du message ICMP

Le champ Type permet de préciser la nature du message, le champ Code permet de compléter éventuellement le type.

TABLEAU 24.4 TYPES ET CODES ICMP

Type	Code	Message	
0		Réponse Echo	*Echo Reply*
3 3 3 3	 0 1 2	**Destination non accessible** réseau inaccessible hôte inaccessible protocole non disponible…	*Destination Unreachable*
4		Contrôle de flux	*Source Quench*
5		Redirection	*Redirect*
8		Demande Echo	*Echo Request*
11 11 11	 0 1	**Durée de vie écoulée** durée de vie écoulée avant arrivée à destination temps limite de réassemblage du fragment dépassé	*Time Exceeded for Datagram*
12		Erreur de Paramètre	*Parameter Problem on Datagram*
13		Marqueur temporel	*Timestamp Request*
14		Réponse à marqueur temporel	*Timestamp Reply*
15		Demande d'adresse réseau	*Address Request*
16		Réponse à demande d'adresse réseau	*Address Reply*
17		Demande d'information de masque	*Address Mask Request*
18		Réponse à demande d'information de masque	*Address Mask Reply*

L'utilitaire **ping** met ainsi en œuvre les messages ICMP *Echo request* et *Echo reply* pour déterminer l'état des connexions entre deux machines. ICMP permet également de déterminer les routeurs présents sur chaque tronçon grâce à **IRDP** (*Icmp Router Discovery Protocol*).

i) Attribution des adresses IP

Dans un réseau privé (particulier, entreprise…) on peut théoriquement utiliser n'importe quelle adresse IP (il est toutefois fortement conseillé d'utiliser les adresses **privées** définies par la RFC 1918). Cette adresse peut être définie de manière statique et arbitraire ou attribuée automatiquement à l'aide d'un serveur d'adresses IP dit **DHCP** (*Dynamic Host Configuration Protocol*).

Toutefois, si un nœud doit être mis en relation avec des machines extérieures, il faut lui attribuer (ou lui faire correspondre… *cf.* ci après Translation d'adresses) une adresse **publique unique** qu'aucune autre machine au monde ne doit posséder.

Ainsi, quand on configure un serveur Web pour Internet, on ne lui attribue pas n'importe quelle adresse IP. Ces adresses publiques sont attribuées par un organisme spécifique **InterNIC** (*InterNetwork Information Center*) ou l'un de ses « représentants » – **AFNIC** (Association Française pour le Nommage Internet en Coopération).... Pour l'utilisateur qui accède à Internet par le biais d'un **FAI** (Fournisseur d'Accès Internet) ou **ISP** (*Internet Service Provider*), c'est ce dernier qui dispose réellement d'une adresse Internet et non pas le client. Ce dernier ne fait en général que de l'accès distant sur une machine du FAI qui lui attribue, provisoirement, le temps de la session ou un peu plus, une adresse IP affectée par un serveur **DHCP** (*Dynamic Host Configuration Protocol*).

j) NAT-Translation d'adresses et de ports

Devant la « pénurie » d'adresses IPv4, et IPv6 tardant à se mettre en place, on a recherché des palliatifs permettant d'exploiter plusieurs adresses internes – généralement de classe privée (par exemple 10.x.x.x) – au travers d'une seule adresse publique (attribuée par le FAI). De ce fait, si on veut faire communiquer des machines d'un réseau « privé » avec des machines exploitant des adresses publiques il faut assurer la « conversion » de l'adresse IPv4 privée locale (non routable sur Internet) en une adresse IPv4 publique – et inversement lors de la réception des réponses... c'est la « **translation** » d'adresse ou **NAT** (*Network Address Translation*) – RFC 3022.

Le système assurant cette translation NAT (**routeur NAT** en principe mais aussi coupe-feu, serveur proxy...) effectue le changement « à la volée » de l'IP source de la machine du réseau privé par l'IP publique du système NAT, puis route le paquet vers le réseau extérieur. La réponse revient au routeur NAT, et suivant l'une des diverses techniques utilisées (NAT statique, NAT dynamique, NAPT (*Network Address and Port Translation*), Twice NAT, etc.) remplace l'adresse de destination par celle de la machine du réseau privé ayant lancé la demande et lui transmet le paquet.

Les ports TCP **connus** (Port « *well known* », port réservé...) tels que le port 80 associé au trafic Web, le port 23 utilisé avec Telnet... peuvent également être « translatés » de manière à sécuriser le réseau en rendant son intrusion plus délicate, on parle alors de **PAT** (*Port Address Translation*).

Malgré ses nombreuses possibilités d'adressage – accrues par l'usage des techniques de translation d'adresses – le système IPv4 devrait être mis en défaut d'ici quelques années, et on s'oriente peu à peu vers la version dite **IPv6**.

24.1.2 IPv6

Compte tenu des nombreuses plages d'adressages inexploitées (réservées aux réseaux privés, à la boucle *localhost*...) IPv4 n'autorise l'usage effectif que de quelques millions d'adresses sur les 4,3 milliards (2^{32}) théoriques possibles. Bien que les techniques de translation d'adresses NAT et PAT soient désormais couramment exploitées et malgré la gestion de la qualité de service par MPLS (*Multi Protocol*

Label Switching) ou l'usage de protocoles sécuritaires complémentaires comme Ipsec... il fallait envisager un nouveau protocole car à ce rythme la pénurie d'adresses IPv4 devrait arriver en 2011.

On a ainsi élaboré [1990] IPv6, conservant les acquis d'IPv4, tout en assurant un adressage hiérarchique sur 128 bits qui autorise 2^{128} adresses (soit 600 000 milliards de milliards d'adresses par m^2 de surface du globe !).

IPv6 se caractérise par un en-tête de taille fixe comportant un nombre de champs réduits, pas de fragmentation intranet, l'emploi de labels, une sécurité renforcée mettant en œuvre authentification et confidentialité... Il abandonne la notion de classes, base de l'adressage IPv4.

Une adresse IPv6 est un mot de 128 bits (4 fois plus long qu'une adresse IPv4) qui se présente en 8 champs de 16 bits notés en hexadécimal et séparés par le caractère «:». Par exemple, sous sa **forme complète** :

> 5F06:0000:0000:A100:0000:0800:200A:3FF7

Dans un champ, il n'est pas nécessaire d'écrire les zéros placés en tête et plusieurs champs à 0 consécutifs peuvent être abrégés à l'aide du symbole «::». Toutefois, cette abréviation ne peut apparaître qu'une fois au plus dans l'adresse. Ainsi, l'adresse précédente peut s'écrire comme suit dans sa **forme compressée** :

> 5F06::A100:0:800:200A:3FF7

Quand on est dans un environnement « *dual-stack* », faisant cohabiter IPv4 et IPv6, il est possible d'utiliser une représentation de la forme: « x:x:x:x:x:x:d.d.d.d », où les x représentent la valeur hexadécimale des 6 premiers blocs de 2 octets et les d les valeurs décimales des 4 derniers octets de l'adresse (2 d sont « équivalent » à un x).

> Exemple : 5F06::A100:0:5EFE:10.0.1.7

IPv6 reconnaît trois types d'adresses : unicast, multicast et anycast.

- Une adresse IPv6 **unicast** repère une interface unique. Un paquet émis vers ce type d'adresse sera remis à l'interface ainsi identifiée. Parmi ces adresses on peut distinguer celles qui sont de **portée globale**, désignant sans ambiguïté une machine sur le réseau Internet et celles qui sont de **portée locale** (lien ou site) qui ne pourront pas être routées sur Internet. Suivant le rôle qu'elle va jouer, l'adresse **unicast** IPv6 peut être décomposée en plusieurs parties, chacune définissant un niveau de hiérarchie :

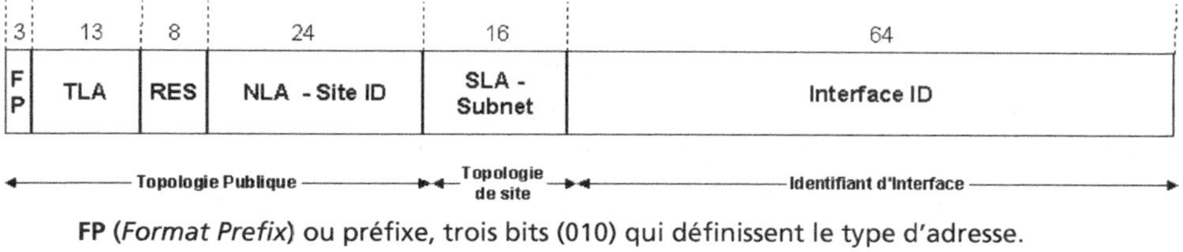

FP (*Format Prefix*) ou préfixe, trois bits (010) qui définissent le type d'adresse.

TLA ID (*Top-Level Aggregation Identifier*) identifie l'agrégateur de premier niveau (autorité régionale dont dépend par exemple le fournisseur d'accès).

RES (*Reserved for future use*) inexploité.

NLA (*Next Level Aggregation*) permet d'identifier les sites dans chaque zone « *Top Level* » TLA. On peut trouver plusieurs niveaux hiérarchiques de NLA.

Site ID permet d'identifier le site au sein d'une hiérarchie de NLA.

SLA (*Site Level Aggregation*) permet de structurer le réseau au sein d'un site. On peut trouver plusieurs niveaux hiérarchiques de SLA.

Subnet permet de définir des sous-réseaux au sein d'une hiérarchie de SLA.

Interface ID définit une interface. Il est dépendant de l'adresse physique de l'interface.

Fig 24.20 Format de l'adresse Unicast IPv6

- Une adresse IPv6 **multicast** désigne un groupe d'interfaces appartenant en général à des nœuds différents et pouvant se trouver n'importe où sur l'Internet. Quand un paquet a pour destination une adresse multicast, il est transmis par le réseau à toutes les interfaces membres de ce groupe. IPv6 remplace les adresses de diffusion (*broadcast*) IPv4 par des adresses multicast qui saturent moins le réseau local.
- Une adresse IPv6 **anycast** repère également un groupe d'interfaces, mais si un paquet a pour destination une telle adresse, il est acheminé à un des éléments du groupe et non pas à tous. Cet adressage est principalement expérimental.

IPv6 réserve également certaines adresses, ainsi : 0:0:0:0:0:0:0:1/128 ou plus simplement, ::1 est utilisé comme adresse de test (*LoopBack*), équivalente au 127.0.0.1 de IPv4 et 0:0:0:0:0:0:0:0 désigne une adresse non spécifiée.

Certains types d'adresses sont caractérisés par leur préfixe. Voici un extrait du tableau :

TABLEAU 24.5 TYPES D'ADRESSES IPV6

Préfixe IPv6	Allouer	Référence
0000::/8	Réservé pour la transition et loopback	RFC 3513
2000::/3	Unicast Global	RFC 3513
FC00::/7	Unicast Unique Local	RFC 4193
FE80::/10	Lien-local	RFC 3513
FEC0::/10	Anycast	RFC 3879
FF00::/8	Multicast	RFC 3513

Les hôtes IPv6 disposent généralement de plusieurs adresses affectées à des interfaces de réseau local ou de tunnel. Par exemple, sur un hôte IPv6, une interface de réseau local a toujours une adresse de **lien-local** (pour le sous-réseau local – équivalent de l'adresse privée IPv4) et généralement, soit une **adresse globale** (pour Internet dans sa globalité – équivalent de l'adresse publique IPv4), soit une adresse de **site local** (pour le site d'une organisation). La configuration d'une interface de réseau local peut donc prévoir ces trois types d'adresses (lien local, adresse globale et site local).

L'adresse IPv6 intègre, sur ses 64 bits de poids faible, un **identifiant d'interface**, élaboré à partir de l'adresse MAC, en faisant précéder les 3 derniers octets de la MAC (qui repèrent l'adaptateur) par deux octets à 0xFFFE. Dans les 3 premiers octets de la MAC (qui repèrent le constructeur), le premier est porté à 0x02 et les 2 autres conservés. Par exemple, avec l'adresse MAC : 00-03-FF-75-08-C7 l'identifiant obtenu sera : 0203:FFFF:FE75:08C7, ce qui sera noté : 203:FFFF:FE75:8C7.

Si l'identifiant d'interface doit contenir une adresse IPv4 (4 octets), on la fait précéder de 0xFE (1 octet) et de la valeur de l'OUI (*Organisational Unit Identifier*) attribué à l'IANA : 00-00-5E.

Exemple : 0000:5EFE:10.0.1.7

Avec IPv6, une adresse de **lien-local** (*local link...*) est obtenue en concaténant le préfixe 0xFE80::/64 aux 64 bits de l'identifiant d'interface. Ce type d'adresse lien-local a une portée restreinte au lien c'est-à-dire sans routeur intermédiaire (sous-réseau IPv4). C'est en quelque sorte une adresse « privée ». Configurée automatiquement à l'initialisation de l'interface elle permet la communication entre nœuds voisins d'un même lien et un routeur ne doit pas retransmettre de paquets ayant pour adresse source ou destination une adresse de type lien-local.

Exemple : FE80::0000:5EFE:10.0.1.7

Une adresse lien-local est donc unique à l'intérieur d'un lien et un protocole de détection de duplication d'adresses est chargé de s'en assurer. Par contre, l'emploi d'une même adresse lien-local, dans deux liens différents, est autorisé. Si une adresse de type lien-local ne permet pas de désigner sans ambiguïté l'interface de sortie, elle est spécifiée par l'ajout du nom (ou numéro) de l'interface, précédé du caractère « % ».

Exemple : FE80::203:FFFF:FE7F:8C7%4

Zone d'utilisation	Internet /48			LAN /80	
Adresse Ipv6 (hexadécimale)	2 0 0 1 : 5 a b	8	: 0 0 0 1 :	1 2 3 4 :	5 6 7 8 : a b c d : a b 7 1 : a b c f
Nom du champ	FP: (Format Prefix) 3 bits TLA (Top-Level Aggregation Identifier) 13 bits	subTLA (Sub-TLA Aggregation Identifier) 13 bits	NLA (Next-Level Aggregation Identifier) 19 bits	SLA (Site Level Aggregation Identifier) 16 bits	Interface ID (L'EUI-64: est un algorithme qui permet de pouvoir attribuer la partie hôte automatiquement en fonction de son adresse MAC)

Figure 24.21 Format de l'adresse IPv6

1	4	8	16	24 — 32
Version	Priorité	Label du flux		
Taille des données			En-tête suivant	Nbre de sauts maxi
Adresse IP Source 128 bits				
Adresse IP Destination 128 bits				

Version : 0110

Priorité : indique le degré de priorité de la trame.

Label du flux (*Flow label*) : destiné au séquencement des datagrammes sur un même chemin. Caractérise la qualité de services (QoS). Les datagrammes avec un champ *flow label* différent de 0 partagent l'adresse de destination, l'adresse source et les priorités.

Taille des données (*PayLoad Length*) : longueur en octets du paquet de données qui suit l'en-tête.

En-tête suivant (*Next Header*) : identifie le type d'en-tête suivant immédiatement l'en-tête IPv6. On sait ainsi tout de suite ce qui est transporté (Segment TCP, Segment de routage...).

Nbre de sauts maxi (*Hop limit*) : entier décrémenté de 1 à chaque passage dans un routeur. Le paquet est supprimé quand la valeur atteint 0.

Adresse source (*Source Address*) : 128 bits identifiant l'hôte source du paquet.

Adresse destination (*Destination Address*) : 128 bits identifiant le destinataire du paquet.

Figure 24.22 Structure de l'en-tête IPv6

IPv6 intègre également :

- La **qualité de service** ou **QoS** (*Quality of Services*), en termes de flux garanti (par exemple *n* bit/s) et en termes de signalisation, en exploitant une signalisation RSVP (*ReSource reserVation Protocol*) qui assure la réservation de tronçons le long de la route empruntée par les paquets.
- La sécurité des transmissions en utilisant pour l'en-tête (*Authentification Header*) un cryptage basé sur l'algorithme SHA-1 (*Secure Hash Standard*) et le cryptage des données elles-mêmes avec l'algorithme DES CBC (*Data Encryption Standard Cipher Bloc Chaining*).

Par contre IPv6 n'exploite plus ARP/RARP pour résoudre les adresses physiques mais le protocole ND (*Neighbor Discovery*) de découverte des voisins, composant du protocole ICMP (code message 135).

Enfin, IPv4 et IPv6 sont prévus pour cohabiter en utilisant le principe de la « double pile » (*dual stack*) qui consiste à encapsuler des trames IPv6 dans des trames IPv4 ou à traduire les adresse IPv4 en adresses IPv6 au moyen de protocoles comme **6to4** ou **ISATAP** (*Intra-Site Automatic Tunnel Addressing Protocol*) entre-autres.

Pour vous tenir à jour sur IPv6, n'hésitez pas à consulter le très bon site : http://livre.point6.net.

24.1.3 TCP (*Transport Control Protocol*) – niveau 4 « Transport »

Le service de transport (niveau 4) a pour rôle d'assurer le transfert des données entre les participants à la communication. TCP a ainsi été conçu pour fournir un service sécurisé de transmission de données entre deux machines. TCP est un protocole fonctionnant en **mode connecté** c'est-à-dire associant, à un moment donné, deux adresses de réseau. Pour cela chaque participant établit et ouvre une connexion et affecte à cette connexion un numéro de **port d'entrée-sortie**. Quand cette mise en relation est établie (TCP établi), l'échange des données peut alors commencer.

Un segment TCP est composé de la manière suivante :

1 4 5 8 10 11 16 17 32

Port Source								Port Destination
Numéro de séquence								
Numéro d'acquittement								
Décalage	Inutilisé	U	A	P	R	S	F	Fenêtre d'anticipation
Somme de contrôle								Pointeur d'urgence
Options								Remplissage
Données								

Port Source : Port utilisé par l'application de la station source.

Port Destination : Port utilisé par l'application de la station de destination.

Numéro de séquence : numéro d'ordre du premier octet de données (SYN à 0). Numéro de séquence initial (ISN *Initial Sequence Number*) (SYN à 1).

Numéro d'acquittement : numéro de séquence du prochain octet que le récepteur s'attend à recevoir (ACK à 1).

Décalage (*Data Offset*) : Indique la taille de l'en-tête TCP. Permet de repérer le début des données dans le segment car le champ Options est de taille variable.

Drapeaux : Les six bits « drapeaux » permettent de repérer diverses informations.

- **(U) URG** : segment à traiter en urgence (URG à 1).
- **(A) ACK** (*ACKnowledgment*) : ACK à 1 indique un accusé de réception.
- **(P) PSH** (*PuSH*) : segment fonctionnant selon la méthode PUSH (PSH à 1).
- **(R) RST** (*ReSeT*) : Connexion à réinitialiser (RST à 1).
- **(S) SYN** (*SYNchronization*) : Il faut (SYN à 1) synchroniser les numéros de séquence.
- **(F) FIN** : la connexion doit être interrompue (FIN à 1).

Fenêtre d'anticipation : nombre d'octets à recevoir avant d'émettre un accusé de réception.

Somme de contrôle (*Checksum*) : vérifie l'intégrité de l'en-tête TCP.

Pointeur d'urgence : Numéro de séquence à partir duquel l'information devient urgente.

Options : Champ de taille variable qui permet d'enregistrer diverses options.

Remplissage : zone remplie avec des zéros pour avoir une longueur de 32 bits.

Figure 24.23 Structure du segment TCP

L'établissement de la connexion se fait selon une technique de **négociation** ternaire dite *three ways handshake* (poignée de main en trois temps) :

1. Le client émet un segment avec SYN à 1 (segment de synchronisation) et contenant le numéro de séquence initial N de départ – ISN (*Initial Sequence Number*).
2. Le serveur reçoit le segment initial du client et lui renvoie un accusé de réception, consistant en un segment avec SYN à 1 (synchronisation) et ACK à 1 (acquittement). Le numéro de séquence X est celui du serveur et le numéro d'acquittement contient le numéro de séquence du client, incrémenté de 1.
3. Le client renvoie au serveur un accusé de réception final, consistant en un segment avec SYN à 0 (car il ne s'agit plus d'un segment de synchronisation) et ACK à 1. Le numéro de séquence est incrémenté de 1 et le numéro d'acquittement contient le numéro de séquence du serveur incrémenté de 1.

Client		Serveur
NseqClient : N (par exemple N = 100)		Attente passive NseqServeur : X (par exemple X = 642)
Emet un segment (SYN = 1, NSeq = 100)	→	
	←	Reçoit le segment (SYN = 1, NSeq = 100) Envoie un accusé de réception (SYN = 1, ACK = 1, NSeq = 642, NAcq = 101)
Reçoit l'accusé de réception (SYN = 1, ACK = 1, NSeq = 642, NAcq = 101) Envoie un accusé de réception (SYN =0, ACK = 1, NSeq = 101, NAcq = 643)	→	

Figure 24.24 Établissement d'une connexion TCP

Afin de gérer simultanément plusieurs transmissions TCP utilise des ports virtuels représentés par des numéros de port. On peut théoriquement utiliser 65 536 ports. Ces ports peuvent être définis par l'utilisateur ou « standards ». Ainsi le port 80 est traditionnellement celui utilisé lors des échanges HTTP utilisés avec Internet. Mais dans un environnement sécurisé (proxy, firewall...) ce port pourra être différent.

L'adresse unique d'un point d'entrée TCP dans une station est ainsi obtenue par la concaténation de l'adresse Internet IP avec le numéro du port utilisé, le tout constituant un « *socket* ». Ce *socket* doit être unique dans l'ensemble du réseau (par exemple 10.100.3.105:80 correspond au point d'entrée des applications HTTP sur la machine 10.100.3.105). Une connexion de base est donc définie par un couple de *sockets*, un pour l'émetteur et un pour le récepteur.

TABLEAU 24.6 PRINCIPAUX SERVICES ET PORTS ASSOCIÉS

Service	Port	Description
FTP	20-21	Protocole utilisé en transfert de fichiers
SSH	22	Protocole sécurisé de connexion à distance
Telnet	23	Protocole d'interfaçage de terminaux et d'applications via Internet
SMTP	25	Protocole utilisé en transfert de courriers
DNS	53	Protocole de gestion de noms internet (*Domain Name Server*)
HTTP	80	Protocole WWW utilisé avec les pages Web
POP3	110	Protocole utilisé en échange de courriers
NNTP	119	Protocole utilisé avec les services de Newsgroups
SSL	443	Protocole standard pour les transactions sécurisées sur Internet
xxx	> 1024	Ports en principe libres d'usage
IRC	6667	Protocole utilisé avec les services de « Chat »

Les paquets vont ensuite être envoyés et TCP va s'assurer de leur bonne réception au travers d'acquittements (ACK – *Acknowledgment*), échangés entre participants. TCP garantit également la livraison « séquencée » – dans le bon ordre – des paquets et assure le contrôle par *checksum* des données et en-têtes. De ce fait, si un paquet est perdu ou endommagé lors de la transmission, TCP en assure la retransmission. Il permet également de gérer le multiplexage des paquets, ce qui permet d'assurer le téléchargement d'un fichier tout en consultant simultanément des informations d'un site Internet.

TCP utilise un mécanisme de « fenêtre d'anticipation dynamique » fonctionnant en crédit d'octets – et non pas en crédit de paquets – pour assurer l'émission de plusieurs paquets sans avoir à attendre d'acquittement ce qui permet d'assurer un meilleur débit. Chaque extrémité de la connexion doit donc gérer deux fenêtres (émission et réception). Nous avons déjà vu ce genre de mécanisme lors de l'étude du protocole HDLC LAP-B. Précisons que la taille de la fenêtre d'anticipation peut varier en cours de connexion et que TCP devra alors générer un segment de données avertissant l'autre extrémité de ce changement de situation.

L'unité de fonctionnement de TCP est le **segment** qui correspond à une suite d'octets dont la taille peut varier (mais on parle souvent de « paquet » – ce qui devrait en fait être réservé au niveau 2 où l'unité est le « Paquet-Datagramme »). Le segment est utilisé, aussi bien pour échanger des données que des acquittements, pour établir ou fermer la connexion… Chaque acquittement précise quel est le numéro de l'octet acquitté et non pas le numéro du segment. TCP est également capable de gérer les problèmes d'engorgement des nœuds de communication et de réduire son débit.

TCP évolue, les mécanismes d'acquittement aussi. Ainsi, une nouvelle méthode d'acquittement dite TCP SAK (TCP *Selective Acknowledgment*), issue de la RFC 2018, vient-elle de voir le jour. Cette méthode décompose la fenêtre d'acquittement standard en un nombre prédéfini de blocs de données que le destinataire devra acquitter séparément. L'espace occupé par les données en attente pourra ainsi être libéré plus facilement ce qui augmente les débits. Une évolution dite *Fast* TCP propose d'utiliser chaque nœud pour gérer les acquittements qui ne seraient donc plus réalisés par les équipements terminaux mais de proche en proche. Une demande de retransmission ne concernerait alors plus toute la liaison mais uniquement un tronçon.

UDP (*User Datagram Protocol*) est aussi un composant de la couche transport mais il assure uniquement une transmission non garantie des datagrammes. En effet il n'utilise pas d'accusé de réception, n'assure pas le ré ordonnancement des trames, non plus que le contrôle de flux. C'est donc au niveau application qu'il faut assurer cette gestion. Il est, de ce fait, moins utilisé que TCP et en général plutôt dans un contexte de réseau « local » que sur un réseau « étendu ». Ainsi, l'utilitaire de transfert de fichiers à distance FTP se base sur TCP tandis que son équivalent « local » TFTP (*Trivial* FTP) s'appuie sur UDP.

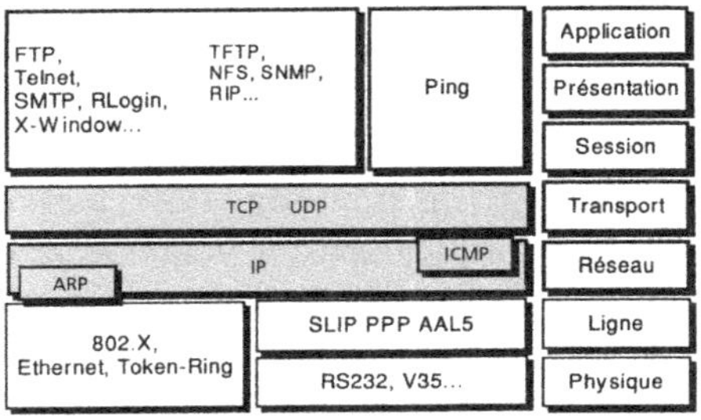

Figure 24.25 La pile TCP/IP

Avec IPv6, les modifications apportées aux protocoles UDP et TCP sont minimes et se limitent quasiment au checksum.

a) Évolution future de TCP

TCP assure l'émission d'un fichier en le décomposant en paquets d'une taille d'environ 1 500 bits. L'émetteur de ces paquets attend un premier acquittement avant d'adresser les autres. Si un problème se produit, le paquet est à nouveau envoyé mais à une vitesse plus lente.

Fast TCP évite ces lenteurs en exploitant un algorithme de congestion différent, utilisant un double algorithme de pilotage des ressources et de gestion du réseau, qui met à jour et rétroagit implicitement ou explicitement sur les sources, en fonctions des informations de congestion et qui ajuste dynamiquement le taux (ou la taille de fenêtre d'anticipation) en réponse à la congestion rencontrée sur la route. Dans l'Internet courant, l'algorithme de source est effectué par TCP, et l'algorithme de lien est effectué par une gestion de la file d'attente avec AQM (*Active Queue Management*). Le système élaboré à CalTech (*California Institute of Technology*) [2002] a ainsi permis d'atteindre un débit de 925 Mbit/s, contre 266 Mbit/s avec TCP, lors d'envoi de données entre la Californie et la Suisse. De plus, en exploitant le trunking regroupant 10 liens Fast TCP, les chercheurs sont parvenus à obtenir une vitesse de 8,6 Gbit/s. Reste à attendre sa mise en œuvre dans les réseaux courants...

CTCP/IP (*Compound* TCP/IP) est une solution équivalente et « propriétaire » de Microsoft mise en œuvre avec le nouveau système d'exploitation Vista [2006]. CTCP permet d'accroître sensiblement la quantité de données envoyées en une fois, grâce à un algorithme de surveillance des variations de délai, du rapport bande passante/délai de transmission et des pertes de paquets. CTCP veille aussi à ce que son comportement n'ait pas d'impact négatif sur d'autres connexions TCP. Les tests effectués par Microsoft ont révélé une forte réduction (environ 50 %) des temps de transfert de fichiers pour une connexion de 1 Gbit/s avec un temps d'aller-retour (*Round Trip Delay*) de 50 millisecondes. L'ajustement automatique de la fenêtre de réception optimise le débit côté réception et CTCP optimise également le débit côté émetteur.

24.1.4 Utilitaires TCP/IP

TCP/IP est une « pile » de protocoles (un ensemble) qui est livrée en général avec un certain nombre d'utilitaires. Parmi ceux-ci on rencontrera des utilitaires de diagnostic ou de configuration tels que **arp**, **ipconfig**, **nbtstat**, **netstat**, **ping**, **route** et **tracert** et des utilitaires de connectivité et d'échange de données entre systèmes éloignés tels que **ftp** et **telnet**.

Arp permet de gérer les adresses matérielles (adresses MAC), connues du protocole à un moment donné, d'en ajouter ou d'en supprimer. Nous avons vu précédemment comment ARP va peu à peu constituer une table des adresses IP résolues afin de gagner du temps lors de la prochaine tentative de connexion à cette adresse IP. Précisons que cette table ARP n'est pas sauvegardée physiquement et est donc reconstruite au fur et à mesure des besoins de connexion.

Ipconfig (**ifconfig** sous Linux) est un utilitaire qui permet de prendre connaissance d'un certain nombre d'informations de l'adaptateur tels que son nom d'hôte, son adresse IP, son masque de réseau, l'adresse de passerelle...

Netstat est un utilitaire qui fournit également un certain nombre de statistiques sur les connexions TCP/IP.

Nbtstat fournit divers renseignements statistiques sur les connexions TCP/IP courantes utilisant les noms NetBIOS. NetBIOS est un protocole ancien, non routable, mettant en relation deux machines connues par leur nom.

Ping (*Packet InterNet Groper*) permet de vérifier qu'une connexion TCP/IP est bien établie physiquement entre deux machines ou qu'un adaptateur fonctionne correctement. Cet utilitaire essentiel à l'administrateur réseau, utilise les commandes ICMP.

Route est un utilitaire TCP/IP destiné à gérer les tables de routage en permettant de les consulter, et en y ajoutant, supprimant ou modifiant des informations de routage.

Tracert permet de déterminer quelle route a été empruntée par un paquet pour atteindre sa destination et quelles sont les adresses des routeurs traversés. Il fait appel, comme pour la commande **ping**, aux ordres ICMP de IP. Précisons que certains routeurs sont « transparents » et ne seront pas forcément détectés par la commande **tracert**.

FTP (*File Transfert Protocol*) est une commande de connexion, bien connue des internautes, bâtie sur TCP et qui permet de transférer des fichiers entre deux machines.

Telnet est un utilitaire d'émulation des terminaux de type DEC VT 100, VT 52 ou TTY employés et reconnus dans certains environnements tels que UNIX.

24.2 IPSEC

IPSec est un protocole développé par l'IETF, destiné à sécuriser les communications, notamment sur Internet. On a en effet cherché, devant la « transparence » de TCP/IP, à développer des protocoles sécuritaires chargés de créer de véritables « tunnels » de données, permettant de relier discrètement des correspondants au sein d'un réseau tel qu'Internet par exemple. On réalise ainsi un **RPV** (Réseau Privé Virtuel) ou **VPN** (*Virtual Private Network*).

Le ***tunneling*** permet de cacher le paquet d'origine en l'encapsulant dans un nouveau paquet qui peut comporter ses propres informations d'adressage et de routage. Quand le *tunneling* doit assurer une certaine confidentialité, les données et les adresses source et destination du paquet d'origine, sont également cachées à ceux qui pourraient « écouter » le trafic sur le réseau.

Parmi ces protocoles sécuritaires **SSL 3** (*Secure Socket Layer*) rebaptisé **TLS** (*Transport Layer Security protocol*) est l'un des plus employés dans le commerce électronique, mais vieillissant il devrait être remplacé par **IPSec** (*IP Security*), extension sécuritaire du protocole IP plus performante que SSL. IPv6 intègre les mécanismes IPSec.

IPSec intervient au niveau du datagramme IP – niveau 3.

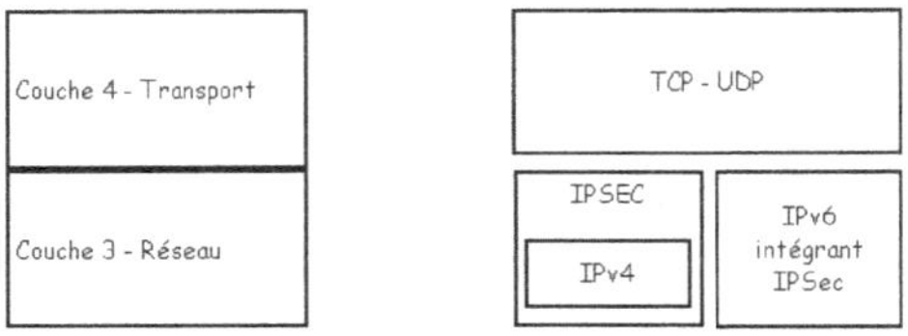

Figure 24.26 Place de IPSec dans la pile TCP/IP

24.2.1 Modes d'implémentation

IPSec peut être implémenté selon deux modes :

- **Transport** : les données générées au niveau 4 transport, sont prises en charges par IPSec qui met en place les mécanismes de signature et de chiffrement puis transmet les données à la couche IP qui s'adresse directement à la couche d'accès au matériel. Dans ce mode transport l'en-tête généré par la couche IP contient des adresses « en clair ». IP considère que la sécurisation a été faite au niveau supérieur et transmet le paquet « tel quel », ce qui ne règle pas d'éventuels problèmes liés à IP. L'intérêt de ce mode réside dans sa relative facilité de mise en œuvre et permet d'adresser des équipements non sécurisés. C'est le mode utilisé entre hôtes.

– **Tunnel** : dans ce mode, les données envoyées par l'application traversent la pile de protocole jusqu'à la couche IP incluse, puis sont envoyées vers le module IPSec. Dans le mode tunnel, IPSec va alors crypter et masquer les en-têtes d'origine pour placer ses propres en-têtes sécurisés. C'est le mode utilisé entre routeurs.

IPSec exploite des **associations de sécurité – SA** (*Security Association*) destinées à sécuriser la mise en place du tunnel et la transmission. Chaque SA est une connexion unidirectionnelle qui fournit aux données transportées, des services de sécurité mettant en œuvre des mécanismes de cryptage et d'authentification. Pour protéger une communication il faut donc deux SA, une dans chaque sens. Les SA sont établies en s'appuyant sur les jeux de protocoles de cryptage et de sécurité par clés publiques ISAKMP (*Internet Security Association and Key Managment Protocol*) et IKE (*Internet Key Exchange*). IKE se charge de la négociation de la relation et établit, préalablement à la transmission proprement dite, des canaux de communication sécurisés. Il négocie ensuite, en utilisant ISAKMP, les paramètres de sécurité à mettre en œuvre pour assurer le bon déroulement des transactions et utilise des clés de chiffrement symétriques (DES ou triple DES) pour protéger le processus de négociation et la transmission.

La SA contient donc tous les paramètres nécessaires à IPSec, notamment les clés utilisées et s'appuie essentiellement sur deux protocoles sous-jacents :

– AH (*Authentification Header*) destiné à authentifier les trames en s'appuyant sur un protocole inférieur IKE (*Internet Key Exchange*),
– ESP (*Encapsulating Security Payload*) destiné à l'encryptage.

24.2.2 AH (*Authentification Header*)

AH (*Authentification Header*) authentifie et protège les datagrammes IP (y compris les en-têtes en mode tunnel) et assure le bon séquencement des paquets. AH n'assure pas le chiffrement des données qui devra être fait par ESP. Son rôle consiste à ajouter au datagramme IP un en-tête contenant un certain nombre de champs supplémentaires – notamment les champs ICV (*Integrity Check Value*) et SN (*Sequence Number*) – permettant de vérifier l'authenticité des données reçues dans le datagramme. Le traitement est différent selon que l'on est en mode transport ou en mode tunnel puisqu'en transport on ne chiffre pas les en-têtes IP.

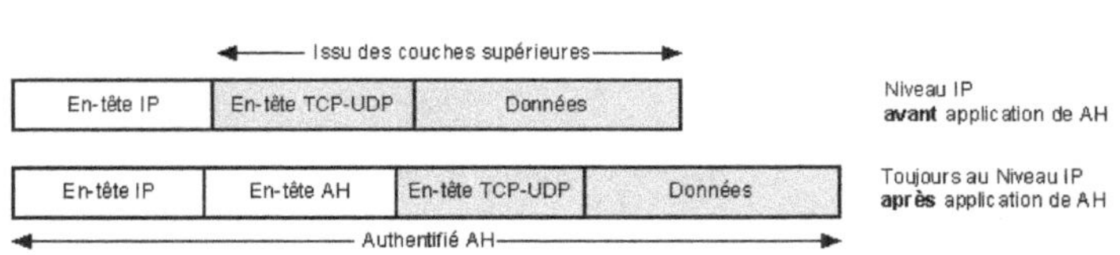

Figure 24.27 Authentification AH en mode Transport

En mode tunnel, une nouvelle entête IP est créée pour chaque paquet sécurisé. C'est ce mode qui est généralement utilisé dans les VPN (*Virtual Private Network*).

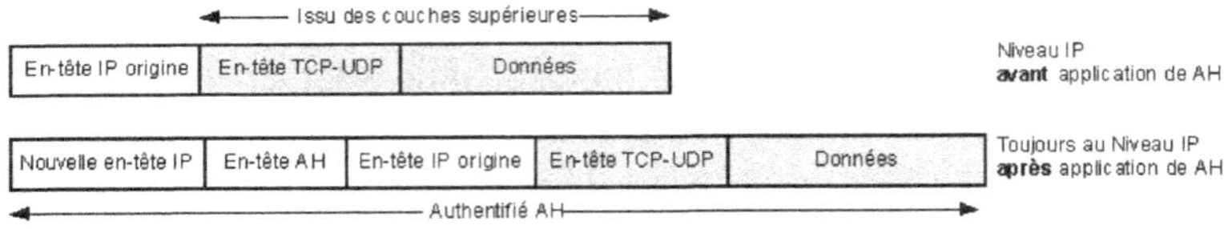

Figure 24.28 Authentification AH en mode tunnel

24.2.3 ESP (*Encapsulating Security Payload*)

ESP (*Encapsulating Security Payload*) va utiliser le cryptage pour protéger les paquets de données issus des niveaux supérieurs – le corps du datagramme – au moyen de différents algorithmes de chiffrement puis encapsuler ces informations dans une nouvelle trame authentifiée.

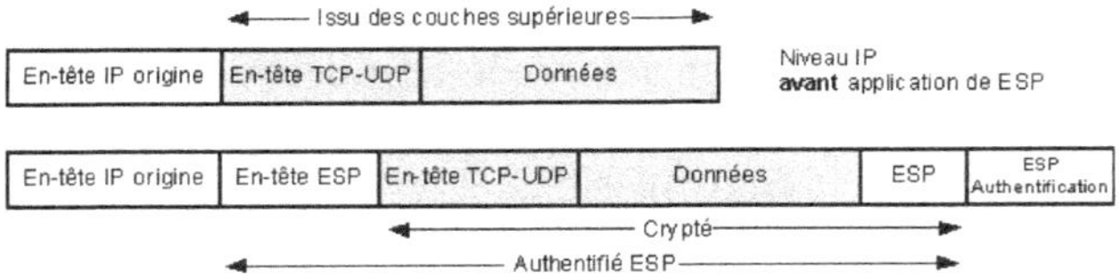

Figure 24.29 Authentification ESP en mode transport

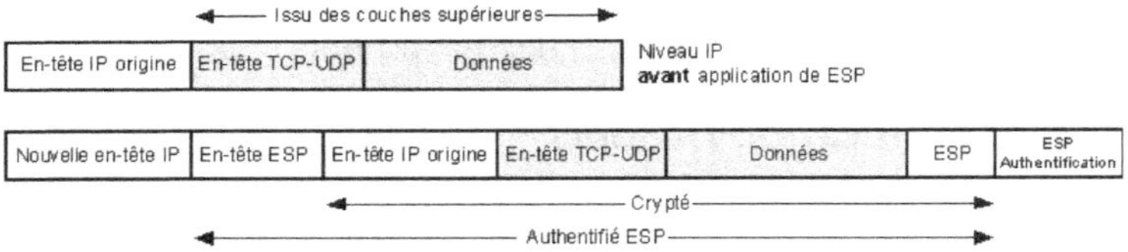

Figure 24.30 Authentification ESP en mode tunnel

IPSec est un modèle utilisant des mécanismes de sécurité puissants mais, en contrepartie, c'est un protocole lourd et complexe à mettre en œuvre. Il est donc essentiellement limité à la création de réseaux privés virtuels VPN (*Virtual Private Network*).

EXERCICE

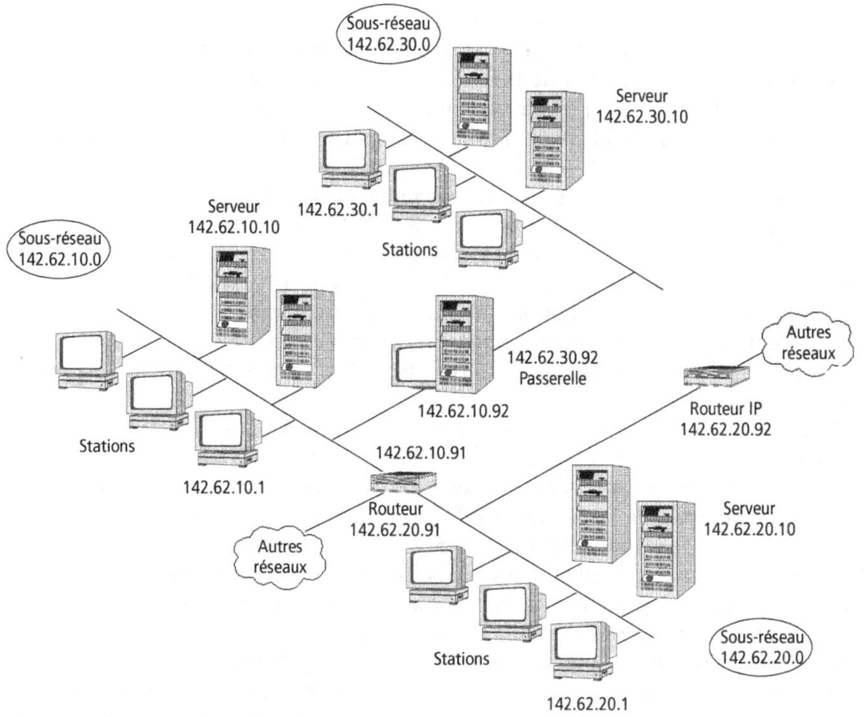

24.1 Le responsable réseau de la société vous fournit le plan du réseau actuellement en service. Afin de tester vos capacités il vous pose un certain nombre de questions et vous soumet certains problèmes. Toutes les machines sont interconnectées sur les segments au moyen de hubs non représentés ici pour simplifier le schéma.

a) Quelle est la classe de réseau utilisée ?

b) Quel est le masque par défaut correspondant à cette classe ?

c) Quelle est l'adresse de réseau de l'entreprise ?

d) Quel composant actif traduit la présence de sous-réseaux ?

e) Quel masque « brut » pourrait-on utiliser (c'est probablement ce qui est utilisé ici) ?

f) On décide de refaire le plan d'adressage IP (stations, routeurs et passerelle...) au sein du réseau 142.60.x.y, tout en gardant les trois sous-réseaux. Quelle pourrait être la valeur « la plus fine possible » du masque ?

g) Combien d'hôtes pourraient accueillir chacun des sous-réseaux ?

SOLUTION

24.1 Étude du réseau.

a) Quelle est la classe de réseau utilisée ?

Compte tenu de la valeur 142 dans le premier octet d'adresse il s'agit d'un réseau de classe B (classe A : adresses de 0 à 126, classe B : adresses de 128 à 191 et classe C : adresses de 192 à 223). Une autre façon de le déterminer est de décomposer 142 en sa valeur binaire soit 10001110. Le 1° bit de poids fort à 0 se trouve en 2° position ce qui repère une classe B (en 1° → A, en 2° → B, en 3° → C...)...

b) Quel est le masque par défaut correspondant à cette classe ?

Le masque par défaut pour une classe B est 255.255.0.0.

c) Quelle est l'adresse de réseau de l'entreprise ?

Compte tenu de la classe l'adresse du réseau est donc 142.62.0.0

d) Quel composant actif traduit la présence de sous-réseaux ?

On constate la présence de deux routeurs IP et d'une passerelle. Les routeurs essentiellement et la passerelle (mais elle pourrait travailler à un autre niveau...) confirment la présence de sous-réseaux.

e) Quel masque « brut » pourrait-on utiliser (c'est probablement ce qui est utilisé ici) ?

Compte tenu des adresses (142.60.10.z, 142.60.20.z et 142.60.30.z) on constate que le troisième octet sert ici à repérer l'adresse de sous-réseau. On travaille donc sans doute en pseudo classe C. On fait donc du *subnetting* de classe C sur un réseau de classe B. Un masque « brut » serait alors 255.255.255.000

f) On décide de refaire le plan d'adressage IP (stations, routeurs et passerelle...) au sein du réseau 142.60.x.y, tout en gardant les trois sous-réseaux. Quelle pourrait être la valeur « la plus fine possible » du masque ?

Il faut pouvoir repérer 3 sous-réseaux 142.62.xxx.yyy. Il faut donc 2 bits ($2^2 = 4$ combinaisons possibles) dans le 3° octet d'adresse pour repérer les sous-réseaux. Il restera donc 6 bits pour compléter l'octet. Le masque est donc du type $1100\ 0000_2$ soit 192_{10}. Le masque définitif le plus « fin » serait donc 255.255.192.0.

g) Combien d'hôtes pourraient accueillir chacun des sous-réseaux ?

Compte tenu du masque de sous-réseau employé, il reste 6 bits sur le 3° octet et 8 bits sur le 4° soit 14 bits. On peut donc créer $2^{14} - 2$ adresses de stations soit $16384 - 2 =$ 16382 hôtes.

Chapitre **25**

Réseaux locaux – Généralités et standards

25.1 TERMINOLOGIE

Un réseau local est un ensemble d'éléments matériels et logiciels, qui met en relation physique et logique, des ordinateurs et leurs périphériques, à l'intérieur d'un site géographiquement limité. Son but est de permettre le partage de ressources communes entre plusieurs utilisateurs.

En fait, les notions couvertes par les Réseaux Locaux d'Entreprises – **RLE, RL, LAN** (*Local Area Network*), **Network**... sont vastes. En effet, le terme LAN englobe un ensemble étendu de matériels et de logiciels, qui va du réseau « de bureau », constitué autour d'un micro-ordinateur jouant le rôle de serveur et comprenant quelques postes de travail, en passant par le réseau en grappe organisé autour de mini-ordinateurs ou systèmes départementaux, dotés de nombreux postes de travail sur lesquels « tournent » des applications... jusqu'au réseau « mondial » avec des réseaux interconnectés entre eux, formant une gigantesque toile d'araignée internationale dont Internet est l'exemple typique.

On emploie généralement les termes de réseau :

- **LAN** (*Local Area Network*) pour un réseau géographiquement limité à une salle, un bâtiment ou à une entreprise au maximum ;
- **CAMPUS** pour un réseau s'étendant sur une distance de quelques kilomètres au plus (université...) ;
- **MAN** (*Metropolitan Area Network*) pour un réseau s'étendant sur une zone d'une dizaine de kilomètres (ville, communauté urbaine...) ;
- **WAN** (*Wide Area Network*) quand on considère des LAN interconnectés ou des stations réparties sur de grandes, voire très grandes distances.

Les travaux pouvant être réalisés sur un réseau local adoptent aussi une échelle de complexité croissante. L'échange de fichiers ou de messages entre stations de travail peut ne solliciter que faiblement le réseau. Dans ce type d'utilisation la **station** de travail charge un logiciel, un texte ou un tableau, généralement à partir d'une station principale dite **serveur** de réseau ; les données transitent du serveur à la station, le traitement est réalisé localement. Une fois ce traitement terminé, les résultats sont sauvegardés sur le serveur et/ou imprimés. Il n'y a donc recours aux **ressources** communes (disques, imprimantes, programmes, fichiers...) qu'en début et en fin de session de travail, et pour des volumes limités. Le travail, sur des bases de données partagées, peut nécessiter quant à lui un accès permanent aux ressources. Les traitements restent modestes en cas de saisie, de mise à jour et de consultation mais la charge du serveur augmente lorsque des tris, des indexations plus ou moins complexes interviennent. Enfin la compilation de programmes, des lectures et des recopies portant sur de gros volumes, peuvent saturer assez rapidement un serveur.

Les fonctions suivantes sont réalisées par la majorité des réseaux locaux :

- partage de fichiers (serveurs de fichiers), autorisant le travail à plusieurs utilisateurs, simultanément et sans dommage, sur une même base de données, sur les mêmes fichiers, ou avec le même logiciel (tableur, traitement de texte...) ;
- partage d'applications (serveurs d'application) bureautiques (Suite Microsoft Office, Open Office...) ou autres ;
- accès aux bases de données (serveurs de bases de données – Oracle, SQL, MySql...) ;
- attribution de droits (serveurs de connexion) d'accès aux fichiers, allant du non-accès, à la faculté de création et de mise à jour, en passant par la simple consultation ;
- utilisation de services web (serveurs web ou serveur d'hébergement), de messagerie (serveur de messagerie) ;
- gestion des files d'attente d'impression (serveurs d'impression) demandées par les stations sur une (ou plusieurs) imprimante(s) partagée(s) en réseau...

Les serveurs permettent la mise à disposition et la gestion de ressources communes aux stations de travail. Chaque demande d'utilisation d'une des ressources gérées par le serveur doit être reçue, traitée et une réponse transmise à la station demandeuse. Comme le serveur reçoit plusieurs demandes simultanées de stations différentes, il doit en gérer la file d'attente. En outre, le serveur gère souvent la file d'attente des imprimantes (*spool* d'impression), les répertoires des disques, les tables d'allocation des fichiers... Ce doit donc être une machine rapide, puissante et fiable, disposant d'une capacité de mémoire vive et de mémoire de stockage appropriée.

Un serveur peut n'être affecté qu'à un rôle précis (serveur de fichiers, serveur d'applications...), on dit alors qu'il s'agit d'un **serveur dédié** ; il peut remplir plusieurs rôles (serveur de fichiers et serveur d'authentification) ou bien il peut être à la fois serveur et station de travail, ce qui suppose en général que le réseau n'ait qu'une activité limitée.

25.2 MODES DE TRANSMISSION ET MODES D'ACCÈS

Pour acheminer des données, les réseaux locaux utilisent deux modes de transmission :

- la **bande de base** – très généralement employée – et qui consiste à transmettre les signaux sous leur forme numérique ;
- la **large bande** – moins employée – utilise essentiellement la modulation de fréquences pour transmettre les signaux. Il s'agit d'une technique plus complexe à mettre en œuvre et plus onéreuse que la précédente, et utilisée essentiellement par les liaisons radios (Wifi...).

Pour que les messages circulent sur le réseau sans entrer en conflit et se perturber, il faut employer un protocole déterminant des règles d'accès au réseau. Parmi les modes d'accès existants, peuvent être utilisés la **contention** et le **jeton**.

25.2.1 La contention

Dans un accès de type contention tel que **CSMA** (*Carrier Sense Multi Access*), associé aux réseaux **Ethernet**, toutes les stations (*Multi Access*) sont à l'écoute (*Sense*) du réseau et une station peut émettre si la porteuse (*Carrier*) est « libre ». Toutefois, il se peut que deux stations, écoutant si la voie est libre, se décident à émettre au même instant, il y a alors **contention** – « collision » – des messages émis. Pour résoudre le problème des collisions dues à des demandes simultanées d'accès au réseau, on peut soit les détecter « après coup » : méthode **CSMA/CD** (CSMA *with Collision Detection*) soit tenter de les prévenir : méthode **CSMA/CA** (CSMA *with Collision Avoidance*).

a) Principe du CSMA/CD

CSMA/CD (*Carrier Sense Multi Access with Collision Detection*) fonctionne par détection des collisions. Considérons que la station S_1 souhaite envoyer un message vers S_3 et que S_2 souhaite, au même instant, envoyer un message au serveur. S_1 et S_2 vont donc se mettre à « l'écoute » de la porteuse sur la ligne (*Carrier Sense*) et, si la ligne est libre, elles vont émettre leurs messages.

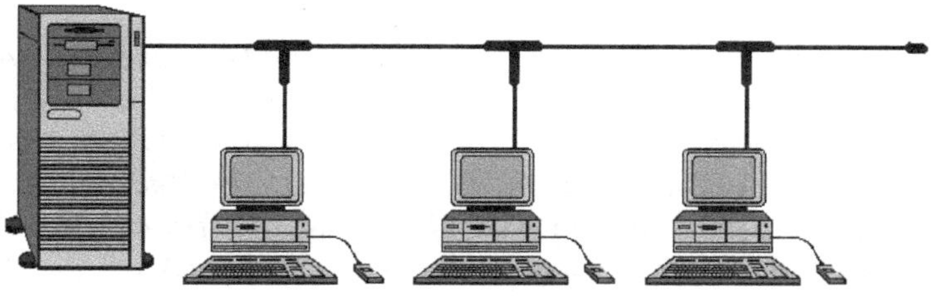

Figure 25.1 Principe du CSMA/CD

Le signal électrique sur la ligne va donc correspondre au cumul des deux émissions ce qui va provoquer une « surtension ». L'adaptateur des stations S_3 et S_2 va détecter cette surtension et en déduire que deux entrées sont en activité. Il va alors envoyer un signal indiquant la **collision** sur toutes ses sorties (trame de « bourrage » ou trame *jam*). Toutes les stations vont détecter ce signal particulier et arrêter leurs émissions. Au bout d'un laps de temps **aléatoire** l'émission sera reprise par l'une quelconque des stations. Il est alors peu probable que les stations se décident à réémettre au même instant et, si tel était le cas, le cycle d'attente reprendrait.

La méthode CSMA/CD est normalisée par l'**ISO** (*International Standard Organization*) sous la référence **802.3**. Il s'agit d'une **méthode d'accès probabiliste**, car on ne sait pas « à l'avance » quelle station va émettre. C'est une méthode simple et donc très utilisée mais qui présente comme inconvénient majeur un ralentissement des temps de communication, fonction de l'accroissement des collisions ; autrement dit – fondamentalement – plus il y a de communications sur ce type de réseau, plus il y a de risques de collisions et plus le ralentissement des transmissions est sensible. Compte tenu de ces collisions le **débit efficace** est estimé avec cette méthode à environ 50-60 % du **débit théorique**. L'emploi des commutateurs a permis d'éliminer presque totalement les collisions.

b) Principe du CSMA/CA

CSMA/CA (*Carrier Sense Multi Access with Collision Avoidance*) – utilisé notamment avec les réseaux radio de type Wifi – a pour but de prévenir la contention plutôt que de la subir. La station qui veut émettre commence par écouter si la voie est libre (*Carrier Sense*). Si tel est le cas elle envoie un petit paquet préambule ou **RTS** (*Request To Send*) qui indique la source, la destination et une durée de réservation de la transmission. La station de destination répond (si la voie est libre) par un petit paquet de contrôle **CTS** (*Clear To Send*) qui reprend ces informations. Toutes les autres stations à l'écoute, recevant un RTS ou un CTS, bloquent temporairement leurs émissions puis repassent ensuite en « écoute ».

Cette méthode réduit la probabilité de collision à la courte durée de transmission du RTS, car lorsqu'une station entend le CTS elle considère le support comme occupé jusqu'à la fin de la durée réservée de transaction. Du fait que RTS et CTS sont des trames courtes, le nombre de collisions est réduit, puisque ces trames sont reconnues plus rapidement que si tout le paquet devait être transmis. Les paquets de messages plus courts que le RTS ou le CTS sont autorisés à être transmis sans échange RTS/CTS.

Citons pour mémoire quelques autres méthodes : TDMA (*Time Division Multiple Access*) ou AMRT (Accès Multiples à Répartition dans le Temps) qui consiste à attribuer des tranches de temps fixes aux différentes stations, CDMA (*Code Division Multi Access*), WCDMA (*Wideband Code CDMA*) qui est utilisé pour la téléphonie mobile de troisième génération, FDMA (*Frequency Division Multi Access*) ou AMRF (Accès Multiples à Répartition de Fréquences) qui tend à disparaître, SRMA (*Split-channel Reservation Multi Access*) ou autres GSMA (*Global Scheduling Multiple Access*)… méthodes utilisées dans les réseaux locaux industriels ou en téléphonie mobile.

L'ancienne priorité à la demande (**100 VG Anylan** normalisé 802.12) n'est désormais plus commercialisée.

25.2.2 Le jeton

Dans la technique du jeton (*token*), **méthode d'accès déterministe** normalisée ISO 802.5 et développée par IBM pour son réseau Token-Ring, mais utilisable aussi avec un réseau en bus, la station émet des informations sous forme de paquets de données normalisés, avec un en-tête, une zone centrale (le message) et une fin. Dans l'en-tête, se trouve un bit particulier (le **jeton**), mis à 1 si le réseau est occupé, et à 0 dans le cas contraire. La station qui souhaite émettre ne peut le faire que si le jeton est libre. Chaque station reçoit le message à tour de rôle et en lit l'en-tête où figure l'adresse du destinataire. Si le message ne lui est pas destiné, la station le régénère et le réexpédie.

Le destinataire du message va se reconnaître grâce à l'adresse, lire le message et le réémettre acquitté c'est-à-dire après en avoir modifié l'en-tête. La station émettrice peut alors, lorsque le jeton lui revient, valider la transmission et libérer le jeton ou éventuellement émettre à nouveau ce message.

La vitesse de transmission sur le réseau dépend ici de la longueur de l'anneau et du nombre de stations qu'il comporte.

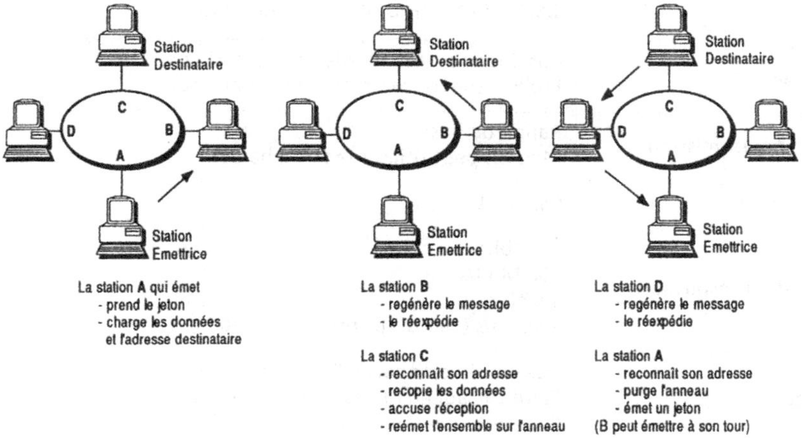

Figure 25.2 Fonctionnement du jeton

25.3 ETHERNET

Ethernet est « le standard » utilisé sur les réseaux locaux de gestion. Token Ring a quasiment disparu, tout comme les anciens réseaux Lan Manager, Starlan, Banyan VINES…

25.3.1 Les origines d'Ethernet

Vers 1960, l'université d'Hawaii met au point, afin de relier ses machines réparties sur un campus géographiquement étendu, la technique de la **diffusion**, connue à cette époque sous le nom de réseau ALOHA. Cette technique est à la base du mode d'accès CSMA/CD. Le centre de recherche de Rank Xerox met au point [1972] un système de câblage et de signalisation qui utilise la diffusion CSMA/CD, donnant naissance au réseau Ethernet. Enfin, Xerox, Intel et Digital s'associent [1975] pour élaborer la norme de l'architecture Ethernet 1 Mbit/s. Ethernet est né et ne va cesser de progresser en s'adaptant à l'évolution des médias et des débits.

Les organismes IEEE (*Institute of Electrical and Electronic Engineers*) et ISO (*International Standard Organization*) ont intégré ces modèles dans un ensemble de normes référencées IEEE 802.2 et IEEE 802.3 ou ISO 8802.2 et ISO 8802.3. Ethernet est donc devenu un standard et c'est l'architecture de réseau la plus répandue.

25.3.2 Caractéristiques du réseau Ethernet

Éthernet est à l'origine une architecture réseau de type bus linéaire, supportée par du câble coaxial mais ces caractéristiques ont évolué pour correspondre aux progrès technologiques. Les caractéristiques d'un réseau Ethernet sont généralement les suivantes.

TABLEAU 25.1 CARACTÉRISTIQUES DU RÉSEAU ETHERNET

Topologie	Bus linéaire – essentiellement à l'origine Étoile – sur concentrateur ou commutateur
Mode de transmission	Bande de base Mais on peut utiliser la large bande
Mode d'accès	CSMA/CD
Vitesse de transmission	10 Mbit/s 100 Mbit/s 1 Gbit/s 10 Gbit/s (100 Gbit/s prévus vers 2010)
Câblage	Coaxial fin ou épais (10 Base-2 ou 10 Base-5) ou Paire torsadée (10 BaseT, 100 BaseT, 1000 BaseT) Fibre optique (100 BaseF, 1000 BaseF et 10 GE
Normalisation	IEEE 802 et ses adaptations (802.1, 802.2, 802.3...) ISO 8802 et ses adaptations (8802.2, 8802.3...)

Nous avons déjà étudié les notions de topologie, mode de transmission, mode d'accès, vitesse de transmission et les divers câblages existants. Nous n'allons pas y revenir mais simplement positionner l'architecture Ethernet par rapport au modèle ISO, et voir le détail des trames.

a) Place d'Ethernet dans les normes ISO et IEEE

La norme IEEE 802, qui fait référence en matière de réseau Ethernet, introduit une division de la couche Liaison de données (niveau 2 ISO « couche Ligne ») en deux sous-couches.

– la couche **LLC** (*Logical Link Control*) ;

– la couche **MAC** (*Media Access Control*).

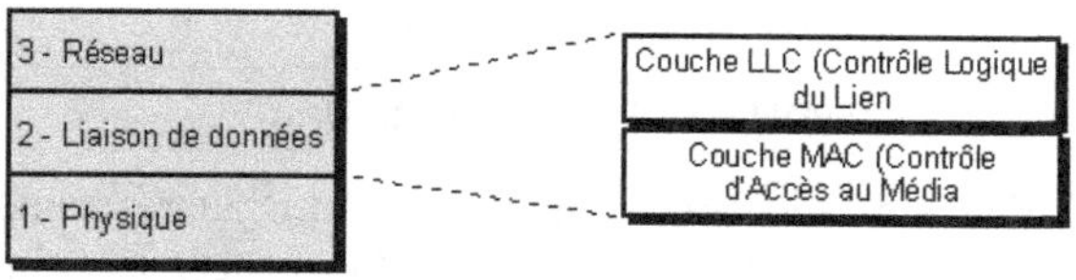

Figure 25.3 Les sous-couches MAC et LLC

b) Rôle des couches MAC et LLC

La **sous-couche MAC** (*Media Access Control*) correspond à la couche inférieure de cette division du niveau 2 et communique donc : d'un côté directement avec le niveau physique (niveau 1 ISO) – d'où l'appellation de contrôle d'accès au média se matérialisant au travers de l'adaptateur (interface, carte...) réseau ; et de l'autre côté avec la sous-couche LLC. La sous-couche MAC assure le formatage des trames à transmettre et doit aussi assurer la remise des données entre deux stations du réseau. Elle répond à diverses normes en fonction du mode d'accès utilisé :

– 802.3 CSMA/CD ;
– 802.4 Bus à jeton ;
– 802.5 Anneau à jeton ;
– 802.12 Priorité à la demande...

La plus répandue de ces normes est sans nul doute la 802.3 qui correspond au mode d'accès CSMA/CD utilisé dans la plupart des architectures Ethernet.

L'adaptateur réseau intègre en mémoire morte, une adresse unique, adresse matérielle ou adresse **MAC** (*Media Access Control*) composée de 6 octets (48 bits). Les 3 premiers octets, attribués par l'IEEE identifient le constructeur, tandis que les 3 suivants identifient l'adaptateur. La sous-couche MAC est chargée de faire le lien des couches supérieures avec cette adresse.

00.20.AF.00.AF.2B identifie ainsi une carte du constructeur 3COM.

La **sous-couche LLC** (*Logical Link Control*), ou contrôle des liens logiques, située au-dessus de la couche MAC est chargée de gérer les communications en assurant le contrôle du flux de données et des erreurs. Elle communique avec la couche MAC d'un côté et avec la couche Réseau (niveau 3 ISO) d'un autre. La sous-couche LLC définit l'usage de points d'interface logique SAP (*Service Access Point*) qui correspondent en quelque sorte à des adresses utilisées pour communiquer entre les couches de la pile ISO. On rencontre, ainsi dans les trames Ethernet définies par l'IEEE 802 (RFC 1042), une zone **DSAP** (*Destination Service Access Point*) et une zone **SSAP** (*Source Service Access Point*), correspondant aux adresses de destination et d'origine de la trame.

Les données du niveau LLC se présentent sous la forme d'un LPDU (*LLC Protocol Data Unit*), structuré comme indiqué dans la figure suivante. La trame LLC est ensuite encapsulée dans la trame de niveau inférieur (trame Ethernet de niveau MAC). Le LPDU correspond donc au champ de données de la trame Ethernet-MAC.

Adresse DSAP	Adresse SSAP	Contrôle	Données

LPDU (LLC Protocol Data Unit)

La norme IEEE 802.3 a été reprise par l'ISO sous la référence ISO 8802.3 et décrit les caractéristiques des réseaux Ethernet. On rencontre ainsi les principales variantes suivantes, données ici avec leurs références IEEE.

➢ Ethernet à 10 Mbit/s

- IEEE 802.3 – **10 Base-2** Ethernet 10 Mbit/s coaxial fin – coaxial brun dit également *Thin Ethernet*, portée de 185 m ;
- IEEE 802.3 – **10 Base-5** Ethernet 10 Mbit/s coaxial épais – coaxial jaune dit aussi *Thick Ethernet*, portée de 500 m ;
- IEEE 802.3 – **10 Base-T** Ethernet 10 Mbit/s paire torsadée (***T**wisted pair*), portée de 100 m (non blindé) à 150 m (blindé) ;
- IEEE 802.3 – **10 Base-F** Ethernet 10 Mbit/s fibre optique (***F**iber optic*), portée usuelle d'environ 1 200 m mais pouvant dépasser 4 000 m…

➢ Ethernet à 100 Mbit/s

- IEEE 802.3 – **100 Base-T** Ethernet 100 Mbit/s paire torsadée (Twisted pair), dit également *Fast Ethernet*, portée de 100 m (non blindé) à 150 m (blindé) ;
- IEEE 802.3u – **100 Base-T4** câble 4 paires – blindé ou non – catégorie 5, portée de 100 m (non blindé) à 150 m (blindé) ;
- IEEE 802.3u – **100 Base-TX** câble 2 paires – blindé ou non, portée de 100 m (non blindé) à 150 m (blindé) ;
- IEEE 802.3u – **100 Base-FX** fibre optique 2 brins, portée usuelle d'environ 1 200 m mais pouvant dépasser 4 000 m.

On ne rencontre pas de carte Ethernet 100 Mbit/s offrant un port BNC qui permette de se connecter sur du câble coaxial.

➢ Ethernet à 1 000 Mbit/s ou 1 GE

- IEEE 802.3 ab – **1 000 Base-T** (*Twisted pair*), dit Gigabit Ethernet, Ethernet 1 000 Mbit/s, 1 Gbit/s ou encore 1 GE… – sur paire torsadée UTP catégorie 5e ;
- IEEE 802.3 z – **1 000 Base-LX** (*Long wavelength*, onde longue) portée de 440 m sur fibre optique multimode 62,5 µ avec une portée de 550 m sur fibre optique multimode 50 µ ;
- IEEE 802.3 z – **1 000 Base-SX** (*Short wavelength*, onde courte) portée de 260 m sur fibre optique multimode 62,5 µ avec une portée de 550 m sur fibre optique multimode 50 µ et une portée de 5 km sur fibre optique monomode 10 µ, ;
- IEEE 802.3 z – **1 000 Base-CX**, portée de 25 m sur câble cuivre blindé…

➤ Ethernet à 10 Gbit/s ou 10 GE

- IEEE 802.3 ae – **10 G-Base SR**, portée de 65 m sur fibre multimode pour l'interconnexion d'équipements proches ;
- IEEE 802.3 ae – **10 G-Base LX4**, portée de 300 m à 10 km sur fibre optique multimode/monomode ;
- IEEE 802.3 ae – **10 G-Base LR**, portée de 10 km sur fibre optique monomode ;
- IEEE 802.3 ae – **10 G-Base ER**, portée de 40 km sur fibre optique monomode ;
- IEEE P802.3an – **10 GBase-T**, portée de 100 m sur paire torsadée en cuivre, en catégories 6a UTP, 6a F/UTP (blindage général) et 7 S/FTP (blindé par paire)...

➤ Ethernet radio

- IEEE 802.11 – 10 Base-X Ethernet de 11, 54 ou 540 Mbit/s par voie radio (802.11b, 802.11a, 802.11g et 802.11n), portée de quelques centaines de mètres suivant l'environnement.

c) Structure des trames

Ethernet transporte les données sur des trames de longueur variable (de 64 octets minimum à 1 531 octets selon le type). La taille des données transportées (charge utile ou *payload*) varie quant à elle de 46 à 1 500 octets maximum par trame et ce, quel que soit le type de trame Ethernet employé. Précisons que certains constructeurs proposent l'usage de trames *Jumbo Frames* – non normalisées – pouvant atteindre environ 9 Ko.

Chaque trame va comprendre sensiblement les mêmes sections :

- Le **préambule** comporte 7 octets de valeur 0xAA (10101010_2) permettant d'assurer la fonction de synchronisation avec les stations réceptrices. Il est associé à un octet supplémentaire dit SFD (*Start Frame Delimiter*) de valeur 0xAB qui, se terminant par deux 1 consécutifs, sert à repérer le début de la trame (fanion),

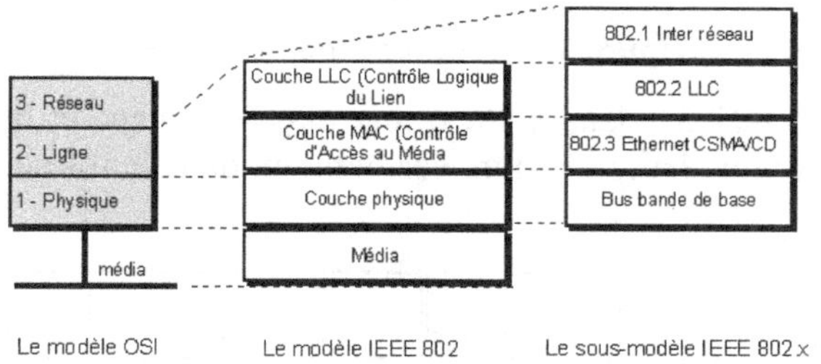

Figure 25.4 Normalisation des trames Ethernet

- **l'adresse de destination** de la trame correspond à l'adresse MAC de la station à laquelle sont destinées les informations. Cette adresse MAC est codée sur 6 octets,
- **l'adresse de source** de la trame correspond à l'adresse MAC de la station qui émet les informations,

– les octets suivants, en nombre variable, ont un rôle différent selon le type de trame,
– les **données**. Leur taille varie de 46 à 1 500 octets par trame,
– le **FCS** (*Frame Check Sequence*) est le résultat d'un contrôle de type modulo destiné à savoir si la trame est arrivée en bon état. C'est un contrôle de redondance cyclique CRC et on le trouve parfois sous ce nom.

On exploite, avec Ethernet, divers types de trames :

– **Trame Ethernet 802.2** : employé avec le protocole IPX/SPX mais aussi avec le protocole de transfert FTAM (*File Transfert Access and Management*). Dans cette trame, 2 octets indiquent la longueur du champ de données contenu dans la trame. Ils sont suivis de 3 octets contenant **l'en-tête LLC**. Le premier de ces octets est le DSAP (*Destination Service Access Point*) et indique le type de protocole utilisé par le poste source. Le deuxième est le SSAP (*Source Service Access Point*) et le troisième joue le rôle de pointeur de contrôle.

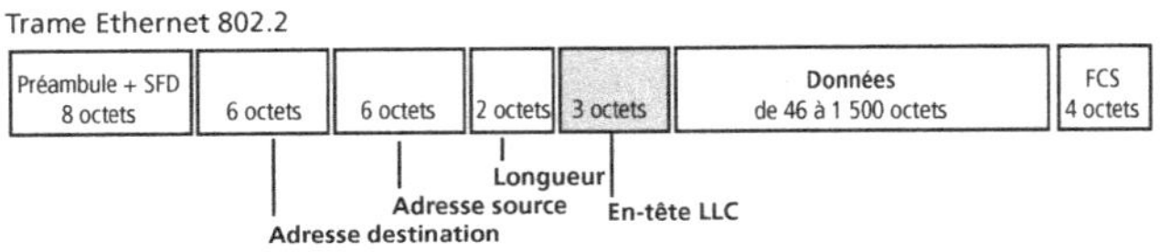

Figure 25.5 Trame Ethernet 802.2

– **Trame Ethernet SNAP** : (*Subnetwork Access Protocol*) qui accepte les protocoles IPX/SPX, TCP/IP et Apple Talk. Dans cette trame, 2 octets indiquent ici la longueur du champ de données et sont suivis des 3 octets d'en-tête LLC ainsi que de 2 octets codant **l'en-tête SNAP**.

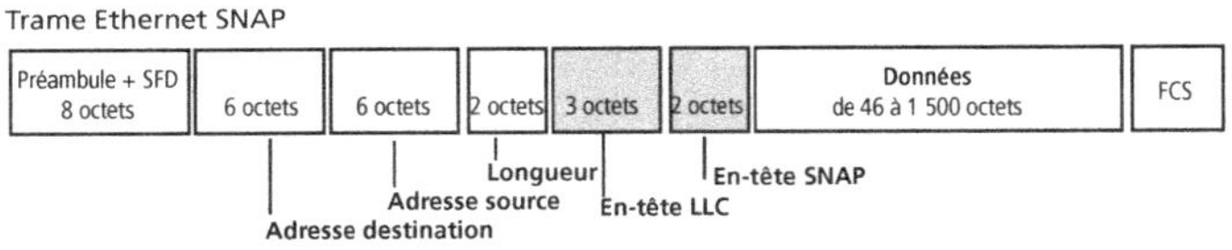

Figure 25.6 Trame Ethernet SNAP

– **Trame Ethernet 802.3** : dans cette trame classiquement utilisée, 2 octets indiquent la **longueur** du champ de données contenu dans la trame.

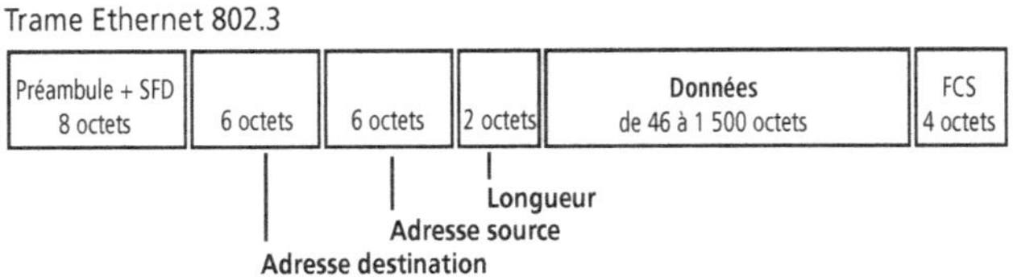

Figure 25.7 Trame Ethernet 802.3

– **Trame II** ou **V2** : la plus couramment employée. Elle fonctionne comme l'Ethernet SNAP mais se différencie au niveau d'un des champs de la trame. Dans la trame Ethernet II, 2 octets suivant les adresses indiquent le **type de trame**, ce qui permet d'identifier le protocole réseau utilisé IP ou IPX. Les valeurs couramment rencontrées sont 0800h pour une trame IP, 0806h pour une trame ARP, 0835h pour une trame RARP et 809Bh pour une trame AppleTalk.

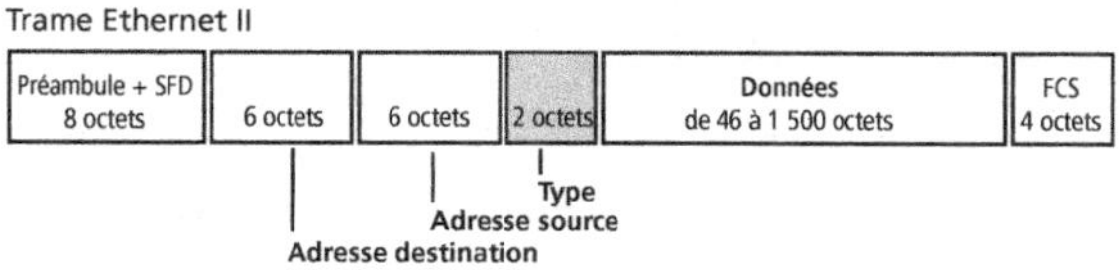

Figure 25.8 Trame Ethernet II

La trame de bourrage, qui est émise en cas de collision, est d'une longueur de 32 bits. Cette trame particulière est dite *Jam*.

➤ Émission de trame Ethernet

L'émission de la trame se fait selon les conditions déjà décrites lors de l'étude du mode d'accès CSMA/CD. Rappelons les brièvement :

- écoute du réseau pour savoir s'il est déjà occupé ou non,
- si le réseau est libre émission de la trame,
- si une collision est détectée envoi d'une trame de bourrage (*Jam*),
- exécution de l'algorithme de temporisation,
- à l'issue du délai de temporisation on réémet la trame.

➤ Réception de trame Ethernet

La réception d'une trame entraîne un certain nombre de contrôles de la part de la carte réceptrice. L'adaptateur réseau va tout d'abord lire les octets de préambule ce qui lui permet normalement de se synchroniser. Si la trame est trop courte, c'est qu'il s'agit probablement d'un reste de collision et la « trame » sera donc abandonnée.

Si la trame est de taille correcte l'adaptateur va examiner l'adresse de destination. Si cette adresse est inconnue (concernant en principe une autre carte) la trame est ignorée. Par contre si l'adresse est identifiée comme étant celle de la carte réseau (adresse MAC), on va vérifier l'intégrité de cette trame grâce au code CRC contenu dans le champ FCS. Si le CRC est incorrect, soit la trame a été endommagée lors du transport et donc mal reçue, soit il y a eu un problème de synchronisation ce qui entraîne l'abandon de la trame. Si tous ces tests sont passés avec succès, le contenu de la trame est passé à la couche supérieure.

25.3.3 Les principales architectures Ethernet rencontrées

a) *Ethernet 10 Base-2*

La norme **10 Base-2** (la longueur maximale d'un segment étant d'environ 2 fois 100 m – en fait 185 m) correspondait à un Ethernet à 10 Mbit/s en bande de base sur coaxial fin (*Thin Ethernet*).

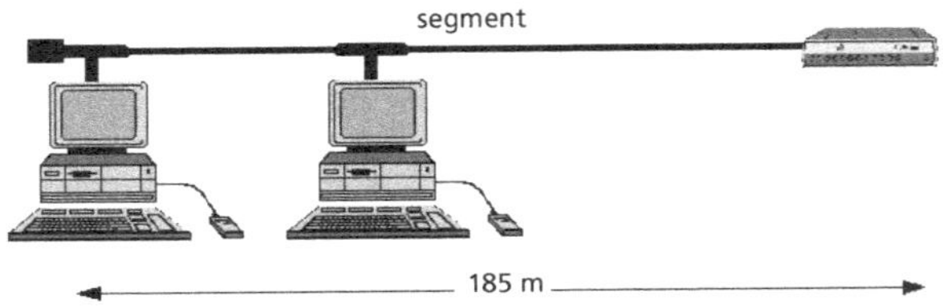

Figure 25.9 Taille du segment 10 Base-2

Les connecteurs employés sont de type BNC (*British Naval Connector*) et il faut assurer la terminaison du circuit par un connecteur particulier – **bouchon de charge** ou **terminateur**, qui absorbe les signaux arrivant en bout de câble afin qu'ils ne soient pas réfléchis ce qui entraînerait des interférences interprétées comme des collisions. On peut étendre la longueur en interconnectant des câbles coaxiaux mais chaque connexion BNC entraîne une dégradation du signal. La connexion d'un ordinateur, au travers d'un câble, sur un connecteur BNC de type T, relié au bus n'est pas autorisée. Le connecteur doit être placé directement sur la carte réseau (adaptateur ou NIC – *Network Interface Card*).

La topologie employée – souvent de type bus linéaire – devait respecter la règle des 5-4-3 qui fait qu'en Ethernet fin 10 Base 2, en Ethernet épais 10 Base 5 ou en 10 Base T, on ne doit pas trouver plus de 5 segments reliés entre eux par 4 **répéteurs** (concentrateurs ou hub – **règle qui ne s'applique pas aux commutateurs**) et seulement 3 de ces segments peuvent supporter des stations.100 Base T déroge à cette règle qu'il renforce en limitant le nombre de **répéteurs** à 2.

Compte tenu de cette règle, un réseau 10 Base 2 ne pouvait géographiquement dépasser la distance de 925 m (5 fois 185 m) qui est la taille du **domaine de collision**.

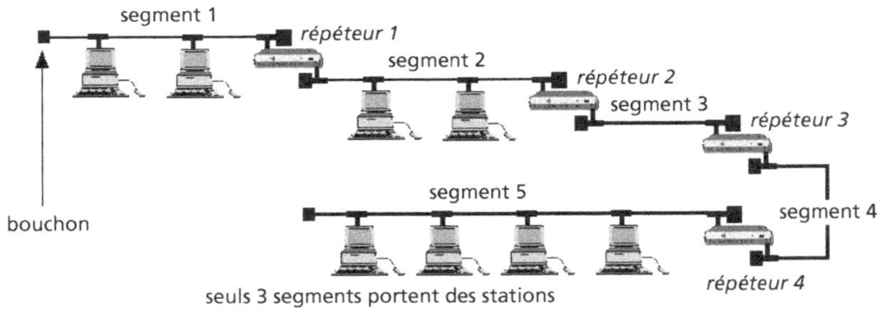

Figure 25.10 Ethernet et la règle des 5-4-3

Cette topologie permettait de prendre en charge jusqu'à 30 nœuds (station, serveur, répéteur...) par segment. La limite de cette architecture – globalement 150 postes maximum – apparaît alors rapidement et l'on comprend facilement pourquoi les architectures 10 Base T ou 100 Base T avec 1 024 nœuds possibles ont rapidement détrôné 10 Base 2.

b) Ethernet 10 Base 5

La norme **10 Base-5** (car la longueur maximale du segment était de 500 m) correspondait à un Ethernet à 10 Mbit/s en bande de base sur coaxial épais (*Thick Ethernet*) – coaxial brun (noir en fait). La taille du LAN atteignait 2 500 m compte tenu de l'application de la règle des 5-4-3. Toutefois, 10 Base-5 était de structure moins souple que 10 Base-2, non seulement à cause du câble coaxial épais, mais aussi du fait que les ordinateurs étaient reliés au câble épais par des câbles émetteurs-récepteurs d'une taille maximum de 50 m. La dimension du domaine de collision pouvait alors atteindre 2 600 m. Les émetteurs-récepteurs (transceiver) sont des composants placés dans des prises vampires reliées aux câbles et assurant la relation avec l'ordinateur. Sur un même segment épais pouvaient être connectés 100 ordinateurs.

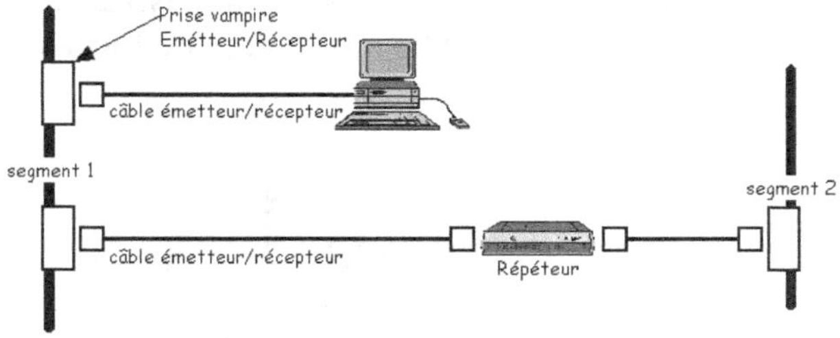

Figure 25.11 Ethernet épais 10 Base-5

Du fait de ces caractéristiques, on utilisait surtout le 10 Base 5 comme **épine dorsale** (*Backbone*) d'un réseau géographiquement étendu combiné éventuellement à un réseau 10 Base 2 ou 10 Base T. Il existait en effet des convertisseurs (changeurs) de genre entre coaxial avec connectique BNC et paire torsadée avec connectique RJ45.

c) Ethernet 10 Base T

La norme **10 Base-T** [1990], qui a détrôné rapidement les anciens Base-2 et 5, correspond à un Ethernet à 10 Mbit/s (**10**) en bande de base (**Base**) sur paire torsadée (**T**). Le média utilisé est un câble non blindé UTP (*Unshielded Twisted Pair*) ou blindé STP (*Shielded Twisted Pair*). Les connecteurs sont de type RJ45.

La topographie employée est souvent l'étoile et le point de concentration généralement un simple répéteur (concentrateur, hub) ou un commutateur (switch). Le point de concentration peut également être matérialisé par un panneau de brassage destiné à assurer les connexions physiques des différents câbles composant l'infrastructure.

La longueur théorique minimale du câble est de 2,5 m (en fait on trouve des câbles de 1 m voire moins) et sa longueur maximale ne doit pas excéder 100 m. Avec du câble blindé la distance est portée à 150 m. On doit donc utiliser des répéteurs (concentrateurs, hubs) dès lors qu'on veut étendre cette distance, dite **domaine géographique de collision**. Toujours dans le but d'étendre géographiquement la zone de connexion des machines, il est possible de relier (« cascader ») les concentrateurs entre eux. Entre ces concentrateurs on peut utiliser un autre média comme la fibre optique si on veut augmenter les distances. Le nombre de stations ainsi mises en relation ne doit toutefois pas dépasser 1 024.

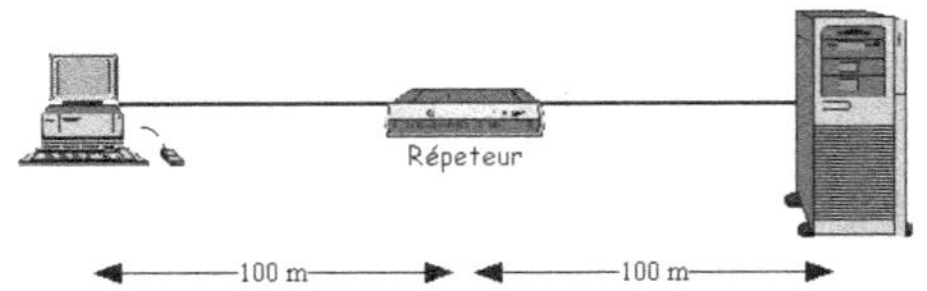

Figure 25.12 Un réseau Ethernet 10 Base-T

La norme subdivise la couche MAC en deux sous-couches. La plus haute est considérée comme la couche MAC proprement dite et la plus basse, qui porte le nom de **AUI** (*Attachment Unit Interface*) dans le cas d'un Ethernet à 10 Mbit/s sert d'interface avec la couche physique et doit assurer le passage des trames dans les deux sens entre la couche MAC et le média (coaxial, paire torsadée, fibre optique).

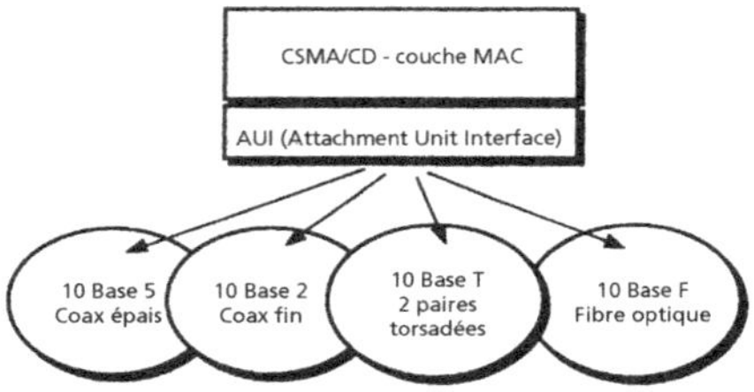

Figure 25.13 Ethernet 10 Base T

En 10 Base-T on applique également la règle des 5 – 4 – 3 (*cf. 10 Base 2*). Comme la distance entre station et répéteur ne peut excéder 100 m en UTP et 150 m en STP, le rayon géographique d'un tel réseau – ou **diamètre maximal du domaine de collision** – est de 500 m en UTP et de 750 m en STP.

d) Ethernet 100 Base-T ou Fast *Ethernet*

10 Base-T a évolué avec un débit porté à 100 Mbit/s. *Fast Ethernet* se présente ainsi comme une extension d'Ethernet 802.3 à 10 Mbit/s qui introduit, en plus de la sous-couche MII (*Media Independant Interface*) – équivalent à la couche AUI du 10 Base-T, une subdivision en trois niveaux de la couche physique (niveau 1 ISO).

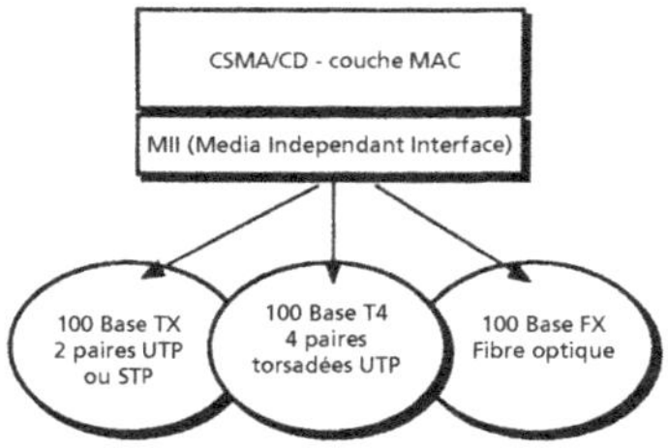

Figure 25.14 Ethernet 100 Base T

La couche MAC du 100 Base-T est sensiblement la même qu'en 10 Base-T. En effet il a suffi de réduire la durée de transmission de chaque bit par 10 pour décupler le débit théorique. Le format des trames (longueur, contrôle des erreurs, informations de gestion…), identique à celui du 10 Base-T assure la compatibilité des applications, n'impliquant que le seul changement des équipements de transmission – adaptateurs réseau ou équipements actifs (répéteurs, commutateurs…) – pour passer d'un réseau 10 Mbit/s à un réseau 100 Mbit/s.

Les spécifications du 100 Base-T incluent également un mode *Auto Negociation Scheme* ou ***Nway*** qui permet à l'adaptateur réseau, au hub ou au switch… répondant à la spécification de définir automatiquement son mode de fonctionnement. La couche MII admet donc les vitesses de 10 ou 100 Mbit/s. C'est pourquoi on peut utiliser des cartes Ethernet 10/100 qui fonctionnent automatiquement à 10 ou 100 Mbit/s selon le réseau où elles sont implantées.

La norme Ethernet 100 Base se subdivise en :

- 100 Base-TX : sur 2 paires UTP catégorie 5 (ou supérieure) de 100 m maximum,
- 100 Base-T4 : sur 4 paires UTP catégorie 3 (ou supérieure) de 100 m maximum,
- 100 Base-FX : sur 2 fibres optiques monomode avec 1 000 m maximum.

Toutefois il faut considérer le fait qu'avec du 100 Base-T, la distance entre deux hubs tombe à 10 m compte tenu de l'augmentation de la vitesse et, qu'a priori, il ne tolère que deux répéteurs de classe II entre deux stations.

Le diamètre maximal de collision est ramené à 210 m en UTP (100 m de la station A au répéteur 1, 10 m du répéteur 1 au répéteur 2 et 100 m du répéteur 2 à la station B) et 310 m en câblage STP. Bien entendu avec du 100 Base-FX on augmente sensiblement cette distance puisque chaque brin optique peut facilement atteindre 2 000 m.

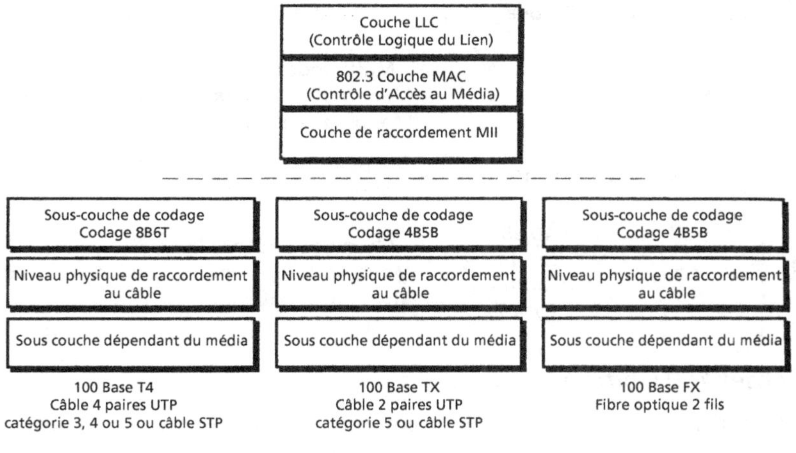

Figure 25.15 Décomposition de la norme Fast Ethernet

e) Ethernet 10 Gbit/s ou 10 GE

Gigabit Ethernet prenait à peine son essor qu'Ethernet à 10 Gbit/s ou **10 GE** (norme 802.3ae) était normalisé [2002]. Compte tenu de son omniprésence en réseau local, de l'évolution des médias de transport (fibre...) et dans un souci d'homogénéisation, Ethernet voit ainsi son utilisation s'étendre aux réseaux « métropolitains » ou MAN (*Metropolitan Area Network*).

La norme IEEE 802.3ae 10 GE est compatible avec les versions à plus bas débit du protocole. Elle ne fonctionne toutefois qu'en duplex intégral avec un seul équipement connecté sur le port d'un commutateur (pas de commutation par segment), les risques de collision de paquets sont donc supprimés ce qui permet de s'affranchir du mécanisme CDMA/CD et rend l'utilisation de la bande passante optimale. 10 GE abandonne donc le traditionnel CSMA/CD. Les trames conservent cependant la même structure. L'accès physique (couche MAC), la taille et le contenu des paquets restent compatibles avec les versions antérieures. Le support sur plus de 100 mètres en cuivre à paires torsadées blindées est désormais [2006] normalisé (802.3an).

L'interface retenue semble être **XAUI** (10 *Gigabit Attachment Unit Interface*) à 16 broches (74 pour XGMII préconisée auparavant) mais limitée à 2,5 GHz ce qui oblige à grouper quatre lignes en parallèle pour atteindre les 10 Gbit/s. L'encodage utilise le classique 8B10B ou le 64B66B de SONET SDH.

Allié à **MPLS** (*Multi Protocol Label Switching*), qui apporte qualité de service et commutation, Ethernet 10 GE devrait conquérir rapidement les réseaux MAN, domaines jusque-là quasi réservés de ATM et Frame Relay... La nouvelle norme EFM (*Ethernet in the First Mile*) – ou sur « le dernier kilomètre », à savoir l'interface entre le réseau local de l'entreprise et le cœur de réseau de l'opérateur – qui est en cours d'élaboration par le groupe IEEE 802.3ah, devrait aller en ce sens.

TABLEAU 25.2 INTERFACES 10 GE

Type de réseau	Transmission	Encodage	Média	Portée	Débit
Local	Série	64B 66B	Multimode 850n Monomode 1310nm Monomode 1500nm	65 m 10 km 40 km	10,3 Gbit/s
	WDM	8B10B	Multimode 1310nm Monomode 1310nm	300 m 10 km	4 × 3.12 Gbit/s
Étendu	Série	64B 66B Couche d'adaptation SONET	Multimode 850n Monomode 1310nm Monomode 1500nm	65 m 10 km 40 km	9,95 Gbit/s

f) Ethernet 100 Gbit/s ou 100 GE

Ethernet continue sa progression en augmentant régulièrement ses débits. Les particuliers profitent déjà de l'Ethernet Gigabit et les professionnels du 10 Gbit/s. La barre des 100 Gbit/s est déjà envisagée pour 2009 et un groupe d'étude a été spécialement désigné par l'IEEE à cet effet.

25.4 TOKEN-RING

Token-Ring ou anneau à jeton [1984] normalisé IEEE 802.5 [1985], a été en son temps le fer de lance d'IBM en matière de réseaux locaux, mais il a été laminé par Ethernet. Il se caractérisait par une topologie en anneau (*ring*) et par une méthode d'accès **déterministe** avec jeton (*token*) où une seule station parle à la fois, comme étudié précédemment.

Dans la version d'origine (4 Mbit/s) Token Ring permettait d'interconnecter 72 stations et 260 dans la version 16 Mbit/s. Une version à 100 Mbit/s – **HSTR** (*High Speed Token Ring*) est bien apparue [1998] mais n'a pas su concurrencer Ethernet.

Avec Token Ring, la connexion se fait en bande de base sur de la paire torsadée – STP à l'origine avec connecteurs IBM type A – connecteurs MIC (*Media Interface Connector*) ou UTP de catégorie 3 ou 5, avec des connecteurs RJ45, RJ11. La fibre optique peut également être employée.

La trame Token-Ring comporte les champs habituels tels que les adresses de destination et d'émission mais également un champ « Contrôle d'accès » indiquant la priorité de la trame et s'il s'agit d'un jeton ou d'une trame de données. Le champ « Etat de la trame » permet de savoir si la trame a été reconnue, copiée ou non.

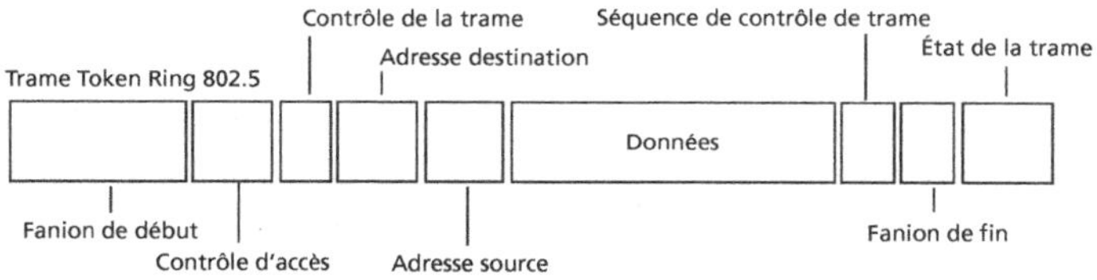

Figure 25.16 Trame Token Ring 802-5

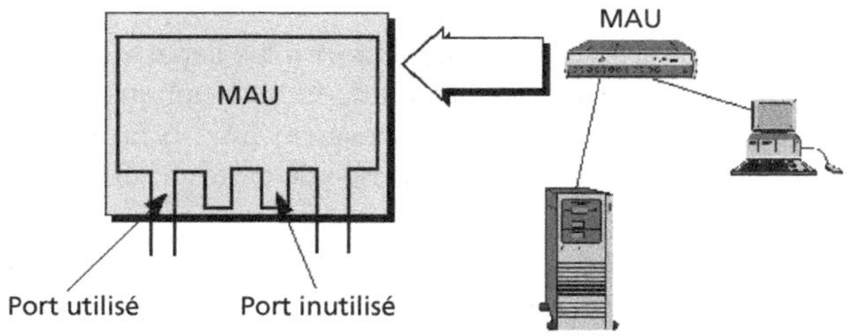

Figure 25.17 Token Ring 802-5

Chaque nœud du réseau comporte une unité d'accès multi-stations ou MAU (*Multi station Access Unit*) pouvant connecter les postes. C'est ce MAU, MSAU (*Multi Station Access Unit*) ou SMAU (*Smart MAU*) qui assure la topologie en anneau malgré une topographie en étoile. Les MAU peuvent être interconnectés de manière à agrandir l'anneau. Token-Ring supporte les protocoles NetBIOS, TCP/IP, AS400… et peut communiquer avec Ethernet.

La version HSTR à 100 Mbit/s reprend les bases de FDDI avec un protocole assez proche de celui défini par la norme 802.5. HSTR utilise la même couche MAC que

Token Ring à 4 ou 16 Mbit/s et la même taille de trames (4,5 Ko, 9 Ko et 18 Ko). Les fonctions d'administration et de routage sont également les mêmes. En ce qui concerne la couche physique, seule la paire torsadée – catégorie 5 – a été finalisée bien que la fibre optique ait été envisagée.

Une version 1 Gbit/s a été abandonnée car Ethernet s'est nettement imposé, tant sur le plan des débits que sur celui des coûts (2 à 3 fois moins cher). Certains constructeurs ont bien tenté de capter les deux segments de marchés en mixant Ethernet et Token-Ring mais en vain....

EXERCICES

25.1 Une entreprise utilise un vieux réseau 10 Base-2. Le débit devient insuffisant et elle souhaite passer à 100 Mbit/s. De quelle(s) solution(s) dispose-t-elle ?

25.2 Un réseau 100 Base-T est composé de brins de 100 m répartis de part et d'autre d'un hub situé au centre de l'étoile. Or on doit connecter une station située à 200 m de ce hub. Quelle(s) solution(s) envisager ?

25.3 On souhaite implanter un petit réseau local – une vingtaine de postes répartis sur une distance d'au plus 100 m – au sein d'une entreprise d'usinage industriel (gros moteurs électriques...). Le débit à assurer devra être de 100 Mbit/s. Quelle topologie et quel type de câblage préconiseriez-vous ?

SOLUTIONS

25.1 Le 10 Base-2 correspond à du câble coaxial désormais dépassé. Il faut donc abandonner le câblage actuel au profit de la paire torsadée ou de la fibre optique. Il lui faudra changer la câblerie et les cartes réseaux sauf si elles disposaient déjà d'un port RJ45 (cartes dites « combo ») mais il est probable qu'il ne s'agisse que de cartes à 10 Mbit/s dont le débit sera insuffisant.

25.2 Une solution simple consiste à installer un second hub, en cascade sur le premier, ce qui va étendre le rayon du domaine de collision. Attention à utiliser le port réservé à la cascade ou un « câble croisé ». On atteindra ainsi les 200 m demandés. Indépendemment des distances, il faudrait envisager de passer à des commutateurs qui vont améliorer les débits.

25.3 Compte tenu de la distance, tous les types de câblages sont, a priori, possibles (paire torsadée ou fibre optique). Compte tenu du débit à assurer ne restent plus en lice que la fibre optique et la paire torsadée de catégorie 5 ou supérieure. Enfin, au vu de la distance et a priori du peu de nœuds dans ce réseau, la paire torsadée devrait être la plus économique. Toutefois, compte tenu de l'environnement industriel (machines outils...) il faudrait absolument envisager de la paire torsadée blindée ou, encore mieux mais plus cher, de la fibre optique.

Une étoile concentrée autour d'un (ou plusieurs) switch et un réseau Ethernet semble la solution la plus simple et la moins onéreuse.

Chapitre **26**

Interconnexion de postes et de réseaux – VLAN & VPN

26.1 INTRODUCTION

On peut distinguer fondamentalement deux types de réseaux : les réseaux locaux (Ethernet...) et les réseaux de transport (Numéris, Transfix...). On rencontre aussi des architectures propriétaires bâties autour d'un ordinateur hôte (*Host* AS400 IBM, DPS7 Bull, Sun...). L'accroissement des échanges d'informations intra ou inter entreprises, nécessite la mise en relation de ces divers éléments. L'utilisateur doit donc accéder, de manière transparente, aux informations à sa disposition, qu'elles soient réparties sur des machines différentes, des réseaux différents, des sites distants, voire même mondialement diffuses (Internet)...

Les réseaux locaux utilisés au sein d'une même entreprise, et à plus forte raison dans des entreprises distinctes, sont souvent **hétérogènes**. Ils comportent des machines de type différent (PC, Mac...), peuvent utiliser des architectures différentes (Ethernet, AppleTalk...), fonctionnent à des vitesses différentes (10, 100 Mbit/s, 1 Gbit/s...) avec des protocoles différents (TCP/IP, IPX/SPX...).

Enfin, il faut souvent emprunter aux infrastructures des réseaux de transport pour faire communiquer des ordinateurs distants, qu'ils appartiennent à la même entreprise ou à des entreprises différentes. Par exemple pour faire de l'accès distant depuis un site quelconque vers le siège de la société, pour faire de l'EDI (Échange Informatisé de Données) entre une société et un de ses sous-traitants... L'ensemble de ces besoins a entraîné le développement de solutions permettant de relier les ordinateurs, quelle que soit la distance ou les différences entre eux. C'est **l'interconnexion de réseaux**.

L'interconnexion de réseau a donc comme buts :

- d'étendre le réseau local au-delà de ses contraintes primaires (100 m avec de l'Ethernet sur paire torsadée, quelques km sur de la fibre optique…),
- d'interconnecter les réseaux locaux d'un même site, même s'ils sont d'architecture ou de topologie différente,
- d'interconnecter des réseaux locaux distants en assurant la transparence de leur utilisation aux usagers,
- de mettre en relation un réseau local avec un ordinateur hôte pour permettre à une station d'avoir accès aux données du réseau distant ou inversement.
- d'interconnecter des hôtes d'architectures propriétaires différentes.

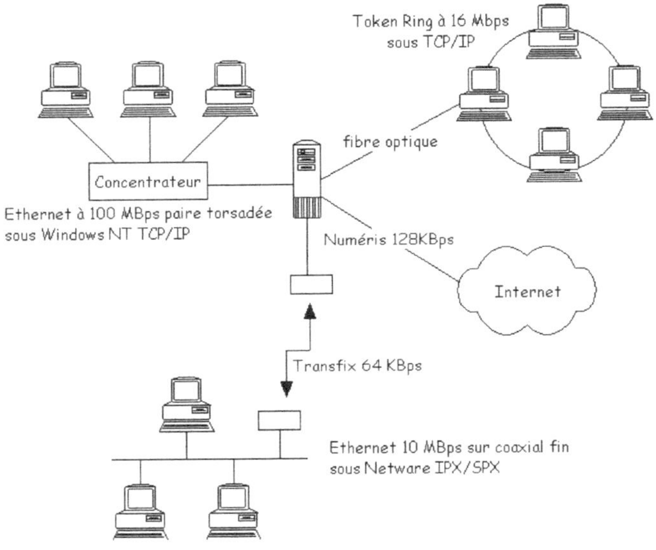

Figure 26.1 Exemple d'interconnexion de réseaux

En interconnectant ainsi des réseaux hétérogènes on va assurer le partage des services et des ressources offerts par différents réseaux, tout en respectant leur indépendance.

S'il est – en théorie – possible de faire correspondre les équipements d'interconnexion à un niveau du modèle ISO, l'évolution des technologies met de plus en plus souvent en défaut ce découpage théorique. C'est ainsi qu'on rencontrera, par exemple, des commutateurs de niveau 3 ou plus, alors qu'il s'agit au départ d'un composant travaillant au niveau 2.

D'une manière globale, on pourra considérer que plus le composant interprète les données à un niveau élevé du modèle ISO, plus la sécurité est accrue (plus de contrôles), mais moins les performances sont intéressantes en termes de rapidité du composant puisqu'il faut désencapsuler les trames de niveau intermédiaire, les traiter (contrôles…) et les réencapsuler avant de les réexpédier.

26.2 LES FONCTIONS DE L'INTERCONNEXION

L'interconnexion de réseaux doit prendre en charge diverses fonctionnalités.

26.2.1 Formatage des trames des protocoles

Les trames issues des protocoles sont souvent différentes d'un réseau à l'autre, les champs sont de structure différente, les en-têtes ont un rôle différent... Il suffit pour s'en convaincre d'observer les seules trames Ethernet... Il est donc nécessaire, lors du passage d'un protocole à un autre, de convertir les trames. Par ailleurs, certaines trames de commande existent dans tel protocole mais pas dans tel autre ce qui impose de simuler certaines fonctions lors de la conversion de protocoles.

26.2.2 Détermination d'adresses

L'affectation des adresses de machines ou d'applications peut être réalisée différemment selon les réseaux. Diverses solutions sont utilisées :

- la norme **X400** définit ainsi plusieurs modes d'adressage parmi lesquels un adressage logique (adresse référencée par nom de domaine, nom d'organisation, nom de service, nom individuel) et un adressage physique ou adresse X121 qui permet d'identifier le terminal d'un destinataire (indicatif de raccordement à un réseau de télécommunication : numéro de télex, numéro de téléphone, numéro X25, adresse IP...). Cette norme **X121** est partiellement utilisée dans X25 et normalise l'adressage des ETTD par Transpac.
- pour les adresses **MAC** (adresse matérielle de l'adaptateur réseau), chaque constructeur exploite une plage d'adressage unique, garantissant – en théorie – l'unicité de l'adresse.

26.2.3 Le contrôle de flux

Le contrôle de flux est destiné à éviter la congestion des liaisons. Les différences technologiques entre les réseaux (vitesse, techniques d'acquittement...) peuvent imposer le stockage des trames échangées. Lorsque ces dispositifs de stockage atteignent un taux d'utilisation et de remplissage trop élevé, il est nécessaire de « ralentir » les machines émettrices afin d'éviter la perte d'informations et la saturation du réseau. C'est le contrôle de flux.

26.2.4 Traitement des erreurs

Interconnecter plusieurs réseaux ne doit pas mettre en péril l'acheminement correct des messages d'un bout à l'autre. Pour cela on exploite des techniques de codes de contrôle et des mécanismes d'acquittement. L'acquittement local s'effectuant de proche en proche et progressivement à chaque machine traversée tandis qu'un acquittement de bout en bout consiste à ne faire acquitter le message que par les seuls équipements d'extrémité.

26.2.5 Routage des trames

Les modes d'acheminement des données d'un réseau vers un autre peuvent également varier, ce qui rend difficile leur interconnexion. Par exemple la taille des adresses (émetteur, destinataire) rencontrées dans les messages est souvent différente selon le protocole. Il faut donc expédier les trames vers le bon destinataire et en utilisant la route la plus performante, c'est le routage.

26.2.6 Segmentation et réassemblage

Lors du passage d'un réseau à l'autre, il se peut que les messages d'origine soient trop longs pour être transportés sur l'autre réseau. Il faut alors découper le message en segments plus petits, transportables sur le deuxième réseau, puis regrouper ces segments dans le bon ordre avant de les remettre au destinataire.

Pour interconnecter efficacement des réseaux on peut être amené à fractionner le réseau global pour en améliorer les performances. La structure du réseau peut ainsi être modifiée par l'adoption d'une « hiérarchie » des supports – supports à haute vitesse servant de lien entre des supports à faible vitesse. Par exemple on peut scinder un réseau en sous-réseaux et mettre en place une liaison FDDI entre ces sous-réseaux.

Les fonctions d'interconnexion peuvent ainsi être utilisées pour isoler certaines zones du réseau, pour des raisons de sécurité ou de performance.

Voyons à présent quels sont les différents dispositifs d'interconnexion à notre disposition.

26.3 LES DISPOSITIFS D'INTERCONNEXION

26.3.1 Notion générique de passerelle

Désignés, par abus de langage, sous le terme générique de « passerelle », les équipements d'interconnexion sont plus ou moins élaborés selon les fonctionnalités offertes. Nous allons donc nous intéresser à ces dispositifs, du plus simple au plus complexe. Pour ne pas entretenir la confusion nous réserverons le terme de passerelle aux seules « vraies » passerelles et non aux répéteurs, commutateurs ou routeurs.

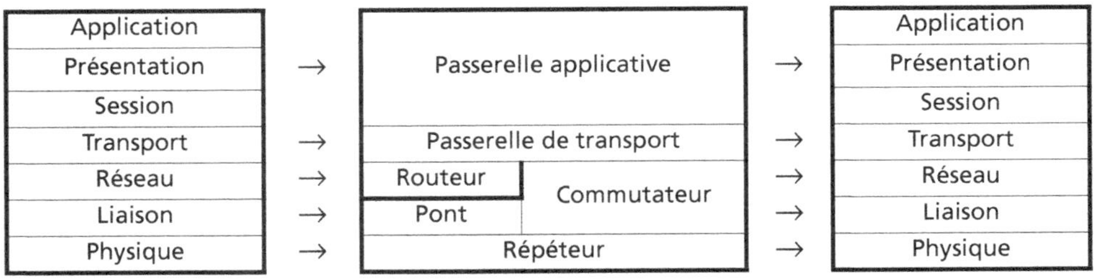

Figure 26.2 Les différentes passerelles

La distinction entre tel ou tel matériel n'est pas toujours évidente (composant qualifié de pont par l'un, de pont routeur par l'autre...). De plus les couches ISO supportées ne sont pas toujours rigoureusement appliquées et telle fonctionnalité sera intégrée dans tel appareil alors que sa dénomination ne l'indique pas précisément (par exemple une fonction de filtrage dans un matériel qualifié de répéteur...).

26.3.2 Le concentrateur

Le **concentrateur, répéteur** (*Repeater*) ou **HUB** est un dispositif simple qui régénère les données entre un segment du réseau et un autre segment de réseau identique – mêmes protocoles, normes, méthode d'accès... Il permet d'augmenter la distance séparant les stations et travaille au **niveau 1 (physique)** du modèle OSI.

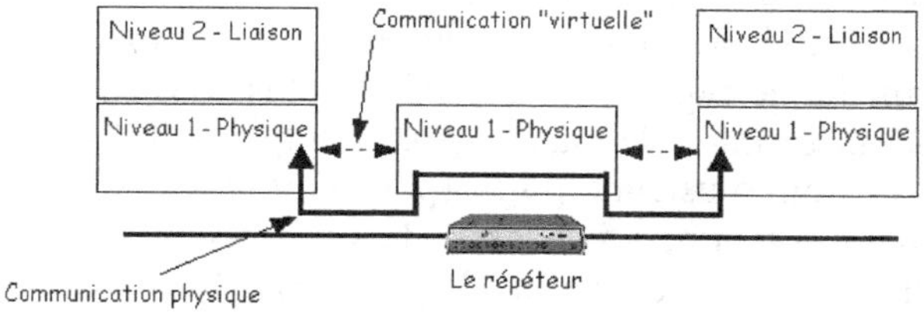

Figure 26.3 Rôle du répéteur

Dès qu'il reçoit les bits d'une trame sur un de ses ports (une de ses entrées) ou **MDI** (*Medium Dependent Interface*), parfois dit également **NIC** (*Network Interface Connector*), le concentrateur les retransmet sur tous les ports de sortie dont il dispose (répéteur multiports), sans aucune modification des données mais après les avoir simplement amplifiés (régénérés). Il ne réalise **aucun contrôle** sur les trames reçues et si l'une d'elles est erronée il la rediffuse telle quelle sur l'ensemble de ses ports. Le concentrateur laisse donc passer les trames de collision, les trames trop courtes...

Toutes les machines connectées à un même répéteur appartiennent donc à un même **domaine de collision** puisque c'est la méthode d'accès (CSMA/CD) employée sur les réseaux Ethernet et que le répéteur **ne filtre pas** ces collisions.

Les concentrateurs (répéteurs, Hub ou répéteurs multiports) sont utilisés pour :

- augmenter la taille du réseau sans dégradation significative du signal et du taux d'erreurs sur le support ;
- raccorder différents tronçons d'un réseau local pour n'en faire apparaître qu'un seul aux stations ;
- assurer une éventuelle conversion de médias (de la paire torsadée vers de la fibre par exemple) ;
- augmenter le nombre de stations physiquement connectables sur le réseau.

Ils peuvent raccorder des tronçons dont le débit est éventuellement différent (10/100 Mbit/s...), le débit du lien connecté étant détecté grâce à l'auto négociation ou **Nway**.

Les concentrateurs peuvent être **empilables** (« **stackables** » – *to stack* – empiler) et interconnectés entre eux au moyen de câbles spéciaux – souvent placés en face arrière et souvent propriétaires. On ne peut donc en général empiler des hubs que s'ils sont de la même marque voire du même modèle. La **pile de concentrateurs** est alors vue comme un unique concentrateur dont on aurait augmenté le nombre de ports. Ainsi, en empilant 2 hubs 24 ports, c'est comme si on avait un seul hub 48 ports. Dans la mesure où ces hubs sont administrables, on a alors un seul hub à gérer au lieu de 2. Le nombre de concentrateurs que l'on peut empiler est cependant limité.

Les anciens concentrateurs de **classe I** ne supportaient pas la présence d'autres hubs. Pour accroître la taille du réseau il fallait alors faire appel à des ponts, des commutateurs ou des routeurs…

Les concentrateurs de **classe II** autorisent la mise en cascade (hubs « **cascadables** », « chaînés », en « *daisy chaining* »…) d'appareils de même type, raccordés par un média de type paire torsadée le plus souvent ou fibre optique, ce qui permet de les placer dans des lieux géographiques différents et d'agrandir la taille du réseau. Un ou plusieurs ports (port *UpLink*) dédiés ou commutables peuvent être destinés à cette fin, qui nécessite le « décroisement » des fils d'émission et de réception, entre les deux répéteurs. Ce port *UpLink* est souvent repéré **MDI-X** ou **Auto MDI-X** (auto-ajustement MDI ou MDI-X, rendant alors la connexion à n'importe quel autre équipement Ethernet – carte, hub ou switch… totalement *plug-and-play*), le X faisant référence à ce « décroisement » des fils émission-réception.

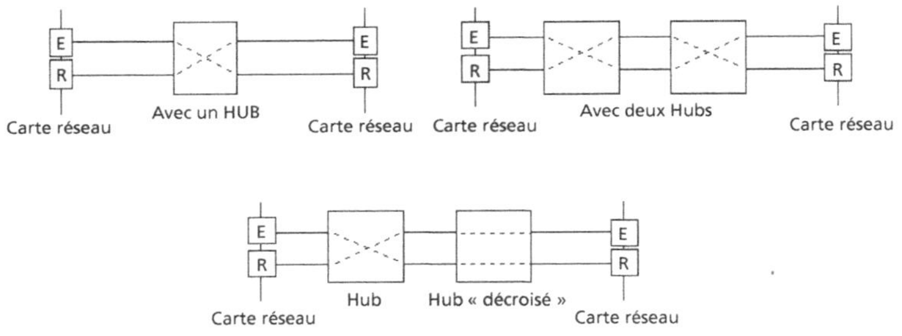

Figure 26.4 Cascade de Hubs

Les concentrateurs (comme les commutateurs) peuvent aussi être « rackables » (*rack* – casier) c'est-à-dire prévus pour être installés physiquement (« rackés ») dans des armoires ou des châssis spéciaux (bâti-rack). Ils respectent alors en principe des dimensions standard repérées par la lettre U (Unité) ainsi un concentrateur **1U** occupe une unité de hauteur soit 4,55 cm. Dans le cas contraire, ils sont dits ***standalone*** (autonome), c'est le cas des petits hubs de bureau simplement posés sur une table.

Ils peuvent enfin être « **manageables** » ou administrables à distance par le biais de logiciels et de protocoles d'administration tel **SNMP** (*Simple Network Management Protocol*). Voir le chapitre consacré à SNMP.

Ces notions de stackables, cascadables, rackables et manageables peuvent généralement s'appliquer également aux autres équipements d'interconnexion : commutateurs ou routeurs.

Les caractéristiques que l'on est en droit d'attendre d'un concentrateur sont donc les suivantes :

- il doit pouvoir interconnecter plusieurs postes ou tronçons de réseau (répéteur multiports) ;
- il doit être adaptable à différents types de supports (conversion de média) ;
- il doit pouvoir s'administrer à distance mais le prix évolue en conséquence ;
- des voyants doivent indiquer l'état de fonctionnement de chaque port ;
- il peut être « empilable », « cascadable » et « rackable »...

L'inconvénient majeur du concentrateur est qu'il **ne segmente pas le domaine de collision** et que, plus le nombre de machines connectées s'accroît, plus les collisions se multiplient et plus le trafic global du réseau ralentit. Il fallait donc trouver le moyen de segmenter les domaines de collision, c'est ce que font les ponts et les commutateurs.

26.3.3 Le pont

Le pont (*bridge*), qui est en fait un « commutateur à 2 ports », permet de relier deux segments de réseau de même type (Ethernet, Token-Ring...), mettant en œuvre la même méthode d'accès (niveau 2 – CSMA/CD la plupart du temps). Le pont fonctionne plus précisément au niveau de la sous-couche MAC (*Media Access Control*) du protocole de liaison et interconnecte des réseaux de caractéristiques MAC différentes mais LLC (*Logical Link Control*) identiques.

Il doit essentiellement assurer les trois fonctionnalités de **répéteur** de signal, **filtre** entre les segments du réseau et **détection** des erreurs.

Le pont travaillant au **niveau 2 (liaison)** du modèle OSI assure automatiquement la fonctionnalité de niveau 1 et se charge donc de répéter le signal mais, à la différence du simple répéteur, il va préalablement faire « monter » la trame au niveau 2, qui se chargera alors des fonctionnalités de filtrage, de détection des erreurs...

Le pont (comme le commutateur) ne doit laisser passer, d'un segment de réseau vers un autre segment, que les seules trames valides et destinées à ce segment.

Le contrôle de validité se fait en observant la taille de la trame (trop courte non valide) et la séquence de contrôle ou FCS (*Frame Check Sequence*) transportée par la trame Ethernet.

Afin de déterminer s'il doit transmettre (ponter) ou non la trame il va observer les adresses MAC destination et source transportées par la trame Ethernet. Il va donc gérer une table de ces adresses MAC (table de commutation, de filtrage, d'adresses... dite parfois abusivement table de routage), lui permettant de savoir de quel côté du pont se situe telle ou telle adresse MAC. Cette table de commutation est généralement constituée dynamiquement par auto-apprentissage (*auto-learning*).

Quand il reçoit une trame, le pont regarde si l'adresse source (émetteur de la trame) est présente dans la table de commutation. Si elle n'y figure pas il l'ajoute dans le tableau des entrées du port ayant reçu la trame puisque « évidemment » l'émetteur est connecté à ce port.

Il observe ensuite si l'adresse de destination figure ou non dans la table d'adresses.

– Si l'adresse de destination figure déjà dans la table de commutation et se situe sur le même segment réseau que l'adresse source (du même côté du pont), la trame ne sera pas expédiée (« pontée ») sur le deuxième segment qu'il ne va pas ainsi encombrer inutilement.

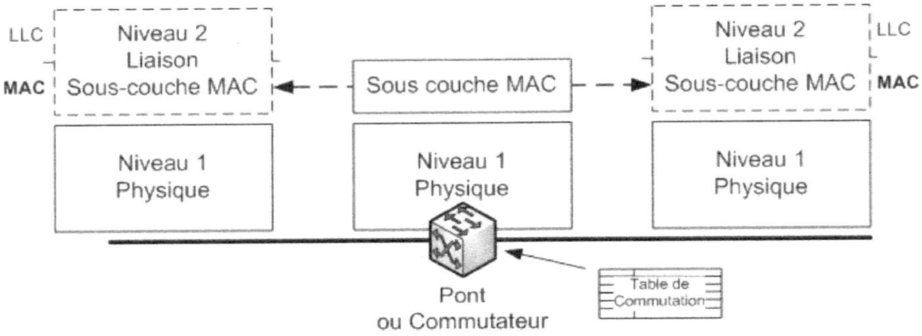

Figure 26.5 Rôle du pont

– Si l'adresse de destination existe déjà dans la table de commutation mais ne se situe pas sur le même segment de réseau (l'adresse de destination est donc de l'autre côté du pont), la trame est transférée (« pontée ») vers l'autre segment et traverse le pont.

– Enfin, si l'adresse de destination ne figure pas dans la table, le pont va (« exceptionnellement » – dans le doute…) ponter la trame vers l'autre segment de réseau.

Fonctionnant au niveau de la couche liaison (niveau 2), et plus précisément au niveau de la sous-couche MAC, le pont ne fait pas la différence entre deux protocoles de niveau supérieur (IP ou IPX par exemple). Rien n'interdit alors que plusieurs protocoles soient actifs au même moment sur les segments du réseau. Le pont ne gère pas la commutation par « interprétation » des adresses mais par la simple vérification de la présence – ou non – de l'adresse MAC dans la table. On dit que le pont est **transparent** car il ne change rien au fonctionnement de la communication entre deux stations.

On rencontre différents types de ponts :

– **le pont transparent** – pont classique, utilisé pour raccorder des réseaux locaux IEEE 802. Il n'a pas besoin, pour fonctionner, de posséder lui-même une adresse MAC ou une adresse IP et est donc indétectable. Il est dit transparent car on ne « voit » pas le pont. Ainsi une commande telle que **tracert** (*trace route*) utilisée avec TCP/IP ne le fera pas apparaître ;

- **le pont filtrant** peut gérer une liste d'adresses (MAC) qu'il ne doit pas laisser passer, ce qui permet de créer des coupe-feu (*firewall*) utilisés notamment avec Internet ;
- **le pont pour anneau à jeton** utilise une technique dite « par l'émetteur » (*Source Routing*). Quand une station A veut envoyer des trames à une station B, elle diffuse d'abord une trame d'apprentissage du chemin. Quand un pont Token Ring reçoit une telle trame, il y ajoute sa propre adresse et retransmet la trame vers le port de sortie. Chaque pont traversé fera de même. La station B va recevoir ces trames complétées et retourner à A les trames reçues en utilisant les informations de cheminement accumulées à l'aller. Par la suite, A pourra choisir un chemin optimal (nombre de ponts traversés, délai...) pour expédier ses trames ;
- **le pont hybride** permet d'interconnecter un réseau Ethernet à un réseau Token Ring. On trouve ainsi des ponts dits « à translation » ou des ponts SRT (*Source Routing Transparent*) compatibles avec les ponts transparents.

Le pont (comme le commutateur) exploite généralement un protocole **STP** (*Spanning Tree Protocol*), défini par la norme 802.1d, chargé de résoudre le problème des boucles dans un réseau qui offrirait (volontairement ou non) des liaisons redondantes entre des matériels de niveau 2. En général, ces boucles risquent de perturber le bon fonctionnement du réseau parce qu'elles créent des copies de trames qui peuvent circuler « indéfiniment » (phénomène dit « tempête » de *broadcast*). Cependant, elles permettent d'assurer une redondance des liens matériels et de garantir la disponibilité du réseau. L'algorithme *spanning tree* permet alors de découvrir les boucles sur le réseau, de créer une topologie logique « sans boucles » en autorisant (état *forward*) ou en bloquant (état *blocked*) la transmission des trames sur certains ports, déterminant ainsi un chemin « logique ». STP permet également de contrôler la disponibilité du chemin logique et de redéfinir au besoin une topologie logique de secours.

Le chemin logique est établi en fonction de la somme des coûts de liens entre les ponts (ou les switchs), ce coût étant basé sur la vitesse du port. Un chemin sans boucle impose que certains ports soient bloqués et d'autres non. STP échange donc régulièrement des informations dites BPDU (*Bridge Protocol Data Unit*) afin qu'une éventuelle modification de la topographie physique puisse être répercutée aussitôt et qu'il recrée un nouveau chemin sans boucle. Chaque pont doit ainsi être muni d'un identificateur de pont et d'un identificateur de port, dont la valeur déterminera la position du pont dans l'arborescence. L'un des ponts sera élu « racine » (*switch root*) par l'algorithme.

Avec un pont on peut :

- interconnecter des stations sur des réseaux de types différents ou identiques ;
- interconnecter deux réseaux locaux voisins ou des réseaux locaux éloignés, via une liaison longue distance (ponts distants) ;
- augmenter le nombre de stations connectées à un réseau local tout en conservant une charge de trafic supportable sur le réseau car **on segmente le domaine de collision** ;

– partitionner un réseau local en plusieurs tronçons pour des raisons de sécurité, de performance ou de maintenance ;
– assurer éventuellement une conversion de média (paire torsadée vers fibre...).

Les caractéristiques que l'on peut attendre d'un pont sont donc un temps de transmission réduit et une facilité à le configurer, si possible par apprentissage automatique de la configuration du réseau. Le pont peut être multiports et interconnecter plusieurs segments ou plusieurs réseaux. Il est alors dit « *bridging* hub ». Les commutateurs Ethernet (*switching* HUB), ATM, FDDI... sont aussi considérés comme faisant partie des ponts. Le reproche que l'on peut faire au pont est que s'il réduit bien le nombre de collisions en segmentant le domaine de collision en « sous-domaines », il ne supprime pas totalement ce phénomène de collision. Il fallait donc « éradiquer » les collisions, c'est ce que font les commutateurs.

26.3.4 Le commutateur

En évitant de saturer les segments avec des paquets mal adressés et des collisions, on améliore très sensiblement les performances. Le principe de la commutation consiste, rappelons-le, à mettre en relation point à point deux machines distantes. Le **commutateur** (**switch** ou *switched hub*) est ainsi un dispositif qui établit une relation privilégiée entre deux nœuds du réseau, filtre les trames erronées, supprime le phénomène de collision – du moins en « tout commuté » (*full switched*) – et évite de diffuser des trames vers des nœuds qui ne sont pas concernés (*cf.* Les ponts). Le commutateur est donc en fait un pont « multiports ».

La commutation peut être mise en œuvre de deux façons :

– **Avec une commutation par port**, on établit un lien « privé » ponctuel entre deux stations souhaitant communiquer, évitant ainsi la diffusion de paquets vers des stations non concernées et les collisions avec des trames issues d'autres stations. Le domaine de collision est alors réduit à sa plus stricte expression puisque les interlocuteurs ne sont plus que deux (le port du switch et la station connectée sur ce port).

  Ainsi, sur la figure suivante, la station A est (provisoirement) mise en relation avec la station B. Le **switch** va alors commuter les messages entre ces deux stations, évitant ainsi de les transmettre vers C et D qui elles-mêmes pourront être en relation sur une autre voie commutée. On évite ainsi les collisions entre les trames destinées à la station B et celles destinés à la station D. Bien entendu, la commutation pourra être levée entre A et B et établie entre A et C, par exemple, dès que le port sur lequel est connecté C sera libre.

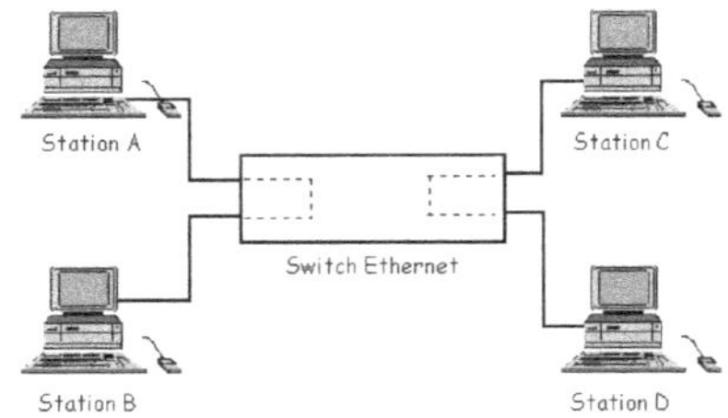

Figure 26.6 Ethernet commuté par ports

Cette technique est dite de **commutation par port** car chaque port (port physique MDI) de connexion du switch est, à un instant t, mis en relation avec un autre port, ne recevant que les trames d'une seule station. Le commutateur doit donc gérer (comme le pont) une table de commutation assurant la correspondance entre les adresses MAC des stations et le numéro du port physique auquel elles sont reliées.

Dans un réseau entièrement commuté par port (*full switched* LAN) on supprime quasi totalement le phénomène de collisions (il peut subsister quelques collisions dues à des adaptateurs mal configurés, erreurs d'auto-négociation ou à un adaptateur en *half duplex* et l'autre en *full duplex*...).

– Avec une **commutation de segments** on combine les principes de la diffusion sur les segments et la commutation entre ces segments. La commutation de segments correspond plus particulièrement à l'interconnexion de tronçons physiques (à distinguer de la notion de « sous-réseaux » TCP/IP) et non plus la simple interconnexion de stations.

Au sein d'un même segment c'est la diffusion qui est employée et la commutation n'est, dans ce cas, mise en œuvre que si l'on veut communiquer entre segments différents. Il s'agit souvent d'une étape intermédiaire au « tout commuté » (*full switched*). Bien évidemment il subsiste un domaine de collision **autour** de chaque concentrateur. Rappelons que le concentrateur ne « génère » pas de collision mais qu'il les **laisse passer**. Seul le commutateur va « arrêter » les collisions et ainsi « borner », « limiter », le **domaine de collision**.

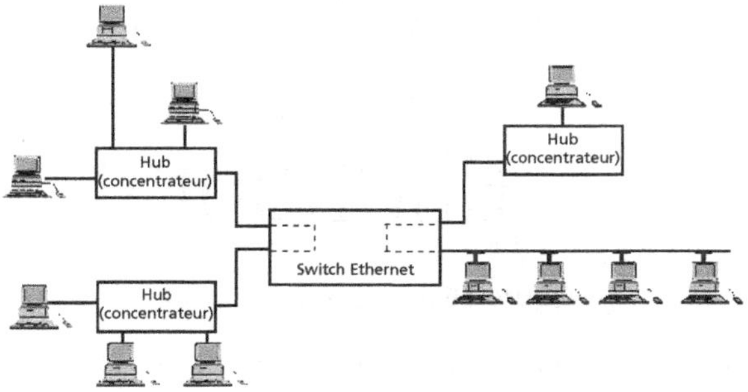

Figure 26.7 Commutation de segments

Le commutateur ou switch peut normalement travailler :

– au **niveau 2 – Liaison**. C'est à ce niveau que travaillent couramment les commutateurs. Le switch gère alors uniquement la correspondance entre l'adresse MAC de la station et le numéro physique du port de connexion. Il se comporte comme un pont multiports ;

– au **niveau 3 – Réseau**. La commutation gagne peu à peu le niveau 3 et le *switch* gère alors la correspondance entre l'adresse IP de la station et le numéro physique du port de connexion, se comportant en fait comme un routeur. Il doit alors accepter les protocoles de routage tels que **RIP** ou **OSPF** (*cf.* paragraphe consacré aux **routeurs**). Il sépare ainsi le réseau en **domaines** ou **zones de diffu-**

sion – zone du réseau composée de tous les ordinateurs et équipements qui peuvent communiquer en envoyant une trame à l'adresse de diffusion de la couche réseau (les routeurs isolant les zones de diffusion).

– aux **niveaux 4 à 7** – Transport à Application – pour certains commutateurs haut de gamme dits aussi *web switch*. Ainsi, le commutateur CISCO Catalyst 6500 est un commutateur multicouche avec services intelligents intégrés qui offre plusieurs centaines de ports 10/100/1 GE ou 10 GE, avec des services multigigabit de niveaux 4 à 7 et des services de sécurité comme pare-feu, détection des intrusions et équilibrage de charge. Sa capacité de commutation atteint 720 Gbit/s.

Le commutateur (*switch*) doit donc – selon le niveau auquel il travaille – gérer une table de correspondance entre les adresses MAC (*Media Access Control*), les adresses IP... des diverses machines situées sur un segment et le numéro du port physique du switch (MDI) auquel il est relié. Cette table de commutation (MAC, IP ou autre...) peut être remplie de manière statique ou dynamique lors de la réception des trames de connexion. Et, comme avec les ponts, on peut également assurer le filtrage des adresses (MAC, IP ou autre selon le niveau de switch) à ne pas laisser passer.

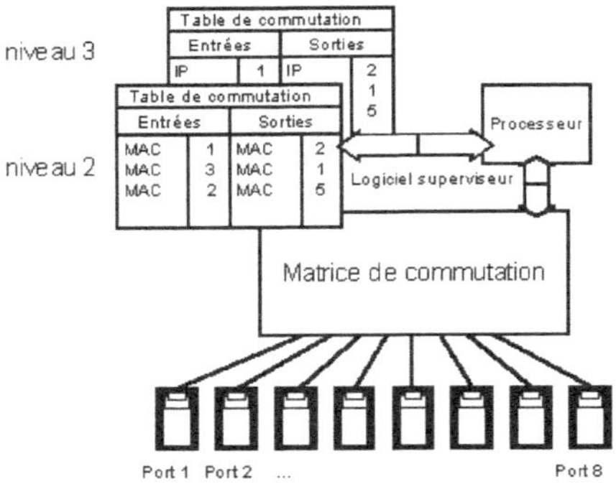

Figure 26.8 Le commutateur

Les commutateurs ***store and forward*** (stocker et transmettre) lisent intégralement les trames, en assurent le contrôle et les renvoient vers le port physique. Ils sont donc un peu moins performants en termes de temps de traversée qu'un répéteur ou qu'un commutateur *cut-through*, par exemple. Par contre on limite le nombre des trames erronées ou incomplètes circulant sur le réseau puisque ce type de commutateur ne propage pas les trames erronées.

Les commutateurs ***cut-through*** (couper au travers, prendre un raccourci) ou « ***on the fly*** » (à la volée) n'effectuent pas de contrôle sur la trame mais se bornent à la réexpédier vers le port physique MDI de connexion correspondant à l'adresse MAC de la station. Les trames sont ainsi transmises dès analyse de l'adresse de destination. Ils sont donc plus performants en termes de temps de traversée mais des fragments de trames parasites peuvent être indûment pris en charge ce qui peut diminuer la performance globale du réseau.

Certains commutateurs sont dérivés des *Cut Through*. Ainsi, avec les ***Cut Through Runt Free***, si une collision se produit sur le réseau, une trame incomplète – moins de 64 o – apparaît (*Runt*). Le commutateur détecte la longueur de chaque trame. Si elle est supérieure à 64 o elle est expédiée vers le port de sortie. Dans le cas contraire elle est ignorée. Les ***Early Cut Through*** transmettent les seules trames dont l'adresse est identifiée et présente dans la table de commutation, ce qui nécessite de maintenir cette table à jour. Ils ne traitent donc pas les trames dont l'adresse de destination est inconnue ce qui sécurise le réseau. Enfin les ***Adaptative Cut Through*** gardent trace des trames erronées. Si un segment présente trop d'erreurs le commutateur peut changer automatiquement de mode et passe en mode *Store and Forward* ce qui permet d'isoler les erreurs sur certains ports. Quand le taux d'erreur redevient correct il rebascule automatiquement en mode *Cut Through*.

Signalons que les commutateurs optiques (switchs optiques) sont dorénavant opérationnels. La plupart n'assurent encore, préalablement à la commutation proprement dite, qu'une conversion optoélectronique, la commutation électronique n'intervenant qu'ensuite, suivie d'une reconversion électronique-optique. Toutefois certains commutateurs « tout optique » sont en train de faire leur apparition.

Certains commutateurs offrent également une fonctionnalité de *port-trunking* (**groupage de ports**, **agrégation de liens**…) qui permet de grouper plusieurs ports entre deux commutateurs pour obtenir un débit plus élevé et/ou une sécurisation en cas de « rupture » de l'un des liens de l'agrégat. Ils peuvent accepter ainsi des groupages allant jusqu'à quatre ports, ce qui permet de doubler ou quadrupler le débit entre les commutateurs.

Le commutateur est un composant d'interconnexion fondamental dont le rôle s'intensifie avec la prise en charge de niveaux de commutation de plus en plus élevés (la commutation de niveau 3 commençant notamment à s'imposer au sein des entreprises) ainsi qu'avec le développement des VLAN.

26.3.5 Le routeur

Le **routeur** (*Router*) travaille au **niveau 3** (**réseau**) du modèle OSI – et relie des stations situées sur des réseaux ou des sous-réseaux (au sens IP) différents, éventuellement quel que soit le protocole employé (routeur multiprotocoles) et bien entendu quelle que puisse être la méthode d'accès employée puisque le niveau 2 ne les concerne pas. Il sépare le réseau en **domaines** ou **zones de diffusion** – zone du réseau composée de tous les ordinateurs et équipements qui peuvent communiquer en envoyant une trame de diffusion Ethernet à l'adresse de diffusion de la couche réseau (niveau 2). La diffusion Ethernet (*broadcast* MAC) franchit donc les commutateurs mais pas les routeurs.

Le routeur assure l'acheminement des paquets, le contrôle et le filtrage du trafic entre ces réseaux. Le **routage** est la fonction qui consiste à trouver le chemin optimal entre émetteur et destinataire.

Les routeurs ne sont pas transparents aux protocoles mais doivent, au contraire, être en mesure d'assurer la reconnaissance des trames en fonction du protocole à utiliser. Bien entendu le protocole doit être routable pour pouvoir traverser le routeur. Ainsi avec NetBEUI qui n'est pas un protocole routable, les trames ne pourront normalement pas traverser le routeur. À l'inverse, avec un protocole routable tel que IP ou IPX, les trames pourront traverser le routeur (routeur IP, IPX, voire multi-protocoles).

Le routeur doit donc être capable d'optimiser et de modifier la longueur du message selon qu'il passe d'un protocole à un autre ou d'un réseau à un autre. De même il est généralement capable de modifier la vitesse de transmission – par exemple lors du passage d'un LAN à un réseau WAN – il doit donc disposer d'une mémoire tampon.

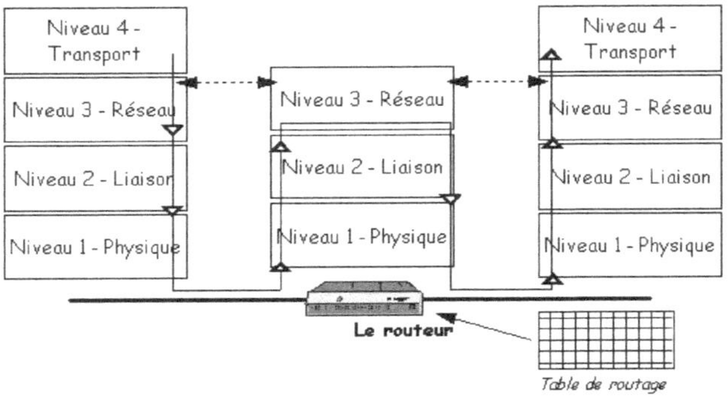

Figure 26.9 Rôle du routeur

Si le protocole n'est pas routable, certains routeurs sont capables de se « replier » vers un niveau inférieur et de se comporter alors comme un simple pont, ce sont les **ponts-routeurs** ou **B-routeurs** (*Bridge,* routeurs). On dit que les trames sont « pontées » à travers le pont-routeur.

Les protocoles **routables** sont : IP, IPX, OSI, XNS, DDP Apple Talk, VINES… par contre NetBEUI et LAT (*Local Area Transport*) de DEC sont des protocoles non routables.

a) Table de routage

La **table de routage** est l'outil fondamental de prise de décision du routeur. La constitution de la table peut se faire de manière statique ou dynamique. À partir d'un algorithme propre au protocole de routage, le routeur devra calculer le trajet optimal entre deux stations. Des modifications de topologie ou de charge dans le réseau pouvant amener les routeurs à reconfigurer leurs tables. Cette reconfiguration peut être faite de manière dynamique par les routeurs eux-mêmes ou de manière statique par l'administrateur réseau, par exemple à l'aide de la commande **route add**. L'élément de prise de décision quant au trajet optimal dépend d'un certain nombre de facteurs (nombre de routeurs à traverser ou « sauts (*hops*), qualité de la liaison, bande passante disponible…).

La table de routage contient en général les informations suivantes :

– l'ensemble des adresses connues sur le réseau,
– les différents chemins connus et disponibles entre les routeurs,
– le « coût » – ou **métrique** – lié à l'envoi des données sur ces différents chemins.

Adresse réseau	Masque réseau	Adresse passerelle	Interface	Métriq
0.0.0.0	0.0.0.0	164.138.7.254	164.138.6.234	1
10.10.0.0	255.255.0.0	10.10.3.102	10.10.3.102	1
10.10.3.102	255.255.255.255	127.0.0.1	127.0.0.1	1
10.100.0.0	255.255.0.0	10.100.3.105	10.100.3.105	1
10.100.3.105	255.255.255.255	127.0.0.1	127.0.0.1	1
10.255.255.255	255.255.255.255	10.10.3.102	10.10.3.102	1
127.0.0.0	255.0.0.0	127.0.0.1	127.0.0.1	1
164.138.6.0	255.255.254.0	164.138.6.234	164.138.6.234	1
164.138.6.234	255.255.255.255	127.0.0.1	127.0.0.1	1
164.138.255.255	255.255.255.255	164.138.6.234	164.138.6.234	1
224.0.0.0	224.0.0.0	164.138.6.234	164.138.6.234	1
224.0.0.0	224.0.0.0	10.100.3.105	10.100.3.105	1
224.0.0.0	224.0.0.0	10.10.3.102	10.10.3.102	1
255.255.255.255	255.255.255.255	10.10.3.102	10.10.3.102	1

Figure 26.10 Une table de routage

La table de routage, qu'on peut visualiser à l'aide d'une commande de type **route print**, se « lit » de la manière suivante : « Pour joindre telle adresse de réseau (ou sous-réseau), en considérant un masque réseau donné, on doit expédier le paquet à telle adresse de routeur (passerelle) et pour cela, on doit sortir de l'équipement par telle interface (adaptateur, carte réseau) ; il en coûtera un métrique de **n** sauts (*hops*).

La première ligne de notre exemple est un peu particulière et indique que si l'adresse de destination n'est pas connue (0.0.0.0) dans la table de routage (et donc le masque non plus soit 0.0.0.0) on enverra le paquet à l'adresse de passerelle par défaut (ici 164.138.7.254) en utilisant telle interface (ici 164.138.6.234).

À la lecture de la figure 26.12 on conçoit facilement que si le routeur A doit expédier des trames au routeur D, il va utiliser de préférence le routeur intermédiaire B car la valeur du saut (***hop***, coût, métrique...) est la plus faible. Toutefois le nombre de sauts n'est pas le seul critère à retenir, les temps de traversée des routeurs peuvent aussi influencer grandement le choix du chemin optimal !

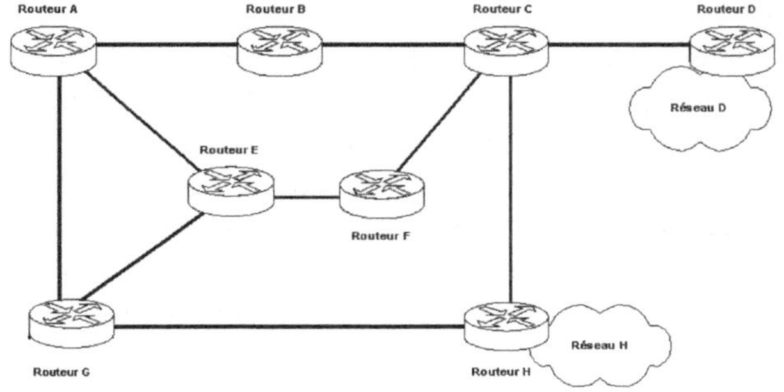

Figure 26.11 Communication entre routeurs

Routeur à atteindre	Routeur de départ	Coût en sauts
D	B	3
D	E	4
D	G	4
H	B	3
H	E	3
H	G	2
...		

Figure 26.12 Extrait de la table de routage de A

Afin de constituer et d'échanger leurs tables de routage, les routeurs mettent donc en œuvre divers protocoles de routage.

b) Protocoles de routage

Un **protocole de routage** (à ne pas confondre avec un protocole « routable » tel qu'IP ou IPX) permet aux routeurs d'échanger toute ou partie de leurs tables de routage. Internet étant étendu au niveau mondial, il a été décidé de scinder cet espace mondial en zones, pour en faciliter la gestion. Il faut donc pouvoir router les paquets à l'intérieur d'une même zone autonome de routage ou vers une zone extérieure. On distingue alors deux types de protocoles de routage :

– ceux qui routent les paquets entre routeurs, à **l'intérieur** d'une même zone de routage, on parle alors de protocoles de **type interne** ou **IGP** (*Interior Gateway Protocol*) qui considèrent chaque système connecté au routeur comme « autonome » ;
– ceux qui routent les paquets entre deux zones de routage au moyen de routeurs frontières (routeurs de bordure) et on parle alors de protocoles de **type externe** ou **EGP** (*Exterior Gateway Protocol*).

Ces protocoles IGP ou EGP peuvent également être caractérisés selon leur fonctionnement. On trouve ainsi :

– les protocoles de routage de type « distance-vecteur » (*distance-vector*) comme **RIP** (*Routing Information Protocol*), qui utilise comme mesure de « distance » le nombre de sauts (*hop count*) à faire pour arriver à destination. C'est une technique simple et ancienne qui ne tient pas compte de la capacité de transmission de la liaison (débit, qualité...). Certains protocoles plus élaborés (IGRP...) utilisent comme mesure de la « distance » de 1 à 255 indicateurs (bande passante, charge...). Ces protocoles se contentent de communiquer avec leur voisin le plus proche en échangeant toute ou partie de leurs tables de routage. Si un lien est rompu entre deux routeurs, l'information doit circuler de proche en proche avant que tous les routeurs soient informés (phénomène dit de « **convergence** » des routeurs) ;

– les protocoles de routage de type « à état de liens » ou à « état de liaison » **LSP** (*Link State Protocol*), par exemple **OSPF** (*Open Shortest Path First*). Ces protocoles n'échangent entre eux que des informations sur l'état de leurs liaisons (et non plus toute ou partie de la table de routage) et la convergence est donc plus rapidement assurée, sans surcharger le réseau.

➤ Protocoles IGP

Pour échanger des informations entre routeurs d'une même zone, les routeurs utilisent des protocoles de type **interne** – **IGP** (*Interior Gateway Protocol*).

RIP (*Routing Information Protocol*) est un protocole de routage de type IGP « incontournable », bien qu'ancien, utilisé avec IP. Il assure la constitution et la gestion des tables de routage en considérant que le meilleur chemin pour passer d'un réseau à un autre est celui présentant le moins de routeurs à traverser. Ce nombre ou **métrique** représente le nombre de **sauts** (*hop count*) à faire d'un réseau à un autre. RIP considère que si le nombre de routeurs traversé est supérieur à 15, la connexion ne pourra être établie de manière fiable.

RIP version 1 ou **RIPv1** (RFC 1058) utilise la diffusion (*broadcast*) pour échanger ses tables de routages – toutes les 30 secondes – avec les routeurs voisins. RIP version 2 ou **RIPv2** (RFC 1723) utilise le *multicast* et ne diffuse plus que les tables de routages ayant fait l'objet de modifications. De plus il autorise le *subnetting*.

IGRP (*Interior Gateway Routing Protocol*) mis au point par CISCO est également un protocole de type IGP à vecteur de distance qui emploie un indicateur de « distance » plus élaboré et limite la diffusion. **EIGRP** (*Enhanced* IGRP) est une variante améliorée qui ne transmet que les variations de la table de routage, limitant ainsi l'emploi de la bande passante.

OSPF (*Open Shortest Path First*) (RFC 1583) est un protocole de routage IGP dynamique, de plus en plus utilisé. Il n'utilise pas la notion de métrique mais teste la connectivité de ses voisins avec qui il échange régulièrement des informations sur ses tables de routage (protocole dit « **à état de liaison** »). Il gère ses tables de routage au travers d'un algorithme SPF (*Short Path First*) qui recherche le chemin le plus « court » (il serait plus juste de dire le plus « performant »).

Parmi les protocoles de routage à « état de liaison » **LSP**, citons **NLSP** (*Netware LSP*) protocole de routage propriétaire de Novell, notamment utilisé dans Netware 4.x et **IS-IS** (*Intermediate System to Intermediate System*), protocole de routage normalisé ISO (ISO 10589), adapté afin de router des paquets IPv4 et IPv6.

➤ Protocoles EGP

Pour échanger des informations entre deux zones de routage, les routeurs **de bordure (frontières**, routeurs principaux...) utilisent des protocoles de type **externe** – **EGP** (*Exterior Gateway Protocol*).

EGP (*Exterior Gateway Protocol*) a ainsi été le premier [1980] protocole de routage entre zones autonomes mais il ne permet de communiquer qu'entre routeurs voisins.

BGP (*Border Gateway Protocol*) [1990], évolué en **BGP-4**, puis **BGP4+** est aussi un protocole de routage de type EGP chargé d'assurer la relation entre groupes de routeurs. Il utilise comme indicateur un numéro « arbitraire » attribué par l'administrateur du routeur.

IDRP (*Inter Domain Routing Protocol*) est aussi un protocole basé sur BGP mais qui semble délaissé.

VRRP (*Virtual Router Redundancy Protocol*) [RFC 3768 – 1999-2004] est un protocole de redondance de routage qui permet d'éliminer les risques de perte de paquets et d'optimiser l'acheminement. Il autorise la reconfiguration automatique du routage des paquets en cas de défaillance d'un routeur et fonctionne en affectant à un routeur maître d'un groupe de routeurs, une adresse IP et un identifiant VRID (*Virtual Router IDentifier*). En cas de défaillance du routeur maître, un autre routeur du groupe – dit loueur – peut devenir maître. **HSRP** (*Hot-Standby Router Protocol*) [1994] et **GLBP** (*Gateway Load Balancing Protocol*) sont des protocoles équivalents de chez CISCO.

Les routeurs sont des équipements globalement plus lents que les commutateurs car ils doivent assurer un travail plus complexe au niveau des trames (enregistrement des adresses dans la table de routage, conversion d'adressage...). Ils évitent aux paquets erronés de traverser le réseau puisqu'ils ne lisent que les paquets munis d'informations d'adressage. Les trames de diffusion ou de collision ne les concernent donc pas en principe – certaines trames de diffusion (requête DHCP en particulier) pouvant cependant être relayées sous certaines conditions (agent relais).

Le routeur est en général un matériel spécifique mais cette fonction peut également être assurée logiciellement sur une machine disposant de plusieurs interfaces et d'un système d'exploitation approprié. Cette solution souple et moins onéreuse est assez souvent utilisée sur de petits réseaux.

Les caractéristiques que l'on est en droit d'attendre d'un routeur sont les suivantes :

- conversion de type de média (paire torsadée à fibre optique par exemple) ;
- traitement efficace du routage et des tables de routage par des algorithmes de routage sophistiqués ;
- filtrage d'adresses IP, MAC... ou par port TCP...
- gestion de plusieurs protocoles simultanément (routeur multi-protocoles) pour réseaux locaux et pour réseaux longue distance (accès RNIS...) ;
- fonctionnalités de type pont-routeur (devient pont lorsqu'il ne reconnaît pas le protocole de niveau 3).

26.3.6 La passerelle

La **passerelle** (*gateway*), considérée dans le vrai sens du terme et non plus au sens générique, est un dispositif recouvrant les sept couches du modèle OSI. Elle assure les conversions nécessaires à l'interconnexion de réseaux avec des systèmes propriétaires n'utilisant pas les mêmes protocoles de communication. Par exemple, interconnexion d'un réseau local TCP/IP avec un hôte IBM SNA.

La passerelle se présente souvent sous la forme d'un ordinateur muni d'un logiciel spécifique chargé de convertir – de manière transparente – les données transitant entre réseaux. Les passerelles sont donc des dispositifs spécialisés, généralement assez lents et coûteux, car ils doivent, pour assurer la désencapsulation (ou la réencapsulation) des données – à chaque niveau de protocole. Les passerelles sont utilisées pour différents types d'applications :

- transfert de fichiers :
- messagerie électronique ;
- accès direct à des fichiers distants ;
- accès à des applications serveurs distantes…

26.3.7 Les réseaux fédérateurs

Les phénomènes d'engorgement sur les réseaux locaux sont de plus en plus importants dans la mesure où le trafic local cède de plus en plus souvent le pas à un trafic externe entre réseaux (Internet ou Extranet par exemple). Pour prévenir ces risques d'engorgement, une solution classique consiste à diviser le réseau en sous-réseaux ou segments afin d'augmenter la bande passante mise à disposition des utilisateurs. Les communications entre segments peuvent alors être assurées par des ponts, des commutateurs ou des routeurs.

Dans certains cas plus spécifiques on peut exploiter une troisième voie, basée sur l'emploi d'un réseau fédérateur dont le rôle est d'assurer la relation entre les autres réseaux. Ce réseau fédérateur, qui devra être le plus rapide possible, doit donc mettre en œuvre des technologies et des protocoles performants. On rencontre divers types de réseaux fédérateurs.

a) Réseau fédérateur Ethernet

Quand le nombre de nœuds connectés croît sur un réseau Ethernet, une technique consiste à installer un axe fédérateur ou épine dorsale (*backbone*) sur lequel on raccorde les différents segments Ethernet. Par exemple une fibre optique utilisée comme *backbone* en Ethernet 1 ou 10 Gbit/s permet de relier des segments de l'entreprise sur une distance de 1 000 à 2 000 m.

L'émergence des réseaux Ethernet 10 Gbit/s et 100 Gbit/s sur IP et MPLS, permet désormais d'assurer un Ethernet de bout en bout – **LAN to LAN** – au niveau de réseaux métropolitains dans un premier temps, à une échelle nationale et européenne avec une offre déjà existante (Paris, Londres, Frankfort, Amsterdam, Vienne, Luxembourg… par exemple), et sans nul doute mondiale à terme… Les jours des réseaux de transport FDDI, DQDB ou autres ATM sont donc désormais comptés.

b) Réseau fédérateur FDDI

FDDI (*Fiber Distributed Data Interface*) [1986] étudié au départ pour la transmission de données a évolué en FDDI II prenant en charge la transmission vidéo et audio. FDDI permet d'interconnecter à grande vitesse (100 Mbit/s) jusqu'à 1 000 stations sur de la fibre optique, avec une distance maximale de 200 km. On couvre ainsi les réseaux **MAN** (*Metropolitan Area Network*).

Normalisée ANSI et ISO (IS9314), FDDI utilise une topologie à double anneaux et une méthode d'accès à jeton. Les données circulent dans un sens sur un anneau et en sens inverse sur l'autre, chaque nœud du réseau pouvant être relié à l'un des anneaux ou aux deux par l'intermédiaire d'une carte FDDI-SAS (*Simple Attachment System*) ou FDDI-DAS (*Dual Attachment System*). En général, on considère toutefois que, sur un tel réseau, seules 500 stations peuvent être connectées sur un double anneau n'excédant pas 100 km – du fait de la redondance des anneaux.

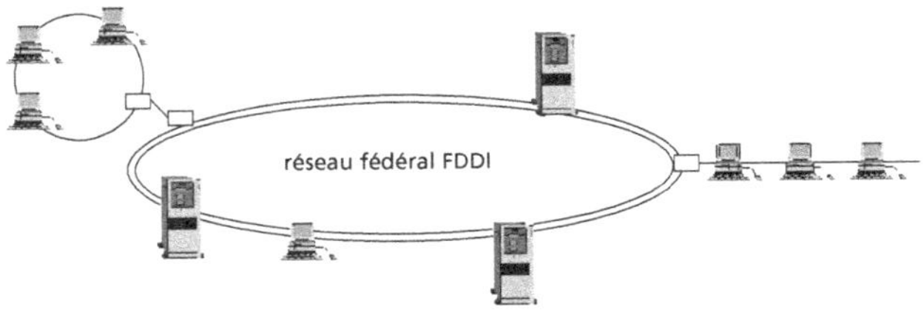

Figure 26.13 Anneau FDDI

L'anneau primaire permet de faire circuler l'information, l'anneau secondaire redondant étant destiné à prendre le relais en cas de défaillance.

FDDI préconise l'usage de la fibre multimode de type 62.5/125 ou 85/125 et un codage 4B5B suivi d'un encodage NRZI. Cette combinaison permet à FDDI d'utiliser une fréquence d'horloge de 125 MHz (contre 200 MHz en Ethernet) pour assurer un même débit de 100 Mbit/s.

La méthode d'accès par jeton est dite TTR (*Time Token Rotation*) qui diffère légèrement du jeton traditionnel dans la mesure où une station peut émettre plusieurs trames successives dans un laps de temps déterminé, contrairement au Token Ring classique où une seule trame circule sur l'anneau. FDDI fonctionne en fait selon deux modes possibles :

– le **mode synchrone** qui est un mode prioritaire assurant une réservation de bande passante et un temps d'accès garantis, fondamental pour des applications demandant un flux minimum comme le multimédia ;
– le **mode asynchrone** qui ne bénéficie pas d'une réservation de bande passante et doit s'adapter aux disponibilités que lui laisse le mode synchrone. L'intervalle THT (*Token Holding Time*) est le laps de temps pendant lequel la station peut émettre des trames asynchrones sur le réseau avant de devoir laisser passer les trames synchrones prioritaires.

Grâce à ces différentes techniques FDDI peut s'autoréguler et assurer un flux de données régulier ce qui en faisait un réseau rapide et fiable même si son débit théorique n'est que de 100 Mbit/s. Il était essentiellement utilisé comme *backbone* fédérateur en entreprise ou comme réseau de transport de données multimédia. Mais une implémentation délicate et onéreuse lui a fait céder la place à ATM, plus performant de surcroît.

c) Réseau DQDB

Le réseau **DQDB** (*Distributed Queue Dual Bus*) [1990] est également un réseau métropolitain (150 km) à topologie double bus unidirectionnel en anneau, normalisé IEEE 802.6 et ISO 8802.6. Développé parallèlement à ATM il utilise comme lui des cellules de 53 octets dont 48 de charge utile (*payload*). Il assure des débits de 45 à 155 Mbit/s (622 Mbit/s envisagés), chaque bus transportant des données à la même vitesse dans les deux sens. Chaque nœud dispose d'une connexion aux deux bus.

d) Réseau fédérateur ATM

ATM (*Asynchronous Transfert Mode*) [1988] utilise la commutation de cellules déjà étudiée précédemment. Rappelons que la cellule est un paquet de taille fixe et réduite (53 o) permettant d'obtenir des vitesses de commutation élevées en réduisant le temps de traitement au sein du commutateur. Ces cellules de petite taille permettent d'assurer un flux isochrone sur un réseau asynchrone, ce qui permet de transmettre des images ou du son sans « hachage ». Il est possible de multiplexer, au sein d'une même trame, des cellules transportant du son, de l'image ou des données.

ATM utilise des cellules de contrôle de flux pour régulariser les débits. Ainsi CTD (*Cell Transfer Delay*), CDV (*Cell Delay Variation*), CLR (*Cell Loss Ratio*) et CLP (*Cell Loss Priority*) sont des paramètres permettant de réguler le flux de cellules. ATM dispose de fonctions d'administration propriétaires : contrôle de flux, priorités à certaines stations, allocation de bande passante...

En théorie le débit de 1,2 Gbit/s peut être atteint par un réseau ATM, mais en pratique on constate une limitation à 622 Mbit/s. En fait, la majorité des commutateurs ATM ne débite pas beaucoup plus de 155 Mbit/s par port, ce qui n'est déjà pas si mal étant donné qu'ils utilisent la commutation et non la diffusion... et qu'en conséquence le débit pratique est ici très proche du débit théorique. ATM est une technologie employée pour mettre en œuvre des réseaux fédérateurs et de transport mais ces produits restent chers ce qui en limite l'usage. L'émergence des réseaux 10 GE et 100 GE sur fibre optique de bout en bout – **LAN to LAN** va certainement en entraîner le déclin.

e) Réseau fédérateur Internet

Du fait de son internationalisation, Internet est certainement LE réseau fédérateur universel par excellence. Cependant, il présente un certain nombre de limitations. La sécurité est sans doute la première limite à l'emploi d'Internet comme réseau fédérateur. Malgré l'usage maintenant courant de l'encryptage ou de « tunnels » privés au sein des **VPN** (Virtual Private Network), il offre de nombreux points d'intrusion potentiels. D'autre part, les débits sont limités à ceux des composants traversés. Par contre, Internet autorise une couverture quasi universelle.

26.4 LES VLAN

Les **VLAN** (*Virtual Local Area Network*) – définis par les standards IEEE 802.1.q pour la notion de VLAN et 802.1.p pour la qualité de service (QoS) – permettent de regrouper des machines, sans avoir à tenir compte de leur emplacement sur le réseau. Les messages émis par une station d'un VLAN ne sont reçus que par les autres stations de ce même VLAN et les machines physiquement connectées au réseau, mais n'appartenant pas au VLAN, ne reçoivent pas les messages. La division du réseau local est alors une division logique et non physique et les stations d'un même **domaine de diffusion** ne sont pas obligées d'être sur le même segment LAN.

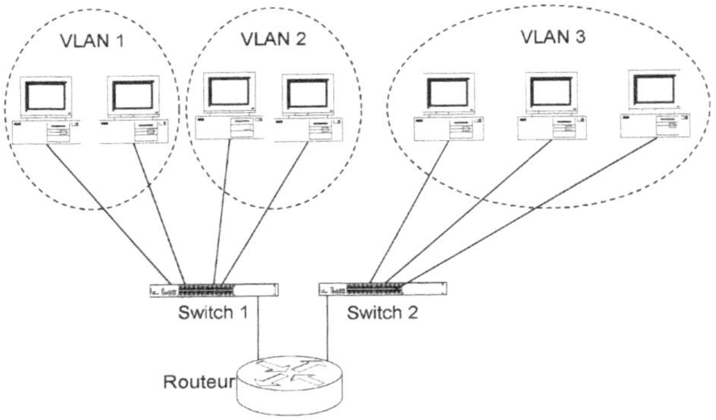

Figure 26.14 Réseaux VLAN

Les VLAN ont pu voir le jour avec l'expansion des commutateurs. Pour créer des domaines de diffusion, on devait auparavant créer autant de réseaux physiques, reliés entre eux par des routeurs. Les VLAN introduisent dorénavant une segmentation « virtuelle », qui permet de constituer des sous-réseaux logiques en fonction de critères prédéfinis tels que les numéros de ports des commutateurs, les adresses MAC ou les adresses IP des postes à regrouper.

Il existe ainsi plusieurs niveaux de VLAN :

1. Les VLAN de **niveau 1** ou VLAN **par ports** (*Port Based* VLAN) sont obtenus en affectant tel port du commutateur à tel numéro de VLAN. C'est une solution simple à mettre en œuvre et le VLAN peut être réparti sur plusieurs commutateurs, grâce aux échanges d'informations entre commutateurs et au marquage des trames. Toutefois la configuration des switchs est statique et doit être faite « à la main » commutateur par commutateur. Tout déplacement d'un poste nécessite alors une reconfiguration des ports. Ce sont les VLAN les plus répandus.
2. Les VLAN de **niveau 2**, VLAN **d'adresses MAC** (MAC *Address Based* VLAN) ou VLAN d'adresses IEEE (IEEE *Address-Based* VLAN) associent des stations au moyen de leur adresse MAC (adresse IEEE) en regroupant ces adresses dans des tables d'adresses. Comme l'adresse MAC d'une station ne change pas, on peut la déplacer physiquement sans avoir à reconfigurer le VLAN. Les VLAN de niveau 2 sont donc bien adaptés à l'utilisation de stations portables, mais relative-

ment peu répandus en entreprise.

Là encore, la configuration peut s'avérer fastidieuse puisqu'elle impose de créer et maintenir la table des adresses MAC des stations participant au VLAN de manière statique (switch par switch). Cette table doit de plus être partagée par tous les commutateurs, ce qui peut créer un trafic supplémentaire (*overhead*) sur le réseau.

3. Les VLAN de **niveau 3** ou VLAN **d'adresses réseaux** (*Network Address Based* VLAN) associent des sous-réseaux IP par masque ou par adresses. Les utilisateurs sont affectés dynamiquement à un ou plusieurs VLAN. Cette solution est l'une des plus intéressantes, malgré la légère dégradation des performances consécutive à l'analyse des informations au niveau réseau.
   Le commutateur associe l'adresse IP de station à un VLAN basé sur le masque de sous-réseau. De plus, le commutateur détermine les autres ports de réseau qui ont des stations appartenant au même VLAN.
4. Les VLAN de **niveau 3** ou VLAN **de protocoles** (*Protocol Based* VLAN) associent des machines en fonction du protocole employé (IP, IPX, NETBIOS...). Par exemple un VLAN de machines exploitant IP et un VLAN de machines exploitant IPX.
5. Les VLAN **par règles** exploitent la capacité des commutateurs à analyser la trame. Les possibilités sont donc multiples. C'est ainsi que les domaines de broadcast peuvent être basés sur des sous-réseaux IP, sur un numéro de réseau IPX, par type de protocole (IP, IPX, DECNet, VINES...), sur le numéro d'adresse multicast de niveau 2, sur une liste d'adresses MAC, sur une liste de ports commutés ou sur n'importe quelle combinaison de ces critères.
   On rencontre alors trois types possibles de règles :
   - règles d'entrée (*Ingress rules*) qui permettent de classer une trame entrante dans un VLAN et éventuellement de la filtrer,
   - règles d'expédition (*Forwarding rules*) qui indiquent à qui transmettre une trame et éventuellement de la filtrer,
   - règles de sortie (*Egress rules*) qui indiquent sur quel port réexpédier la trame.

26.4.1 VLAN symétriques ou asymétriques

Dans la plupart des cas, un couple de postes (A et B) communicants dans un environnement de type VLAN reçoivent et émettent des trames en utilisant le même VLAN ; on parle alors de **VLAN symétrique**.

Toutefois, certaines circonstances peuvent rendre préférable l'usage de VLAN distincts, l'un utilisé par A pour émettre vers B et l'autre utilisé par B pour émettre vers A. On parle alors de **VLAN asymétriques**. Ce genre de configuration peut ainsi permettre à deux postes A et B d'accéder à un serveur commun, mais interdire à A et B de communiquer entre eux.

26.4.2 Le marquage ou taggage de VLAN

Pour étendre une configuration de VLAN sur plusieurs commutateurs il est nécessaire de mettre en œuvre un protocole comme **VTP** (*VLAN Trunking Protocol*). On va alors définir un lien « trunk » (**taggé**) qui repose sur une connexion physique unique et « partagée », sur laquelle va passer le trafic des différents VLAN. Les trames qui traversent le *trunk* devront alors être complétées (étiquetées, marquées, *tagged…*) pour que les différents commutateurs sachent à quel VLAN appartient telle ou telle trame. C'est le rôle du **marquage** ou étiquetage de trames qui attribue à chaque trame un code d'identification VLAN unique. Le marquage peut être :

- implicite (VLAN non taggé – *untagged* VLAN), dans le cas où l'appartenance à tel ou tel VLAN peut être déduite de l'origine de la trame (VLAN par port) ou des informations normalement contenues dans la trame (adresse MAC, adresse IP ou protocole) ;
- explicite (VLAN taggé – *tagged* VLAN), dans le cas où un numéro de VLAN est inséré dans la trame.

À l'intérieur du VLAN, on utilise la commutation avec le support des switchs, mais pour interconnecter des VLAN, on doit utiliser des routeurs ou des commutateurs supportant les fonctions de routage (commutateurs de niveau 3).

Tout dépend là encore du niveau de VLAN :

- dans le cas d'un VLAN par port, la trame ne conserve normalement pas, d'information sur son appartenance à tel VLAN. Il est donc nécessaire de mettre en œuvre un marquage explicite des trames si on veut les faire circuler entre plusieurs commutateurs ;
- dans le cas d'un VLAN par adresse MAC, on peut envisager de distribuer sur tous les commutateurs concernés la table de correspondance entre adresses MAC et numéros de VLAN. C'est une solution lourde à laquelle on peut préférer un marquage explicite ;
- dans le cas d'un VLAN de niveau 3 le marquage est implicite et il n'est donc pas nécessaire de marquer les trames qui transitent entre commutateurs. Toutefois, l'analyse des trames dégradant les performances, il peut être, là encore, préférable de les marquer explicitement.

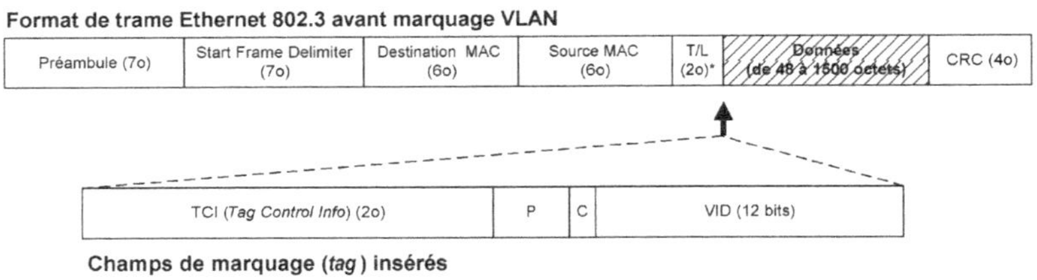

Figure 26.15 Trame Ethernet en VLAN

– Le champ TCI (*Tag Control Info*) – dit aussi TPID (*Tag Protocol IDentifier*), VPID (*Vlan Protocol ID*)... – indique sur 16 bits (valeur constante 81 00h) si la trame utilise les tags 802.1p et 802.1q.
– Le champ **P** (*Priority* ou *User Priority*) indique sur 3 bits un niveau de priorité de la trame, noté de 0 à 7. Ces trois bits permettent de gérer la qualité de service : 000 indiquant une trame remise au mieux (*best effort*), 001 indiquant une classe supérieure, etc.
– Le champ **C** ou CFI (*Canonical Format Indicator*) indique le format de l'adresse MAC (toujours positionné à 0 sur Ethernet).
– Le champ **VID** (*Vlan IDentifier*) indique sur 12 bits le numéro du VLAN concerné par la trame (numéro de 2 à 4094, car les VIDs 0, 1, et 4095 sont réservés).

Le marquage de trames peut être réalisé au travers de protocoles respectant la norme 802.1q ou propriétaires tel **ISL** (*Inter Switch Link*) développé par Cisco et permettant d'interconnecter les commutateurs entre eux. (*tag switching*).

Pour les communications inter-VLAN, on a défini le protocole **NHRP** (*Next Hop Routing Protocol*). Il s'agit d'un mécanisme de résolution d'adresses entre stations n'appartenant pas au même VLAN. Pour se faire, la station source ou le commutateur de rattachement émet une requête NHRP vers le routeur ou serveur **NHS** (*Next Hop Server*) qui transmet la requête à la station destination après avoir effectué les contrôles d'usage. Les stations peuvent ensuite échanger directement les informations sans passer par un tiers.

26.4.3 Avantages des VLAN

Les VLAN présentent de nombreux avantages :

– ils augmentent la sécurité en isolant des groupes de machines, qu'il est toujours possible de relier au travers de routeurs ;
– basés sur la commutation ils augmentent les performances en limitant les domaines de diffusion ;
– selon le type de VLAN, un poste déplacé retrouve les mêmes ressources avec ou sans reconfiguration du VLAN ;
– ils permettent une organisation virtuelle et une gestion simplifiée des ressources en autorisant des modifications logiques ou géographiques gérées via la console de maintenance des commutateurs manageables, plutôt que par le déplacement toujours délicat de connectiques dans l'armoire de brassage.

Plusieurs protocoles de gestion des VLAN sont proposés par les constructeurs tels **VTP** (*Vlan Trunk Protocol*) de CISCO, GARP (*Generic Attribute Registration Protocol*), ou **GVRP** (*Generic* – ou GARP – *Vlan Registration Protocol*) qui permet à une station de déclarer son appartenance à un VLAN et maintient sur les switchs une base de données des ports membres du VLAN.

26.5 RÉSEAUX PRIVÉS VIRTUELS – VPN

Un **RPV** (Réseau Privé Virtuel) ou **VPN** (*Virtual Private Network*) permet d'assurer des communications sécurisées entre différents sites d'une entreprise, au travers d'un réseau partagé ou public (réseau de transport, Internet...), selon un mode émulant une liaison privée point à point.

Dans un VPN la communication entre deux points du réseau doit être **privée** et des tiers ne doivent pas y avoir accès. Pour émuler cette liaison privée point à point, les données sont encapsulées avec un en-tête contenant les informations de routage ce qui leur permet de traverser le réseau partagé ou public pour atteindre la destination. Cette communication privée étant établie au travers d'une infrastructure de réseau (privé ou publique) partagée par plusieurs dispositifs (voire plusieurs organisations si on utilise Internet), implique un « partitionnement » **virtuel** – de la bande passante et des infrastructures partagées. On va donc « isoler » le trafic entre deux points du réseau en créant un chemin d'accès logique (**tunnel** ou canal virtuel) privé et sécurisé, dans lequel les données sont encapsulées et chiffrées au sein d'une trame « conteneur ». Pour émuler cette liaison privée, les données sont cryptées en vue d'assurer leur confidentialité. Les paquets qui pourraient être interceptés sur le réseau partagé ou public sont donc indéchiffrables sans les clés de cryptage. Outre la confidentialité des informations, on garantit également l'identité des utilisateurs en utilisant notamment des certificats d'authentification standardisés.

En général un réseau privé virtuel de base est composé d'un serveur VPN, d'un client VPN, d'une connexion de réseau privé virtuel VPN (la partie de la connexion où les données sont cryptées) et d'un tunnel (la partie de la connexion où les données sont encapsulées).

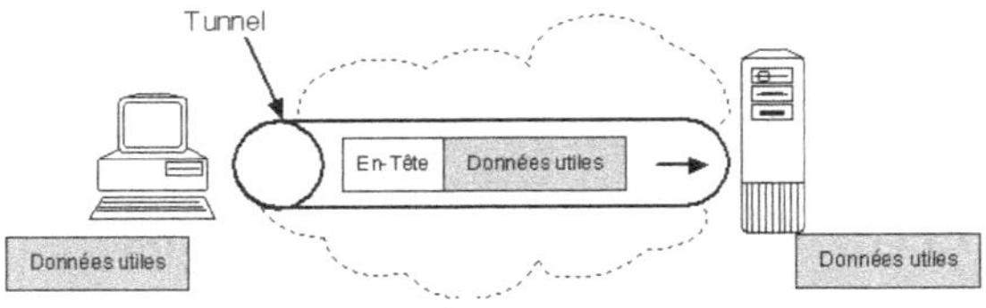

Figure 26.16 Génération de l'en-tête – tunneling

L'encapsulation affecte un en-tête aux données émises pour pouvoir traverser le réseau de transport. Cette méthode permet le portage d'un protocole à l'intérieur d'un autre protocole. L'en-tête supplémentaire gère des informations de routage de sorte que les données encapsulées (charge utile ou *payload*) puissent traverser le réseau intermédiaire. Une fois que les trames encapsulées atteignent le serveur VPN correspondant, elles sont désencapsulées et expédiées à leur destination finale (une machine du réseau ou le serveur lui-même). Le *tunneling* inclut le processus entier : encapsulation, transmission, et désencapsulation des paquets. Bien entendu, client et serveur doivent implémenter le même protocole et mettre en œuvre les mêmes options de sécurité.

26.5.1 Protocoles VPN

Les premiers protocoles utilisés par les VPN ont été des protocoles propriétaires tels que **L2F** (*Layer 2 Forwarding*) de Cisco, **PPTP** (*Point to Point Tunneling Protocol*) de Microsoft et **L2TP** (*Layer 2 Tunneling Protocol*), fusion des 2 précédents. Aujourd'hui le protocole standard est **IPSec** (*IP Security*) validé par l'IETF (*Internet Engineering Task Force*). Ces protocoles peuvent être de niveau 2 (couche liaison) tels que PPTP ou L2TP, qui permettront de gérer différents protocoles, ou de niveau 3 (couche réseau) tel IPSec, qui prendra en charge les réseaux IP uniquement.

a) *PPTP* – Point-to-Point Tunneling Protocol

Basé sur le protocole **PPP** (*Point-to-Point Protocol*) permettant l'accès à distance, **PPTP** était le protocole VPN le plus utilisé jusqu'à présent, du fait essentiellement de son intégration en standard à Windows.

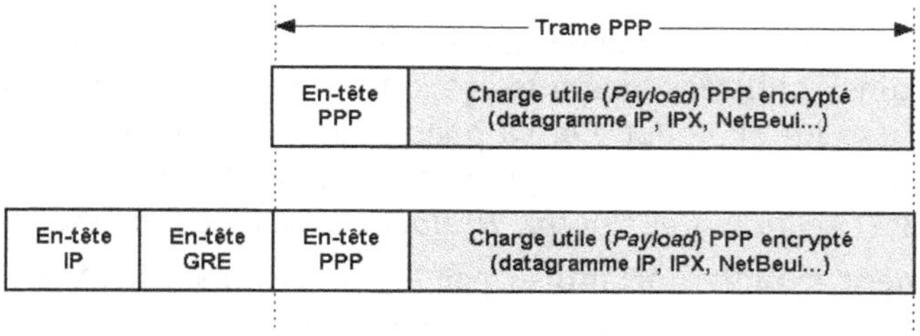

Figure 26.17 Trame PPTP

Les trames PPP sont encapsulées dans une trame PPTP : elles sont alors munies d'un en-tête GRE (*Internet Generic Routing Encapsulation*) et IP. Cet en-tête est composé des adresses IP du client et du serveur VPN. Il faut remarquer que le paquet PPP encapsulé peut lui même encapsuler plusieurs types de protocoles comme TCP/IP, IPX… (on arrive ainsi à router des paquets NetBEUI, à l'origine non routable, grâce à l'encapsulation) et que c'est le serveur PPTP qui sélectionnera, dans le paquet reçu, le protocole pris en charge par son réseau privé. La gestion multiprotocole est donc importante car elle permet d'envoyer des informations sans se soucier du protocole géré par le réseau de destination.

Pour concevoir la manière dont est créé et « maintenu » un tunnel, il faut comprendre qu'il existe des données autres que celles que l'on envoie « consciemment » sur un réseau VPN : ce sont les connexions de contrôle. Pour PPTP, il s'agit essentiellement d'une connexion TCP utilisant le port 1723 qui sert à établir et à maintenir le tunnel grâce à des ordres comme *Call Request* et *Echo Request*. Le port 1723 des machines traversées doit donc impérativement être ouvert ce qui impose que les pare-feu (*firewalls*) dont disposent les participants soient configurés pour laisser passer le trafic sur ce port spécifique, sous peine de ne jamais réussir à créer un tunnel VPN.

➤ Authentification

Dans un VPN il faut veiller à ce que seuls les utilisateurs authentifiés soient autorisés à se loguer au serveur PPTP distant, autrement dit à ce que quiconque appartenant à d'autres réseaux ne puisse avoir accès aux informations. Pour ce faire, un mécanisme d'authentification va être mis en œuvre au niveau du serveur. L'authentification sous PPTP est la même que celle utilisée par PPP, à savoir :

- **PAP** (*Password Authentication Protocol*) est un protocole d'authentification avec réponse en clair – et donc non sécurisé – des logins et mots de passe exigés par le serveur distant.
- **CHAP** (*Challenge Handshake Authentication Protocol*) ou **MS-CHAP** (*Microsoft Challenge Handshake Authentication Protocol*) est un mécanisme d'authentification crypté, qui évite la transmission du mot de passe en clair et qui est donc sécurisé.

➤ Chiffrement de données

Pour protéger le transfert des données, on exploite un algorithme cryptographique. Les données ainsi chiffrées garantissent qu'un intrus qui en intercepterait un morceau ne puisse les exploiter. On va pour cela devoir utiliser une clé de chiffrement. Là encore PPTP va utiliser un protocole issu de PPP pour négocier le type de cryptage : **CCP** (*Compression Control Protocol*). Il existe 2 méthodes :

- Le **chiffrement symétrique** utilisé par les algorithmes RSA RC4/DES/IDEA. Dans le chiffrement symétrique, la même clé de session est utilisée par les 2 entités communicantes. Elle est changée de manière aléatoire au bout d'un certain temps (durée de vie de la clé).
- Le **chiffrement asymétrique** ou par clé publique (PKI, signatures numériques). Dans le chiffrement asymétrique, on utilise un protocole qui permet à chaque entité de déterminer une moitié de la clé et d'envoyer à l'autre entité les paramètres permettant de calculer la moitié manquante. On peut également se baser sur une paire de clés, une « privée » et une « publique ». Une vigilance particulière est nécessaire en ce qui concerne l'utilisation de clés de chiffrement car la loi française ne tolère les clés que jusqu'à 128 bits et impose une demande d'autorisation au-delà.

b) L2TP – Layer 2 Tunneling Protocol

Contrairement à PPTP qui interconnecte des réseaux IP uniquement, L2TP permet, lui, d'interconnecter des réseaux dès que le tunnel offre une connexion point-à-point orientée paquet (Frame Relay, X25, ATM). En ce qui concerne la gestion des données, la grande différence avec PPTP, c'est la façon dont L2TP gère l'authentification et le cryptage. Là où PPTP utilisait les mécanismes de PPP, L2TP s'appuie sur un module « externe » (dans le sens où il peut être utilisé seul) : IPSec.

On exploite donc un procédé à deux « étages » :

1. Encapsulation par L2TP : les trames (qui contiennent elles-mêmes des datagrammes « normaux ») sont munies d'un en-tête L2TP et UDP.

2. Encapsulation par IPSec : une fois la trame L2TP générée, on lui ajoute un en-tête (un *trailer* IPSec) ESP – module d'authentification IPSec qui permettra d'assurer l'intégrité des données et l'authentification – et enfin un en-tête IP. Comme pour PPTP, ce dernier est composé des adresses IP du client et du serveur VPN.

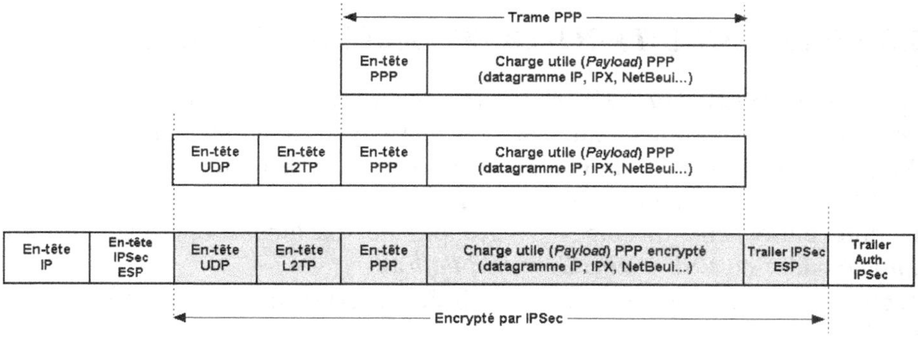

Figure 26.18 Encapsulation IPSEC et L2TP

Une autre solution consiste à n'utiliser que le protocole IPSec, mais cette fois-ci, seul.

c) IPSec – IP Security Protocol

IPSec est un protocole exploité dans les VPN car il est disponible sur de nombreuses plates-formes (NT, Linux, Novell, Macintosh...) et géré de manière native avec IPv6. Autrement dit, pas de changement de structure ni d'éventuelles incompatibilités quand le temps sera venu de passer à IPv6. Par contre, IPSec est aussi assez contraignant pour l'entreprise. Compte tenu du système de clé partagée (si on utilise ce mode d'authentification), retirer l'accès à un utilisateur en cas de départ de la société revient à faire changer la clé à l'ensemble des autres utilisateurs concernés. On peut cependant utiliser une infrastructure à clé publique mais, compte tenu de la difficulté, les entreprises déployant une PKI interne restent rares.

Pour l'étude plus détaillée d'IPSEC reportez-vous au chapitre consacré au **Protocole TCP/IP**.

d) SSL – Secure Sockets Layer

Le protocole **SSL** (*Secure Socket Layer*) est, au niveau des VPN, une alternative à IPSec de plus en plus présente, Essentiellement utilisé pour chiffrer la communication entre un navigateur et un serveur web, il fournit, le temps d'une session, une liaison sécurisée sur un réseau IP. Il autorise donc un accès à distance sécurisé, sans avoir à déployer un logiciel VPN client spécifique sur les ordinateurs portables ou les terminaux publics. L'utilisateur exploite simplement un navigateur web reposant sur n'importe quel système d'exploitation.

Avec un VPN SSL les utilisateurs nomades peuvent avoir un accès à des applications bien déterminées sur l'intranet de leur organisation depuis n'importe quel point d'accès Internet. Cependant, l'accès aux ressources internes est plus limité que celui fourni par un VPN IPSec, puisque l'on accède uniquement aux services qui ont été définis par l'administrateur du VPN ou prévu par la société éditrice de la solution VPN SSL.

26.6 MPLS – *MULTI PROTOCOL LABEL SWITCHING*

Le protocole **MPLS** (*Multi Protocol Label Switching*) a été défini par l'IETF pour devenir le protocole d'interconnexion de tous les types d'architectures.

MPLS s'appuie sur la commutation de paquets. Un routeur de bordure **LER** (*Label Edge Router*) ajoute à l'en-tête habituel, une étiquette (*label*) qui permet de construire entre deux machines ou groupes de machines du réseau, un circuit commuté balisé ou **LSP** (*Label Switched Path*).

L'étiquetage, très souple, peut contenir des informations de routage spécifiques caractérisant :

- un chemin prédéfini ;
- l'identité de l'émetteur (source) ;
- l'identité du destinataire (destination) ;
- une application ;
- une qualité de service, etc.

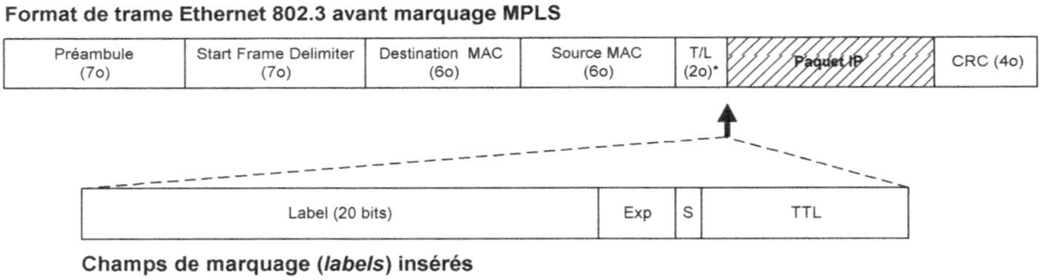

Figure 26.19 Trame MPLS

- Le champ **Label** indique sur 20 bits la valeur utilisée pour le *label switching*.
- Le champ **Exp** ou *Experimental* indique sur 3 bits des informations sur la classe de service du paquet.
- Le champ **Stack** indique sur 1 bit le dernier label d'une pile de labels (bit positionné à 1).
- Le champ **TTL** (*Time To Live*) indique sur 8 bits la valeur du TTL de l'en-tête IP lors de l'encapsulation du paquet.

Chaque routeur intermédiaire **LSR** (*Label Switching Router*) est configuré pour déterminer à partir des informations de marquage, un traitement simple consistant essentiellement à renvoyer le paquet vers le routeur suivant en empruntant le chemin spécifique prédéfini.

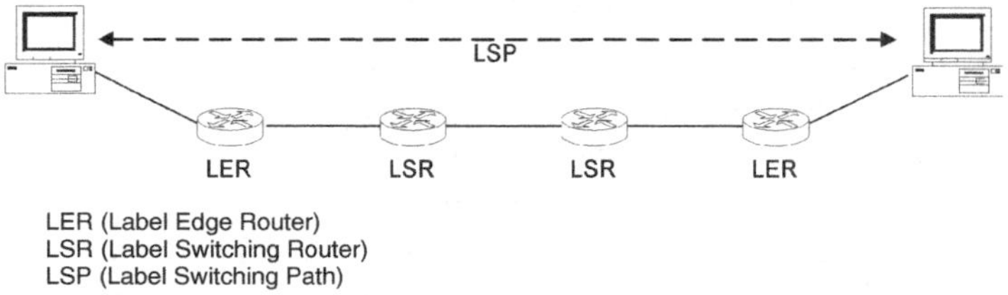

Figure 26.20 Routage avec MPLS

Chaque paquet IP est donc étiqueté afin de lui faire suivre une route définie à l'avance. La création de chemins balisés de bout en bout améliore ainsi la vitesse de commutation des équipements centraux puisque leurs tables de routages se limitent à quelques instructions simplifiées. MPLS permet enfin de doter IP d'un mode « circuit virtuel » similaire à celui employé avec X25 ou ATM. La configuration et l'attribution des LSP se font par distribution des informations aux LSR à l'aide du protocole **LDP** (*Label Distribution Protocol*) ou d'un protocole propriétaire comme **TDP** (*Tag Distribution Protocol*) de Cisco.

MPLS met en œuvre des politiques de routage spécifiques à certains types de flux (multimédia...). Ainsi IP se voit doté d'une qualité de service QoS (*Quality of Service*) qui n'était pas son fort, et qui devrait permettre d'assurer le transport de l'image en temps réel. MPLS est donc une technologie de routage intermédiaire entre la couche liaison (niveau 2) et la couche IP (niveau 3), qui associe la puissance de la commutation de l'une à la flexibilité du routage de l'autre.

26.7 ADMINISTRATION DE RÉSEAUX

L'administration de réseaux peut s'avérer un travail complexe. Pour aider l'administrateur dans sa tâche, on a donc développé un certain nombre d'outils, basés sur des protocoles spécifiques tels SNMP ou CMIP.

26.7.1 SNMP

Le protocole **SNMP** (*Simple Network Management Protocol*), conçu à l'initiative de CISCO, HP et Sun, puis normalisé par l'IETF (*Internet Engineering Task Force*) et l'OSI, permet de contrôler à distance l'état des principaux constituants du réseau.

Il est régi par des RFC (*Request For Comments*) et notamment par :

- RFC 1155 – SMI (*Structure of Managment Information*)
- RFC 1156 – MIB (*Managment Information Base*)
- RFC 1157 – SNMP (*Simple Network Management Protocol*)
- RFC 1158 – MIB 2 (*Managment Information Base 2*)
- RFC 2570 et 2574 SNMP Version 3

Ce protocole d'administration, très répandu dans les réseaux locaux, est basé sur l'échange de messages entre les périphériques administrables et une station d'administration. Il existe 3 versions du protocole : SNMP v1, SNMP v2 et SNMP v3.

- SNMP v1 qui reste la version la plus utilisée car la plus « légère ».
- SNMP v2 est une version délaissée car trop complexe. Elle assure un niveau plus élevé de sécurité (authentification, cryptage...), des messages d'erreurs plus précis, autorise l'usage d'un Manager central...
- SNMP v3 permet de disposer des avantages de la version 2 sans en présenter les inconvénients. Elle définit un nouveau modèle de sécurité USM (*User-based Security Model*) évitant le décryptage des messages de commande qui transitent sur le réseau et autorise des droits différents en fonction des utilisateurs.

Sur chaque composant du réseau qui peut être administré – **MN** (*Managed Node*) ou nœud *manageable* – (station, concentrateur, commutateur, routeur...), on installe un **agent** SNMP. Cet agent est un programme qui enregistre en permanence certaines informations relatives au composant et les stocke dans une base de données : la **MIB** (*Management Information Base*). Depuis une **station d'administration**, on peut alors interroger chaque nœud *manageable* du réseau, prendre connaissance de son état, consulter les informations (nombre d'octets reçus ou émis...), configurer certaines caractéristiques (interdire l'emploi de tel ou tel port...), etc.

SNMP utilise le modèle client-serveur où le client est représenté par la station d'administration – **NMS** (*Network Management Station*) ou Manager – qui interroge des serveurs représentés par les agents SNMP implantés sur les nœuds administrables. Ces nœuds *manageables* du réseau peuvent être des machines hôtes (stations de travail, serveurs...), des éléments d'interconnexion (concentrateurs, commutateurs, routeurs...), ou tout autre composant administrable...

SNMP fonctionne au niveau 7 du modèle OSI mais s'appuie directement sur le protocole UDP (*User Datagram Protocol*) il a donc besoin d'un numéro de port pour communiquer. Du fait qu'il utilise UDP, SNMP fonctionne en mode non-connecté sans contrôle des données transmises.

Modèle OSI		Modèle DOD
7	Application	SNMP
6	Présentation	
5	Session	
4	Transport	UDP
3	Réseau	IP
2	Liaison	
1	Physique	

Figure 26.21 Place de SNMP dans les modèles OSI et DOD

Deux ports sont normalement réservés à SNMP :

– Port 161 : la station d'administration émet des commandes (*set*, *get*, *getnext*) vers l'agent qui répond (*response*). Le port mis en œuvre lors de cet échange est le port 161, tant sur le Manager que sur le nœud managé.
– Port 162 : les messages d'alerte (*traps*) émis par l'agent vers la station d'administration sont échangés sur le port 162.

La station de gestion NMS et le nœud administrable doivent donc disposer du couple protocolaire UDP-IP pour envoyer et recevoir des messages SNMP sur le port 161 et recevoir les alertes (*traps*) sur le port 162.

a) Le Manager ou station de gestion

Le Manager **NMS** (*Network Management Station*) ou « station de gestion de réseau », constitue le point central de l'architecture SNMP. Il se présente souvent sous la forme d'un poste et de logiciels d'administration, fournissant à l'administrateur une vue d'ensemble des équipements, facilitant ainsi les tâches d'administration. Les logiciels d'administration de réseaux utilisent les informations rassemblées par le NMS dans sa MIB et interrogent les MIBs gérées par les agents. Le NMS met en œuvre le protocole SNMP, encapsule ou désencapsule les messages échangés, génère les commandes émises par l'administrateur et traite les alertes en provenance des agents.

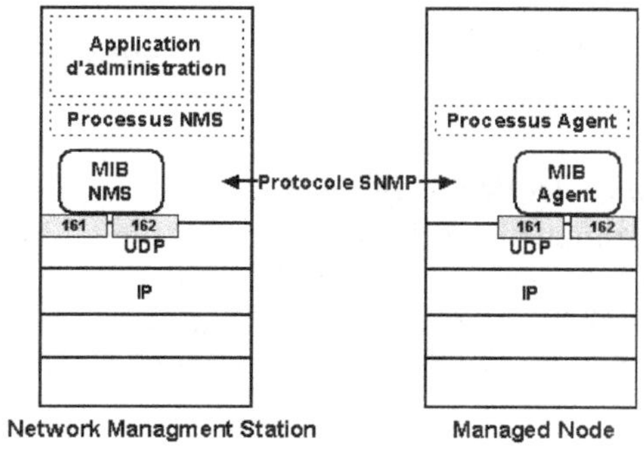

Figure 26.22 Constituants de SNMP

b) L'agent SNMP

Un **agent SNMP** est un composant logiciel chargé de vérifier le fonctionnement du nœud administrable. Il peut être sollicité par le NMS au travers de commandes ou de requêtes SNMP et il peut envoyer des alertes (*traps*) au Manager sans forcément être sollicité. Sa MIB locale lui permet de réaliser des traitements qui lui sont propres. Il peut être autonome ou passif, c'est-à-dire entièrement dépendant du Manager.

Le Manager peut procéder à des interrogations régulières de tous les agents qui renvoient alors les paramètres demandés. Cette technique porte le nom de *Polling*. La surcharge de trafic engendrée par le *polling* peut toutefois se révéler pénalisante sur un réseau étendu. En effet, plus le nombre d'équipements est important et plus le *polling* va monopoliser de la bande passante, provoquant une surcharge (*overhead*) du réseau. Pour réduire ce phénomène, il est possible de mettre en œuvre des agents particuliers : les « Agent-Proxy » et les « Sondes Rmon ».

c) Agents particuliers

➤ Agent Proxy

L'**agent proxy** (*Remote MONitoring*) permet de gérer des équipements « non standards » en servant de passerelle entre un système propriétaire et SNMP. Il occupe alors un rôle de traducteur. Il permet de répartir la charge d'administration en collectant des informations sur le réseau où il se trouve et en ne renvoyant que les données les plus pertinentes vers le MS. Il occupe alors le rôle de gérant local ce qui diminue la charge de travail du NMS.

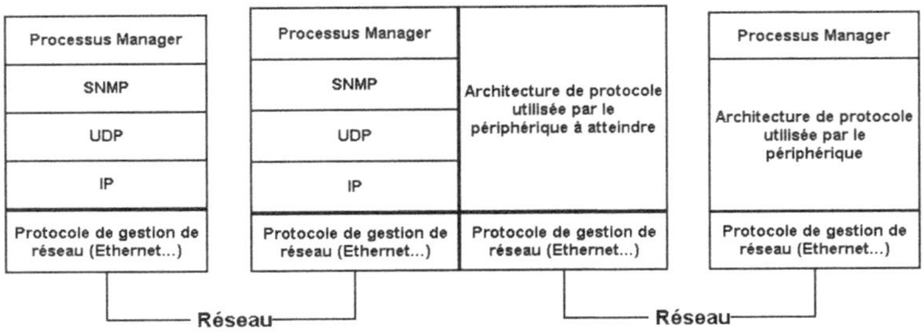

Figure 26.23 Rôle du Proxy Agent

➤ Sonde RMON

La **sonde** RMON (*Remote MONitoring*) ou *RMON Agent*, est un équipement spécialisé dans l'écoute du trafic, placé dans un endroit stratégique et qui collecte des informations sur l'activité du réseau. Ces informations seront ensuite utilisées pour optimiser les performances du réseau. Ces sondes peuvent être de deux types RMON 1 (couches 1 et 2 du modèle OSI) ou RMON 2 (couches 3 à 7 du modèle OSI).

d) Rôle des MIB

Chaque agent doit collecter et stocker de nombreuses informations (**variables SNMP**) propres au nœud administrable qu'il surveille. Le stockage de ces informations se fait dans une **MIB** (*Management Information Base*) qui peut être décomposée en MIB standard et MIB privée.

- La **MIB standard** contient un certain nombre d'informations de base. On y trouve ainsi des compteurs de paquets émis ou reçus par le nœud. N'importe quel client peut lire ces compteurs et des constructeurs différents sont donc capables d'utiliser ces informations.
- Afin d'exploiter au maximum des possibilités des divers composants des réseaux, les constructeurs ajoutent souvent des informations spécifiques à tel ou tel agent. Ces informations constituent la **MIB privée** et tous les clients ne sont pas capables de lire les MIB privées.

e) Hiérarchie des variables SNMP

Le nombre des variables à stocker dans les MIB étant très important, l'OSI a défini une structure de classification dite **SMI** (*Structure of Management Information*). Des identifiants ou **OID** (*Object IDentification*) sont établis à partir d'une classification arborescente. Afin de tenir compte de l'évolution des technologies, une nouvelle structure (**MIB-2**) a été définie en 1990 par la RFC 1158. Chaque variable SNMP peut ainsi être retrouvée soit à partir de son nom, soit à partir de son identification OID.

Par exemple, si on souhaite consulter la variable « System » d'un nœud manageable, on peut soit interroger la variable « System » directement, soit interroger la variable ayant pour OID la valeur 1.3.6.1.2.1.1.

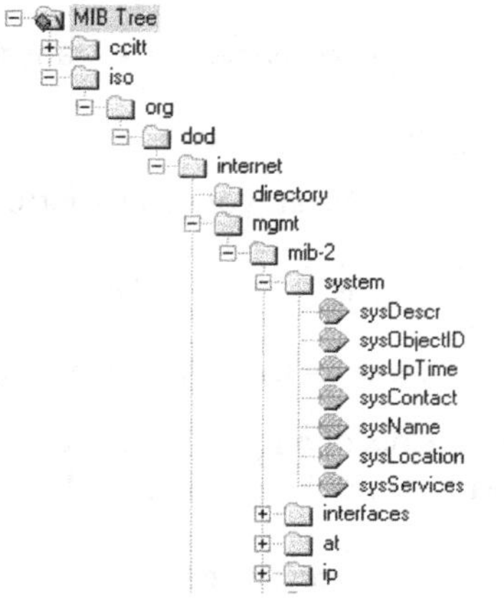

Figure 26.24 Architecture OID

Bien entendu la plupart des logiciels d'administration permettent d'exploiter la MIB de façon conviviale, en utilisant cette classification.

f) Relations entre NMS et Agent

SNMP exploite des échanges de messages du type « Requête-Réponse » entre le Manager NMS et les agents. Toutefois SNMP fonctionnant en mode non connecté – c'est-à-dire sans contrôle des données transmises – rien ne garantit que le message soit bien reçu par son destinataire.

Un Manager NMS peut envoyer trois messages à son agent :

- **GetRequest :** aller chercher la valeur d'une variable nommément désignée.
- **GetNextRequest :** lire séquentiellement la valeur d'une variable sans connaître son nom.
- **SetRequest :** enregistrer une valeur dans une variable particulière nommément désignée (mise à jour).

Un agent peut envoyer deux messages à son Manager :

- **GetResponse** : réponse à une requête.
- **Trap** : alerte déclenchée par l'arrivée d'un événement.

Les échanges SNMP sont donc essentiellement limités à cinq commandes, même si SNMP v2 et v3 ont apporté quelques commandes et réponses supplémentaires (*GetBulk*, *NoSuchObject*…).

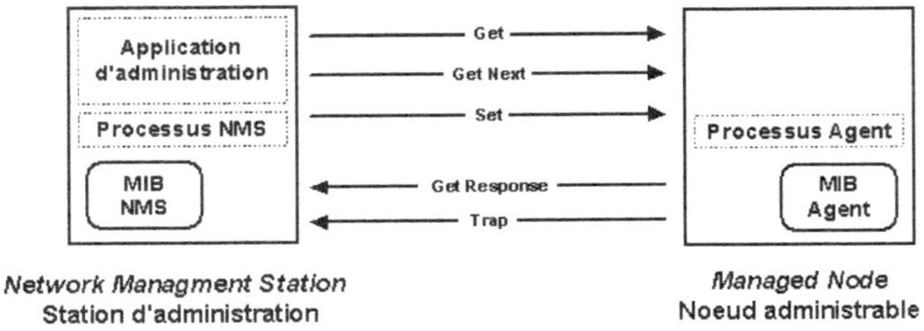

Figure 26.25 Messages échangés entre Manager et Agent

g) Le format d'un message SNMP

Les trames échangées au travers du réseau vont transporter des messages SNMP.

Ethernet	IP	UDP	SNMP

Figure 26.26 Trame de transport de message SNMP

Le message SNMP comporte trois champs : la version du protocole, un identificateur de communauté SNMP et la zone de données ou PDU (*Protocol Data Unit*).

Version	Communauté	PDU

Figure 26.27 Message SNMP v1

– Le champ **Version** assure la compatibilité du protocole entre interlocuteurs. Manager et Agent doivent utiliser le même numéro.
– Le champ **Communauté** repère l'ensemble des équipements répondant à une même politique d'administration (une « communauté »).
– La zone **PDU** (*Protocol Data Unit*) contient la demande du Manager ou la réponse d'un Agent ainsi que l'identifiant de la commande, le type d'erreur éventuelle, un index sur l'erreur éventuelle, des variables… Le type de PDU pouvant prendre l'une des valeurs suivantes :

0	*GetRequest*	3	*SetRequest*
1	*GetNextRequest*	4	*Trap*
2	*GetResponse*		

Type de PDU	Request ID	Status Erreur	Index Erreur	Liste de variables

Figure 26.28 Structure d'une zone PDU

La PDU exprimant un *Get*, un *GetNext* ou un *Set*, émis par le Manager a donc un format identique à la PDU *GetResponse* retournée par un Agent. Seules les zones Status Erreur et IndexErreur, initialisées à 0 au départ, sont éventuellement changées au retour.

- **Request-ID** est un entier utilisé pour numéroter les requêtes émises par le Manager vers l'Agent afin d'éviter tout risque de confusion dans les réponses.
- **Status Erreur** prend une valeur qui indique si une réponse *GetResponse* s'est bien passée ou non.

0	*noError*	3	*badValue*
1	*tooBig*	4	*readOnly*
2	*noSuchName*	5	*genError*

- **Index Erreur** est un entier généré par une commande *GetResponse* afin de fournir plus de précision sur la nature de l'erreur. Index Erreur pointe sur la première variable erronée parmi les variables retournées.
- **Liste de variables** (*VarBindList*) contient une liste d'objets pour lesquels le serveur souhaite obtenir une réponse. Cette liste se présente sous la forme d'une suite de couples (Identifiant :: valeur).

ID Variable (valeur)	ID Variable (valeur)	...	ID Variable (valeur)

Figure 26.29 Structure de la zone Liste de variables

Une PDU relative à l'opération **Trap** (alerte) possède une structure particulière constituée de six champs :

Entreprise	IP Agent	ID Generic	ID Specific	Heure (*TimeStamp*)	Liste de variables

Figure 26.30 Structure d'une PDU de type TRAP

- **Entreprise** contient l'identificateur de l'équipement ayant généré cette alerte (nom d'une entreprise, par exemple). Sa valeur est issue de la variable *sysObjectID* du groupe système.
- **IP Agent** désigne l'adresse IP de l'Agent émetteur du message.
- **ID Generic** contient un entier qui traduit l'une des sept alertes SNMP possibles.

0	*coldStart*	4	*authentificationFailure*
1	*warmStart*	5	*egpNeighborLoss*
2	*linkDown*	6	*enterpriseSpecific*
3	*linkUp*		

- **ID Specific** permet d'identifier un Trap spécifique à une entreprise.
- **Heure** (*TimeStamp*) est le temps écoulé depuis la dernière réinitialisation. Ce temps est exprimé en centièmes de secondes. Sa valeur est issue de la variable *sysUptime* du groupe système.
- **Liste de variables** (*VarBindList*) contient une liste d'objets (Identifiant :: valeur) nécessaires au Manager.

26.7.2 CMIP

CMIP (*Common Managment Information Protocol*) est également un protocole d'administration de réseau normalisé par l'ISO. Il utilise, comme SNMP, des MIB pour stocker les variables d'environnement. Mais, alors qu'avec SNMP on « interroge » les nœuds manageables, avec CMIP on n'interroge pas les composants actifs, ce sont eux qui émettent des informations. Cette technique permet donc de réduire sensiblement le trafic sur le réseau. En contrepartie, la gestion de CMIP est beaucoup plus complexe et il faudra sans doute attendre l'avènement de machines plus puissantes pour voir éventuellement ce protocole s'imposer.

EXERCICE

26.1 Un réseau est constitué des nœuds connectés selon le schéma suivant :

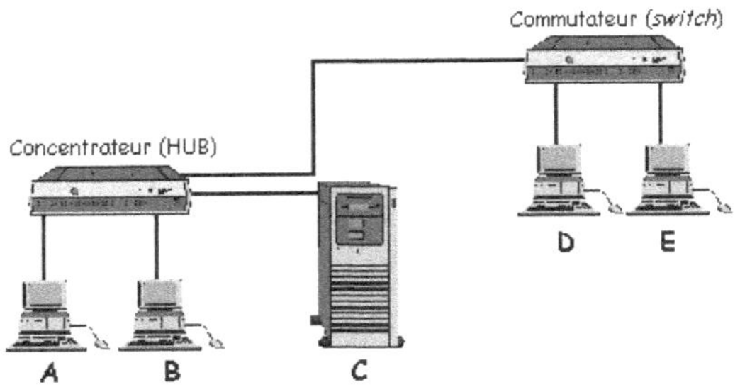

a) Si un paquet de *broadcast* ARP (*Address Resolution Protocol*) est émis par A, quelles machines recevront ce paquet ?

b) Si un paquet est émis par A en direction de C quelles sont les machines qui recevront ce paquet ?

c) Si un paquet est émis par A en direction de E quelles sont les machines qui recevront ce paquet ?

SOLUTION

26.1 Fonctionnement

a) Le paquet de broadcast ARP doit, par définition, parcourir tout le réseau. Seul un routeur pourrait le filtrer, les machines A, B, C, D et E vont donc recevoir ce paquet.

b) Si un paquet est émis par A en direction de C, le concentrateur va répercuter ce paquet sur chacune de ses entrées/sorties. Par contre le commutateur ne va pas le répercuter car ce paquet ne concerne aucune des machines dont il a la charge. Les machines B et C vont donc, seules, recevoir ce paquet.

c) Si un paquet est émis par A en direction de E, le concentrateur va répercuter ce paquet sur chacune de ses entrées/sorties. Les machines B et C vont donc recevoir ce paquet. Par contre le commutateur ne va pas répercuter ce paquet vers D car la machine D n'est pas concernée mais seulement vers la machine E qui est destinataire. Au final, les machines B, C et E vont donc recevoir ce paquet.

Chapitre **27**

NAS ou SAN – Stockage en réseau ou réseau de stockage

27.1 GÉNÉRALITÉS

Avec les technologies **NAS** (*Network Attached Storage*) et **SAN** (*Storage Area Network*), les espaces de stockages sont vus par les applications comme des espaces « logiques » et non plus simplement physiques. L'espace de stockage se trouve donc « quelque part » sur le réseau et non plus directement connecté à un port de l'unité centrale. Les performances des réseaux sont donc déterminantes dans ces concepts.

Une différence fondamentale sépare toutefois les deux technologies :

- le **NAS** (*Network Attached Storage*) correspond à la notion de serveur « étendu », accessible *via* le réseau Ethernet de l'entreprise (LAN ou WAN) – et on peut alors parler de « **stockage en réseau** ».
- le **SAN** (*Storage Area Network*) est un réseau dédié au stockage et qui exploite généralement à cet effet des commandes SCSI sur des connexions *Fibre Channel* ou iSCSI – c'est pourquoi on peut parler de « **réseau de stockage** ».

Les possibilités offertes par le SAN sont donc supérieures à celles du NAS, mais en contrepartie, la technicité en est plus complexe et le coût plus élevé. Pour simplifier, on peut dire que le SAN répond aux exigences des grandes entreprises en termes de qualité de service de la bande passante comme de la disponibilité des données, alors que le NAS correspond mieux aux besoins moins contraignants des PME/PMI.

Avant d'aborder plus avant ces deux notions, faisons un rapide retour sur les serveurs de fichiers traditionnels.

27.1.1 Les serveurs DAS

Les serveurs de données ou serveurs de fichiers classiques, à « **attachement direct** » ou **DAS** (*Direct Attached System*) – dits aussi « généralistes » ou **GPS**

(*General Purpose Server*) – sont conçus pour répondre aux demandes de multiples utilisateurs, dans un contexte multitâche. Les dispositifs de stockage (disques durs, baies RAID, cartouches, disques optiques…) sont soit directement connectés aux serveurs, soit directement reliés via un lien, généralement de type SCSI (cas de baies RAID externes par exemple). Le serveur traite alors les requêtes d'accès aux fichiers, envoyées par les applications clientes, éventuellement au travers d'un réseau.

Ce type de stockage pose divers problèmes mais offre cependant des avantages :

- la multiplicité et le partage des tâches, sur un même serveur (même s'il est théoriquement typé « serveur de fichiers »), par un système d'exploitation « généraliste » tel que UNIX ou Windows, entraîne une baisse des performances dès lors que le nombre de clients augmente ou que les volumes à traiter s'accroissent,
- les espaces de stockage sont souvent gérés de façon peu efficace. Un serveur (un disque, voire une partition…) peut ainsi manquer d'espace, alors qu'un autre dispose d'espace inutilisé. Le risque de redondance inutile (copies involontaires d'un même fichier sur plusieurs serveurs) est réel. La duplication volontaire est quant à elle généralement peu efficace et complique la gestion. On ne sait pas toujours réellement « où sont les données dont on a besoin »,
- si les données sont réparties sur plusieurs serveurs de fichiers (comme c'est très souvent le cas), le trafic d'exploitation et de sauvegarde de ces données monopolise les ressources du réseau,
- la capacité totale de stockage est limitée par le nombre de baies, le nombre de connecteurs PCI et les limitations des bus SCSI…

Cependant les serveurs DAS sont relativement performants et – toutes proportions gardées – peu onéreux puisqu'il s'agit de serveurs « classiques ».

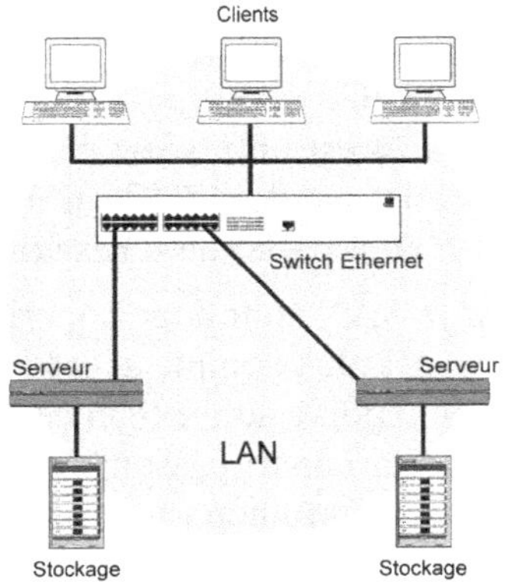

Figure 27.1 Stockage à attachement direct DAS

27.1.2 Les serveurs NAS

Un serveur **NAS** (*Network Attached Storage*) est une solution intégrée comprenant un serveur optimisé équipé d'un processeur et d'un système d'exploitation, de disques durs en RAID 0, 1 ou 5 et d'une carte réseau performants et spécialisés dans le stockage de fichiers. Il est connecté directement au réseau LAN. Le serveur NAS est donc purement dédié au stockage. Il offre ainsi des avantages certains mais également quelques inconvénients :

- le serveur NAS ne nécessite pas de mise en place d'une architecture réseau spécifique ou d'un câblage particuliers puisqu'ils utilisent le LAN (voire le WAN) déjà en place. Ils peuvent ainsi être rapidement et facilement attachés au réseau, devenant immédiatement disponibles de façon transparente et sans faire chuter les performances, comme une quelconque ressource du réseau. Leurs performances dépendent donc fortement des performances du réseau local ;
- le coût du stockage est globalement moindre qu'avec un serveur DAS, compte tenu de la grande capacité de stockage (jusqu'à plusieurs téraoctets) qu'il offre ;
- le NAS offre de meilleures performances en termes de partage de fichiers qu'un serveur classique car l'OS intégré (souvent un micro-noyau UNIX...) est optimisé, débarrassé des composants inutiles et spécifiquement destiné à gérer les tâches d'E/S et de traitement de fichiers. Il est donc totalement indépendant des autres OS et des plates-formes clients (Windows, Unix/Linux, Apple, Novell...). Bien que possédant généralement un système de fichiers propriétaire il supporte l'accès aux fichiers partagés, depuis des clients en environnements hétérogènes car il est adressable par le biais des protocoles standards de système de fichier comme **NFS** (*Network File System*), **CIFS** (*Common Internet File System*), **SMB** (*Send Message Blocks*)...
- la capacité d'un serveur NAS – qui peut atteindre plusieurs To – est néanmoins limitée par le type de technologie de stockage utilisé. Elle est ainsi limitée par le nombre de baies disques, le nombre de connecteurs PCI disponibles ou par les limitations de SCSI. Toutefois le goulot d'étranglement en vitesse est très généralement dû au débit du réseau et non pas aux accès disques. Les performances inférieures de IDE par rapport à SCSI ne sont donc pas forcément pénalisantes dans le cas du NAS.

En conclusion, les serveurs NAS offrent performances et fiabilité à moindre frais. Ils sont bien adaptés aux utilisateurs recherchant une solution intégrée, facile, rapide à installer et à administrer, adaptée au partage de fichiers en environnements hétérogènes, et connectable directement au réseau existant.

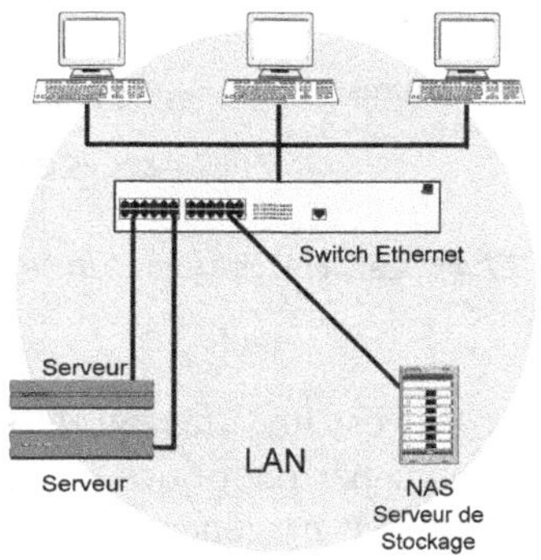

Figure 27.2 Stockage en réseau – serveur NAS

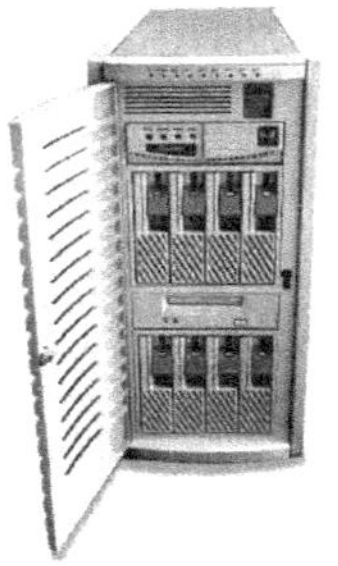

Figure 27.3 Serveur NAS

À titre d'exemple voici quelques-unes des caractéristiques d'un serveur NAS « du commerce ».

Applications principales
Serveur de fichiers dans les environnements UNIX et Windows.

Spécifications principales
Contrôleur de serveur de fichiers alimenté par 4 processeurs UltraSPARC(tm) II avec 4 Go de mémoire et des disques d'amorçage de boot en miroir. Système de stockage FC-AL (disques à 10 000 RPM) avec reprise, redondance des contrôleurs, pré configuré en RAID 5, remplacement en fonctionnement. Logiciel de serveur de fichiers intégré en usine fournit le support NFS/CIFS, l'administration via un GUI et CLI, la gestion du volume disque. Options 10/100-BaseT Ethernet, Gigabit Ethernet et Quad Fast Ethernet.

Protocoles réseau	NFS v2/v3 sur UDP ou TCP, CIFS
Mémoire ECC	8 192 Mo
Mémoire non volatile	256 Mo (par contrôleur de stockage)
Connexion de la carte d'interface réseau en option	Ethernet 10/100 Base-T simple, Gigabit Ethernet, QuadFast Ethernet
Disques durs	FC-AL 73 Go
Capacité de stockage RAID	Minimum : 72 lecteurs disques FC-AL 73 Go Maximum : 180 lecteurs disques FC-AL 73 Go
Capacité maximale utilisable	10 To
Systèmes de fichiers/volumes minimums	Un par système de stockage
Systèmes de fichiers/volumes maximums	Pas de limitation
Taille de groupe RAID maximale	7 disques de données/1 disque de parité

Figure 27.4 Caractéristique d'un serveur NAS

27.1.3 Les SAN

Un **SAN** (*Storage Area Network*) est un « réseau de stockage » dédié à haut débit permettant de connecter plusieurs périphériques de stockage à des serveurs. Il est exclusivement consacré au stockage et généralement basé sur le protocole **Fibre Channel**. Le SAN offre ainsi une grande flexibilité, tant en termes d'éloignement des composants (ce qui participe à la sécurité en cas d'incendie, dégâts des eaux...), qu'en termes de connectivité.

Un réseau SAN est constitué de différents composants :

- des dispositifs de stockage proprement dits (disques, baies RAID, disques optiques, robots de bandes, sauvegardes...) ;
- des technologies de transport à haut débit (SCSI, iSCSI, Fibre Channel...) ;
- des équipements d'interconnexion (commutateurs...) ;
- des logiciels qui permettent de configurer et d'optimiser chacun des composants du SAN, mais aussi de vérifier que le réseau ne présente pas de goulet d'étranglement ni de zone vulnérable aux pannes. Ils permettent également d'automatiser certaines tâches comme la sauvegarde de données.

Chaque serveur qui reçoit une requête de traitement de fichier s'adresse à l'espace SAN qui lui est alloué (technique dite « de **zonage** »), comme s'il s'agissait d'un disque directement connecté.

a) Les avantages du SAN

Un réseau SAN offre de nombreux avantages et, bien entendu, quelques inconvénients :

- le réseau dédié au SAN soulage le réseau principal des charges de transfert de données, puisque le trafic de sauvegarde a lieu entre périphériques de stockage, à l'intérieur du SAN ;
- le réseau SAN offre d'origine une large bande passante, qui peut être renforcée au besoin, sans avoir à intervenir sur la bande passante du réseau principal ;
- le réseau SAN offre une certaine souplesse en ce qui concerne l'allocation du stockage, grâce à des outils de « repartionnement » et de gestion. Quand les administrateurs veulent réaffecter de l'espace de stockage d'un serveur à un autre, ils se contentent de repartitionner le SAN.

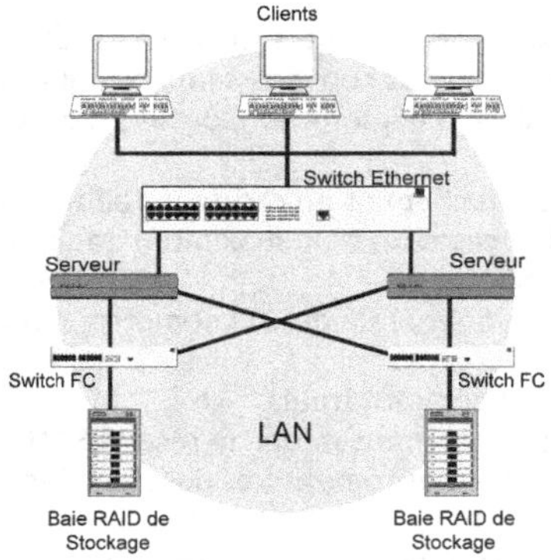

Figure 27.5 Réseau de stockage – SAN

b) Les composants du SAN

Le SAN étant un réseau de stockage, doit donc interconnecter les différents composants de ce réseau. On trouve ainsi sur un SAN :

– des concentrateurs ou des commutateurs – exploitant généralement le protocole *Fibre Channel* – destinés à relier les différents éléments du réseau de stockage ;
– des baies de stockage (EMC, IBM, Maxtor…), des librairies de sauvegarde (Quantum ATL, Storagetek…) ;
– des serveurs équipés de cartes *Fibre Channel* ;
– du câblage (cuivre, fibre optique…).

On rencontre trois topologies possibles pour un réseau SAN :

– **Point à point** : connexion dédiée entre deux périphériques destinée à des configurations très simples.
– **AL** (*Arbitrated loop*) : boucle sensiblement similaire à un réseau Token Ring généralement réalisée au travers d'un hub ***Arbitrated loop*** et qui implémente ainsi une topographie en étoile.
– ***Switched fabric*** : topologie en cascade basée sur l'emploi de « commutateurs de réseau » ou *switchs fabrics* (dits aussi *fabrics*) qui permet d'isoler certains segments du SAN. Ces commutateurs améliorent sensiblement les performances en termes de bande passante et de fiabilité.

Le commutateur central (SAN *switch, switch fabric…*) – « commutateurs de réseau » ou « point d'interconnexion » – est sans nul doute le composant essentiel du SAN. Il se doit d'être hyper performant. Il s'agit donc d'un composant relativement onéreux mais dont les prix ont bien baissés ces dernières années. À titre d'exemple, voici quelques-unes des caractéristiques d'un « Commutateur de réseau » SAN à 16 ports du commerce.

Commutateur de réseau SAN à 16 ports

Caractéristiques clés

– 16 ports à canaux de fibres non bloquants de 1 Go/s pour soutenir un débit élevé des données.
– Tous les ports sont compatibles avec les convertisseurs optiques GBIC.
– Modèle préconfiguré avec logiciel d'exploitation, outils de gestion fondés sur le WEB, logiciel de zonage.
– Réacheminement dynamique des chemins en cas de défaillance d'une liaison.
– Soutien de l'interconnexion (en cascade) d'un maximum de six commutateurs afin de créer des réseaux de stockage plus grands.
– Soutien d'une distance de liaison générale de 10 kilomètres pour les connexions entre commutateurs.
– Nombreux modes de gestion de commutateur.
– Rétro compatibilité avec tous les commutateurs de réseau SAN à canaux de fibres.
– Acheminement et réacheminement automatiques des données, auto réparation et évolutivité quasi-illimitée.
– Hauteur de 1,5U seulement ; livré avec des rails de montage en armoire.

Figure 27.6 Caractéristiques d'un SAN

Les SAN peuvent s'étendre en réseaux plus importants à l'aide de commutateurs en cascade. Les longueurs de câble allant alors de quelques mètres (cuivre) à plusieurs dizaines de kilomètres (fibre optique).

Chaque serveur qui reçoit une requête de traitement de fichier s'adresse à l'espace SAN qui lui est alloué, comme s'il s'agissait d'un disque directement connecté. Pour cela il met en œuvre un logiciel (dit « moteur de virtualisation ») généralement placé sur un serveur de virtualisation dédié.

Deux techniques peuvent ainsi être exploitées : *in-band* et *out-of-band*.

Figure 27.7 Switch SAN

– la technique *in-band* consiste à placer le serveur de virtualisation entre les serveurs d'application et les SGBD d'une part et les unités de stockage d'autre part. Les données et la description de leur emplacement doivent alors transiter par les serveurs de virtualisation, risquant de créer des goulots d'étranglement lors du transfert des données,
– la technique *out-of-band*, bien qu'utilisant également un serveur de virtualisation dédié, le connecte directement aux serveurs d'applications via un réseau LAN, lui-même relié au réseau SAN. Seule l'information concernant l'emplacement des données transite par les moteurs de virtualisation, laissant les données dialoguer directement entre serveurs d'applications et systèmes de stockage via le réseau SAN.

Le **VSAN** (Virtual SAN) ou réseau SAN Virtuel offre une vue similaire au VLAN. En réduisant les droits d'accès à un sous-ensemble du réseau SAN, on n'aperçoit que les nœuds accessibles. On l'utilise pour sécuriser l'accès aux données, en restreignant, par exemple, l'accès aux seules données autorisées à un service ou un département. Le VSAN est donc conçu – à l'instar du VLAN – pour mettre en place, sur une infrastructure mutualisée, des environnements entre lesquels une isolation complète doit être garantie.

Tableau 27.1 Comparatif NAS – SAN

NAS	SAN
Orienté fichier	Orienté paquets SCSI
Basé sur le protocole Ethernet	Basé sur le protocole Fibre Channel
Conçu spécifiquement pour des accès clients directs	Stockage isolé et protégé des accès clients directs
Support des applications client dans un environnement NFS/CIFS hétérogène	Support des applications serveur avec haut niveau de performances SCSI
Peut être installé rapidement et facilement	Le déploiement est souvent complexe

c) Les protocoles du SAN

Le SAN exploite divers protocoles tels que :

➤ iSCSI

iSCSI (*internet* SCSI) est un protocole qui permet d'encapsuler des instructions SCSI dans des trames IP. Cette encapsulation permet de travailler en mode bloc sur le réseau local alors qu'IP est plutôt réservé au transfert de fichiers. L'encapsulation des en-têtes IP au niveau des serveurs est réalisée par un logiciel hébergé sur la carte accélératrice HBA iSCSI (*Host Bus Adapter compatible Internet Small Computer Systems*). Du côté du dispositif de stockage, soit iSCSI est natif, soit il faut transiter par un pont IP/FC.

➤ ESCON, FICON

ESCON (*Enterprise Systems CONnection*) normalisée par l'ANSI (**SBCON**) est une architecture et une suite de protocoles développés par IBM [1990] pour remplacer l'interface parallèle dans les mainframes. Il permet une transmission en alternat sur fibre optique de 11 à 17 Mo/s, jusqu'à 10 km.

FICON (*FIber channel CONnexion*) a également été mis au point par IBM pour surmonter les limites en termes de distance, de rapidité du protocole ESCON. Analogue à Fibre Channel, il permet une transmission en duplex intégral sur fibre optique à 2 Gbit/s avec des distances allant jusqu'à 100 km.

➤ FCIP

FCIP (*Fibre Channel over IP, Fibre Channel Tunneling* ou *Storage Tunneling…*) permet de relier des SAN entre eux au travers de liens TCP/IP, en encapsulant les blocs FC dans les trames IP. FC étant restreint à quelques dizaines de kilomètres maximum par les médias fibre optique employés, IP permet de « relayer » FC sur le réseau Internet. Cette technique nécessite l'emploi de passerelles FC/IP permettant l'interconnexion des deux mondes et assurant une virtualisation globale du SAN quels que soient les réseaux de stockages mis en œuvre sur des réseaux pouvant atteindre plusieurs milliers de km.

➤ iFCP

iFCP (*Internet Fibre Channel Protocol*) [2001] met également en œuvre des passerelles FC/IP en créant de véritables « tunnels » FC dans le réseau IP. **iFCP** peut servir à connecter un périphérique de stockage (serveur, librairie de bandes…) doté d'une carte FC directement à un réseau SAN IP ou établir un lien entre SAN distincts. Pour cela iFCP remplace certaines couches basses du protocole FC par TCP/IP. Par contre, il nécessite une « refonte » des réseaux SAN et semble donc peu utilisé.

27.1.4 L'avenir des réseaux de stockage

Les modèles SAN et NAS sont très dépendants des nouvelles technologies telles que iSCSI (*Internet SCSI*), FCIP (*Fibre Channel over IP*) ou SoIP (*Storage over IP*).

Toutes tendent à assurer le transport des données à stocker au moyen de paquets IP. Jusqu'à présent, les temps de latence et le manque de fiabilité de TCP/IP ont constitué le plus grand frein à cette évolution.

L'évolution la plus simple à court terme quant aux problèmes de stockage, consiste à mettre en place des serveurs de stockage NAS, peu onéreux et faciles à mettre en œuvre. Par contre, les applications exigeant des performances maximales, telles que le traitement transactionnel en ligne, ou l'exploitation d'entrepôts ou « fermes de données » (*datawarehouses*) sont mieux servies par des réseaux SAN.

On parle donc de plus en plus de « **stockage sur IP** » ce qui découle directement des problèmes soulevés par le stockage en réseau. Avec le développement des NAS et des SAN, virtualisant dans un même réseau : serveurs et sous-systèmes de stockage, se pose le problème de leur interconnexion distante. Les deux protocoles utilisés – FC (*Fibre Channel*) et SCSI – reposent sur des médias dont les capacités sont physiquement limitées (les câbles en cuivre utilisés pour SCSI ne peuvent dépasser 12 à 25 m, tandis que ceux en fibre optique sont limités selon les cas, à 500 m avec FC-SW (*Fibre Channel Short Wave*) ou 10 km avec FC-LW (*Fibre Channel Long Wave*). Les protocoles iSCSI, mais surtout FCIP et iFCP devraient permettre de passer outre à ces limitations en exploitant les capacités d'Internet.

Chapitre 28

L'offre réseaux étendus en France

Les réseaux étendus permettent de transporter l'information d'un site géographique à un autre. Ils sont également dits réseaux de transport ou réseaux de communication. Depuis la privatisation de France Télécom [1998] et l'ouverture aux marchés Européens et internationaux, l'offre en matière de réseaux de transport s'est très fortement diversifiée avec l'arrivée de nouveaux opérateurs de télécommunication. Ces opérateurs sont constitués de :

– sociétés issues d'autres secteurs de l'industrie : Vivendi, Bouygues, Suez-Lyonnaise des Eaux...
– sociétés possédant déjà des infrastructures de télécommunication : SNCF, Eurotunnel...
– sociétés de service : Colt, Siris, EasyNet, Telia...

France Télécom, qui reste encore l'opérateur institutionnel en matière de réseaux étendus, doit désormais affronter la concurrence.

28.1 L'OFFRE ORANGE BUSINESS SERVICES

Orange Business Services France (Orange BS), ex France Télécom, fait partie des grands opérateurs mondiaux. Son évolution s'est faite à coup de fusions, de rachat-cessions, de partenariats (Equant, GlobeCast, Oléane, TDF, Wanadoo, Itinéris, Deutsche Telekom, Sprint...) et l'offre réseau est donc vaste et « évolutive ». Telle offre qui existait hier est aujourd'hui supprimée ou remplacée par une autre, de nouvelles offres apparaissent... Orange BS propose de nombreux services en téléphonie, transports de données, interconnexion de réseaux... Il serait audacieux, dans un tel ouvrage, de prétendre offrir une vue « à jour » de l'ensemble des services proposés.

Les solutions présentées ci-après sont donc soumises à réserve quant à leur existence ou leurs caractéristiques réelles au moment de la lecture de ces pages et se bornent aux « fondamentaux ».

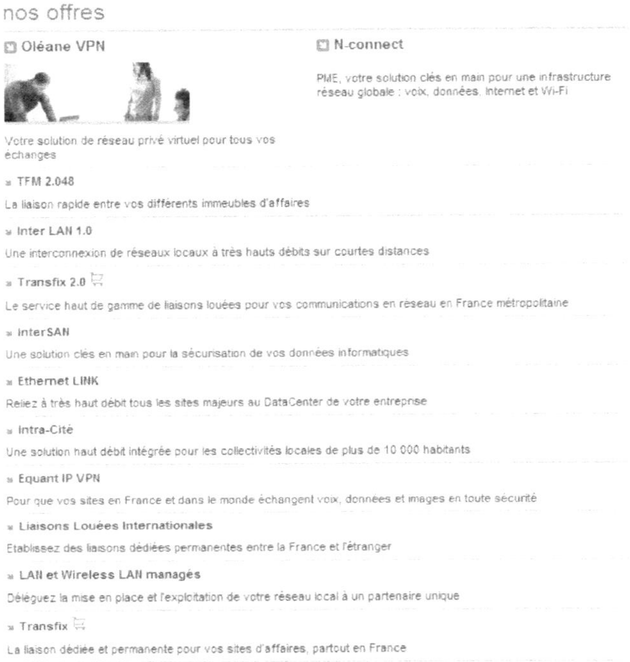

Figure 28.1 Extrait de l'offre Orange BS

28.1.1 Réseau téléphonique commuté (RTC)

a) Description

Le **RTC** (Réseau Téléphonique Commuté) – historiquement le premier réseau de transmission de données – est un réseau hiérarchisé à quatre niveaux. Les deux niveaux inférieurs correspondent aux autocommutateurs d'abonnés, les deux niveaux supérieurs sont ceux réservés au trafic de transit, essentiellement interurbain. L'ensemble de la hiérarchie est repris dans la figure 28.2.

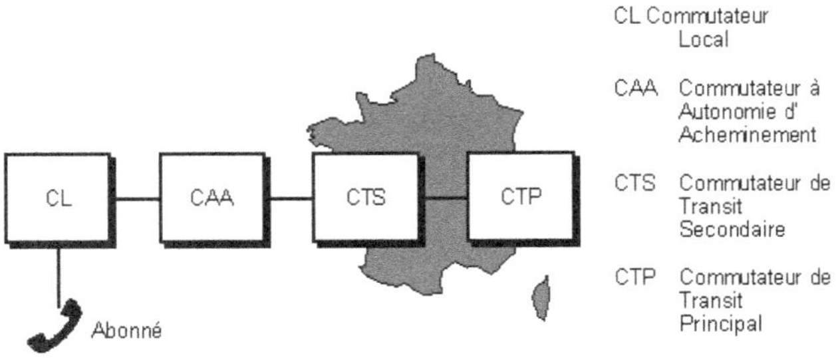

Figure 28.2 L'architecture du RTC en France

b) Classes de débits

Les débits autorisés sur le RTC sont normalisés par des avis du CCITT.

TABLEAU 28.1 QUELQUES AVIS DU CCITT

Débit	**Avis CCITT**	**Mode**	
		4 fils	**2 fils**
1 200/600 bit/s 75/1 200 bit/s	V23 (Minitel)	Full Duplex	Half Duplex Full Duplex
2 400 à 9 600 bit/s	V32		Full Duplex
33,6 Kbit/s	V34 bis		Full Duplex
33,6/56 Kbit/s	V90		Full Duplex

Ces débits sont ceux pour lesquels le taux d'erreurs apportées par le réseau est acceptable, dans la plupart des communications établies. Toutefois, et c'est un point important, la diversité des itinéraires et des supports pouvant être empruntés par une communication sur le RTC *interdit de garantir les caractéristiques de transmission*.

c) Tarification

La transmission de données sur le RTC n'est assortie, d'aucune surtaxe particulière liée à cette utilisation. Une taxe de raccordement est perçue à l'installation d'une ligne, ainsi qu'un abonnement mensuel, et on doit payer également une taxe de communication dont la périodicité dépend de la zone appelée et le montant de l'horaire d'appel. Une réduction est applicable selon les plages horaires de communication.

d) Avantages/inconvénients

Le RTC présente l'avantage d'être facilement accessible à tout utilisateur par le biais d'un simple modem. C'est de plus un réseau universel qui peut mettre deux interlocuteurs en relation partout dans le monde. Il peut autoriser l'accès à d'autres réseaux (Transpac…). Par contre, il présente également bien des inconvénients. Le débit à la réception est limité à 56 Kbit/s avec l'avis V90 (33,6 Kbit/s en émission), les temps de connexion et de déconnexion ne sont pas garantis, les caractéristiques des lignes peuvent varier d'un appel à l'autre, ce qui implique l'emploi de modems autorisant des replis sur des débits de transmission inférieure en cas de mauvaise qualité de la ligne, des corrections, compressions…

La concurrence est vive dans le domaine de la boucle locale d'abonné et la tendance est à la réduction des coûts longue distance et à l'élévation du coût des communications locales parfois « dissimulées » derrière une hausse de l'abonnement mensuel. Le coût de la communication est vite prohibitif dès lors que l'on quitte la zone locale. Ce type de solution est donc à réserver à des appels de courte durée ou en zone urbaine, quand la qualité de connexion n'est pas primordiale – transfert de fichiers entre particuliers, accès Internet ponctuels…

Certaines offres d'« appels illimités », que ce soit chez Orange ou chez des opérateurs « alternatifs » (Free, Neuf Télécom...) peuvent cependant être envisagées selon les cas, avec toutefois les restrictions d'usage au RTC.

28.1.2 Liaisons louées

a) Description

Les **LL** (Liaison Louées), **LLN** (Liaison Louées Numériques), **LSN** (Liaison Spécialisée Numérique)... sont des lignes mises à disposition exclusive de l'utilisateur (**louées**) et non plus établies à la demande par commutation.

L'offre **Inter LAN 1.0** permet ainsi de relier au moins deux réseaux Ethernet situés à moins de 10 km grâce à une liaison fibre optique à très haut débit. Ce service permet de partager et d'échanger des flux de données importants : applications métier, travail collaboratif, vidéo... à des débits de 10 Mbit/s, 100 Mbit/s et 1 Gbit/s.

Les anciennes **LLA** (Liaison Louées Analogiques) ou **LSA** (Liaisons Spécialisées Analogiques – *leased circuit* ou *dedicated line*) dites aussi **LS** téléphoniques, LS ordinaires..., ne sont plus « proposées ».

b) Classes de débits

Les LLN assurent des débits pouvant atteindre plusieurs Gbit/s, avec des offres comme Transfix ou Transfix2 par exemple.

c) Tarification

Elles présentent une tarification, consistant en un abonnement mensuel pour chaque liaison, calculé en fonction des interfaces, des configurations retenues et de la distance séparant les sites ainsi que des frais de mise en service, qui s'appliquent pour chaque extrémité d'une liaison établie et sont nettement minorés lorsqu'un raccordement optique est présent.

d) Avantages/inconvénients

Les LL offrent aux abonnés une certaine sécurité de communication – dans la mesure où ils sont les seuls à utiliser ces voies louées – ainsi qu'une tarification intéressante sur des distances faibles.

28.1.3 Numéris

a) Description

NUMERIS [1987] est un **RNIS** (Réseau Numérique à Intégration de Services) ou **ISDN** (*Integrated Services Digital Network*) chargé de la transmission de données numériques sur la base de voies commutées à 64 Kbit/s. Numéris reprend l'architecture du RTC avec des liaisons numériques de bout en bout. Numéris, théoriquement chargé de remplacer le RTC, participe à la mise en place du réseau européen **Euro-ISDN 2** (Euro-*Integrated Service Digital Network*).

Sur un RNIS, on peut faire passer n'importe quelle information, image, son, voix, données... pourvu qu'elle soit numérisable, d'où l'usage des termes « intégration de services ». Le RNIS, totalement normalisé, est présent dans plus de 75 pays dans le monde, ce qui permet de relier des sites à l'international (Europe, Amérique du Nord, Japon, Australie...).

Numéris, bien que dorénavant plutôt préconisé comme réseau téléphonique, est adapté aux transferts de fichiers de toutes natures (images, son, données binaires...). Il permet de téléphoner tout en transférant des données, en toute sécurité et en respectant la norme OSI du CCITT en ce qui concerne les trois couches basses mises en œuvre :

- la couche physique (couche 1) décrit l'interface « S » côté usager et « T » côté réseau, ainsi qu'une prise RJ45 prévue pour connecter le terminal à la **TNR** (Terminaison Numérique de Réseau) ;
- la couche liaison de données (couche 2) s'appuie sur l'emploi du protocole HDLC classe LAP-D ;
- la couche réseau (couche 3) est identique à X25 avec en plus la mise en œuvre d'un protocole spécial de signalisation (canal sémaphore).

b) Accès Numéris

Chez l'abonné on installe un boîtier dit **TNR** (Terminaison Numérique de Réseau) ou **NT-1** (*Network Terminator* 1) pour les voies ISDN en Amérique du Nord. Au-delà du **TNR** se trouve le **Bus S0**, constitué par un câble téléphonique 2 ou 4 paires et dont la longueur maximale peut atteindre 800 à 1 000 m.

Le bus S0 porte au maximum 10 prises **S0** (interfaces « S » – prise plastique transparente normalisée par le CCITT ISO-8877 – RJ45 – avec adaptation possible aux interfaces V24, V35, X21 et X25) et permet de brancher au plus 8 terminaux numériques. Ces appareils peuvent être : un téléphone numérique, un micro-ordinateur équipé d'une carte d'interface adéquate, un routeur spécialisé (pour relier un réseau local à l'ISDN), un fax numérique (fax groupe 4), un autocommutateur téléphonique privé (PABX)...

Pour raccorder un micro-ordinateur au bus S, on utilise un adaptateur RNIS ou « modem RNIS », fonctionnant suivant le protocole V110 ou V120. Cet adaptateur peut être :

- une carte insérée dans un connecteur d'extension du micro-ordinateur,
- un « modem RNIS » externe, relié à la sortie série du micro-ordinateur. Cette solution présente des inconvénients : débit limité par la vitesse du port série (115 200 bit/s selon la norme RS-232), surcharge du microprocesseur... Certains « modems RNIS » peuvent être reliés à la sortie parallèle, à une prise Ethernet (si une carte réseau est présente) ou au port USB de l'ordinateur (le débit du port peut alors atteindre 12 Mbit/s).

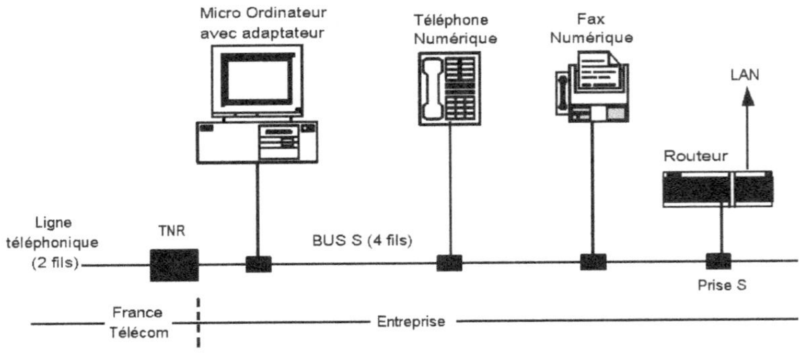

Figure 28.3 Terminaux Numéris

L'accès Numéris de base comprend deux types de canaux notés B et D :

– le canal B est un canal commuté à 64 Kbit/s, destiné aux échanges téléphoniques et de données, en mode numérique de bout en bout. Il permet de transmettre tout type d'informations numérisables : voix, données, images...,
– le canal D (canal sémaphore) est un canal à 16 Kbit/s, réservé en permanence à la signalisation et au transport d'informations liées à la téléphonie enrichie (options de services Numéris). Il permet également de transmettre de l'information à bas débit vers un opérateur X25.

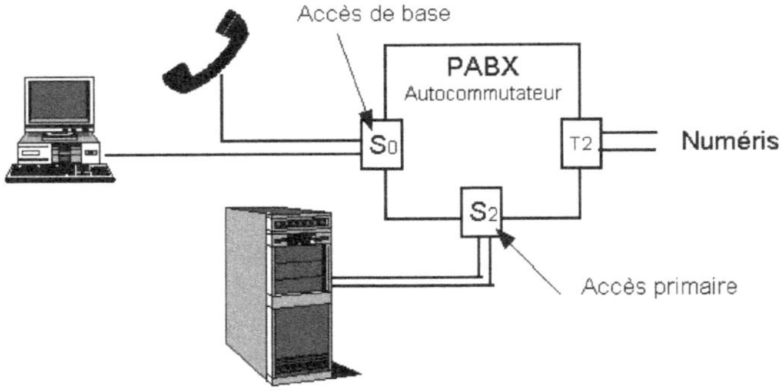

Figure 28.4 Accès Numéris

c) Classes de débits

L'accès au réseau Numéris se fait selon différents modes :

– **l'accès de base** – aussi appelé accès « 2B + D » – propose deux canaux B à 64 Kbit/s et un canal D à 16 Kbit/s. Il permet de disposer de deux communications simultanées téléphoniques ou d'échange de données, et de raccorder jusqu'à 5 terminaux : téléphones, ordinateurs, routeurs... C'est l'accès minimum et la solution conseillée aux petits sites ayant de fréquents besoins d'échanges de données ou d'accès à Internet. Il permet d'atteindre un débit de 128 Kbit/s en utilisant les deux canaux B synchronisés (sans compression de données) ;

- **l'accès Numéris Duo** offre deux interfaces analogiques supplémentaires. L'ensemble permet de raccorder simultanément ordinateur, téléphone, fax... Numéris Duo est donc une solution conseillée aux télétravailleurs, pour accéder à Internet ou au réseau de l'entreprise tout en conservant une ligne téléphonique disponible ;
- le **groupement d'accès de base** permet de disposer de 2 à 8 accès de base groupés sous un même numéro d'appel. Cette solution est idéale pour les entreprises qui souhaitent disposer d'un petit standard téléphonique et de l'ensemble des services de téléphonie enrichie ;
- **l'accès primaire** ou interface S2 permet de disposer de 15, 20, 25 ou 30 voies B à 64 Kbit/s selon le nombre d'appels simultanés souhaités ou en fonction du trafic à écouler. Il offre une voie de signalisation D plus conséquente autorisant également un débit de 64 Kbit/s. Cette solution est donc adaptée au raccordement d'installations téléphoniques de type autocommutateurs – PABX (*Private Automatic Branch eXchange*) – de moyenne ou grande capacité, ou d'équipements destinés aux fournisseurs de services Internet ;
- le **groupement d'accès primaires** permet de disposer de 2 à 30 accès primaires groupés sous un même numéro d'appel, afin d'étendre la capacité de l'installation et d'en simplifier l'accès. Cette solution convient au raccordement d'installations téléphoniques (PABX) de grande capacité ou d'équipements destinés aux fournisseurs de services Internet ;
- l'**accès X25** par le canal D de l'accès de base Numéris offre la possibilité de transmettre des données vers un réseau de transport X25 à un débit maximum de 9,6 Kbit/s. C'est une solution adaptée aux échanges de petits volumes ponctuels ou avec une connexion permanente vers un site central ;
- le **service Nx64** permet d'établir une communication d'échanges de données à haut débit. Constituée par une agrégation de N canaux à 64 Kbit/s synchronisés (N allant de 3 à 8 canaux pour l'accès de base et jusqu'à 30 pour l'accès primaire), cette solution est idéale pour réaliser, de la visioconférence, un secours de liaison louée, ou le transfert de fichiers à haut débit.

d) Tarification

La tarification Numéris repose, comme pour le RTC, sur une redevance de trafic à la durée et fonction de la distance, tenant compte des coefficients modulateurs en fonction des plages horaires. Une redevance mensuelle dépendant du type de terminal abonné est perçue, ainsi que des frais de mise en service par extrémités.

e) Avantages/inconvénients

Numéris offre de nombreux avantages en termes de transmission de données, vis-à-vis du RTC. En effet, le délai d'établissement est très court (3 secondes contre 15 à 20 pour le RTC). Il permet d'assurer le transport de la voix ou de données et ce de manière simultanée (il est ainsi possible de converser avec un interlocuteur sur une voie B, tout en consultant une banque de données grâce à une autre voie B). On peut connaître le numéro d'appelant, faire un renvoi de terminal... (services de téléphonie enrichie). Numéris présente de plus l'avantage d'être commutable c'est-à-dire qu'on peut se relier au correspondant de son choix. Il est économique car les communications sont facturées à la durée et non au volume (plus rapide que RTC d'où des coûts de transfert moins élevés)... Numéris reste une solution économique de communication point à point tant que le trafic ne dépasse pas quelques heures par jour.

28.1.4 Transfix

a) Description

Le réseau **Transfix** [1978] et son évolution **Transfix 2** [1999], correspondent à une offre de liaisons louées numériques, **LSN** (Liaison Spécialisée Numérique) ou **LLN** (Liaison Louées Numériques) – point à point, à bas, moyens et hauts débits, sur des voies synchrones en full duplex, permanentes et à usage exclusif, qui permettent de communiquer entre deux sites, de façon sûre, confidentielle et rapide. Transfix est adapté aux échanges longs et fréquents, et destiné aussi bien au transfert de données informatiques et d'images, qu'aux communications téléphoniques (utilisation des voies MIC de modulation par impulsions codées – permettant la transmission de la voix numérisée).

b) Classes de débits

Transfix représente une des offres les plus larges du marché : de 2,4 Kbit/s à 155 Mbit/s (par agrégat de tronçons 2 Mbit/s) répartis en quatre gammes de débits :
- les bas débits de 2 400, 4 800, 9 600 ou 19 200 bit/s ;
- les moyens débits de 48, 56 ou 64 Kbit/s ;
- les hauts débits de 128 Kbit/s jusqu'à 2 048 Kbit/s.

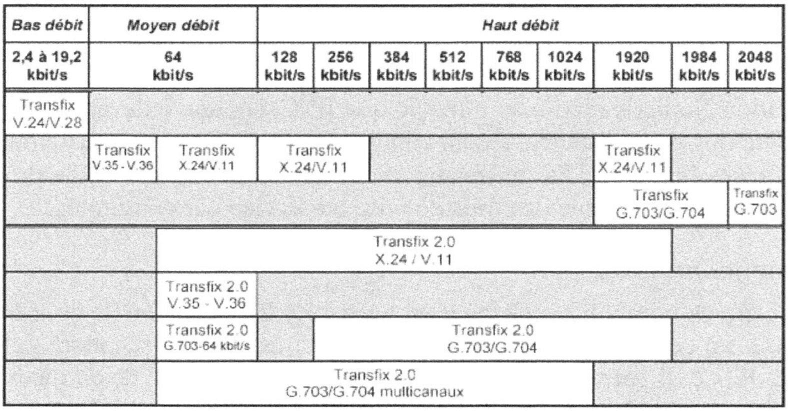

Figure 28.5 Gamme des débits Transfix et Transfix 2

c) Tarification

Le principe de tarification Transfix est de type forfaitaire. Il comprend des frais d'établissement – frais d'accès par extrémité – qui dépendent du débit de la liaison et un abonnement mensuel qui dépend du débit choisi et de la distance à vol d'oiseau entre les sites à relier.

La durée des communications et le volume des données échangées n'ont donc aucune incidence sur le coût.

d) Avantages/inconvénients

Transfix présente les avantages des liaisons numériques : forts débits, accès fiabilisé reposant sur le doublement de certaines infrastructures d'accès, secours par Numéris assurant, en cas de panne, la permanence du service, l'engagement d'Orange à rétablir le service en moins de 4 heures en cas d'interruption... ou GTR (Garantie de Temps de Rétablissement) ;

La tarification Transfix est économique et indépendante des volumes transportés, elle comprend la fourniture des convertisseurs bande de base. Orange BS continue à baisser ses tarifs afin de rendre ce service toujours plus concurrentiel et on peut accéder à Transfix de n'importe quel point du territoire métropolitain (y compris la Corse) et des départements d'Outre-mer.

Transfix 2.0 [1999] correspond à l'évolution de l'offre Transfix : livraison rapide, garantie de réparation en moins de 4 heures, synchronisation des liaisons... Les liaisons Transfix 2.0 sont synchronisées sur l'horloge du réseau d'Orange BS, ce qui permet de synchroniser les équipements de façon fiable. Le contrat Transfix 2.0 inclut la fourniture, l'installation et la maintenance de tous les équipements liés au service.

Transfix 2.0 propose des liaisons de 64 Kbit/s, 128, 256... à 1 024 et 1 920 Kbit/s, depuis n'importe quel point du territoire métropolitain (y compris la Corse).

Transfix 2.0 propose également le secours Numéris, la garantie de temps de rétablissement en moins de 4 heures, l'accès fiabilisé par doublement de certaines infrastructures d'accès... La tarification repose sur les mêmes principes que pour Transfix que Transfix 2 remplacera probablement à terme...

28.1.5 Transpac

Transpac, filiale d'Orange BS, avait pour but de gérer le réseau X.25 de France Télécom dans les années 1980. Son activité a progressivement évolué vers des services de réseaux d'entreprises, tout en mettant en place des nouvelles technologies (xDSL, ATM, VPN...). Depuis 2006, Transpac a été intégré à Orange BS.

En 2010, Orange BS annonce la fin des services X25 et donc de Transpac.

28.1.6 EQUANT IP VPN

a) Description

Equant IP VPN (*Internet Protocol Virtual Private Network*, Réseau Privé Virtuel sous protocole IP) est une offre destinée aux entreprises souhaitant se doter d'un réseau privé virtuel IP sécurisé et performant. Grâce aux classes de services, Equant IP VPN achemine les flux en fonction de leurs priorités : priorité maximale aux flux voix et multimédia, priorité élevée pour les applications de l'entreprise et priorité moindre à des applications moins stratégiques comme la messagerie. Equant IP VPN s'appuie sur un vaste réseau IP MPLS (Multi-Protocol Label Switching) qui apporte performances et sécurité des informations transportées grâce à une architecture privée inaccessible depuis l'Internet et des processus d'exploitation opérationnelle sécurisés. Chaque site peut communiquer avec tous les autres sans qu'il soit nécessaire de créer autant de circuits virtuels et tous les sites peuvent accéder aux mêmes applications.

b) Classes de débits

Les accès peuvent se faire par :

- accès permanent avec des liens d'un débit de 64 Kbit/s à 2 Mbit/s ;
- accès hautement sécurisé à très haut débit (100 Mbit/s ou 1 Gbit/s) et très forte disponibilité ;
- accès ADSL : débits garantis de 80 Kbit/s à 1,4 Mbit/s (voie descendante : site serveur vers site distant) et des débits crêtes de 512 Kbit/s à 1,6 Mbit/s (voie descendante) ;
- accès SDSL à débit symétrique basé sur liaison louée ou fibre optique ;
- accès via support IP/ADSL débits jusqu'à 512 Kbit/s ;
- accès commutés : via RTC, Numéris ou GSM avec des débits jusqu'à 56 Kbit/s sur RTC, 64 Kbit/s et 128 Kbit/s sur Numéris et 9,6 Kbit/s sur GSM.

c) Tarification

La tarification repose sur les traditionnels frais de mise en service et sur un abonnement mensuel forfaitaire, indépendant de la durée des communications et des volumes échangés. Pour les accès commutés (RTC, Numéris et GSM) le coût de la communication peut être forfaitaire ou non selon les offres.

28.1.7 Oléane VPN

a) Description

Oléane VPN est une solution « clés en main », permettant de créer un réseau privé entre les différents sites d'une entreprise et de bénéficier de manière sécurisée des ressources Internet : messagerie, hébergement de sites web... ainsi que le partage de documents en temps réel au sein de l'entreprise. Physiquement séparé de l'Internet public, administré et maintenu par Orange BS, ce réseau s'appuie également sur la technologie MPLS (*Multi Protocol Label Switching*)

b) Classes de débits

Les liaisons Oléane VPN vont de 64 Kbit/s à 18 Mbit/s sur support Numéris, ADSL Ligne Louée… Il s'agit généralement d'offres packagées proposant également un certain nombre de boîtes aux lettres ou bien de simples services de transport de données. Certains packages proposent un même débit mais des services différents en terme de sécurité, de maintenance…

– accès Multiservices : à débit symétrique jusqu'à 8 Mbit/s garantis, pour tous les sites principaux en France métropolitaine (notamment ceux qui hébergent des serveurs ou pour le transport de la Voix sur IP) ;
– ADSL à hauts débits asymétriques jusqu'à 18 Mbit/s, pour les sites distants en France métropolitaine et pour les télétravailleurs ;
– accès Wifi, 3G, EDGE, GPRS, ou RTC pour les utilisateurs nomades.

TABLEAU 28.2 CLASSES ET DÉBITS OLEANE (BAS ET MOYENS DÉBITS)

		Recommandé pour sites secondaires			Recommandé pour sites principaux		
Nom du service d'accès		Light1 ADSL	Light2 ADSL	Basic ADSL	Standard ADSL	Confort ADSL	Turbo ADSL
Débit voie descendante (surf)	Débit crête	512 K	1 M	608 K	1,2 M	2 M	2 M
	Débit garanti	Aucun	Aucun	80 K	160 K	320 K	1,4 M
Débit voie montante (requête)	Débit crête	128 K	256 K	160 K	320 K	320 K	320 K
	Débit garanti	Aucun	Aucun	80 K	160 K	256 K	256 K

TABLEAU 28.3 CLASSES ET DÉBITS OLEANE (HAUTS DÉBITS)

	Recommandé pour sites secondaires				Recommandé pour sites principaux				
Nom du service d'accès	2000 RNIS	3000 RNIS	4000 RNIS	LL 64 K	LL 128K	LL 256 K	LL 512 K	LL 1024 K	LL 1920 K
Support et Débit	RNIS 64 K	RNIS 64 K	RNIS 64 K	Transfix 64 K	Transfix 128K	Transfix 256 K	Transfix 512 K	Transfix 1024 K	Transfix 1920 K

c) Tarification

La tarification Oléane repose sur les habituels frais de mise en service, payables une seule fois et un abonnement mensuel forfaitaire. Cette tarification s'applique individuellement à chaque site raccordé au réseau.

28.1.8 Ethernet Link et Ethernet International Link

Ethernet Link permet de relier à haut débit les différents sites et réseaux locaux de l'entreprise, au moyen de liaisons Ethernet sur fibre optique ou par SDSL, avec une large gamme de débits allant de 256 Kbit/s à 100 Mbit/s.

International Ethernet Link permet d'interconnecter des sites et réseaux locaux (LAN) situés en France ou à l'international. Il offre un large choix de débits garantis sur fibre optique, de 2 Mbit/s à 1 Gbit/s.

Complémentaires à l'offre IP VPN MPLS, ces services permettent d'échanger des données en Ethernet « de bout en bout » ou **ETTH** (*Ethernet To The Home*) en France mais aussi dans de nombreux pays d'Europe ou du monde (Australie, Japon...).

Orange BS assure le raccordement des différents sites et propose avec Ethernet Link trois classes de services adaptées au transport des divers flux :

- Data pour les applications standards ;
- Voix pour l'interconnexion de PABX ;
- Temps Réel pour les applications critiques, la voix sur IP, la vidéo...

28.1.9 Inmarsat-Stellat

a) Description

Les services de communications par satellite ont pour fonction de relier et compléter les réseaux terrestres et cellulaires. **Inmarsat** (*INternational MARitime SATellite organization*) [1982] est une offre France Télécom Mobile Satellite Communications, de liaisons numériques, utilisant 9 satellites (4 actifs) géostationnaires et 37 stations terrestres, assurant une couverture mondiale pour les mobiles maritimes, terrestres ou aéronautiques.

La gamme recouvre entre-autres :

- **Inmarsat-A** (terminaux transportables) : téléphone, télécopie, transmission de données jusqu'à 64 Kbit/s – HSD (*High Speed Data*) ;
- **Inmarsat-B** (terminaux transportables) : version numérique d'Inmarsat-A jusqu'à 64 Kbit/s ;
- **Inmarsat-M** ou **Inmarsat RNIS** (terminaux portables) : téléphone, télécopie, transmission de données de 2 400 bit/s (484 Kbit/s prévus à terme). Inmarsat a mis en place le premier service mobile par satellite de transmission de données en mode paquets IPDS (*Inmarsat Packet Data System*) ;
- **BGAN**, service à bande large simultané d'IP et de voix à haut-débit, qui offre aux utilisateurs un service voix prêt à l'emploi et instantané ainsi que des communications de données, via un canal partagé à 492 kbit/s. La connexion est basée sur un VPN protégé, pour le transfert des données. En plus, BGAN offre une ligne RNIS avec débit garanti à 64 kbit/s.

Inmarsat est donc une offre de réseau numérique commuté, permettant à tout utilisateur, où qu'il se trouve, de se connecter (à condition de disposer des équipements nécessaires : antenne, VSAT...), autorisant ainsi toutes les configurations de dialogue souhaitables entre les utilisateurs, c'est un réseau à diffusion car on peut émettre la même information vers plusieurs utilisateurs.

b) Classes de débits

L'offre satellitaire Inmarsat couvre une large gamme de débits :

- bas débits de 2 400 bit/s à 9 600 bit/s ;
- moyens débits de 64 Kbit/s et 492 Kbit/s.

c) Tarification

Le principe de la tarification sur Inmarsat, repose sur la notion d'un accès évolutif au réseau, comprenant ainsi :

- une taxation forfaitaire à l'accès,
- une redevance mensuelle d'abonnement, par raccordement, selon le type d'accès et le débit demandé,
- une redevance de trafic par seconde de communication, fonction du débit, des plages horaires... à laquelle on applique des coefficients modulateurs.

Le service Inmarsat MPDS (*Mobile Packet Data Services*) assure une transmission au débit non garanti de 64 Kbit/s (débit garanti à l'étude), en mode paquets, au moyen de systèmes de transmission légers (moins de 4 kg) et en tout point du globe (sauf pôles). Cette technologie permet donc de rester connecté au réseau local de l'entreprise, avec une facturation au volume, et non plus à la durée.

d) Avantages/inconvénients

Inmarsat allie la souplesse d'un réseau facilement reconfigurable à la puissance des transmissions numériques à moyens débits. Le nombre des interlocuteurs n'est plus limité, compte tenu de la diffusion. Le haut débit bénéficie quant à lui de la « liaison à l'appel » où la communication est établie après appel du ou des abonnés.

Inmarsat commence à être concurrencé par le développement des **VSAT** (*Very Small Aperture Terminal*) – petite station terrienne placée chez l'utilisateur – libéralisé depuis 1990. On peut désormais s'adresser à d'autres opérateurs que France Télécom, tels Hugues Network avec sa solution *VSAT Directway*, Gilat, EutelSat, Astra, Tiscali...

France Télécom et Europe*Star ont créé **Stellat** [2000], devenu depuis **Eutelsat** (*European Telecommunications Satellite Organization*) [2002], qui offre des services de transmissions audiovisuelles (*broadcast*) et IP par satellite en Europe, Afrique et Moyen Orient. Les répéteurs (10 en bande C et 35 en bande Ku) sont en mesure de fournir des capacités vidéo et Internet haut-débit dans la majeure partie de l'Europe et de l'Afrique du Nord en bande Ku, et rendront possible la distribution de services Internet et de vidéo en bande C et Ku en Europe, Moyen Orient, Afrique... La couverture bande C est également utilisée pour assurer une connectivité transatlantique, reliant la côte Est des États-Unis et le nord de l'Amérique du Sud à l'Europe, le Moyen Orient et l'Afrique.

28.2 OPÉRATEURS ALTERNATIFS

Avec l'ouverture des marchés à la concurrence, il existe bien entendu d'autres opérateurs que Orange BS, tant au niveau Français qu'Européen. Là encore l'offre est très évolutive et les rachats de sociétés sont monnaie courante. Parmi les opérateurs majeurs du marché on peut citer Colt, Cogent, Vanco, EasyNet…

28.2.1 Colt

COLT se place parmi les premiers opérateurs européens d'accès local. À partir de ses propres infrastructures locales et longue distance, COLT offre une large gamme de services voix, données, accès et hébergement Internet…

Il dispose d'une implantation géographique dans les principales villes et centres économiques de l'Europe de l'ouest et du nord (France, Allemagne, Angleterre, Autriche, Italie…) et d'une infrastructure de transport de données locale et longue distance 100 % fibres optiques, IP à 45 Mbit/s en mode natif…

En France il propose :

- plusieurs boucles locales opérationnelles (Paris, Lyon, Marseille…), plus de 500 km de fibres optiques ;
- un réseau longue distance national, reliant entre elles les grandes villes françaises ;
- un backbone Internet composé de 17 points de présence dans les grandes villes françaises.

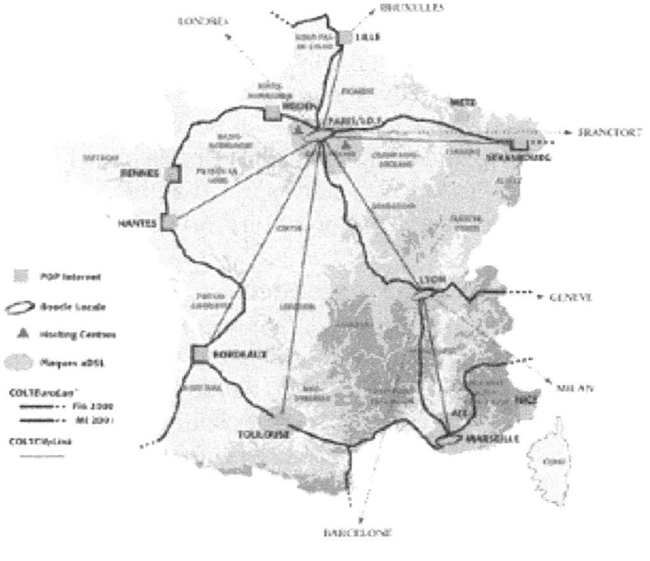

Figure 28.6 Implantation de COLT en France

COLT offre une gamme performante et compétitive de services locaux, nationaux et internationaux moyens et hauts débits qui comprend entre autres :

- **service de bande passante dédiée moyens ou hauts débits** : permettant de constituer un réseau privé urbain, national ou international pour la transmission de la voix, des données et des images entre plusieurs sites distants (systèmes centraux, interconnexion de PABX...), qu'ils soient dans la même ville (COLTLink), le même pays (COLTCityLink) et/ou répartis en Europe (COLTEuroLink). Ces services s'appuient sur le réseau fibres optiques local et longue distance de COLT, s'adaptent à toutes les typologies de réseau d'entreprise et couvrent tous les débits de transmission usuels ;
- **service de bande passante commutée ATM/Frame Relay** : assurant la constitution de réseaux privés intersites supportant des applications hétérogènes et des débits variables (COLTCell/COLTEuroCell – service urbain/européen de données commutées à technologie ATM), (COLTFrame/COLTEuroFrame – service urbain/européen de données commutées à technologie Frame Relay), (COLTEuroFrame^{2}Cell – service urbain/européen ATM et Frame Relay sur un même réseau) ;
- **service d'interconnexion de réseaux locaux** : permettant échange et partage de l'information en temps réel entre deux sites (COLTLANLink – permet de disposer d'un seul réseau étendu aux performances homogènes, correspondant à celles du réseau local lui-même. Parmi les différents débits proposés, COLTLANLink 1 000 assure l'interconnexion de réseaux Giga Ethernet) ;
- **COLT Wavelength Services** qui permet aux entreprises de concevoir et de gérer leur propre réseau haute capacité, sans avoir à installer ni entretenir de la fibre optique et des équipements. Les débits de transmission de données vont de 2,5 Gbit/s à 10 Gbit/s et s'appuient sur le protocole IP, SDH/SONET ou ATM.

Au niveau Européen, COLT propose également divers services tels que :

- **service de bande passante dédiée internationale** (COLTEuroLink) permettant la mise en place de réseaux privés internationaux supportant une large gamme d'applications (voix, interconnexion de réseaux locaux, transfert de données, vidéoconférence, Internet/Intranet...) ;
- **offre ATM/Frame Relay** permettant de constituer un réseau privé intersites supportant applications hétérogènes et débits variables avec COLTEuroCell – service européen de données commutées à technologie ATM, COLTEuroFrame – service européen de données commutées à technologie Frame Relay, COLTEuroFrame^{2}Cell – service européen ATM et Frame Relay sur un même réseau.

28.2.2 Cogent

Le réseau de Cogent est constitué de plusieurs boucles métropolitaines en Europe et Amérique du nord. Il est ainsi présent dans plus de 95 agglomérations à travers l'Europe et l'Amérique du Nord. Le réseau Cogent fournit à chaque site jusqu'à

5 Gbit/s de bande passante dédiée. Les routeurs de site sont connectés à des routeurs térabits par deux voies optiques distinctes. Ces routeurs sont alors reliés entre eux via un réseau en anneau s'appuyant sur plusieurs liens optiques à 10 Gbit/s WDM. Avec une capacité de 40 Gbit/s en Europe et 80 Gbit/s en Amérique du Nord, le réseau IP international de Cogent est le plus important dans le monde. Le backbone international de Cogent est conçu pour opérer à 10 Gbit/s (SONET – OC-192) et les boucles MAN à 2,5 Gbit/s (OC-48).

Au niveau Européen, Cogent propose divers services tels que :

– un service Ethernet (100 Mbit/s) métropolitain, national ou international. Ce type de service « Ethernet de bout en bout » permet de réaliser un réseau privé sécurisé entre plusieurs sites sur une base Ethernet.
– Un service Gigabit Ethernet (à partir de 200 Mbit/s) métropolitain, national ou international, pour des besoins de bande passante conséquents (réseau redondant ou de backup, réseau de stockage à distance...).

28.2.3 Vanco opérateur VNO

Vanco est un opérateur qui présente la particularité d'être un fournisseur de services réseaux « virtuel » ou **VNO** (*Virtual Network Operator*), en ce sens qu'il ne possède aucune infrastructure en propre. Il offre aux entreprises la possibilité de bénéficier de solutions de réseaux de données globales et optimisées, disponibles dans 230 pays.

L'innovation, pour Vanco, consiste à créer les produits et services qui répondent de façon pertinente aux besoins des entreprises. Vanco offre ainsi des solutions de technologies de cœur de réseau et d'accès, de convergence voix et données, de sécurité réseaux et d'accès à distance.

Vanco intègre opérateurs et technologies dans une solution de bout en bout, et reste le fournisseur unique pour l'intégralité du réseau. Vanco est capable de créer une architecture optimale en choisissant les meilleurs fournisseurs (fournisseurs de circuit, d'accès distant, équipementiers, fournisseurs de sécurité...), sélectionnés en fonction de la qualité et de la fiabilité de leurs produits, les niveaux de service et de prix pour n'intégrer que les meilleurs dans la solution globale.

28.3 RÉSEAUX RADIO, TRANSMISSION SANS FIL

a) Description sommaire du réseau Itinéris GSM

Les Réseaux Radioélectriques Réservés aux Données ou **3RD** permettent d'implanter les terminaux à relier de manière souple voire mobile. **GSM** (*Global Service for Mobile Communications*) est une norme européenne de transmission radio téléphonique numérique, basée sur un découpage géographique en cellules, utilisant la commutation de circuits à travers l'interface radio.

L'information est transportée sur l'un des huit intervalles de temps (IT ou *slot*) d'une trame **AMRT** (Accès Multiple à Répartition Temporelle) dite aussi **TDMA** (*Time Division Multiple Access*) – avec un débit maximal de 12 Kbit/s. Le réseau localise automatiquement l'abonné et le changement de cellule n'affecte pas l'abonné. Si l'abonné sort de la zone couverte par la cellule (de 300 m à 35 km de diamètre), le message est temporairement stocké puis restitué dès qu'il est à nouveau accessible.

TABLEAU 28.4 GSM 900 ET GSM 1800

	GSM 900	GSM 1800
Bandes de fréquences	890-915 MHz et 935-960 MHz	1710-1785 MHz et 1805-1880 MHz
Nombre de slots par trame TDMA	8	8
Rapidité de modulation	271 Kbit/s	271 Kbit/s
Débit maxi en données	12 Kbit/s	12 Kbit/s
Rayon des cellules	300 m à 30 km	100 m à 4 km

b) *Classes de débits*

La transmission s'effectue à 12 Kbit/s.

c) *Tarification*

Ils sont facturés en fonction du volume transmis plus un abonnement mensuel. Des frais de mise en service sont également perçus.

d) *Avantages/inconvénients*

Ces réseaux ont encore les inconvénients de la jeunesse : débit limité à 9,6 kbit/s voire 14 kbit/s, accès parfois impossible… Toutefois, ces technologies souples quant à la reconfiguration des réseaux devraient progresser dans les années à venir, notamment avec la montée en puissance des nouveaux réseaux **UMTS** (*Universal Mobile Telephony Service*) ou **HSDPA** (*High Speed Downlink Packet Access*), bien que leur implantation ne soit pas aussi « rapide » qu'on l'avait pensé dans l'euphorie des premiers temps.

28.4 INTERNET

Né aux États-Unis dans les années 1970, Internet est un réseau international en perpétuelle expansion, mettant en relation des milliers de réseaux de tous types et des millions d'ordinateurs à travers le monde – c'est le **cyberespace**. Tout à chacun peut y avoir accès et Internet est ainsi la plus grande banque de données au monde.

Il est tout à la fois bibliothèque, photothèque, vidéothèque... mais également lieu de dialogue, d'échange d'informations économiques, médicales, sportives, informatiques, commerciales, ou tout simplement personnelles... Compte tenu de cette densité d'informations, se déplacer – naviguer ou *surfer* – sur Internet – *Le Net* – n'est pas toujours très évident et les coûts de communication peuvent s'en ressentir.

Internet est un réseau :

– à commutation de paquets ;
– utilisant le protocole TCP/IP ;
– gérant ses adresses grâce au système d'adressage DNS.

Chaque serveur et prestataire Internet doivent donc disposer d'une adresse IP. En effet, comme dans tout réseau à commutation de paquets, les données empruntent les mêmes voies physiques et sont orientées vers leur destinataire par les routeurs.

Afin de simplifier ces adressages, on fait correspondre à l'adresse numérique reconnue par le protocole TCP/IP une adresse symbolique de domaine DNS (*Domain Name System*). À l'origine ces adresses étaient regroupées aux États-Unis en six domaines :

com pour les organisations commerciales,
edu pour les universités ou établissements d'enseignement,
gov pour les organisations gouvernementales non militaires,
mil pour les militaires,
org pour les organisations non gouvernementales,
net pour les ressources du réseau...

Du fait de sa mondialisation, on trouve également des domaines par pays, chaque branche ayant alors la possibilité de gérer ses propres sous domaines.

fr France,
uk United Kingdom (Royaume Uni)...

Ainsi *http://www.louvre.fr* indique une adresse d'un serveur situé en France, en l'occurrence le Louvre – dans lequel on peut se déplacer en utilisant un logiciel de type www. C'est le rôle du prestataire Internet d'établir la correspondance entre cette adresse et l'adresse IP du serveur d'information qui va émettre les pages Web concernant votre visite du musée du Louvre.

Pour utiliser Internet il est nécessaire de disposer de divers matériels et logiciels :

– une voie de communication rapide – modem câble, ADSL, Numéris... la plus rapide possible afin de limiter les temps de transfert des informations et donc la facture relative aux coûts des communications. Ceci dit cette vitesse est parfois « utopique » dans la mesure où tous les serveurs ne sont pas capables d'assurer des réponses à des vitesses aussi rapides !
– un logiciel de visualisation Web tel que MSIE (*MicroSoft Internet Explorer*) ou Mozilla... permettant de naviguer de serveur en serveur et de recevoir des informations graphiques ou textes selon les cas ;
– une station de réception relativement puissante – Pentium... avec une capacité de stockage intéressante et suffisamment de mémoire pour assurer les chargements des pages et des affichages rapides ;

– un prestataire Internet (*provider*) ou **FAI** (Fournisseur d'Accès Internet). Le problème du choix du prestataire reste complexe compte tenu des tarifs et des services offerts.

a) Terminologie Internet

Afin de s'y retrouver dans l'enchevêtrement des serveurs et des réseaux que représente Internet, il est utile de connaître quelques termes.

Google, Voila, Yahoo, Alta Vista... : serveurs « **portails** » ou **moteurs de recherche** fondamentaux avec Internet ils permettent – grâce à une recherche par mots clés – de connaître les contenus d'autres serveurs.

E-Mail : boîte à lettres électronique (un compte) permettant d'échanger des courriers entre utilisateurs Internet. Une adresse e-mail se reconnaît à la présence du symbole @. Ainsi chevrollier@lchevrollier.ac-nantes.fr correspond à l'adresse de la boîte aux lettres de Chevrollier sur un serveur situé en France et faisant partie du sous-domaine lchevrollier, appartenant lui même au domaine ac-nantes.

FAQ (*Frequently Asked Questions*) : document qui rassemble les questions les plus fréquemment posées par les utilisateurs d'un serveur.

FTP (*File Transfert Protocol*) : programme qui permet d'envoyer ou de recevoir des fichiers vers ou depuis des serveurs FTP.

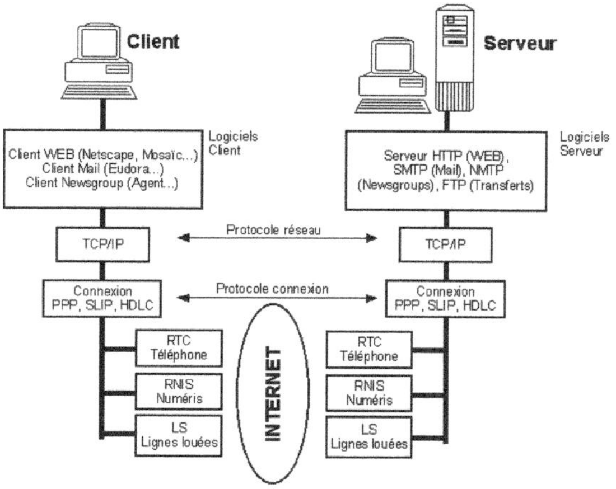

Figure 28.8 Architecture Internet (D'après 01 Informatique)

HTML (*HyperText Markup Language*) : version simplifiée pour le Web du langage de documents structurés utilisé en gestion documentaire. Extensions en cours avec **XML** (*eXtend Markup Language*).

HTTP (*HyperText Transfert Protocol*) : protocole d'accès au Web.

IETF (*Internet Engineering Task Force*) : groupe de travail et communauté de chercheurs et développeurs Internet, chargés d'assurer une certaine moralité du réseau.

IRC (*Internet Relay Chat*) : logiciel de dialogue interactif entre utilisateurs Internet.

Web (*World Wide Web* aussi appelé **W3** ou **WWW**) : mode de connexion très utilisé, permettant de naviguer dans Internet en mode graphique.

Des ouvrages entiers sont consacrés à l'étude d'Internet, que nous n'étendrons pas plus avant ici.

Bibliographie et webographie

G. Pujolle — *Les réseaux.* Éditions Eyrolles, Paris, 2007.

A. Tanenbaum — *Architecture de l'ordinateur.* Pearson, Paris, 2006.

A. Tanenbaum — *Réseaux.* Éditions Dunod, Paris, 1998.

Mise en réseau : Notions fondamentales. Microsoft Press.

Notions de base de la gestion des réseaux. Préparation MCP. Examen 70-058. Éditions ENI, 1999

Nombreux articles de revues, dont :

01 Informatique,
Décision Micro et Réseau,
Le Monde Informatique,
PC Expert,
Sciences & Vie Micro…

Et visites aux très nombreux sites web, de constructeurs, revendeurs, sites personnels… dont les quelques sites en français suivants :

www.blackbox.fr
www.cisco.com/global/FR/
www.commentcamarche.net
www.francetelecom.com
www.guill.net
www.hardware.fr
www.tt-hardware.com
www.ibm.com/fr
www.intel.com
www.labo-cisco.com
www.microsoft.fr
www.reseaux-telecoms.net
www.transtec.fr

Index

B

C

M

N

S

T